教學心理學

Guy R. Lefrançois／著

李茂興／譯

弘智文化事業有限公司

Guy R. Lefrançois

Psychology
for
Teaching

Chinese edition copyright © 1998
By Hurng-Chih Book Co., Ltd.
For sales in Worldwide.

ISBN 957-99581-7-3
Printed in Taiwan, Republic of China

目錄

原作者序（第八版暨第九版）

本書是教育心理學的入門教科書，主要宗旨在於使讀者成為更棒的教師。為了達成這項目標，本書從兩方面入手：第一是將教育領域裡最為重要與最有用途的研究發現與理論，以邀請讀者融入參與的方式，做清楚且準確的介紹；第二是挑戰讀者去檢查自己對於教學、學習及學生所持的信念。

☐ 關於本書的內容

本書強調教學與學習，因此不論在內容的取材或呈現的方式，均顧及教學上的涵義及課堂上的實際應用。為了激發讀者進一步思考，內文中不時穿插短篇的個案實例。至於在內容的更新方面，本版涵蓋更多目前教育界最關心的話題，包括：（1）學生的多樣化；（2）性別議題與刻板印象；（3）評鑑的新趨勢；（4）新的記憶理論；（5）認知策略的發展；（6）合作學習；（7）教室管理模式；及（8）新科技在課堂上的應用等等。

本書避免將教學的技藝面濃縮成處方般的指南。我們堅信，教學上最佳的決策必須以完備的心理學原理為基礎，而且在應用這些原理時應配合教師的熱誠與想像力，以及對於學生與教學的熱愛，而不是照單全收地應用教學手冊中的處方。教學與學生是如此複雜，絕非簡單的處方能夠涵蓋。

本書中提供大量的想法與建議，稍加轉變後可以直接應用到課堂上。此外，為了節省讀者的時間，本書撰寫的方式一直顧及精簡，但同時又不失激勵性、資訊性及實務性。

❏ 關於熊與野牛

　　在本書的某些章節前會先出現一段有關熊與野牛的故事，似乎出現得有點莫名其妙，此處讓我們稍做解釋。爲了平衡學術性內容的沉悶感，本書自第一版起就開始有熊的足跡，在讀者的良好反應之下，往後的修訂版就一直保留下來。有些讀者認爲熊是教師或教學的隱喻，其它讀者則有不同的看法，所有這些看法都正確。本版中熊開始嗅到時代的變化，也看到一些不尋常的社會事件與政治事件，以及生態改變所帶來的災難性後果；這些事件與現象以野牛入侵森林來比喻。讀者可以完全忽視熊與野牛的故事，這必然不會影響到你的課程成績或你未來成爲一位好老師的能力，但是你也可以把它們納入你自己的隱喻中。

Guy R. Lefrançois

註：本書譯文原爲第八版，譯畢後未發行前第九版又已問世，在 ITP 出版公司同意下，補譯第九版更新的部份，但保留第八版熊與野牛的故事。

PART | ONE

導論

國王狰獰的說：在該開始的時候開始，直到抵達終點，然後你就停止。

——Lewis Carroll，《愛麗絲夢遊仙境》

本篇只有一章，探討教育心理學是什麼，教師的職業生涯是什麼，以及概論後續的十二個章節。其中，第二篇探討人類發展，包括兒童在就學生涯中如何變化。第三篇介紹對於學習與思考的各種解釋，此外，也探討個體差異及教學的人本主義觀點。第四篇探討教學／學習歷程中的重要主題，包括動機、教室管理、個別化教學及教學評鑑。

第 1 章

心理學與教學

　　本書中每一章一開始都有一段提要，內容或刺激讀者回想先前討論的重點，或提供新資訊，或闡明內容之間的關係，目的在於組織與摘錄重點，並增強所學習的內容之意義性。本章可說是本書所有章節的概述，並提出許多選修教學心理學的重要理由。

父親的啓示

我並不知道我父親其實希望我當一名教師，我只知道在我調皮搗蛋的那段時間，他認爲我將來不會有多大出息，並且因而失望；我想連我的母親也幾乎對我放棄希望。

但是我並非總是那麼不守規矩或搞不清楚狀況。童年初期我也曾是符合大人期望的乖小孩，我父親或許就是在那個時候想到我也許可以當一名教師，並且給了我第一個正式教學的機會，那時我只是個瘦弱的七歲男孩。

故事的主角是一名叫 George 的印第安男孩，他在我父親任教的鄉下學校就讀。George 第一天到學校的時候，既不會講英語也不會講法語，個性非常畏縮，此外，他的某些生活習慣和我們不一樣。George 第一天上課的早晨，他在課程進行到一半的時候感受到「自然的呼喚」，立即離開座位奔跑到校園的角落，蹲下來就地解決，這項舉動使我們這些在窗口張望的同學們大爲驚訝。

我父親是一名有機智又有才華的教師，他趕緊跑過去，試圖運用生動的肢體語言向 George 解釋，校園另一端的那個小房子，才是他應該去的地方，但是這個褲子褪到腳邊、嚇壞了的小男孩，並不全然了解父親的意思。

當日稍晚，我父親使我成爲一名教師。他對我說：「帶他到廁所去，並且示範怎麼做。」我奉命行事。現在回想起來，就在那個時候我還注意到有一隻熊漫步走過校園外的牧場，牠走在一條乳牛道上。

爲什麼要研讀教學心理學

很不幸地，儘管我當天成功地完成了教導 George 的任務，但是教學並非只是「示範怎麼做」而已。雖然這本教學心理學在當天對我可能沒什麼幫助，但是數年後當我的學生之學習需求不像 George 那樣急迫，而我又試著教他們一些不是那麼容易心領神會的事物時，本書就大有助益。你看看，和我所希望的正好相反，教學技巧是無法遺傳的；遺傳基因無法賦予我們教學能力，或所謂教學的「技能知識」（craft knowledge）——即優秀教師似乎擁有的一些知識（Grimmett & Machinnon，1992）。幸運的是，目前已經有大量的資訊，能夠幫助新進教師變得更爲專業，並且對於提昇教師與學校效率有重大貢獻。本書就是介紹這些資訊，目的是使你成爲一名更好的教師。如同書名所揭示的，教學心理學是本書的主題。

✍ 教學方針與信念

教學是一連串持續行爲的複雜歷程與結果，每一天都可能涉及上千個或更多的師生互動，每一個互動都需要做決定：怎麼做、怎麼說、如何反應、接下去又要怎麼做。

教師在教室裡的行爲大部份是即席反應，通常沒有足夠的時間仔細去思考。因此，教師的許多行爲都是根據習慣及已建立的信念；事實上，教師在教室裡所做的每一件事，都反映著他個人的信念。當然，這並不是說，教師的所做所爲都需要經過計畫，而是說當一個教師必須立即反應（情況通常如此）時，只有少許的時間允許計畫與安排，因而即使是最衝動、最習慣性的動作，都會顯露他們潛藏的理念與執著，也就是他們的信念。Richardson（1990）認爲，這個理由使得改變教師變成一件困難的工作，因爲江山易改本性難移，我們很難輕易地放棄自己舊有的信念，而採用新的信念。

信念是什麼？信念是個人的理念，通常具有強烈的情感成分，而知識則往往不具個人色彩與不偏不倚，二者並不相同。信念反映在態度、偏見、判斷與意見上。

　　經驗（親身體驗或聽聞而得）與信念的發展有密切關係。Pajares（1992）認為，信念通常在生命早期形成，即使日後面臨強烈衝突也可能繼續維持，這種信念所扮演的角色，好比是人們解析世界、詮釋資訊的守門員。

　　信念不僅由親身經驗產生，也來自於我們從教育及其它來源所取得的資訊，例如我們對於抽煙的影響之看法可能來自於閱讀或聽聞，勝過親身體驗；同樣地，我們對於人類本性或者有關人類學習的看法，可能部份建立於我們自己的經驗，部份建立於比較正式的教育學習。

　　信念如何影響決定：Pajares（1992）表示，信念引導我們的思想與行為。所有教師對於自己的工作、自己的學生、學習如何產生以及教學科目，都有自己的信念。教師若相信記憶是最好的學習方法，他會指定背誦的作業；若認為學生只會去記住他們所了解的內容，則會花更多的時間去解釋與說明；若認為學生一有機會就會作弊，則會在考試時嚴格監考；若認為學生基本上都很誠實，則會在考試時不做任何的監考而去準備自己的教材。

　　例如，柏森尼教師（見內文案例）有下述兩條信念：

1. 不守規矩的學生必須立即遏止，以免調皮搗蛋擴散開來。
2. 最好在近距離內默默懲罰，不要干擾教室裡正在進行的活動。

案例

　　柏森尼是六年一班的語文教師，這一班通常表現不錯，大多
數的學生都有學習興趣，並且專心聽課，只有海倫是例外，套句
柏老師比較不客氣的評語：「那孩子是場惡夢」。今天柏老師要
學生寫兩段作文，描寫上週末所發生最有趣的事，海倫似乎不太
想寫，她拿出一把梳子開始梳起頭髮。

　　但是在她梳第三下之前，柏老師默默地走到她的身旁拿開她
手中的梳子，並且用手指在桌面的白紙上敲兩下。

　　海倫開始寫作文。她寫下「上週末我和湯尼，我不知道是否
應該寫出來，但是我們一起做……」。

　　柏森尼老師可能採取其它的作法，譬如如果他認為海倫的行為只是為了
引人注意，只要不加理會她可能比較不會再犯，那麼他可能視而不見；如果
他認為懲罰能達到阻嚇效果，他可能採取其它的處罰方式，例如放學後將她
留校；如果他認為鼓勵能激發效法，他可能會走到貝卡的桌旁，用足以吸引
海倫的音量，讚美貝卡寫的作文好極了。同樣地，如果他認為海倫需要的是
努力的動機，他可能會花時間解釋「學習表達自我的重要性」；如果他認為
同儕認同的需求能使海倫將梳子收起來，他可能會向她解釋她的行為已經影
響到其它同學。

　　上述作法何者最為適宜？它總是最好的嗎？何種信念最為正確而且有
用？

　　本書的宗旨就是要幫助你回答這些問題。

本書與你的信念

Pajares（1992）指出，在教師接受訓練之前，他們對於教學與學習就已建立起信念。並且正如上面所述，他們會抗拒改變——但當然不是無法改變。例如，Agne，Greenwood，與 Miller（1994）發現，新進教師與專家教師（expert teacher）的信念系統有顯著的差異。例如，專家教師在教室管理方面較以學生爲導向（較人本取向），新進教師則通常較僵硬與固執。這有兩種可能，一是專家教師一開始就有不同的信念。

Rust（1994）的研究指出，教師的信念的確會改變。他對兩位新進教師的信念與行爲進行深入的調查研究。結果發現，他們兩人第一年之後，對於教學與學習所持的信念非常不同於過去。

不正確或帶有偏見的信念可能導致不當且沒有效果的教學行爲，這是非常明白的道理。因此本書的重要目的之一是提醒教師們審查自己的信念——特別是那些和學生、教學有關的部份——並且在必要時捨棄或改變它們。本書將從兩個方向進行，首先是提供有關各年齡學習者的重要資訊，包括學習、組織、記憶、思考、解決問題、創造力等歷程，其次是描述與舉例能夠促進教學／學習歷程的實用策略。

身爲一名教師，你的信念當中最實用的是，有關學生如何改變、如何學習、用什麼方式激勵、增強與處罰他們、什麼事讓他們覺得有意思與重要。這些議題正好是心理學的範疇，因此這是一本教學的心理學。

心理學

心理學探討人類的行爲與經驗，這些是非常有趣也非常複雜的課題。因此，雖然所有心理學者都在研究行爲，並且許多專門學科也已紛紛興起，但是各自以人類經驗的某一特定面向爲焦點，譬如發展心理學者研究行爲如何

隨時間變遷而改變，臨床心理學者處理行為與情緒問題，而教育心理學者感興趣的是教育情境裡行為的科學研究。以上這些僅是心理學三個分支學科，表 1.1 則分類與描述數項其它學科，對心理學領域提供一個比較清楚的面貌。

表 1.1　心理學者的工作

分支學科[*]	研究重點與活動
臨床	診斷和治療心理疾病與困擾，通常是在醫院或診所中進行。
諮商與輔導	評量與輔導嚴重性不至於必須就醫或接受臨床治療的行為、情緒與其它問題，並且協助做成重要決定（工作、婚姻等等）。
發展	研究人們出生至死亡當中的成長、成熟與學習等方面的改變；並將發現應用在教育計畫上。
教育	研究學習、思考、記憶、教學，以及教育情境中的相關議題；研擬學生的學習計畫並加以應用。
工業與人事	將心理學應用於工商業；編製與執行性向評量測驗；進行有關動機、管理、人際關係與相關領域的研習或計畫。
人格	確認與描述個體重要與持續的特徵；找出劃分人格特徵的分類基模，以及開發能確認和評鑑這些特徵的方法。
學校行政	在學校情境中確認學習者個人的性向與技能；編製與執行在校中所學相關的能力測驗。
實驗、比較與生理	以實驗科學方式探索心理學；進行生物間的比較研究；調查生理功能與心理功能之間的關係。
心理測驗	測驗與測量心理特徵，並且解釋測量結果；開發測驗與測量方式。
社會	研究與探討個體與團體之間的關係。

註：並非所有的心理學者都恰好符合這些分類，許多人或許認為自己的興趣或活動屬於數個領域，也有人可能不覺得自己能被這些學科歸類。

科學

　　心理學者不是只藉由思考行為可能涉及的各種因素，而研究或試圖了解人類行為，相反的，心理學是一門運用科學的程序與研究方法而試圖了解行為的學科。

　　科學是一種態度也是方法的集合。由於是一種態度，科學堅持精確、一致與可驗證。這種態度所產生的研究方法，由致力於消除主觀、偏見，以及隨機等影響因素的規則所組成——也就是增強我們對於科學結論之信心的規則。在過去一個世紀的大部份時間裡（心理學大約有一百年的歷史），支配心理學研究以更加了解人類行為與態度的方法，都強調精確、可驗證與客觀。

　　心理學者的困難在於，人類行為不像物質界的事物那麼能夠預測。化學家和生物學家運用和心理學家同樣的態度與方法，已經能夠發現支配分子與行星行為的可驗證與準確之法則，而心理學者長久以來卻難以發現支配人類行為的單一精確法則。

　　人類行為受到各種因素的影響，有些因素我們甚至一點都不了解（尚未了解）。這項觀察並非心理學者所面臨的唯一問題，譬如人類的許多行為無法以測量速度、方向、行星或分子的方式加以測量。人類行為的改變也不像其它物質事物那般明確與可預測。

　　然而，這些觀察不應該使你下結論說：「我們對人類行為所知有限。」也無意鼓勵悲觀（雖然些微的懷疑或許並無不當）；相反的，這些觀察所強調的是人類思考與行為的複雜性，以及將這些事件簡化為單純法則與原理的實質困難。

⇨　事實與理論

　　如同先前所提，科學是態度與方法的集合，是我們用以發現與累積事實的工具。然而本書使用「事實」（fact）這個詞或許太過強烈，因為「事實」所暗示的確定性與精確程度，在心理學或教育學領域有時候是不可能的。在這些領域中，我們所謂的事實僅只是事件、行為或關係的觀察；重點是科學堅持這些觀察必須在受控制的情境下進行，使任何人都能得到相同的觀察——也就是說，能夠加以反覆驗證。

　　事實（或觀察）本身如果沒有被組織、歸納與簡化，它們對教育者與心理學者的價值是有限的；就一個簡單的觀點而言，組織、歸納與簡化產生了理論，理論是相關敘述的集合，其主要功能是概述與解釋各種觀察，譬如，當我觀察到羅仁一再地拒絕參加我們的年度釣魚之旅、定期的撲克牌局、聖誕節慶祝、或是萬聖節化粧舞會之後，我可能會對他的行為發展出一個理論。我可能說：「我對羅仁有一個理論。」而且每個人都會了解我所指為何。我可能繼續說：「他不喜歡社交聚會。」這是我對他的理論，適切地歸納與解釋了我對他的觀察。這個陳述可能會被稱為天真的理論（naive theory），或是 Grippin 和 Peters（1984）所謂的內隱理論（implicit theory）。天真或內隱理論和比較正式的理論之間有一項重要的差異：天真理論表達個人理念，我們只需要去相信它而不需要做科學證明，而正式理論則必須加以驗證；光是假設某項心理學理論解釋了所有重要的觀察與關係是不夠的，還必須加以證明是事實。

　　心理學有許多理論，但並非全都一樣好。某些理論未能充分地反映事實，舉例而言，如果羅仁定期和喬治那群人玩撲克牌，而且他也接受其它人的邀約，那麼我對他的行為理論並非完全符合事實。

　　反映出所有重要事實只是好理論的要件之一，R. M. Thomas（1992）提出其它的要件如下：一個好的理論須能夠：

1. 正確地反映觀察
2. 清楚地表達
3. 有助於預測與解釋
4. 可以實際運用
5. 前後一致，不會自相矛盾
6. 沒有大量的假設（未經證明的信念）

    R. M. Thomas（1992）表示，一個好的理論也應該具有激發性，並且應該提供令人滿意的解釋。

    對於教育者而言，預測性是上述判斷標準中最重要的要件。最實用的理論是能夠解釋觀察與預測事件的理論，譬如我對羅仁的天真理論使我得以預測他將拒絕所有的社交邀約，不論邀請人是誰。然而，如同我們所討論過的，本例的預測是不正確的，因為我的理論無法解釋某些特定的重要事實。愈逼近事實的理論，則愈能做出越正確的預測。

    因此理論是一項陳述，或者更常是相關陳述的集合，其主要功能是歸納、簡化、組織與解釋觀察，並且允許對所觀察的相關事件進行預測，這些陳述有些可能被稱為法則，有些被稱為原理（principles），以及更多被稱為信念。

✍ 法則、原理與信念

    法則是大致上絕對準確的陳述。物理、化學、天文學、以及其它的自然科學都已經發現無數的重要法則（譬如 $E=mc^2$）。然而如同早先所提，法則所具有的規律與不變的預測特徵，在人類行為中是罕見的。

    原理是指那些或許不是相當確定的陳述。和法則不同的是，它們通常會受到某種程度的懷疑，以及具有某種程度的未必然性。因此，許多有關人類行為與經驗的心理學陳述，說法上採取原理而不是法則的形式。

信念比原理或法則更爲私密與個人。信念是我們試圖解釋觀察的個人理念，通常建立於個人經驗上，但是也能夠建立於導致較爲正式的理論之科學觀察上。教學心理學最重要的目標之一是，提供你一個較爲妥當有效的基礎，以形成與檢查重要的個人信念，畢竟信念是我們行爲的基礎（Pajares，1992）。

☝ 模式

模式（model）是另一個相關名詞。模式就像是一個式樣或藍圖，它呈現了事情的模樣，或是事件能夠或該有的模樣。Reese 和 Overton（1970）表示，模式可以非常詳細與具體，並且往往包含在理論之中或是從理論中產生，譬如原子構造模式、宇宙模式以及教學模式。

模式也可以非常概括化，譬如指出我們對人類本性的所有信念與假設。就這個觀點而言，每個人心中都有內隱模式支配著我們對世事的觀點，並且引導著我們的知覺與行爲。

心理學者對於人類的許多想法與信念，有兩種概括性模式。一方面，機械模式（mechanistic model）認爲應該將人類視同機器一樣——可預測、並且高度敏感地反映著環境的影響；另一方面，有機體模式（organismic model）則認爲，應該將人類視爲動態的、有活力的、能探索的有機體，對於內心感受比對於外在刺激更有反應。

從一個非常真實的觀點而言，心理學模式是種比喻，它們經常會說「人類行爲看起來像這樣或那樣」，而很少說「人類就是這樣或那樣」。因此，模式和理論一樣，它們的精確性比不上實用性。Wellman 和 Gelman（1992）表示，理論或模式並無所謂的對或錯，而是比較實用或較不實用。

索解問題的教學

就最簡單的角度而言，教學是傳授技能、知識、態度與價值觀，涉及促成（或者至少促進）學習者的改變。教學能藉由說明、說服、展示與示範、領導與指引學習者，或是綜合上述方法而完成。教學也可能只涉及教師本身的資源、知識與技能，或是仰賴專業化的現成工具（譬如影片或電腦軟體）、外界的專家，或者結合學習者已經擁有的才智、技能與資訊。

某些研究者指出（譬如 Leinhardt & Greeno，1986；Burns & Anderson，1987），將教學視為一種索解問題的活動是有幫助的。根據這個模式，教學涉及一連串的問題索解，有些問題既清楚又明白，譬如那些和特定課程或科目有關的問題。舉個例子，如果某一堂數學課的目標是讓學生學會減法，達成目標的問題之一是給予學生經驗，使他們有解答的能力；至於其它相關問題就不是如此明顯，涉及到教室環境的安排、監督進行中的活動、評量與評鑑每一個學生的興趣與理解力等等。

✑ 技能知識

優秀教師似乎已發展出一連串固定的程序與策略，使他們在教學時能夠不知不覺地應用，其結果是，他們在教室中大部份的行為，多多少少都有點像是「自動化駕駛器」（Kagan，1988）。他們對於學生潛在的不安與不專心，在發生以前就能感測得知。他們對於察覺潛在的問題，以及不著痕跡地加以解決，是非常有技巧的。他們會自動地——而且不會打斷正在進行的活動——帶入能夠轉移注意焦點的新互動，改變學生的注意力，將他們引回教室內的活動。

技能知識一詞可以涵蓋教學所涉及的許多技巧。Sykes 和 Bird（1992）表示，技能知識是一種實用智慧，無法完全用口語清楚地表達，但是能夠經

由練習而學習，或許也能藉由研究、分析那些闡釋教學問題與原理的案例而學習。

技能知識包括一般性的教學資訊，以及教授特殊科目與課程時的特定資訊。Leinhardt（1990，p.18）表示，它也可能包括了「片斷的、迷信的以及往往不正確的意見」，也就是說，技能知識可能建立在不正確與不適宜的信念上。

教學的技能知識最常顯露在教學的模式與固定程序中，它們是教室裡重要的角色。這些固定程序涉及兩種不同的活動：一種和教室管理與紀律有關，另一種和教學有關——即給予學生資訊並且使他們建立學習習慣。因此，學會這些模式與固定程序——也就是教學的技能——必須對學習者與學習歷程二者有充分的資訊，本書的目的即是提供這些資訊。

但是要成為一名優秀教師，你所要研習的不只是一本書（甚至不只一打書），你除了需要有關學習者與學習、人類發展、動機與興趣等資訊之外，你還必須綜合這些資訊——了解它們並且與你自己的價值觀、目標、個性與喜好融合。教師們都有自己的教學風格，沒有一項教師訓練計畫能夠（或者應該）使所有的教師變成一樣。

教學經常被描述為一種藝術與科學，事實上有些作者主張，專業教學遠比我們所想像的更為藝術。Eisner（1982）認為，成功的教學表現能用教學和教室管理有關的科學用語，以及創造環境（學習發生時的背景情境）的藝術用語來分析。

雖然類似本書的教科書被迫要探討科學而不是藝術問題，但值得緊記在心的是，我們不應該只在科學失效時才訴諸藝術；相反的，藝術應該是所有教室活動中不可缺少的一部份，即使是最普通平凡的一堂課，詩歌和令學習者著迷歡樂的手法也都有借用之處，這是教學之所以有趣的原因之一。

培養學生能力的教學

從教師的觀點來說，教學可以視為索解問題的活動，也就是解決一連串涉及溝通、教導、激勵、教室管理、評量等等相關問題的活動。

另一個檢視教學的方式，著眼於教學目的而不是教學歷程。教師必須關心課程安排的細節、各種有助於教室管理與有效學習的慣例程序，以及教學歷程所欲達成的目標。什麼是學校應該實現的目標？什麼是教育的重要目的？

這些問題的答案是教學／學習歷程的根本基礎，它們不僅決定學校課程的內容，也決定教學歷程的目標。教育目標可以是概括的（譬如培養良好公民），或明確的（譬如教學童二位數加法）。就本書而言，我們認為檢視教育目的之有效方法應從最寬闊、最概括的意義入手：教育的目的在於培養學生的能力。

就字面而言，培養能力意指給予能力。在最明顯的層次上，教育使學生有能力做他們原本無法做的事。閱讀、書寫和算術與視覺、聽覺等其它感官一樣，賦予我們感官能力，使我們得以知覺世界，而閱讀、書寫和算術使我們能以相當複雜與熟練的程度應付外界事物。若是沒有學校傳授的各種相關知識，我們將很難應付自如。如果我們要使用銀行機器、了解使用手冊、決定該付多少稅給政府、讀報紙等等，我們必須具備許多知識。

閱讀與書寫等特定技巧只是教育所培養的能力之一。學校也培養學生社會能力、自信、身為一名獨特與有價值的個體之個人力量。學校必須做的不只是教授科目，更為重要的是，教導學生擁有獨立的人格，這或許是陳腔濫調，卻非常真實。

學校經由資訊的傳授、自信與個人力量等感受的培養、以及為學生研擬與執行學習策略，來培養學生的能力。愈來愈明顯的事實是，由於我們這個

進步的科技社會積存太多的資訊，學生不可能全部都能充分學習，再加上資訊改變與淘汰的速率太快，試圖全部學習也許並不明智。其結果是，學習如何學習（learn how to learn）或許比學習如何解決問題更為重要，也就是學習 Mulcahy、Peat、Andrews、Darko-Yeboah、Marfo（1990）所謂的學習／思考策略，而不只學習特定項目的資訊；這些策略是求知的工具。事實上 Husen、Tuijnman（1991）主張，就標準化測驗（standarized test）而言，正式的學校教育的確增加人們的智力，因為我們在學校所學到的各種策略，可以用於思考、分析、檢視與評鑑我們的智力活動，我們也可以將之運用於生活中的各種情境。因此，此種策略是培養個人力量的巨大來源。

Nickerson（1986）認為，人類是聰明的生物，聰明到我們的「科技巫術」已經達到可以摧毀萬物以及自己的程度。事實上，我們不僅擁有這種能力，我們也處於使用之後可能產生的立即危險之中，這種危險或許人們根本不願意承受。Nickerson 警告，如果我們要解救自己，我們不可倚靠本能直覺（就像其它動物一樣），而需倚靠智力。因此，人類最後的生存取決於我們的思考能力。當然，激勵學生成為有用的人，不只關心自己也關心所有人類福址，是教導學生如何學習與思考的另一個重要理由。

人類的進步蘊涵著危險。本章僅只是簡介，以後我們會再討論學習／思考策略、倫理與道德以及武士與聖人的個人力量等等。

教學模式

我們在簡化而沒有過度曲解事實的原則下，將教學歷程分為三個階段，每一階段對老師都有不同的要求：教學前、教學中以及教學後（見圖 1.1）。我們可能會立即假設這三個階段有不同的重要性，但是相反的，每一個階段

都同等重要。本書對這些階段的討論比較接近教學的科學，而不是教學的藝術，但是這並不代表藝術變得較不重要。

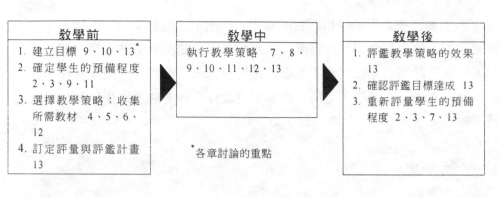

教學前	教學中	教學後
1. 建立目標 9、10、13* 2. 確定學生的預備程度 2、3、9、11 3. 選擇教學策略；收集所需教材 4、5、6、12 4. 訂定評量與評鑑計畫 13	執行教學策略 7、8、9、10、11、12、13 *各章討論的重點	1. 評鑑教學策略的效果 13 2. 確認評鑑目標達成 13 3. 重新評量學生的預備程度 2、3、7、13

圖1.1　教學歷程的三階段

教學前

　　爲了要成爲一名有效率，甚至於爲人模範的老師，早在踏入教室並且開始上課以前，你就必須做許多重要的決定。首先，你必須決定教學歷程的長程與短期目標。在決定這些目標時，你必須回答一些問題，譬如你所期待與計畫的特定學習成果是什麼？這些目標如何與這個科目、這個年級、這個學校、這個城市或國家的教育大目標相符？這些目標是否符合你自己的價值觀與信念？這些目標有多重要？

　　一旦你決定了教學目標，你必須選擇一項教學策略來達成目標，而且你必須創造、製作、或者至少收集有用的教學題材。你所必須具備的不只是策略的知識，同時也包括有效執行策略的所有技能。或許最重要的是，你必須注意到學生的程度是否已經足以接收這些特定的教學／學習經驗。學生的預備程度（readiness）涉及許多因素，包括學習所必備的知識與技能，以及適當的動機。很明顯地，那些渴望學習的學生最有可能從教學中獲益。另外，已

經具有必備知識與技能的學生，最有可能達成預設的教學目標。上述事實突顯了有關學生如何學習、人類如何發展、以及動機如何運作等知識的重要性。

我們對教學歷程的分析到目前為止，指出了三個教學前的步驟：設定適當的目標、確認學生的預備程度、以及選擇適當的教學策略。第四個重要步驟則是評鑑計畫：你如何確認教學目標是否達成？你將藉由何種程序來評量教學歷程本身，以及學習者所可能產生的改變？你的評量結果將如何影響後續的教學決定？

☆ 教學中

教學歷程（instructional process）———一般稱之為教學——涉及執行為引導學習者完成特定目標所設計之策略，一般而言這些策略包括溝通、領導、激勵與控制（紀律或管理）。

MacKay（1982）在廣泛檢視有效教學的研究之後，指出高效能的教師們所用的教學策略中有 28 項最為普遍的行為特徵，Mackay 稱它們為「建議」或「推薦」行為，而不是科學研究的肯定結論。這些行為與教學歷程的四個層面有關：教室管理與紀律；教學的組織、順序與表達方式；口語互動（溝通）；以及人際互動。這 28 項行為歸納在「有效教學的建議行為」專欄中，值得讀者好好思考。

有效教學的建議行為：

1. 教師應該使用一套有制度的規則來處理個人與程序等事務。
2. 教師應該防止淘氣行為的持續進行。
3. 教師應該明確地執行懲誡行動。
4. 教師應該多在教室中走動（監督座位中的活動）。
5. 教師應該低調處理（藉著非語文訊息、靠近、及目光接觸）脫序情況。
6. 教師應該確認作業的趣味性與意義性，特別是那些讓學童獨自進行的作業。
7. 教師應該使用一套有系統的規則，使學童在最少的指示下進行學習任務。
8. 教師應該有效運用學科的學習時間，設法令學生積極投入學習任務並有所收穫。
9. 教師應該使用固定的信號使學生注意。
10. 教師不應該在所有學生都能集中注意力以前就開始講課。
11. 教師應該有多種教學技巧，並配合學習需求而加以使用。
12. 教師應該使用一套現場檢查作業的制度。
13. 教師應設法使數學（或其它）及獨立的遊戲活動，與教過的概念產生關聯。
14. 教師應該運用技巧使具體的活動逐漸轉變為抽象的活動。
15. 教師應該適度混合困難與容易的問題。
16. 教師應該注意教室中所進行的事件。
17. 教師應該具有同時注意一個以上問題的能力。
18. 教師應該設法使課程內容流暢，即課程重點之間的接頭應有良好平滑的銜接。
19. 教師的行為應顧及課程進度。
20. 教師授課時表達應很清晰。
21. 教師應該有能力引發學生學習的動機。
22. 教師應該明白表示對學童的關懷、接納與重視。
23. 教師應該準確回應學童明顯與不明顯的意思、情緒與經驗。
24. 教師應對許多不同學生提問題。
25. 當學生答案不正確或只答對一半時，教師應藉著改變措辭、給予提示或問新問題等技巧，幫助他們回答更好的答案。
26. 教師應該運用讚美來獎勵優秀的表現，以及鼓勵那些總是表現較差的學童。
27. 教師應該偶爾對較有能力的學生作輕微的批評，以傳達對他們更高的期望。
28. 教師應該能接納與整合學童自發的互動，譬如提問題、表示意見或做其它貢獻。

資料來源：取材自 A. MacKay 的有效教學研究「Project Quest: Teaching Strategies and Pupil Achievement」Occasional Paper Series, Centre for Research in Teaching, Faculty of Education, University of Alberta, Edmonton, Alberta, 1982, pp. 42-44.

值得注意的是，在一項以 72 名三年級與六年級的數學與語文老師爲對象、爲期一年的研究中，研究員發現學生成績與 28 項策略之間呈正相關，除了第 1、4、7、9、11、13 與 14 項。然而，Evertson、Anderson、Brophy（1978）以及 Brophy、Evertson（1974）已經在其它研究中發現，這七項推薦行爲與有效教學也呈正相關。

我希望這招吸引注
意力的策略行得通

↗ 教學後

　　教學歷程的第三階段涉及以教學前所設定的目標，對教學成果進行評鑑，這個評鑑歷程顯示你的教學效果，同時也可能說明了你的教學目標是否適當、學生的預備程度、你的教學策略是否適當，甚至於包括你的評量歷程是否適切。

教師的角色模式

Fenstermacher 與 Soltis（1992）指出，教師至少有三種可辨識的角色模式：執行者（executive）、治療者（therapist）及解放者（liberationist）。執行者是指教師主要的責任在於安排教學／學習情境，使學生獲得技能與資訊。持這種信念的教師會把重心放在準備最好的教材上。治療者是指教師有高度的同情心，認為自己的職責在於促進學習者健康與快樂，因此他們把重心放在學生身上，而不是教學法與課程內容。解放者指視教師的角色在於解除學生心靈的束縛，並讓他們擁有學習時所必備的工具與態度，換句話說，就是讓他們能學習如何學習。

你對於教師角色所持的信念頗為重要，因為這除了會決定你在課堂中進行的活動之外，也會影響到學生與你的互動關係及他們的學習活動。當然，大多數的教師不會只拘泥於其中的某種角色而完全忽視其它角色，這意味著他們的信念是混合型的。

☞ 專家教師與非專家教師

專家教師（expert teacher）是指那些特別擅長運用教學技藝的教師。年資久的教師不一定就能成為專家教師。Sternberg 與 Horvath（1995）指出，專家教師的特徵表現在三個領域上：

1. 知識
2. 解決問題的效率
3. 對於解決教育問題的洞察力。

底下我們將加以探討。

知識：Rich（1993）認為，專家教師往往比非專家（與新進）教師更熟悉課程內容。這方面的優勢，使專家教師能更輕易了解教材內容的關係與連結性。這是專家教師突出的理由之一。此外，專家教師也擁有較多的教學知識，即教學原理與學習原理方面的知識。因此，他們不僅較能組織與處理課程內容，也是較佳的教室管理者。

效率：Sternberg 與 Horvath（1995）指出，專家教師有較好的效率，能以較少的時間與努力去完成事情。因此，他們是較佳的問題解決者，這也許是因為他們已經知道如何讓某些活動自動地運轉。此外，他們也是較佳的規劃者。他們已發展出例行事務的順序作法，在教學時幾乎可以無意識地加以運用。從某個意義來看，他們大部份在教室裡所做的彷彿是「自動化駕駛」（automatic pilot）（Kagan，1988）。也因此，他們更有餘暇去監視自己的上課流程，更能夠預測各種問題的出現，以及不時修正自己的教學活動。

洞察：Sternberg 與 Horvath 指出，專家教師比非專家教師更能產生有創意及有洞察力的解決辦法。例如，在教室管理方面，對於學生的不安與心不在焉，他們有較高的敏感度。他們不僅精於找出潛在問題，也精於運用不干擾其它活動正常進行的作法，能重新引導學生將注意力放在課堂上。非專家教師往往視每一件教室管理在懲戒方面的問題都是獨立的，需要採取不同的解決辦法（Butcher，1993）。相對之下，專家教師對於教室管理問題擁有一種層級性的概念，也就是說，他們看清了學生的行為與教師的作為之間的直接關係。不足訝異的，Swanson，O'Connor 與 Cooney（1990）比較了 24 位新進教師與 24 位專家教師之後發現，專家教師在指認、界定與解決紀律問題方面有較佳的持續計畫。因此，他們更能掌握預防性與矯正性的管理策略之涵義（表 1.2 列了專家教師的一些特徵）。

表1.2　專家教師的一些特徵

1.　教學表現卓越
2.　熟悉課程內容
3.　熟悉教學原理與學習原理
4.　能察覺教學中有意義的型態與各種關係
5.　能迅速回應學生與做成教學上的決策
6.　深入了解教學問題
7.　投入相當多的時間在於分析教學問題
8.　對於教學問題與紀律問題能找出有洞察力的解決辦法
9.　精於監視與評鑑教學行為
10.　對於進行中的行為有良好的記憶力

資料來源：部份根據Chi，Glaser and Farr（1988）及Sternberg與Horvath（1995）。

心理學與教學

　　從這個簡單的模式內容（教學前、教學中與教學後的活動）來看，心理學對於教學的貢獻是很明顯的。諸如人們如何學習？如何運用我們對學習與動機的了解來增加教學歷程的效果？那些面臨學生不當行為、或者希望能夠避免的老師，如何了解學生心理？如何給予學習者學習動機？以及數千個其它相關問題，心理學都能夠提供我們答案。

　　心理學對於這些問題的回答，對於教學確實有重大貢獻。事實上，當教師們被問到為了變得更有效能，他們需要何種協助時，他們通常都反應出這些問題，譬如 Moore 與 Hanley（1982）在調查 247 名（22 名男性與 225 女性）隨機選出的小學教師之後，整理出 13 項教師們認為需要協助的特定任務（見表 1.3）。最常被提到的是，如何幫助學生變為較好的學習者，特別是有關基本技能的學習。這些老師所表達的其它需求，與紀律、激勵學習者、確

認與提昇學習者的程度、以及幫助學生建立實際的目標有關。這些需求都屬於教育心理學的範疇。

　　教育心理學（educational psychology）可以定義為教育場合中人類行為的研究。如同 Wittrock（1992）所強調的，它涉及將現有的心理學知識應用於教育的理論與實務中，並且致力於發展新的知識與程序。因此，教育心理學探討學習歷程、人類發展與動機、社會學習、人格（特別是智力與創造力的特徵）、紀律與其它教室管理問題、測量與評量學生的發展與學習，以及其它的相關問題。這些寬廣的課題正是本書的要點，我們將之劃分為四大項（見第 13 章）。

表 1.3　教師需要幫助的 13 項任務（依重要性排列）

1. 培養有效能的學習者，以及對基本技能的熟練。
2. 引導學童設立與達成實際的目標。
3. 為更有效能的教學圈定教材及尋求學校的支援。
4. 建立與維持紀律。
5. 確認與了解影響學習的預備程度之各項因素。
6. 啟發學童的學習動機。
7. 設計評量方式與詮釋資料結果。
8. 教學支援、科技方法及教材。
9. 了解影響學童的教育目標之人際關係因素。
10. 對人類行為有更多的了解。
11. 更新課程內容與教學方法。
12. 改進多功能的教室分組技巧。
13. 獲得教學計畫的行政協助。

資料來源：K. D. Moore and P. E. Hanley, 「An Identification of Elementary Teacher Needs」 *American Educational Research Jouranl*, 1982, pp.19, 140. Copyright 1982, American Educational Research Association, Washington, D. C.

以教學爲生涯

　　我父親當了四十一年的教師，那些歲月並非完全輕鬆容易。在初執教鞭的頭幾年，他常常領不到薪水，即使領到了也非常微薄。在許多年裡，他教大班級——在一所偏遠而且只有一間教室的學校，學生有五十人之多，他從一年級帶到八年級。他的教學工作也不簡單、直接，他的低年級學生往往只懂法語或印地安克里族語，而不懂英語。

　　但是我的父親真的喜愛他的工作，他明白教育的重要性，並且以身爲老師而驕傲，也許因爲這樣，他在教職中誨人不倦；到了最後，即使是在經濟蕭條時期，他那所一間教室的學校仍然培養出好幾打的大學生，其中最少有兩人得到博士學位，數名得到碩士學位。

　　教學是重要的，它既刺激又有趣，也可能有很大的回報，但是它無法使你賺大錢，而且工作絕不輕鬆。

　　在一所類似下文案例所描述的學校中教書，往往是困難而具挑戰性。教導一群動機、能力、時間與精力南轅北轍的學生，很明顯的會有很多問題。另外，目前老師們（以及學生們）可以取得的資訊大量增加，再加上資訊處理工具（譬如電腦）日漸進步，都使教學更爲複雜（Downes，1991）。簡而言之，今日的教學面臨著許多壓力來源，其中包括：更有效能、並且爲教學／學習歷程成果負責的壓力；與毒品有關的校園問題，包括暴力；與高註冊率有關的責任；來自於主流教育政策的要求（將那些有天賦、聰明或有學習缺陷的特殊學生，安排於一般教室，而非隔離的政策）。另外，教學工作有時候很難獲得（雖然其它時候會缺少教師，形成大量的空缺）。

　　有相當大比率的教師在初執教鞭時沒有獲得正式的職位，或者在幾年後放棄教職。在教學十二年之後，有半數的新進男教師離開教職（Murnane，Singer & Willett，1988），其中有四分之一後來重執教鞭。至於女教師因爲

有生育、育兒等中斷教學生涯的因素，有半數的新進女教師在六年之內放棄教職，然而其中有三分之一後來返回教職。因此，雖然有許多新進教師放棄或改變教職，絕大多數的人仍以教書為終生職，許多人（或許是大多數人）都熱愛他們的工作。

許多教師會經歷某些問題，新進教師通常比有經驗的教師會遭遇更多的問題，為什麼呢？Valli（1992）表示有四個原因，首先，新進教師強烈傾向於模仿自己學生時代的老師，其結果是他們無法以廣泛的信念為基礎，去發展出有效的個人教學方法。其次，新進教師傾向於疏離其它教師，因此在面臨困難時很少得到情感上的支持，並且少有機會得到資深教師與優秀教師的輔導與指引。第三，新進教師經常發現很難轉換所受的訓練，以解決教室中實際發生的問題，其結果是他們可能將過去所學全部丟在一旁，認為它們是不適用的理論。最後，許多新進教師變得過份關心「正確的教學技巧」之發掘與應用，結果是他們無法發展出更有彈性、更有創意——而且往往更有效能——的教學方法。

案例

記者 Marina Jimenez 在當地一所中學當了一個星期的偽裝學生（Jimenez，1992）。據她報導：

> 這所學校有二千三百名學生，是加拿大西部最大的學校，為來自不同背景的學生提供種類繁多的教學計畫，有些學生接受學科教育計畫，上英文、社會研究與科學等核心課程，其它人學習皮膚與指甲修護、開車、或在學校餐廳研習煎漢堡的全部學分。這個學校去年的畢業生中，有34%得到大學並不認可的學位或證明。許

多學生一週內在商店、倉庫或速食店工作二十四小時或更久，其中有些人仍然設法維持好成績，有些人則是為了社交機會才來上學。這些學生當中有許多人無論週末或平常都上酒吧或俱樂部，而且常常不到凌晨三、四點不會回家。許多課的出席率都很低，而且不足訝異的，有些學生整堂課都在睡覺。學生中有 72% 的人自力更生，許多人出身自有嚴重問題的家庭。這個學校有種族緊張問題，去年有種族所引發的打鬥，而今年則有一位警察奉命長期駐紮此校。

放寬視野思考學校教育

我們成長的地方（指美國）學校非常普及，並且是義務教育，這使我們傾向於厭倦學校的角色，以及它對社會的影響，學校教育的影響因而被忽視。根據美國人口統計調查局 1994 年的資料指出，在 25-64 歲的範圍內，各國沒有高中文憑的百分比依次是：美國 17%，瑞士 19%，加拿大 24%，瑞典 33%，澳洲 44%，法國 49%，比利時 57%，西班牙 78%，土耳其 82%，葡萄牙 93%。我們不妨偶爾提醒自己，我們的國家只是世界的一部份——而且不是人口最多的地區，其它地方並不是都和美國一樣。因此，國際間的對比也許能夠突顯教學與學習所能造成的某些差異。

舉個例子，想想看美國的嬰兒死亡率低於千分之九（1991），而在部份的非工業國家，一千名嬰兒中有一百名以上死亡。事實上每一年世界上有一

千五百萬名嬰兒死於可以防止的病因，其中約有四百萬人死於痢疾的脫水，以及幾乎同樣多的人死於疫苗可以防止的疾病，譬如麻疹與破傷風（J. P. Grant，1986）。這些與教育何干？關係非常大。研究很清楚的說明，在第三世界地區裡，接觸學校教育與生育率的降低有明顯關係，並與嬰兒高的存活率有關（Levine，1987），譬如母親若學習簡單的衛生學，就能夠防止嬰兒罹患痢疾，以及母親若接受較便宜的口腔再水化治療法（oral rehydration therapies）的教育，也能夠挽救大量的生命。

很明顯的，缺乏學校教育、文盲、貧窮與高死亡率幾乎是連鎖反應。悲哀的是，許多發展中國家（特別是非洲），受教育的兒童低於全體兒童的半數（Tsang，1988），而那些能夠上學的小孩，所接受的教育品質也非常低，中途輟學率因而十分高，而教育的相關花費也相當高昂。另外，雖然第三世界國家的學校註冊率自 1950 年後已經增加了五倍，但是缺乏經費嚴重抑制了學校教育的成長，並且對教育品質產生明顯不良的影響（Fuller & Heyneman，1989）。

想像高品質的普及教育制度在某些偏遠的印度與非洲村落所能產生的影響，也許很容易，但是要了解教育在國內所產生的影響卻不是那麼容易。我們不妨想像若是廢除普及教育，並讓小孩在街上遊蕩，最後會對我們的社會產生什麼影響。

摘要

1. 教學技能無法遺傳；心理學對於教學技能的發展有卓著的貢獻。明確地說，有關學生如何學習、如何激勵學生、以及他們如何思考與記憶等心理學知識，能夠幫助塑造教師的信念；而信念（建立在知識與經驗上的個人理念）則是各項教學決定的基礎。

2. 心理學研究人類的行為與經驗。心理學的各個分支學科各關心行為的特定層面（譬如發展心理學、臨床心理學與教育心理學）。

3. 心理學和許多其它學科一樣，以科學為發掘與認識事實的主要工具。科學是一種態度，也是方法的集合。科學態度指堅持精確、一致、客觀與可驗證，而科學方法則是為了確保這些特徵而設計出來的方法。

4. 科學性事實是客觀與可驗證的觀察；理論是一系列的陳述，主要功能是歸納與解釋相關的觀察；法則是正確性不受懷疑的陳述；原理是那些或許不是相當確定的陳述；而信念則是私有的個人理念。

5. 模式呈現事物的模樣（或者該有的模樣），通常內隱在我們的理論與信念之中，而不被詳細地描述出來。心理學的重要模式包括有機體論（我們是動態、有活力的有機體體：對於內心的感受會產生反應）、機械論（我們比較像機器：能夠被預測，並且會對外在的影響立即產生反應）。

6. 由於人類行為極為複雜，而且往往難以預測，心理學的理論與原理並不容易建立。另外，它們通常比其它自然科學的法則允許更多的例外。

7. 教學可以視為一連串的索解問題與做決定。優秀教師所擁有的技能知識有一部份涉及發展一連串例行的程序與策略，使他們幾乎可以自動化地解決、或避免許多教室問題。要擁有這些技能必須對學生、教學有充分的了解，並且對藝術有某些認識。

8. 教學藉由給予學生重要的資訊與技能、培養他們擁有社會能力與自尊等個人力量的感受、以及幫助他們發展學習所必備的學習／思考策略，來培養學生的能力。

9. 一項簡單卻實用的模式描述了教學歷程：教學前的活動（設立目標、確定學生的預備程度、選擇教學策略與收集所需教材、擬定評量計畫）；教學中的活動（教學策略的執行）；以及教學後的活動（評鑑教學策略的效果、確認目標達成度、以及重新評量學生的預備程度）。另外，教師的角色模式指出三種角色，即執行者（教師的職責在於準備好教材，

安頓好教學情境，以期收到最大的學習效果）、治療者（教師具有高度同情心，關心學生健全的發展）及解放者（教師是學習的促進者，負責解除學生心靈的束縛）。

10. 教育心理學是將相關的心理學知識應用於教育的理論與實務上，主要用途在於回答諸如人們如何學習？如何激勵學生？如何確認學生的預備程度？什麼是完成目標的最佳教學策略問題等？

11. 教學並不像打職業棒球、或擁有富有雙親般能讓你有錢。教學職位有時候一位難求，而教學的要求與壓力有時會使年輕教師放棄教職，但是仍有許多人留下來並且熱愛他們的工作。

12. 由於我們之中的多數人都生活在學校義務教育普及的地方，使我們很容易忽視教育對生活的影響。第三世界國家的情形顯示，缺乏學校教育與貧窮、嬰兒高死亡率、以及種種悲慘境遇之間有密切的關係。

複習問題

1. 對於教師而言，研讀教育心理學有何重要性？
2. 試定義法則、原理、信念及理論。
3. 試說明下面的說法是什麼意思？（a）教學是一系列解決問題的活動；（b）教學是一種對於學生的「賦權」；（c）教學是一種思考反省的活動；（d）教學是一門技藝。
4. 試闡述有效教學模式中的基本要素。
5. 試列舉哪些特徵能區辨專家教師與非專家教師。

❏ 建議書目

The following brief book provides a detailed look at teaching as a profession. Among other things, it outlines the various training programs available and provides suggestions for finding employment as a teacher:

EVANS, J. M., & BRUECKNER, M. M. (1992). *Teaching and you: Committing, preparing, and succeeding.* Boston: Allyn & Bacon.

Although there has been considerable change in the teaching profession in recent years, there is also considerable stability in the roles and expectations associated with teaching. The following book looks at stability and change from the teacher's point of view and presents an insightful look at the requirements, the challenges, and the rewards of teaching:

COHN, M. M., & KOTTKAMP, R. B. (1993). *Teachers: The missing voice in education.* New York: State University of New York.

Decisions about what to do in the classroom, the authors of the following book explain, require that teachers understand the *context* in which learning occurs, the *content* of what will be taught, and, perhaps most important, a great deal about the *learners* themselves. Theirs is a highly practical guide to various strategies and procedures for classroom use. Especially pertinent for this opening chapter is their Chapter 11, which deals with reflective teaching:

FREIBERG, H. J., & DRISCOLL, A. (1992). *Universal teaching strategies.* Boston: Allyn & Bacon.

Science is perhaps not the only way of knowing. In books that strive to crack our "cosmic eggs" (disrupt our world views) and that appeal to intuition as much as to reason, Pearce argues that science is not even the best way of knowing:

PEARCE, J. C. (1971). *The crack in the cosmic egg.* New York: Fawcett Books.

PEARCE, J. C. (1977). *Magical child.* New York: Bantam Books.

Those who have access to the Internet might want to consult the following thrice-weekly bulletin put out by the National Education Goals Panel (1850 M Street NW, Washington, D.C. 20036). It summarizes current educational news relating to grades K through 12:

http://www.utopia.com/mailings/reportcard/

A detailed analysis of teaching as a contemporary career, with attention to the goals, functions, and philosophies of schools:

RYAN, K., & COOPER, J. M. (1992). *Those who can, teach* (6th ed.). Boston: Houghton Mifflin.

PART | TWO

人類發展

小孩對成人所能做的，就是震驚他們，使他們跟上時代。
——George Bernard Shaw，*Fanny's First Play*

　　但身為教師卻不能常常被小孩子的行為嚇倒。因此，如果教師要有效地教導年輕學子，瞭解他們的行為就非常重要。教師對於六歲孩童面對陌生人時偶爾會慌張失措，或對於青少年那些經常不切實際、偶爾令人心驚的邏輯，都不應該感到驚訝。成長意謂著熟悉事物，而校園學習大部份又與學習如何善用心智有關。

　　第二篇的兩個章節探討兒童在學期間的發展，使讀者能瞭解人類發展的歷程，以及塑造人類的動力，最後則檢視兒童如何發展的知識對教育的涵義。

第2章

人類發展概論

　　了解兒童對有效教學很有幫助，這似乎是很明顯的道理。我們不會期望一個六歲孩子了解Boolean（布爾）邏輯，也不會對一個青少年說，如果他完美地將媽媽畫像塗上顏色，且沒有超出線外，他就可以玩盪鞦韆，並期望他對這個提議感到興奮。然而，六歲孩童究竟能夠了解什麼？又是什麼能讓青少年感到興奮？本章披露兒童發展研究中的一些重要發現，並提供相關問題的初步答案。值得牢記在心的是，我們的討論不得不將主角偏限在一個虛幻卻方便的發明上——即「平均兒童」，你的學生不太可能是「平均」兒童，他們必須個別去了解，但儘管如此，對平均兒童的認識可能對了解個別兒童會很有幫助。

育兒經驗的啓示

小時候父親帶我去參觀我畢生的第一個遊藝會，我完全被迷倒了。我從來沒有聽過或聞過那麼多東西，也沒有看過那麼多色彩和動作；我不曾嚐過棉花糖和蘋果糖，或親手摸過一隻大象，也不認爲我真的看過一頭野牛。

在我們回家之前所觀賞的「畸形」秀，最讓我印象深刻。我看到一個男人吞下一把又長又利的劍，一個女人在一個盒子裡被切成兩半，然後又奇蹟似地復原。稍後，一個侏儒將火球塞入嘴裡，接著吐出黑鴉鴉的煙，然後一個自稱全身每一吋肌膚都有刺青的女人，讓我毛骨悚然。在接下來的幾個星期裡，我對這一切念念不忘。我想那些不像我這麼幸運、可以親眼目睹的人，絕對不會相信世界上有這些事情存在。

我仍然著迷遊藝會、畸形秀和當中的人物。有一年夏天，遊藝會又來到我們鎮上，我很快提議要帶七歲的兒子去看，他並非很熱衷，我知道他喜歡週六的電視節目，只是他還不知道遊藝會有多精彩。

於是我們一起參加遊藝會，就像老歌所唱的，所有美好事物都在那裡。

但是我的兒子並沒有看到！他似乎對那些景像、聲音、氣味和味道無動於衷。當我們站在一個表演帳篷前面，一個男人聲音洪量地慫恿我們進去看雙頭牛、象皮女、世界上最高的人，以及單手的侏儒鋼琴演奏家，我兒子的表情中沒有好奇，只有無聊。

「就是這個，」我說，「這是遊藝會的精華，你看了就知道。」我懷著甦醒的熱情把他拖進帳篷。

當晚稍後，我們談起那場遊藝會，我才知道兒子看到的不是雙頭牛，或是身上有柔軟灰色象皮膚的奇怪女人，他只看到一隻不幸的單頭牛，在應該是右耳的地方長出另一個頭狀物，以及一個患有噁心皮膚病的可憐婦人。他沒看到一個聲音洪亮的巨人，相反的，他看到一個不快樂的醜胖男人，痛苦

地走過單調的舞台，途中發出痛苦的呼吸聲；他也沒聽見單手侏儒演奏痛徹心扉的鳴奏曲，他聽到的是超迷你電子琴發出憂愁的曲調。

我一直認為遊藝會有魔法，但是兒子和我來自不同的世界，他的世界因為電視和其它東西，而不像我的童年那樣天真。

現在他能在哪裡發現魔法呢？

人類發展的概念

發展心理學研究人從出生到死亡之間所發生的改變，描述不同年齡層的人類特徵，致力於指出不同年齡與不同性別之間可預測的差異，以及解釋那些導致發展改變的歷程。簡而言之，發展心理學描述一個七歲孩童的模樣、七歲和十四歲可能有哪些不同、七歲孩童為什麼會是那樣，他們又將如何、又為什麼會改變。這些訊息對教師很重要，因為教師必須時時關心學生的程度、興趣與能力。遺憾的是，發展心理學所提供的資訊並非全然簡單與直接，經常是有所限制，並且有許多例外，畢竟每個人都是獨一無二的個體。

☞ 不同的背景環境

對於發展心理學者來說，個體出生與生長的時間和環境是特別重要的因素。我兒子和我就是明顯的例子，我們屬於不同的世界——不同的背景環境。一個發展心理學者可能會說，我們屬於不同的出生世代。

出生世代（cohort）可以解釋為一個團體，其成員出生於同一時期，譬如四○或六○年代。因此，出生世代最初是固定的大小與組合，它不會隨著所屬時代結束而增長。但是它不僅會隨著時間消逝、成員死亡而變小，也會在其它可預測的改變發生時而改變。舉例而言，因為全世界的男性傾向於比女性早死，所以兩性的比率會產生變化；雖然每 105 名男嬰出生時有 100 名女

嬰，到了青少年早期兩性存活的比率幾乎相等，但是到了六十五歲，存活的 100 名女性中只有 69 名男性，這些可預測的改變對於了解男女兩性的一生頗有幫助。

　　從發展心理學的觀點來看，出生世代最重要的意義是，出生世代成員的一生在歷史的影響下會有類似的結果，尤其是如果他們身處於類似的地理、社會與其它環境變數下時。在詮釋發展心理學的結論時，我們必須牢記在心，當中許多結論是建立在對少數的出生世代——通常只有一個——所進行的研究上，而且它們可能並不適用於其它的出生世代。在我們這個逐漸多元化的社會裡，由於個體之間的差異日益增加，因此要求教師考慮這些差異便變得更為重要。

　　本章將簡述有關人類發展的某些重要發現，下一章則細論認知與社會發展。

☞　名詞定義

　　發展（development）：指個體適應所屬環境的歷程，涉及生長、成熟與學習。

　　生長（growth）：指生理的改變，譬如身高與體重的增加，這些改變與量有關，與質無關，也就是說，他們是數量的改變，而非導致不同品質的轉變。

　　成熟（maturation）：一詞不像成長那麼明確，意指與環境無關的改變。成熟的改變被認為與遺傳的影響有密切的關係。然而，在大部份發展的領域裡，遺傳與環境有非常密切的相互作用，譬如學習走路不僅取決於特定肌肉群的成熟、行動控制能力的增加（成熟發展），也取決於各種相關技能的練習機會（環境、學習）。成熟的明顯例子發生於青少年早期，是導致性成熟（青春發動期，puberty）的諸多改變——這些改變總稱為「青春期」（pubescence）的特徵。雖然青春期的開始似乎受環境制約的影響（在 1850

與 1970 年間，月經初潮──開始有月經──愈來愈早發生，很明顯是營養因素造成的，見 Frisch & Revelle，1970），而改變的順序主要受遺傳的影響。

學習（learning）：可定義為經驗所造成的行為改變，包含實際或潛在的改變，因此學習指所有較為持久的行為改變。學習不是成熟或外在因素造成的，它的結果與環境（例如藥物或疲勞的短暫影響）無關。

人類發展的本質

本節將以九項發展原理來概述發展心理學的重要知識，這些原理並非發展心理學的完整概要，選錄的原因是它們與教學／學習歷程有關。

➫ 影響發展的因素：先天與後天

發展受遺傳（先天）與環境（後天）兩者的影響。譬如，我們知道許多人類生理特徵是由基因造成的，例如頭髮、眼睛顏色、容貌及某種程度的身高和體重，但是遺傳影響並非一切。雖然某些特徵（譬如頭髮與眼睛顏色），完全受基因控制，其它特徵（譬如身高與體重）很明顯也受環境因素影響。

變生子研究：人格與智力特徵的情況遠不如生理特徵明顯，事實上，遺傳如何影響諸如智力與創造力等重要性質，以及它們能被環境修正的程度，一直很難確定（見 R. L. Linn，1992）。為了澄清這個問題，許多研究集中焦點在同卵孿生子（identical twin），因為如同 Gould 所說，他們是「區分遺傳與環境對人類的影響，唯一真正適當的自然實驗……」（1981，p.234）。因為同卵孿生子有相同的基因，任何一對人類都不可能有這種情況，包括異卵孿生子（fraternal twin）在內。因此，如果智力是由基因決定的，則同卵孿生子應該有幾乎一樣的智力測驗分數（幾乎而不是完全一樣，因為我們無法完

全準確地測量智力）；而如果智力大部份是環境的功能，則一般的兄弟姊妹與異卵孿生子應該和同卵孿生子一樣類似——並且比那些分開生活的同卵孿生子更爲相近。

　　圖 2.1 是智力與基因之間關係的研究摘要，此圖透露了什麼訊息？首先，注意那些基因不太可能類似的人（沒有親屬關係），他們智力測驗的相關係數（介於-1 到+1 的關係值）最低，另外，隨著基因相似程度的增加，相關係數變得愈來愈高。智力很明顯地受遺傳影響。

類　　別		相關係數 0.0　0.1　0.2　0.3　0.4　0.5　0.6　0.7　0.8　0.9	研究樣本樣
不 相 關 的 人	分開生活		4
	一起生活		5
養父母—子女			3
父母—子女			12
兄弟姊妹	分開生活		2
	一起生活		35
異卵孿生子	異性		9
	同性		11
同卵孿生子	分開生活		4
	一起生活		14

圖2.1　取自52項研究中智力測量分數的相關係數。同卵孿生子的高相關，顯示所測智力的強烈基因基礎；一起生活的兄弟姊妹或孿生子的相關性大於那些分開生活者的事實，則支持了環境因素對於智力測量分數的相關性也很重要的觀點。取材自 L. Erlenmeyer-Kimling and L. F. Jarvi（1963），「Genetics and Intelligence: A Rrview」，*Science*，142，1478，American Association for the Advancement of Science.

你能區隔基因與環境
（先天與後天）的影響？

　　我們也注意到，環境相似程度增加，相關係數也增加。因此，比較一起生活與分開生活的同卵孿生子，前者的智力數值更相似。同樣地，異卵孿生子（他們的基因並不比其它兄弟姊妹類似）也獲得較高的相關係數——或許因為他們的環境比大部份的兄弟姊妹類似。畢竟異卵孿生子年紀相同，並且大約在相同的時間遭遇相同的經驗。

　　養子女研究：對養子女的研究也提供豐富的資訊，顯示環境與基因之間糾纏的互動關係。藉著養子女、養父母、養子女的生父母、及養父母的親生子女等資料，我們可以分別比較基因因素與環境因素的影響。例如，養子女與養父母無基因關係，但有相同的環境。另一方面，養子女及其生父母雖有基因關係，卻處於不同的環境。至於養父母所親生的子女則有相同的基因與環境。

　　正如圖 2.2 所示，智力測驗分數有最高相關係數值的是親手足（有相同的基因與環境），最低的是環境相同、基因不同的組別——明顯地看出基因決定智力的重要性。例如，養子女與生母之間智力的相關值「高於」養子女

與養母的相關值，這是各種收養研究一再證實的現象（例如，DeFries，
Plomin & Fulier，1994）。

　　結論是？如同本節開始所提的，發展受遺傳與環境兩者的影響，兩者間
有複雜的交互作用，它們如何決定你我的變化，尚未清楚得知。從教育的觀
點來看，這個原理最重要的是，環境能夠影響我們許多的特徵；此外，雖然
我們對遺傳比較無能為力，但是我們能控制大部份的環境（進一步的討論請
見第 7 章遺傳的角色以及環境和智力的關係）。

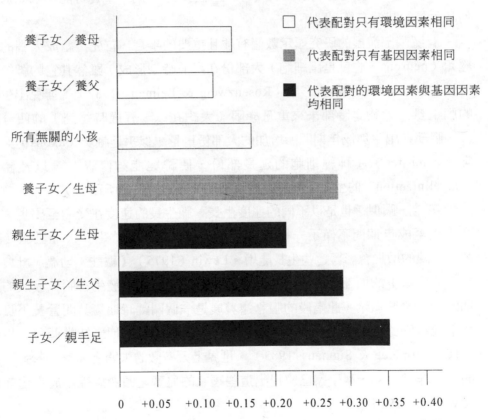

圖2.2　摘自「德州收養研究」中的智力相關係數（資料來源：J. M. Horn, The
Texas Adoption Project. *Child Development*, 1993, 54, p.268-275.　Reprinted by
permission of The Society for Research in Child Development. Inc.）

⤷ 不同的生長速度

　　不同的器官有不同的生長速度。這並不是說左腳快速生長一段時間，然後換右腳，再來是手臂，而是說人體的不同部位，以及某些人格和認知層面與知覺能力，以不同的速度生長，並在不同的時候達到最大的發展，譬如，Bloom（1964）【編註：著名的教育心理學家】發現人類到二歲半時，已經長到未來身高的一半。他也指出男性攻擊他人的傾向，有半數在三歲時就已建立，而我們大部份的智能潛力六歲時就已經發展[1]，此一事實可能與腦如何及何時生長的狀況有幾分關係。

　　有關腦部發展的研究顯示數個有趣且重要的事實。首先，組成人腦的神經元（neurons，也就是腦細胞）大部份在產前時期形成，雖然其它的神經元可能在出生後的頭幾個月形成（Rosenzweig & Leiman，1982）。嬰兒出生時的腦重量，大約是腦部未來重量極限（大約在二十五歲時達到）的四分之一。腦部在出生與成年期間所增加的大部份重量，似乎是軸突（axons）與樹突（dendrites）（神經細胞的延長部份，使神經能夠傳導），以及髓鞘（myelinization）的生長所引起的，而不是新細胞的生長所致。

　　第二，腦似乎也是以不同的速度生長。腦生長的速度在受孕至出生、以及出生至成年期間不僅不一樣，相反的，它以陡增方式生長，而且腦（頭殼）周線的增加會影響這些生長陡增。Lewin（1975）【編註：勒溫，社會心理學的先驅】的頭部測量研究認為，腦生長的劇烈陡增發生在胎兒發展的後期階段。證據顯示，此階段的腦急遽發展是一個關鍵時期，其間營養不良可能造成特別嚴重的影響——在生長陡增繼續進行的嬰兒期最初幾個月，也是一樣（Parmelee & Sigman，1983）。世界上大多數的未開發國家，營養不良的情形非常普遍，科學家已經提出這些國家的兒童之頭殼周線小於平均數值（Winick，1976）。

---

[1] 此類陳述只是假說性的近似值，探討的是變異性而非絕對數值，重點在於指出主要的人格與智力特徵似乎受幼年經驗的強烈影響（而且或許部份由幼年經驗所決定）。

Epstein（1978）以頭殼周線的調查資料下結論指出，從出生至成年，腦生長有四個重要與顯著的陡增期：二至三個月、二至三歲、六至八歲，以及男性的十四至十六歲與女性的十至十二歲。Epstein 指出，根據 Piaget【編註：皮亞傑，認知發展理論大師】的理論（本章稍後會討論），各階段所發生的陡增與當時主要的認知改變緊密配合，此外，生長陡增可能造成的腦部生理變化，增加了認知發展的可能性。證實這項推測以及指出腦周線相關改變的一致性與顯著性之證據，目前仍然很少。

另一個與不同的生長速度原理有關的觀察是邊利現象（lateralization），這個名詞說明了大腦左右兩半（腦半球）的功能並非完全一樣的事實。就新生兒而言，腦半球似乎尚未高度分工，但是在嬰兒初期，交叉控制原理（principle of oppsite control）變得明顯。這項原理顯示，一般而言右腦涉及身體左半部的感覺與動作，而左腦與身體的右半部有關。另外，人類有 90%右撇子與 10%左撇子的事實，也是腦半球不對稱的明顯證據（Halpern & Coren，1990）。我們的祖先山頂洞人似乎也是個例證，他們所畫的手形圖有90%畫的是左手（因此可以推測是用右手畫的）（Springer & Deutsch，1989）。

個體中的多數人（95%的右撇子以及 70%的左撇子），他們的左腦多多少少涉及更多的語言產生功能（Bradshaw，1989），此一觀察是腦半球分工的另一項證據。然而這並不表示右腦與語言無關，事實上，當左腦在生命早期受損時，右腦經常會毫無困難地接收語言功能。然而，如果是後來才遭受損害，接收可能不會發生，或者受更多限制（Bradshaw，1989）。

類似的發現已經使某些人認為，大多數人的右腦與情緒、空間辨識和俗務（例如藝術與音樂）較有關係，而左腦與推理、數學、科學和語言較有關係。因此，有邏輯推理的人有時會被描述為「左腦傾向」，而比較直覺與藝術性的則是「右腦傾向」。許多研究者與理論學家指出，我們目前的教育練習強調左腦功能，譬如著重語言學習、數學、科學與推理（參閱 Sonnier，1985），他們認為學校忽略了右腦功能，因此我們應該改變我們的教育內容

與哲學，以同時教育學生的左右腦。整體教育（holistic education）一詞就是來自這個觀點。遺憾的是，研究大腦的雙邊功能已被證明困難重重，而且目前流通的訊息大多是觀察而不是事實（Hellige，1990）。例如，Hines（1991）檢視了連結創造力與右腦之關係的研究證據，他指出這種證據幾乎不存在，並認為這一類的說法是不精密、假說性的信念。同樣的，Brown 與 Kosslyn（1993）強調，大腦並不是以簡單的兩分法來運作的。也就是說，堅持左大腦掌管邏輯與分析，右大腦掌管「藝術面」的說法有簡化與誤導之嫌。他們認為，兩分法是程度上的說法——左大腦與右大腦很可能「相對上」一方在某些功能方面比另一方較好，但是它們的功能有相當多的重疊。不管如何，這並不能減低整體教育強調教育中某些常遭忽視的面向之重要性——特別是那些與情感面與藝術面有關的領域。

第二項原理摘要：個體所有特徵的發展歷程各不相同。Bloom 以發展的生長曲線提出一項對教育非常重要的原理，請見原理三。整體教育的一位擁護者描述它是一種激進的新取向，特徵是以個人為中心、生態平衡、全面性、及重視精神面（Miller，1990）。

☞ 環境的影響時機

環境中的變異，在特徵改變最急遽的時期對特徵的影響最大，而在改變最不急遽的時期影響最小（Bloom，1964，p.7），生理生長即是此原理的最佳例證。二十四歲的魯道夫童年期間經常營養不良，現今只有 142 公分，就算他現在突然改變飲食，也不太可能多長 30 公分，相對地，對六個月大的克莉絲來說，飲食的改變非常可能影響她最後的身高。

這個原理也適用於智力的發展，舉例而言，在生長陡增期間，特別是產前與產後的早期發展，營養不良似乎對腦生長有很大的傷害（Crawford et al，1993）。此外也有證據顯示，生命早期的認知發展可能對環境的影響最為敏感，在生命後期則否。舉例而言，Lee（1951）研究三組居住在費城的非裔

美國學童的智力測驗分數,其中一組含有南方出生的個體,另外二組成員都是在一年級以前,或四年級時搬到費城,這個研究發現,那些在一年級以前從貧窮的環境搬到較好學區的小孩之智力測驗分數增加最多。另外,最大的改變發生在搬家的頭幾年。不足為奇的,那些在費城出生與長大的孩子,他們的分數高於另外兩組人中各年級的小孩(見圖2.3)。

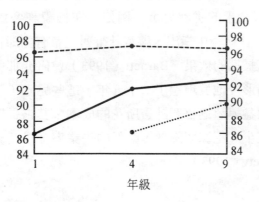

圖2.3 在費城出生與長大(虛線)、在南方出生並在一年級搬到費城(實線)、以及直到四年級才搬到費城(點線)的非裔美國學童,在一年級、四年級與九年級時的智力測量分數的改變。取材自E. S. Lee,*American Sociological Review*,1951,p.231。美國社會學協會1951年版權所有,經作者授權使用。

另有證據顯示,環境的影響時機對語言能力的培養可能非常重要:嬰兒與學齡前兒童能夠輕易地同時學好二種或更多的語言,而成年人則是困難多而成績少。

教育上涵義:各種急遽發展發生於不同時期,環境影響在這些時期有最大的效果。這個原理的教育涵義是雙重的:教育者必須確認最大與最小的急遽改變期,而且必須在改變最急遽時期安排相關的學習經驗。啓智計畫(Project Headstart)等學前計畫說明了這個思考觀點。此種計畫提供學習經驗給劣勢的兒童,以使他們趕上比較優勢的兒童;雖然這些計畫的初始評估(initial evaluation)未必全然正向(例如 Bronfenbrenner,1977),但是許多相關研究在測量這些計畫可能產生的重要之正向改變時,也遭遇到極大的

因難，例如研究通常只調查明顯的事物，如標準化測驗（standardized test）成績，卻沒有將重要的社會與情感事件，譬如自我概念的改變、動機等等納入考慮。同時，大部份這方面的研究會去比較那些居劣勢而接受啟智計畫的兒童與那些處優勢背景的兒童。不足訝異的，研究通常未能發現接受啟智計畫的兒童能夠跟優勢兒童有同樣的表現水準。然而，接受啟智計畫的兒童卻勝過那些未接受啟智計畫的劣勢兒童。例如，在檢視許多這方面的研究之後，Haskins（1989）在結論中指出，啟智計畫對兒童有立即性的正面效果。此外，它們同時也有長期的效果。Barnett（1993）曾研究那些劣勢兒童在接受啟智計畫之後的情形，他發現過了二十五年，這些兒童（及其社群）在經濟上所獲得的顯著效益遠超過啟智計畫所花的成本。其它長期的效益包括：未成年懷孕的比率減少，犯罪率降低，較低的失業率，以及減低對社會福利救濟金的依賴（Barnett，1993）。

☞　發展的順序

　　發展遵循著一個有秩序的順序。例如，在胎兒發展期，心臟出現並且在四肢充分成形前開始運作，嘴唇和齒齦在鼻腔之前成形，尾巴在永久齒萌芽前退化等等。以動作發展而言，兒童在俯臥姿勢下能抬高下巴，然後才能挺起胸膛；他們先坐後站，先站後爬，先爬然後會走（Shirley，1993）。

　　智力發展似乎也適用這個原理，雖然它的發展順序較不明顯、階段較不顯著。Piaget 的理論（見第 3 章）即建立在人類發展具有明顯的順序階段之特色的假設上。舉例而言，一項分析兒童的遊戲行為之改變的研究指出兩項顯著的發展順序——一項關於兒童在遊戲情境中的實際行為，另一項涉及兒童對規則的概念形成。明確地說，兒童在三歲前並不具有規則的概念，他們的遊戲是「自由玩樂」，全然未受到不准做什麼和可以做什麼等概念的左右。

一直到了五歲左右進入第二階段，兒童開始模仿成人由規則來控制遊戲的概念，但是他們的遊戲規則因人而異並且經常改變，他們會一邊玩一邊制定規則。不過他們對規則的描述是外來的規定而且是不可更改的。

在第三階段（十一歲或十二歲），兒童開始了解規則是能夠改變的創作。但是他們認為應該嚴格遵守遊戲規則，即他們的行為與信念背道而馳，因為他們還是僵硬地遵守遊戲規則，很少（如果有的話）去改變規則。一直要到第四階段（十一歲或十二歲以上），他們的遊戲行為終於反映出他們對規則功能的理解，現在他們雖然依照規則遊戲，但偶爾也在彼此的同意下改變規則（見表 2.1）。

表 2.1　Piaget 描述兒童對規則的理解與使用

大約年齡	理解程度	遊戲行為
三歲前	無法理解規則	遊戲時沒有任何規則
五歲左右	來自上帝（或是高於自己的權威）並且不可改變	不斷地違反與改變規則
十一歲或十二歲	理解規則的社會性本質，以及規則是可以改變的	不改變規則；嚴格遵守
十一歲或十二歲之後	完全理解規則	在彼此同意下改變規則

對規則的理解只是發展遵循一個有秩序、可預測的順序之一個小層面。Piaget 的研究（見第 3 章）指出，對現實的概念、邏輯推理、對時間與空間的理解，以及許多重要的認知與知覺事件，都是有秩序並且可以預測的。

發展大抵遵循有秩序、可預測的順序之觀察，對教師特別重要，因為教師必須關心學生的預備狀態。如果教師希望提供給學生一些挑戰性足夠引起興趣，又能促進成長的可達成任務，教師必須知道特定技能與能力的發展時

機；而了解哪些因素能增加或阻礙發展，可能也非常重要，我們將在下一章說明。

⟨⟩ 發展的階段

發展能以階段來描述。發展理論通常是階段理論，也就是根據由年齡定義的階段來描述重要的發展事件。階段理論的基本信念是，雖然發展是非常平穩而持續的過程，然而顯著與重要的改變是按照可預測的順序發生。

階段是實用的，是方便我們「懸掛」事實的地方。它們簡化我們的理解、幫助我們組織、並且易於回憶。Freud（弗洛伊德）、Erikson【編註：艾瑞克遜，心理社會化發展論的創始人】與 Piaget 等理論家都廣泛地運用階段。階段和理論一樣都是理論家的創作，目的是澄清與組織他們的觀察，它們的實用價值勝過準確價值。

既然階段是種創作，可想而知 Piaget、Freud、Erikson 等理論家由於觀點不同，他們所描述的兒童發展的特徵也各不相同。

階段理論對教師非常重要，因為他們提供人類發展的順序、兒童在不同階段最可能發生的行為，以及或許還包括促進階段轉變的因素等資訊，下一章將再次討論這些問題。

⟨⟩ 交互作用與補償作用

發展的原理是交互作用（ correlation ），而不是補償作用（ compensation ），此一原理與大眾的刻板印象牴觸。流行的刻板印象認為，那些在某方面具有天賦的人，在其它方面不可能同樣優秀；這個刻板印象也告訴我們，書呆子是社交白痴、沒有吸引力、脆弱、短視，甚至無法勝任那些最不需要技巧的任務；它也強調，運動員也許非常有吸引力，但卻非常笨，他們不會拼字、沒有律師在旁更正就不會簽支票、只讀簡單的漫畫書、對不好笑的事也笑個不停。

事實並非如此。事實上,在某一領域表現卓越的人,更有可能在其它領域有好的表現,而在某一領域低於平均水準的人,傾向於在其它領域也低於水準。雖然這個原理有明顯的例外,卻是理解兒童整體發展的實用指南。

那麼,身為「牛仔」,你是否期望自己未來成為一頭牛?

發展的速度

發展通常以最初開始的速度繼續進行,一個很早就學走路和說話的小孩,更有可能在未來超越那些發展開始得較晚的兒童。Bloom(1964)檢視了許多研究後指出,人類的特徵非常穩定,換句話說,大部份的生理與智力特質會在最初的急遽發展期間內出現,此後發展速度的改變就非常地小。

性別差異

男孩與女孩的發展具有系統性、可預測的差異。從出生到青少年早期,男孩比女孩高與胖,但是到了十一歲,女孩的平均體重超過男孩,到了十一歲半,女孩一般比男孩高,到了十四歲男孩趕上並超越女孩——並且在餘生維持較高與較重(一般而言)。

女孩的性成熟（達到青春期）比男孩早，使她們在青少年早期比男孩高和重。一般而言，她們比男孩早兩年經歷青少年早期的成長陡增，亦即青春期的最早改變之一（導致性成熟的改變）。這些改變引發重要的激素改變，而且不僅在生理發展，就連興趣改變與性別察覺也很顯著。

青少年期的女孩平均十二歲時初次有月經——月經通常被認為是青春期（性成熟）的信號——而男孩平均十四歲進入青春期。但是個體並非平均，他們是獨特的，某些女孩早在七歲就開始了青春期的改變，有些則較晚。

證據顯示，過早或過晚的成熟若使青少年在同伴之中顯得突出，可能是缺點，特別是如果改變（或缺乏改變）不受歡迎時（Petersen，1988）（見內文案例）。不足訝異的，過早成熟通常是男孩比女孩正面，這或許因為早熟男孩的社會性成熟受到羨慕，也因為男性成熟仍然比女性成熟更被接受。同樣的道理，男孩若明顯地晚熟，可能會比較不安、比較會去尋求別人的注意、信心較少，適應能力也不如早熟的男孩（Crockett & Petersen，1987）。

除了成熟的平均年齡中可預測的性別差異外，興趣與能力也有性別差異。不同的是，成熟的時間表大部份由遺傳控制，而興趣與能力的差異，大部份是經驗不同與期望不同的作用，這些性別差異將在第 3 章討論。

案例

珊卓在小學四年級的時候經常在鏡子前一站數個小時，試穿不同的厚重毛衣與寬鬆襯衫，試圖使自己看起來正常，這就是她所有的要求，只要看起來正常。

但是，沒這麼容易！她才九歲就已經要摒住呼吸，好穿上胸罩。事實上，那是她母親的胸罩，她不願換穿自己較大的那件。她想如果她能夠把自己藏在母親的小胸罩裡，胸部也許不會如此明顯，畢竟她只是四年級的小學生，似乎不該有波霸的身材。當她朋友的胸前仍然漂亮平坦時，她的幾乎像病態。

⌕ 個體的差異

個體有很大的差異，因為我們所處的不同環境深深影響我們，而且除了同卵孿生子外，每個人都繼承不同的基因特徵。然而不管我們有多麼的不同與獨特，我們仍然能對人類行為與發展做出有效的概括（generalization）。但是——最重要的是——這些概括適用於整個兒童團體，而不適用於任何特定的個體。世界上並沒有正常或平均兒童，平均兒童是老祖母所發明的神話，以及心理學者研究的對象。

上述的發展原理歸納了發展歷程中一些與教育有關的知識，即使它們並不強烈建議特定的教學涵義，但是它們能夠提供給教師概括性的概念，將有助於更加了解學生。

當然，人類發展不只是這九項摘要原理。從教師的觀點而言，認知（智力）發展絕對是教學／學習歷程的重心（於第 3 章討論）。接下來我們討論對教師很重要的另外兩個議題：語言發展與道德發展。

語言發展

透過語言進行溝通的能力，是我們與其它動物明顯不同的地方之一。不只因為語言使我們能夠彼此溝通那些抽象層次的事務（這使我們懷疑已超越其它動物的想像與能力），語言至少還在其它兩方面使我們與野生或家畜動物不同：它使我們能夠貯存知識與智慧，並使我們得以傳送知識，更重要的是，語言使意思得以普及，人類經驗得以分享。由於語言是教學的主要媒介，它的重要性再怎麼過份強調都不為過。

語言與溝通

語言不是溝通的同義字。動物也有溝通，但是它們沒有語言，一隻狗會走到食物盒前叫幾聲、看著主人的雙眼，然後開始鳴吠，它得到主人的注意，進行了溝通。野生動物也有溝通，麋鹿豎起尾部斑點傳遞警訊，白尾鹿則是揮動它們的長尾巴，雉鳥以啼叫威脅敵人，麋鹿大聲咆哮，大角鹿則是低聲咕嚕。Hebb（1966）描述此類的行為是透過反射活動的溝通。儘管狗的行為是溝通的例子，但是仍然不是語言。

溝通是輸送或傳遞訊息，它必須有一個發送者和一個接收者。語言溝通是有意圖地運用任意的聲音、姿勢或符號以傳遞意思。再者，語言的使用涉及聲音或其它經過組合或轉換能夠產生不同意思的信號。舉個例子來說，鸚鵡能夠模仿單字或片語，並且能在教導下說一句完整的句子，所以它的發聲聽起來像是有意圖的；一隻鸚鵡在客人喋喋不休講了二小時之後，說出「你使我感到無聊」，或許被認為是有目的地使用語言，但是鸚鵡並非在溝通意圖下使用句子，並且不能任意地轉換句子以改變它的意思，這是使用語言與反射式溝通的不同。

語言的早期發展

嬰兒在牙牙學語時期，可能吐出各式各樣的聲音，這些聲音如何被組織成有意義的語言模式，仍然屬於推測（speculation）。

一項解釋早期的語言學習建立在行為的強化效應上（見第 4 章），這個解釋主張嬰兒在呀語期發出仿字音，這些聲音會受到大人的強化；隨著這些特定聲音的出現次數增加，父母或兄弟姊妹可能重覆嬰兒的發聲，因此提供了示範的楷模。最後，兒童經由強化而學習模仿周遭大人的語言模式。如果沒有這種模仿與強化，語音的次數與種類或許會減少。這個論點來自下述的觀察：耳聾兒童在六個月大以前所發出的聲音與聽覺正常的兒童大致類似，

但是之後他們只發出少數聲音，其中屬於重覆性的聲音並不多（Eilers & Oller，1988）。

請注意，雖然強化可能是早期的聲音（語音，phonology）與簡單的意思（語意，sematic）之學習的絕佳解釋，卻不足以解釋兒童學習語言之迅速，或學會複雜造句（syntax）（句子的組成規則）、文法（grammar）（字彙分類與功能的規則），以及語用（pragmatics）（支配對話的潛在規則——例如什麼時候什麼人應該說話，以及停頓、語調、姿勢等等的意義），這些語音、語意、造句、文法與語用是語言的元素。

探討語言起源的研究者一直對嬰兒的第一個聲音與姿勢，以及嬰兒與照顧人之間的互動關係特別感興趣。使用與理解文字的能力，似乎是從一連串上述複雜的互動發展而來的，Bruner（1983）【編註：布魯納，當代最傑出的科學教育家】稱之為「語言學習輔助系統」（LASS，language acquisition support system）。此系統涉及學習如何進行目光接觸，如何透過目光移動以指引注意，以及如何透過臉部與其它肢體動作以強調和溝通意思等等（請見下一節「細論語言學習」）。

為了方便與簡化，語言學習可分為一連串的階段，表 2.2 摘錄 Wood（1981）所描述的六階段。

六階段：一歲內大部份是語言學習的前階段，此時與語言有關的明顯發展包括姿勢與雜音（譬如咕咕聲、咿呀聲與哭聲）的發展與改善，大部份經由嬰兒——照顧者間的互動產生。

第二階段包括出現對字詞（holophrase）或類似句子的字彙，通常在十二個月大時發生。雖然兒童在這個階段一次只說一個單字，這些單字的意思再加上非語言的線索，就已經足夠表達成人就同一事件所用的完整句子，舉個例子，我姪兒 Eskabar 語氣傲慢的說出「貓」這個對字詞，他的意義非常明白「幫我拿球、一些冰淇淋，還有其它東西，否則我要大聲尖叫，並且再把 Boris 的尾巴咬掉！」

表 2.2　兒童的文法發展階段

發展階段	發展本質	語言模式
1. 語言前（一歲以前）	哭、咕咕、咿呀。	Waaah，Dadadada
2. 仿字詞或對字詞（十二個月大）	單字中含有非語言線索（姿勢與反應）。	Mommy（表示：「媽咪請妳過來」）
3. 雙語詞（十八個月大）	增加修飾字形成陳述、疑問、否定與命令的結構。	Pretty baby（陳述） Where Daddy？（疑問） No play.（否定） More milk！（命令）
4. 多詞句（二歲到二歲半）	句子包含主詞與述語；運用文法詞根來改變意義（譬如-ing，-ed）。	She's a pretty baby.（陳述） Where Daddy is？（疑問） I no can play.（否定） I want more milk！（命令） I running. I runned.
5. 更複雜的文法改變與字彙類型（二歲半到四歲之間）	增加句子的字元、內崁與變更順序，細分字彙類別（名詞、動詞與介系詞）。	Read it, my book.（連接句） Where is Daddy？（內崁結構） I can't play.（變更順序） I would like some milk.（使用some修飾集合名詞） Take me to the store.（使用地方介系詞）
6. 仿成人結構（四歲以後）	複雜的結構特性，包括詢問、回答與承諾。	Ask what time it is. He promise to help her.

資料來源：部份取材自 B. S. Wood 所著 *Children and Communication：Verbal and Nonverbal Language Development*（第二版），1981, p.142, Prentice-Hall, Inc., Englewood Cliffs, New Jersey 授權轉印。

　　雙詞句（第三階段）主要由連接名詞或代名詞的修飾語組成，出現在十四個月大。此階段的語言仍然是非常電報體，也就是說複雜意思被濃縮成簡

單、文法偶有錯誤的雙詞句，例如「Mummy gone」（媽媽不在）這個詞，可能要表達複雜如「我親愛的媽媽到芝加哥出差」的句子之意思。

在二歲至二歲半進入第四階段的多詞句，現在的句子可能有五個或更多單字，雖然它們仍然像電報一般精簡，但是有較多的文法變化以表達不同的意思，而且通常有適當的主詞與述語。在二歲半至四歲之間，兒童逐漸學習運用更複雜的文法結構（第五階段），並在學齡前後期發展至類似大人的句子結構。

雖然這些階段都註明了年齡，它們僅只是大約值，建立在大群體的平均表現上，因此和所有的人類發展領域一樣，提早或延後表現某種行為是很正常的。平均一詞的概念，並不是說那些與之不同的都是不正常，它只是一個將觀察重點加以分類的數學指標。

☞ 細論語言學習

用以解釋兒童語言學習的學習理論與強化模式都有幾分的正確性，但同時也有不充分的地方。兒童在三、四年級時，學習造句與文法的驚人速度，加上兒童能在說話時只犯少許錯誤的事實（如果學習只由強化造成，預期的錯誤會更多），使得學習理論與強化模式不可能是完整的解釋。此外，他們所犯的錯誤往往不是缺乏適當的示範楷模，或者缺乏強化所造成的，而是誤用他們所學到或創作的規則。

諷刺的是，他們所引用的規則通常是合邏輯並且可以預測的，只是我們的語言（指英語）有太多的例外，我們無法全面地引用文法規則，因此，當兒童說「I eated」「I was borned」「I doed it」以及「I runned fast」時【編註，句中的動詞都是不規則動詞，不適用一般的動詞變化規則】，他們是在展現自己的文法很好，即使他們還沒有精通這個語言。

這些觀察引發語言學習的生物學理論——譬如 Chomsky【編註：詹士基，語言學家】的語言學習工具（LAD，language acquisition device，1957，

1965）以及 Nelson 的稀有事件學習機制（RELM，rare event learning mechanism，1989）。這些生物學理論的共同點是，他們假設人類生來具有特殊的語言學習能力——像是辨認聲音、製造聲音，以及發明文法——試圖以此解釋嬰兒身上明顯的語言學習秉賦。

然而，LAD 與 RELM 畢竟不算解釋，他們只是隱喻。他們說「我們的表現就彷彿擁有內建的語言學習配線」，他們卻沒有展示這些裝置，或其運作方式。如同 Rice（1989）的觀察，沒有人對語言學習有完全令人滿意的解釋。

語言與智力

語言能力與智力測驗值之間有很高的相關性。這表示如果某項能力高度地發展，另一項能力也可能如此，反之亦然（第 3 章對相關性會有更完整的解釋）。部份原因也許是大多數的智力測驗都是語文性質的，它們通常要求兒童最少要了解語文的指示，也測試口語或書寫的反應。另外，許多測驗是測量字彙的廣度與熟練度。一方面智力測驗的本質或許至少說明了一些語言與智力之間的相關性，另一方面，語文能力在這些測驗中扮演重要角色的事實，也說明了語言對於我們定義智力的重要性（見第 7 章）。

語言在教育中的角色

在 1982 年，美國的學齡人口約有 75%是白人，拉丁美裔兒童只佔 10%。然而，到了西元 2020 年，白種美國學童可能會下降至 50%，另外一半由拉丁美裔約佔半數——也就是說每四人中就有一人——其餘的將是非裔美國人（約佔學童的 16.5%）與其它人種（Pallas，Natriello & McDill，1989）。這些人口統計的改變，部份原因是白人家庭的生育率（1989 年每千

人 14.8）低於黑人（1989 年每千人 22.1）與其它種族（1989 年每千人 22.0）
（1991 年美國人口統計局）。此外，移民人口也以非白人居多。

　　這些可能性對美國教育特別地重要，因為如果它們屬實，則極可能造成
學校的明顯改變。在 1982 年，大多數的美國學童講英語——這個強勢、標準
的大眾語言——到了 2020 年可能就不再如此佔優勢了。同樣地，西班牙語與
所謂的非標準式英語，譬如黑人英語，將會變得更普遍。這些改變有什麼涵
義？

⇨　非標準語言

　　最為團體多數人所了解、說與讀的語言，稱為標準語言（standard
language），它們和其它語言在比較下被視為正確與認可的語言。我們經常認
為非標準的語言形式遜於標準語言，譬如非裔、拉丁美裔、法語加拿大人，
以及美國土著與加拿人所講的各種英語。我們通常假設這些形式的語言比較
差，而且是造成標準英語較差的學童普遍的就學問題之癥結，然而，那些不
是講標準英語而表現較差的人，也許不是因為他們的語言能力較差，而是因
為他們使用著不同的語言。因為學校通常以標準英語教學，要有好成績必須
精通標準英語，使得使用非標準英語兒童明顯地處於劣勢（Baratz，1969）。

　　是不是有任何事能夠，或者應該，進行以加強兒童對標準英語的熟練？
這個問題的第一部份很容易回答，第二部份則不容易。可以做的事有好幾
件，一個明顯的解決方法是在家中與學校都強調標準英語，偏好此法的人士
主張，在校內與校外都講英語是最有利的方法，如此一來那些沒有學習優勢
語言的兒童，在校內外都將處於劣勢。另一個解決方法是准許非裔美國兒
童，至少是部份時間，在學校使用他們的非標準方言（Seymour，1971)，而
這將要求教師具有非標準語言的能力。

　　至於應該做什麼又是另一回事，類似的問題總是無法單以研究或理由來
獲得解決。

⌂ 多元化教育

　　如同先前的討論，美國當代社會的人口統計特徵由於生育率與移民率之不同而急遽改變，其結果是會有愈來愈多的學生以有限的英語能力上學。並且許多研究一再地顯示，這些學生如果未能在學校裡好好地唸書，未來都很可能會是社會的隱憂（Jimenez，Garcia & Pearson，1995）。如同 Brisk（1991）所說的，傳統上將此視為學生的問題——一種學校不需要負任何特別責任的問題。在某些例子裡，這個問題將因處於傳統學校教育的環境中而自行矯正，但是在許多例子裡，學生只是失敗。事實上，證據顯示西班牙裔的學生未能在美國完成高中學業的人數日益增加（Waggoner，1991)。同樣的，Edward 與 Redfern（1992）指出，在加拿大與英國，非屬主流文化的學童在成績方面顯著低落，並且通常為人們所忽視。這些學者認為，雖然多元文化在這些國家已是不爭的事實，但是政府當局過去一直往單一語言的方向發展。這項迷思的明顯訊號是，學校的教學通常以英文為主，弱勢族群的文化與語言未受到應有的重視。

　　在本世紀的後半段，人口統計變數方面已產生迅速的變化，並且美國社會也逐漸重視多元文化的各個面向。結果，許多學校當局開始重視所有學生的成長與學業表現，各種文化與語言逐漸受到尊重。於是產生所謂的「多元文化教育」（multicultural education)。

　　多元文化教育的宗旨：多元文化教育是定義鬆散的概念，反映著教育家意圖將教室與社會裡的各種文化納入考量。並且由於語言與文化難以分開，因此在大多數的情況下，多元文化教育也意味著離不開以多種語言進行教學。

　　Bank（1993a）對於多元文化教育曾提出數項重要的目標。第一是改革學校的教育制度，使所有學生不管其文化與語言背景為何，均能受到學校平等的對待。第二是破除不公平對待男學童與女學童的學校制度。Banks 說，為

了達成這些目標，不僅課程與教學方法需要做重大的改變，教師與行政人員的態度也是一樣。

多元文化教育的面向：多元文化教育需要包容各種不同的文化——這誠非易事。其中的一項問題是，許多教師未受過不同文化與語言之充分洗禮，所以未能認識區隔文化族群之間微妙而重要的差異（例如，見內文案例「適應文化的差異性」）。因此，Perez 與 Torres-Guzman（1992）指出，許多教師與課程制訂者在推動多元文化教育時，對於文化與文化族群常有許多錯誤的觀念。其中之一是單純地認為文化是靜態與不會改變的，所以能夠很容易地以民謠、衣著、舞蹈、及音樂等事物來加以描述。也許更誤導的觀念是，假定弱勢族群的文化是高度的均質化，因此某一文化的個人大致上都相同。最後一點是，民族自我中心主義（ethnocentrism）使人們——通常是強勢文化的人們——認為自己的文化確實比其它文化優越，所以應抬高做為其它文化的榜樣。

Banks（1993a）指出，多元文化教育在理想的情況下，會完成數項任務。第一，整合來自各種不同文化的資訊與事例，使所有的學生就某個意義來說不是「文化文盲」。第二，協助學生了解知識與信念如何受文化（及不同的社會階級使用不同的語言）的影響。第三，在部落主義（tribalism）逐漸盛行的世界裡，這是極重要的一點，即透過提高相互的了解，進而包容其它人們及其信念系統，藉此消除種族偏見。第四，消除種族、社會階級及性別方面的不平等。第五，強化所有學生的能力，使即使來自劣勢背景的學生，都能夠汲取資訊與技能，以及培養出對於成功之道有更強的信心。

✧ 第二語言計畫

既然多元文化教育經常會處理不同的文化與語言，所以通常同時也會涉及兩種語言（bilingual），許多美國的學校很明顯都會提供第二種主要的語言。近年來許多雙語或以英語為第二語言的計畫（ESL，English as a Second

Language）已經建立，Brisk 表示這些計畫的主要目的是，讓學生打好基礎以適應傳統的、唯有英語的學校課程。

Brisk（1991）強烈主張，當學生變得逐漸地多語言與多文化時，學校必須變得更能回應他們的需求；要求學生適應傳統的、唯有英文的教學課程，不如發展能夠真正融合那些語言與文化背景不同的學生之課程。Collett 和 Serrano（1992）表示，學校應該將重心放在變成真正的包容一切，也就是說真正的多文化，而不只是接收背景不同的學生，並且試圖將他們都變成一樣。Banks 指出（1993b），多元文化教育在設計上，是為了讓所有的學生在多元文化與民主化的社會裡都有很好的發展。因此，它是不可或缺的。

其它看法：多元文化教育運動是對於文化多樣性的一項回應；Ogbu（1994）認為尚有另一種作法：即推動「核心課程運動」（core curriculum movement）。其擁護者認為諸如算術、閱讀、作文等「核心」課程都應以主流文化的語言上課。

但是也有反面的爭議。美國一些有權有勢、擁護唯有英語的團體，主張英語應該被指定為官方語言——至少有八州已經這麼做（Padilla，1991）。這些團體的許多成員，喊出唯有英語、英語第一、以及美式英語三大口號，堅決反對利用大眾資源進行雙語教育。

其它團體致力於擴展成人與兒童的雙語計畫，譬如著名的 English Plus。McGroatry（1992）指出，這項爭論引發了相當多的緊張。事實上，美國的法院已經發現，將所有兒童置於講英語的教室，無視於他們的語言與文化背景，並不符合公平對待所有兒童的原則，因此立法賦予雙語教育權。在加拿大，兩種官方語言的教學權利，只限於某些省份，最值得注意的是，魁北克 101 法案傾向於在魁北克省內的所有公共地區，強制使用法語（Padilla，1991）。

案例：適應文化的差異性

亞力克‧詹森是位新進男教師，白人，現年二十四歲

　　亞力克一直認為他會是個好老師。他的學習成績良好，他喜歡小孩，而且他的組織能力強，工作認真。因此，當一所收有許多移民兒童的學校提供教職機會給他，他一點也不猶疑地接受。對於多元文化教育如何培養對其它文化的尊重，以及如何調整課程內容與塑造上課風格以包容其它文化，他都有一點認識。他張開雙臂歡迎他那些四年級的弱勢文化的學生，並認為他們將會愛上學校。

　　雖然他是這麼想，但是發現他的方式行不通。事實上，這些移民學生在整學年裡，大多有迷失與困惑的感覺。過一陣子之後，艾力克開始了解原因。例如：

◇ 東部的印地安學生對於白人同學與老師自由地交換意見感到震驚；在他們文化裡，只有老師在上面講，學生在下面聽的情形。

◇ 日本學生對於可以不同意老師的意見感到震驚，以及對於學生不順從老師的指示而很少受處罰也無法釋懷。

◇ 越南學生在老師親切地摸他們的頭時感到蒙羞。

◇ 回教女孩對於上體育課時必須換上短衣短褲感到非常尷尬。

◇ 阿富汗男孩覺得自己很難去聽從女校長的指示。

資料來源：部份根據 Stewart（1993）

沉浸計畫：研究指出，學習第二語言的最好方法之一，不是參加臨時課程、家教、昂貴的視聽課程，或是密集研習，而是沉浸在那個語言中。語言沉浸（language immersion）的要義是指，進入一個只講那種所要學習的語言之環境。沉浸計畫既可適用於主流文化學生學習第二外國語言（例如加拿大西部講英語的學生進入法語學校就讀），也適用於弱勢文化的學生學習主流文化語言（例如講西班牙語的學生就讀英語學校）。

　　Stewart（1993）指出，目前在英語方面有三種不同型態的沉浸計畫。收容型沉浸（sheltered immersion）通常在高中階段實施，並且是設計給那些會講一點英語，但是若能提昇流暢性將會獲益不淺的學生。在這種班級裡，授課是以英語為主，但是教師會設法使單字與文法能被所有的學生了解。一旦學生對於英文有足夠的進步時，則會返回正常班上課。

　　結構型沉浸（structured immersion）通常始於小學一年級，不過也可以稍微晚一些。在這種情況下，所有的教學都採取沉浸的語言。第三種是拉出型沉浸（pull-out immmersion），通常使用於結構型沉浸計畫面臨學校招生不足的時候。在此情況下，學生從正常班中拉出接受使用第二語言的特殊教學，並且通常由教英語為第二語言的教師擔任。

　　也有充分的證據指出，如果沉浸及早發生（在母語穩固建立之後），兒童能夠輕鬆地學習第二、甚至於第三或第四語言。

　　法語與西班牙語的語言沉浸計畫盛行於美國北部，大部份的沉浸計畫從學齡前開始，並且持續到小學畢業。在一個典型的沉浸計畫裡，教師和助教在第一年只講沉浸語言，也就是說第二語言不是獨立的科目，而是正規課程的授課語言；到第二年英語授課大約佔學科的 10%，這個比率逐年增加，直到六年級時英語與第二語言各佔半數。

　　研究指出，沉浸計畫對於傳授第二語言特別有效（譬如 Genesee，1983，1985）。參與者很快地達到高程度的聽說讀寫，雖然大部份的人無法達到和母語一樣的熟練程度，以及或許只有少數人有機會變成 Diaz（1983）所謂的「平衡雙語者」（指兩種語言都一樣好）。然而。如同 Genesee

（1985）所指出的，沉浸學生的語言能力不完美，並不會防礙他們對第二語言的使用，此外，這些學生在數學、科學、社會研究等學科，以及社會和認知發展測驗的表現，通常和傳統英語課程的學生一樣好。如果沉浸課程完全以第二語言進行，而且學生尚未接受英語語文的教學，他們在英語文學的測驗當然不會一樣好，但是 Genesee（1985）也指出，接受英語教學一年之後，他們的表現就能和只接受英語課程的學童一樣好。事實上，Lindholm 和 Aclan（1991）的研究指出，雙語的精熟度與高學業表現呈正相關。

其它雙語計畫：語言沉浸計畫讓學生沉浸在語言的環境中以教導第二語言，而許多雙語計畫則採用其它的方法，例如 Lam（1992）描述六種學校最常使用的雙語計畫類型，其中包括完全以建立英語能力而設計的計畫、意圖使第二語言和英語一樣好的計畫，以及各種符合學生特別需求的計畫。

☞ 學習第二語言的影響

Cziko（1992）表示，探討雙語影響的研究數量一直都很驚人，但是它們的結論既不清楚也不單純。如同 Lam（1992）所說，主要問題在於有些計畫是模範，有些則不是，有些教師比其它教師更有教學效能，以及有些學生的學習能力比較好。事實上，Meyer 與 Fienberg（1992）在參與了一項比較不同的雙語教育取向之大型評估研究後指出，即使「教學完美無瑕」，期望任何一種方法有很高的效果是不合理的。這項評估研究由美國研究評議會（American National Research Council）主持，比較三種學習第二語言計畫：其一是沉浸計畫，教師能講兩種語言，但在學校裡只使用沉浸語言；其二是早期學習計畫，將會講一點英文的學童盡早安置在講英語的班級；其三是晚期學習計畫，試圖使母語純熟的學童同時也能精進英語的流暢度。他們的結論之一是，他們觀察到，雖然這些計畫的理論基礎不同，但在實務上卻往往無從區分。

學習第二語言在某些情境下可能產生不是完全正面的經驗。Lambert（1975）創出「減弱性雙語現象」（subtractive bilingualism）一詞，來描述學習第二語言對母語造成負面影響的情況；「疊加性雙語現象」（additive bilingualism）則描述相反的情況。

　　研究指出，如果弱勢族群兒童的母語是小眾語言，他們最有可能在學習第二語言時產生負面經驗，譬如在學校學習英語爲第二語言的加拿大法語兒童，或是美國的拉丁美裔兒童；在這些案例中，第二語言——強勢的大眾語言——廣泛地被傳播媒體與社會所強化，而小眾語言則沒有，因爲電視與其它媒體（或許包括大部份的社區內互動）使用英語，母語在家庭外得到較少的支持與強化，甚至於在家裡也沒有，其結果是，母語傾向於被視爲比較沒有價值，以及以較低的層次使用（Landry，1987）。此外，家庭裡的小眾語言者，通常都是該語言的差勁楷模，因此，家裡所講的西班牙語或法語可能是比較口語的——字彙較不充足、經常摻雜英語措辭、文法不正確、怪異的發音（Carey，1987）。而且如果這個小眾語言不是學校教學的一部份，兒童們不太可能學習讀與寫，最後他們的母語能力可能僅止於口語。

　　當所學的第二語言是小眾語言，此種學習最能對兒童產生正面影響，譬如講英語的美國兒童或加拿大兒童參加西班牙語或法語沉浸課程。有愈來愈多的證據顯示，此種計畫成功地培養高程度的第二語言熟練能力，對於一般的學業成績也有幫助（Bialystok，1988）。此外，對於母語也時常產生強化作用（Cummins & Swain，1986）。

　　這些簡單的概括性結論當然也有無數的例外，真實生活很少如同我們對研究建議所做的闡釋那麼單純。但是由於結論正確的可能性，通常高過不正確，因此 Cummins（1986）的建議或許會有幫助，他建議以小眾語言做爲小眾兒童的主要教學語言，而大眾語言做爲第二語言。如果我們的人口預估是正確的話，這些問題到了 2020 年會更爲迫切。

道德發展

　　數十年前，Piaget（1932）曾詢問兒童對於規定與法律、對與錯、善與惡的了解。他發現，幼兒的行為不是根據對與錯的抽象概念，而是根據行為給自己帶來的立即後果。因此幼兒的道德觀是由痛苦與快樂原則所控制，兒童認為那些有快樂後果的是好行為（或者至少沒有不愉快的後果），那些有不愉快後果的是壞行為。

　　Piaget 稱這個初始的道德發展階段為「他律期」（heteromony），兒童在此階段主要以外界權威人物的獎勵或處罰做為反應依據。初始階段之後出現了較多的自主性道德判斷，亦即「自律期」（autonomy）階段，行為愈來愈受內化的原則與理想所引導。

☞　Kohlberg 的道德發展階段

　　Piaget 的先驅研究後約三十年，Kohlberg【編註：柯柏格，道德發展心理學的創始人】對道德信念與行為進行系統化調查，他主要的研究方法是探討人們在面臨道德困境時的反應。受試者在研究中被問到面臨類似情境時可能的行為，以及做此決定的理由，Kohlberg 將這些反應進行分析並歸納出道德取向的三個順序時期，每一時期分為兩個階段（見表 2.3）。這些階段原則上與 Piaget 所描述的他律期（由他人控制）到自律期（自我控制）的歷程類似，以下簡單敘述各時期與階段。

　　第一期：道德成規前期（preconventional）。行為所發生的立即歡樂後果，以及權威人物的權力，是兒童最早的行為依據。道德成規前期的道德推理可能採取兩種形式，Kohlberg 以階段一、二描述。

階段一：避罰服從取向。行為的目的是逃避處罰，兒童相信服從本身是好的，一項行動的道德評量與它的較客觀結果完全無關，而與行動者承受的後果有關；被處罰的行為是壞的，得到獎勵的必然是好的。

階段二：相對功利取向。這是互利的開始（「你幫我，我也會幫你」），此階段的互利特徵純粹是實用的，兒童只有在期望別人也做好事回報時，才對別人做好事，他們的道德取向大部份停留在享樂避苦（痛苦與快樂取向）上。

第二期：道德循規期（conventional）。循規的道德是從眾的道德：那些維持社會現有秩序的才是好行為。這一期反映了同伴與社會關係愈來愈重要，並分為二個階段。

階段三：尋求認可取向。兒童以自己在和權威人物與同伴建立或維持良好關係時所扮演的角色來判斷自己的行為，此時獲得認可最為重要，並且會因自己「乖巧」而有些結果。

階段四：服從權威取向。盲目服從是此階段的道德特徵，按定義屬合法的就是好的，而好人就是知道規定並能毫不質疑地遵守。

第三期：道德成規後期（postconventional）。在道德推理的最高階段，個體逐漸釐清道德規定與原則，並且擁有自我定義的善惡概念。

階段五：法制觀念取向。這個階段保留了對法律與合法制度的從眾觀念，但有一項重要的差別是，唯有個人權利得到確保之下，才將合法制度詮釋為好的。個體現在以社會秩序和個人正義來評量法律，並且有能力重新詮釋並且改變它們。

階段六：價值觀念取向（universal ethical）。這是道德發展的最高階段，其特徵是個體以選定的道德原則，做為行為的主要引導。個人的道德原則非常抽象而不具體，他們不像十誡一般以規定陳述，而是一種根深蒂固、引導行為的信念——譬如對正義與公平的信念。

表 2.3　Kohlberg 的道德發展階段

Kohlberg 將兒童的道德判斷分為三期，他所用的方法是向兒童描述各種含有道德困境的情境，海尼茲的故事是其中之一。海尼茲的妻子在垂死邊緣，只有當地一位藥劑師發明的藥才救得了她，但是售價是海尼茲付不起的天價，他應該偷藥嗎？

第一期：道德成規前期	階段一：避罰服從取向	「如果他偷藥，他可能要坐牢」（處罰）。
	階段二：相對功利取向	「他可以偷藥救他太太一命，當他出獄時，他們又能在一起」（主角的快樂後果是行為動機）。
第二期：道德循規期	階段三：尋求認可取向	「如果你偷藥是為了救你太太，別人會諒解，如果你不這麼做別人會認為你是殘忍的懦夫」（他人的反應與當事人行為對社會關係的影響變得重要）。
	階段四：法律與秩序取向	「解救太太是丈夫的責任，即使他在事後會因為偷藥而有罪惡感」（行為動機是制度、法律、榮譽與罪惡感）。
第三期：道德成規後期	階段五：法制觀念取向	雖然丈夫現在付不起，他還是有權得到藥，如果這藥劑師不願意賒帳的話，政府應該出面處理」（民主法律確保個體的權利，契約是雙方互利）。
	階段六：價值觀念取向*	「雖然偷竊是犯法，丈夫如果不偷藥救他太太一命則是道德錯誤，因為生命比錢財更為珍貴」（良知至上，法律有社會之實用性，但不是神聖不可侵犯）。

資料來源：取材自 L. Kohlberg（1971，1980）。
註：階段六由於樣本中沒有人達到，已經不包括在 Kohlberg 的理論中，然而仍被描述為潛在的階段。

✄ 評量 Kohlberg 理論

Kohlberg 的早期研究（1971）指出，兒童所經歷的道德階段歷程是依序的與普遍的，也就是說，所有兒童都以相同的順序經歷所有的階段，然而這並不指所有人最後都到達第六階段（自我決定原則），或是所有成人都屬於那個階段。事實上，以更為謹慎的判斷標準對 Kohlberg 的原始資料重新分析後發現，受試者中只有八分之一（在他們二十多歲時）似乎有第五階段的道德判斷，並且這項分析沒有發現第六階段道德判斷存在的任何證據（Colby & Kohlberg，1984；Lapsley，1990），Kohlberg 後來捨棄了他的第六階段描述。

Kohlberg 的階段論一直廣受批評。譬如 Holstein（1976）發現，許多受試者會跳過某些階段，或明顯而隨機地退回到較早的階段，或是以跟這些階段沒有什麼關係的方式反應。另外，Holstein 的男女兩性受試者所表達的道德判斷，常具有系統性差異，而且同一受試者對於不同的道德困境通常缺乏一致的反應，這使受試者無法被描述為處於哪一個階段（Fishkin，Keniston & Mackinnon，1973）。

這項證據指出，影響道德判斷的不只是受試者的年齡，還有許多其它的變項，包括違法的意圖、在類似情境的先前經驗，以及行為的社會、物質或個人後果（Eisenberg-Berg，1979；Suls & Kalle，1979；Darley & Shultz，1990；Tisak，1993）。

Gilligan（1982）指出，道德發展的階段歷程，除了可能不像 Kohlberg 所觀察的那麼具可預測性與系統性之外，他的研究至少另有二項重要的弱點，其一是他的受試者都是男性，如同早先所提，有證據顯示兩性間有某些道德判斷的差異；其二是他所使用的道德困境，對於兒童的生活而言不盡然存在著立即性的意義。我們對於假設性道德困境的反應（「如果你在戰場上有機會射殺一名沒有看見你的敵人，你會怎麼做？」）可能和我們真正面臨選擇時的實際行為大不相同。Kohlberg 所描述的兩難困境，對兒童來說可能

也太複雜——甚至對青少年與成年人也一樣，這些道德困境要求受試者記住大量資訊，並對涉及許多人物與情況的複雜情境做分析。事實上，當道德困境變得比較簡單，或是在日常活動裡觀察兒童與青少年，研究人員偶爾會發現驚人的複雜道德推理，這甚至發生在年齡輕的受試者身上（Darley & Shultz，1990）。

Gilligan 試圖以有意義的道德困境方式，研究女性的道德判斷，他抽樣訪問了二十九名由孕婦諮詢機構所推薦的孕婦，她們都在墮胎決定中掙扎。這些婦女中後來有二十一名決定墮胎，四名決定生產，一名流產，其它三名在研究結束後仍然猶豫不決。這個研究發現，決定本身（要不要生下來）反映的個人道德發展的程度，還比不上決定背後依據的理由。

Gilligan 認為婦女的道德發展有三個階段。第一階段，婦女受到自私顧慮的左右（「這是我需要的——是我要的——對我的生理／心理生存很重要」）。第二階段，自私轉變為對他人產生更多的責任感，這個改變使婦女的決定推理建立於一個比較客觀的道德觀（是與非的概念；特別是逐漸了解到關心別人而不只為自己，是「善良」的作法），而不以單純的自私生存為依據。第三階段反映了 Gilligan 所謂的對自己與他人的「非暴力的道德觀」（morality of nonviloence），這個階段的婦女在做決定時，是以自己與他人的最大利益為考慮，並且接受自己要為決定負全責；對於自己所應負責的最多數人造成最少的傷害，是此階段最好的道德決定。

簡而言之，Gilligan 以三個階段描述了成年女性的道德發展，最初是自私取向，接著逐漸認知自己對他人的責任，最後達到希望公平對待自己與他人——也就是說，對最多數人有最大利益（或最小傷害）。在這三個階段當中，女性在面臨道德困境時，一開始最注意的是決定對於自己在情緒與人際上的涵義，後來則延伸包括對他人的涵義。兩相比較，Kohlberg 所描述的男性道德歷程由初始的自私享樂，變為對社會與法律權力的較多認知，Gilligan 所描述的女性歷程是從自私，變為對自己與他人較多責任上的認知。

換個方式來說，男性與女性之道德發展（如同 Kohlberg 與 Gilligan 的描述）的重要差異之一是，男性的道德歷程傾向於朝向「價值觀念」的認知與使用，比較之下，女性對於自己與他人之間的公平與平等更為注意。

這些性別差異在許多研究中都有確實證據，他們發現女孩通常比男孩較早到達 Kohlberg 的第三階段（重視良好關係），而在男孩進入第四階段（重視法律與秩序）許久之後，女孩仍然停留在第三階段（例如 Turiel，1974；Gilligan，Kohlberg，Lerner & Belenky，1971）。這項觀察的合理解釋是，女孩比較在意社會關係、同理心與同情心，對於現實生活比較有感觸，比較不關心假設性事物（Holstein，1976）。相反地，男孩比較關心法律與秩序、社會正義，以及道德中與個人切身意義對立的抽象事物。

✍ 道德發展的教育涵義

道德發展歷程的知識，對教師而言有多方面的價值性。首先，知道兒童如何判斷事情的道德對錯，與教師可能用以驅策兒童應「如何如何表現」或不應「如何如何表現」時所使用的理由（rationalization）有直接關係，譬如有證據顯示，強調具體的理由——「玩具可能會弄壞」，對於幼兒可能產生的效果，大於較抽象的理由——「你不應該玩別人的玩具」（見第 11 章）。用以規勸青少年與兒童的理由也相當不同；另外，對女孩來說，最有意義的理由可能是強調社會關係、同理心與責任感；而對男孩則是強調法律、權利與社會秩序。

道德的實際教導是道德發展知識的第二項運用。不幸地，探討能否提昇或促進兒童的道德發展之研究很少，部份的原因是，早期的研究指出，實際行為與道德和宗教訓練之間的一致性很低（譬如 Hartshorne & May，1928）。明確地說，這些研究人員發現，宗教訓練、良心以及其它「道德善行」的抽象概念，對不道德行為譬如欺騙的影響，小於被逮到的可能性。這些非常悲觀的發現被廣泛接受，因而學校向來不注意道德教導，也就不足為

奇了。然而，Fodor（1972）已經發現，被確認為行為不正的兒童，他們的道德運作在 Kohlberg 道德發展表上，遠低於行為端正的兒童。Kohlberg 與 Candee（1984）也發現，道德推理處於較高階段的兒童，更有可能誠實及「道德地」表現行為，換句話說，道德取向層次和實際行為之間的確存在著某種一致性。如果真是這樣，學校能用以提昇道德階段歷程的任何事情，可能對教室控制有直接幫助，並對個體的往上發展有間接幫助。

到底能做些什麼呢？不幸地，建議仍然非常抽象（或許到下一版本時會比較具體），譬如 Kohlberg（1964）認為，雖然道德規定的內容能被教導，但每一個道德階段必須有的行為態度，卻是無法教導，因為這些態度來自於完整的認知發展歷程。另外，如同 Peters（1977）指出，Kohlberg 理論處理了道德發展的認知層面，卻沒有考慮道德的情感成分，因此，理論本身並沒有澄清應該培養兒童何種類型的感受，以造就一個有道德的兒童。

Peters 和其它研究者致力於澄清這個問題。Peters（1977）主張，關懷他人或許是道德歷程從初始期進展到自我導向期所涉及的最重要態度。類似地，McPhail, Ungoed-Thomas 與 Chapman（1972）研擬了一個以培養同理心與關心為目的之青少年教學計畫。Sullivan（1977）則認為，「關懷」的重要性經常在現代社會中喪失，並認為正統宗教貫有的道德訓練，似乎激勵著人們追求較高層次的道德推理。Oser（1986）強烈主張以推理的研究方式來討論、檢視與挑戰道德與價值觀問題，以及試著以此解決道德衝突。

總而言之，這些發現與想法的涵義是，教師應該嘗試培養兒童對他人的注意與關心，並且對於表現出來的關懷行為加以鼓勵與獎勵。

比較具體地，Hoffman（1976）認為四種不同的經驗能夠培養兒童的利他與關懷行為，其中有些建議是值得在教室進行的活動：

1. 讓兒童經歷不愉快，而不是受到過度保護的情境。
2. 由兒童體驗負責照顧他人的角色扮演經驗。
3. 兒童想像自己處於他人苦境的角色扮演經驗。

4. 接觸利他的示範楷模。

　　Giroux（1992）表示，教師在學生的道德發展中扮演了三種不同類型的角色。教師是導師，是良好行為與強烈良知的倡導者，這個角色強調講授價值觀與原則；教師是促進者，藉著討論或其它方式，譬如價值觀澄清計畫（value clarification program），幫助學生發展與了解自己的價值觀，這個角色視學生為價值觀的來源，而不是教師；教師是良師益友，是嚮導也是朋友，是啓蒙的領導者，視野與智慧的來源。良師益友的教師是一名榜樣，而不只是一名指導者。

　　每一個角色都強調了教師個人道德的重要性。

摘要

1. 發展心理學研究不同年齡的特徵、兩性之間可預測的差異，以及出生至死亡之間各種改變的歷程。發展可視為結合成熟（自然生成）、生長（生理改變）與學習（經驗的影響）的所有改變。
2. 出生世代是一群出生於同一時期，並且因而受到同樣的歷史影響之個體集合。
3. 發展是遺傳與環境交互作用下的結果。
4. 不同的器官特徵以不同的速度進行發展。譬如，腦部似乎是以陡增速度生長，主要的陡增發生於剛出生的前後（被認為是一個關鍵期，此時營養不良可能造成嚴重的後果）。
5. 環境的改變在生長最迅速的期間，有最大的影響，在生長最緩慢的期間，影響最小。實際上，這個原則贊成推行早期的干預措施，特別是與語言發展有關的學習。

6. 發展遵循一個有秩序的順序,雖然各種事件的發生年齡,每個兒童可能非常不同。

7. 發展能以任意的階段用語描述,階段是組織我們對兒童的觀察之實用發明。

8. 發展的原則是交互作用而不是補償作用。

9. 發展通常以開始時的速度持續進行。

10. 男孩與女孩的發展有系統性、可預測的差異。但是儘管發展上有此普遍性的現象,事實上個體仍有相當大的變異性。

11. 儘管人類的發展原理具有普遍性,個體仍有很大的差異。

12. 使用語言進行意圖溝通的能力,是我們與其它動物明顯不同的特徵之一。語言的元素是語音(聲音)、語意(聲音的意義)、語句(句子的組成規則)、文法(文字類別與功能),以及語用(支配對話的內隱規則)。

13. 撫養者與嬰兒之間複雜的交互作用,可以促進嬰兒的早期語言發展,其中包括學習如何做目光接觸、如何透過眼睛與身體動作來指引注意,以及表情與姿勢的意思等等。

14. Wood 的語言發展六階段是語言前(一歲前的咕咕與呀呀語)、仿句詞或對字詞(一歲)、雙字詞(十八個月左右)、包含主詞與述語的多詞句(二歲到二歲半)、更複雜的句子以及文法的改變(四歲左右),以及仿成人的結構(四歲以後)。

15. 非標準語言(和強勢語言不同的方言,譬如黑人英語)可能使學童處於劣勢,因為學校的好成績通常要求對強勢語言有高度的熟練。多元文化教育之崛起是為了照顧到所有學童的需求,不管其文化背景為何。包容文化的多樣性絕非簡單的任務,而且其中充滿著爭議。

16. 語言沉浸計畫似乎是學習第二語言最有效的方法之一,證據顯示大部份的沉浸學生對第二語言有高程度的熟練(雖然並不完美),對其它科目也是一樣,包括強勢語言的文學測量也能在學習後有好的表現。

17. 雙語教學計畫是一個頗受爭議並且被大量研究的現象，目前美國有許多州已經立法執行。有證據顯示，學習第二語言有時候對母語會有負面影響（減弱性雙語現象），尤其是小眾族群兒童學習強勢的大眾語言時。對於以強勢語言爲母語的人來說，學習第二語言會產生疊加性作用，其結果是兩種語言都有高程度的熟練。

18. 男孩的道德發展似乎從道德成規前期（享樂與服從取向）進展到道德成規期（從眾；渴望維持良好的關係）。很少有人（如果有的話）達到道德自律期（自我導向取向）。女孩的道德發展涉及社會責任、同理心與社會關係，甚於法律與社會秩序。

19. 道德發展的知識能夠幫助教師爲不同的孩童選取最有效的規勸理由，另外，系統化的教學計畫或許能孕育道德上的成長。

複習問題

1. 相同年齡與相同年級爲什麼會是非常不同的文化背景因素？
2. 試舉例說明下列名詞的涵義：發展、生長、學習及成熟。
3. 試解釋與下列主題有關的發展原理對於教育實務有何涵義？（a）基因與環境；（b）不同的發展面向有不同的生長速率；（c）經驗的時間點相當重要；（d）發展遵循有秩序的順序；（e）性別差異。
4. 試觀察與簡要地描述牙牙學語的幼兒之語言發展歷程。
5. 道德發展階段有道德成規前期、道德循規期、及道德成規後期。試以學生在教室裡的例子加以說明。

❑ 建議書目

For elaboration on and greater clarification of the developmental principles outlined in this chapter, you might consult the following textbooks:

LEFRANÇOIS, G. R. (1995). *Of children: An introduction to child development* (8th ed.). Belmont, Calif.: Wadsworth.

——. (1996). *The lifespan* (5th ed.). Belmont, Calif.: Wadsworth.

Plomin describes his little book as an exploration of the hyphen in nature-nurture. It is a clearly written look at the evidence we have concerning the relationship between heredity and environment. Among other things, it explores the thesis that genes and environment are not entirely independent but that, in particular, genes affect the environment:

PLOMIN, R. (1994). *Genetics and experience: The interplay between nature and nurture*. Thousand Oaks, Calif.: Sage.

Language development is described in considerably more detail in:

WOOD, B. S. (1981). *Children and communication: Verbal and nonverbal language development* (2nd ed.). Englewood Cliffs, N.J.: Prentice-Hall.

The first of the following three books presents a clear look at many of the issues involved in Spanish/English "biliteracy"; the second is a more detailed look at the methods and the politics of multicultural education; and the third explores the implications of multiculturalism for schools:

PÉREZ, B., & TORRES-GUZMÁN, M. E. (1992). *Learning in two worlds: An integrated Spanish/English biliteracy approach*. New York: Longman.

STEWART, D. W. (1993). *Immigration and education: The crisis and the opportunities*. New York: Lexington.

LABELLE, T. J., & WARD, C. R. (1994). *Multiculturalism and education: Diversity and its impact on schools and society*. Albany: State University of New York Press.

An excellent collection of chapters dealing with bilingual education is:

PADILLA, A. M., FAIRCHILD, H. H., & VALADEZ, C. (Eds.). (1990). *Bilingual education: Issues and strategies*. Beverly Hills, Calif.: Sage.

The following is an excellent introduction to Kohlberg's theory:

KUHMERKER, L. (ED.). (1991). *The Kohlberg legacy for the helping professions*. Birmingham, Ala.: Religious Education Press.

A useful collection of articles that describes various approaches and programs for fostering moral development is:

KURTINES, W. M., & GEWIRTZ, J. L. (Eds.). (1991). *Handbook of moral behavior and development: Vol. 3: Application*. Hillsdale, N.J.: Erlbaum.

第3章

認知發展的解釋

　　在嘗試解釋人類發展的理論之中，那些探討心智成長的理論對於教師們最為重要。本章描述這些理論（明確地說即 Piaget 與 Vygotsky 理論）並且探討它們的教育涵義。此外，本章也探討性別角色的發展與意義及 Erikson 對於幼年時期人格變化的描述，並且首次提到野牛。

摘自《小熊故事》（第二冊）：野牛谷

　　伊美黛是最碩大的野牛，幾乎打從她有記憶開始，她就是團體的領導，她認為這不只是因為自己比較巨大，而是她比較有遠見，此外，她天生就是一個領導者，這一點毫無疑問。難道不是她率先使用髮型噴霧劑嗎？她仍然記得那一天，她抖開濃密的毛髮，然後衝出山谷，草原狂風剛好讓她的毛髮豎立，太帥了！她一直都引以自傲。

　　她也是群牛中唯一扣住一輛貨車，並讓自己擠身在方向盤後面猛踩油門，帥呆了！貨車蛇行橫跨草原時揚起陣陣塵土，一直到小溪突然出現眼前才停住，最後她讓貨車永遠沉入溪底。農夫鮑伯一直想不透到底出了什麼事。畢竟他對野牛又知道多少？

　　難道不是她在那種悶熱、讓人想脫掉衣服的天氣裡，靈機一動想到游泳是件美好的事，帶動同伴開始游泳的風潮？

　　毫無疑問的，伊美黛是一個領導者，這點完全不容質疑。因此，你絕不會拿去年夏天的所有牧草做賭注，賭她會讓傲慢的湯瑪斯率領大家前往那片他建議過多的森林。

　　「他算老幾？」她以貫常的率直直接切入重點，「喂？他算哪根蔥？」

　　有些牛在她面前緊張地走來走去，不敢看她的眼睛，對自己可能考慮跟隨別的領袖而感到羞愧，也有些牛只是神情無聊地啃著草。野牛大部份時間看起來都是這樣，可說是一種非常實用的偽裝，這一點伊美黛很清楚。

　　但是被公認為沒大腦的拉莫娜，大膽地瞪著伊美黛挑釁地說：「他是一頭野公牛啊，他們本來就是領導者。」一邊說一邊尋求其它牛的支持。

　　「吹牛！」伊美黛反擊，並且走過去狠狠地踢了拉莫娜一腳。

性別角色

性別角色並非全是「吹牛」，雖然伊美黛可能也說對了，野公牛並非生來就是較好的領導者。

性別角色是人生的重要部份。性別角色（gender role，有時也稱為「sex role」）是根據性別而學來的行為型態，因此有男性與女性角色；這些角色的界定依據是文化認為適當的行為、人格特徵與態度。根據性別而進行的行為學習稱為性別角色形成（sex typing）。

其它文化裡的男性與女性行為（以及思考與感覺），有時候和我們社會裡的兩性非常不一樣，這項觀察明顯佐證性別角色大部份來自學習的看法。舉例而言，Margaret Mead（1935）調查研究三個新幾內亞的部落後發現，Mundugumor 族的男人與女人都很粗魯、有攻擊性，並且在其它方面也都很「男性化」（就我們的定義而言）；Arapexh 族的兩性都很溫和、有感情、不競爭，而且不攻擊，換句話說，男人與女人都很「女性化」，至於 Mead 對 Tchambuli 族的描述是：「和我們文化中的性別態度完全相反。」

☞ 兩性角色的本質

當我們文化中的兒童被問到男女兩性的特徵時，他們通常能輕易地回答，而且答案非常地類似，他們不僅同意男孩和女孩應該怎樣，也往往同意男性特質比較令人嚮往，如同 Tavris、Baumgartner 的「性別改變」（sex change）研究（1983）所顯示的結果。

他們的研究簡單而直接。男孩和女孩被問到：「如果你明天醒來，發現自己變成女生（男生）時，你的人生會有什麼不同？」男孩們回答：「糟透了」、「會是一場大災難」、「淒慘」、「我會立刻自殺」、「我會很沮

喪」，但是女孩們的反應很不一樣，她們說：「很好」、「現在我可以做我想做的事」、「現在我可以玩各種運動」、「我會很快樂」。

五年之後，Intos-Peterson（1988）以相同的角色改變問題複製了這項研究，她的研究結果沒有提出大的改變。男孩仍然對於變成女性的想法有負面的反應，他們認為女孩比較被動、軟弱、行動較受限制、比較情緒化，而且有月經的負擔。另外，雖然大部份女性對自己的性別感到滿意，但是多數人在回答性別改變問題時卻有非常正面的反應，她們認為男性比較活躍、比較不關心外表、比較積極、比較強壯，而且比較能夠去旅行與發展事業。

對於男孩與女孩的適當行為，父母們的看法也很一致。一般而言，他們覺得男孩應該比較積極、比較吵鬧、比較冒險、比較少情緒，而女孩應該比較被動、比較溫柔、比較有感情，以及比較不吵鬧（Holland，Magoon & Spokane，1981）。

這些性別的基本不公平、它們所造成的刻板印象，以及傳統上由男性主導社會的不公平（無視於近年來兩性平等的顯著進步，社會仍然偏好由男性主導的傳統想法），數十年來受到強烈的反對聲浪。舉例而言，雖然美國的職業婦女人數急遽增加——1993 年十六歲以上的婦女中有 58%出外工作，而1960 年只有 38%（1994 年美國人口統計調查局）——女性就同一工作的地位、聲譽或薪資都無法與男性同等。加拿大女性的平均薪資大約是男性的65%（1992 年加拿大統計局），而美國大約是 67%（1994 年美國人口統計調查局）。另外，在 1993 年，碩士（含）以上學歷的女性每年所賺的錢跟擁有學院學歷的男性大約一樣多，並且少於同等學歷男性薪資的三分之二（見圖3.1）。

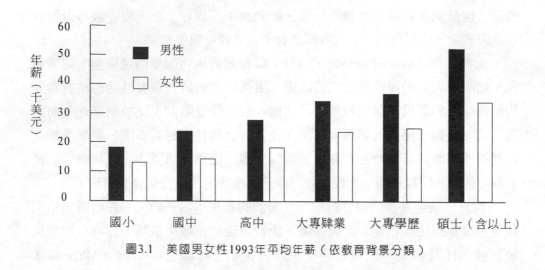

圖3.1　美國男女性1993年平均年薪（依教育背景分類）

性別角色的決定因素

　　Lynn（1974）認為，性別角色的決定涉及三個重要因素：基因（或生物性因素）、家庭、文化。

　　就兩性天生傾向的行為、思考與感覺差異而言，基因影響性別角色是很明顯的。雖然有不少證據（包括跨文化的比較，譬如 Mead 的新幾內亞三部落調查）指出，最明顯的性別角色成分中，有許多似乎由環境決定的，然而也有不少證據顯示，特定層面的兩性差異具有生物基礎，譬如以最為明顯的「攻擊行為」而言，就有四組不同的證據支持這項基因影響的概念。首先，男性較多的攻擊經常在非常幼年時就會發現，也就是早在環境影響可能產生重要衝擊以前；第二，男性較具攻擊性是大部份文化的共通現象，即使 Mead 證據並非如此[1]；第三，大部份的非人類靈長類動物（狒狒、人猿、黑猩猩）

---

[1] 值得一提的是，在 Mead 進行部落研究數年之後，Freeman（1983）對她的研究結果進行分析後指出，Mead 的資料大部份是沒有價值的——她急於證明她所相信的環境力量，以致於往往忽略那些和她的理念相左的證據，或許還誇大那些比較符合她的信念之證據。「譯註：另有學者不認同 Freeman 的批評，見拙譯《文化人類學》（弘智文化出版）」。

當中，雄性比雌性更有攻擊性；第四，注射男性賀爾蒙（特別是睪固酮）能明顯地增加攻擊行為，事實上，孕婦的睪固酮注射已經顯示會增加她們的女嬰日後之攻擊性（Money & Erhardt，1972）。

然而，儘管基因可能造成男性較多的攻擊行為，家庭和其它文化的影響也很重要，譬如有相當多的證據顯示，對於男孩和女孩所表現的攻擊行為，父母的態度是鼓勵前者而抑制後者（Russell & Ward，1982）。類似地，教師會預期男孩更具攻擊性，因此更有可能容忍，甚至於鼓勵。另外，我們也預期女孩比較情緒化，因而能加以容忍與鼓勵，但認為同樣的行為對男孩來說較不適宜。

✍ 性別差異的實際情形

我們已經注意到，父母、兒童與社會大眾都假設兩性角色存在著差異，大部份的人能毫無困難地描述這些差異的本質，但是不能只因為我們同意這些說法，就代表它們總是正確無誤。

Maccoby、Jacklin（1974）早期檢視一些性別差異的研究之後，提出性別差異有四個領域：（1）口語能力女性較佳，特別是低年級學生；（2）數學能力男性較佳；（3）空間視覺能力（例如明顯的方向感）男性較佳；以及（4）攻擊性（女性較低）。

但是到了九○年代，這些差異似乎不如 1974 年時顯著。事實上，近數十年來青少年的性別差異已經明顯下降，有愈來愈多的證據顯示，當幼年經驗類似時，許多過去的兩性差異是不存在的（Tobia，1982）；甚至當差異被發現時，它們也往往是輕微的差異，而且算不上普遍常見（Deaux，1985）。Shepherd-Look（1982）指出，除了那些社會經濟地位較低的人口之外，現在的研究在男女口語能力上只發現少許的差異。Jacklin（1989）也指出，數學成就的差異與學生對數學的緊張、父母刻板印象中對男女表現的期望，以及對數學的價值認知之間的關係，高過性別。Kaiser-Messmer（1993）則指出，

數學與自然科學方面的成就差異，跟文化所影響的興趣與動機有較密切的關係。

　　事實上，許多在夏威夷進行的研究結果顯示，女孩在標準化數學測驗的表現比男孩好（Brandon，Newton & Hammond，1987），這和大部份在北美進行的研究報告正好相反。

　　然而，當代的研究仍然持續發現，男性在常識測驗與機械推理的平均成績高於女性，而女性的語言運用測驗（文法與拼字）成績高於男性，至於口語能力測驗、算術、抽象推理或記憶量則沒有差異（Feingold，1992）。但是整體而言，男性在大部份的測驗中都比女性有較大的變異性，也就是有較多人落在最高與最低的等級。

✧　性別角色對教師的涵義

　　教師必須考慮性別之間的某些差異。這些差異當中有些並非無可避免，有些並不公平，並且最後可能顯示不值得教師考慮。雖然教師必須平等與公平地對待所有學童，這並不代表必須以完全相同的方式對待所有學童，舉例而言，如果女孩對暴力接觸的運動不像男孩那麼有興趣，那麼堅持她們穿上護肩，並且參與橄欖球比賽可能有點愚蠢。此外，如果學童較早呈現對異性的興趣，而且如果這些興趣有時候以不同的方式表達時，教師都必須將之列入考慮。對於那些仍然滲入我們的態度、書籍、學校以及社會的許多明顯或細微的性別偏見，有時候特別需要教師注意與排除。

　　接著看看案例中 Fenna 小姐五年級教室所發生的性別不公平片斷。這些現象仍然存在某些學校裡。Sadker、Klein（1991）指出這些不公平有以下三方面：

1.　學校行政仍然有性別主義。Wes Horman 的校長與副校長都是男性，而女性佔教師的多數。1988 年全國的小學女校長少於三分之一，而高中女校

長只有 11%（女督學約佔 4%）（Jonew & Montenegro，1989），然而大部份的教師是女性，而且近幾年中，女大學生人數已經超過男大學生（National Center for Education Statistics，1989）。

2. 對待學生也有不公平處。注意到當 Tom、Teddy 發言時，Fenna 小姐直接回答，但是當 Rosa 附和 Tom 時，Fenna 小姐卻訓斥她：「在這個教室中，講話之前要先舉手。」不尋常嗎？是的。教師與男學生之間的互動在所有學年當中都甚於女學生（Sadker & Sadker，1986）。平均而言，男孩得到教師較多教學時間與注意，他們也得到較多的讚美與鼓勵，而且如同 Wes Horman 學校的「拘留」，他們也較常是責罵與處罰的對象。

3. 書本、課程內容、教室與其它地方，仍然可以發現性別刻板印象。在 Wes Horman 學校，沒有參加調查旅行的男生被分配到體育課，女生則上藝術課；那些已經做完算術習題的男學生，指定讀物是湯姆歷險記，雖然「男性英雄」讀物在校園中的普遍性不如從前，男性還是經常被描繪為比較有支配力，而女孩則比較無助（Sadker，Sadker & Klein，1991）。

　　光是知道學校存在著許多種族主義、性別主義與其它社會偏見是不夠的。教師（與校長）必須時時警戒自己，以免不自覺地傳播相同的老舊刻板印象與不公平。值得提出的是，雖然兩性平等在美國是以法律來保障，禁止政府所資助的教育計畫中有性別歧視的情事，但是正如 Klein 與 Ortman（1994）所說的，這並不意味著兩性平等目前已有很好的成績，仍需努力的地方尚有許多許多。

案例

時間：Wes Horman 學校的清晨

地點：Fenna 小姐的五年級教室

擴音器的晨間廣播接近尾聲，校長 Sawchuk 先生說：「還有，中午拘留的名單是 Ronald West，Frank Twolips，Eddie Mio，Eddie Nyberg……中午到 Busenius 先生辦公室報到，希望中午以前不會再增加其它人。」

Fenna 小姐說：「聽見了嗎？Ronald？」

Ronald 點頭。

校長 Sawchuk 先生繼續說：「另外，不參加調查旅行的六年級學生，男生上 Busenius 先生的體育課，女生上藝術課，廣播完畢。」

Fenna 小姐：「現在同學們翻到數學練習簿的第 34 頁，在我們往下講之前，先把這頁的習題做完。」

Tom Larsen：「我的寫完了，現在我要做什麼？」

Fenna 小姐：「我馬上就過去檢查。」

Rosa Donner：「我也寫完了。」

Fenna 小姐：「Rosa，在這個班上，講話之前我們會先舉手。」

Teddy Langevin：「寫完的人可以看湯姆歷險記嗎？」

Fenna 小姐：「有多少人已經寫完第 34 頁了？」

人格的發展：Erik Erikson

　　性別在我們的「人格」（personality）中是一非常重要的面向。但是人格的內涵不僅止於我們是男性或女性及與性別相關的態度與興趣而已。它包括所有的能力、稟賦、習慣、及使我們彼此之間不同的其它特質。

　　我們對於人格如何發展的精確情形——例如受到先天基因與後天經驗的影響各至何種程度——並非完全瞭然。但 Erikson 的理論（受到弗洛伊德的啟發）對教師而言是非常有用的。然而，Erikson 不像弗洛伊德那麼強調性（sexuality）與性心理衝突的重要性，而是強調兒童所處的社會環境之重要性。因此，他的理論是「心理社會化」（psychosocial）的發展理論，而不是「心理性別化」（psychosexual）的發展理論。Erikson 的重點在於健康的自我概念之發展，也就是他所說的「認同感」（identity）之發展。

♫ 心理社會化發展階段

　　Erikson 認為人類的發展可以分為八個階段，前五個階段包含嬰兒期至青春期，後三個階段則是成人期。每個階段都有一項心理衝突的主題，主要是個體必須適應他所處的社會環境所致。並且因為在同樣的文化中，環境對每個個體的要求是一樣的，所以我們在同樣的年紀時會經歷同樣的階段，也因此產生這些階段的概念。

　　信任與不信任：例如，嬰兒為了適應這個一開始令他感到複雜與非常迷惑的世界，他必須培養出對這個世界的信任感——這個世界是如此奇怪與不熟悉，因此他一開始是不信任這個世界的。因此，基本的心理衝突是「信任與不信任」。若能解決此一衝突，就會使嬰兒培養出一種能力感，使他能繼續成長與發展。在這個階段裡，最重要的人是母親或主要的撫養者。這是因為能否成功地解決信任與不信任的心理衝突，大部份決定於嬰兒與撫養者之

間的關係，並讓他逐漸察覺這個世界是可預測的、安全的、有愛心的。根據Erikson 的說法，如果這個世界顯得不可預測，撫養者又排斥他的話，嬰兒長大後會不信任別人與容易焦慮。

　　自主與羞慚：一開始，嬰兒並不會有意地對外在的世界採取行動，而只是回應。例如，吸吮是適當的刺激下才會發生的動作，而不是嬰兒有意地決定如此做。但是在兩歲時，幼兒逐漸察覺他們是行動的主人，於是開始發展出自主意識。此時，很重要的是，父母應鼓勵幼兒嘗試，以及提供給幼兒獨立的機會。過度保護會導致與外在世界接觸時，產生懷疑與不確定感。

　　進取與罪惡感：到了四、五歲時，兒童開始培養出自主意識，即知道自己是某個人的意識。此時他們必須探索他們是什麼人。Erikson（1959）指出，這種探索大部份是認同於父母親的結果，也就是說，試著跟父母親一樣。

　　在這個階段裡，兒童的世界迅速膨脹，這不僅指物理環境的探索，也指透過語言的使用所進行的探索。隨著探索外在世界之能力的提高，兒童對於自己的行為必須培養出一種進取感（sense of initiative）。他們擁有自主性，同時為自己所採取的行為負責。因為解決「進取與罪惡感」的心理衝突時涉及的核心歷程是一種認同歷程，所以父母與家庭對兒童之發展依然最有影響力——雖然此時幼稚園的教師逐漸負起重要的角色。Erikson 認為，在這個階段裡，父母與幼稚園教師應鼓勵兒童培養進取意識與責任感。

　　勤奮與自卑：第四階段正值兒童就讀國小。須記住的是，Erikson 所述的每個階段都反映著社會／文化對個體的各種要求，因此這個階段的特點在於兒童須與同儕互動及尋求他們的接納。此時，對兒童來說，獲得別人認定自己的身份與認同感是極為重要的。在這個階段裡，兒童會利用各種機會去學習他們認為在他們的文化中屬於重要的事物。他們希望這麼做使他們成為重要的某個人物。而能不能成功地解決此階段的心理衝突，大部份決定於學校與教師如何回應他們所做的努力。認可與讚美對於培養良好的自我概念是

特別重要的。如果兒童的努力一再受到貶低，很少受到讚美與獎勵，結果會是揮之不去的自卑感。

認同與角色混淆：青少年面臨一項非常重要且有時非常困難的任務：即發展出一種強烈的認同感。這個階段的危機是，強烈的自我意識與模糊的自我概念之間的衝突。

Erikson 指出，認同感的形成涉及某種概念形成，這與一個人「是誰」較無關，與這個人「可以成為何種人」較有關。衝突的來源是開放在青少年面前的有無以計數的可能性。衝突會因為社會中有各種楷模與對立的價值觀而更為惡化。由於未能清楚認同於某些價值觀以及職業目標，青少年處於「角色混淆」（role diffusion）的狀態。在青春期的稍後階段，青少年可能會實驗各種認同感。Erikson 認為，依此意義來說，青春期宛如一種「過渡期」——即嘗試不同的角色卻未做成最後的選擇。因此，青春期的危機就在於一方面有尋求認同感的需求，另方面是如此做時涉及的困難。危機決定於能否擁有相當成熟的認同感——這並不是每個青少年都能做到的。

成年期的階段：Erikson 指出成年期還有三個心理衝突的階段，反映著北美文化最普遍的社會現實，而各個階段也都需要新的能力與調整。

第一階段的心理衝突是「親密與孤立」，反映大多數的成年人與別人建立起親密關係（相對於孤立）的需求。這些關係對於那些想結婚與為人父母的人而言格外重要。對於無此需求的其它人，發展的任務很可能相當不同。

第二階段的心理衝突是「生產與停滯」，指個體必須負起那些對別人有益（即具有生產性）的社會責任、工作責任、與社區責任。此時的基本衝突在於一方面個體想維護自我的超然性（如同青少年），另方面文化要求個體以各種方式貢獻社會。

第三階段的心理衝突是「整合與絕望」，指一方面面臨死亡的不可避免性，另方面則察覺生命有其意義，不應因為生命即將結束而感到絕望（Erikson 的發展階段歸納在表 3.1）。

表3.1　Erikson 八個心理社會化階段

Erikson的心理社會化階段	弗洛伊德對應的心理性別化階段	主要的發展任務	正向與重要的影響力來源
1.信任與不信任	口腔期（0-18個月）	發展出對外在世界的信任感。	母親；溫暖、有愛心的互動。
2.自主與羞慚	肛門期（18個月~2、3歲）	發展出對行為的控制感；察覺到自己可以產生行為的意圖。	父母親的支持；模仿。
3.進取與罪惡感	性器期（2、3歲~6歲）	透過認同於父母而發展出自我意識；發展出對自己的行動之責任感。	父母親的支持；認同。
4.勤奮與自卑	潛伏期（6-11歲）	經由與同儕互動而發展出自我價值感。	學校，教師；學習與教育；鼓勵。
5.認同與角色混淆	性徵期（12-18歲）	發展出強烈自我認同感；在各種潛在自我中做一選擇。	同儕與角色楷模；社會壓力。
6.親密與孤立	性徵期（少壯期）	與別人發展出親近的關係；抵達婚姻所需的親密關係。	配偶、同事、伙伴、社會。
7.生產與停滯	性徵期（中年期）	在社群中肩負起負責任的成人角色；作出貢獻；覺得自己是有價值的人。	配偶、子女、朋友、同事、社群。
8.整合與絕望	性徵期（老年期）	面對死亡；克服潛在的絕望感；領悟生命的意義。	朋友、親戚、子女、配偶、社群與宗教的支持。

⌁ 對於教師的啟示

Erikson 的理論對於教師格外重要，因為它在探討正常與健康的發展方面提供了寶貴的洞察。此外，該理論也強調，在協助兒童培養相對應的能力，以成功地解決各階段的心理衝突方面，教師與父母扮演相當重要的角色。

須注意的是，根據 Erikson 的說法，雖然獲得新能力解決心理衝突可以提昇發展層次，但是上述的解決無法相當完全。也就是說，各種心理衝突的面向終生都可能存在著。例如，正如 Baltes 與 Silverberg（1994）所稱的，尋求自主的需求與維持依賴的惰性之間的衝突，在嬰兒期之後還會繼續存在。同樣的，信任別人的需求與不信任的傾向也會終生存在。

Erikson 的理論有助於教師更了解兒童。正如父母對於嬰兒的生活有最重要的影響一樣，教師對於就學中的兒童亦然。Erikson 強調自我概念的重要性，在這方面，教師可以做許多事情來提高兒童的自我概念；此外，對於協助學童克服認同感方面的衝突，教師也可以做出很多貢獻。

認知發展

我的字典對認知（cognition）的解釋是「求知的藝術或能力」，因此，認知理論學者關心人們如何獲取、處理與使用訊息，而認知發展（cognitive development）意指在兒童的智力發展中涉及的階段與歷程。

本章的其它篇幅將探討認知發展，特別是影響本世紀兒童發展理論最深的 Jean Piaget 理論。Piaget【編註：皮亞傑，1896~1980，瑞士心理學家，對心理學的響影與弗洛伊德齊名】的研究取向探討，兒童與環境之間的互動，如何導致認知能力與認知結構的發展。本章也探討 Vygotsky 理論，其理論較關心文化與語言如何影響認知發展。

Piaget 的基本觀點

　　Piaget 早期受過生物學訓練，而非心理學，因此他在研究兒童時，如同生物學者一樣，提出進化生物學者的兩個基本問題：

1. 哪些特徵使研究中的有機體得以適應他們的環境？
2. 什麼是分類生命體最簡單、最正確，並且最有效的方法？

　　轉譯為兒童研究的用語之後，這些問題變成：

1. 兒童的什麼特徵使他們能夠適應環境？
2. 什麼是分類或排序兒童發展之最簡單、最正確，並且最有效的方法？

　　Piaget 對這些問題的回答形成了他的理論基礎，它們出現在三十本書以上、數百篇論文中[2]；這些答案有許多來自在研究兒童發展時所應用的一種特別技術：診斷法（clinical method）。這是一種晤談研究法，研究人員對於所要問的問題，以及如何措辭有非常清楚的概念，然而在使用這個研究方法時，研究人員偶爾會以兒童的回答來決定後續的系列問題，因此，這個技術顧及了兒童回答出乎意料答案的可能性，以及進一步的詢問將可能導致有關思考的新發現。

　　對這兩個生物學問題（簡單地說，即是什麼造成適應以及如何將發展分類？）Piaget 的答案複雜而仔細，但是能簡化如下：

---

[2] Piaget 直到以八十四歲高齡去世前，一直都很活躍，而且創作豐富，與他合作最密切的夥伴是 Barel Inhelder。他們合著許多作品，Barel Inhelder 也單獨撰寫了許多其它的書與論文。

⌨ 同化與調適造成適應

新生兒是驚人的小型感知機器，幾乎從出生開始，他們就能偵測聲音、氣味、影像、味道與觸摸，他們的反應方式有蠕動、哭泣、舞動四肢、抓取東西與吸吮。

新生兒的特徵：但是他們能思考嗎？他們的腦子儲藏著小主意？以及萌芽的概念？我們無法輕易地回答這些問題，因為未滿月的嬰兒（新生兒）之溝通能力不足以告訴我們答案。但是 Piaget 認為，嬰兒可能沒有想法或概念——不會思考——（就這些字彙的一般定義而言），也沒有儲藏記憶、希望或夢想——沒有儲藏用以思考的訊息。

然而這個小型的感知機器卻擁有獲取訊息的必備特徵。Flavell（1985）如此描述這些特徵：首先，為了使人體系統快速地取得最多的訊息，它天生必須具有處理大量訊息的秉賦，甚至於在不存在實質的增強誘因（譬如食物）之下亦然，也就是說，人體系統必然主要受到內發性（內在）的激勵，它必須從自己的功能運作，以及訊息的逐漸獲得中得到滿足。

第二，人類的訊息處理系統，必然被預設為能以最具資訊性的事物為焦點，也就是最為實用的認知，所以，這個系統對新奇、驚喜與不協調事物的反應最為強烈，它會搜尋意想不到的事物，因為在出乎意料之中才能發現最多的新訊息。類似地，它應該被預先調整為能傾聽聲音，並且能辨別數百種細微的差異，這些差異在語言學習中非常重要。

Piaget 所描述的新生兒就是這樣的一個系統，它不斷地搜尋與反應刺激，並且因此而逐漸建立一個行為與能力的寶庫。這個系統最初受限於幾個簡單的反射動作，譬如吸吮與抓取，然而，很快地這些動作變得比較複雜、比較協調，並且最後變得有目的，這種形成的歷程就是「適應」（adaptation）。回答本節一開始所提的第一個問題：適應是「同化」（assimilation）與「調適」（accommodation）兩種歷程的結果。

同化與調適：在 Piaget 理論中，同化指做出已學會的反應，而調適則是反應的修正，換個方式說，同化是根據已有的訊息做出反應，它往往為了順應兒童的心智系統，而忽略情境中的某些面向；相反地，調適則是去反應外在的特徵，因此它涉及改變兒童的心智系統。

　　試著想像一個嬰兒悠閒地躺在搖籃裡，她的手隨意地在空中揮動，然後有隻手碰到了用別針和紫色緞帶別在衣襟上的奶嘴，她的手立刻握住這個熟悉的物體，將它拿在空中，然後準確地塞到她已經張開等待的嘴裡，貪婪地咬住奶嘴的一端，吸！吸！吸！

　　根據 Piaget 觀點，些處涉及了多種基模（schemata）的作用，即嬰兒對於奶嘴的認識之多種心智表現，包括考慮了物體是否適合抓取、傳送到嘴裡，以及吸吮等訊息。奶嘴已被這些基模同化，它已被了解並且根據先前的學習而加以處理。

　　現在想像一位慈愛的祖母，她將嬰兒的舊奶嘴換了一個新牌子，一端有「容易吸」專利吸頭，另一端有「容易抓」塑膠握柄。小女孩再次四處揮動她的小臂膀，直到胖胖的小手偶爾地碰到這個新物體，她立刻用手握住，這是手最大的功用。然後她的嘴再次張開，那是探索這個界的重要方法之一，不能吸的東西在生命初期都不算寶貴。

　　但是「容易抓」的握柄太大了，小女孩抓取不當，新奶嘴溜掉了。

　　「在這裡，甜心」，老祖母輕聲地說，並將奶嘴放回嬰兒的手中。現在她抓取的角度比較大、比較穩，手指的位置以及手掌的力量做了些許的調整。以 Piaget 用語來說，她已經開始調適這個新物體的特徵，她已經適應了。其結果是，心智系統——基模的配合——已經有了些許的改變。

　　同化與調適是使生命產生適應作用的歷程，然而，它們不是分開與獨立的歷程。Piaget 主張，所有活動都涉及同化與調適兩者。在沒有具備一些反應基礎之前，也即沒有能夠用以同化新情境的相關與舊有的學習，我們不可能開始做基模的改變——去調適。因此，所有的調適都必須有同化，同時，所有的同化都涉及某些程度的基模改變，不論情境是多麼的熟悉，或反應已多

麼充分地學習過——即使改變只不過是使反應稍微加強，並且在日後更容易援用而已。

在 Piaget 的理論中，同化與調適之間的平衡非常重要（他將維持這個平衡的歷程稱為平衡，equilibration）。同化如果太多就不會有新的學習，而如果調適太多（改變太多），行為就會變得混亂。以 Flavell 的說法，同化與調適是認知的一體兩面，兩者總是一起產生。

為了進一步說明，我們舉一個與學校有關的例子。如果湯姆在計算面積時，總是將圖形中的兩個尺寸相乘，我們可以說，他將所有面積問題同化至他在計算正方形與長方形面積時所學習到的東西。這種不平衡的狀態不僅可能導致錯誤的答案（例如碰到圓形或三角形的面積問題時），而且對於計算面積無法產生新的學習。然而，如果湯姆每次面臨不同問題時，都堅持使用新與不同的計算方法，他又會因為調適（調整反應）過度而失當。再一次的，這種不平衡的狀態可能導致答案的錯誤與新學習的不穩定。

塑造發展的因素：Piaget（1961）說，維持平衡的傾向，是塑造兒童之發展的四大因素之一，跟知識的「建構」有密切的關係。第二項因素是「成熟」，指一種生理歷程，跟潛能的逐漸釋放有密切的關係。根據 Piaget 的理論，成熟實際上並不能決定發展，而僅會使某些種類的學習變得可能發生。因此，生理的成熟使嬰兒可能控制舌頭、嘴部的活動，進而能夠學習講話。當然，如果沒有正確的經驗，單憑生理的成熟無法使嬰兒學會講話。所以，第三項是「主動的經驗」，指透過與真實世界的主動互動，兒童對於物體及其特性會發展出概念。同樣的，透過「社會互動」——即與其它人之間的互動——兒童對於事物、其它人及自我會逐漸形成概念（見表 3.2）。

表 3.2　塑造發展的四大因素（根據 Piaget 的說法）

知識的建構決定於：

1.平衡	指平衡同化（以過去的學習來做出反應）與調適（因應環境而改變行為）。
2.成熟	基因的力量雖不能決定行為，但跟潛能的逐漸釋放有密切關係。
3.主動的經驗	跟真實的物體與事件互動後，個體能夠發現事物及建構出對世界的心智表徵。
4.社會互動	與其它人們的互動，導致對事物、人們及自我形成概念。

⌖　人類發展的階段組成

　　對於前述的第二個問題，這裡只提出答案綱要，細節將在本章稍後討論。Piaget 認為，人類發展由一系列的階段組成，每一階段都以特定類型的行為、特定的思考，以及解決問題的方式為特徵。Piaget 對他所謂的「心理功能的粗略特徵」之描述，就是他對第二個問題的回答。簡而言之，Piaget 理論藉由描述兒童在不同年齡的行為特徵，將人類發展進行分類，這些描述對於幫助教師了解學生非常珍貴，因為它們說明了認知結構如何發展與改變。

Piaget 的認知結構

　　心智發展理論（認知理論）的主要任務之一是，描述我們如何處理知覺（感覺），以取得訊息的意義，以及我們如何將這些意義結果組織成長期記憶。事實上，認知結構（congitive structure）的涵義，就是我們對長期記憶的組織。

Piaget 是認知理論學者，他的主要興趣和認知結構的起源有關，明確地說，即認知結構自出生至成年期間的發展。對 Piaget 與其它認知理論學者而言，「認知結構」可定義為那些支配行為的各種心智特性，這些特性應視為推論而不是事實，因為認知結構既無法切割出來仔細探討，也無法以具體的術語加以描述，它畢竟只是一種隱喻。

對於非常幼小的兒童而言，其認知結構可定義為多種反射作用，因為這些反射作用是行為的第一道「掌控者」。Piaget 將每一種反射作用冠以一種基模。基模隨著兒童同化周遭的物體而變得更加穩固，並在兒童調適物體時產生改變。基模通常以它們所代表的活動而命名，譬如有「吸吮基模」、「抓取基模」與「哭泣基模」。通常在七、八歲之後，也就是發展的較後期階段，基模開始較不以外在活動而以心智活動來定義，這個年紀的兒童，擁有內在的活動，也就是說，外在活動可以在他的思想中上演，並且此時的思想受特定邏輯規則的支配。這些規則與具體的運思期有關，並定義了「運思」（operation）一詞。依最簡單的意義來說，運思是一種邏輯性的思考歷程。在 Piaget 的理論中，運思或心智活動是兒童與具體物體產生實際活動之後衍生的結果。

認知結構支配行為，而行為的改變界定了發展的階段，因此 Piaget 對發展的敘述其實是描述不同年齡的認知結構。接下來我們將詳細討論這些發展上的改變（見表 3.3）。

表3.3　Piaget的認知發展之階段

階段	大約年齡	一些主要的特徵
感覺運動智力期	出生至二歲	具有運動的智力；只顧及此時此地的世界；早期沒有語言與想法；對於客觀的現實沒有概念。
前運思期	二至七歲	自我中心的思考。
前概念思考期	二至四歲	推理由知覺支配。
直覺式思考期	四至七歲	依直覺而不是邏輯來解決問題；沒有守恆的觀念。
具體運思期	七至十一、十二歲	有守恆的觀念；有類別與關係的邏輯觀念；思考傾向於具體化；了解數字；逐漸發展逆向思考。
形式運思期	十一、十二至十四、十五歲	思考的全面概括性；能做命題思考；有能力處理假設性問題；形成強烈的理想主義。

☞　感覺運動智力期：出生至二歲

Piaget 將生命的前兩年稱為感覺運動智力期（ sensorimotor intelligence），對他而言，在兒童發展出以某種心智表徵方式去理解世界之前，智力活動主要受限在感覺運動期的功能。

Piaget 表示，新生兒的世界是眼前的世界，物體只在看得見、聽得到、摸得著、嚐得到或聞得到時存在，當它們離開嬰兒眼前的感覺經驗時，它們就不存在了。

Piaget 回答：「我兒！我兒！我親愛的兒子！是的，我兒，是一隻蝸牛！」

　　這是一段有趣又平凡的父子對話，然而，一會兒之後他們又遇到另一隻蝸牛，小男孩再次向父親說：「爸！親愛的爸！我親愛的爸！爸！又是那隻蝸牛！看！看！」

　　Piaget 表示這是前概念思考的例子，這個孩子尚未了解類似的物體構成某個種類（所有的蝸牛都是蝸牛），但是並非完全相同（蝸牛Ａ不是蝸牛Ｂ）。同樣地，一個小孩一天之內在四間商店中看到四個不同的聖誕老人，並且仍然認為聖誕老人只有一個，這是前概念思考的表現。他很明顯的對「聖誕老人」這個概念略有所知，因為他能辨認，但是他並不知道具有類似特徵的物體能夠都屬於同一類，卻仍具有各自的身份。一個幼兒看見別的小孩拿著一個和他家裡一模一樣的玩具，以為那是自己的玩具，並且堅持要回它，這是無可責怪的。

　　轉換式思考：前概念階段的另一個思考特色稱為轉換推理（transductive reasoning）。歸納推理（inductive reasoning）是從多項特殊的事例推理得到

概括性的判斷，而演繹推理則從概括性的判斷開始，然後轉為特殊的事例；至於轉換推理是從特殊的事例推演出其它特殊的事例，它不是邏輯的推理歷程，但是偶爾會導致正確的答案。舉個例子來說，思考下例的轉換思考歷程：

　　A產牛奶。

　　B產牛奶。

　　因此B是A。

　　如果A是一隻乳牛，而B也是一隻乳牛，那麼B就是A；然而如果A是一隻乳牛，而B是一隻山羊，B就不是A。聽起來也許令人驚訝，但是兒童的確以此種方式推理，尤其當他們叫一隻狗為「小貓」或一個陌生人為「爸爸」時。

⇨　**直覺式思考期：四歲至七歲**

　　四歲之後，兒童的思考變得較有邏輯，雖然思考大部份仍由知覺所支配，而不是理智。此時左右思考的是自我中心、不適當的分類以及直覺，因此，是直覺式的思考（intuitive thinking）。

　　自我中心（egocentrism）：舉例而言，Piaget 描述兒童對一個簡單問題的回答：一個男娃娃和女娃娃並排綁在一條線上，實驗者與兒童面對而坐，兩人之間有一個屏風，娃娃們隱藏在屏風後面，兒童被要求預測如果將線向右拉，哪一個娃娃會先出現。不管兒童的答案正確與否，線上所出現的都是男娃娃，並且再次被藏起來。同樣的詢問一再地重覆，男娃娃又再次從同一邊出現，這一次，或者是下一次，但是幾乎可以確定的是，受試者會在更多次的詢問時，預測另一個娃娃會出現，為什麼？「因為應該換女娃娃了，不然不公平」，這個實驗清楚地指出，自我中心在直覺思考階段之問題索解中所扮演的角色——兒童以自己的觀點來詮釋問題。

受知覺支配（perception dominated）：一個兒童被要求拿一顆珠子放在兩個容器之一，實驗者在他行動的同時也拿一顆珠子放在另一個容器裡，他們一直重覆這個過程，直到其中一個容器幾乎裝滿了。為了混淆兒童，實驗者面前的容器是一個又低又寬的盤子，兒童的則是又高又窄。然後實驗者接著問：「誰的珠子比較多，或是一樣多？」兒童會回答：「我的比較多，因為它們堆得比較高。」或是「你的比較多，因為它們堆得比較寬。」在兩種回答中，兒童都以容器的外貌來判斷。這種依賴知覺，即使知覺與思考衝突，是兒童與成人的主要差異之一。

沒有分類能力：沒有分類能力是兒童在直覺思考期的另一個顯著特徵。舉例而言，出示一組木頭珠子給一個五歲孩童看，其中有十顆褐色珠子、五顆黃色珠子，他知道所有珠子都是木製的，但是當他被問到褐色珠子比木頭珠子多、少、還是一樣多時？他的答案是比較多。Piaget 對這個現象的解釋是，要求兒童考慮子分類破壞了他們對大分類的概念。換句話說，這個層級的兒童了解類別可能含有許多不同但類似的成員（他們不會犯前概念的「蝸牛」錯誤），但是他們尚未了解大分類之下還可以有不同的層次，「收容」其它的子分類（如同褐色珠子屬於木頭珠子，兩者是分開的卻又有關係）。

直覺：此階段兒童解決問題的方式，大部份依賴直覺甚於邏輯。在回答問題時，他們會盡可能地使用心像，而不是規則或原則。Piaget 的珠子旋轉問題，清楚地指出了這個現象：三顆顏色不同的珠子穿在一條鐵絲上，然後鐵絲被插入一條管子中，所以兒童再也看不到珠子，然而他知道紅珠在左邊、黃珠在中間、藍珠在右邊，然後他被問到如果將管子轉半圈、一圈、一又二分之一圈、二圈等等，珠子的排列順序如何。幼小的前運思期兒童很可能會完全被這個問題搞混了，大一點兒的兒童則能正確解答，只要他們能想像實際的旋轉情形——然而他們在解答時並沒有運用任何規則（譬如，單數圈與雙數圈的不同）。

下述案例顯示兒童的奇幻思維（magical thinking），譬如恐龍雖然完全絕種了，然而在某處，或許今天教室裡就有一隻真恐龍，這個可能性仍然令

人顫抖。當日稍晚，教師問同一個班級一個完全不同的問題，「有多少人曾經看過一隻真恐龍？」大約有三分之一的小手立刻舉到空中。

總而言之，直覺期的思考歷程並非總是完全合乎邏輯的，它們經常是自我中心並且受知覺支配，此外，兒童尚未擁有分類或應用邏輯的形式規則去解決問題的能力。前概念期與接下來的具體運思期之間的另一個顯著差異是，前概念期的兒童還無法守恆。

案例

地點：小學三年級教室

場景：博物館的恐龍專家來班上訪問，他帶了一隻大型的填充暴龍。

專家：恐龍絕種了，有人知道這是什麼意思嗎？

洛桑尼：表示都沒有了。

比利：表示牠們發臭了（爆笑聲）。

羅德：表示牠們都不見了、都死了，都沒有了……還有，我不知道。

專家：沒錯，表示都沒有了，全都不見了，牠們絕種了。

洛桑尼（非常嚴肅地指著填充暴龍）：那是一隻真恐龍嗎？

Piaget 表示，六、七歲孩童的思考比大人更有想像力，現實與幻想之間並沒有一條分明的界線，支配思考的邏輯之強制性較弱，比較容易改變。

前運思期之思維的一些一般化特徵，可以用 Fabricius 與 Wellman（1993）所做的一項實驗來說明。他們向一群四至六歲的小孩詢問至相同目的地的不同路徑中，哪一條路徑的距離最短；其中有些路徑較直接，有些路徑較迂迴，以及還有一些路徑由物件分隔成好幾段。令人震驚的是，許多參與者堅持說，那些迂迴而分隔成好幾段的路徑比最直接的路徑短。為什麼呢？Fabricius 與 Wellman 認為，這也許是因為兒童每次僅能把注意力專注在路徑的一項面向上，並因此受到外觀表象的誤導，正如 Piaget 所說的。以及也許是因為他們無法將路徑在心智上表徵化，進而在心智上加以比較，因此非常難以依直覺來解決此一問題。

Smith（1993）指出，前運思期的思維比感覺運動期的一大進展是兒童開始以邏輯來解決問題。但他們嘗試運用邏輯並不意味著他們總是能正確地解答問題。例如，試考量以下簡單的問題：一個瓶子裝了半瓶的液體，液面呈水平狀態，當瓶子傾斜時，液面的位置會如何。這個問題考三、四歲的小孩時，典型的答案是「凌亂的模樣」（Thomas & Lohaus，1993）。但是問至五至七歲的小孩，他們的答案是圖 3.2 的 A 圖。Kuhn（1984）指出，小孩不曾看過這種圖案，因此答案並不能反映出他們在真實世界中實際的經驗。但是這的確反映出他們了解液面通常是與瓶底平行，因此根據此項了解而做出邏輯上的推理（前運思期的思考摘要於圖 3.3）。

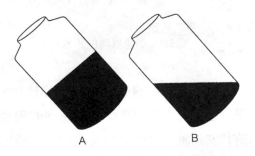

圖3.2　兒童對於傾斜後的液面會選A

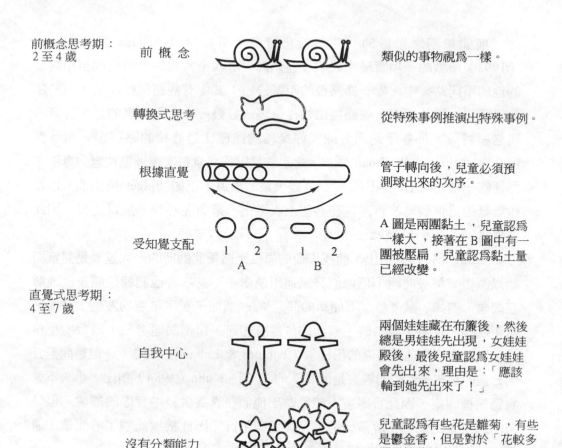

前概念思考期： 2至4歲	前 概 念		類似的事物視為一樣。
	轉換式思考		從特殊事例推演出特殊事例。
	根據直覺		管子轉向後，兒童必須預測球出來的次序。
	受知覺支配		A 圖是兩團黏土，兒童認為一樣大，接著在 B 圖中有一團被壓扁，兒童認為黏土量已經改變。
直覺式思考期： 4至7歲	自我中心		兩個娃娃藏在布簾後，然後總是男娃娃先出現，女娃娃殿後，最後兒童認為女娃娃會先出來，理由是：「應該輪到她先出來了！」
	沒有分類能力		兒童認為有些花是雛菊，有些是鬱金香，但是對於「花較多還是雛菊較多？」的問題，會回答：「雛菊較多。」

圖3.3　前運思期的思考

　　尚未熟悉 Piaget 理論的讀者，不妨在此時稍作休息。如果你手邊有腦波記錄計、心跳計數器、溫度計以及瞳孔計（或任何的儀表或記錄器），你可以拿來測量自己，並且立刻讀一讀，因為 α 波加上減緩的心率、反常的體溫與縮小的瞳孔，是瀕臨「術語休克」（jargon shock）的徵兆；這種情況嚴重

時可能對專心與學習極爲不利，幾小時的睡眠或一些其它的娛樂可以明顯地改善。

如果你手邊沒有這些精巧的電子裝置，你可以用一面鏡子代替。將鏡子舉高到面前，並且看著你的雙眼，如果瞳孔是閉著的，你有可能處於術語休克的最終階段，請你休息一下。

✧ 具體運思期：七歲至十一或十二歲

運思是受限於某些邏輯規則的心智活動，換句話說是一種思考。在具體運思階段以前，兒童不是沒有思考能力，而是他們的思考受到某些限制，這些限制與兒童傾向於依賴知覺、直覺與自我中心，而不依賴推理有關。

但是具體運思（concrete operation）的出現，使兒童產生基本的重要轉變，也就是從「前邏輯」（prelogical）形式的思考變成以邏輯規則爲特徵的思考。此階段的運思應用在真實與具體的物體和事件上。具體運思與前運思的最明顯區別是守恆能力的出現。

守恆：守恆是「理解到只要物體或一群物體中，沒有東西增加或被取走，它的數量就不會改變，即使形式或空間上的配置有所改變」（Lefrancois，1966，p.9）。在先前的實驗中，兒童被問到兩個容器是否有等量的珠子，兒童要等到理解數目相等之後，才會明白守恆。

對於一個守恆問題的正確反應，證明了兒童此時的思考受到一個或更多的邏輯規則之支配與限制，例如可逆性（reversibility）與同等性（identity）。可逆性規則意指每一個運思（內在的活動）都有一個相反的運思抵消它；同等性規則指每一個運思都有另一個運思使它保持不變。參考數字系統有助於了解可逆性與同等性，例如減法能夠逆轉（以及抵消）加法運思（例如 2+4=6；6-4=2），加法的同等性運算子（operator）是 0（也就是 2+0+0+0=2），而乘法是 1（$2 \times 1 \times 1 \times 1 = 2$）。

守恆問題可以說明在具體運思期中，兒童的思考與運思規則之間的關係。兒童若和實驗人員同時將一顆顆珠子分別放入高、低容器，並且無視外觀的不同，仍然認為兩邊的珠子一樣多，他們可能以下列的方式推理：

1. 如果全部的珠子都被拿出來，並且再次放在桌上，它們會和先前一樣多（可逆性）或
2. 沒有任何東西加入或被取走，所以兩個容器中的數量一定還是一樣（同等性）。

　　守恆跟物體可以辨認與可以測量的屬性一樣多，例如有數字、長度、距離、面積、體積、連續性物質、非連續性物質、液體守恆等等，這些能力都直到具體運思期才取得，有些守恆（例如體積）甚至在相當末期時才取得。

　　守恆實驗非常有趣，結果也往往令人驚訝，圖 3.4 描述數個守恆實驗的過程，以及取得的大概年齡。

　　守恆現象令人好奇的事件之一是，兒童可以在毫不改變心意下，一再自相矛盾，譬如在液體數量守恆的實驗後，實驗者將水倒回原來的容器中，並且再次詢問同樣的問題，受試者此時已經知道兩個容器水量相等，但是當水倒入高、低容器的瞬間，他們可能徹底改變決定。

　　除了守恆之外，兒童在進入具體運思階段時，還取得另外三種能力：分類、排列順序、處理數字。

　　分類（classification）：分類是根據一群物體的相似性與差異性而進行分組。分類的過程涉及將子分類合併為較概括性的類別，同時維持子分類的同等性，這個過程形成了 Piaget 所謂的層級分類（hierarchies of classes）（Piaget，1975），例子參見圖 3.5。此外，先前所提過的十顆褐色與五顆黃色木珠的實驗說明了前運思期兒童無法分類的現象，此階段的兒童即使知道所有珠子都是木珠子，也認為褐色珠子比木珠子多，在進入具體運思期以後，兒童不會再犯這個錯誤。

1．物質或質量守恆（六、七歲）

A ○ ○

B ○ ⬭

兩團黏土被放在受試者前方。受試者被問到兩團黏土是否一樣多，如果答案是不一樣，實驗者要求受試者使它們一樣多（對於幼兒來說，擠壓一團黏土可以使它的量變少，並不算稀奇）。

然後其中有一團黏土被改變形狀。受試者再次被問到它們是否一樣多。

2．長度守恆（六、七歲）

A ══════════

B ───── ─────

實驗者在受試者前方放兩根棍子，棍子的兩端對齊。受試者被問到兩根棍子的長度是否一樣長。

然後將其中一根棍子向右邊移動。重覆問同樣的問題。

3．數量守恆（六、七歲）

A 00000
  00000

B 0 0 0 0 0
  00000

在實驗者與受試者之間有兩排對應排列的硬幣。然後其中一排的間距被加大或縮短。

受試者被問到哪一排的硬幣較多，或者兩排的數量仍然一樣多。

4．液體數量守恆（六、七歲）

A

B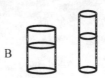

受試者前方有兩個外形一樣，水量也一樣的容器。然後其中一個的水被倒入一個高窄的試管，另一個則倒入一個寬盤子裡。

受試者被問到試管與盤子裡的水量是否一樣多。

5. 面積守恆（九、十歲）

A
受試者前面放置兩個大小一樣的長方盤，裡面有同樣面積的紙牌。接著將其中一盤的紙牌弄散。

B
受試者被問道兩排的紙牌面積是否一樣多。

圖3.4　五種物理特質的守恆現象之實驗歷程

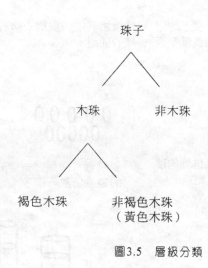

珠子

木珠　　　非木珠

褐色木珠　　　非褐色木珠
　　　　　　　（黃色木珠）

圖3.5　層級分類

排列順序（seriation）：根據物體的某些屬性而進行排序，是理解數字特性的要件。Piaget 曾經進行一項調查排列順序之理解力的實驗，內容是給兒童看二組物件，一組是娃娃，另一組是柺杖，兒童被要求將它們以圖 3.6 的方式排列。結果是，當物體是以隨機順序出現時，前運思期兒童無法將它們依大小排列，他們通常一次只能比較兩個物體，因此無法做出幾乎是索解問題

所必須的關鍵推理：如果A比B大，而B比C大，A一定比C大。前運思期兒童在比較過B與C之後，會毫不猶豫地將C擺在A之前。

　　數字：處理數字的能力，是分類與排列順序活動的副產品。就數字表達同一類物體的數量聚集之意義（基數特性）而言，它涉及分類；就數字是以較大與較小數字關係而排序的意義而言，它涉及排列順序（序數特性）。並且因為一直到具體運思期，兒童對於分類與順序排列才發展出相當完整的了解，所以 Piaget 認為兒童對於數字的了解也大約在這個階段裡發展出來的。然而，我們知道許多學齡前的兒童對於數字有非常進步的「直覺」知識——這些知識讓他們能夠在真實的情況下（例如買糖果）做加減計算。Piaget 認為，這些加與減的想法來自兒童混合與分離真實物件的經驗（Voss，Wiley & Carretero，1995）。

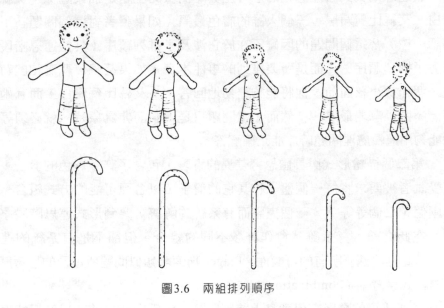

圖3.6　兩組排列順序

　　總而言之，具體運思階段的兒童能將邏輯規則運用在分類、關係（排列順序）與數字上，此外，他們的思考變得比較不自我中心，也就是說思考不

再如此的自我中心或知覺傾向，但是他們仍然無法將邏輯規則運用在不具體的物體或事件上，換句話說，他們只能處理實際，或他們所能想像的部份。對於「如果強尼有一個塌鼻子？」的問題，兒童直覺的回答是：「強尼沒有塌鼻子。」

⌂ 形式運思期：十一、十四至十四、十五歲

思考結構發展的最後階段是所謂的形式運思（formal operation），之所以名為形式，主要是因為兒童此時能夠處理完全假設的問題，而且他們的思考可能涉及一套形式的邏輯規則。

Binet【編註：比奈，現代智力測驗之父】的一項推理測驗，說明了兒童在形式運思期與具體運思期的思考差異。測驗的主題是抽象關係：艾絲比蘇珊白，艾絲比麗莉黑，三個人誰的膚色最黑（如果讀者對這個問題答不上來的話……）？這個問題的困難不在於它涉及了排列順序（具體運思階段已經學會了排列順序），而是所要排列的事件本身。如果艾絲、蘇珊和麗莉都站在一個十歲小孩面前，他將能夠輕易地回答：「艾絲比蘇珊白，而且她比麗莉黑，所以蘇珊最黑。」然而，當問題只是口語而非具象時，就必須等到兒童能夠用邏輯處理問題時才能正確解答。

第二個描繪形式與具體思考差異的實驗，包含了許多彩色的盤子，內容是受試者被要求將每一個盤子和其它的盤子，以各種可能的方式組合（也就是兩個、三個等等），一個完整而有系統的解答，要到形式運思階段才能達成。在此之前，兒童雖然會作許多不同的組合，但卻不是有系統的進行組合，因此無法涵蓋所有的可能性。Piaget 稱索解類似問題所涉及的思考歷程為「結合式思考」（combinational thinking）。

形式運思的發展在學童身上特別顯著，因為在此之前，兒童只能理解許多不完整的概念，甚至毫不了解，諸如比例、溫度等概念往往超出具體運思層次兒童的理解（參見 Lovell，1968）。

對於理想（ideal）的逐漸關心，是形式運思的一項重要特徵。兒童一旦能夠由假設推理出實際，或由實際推理出假設，他們就能假想世界上沒有邪惡。就在剛剛發現心靈擁有無限的自由去勾劃理想時，青少年創造了他們的烏托邦，並且反抗那些仍然無法實現烏托邦的長輩。

☞ 超越形式運思

發展心理學者有一段相當長的時間，認為人類發展中主要的智力改變，發生在出生到青春期結束之間。這個模式認為，在青春期之後有一段長時間只有非常小的改變，有點像高原期，而緊接在後的是老年時期的逐漸衰退。

Piaget 對智力發展的描述，反映了這個盛行已久的模式，因此，他根據各個階段所產生的改變來描述智力發展，而形式運思是這些階段的最後一個，是一個描述青春期的階段，在此之後，什麼也沒有……。

但是成人呢？成年期僅只是衰退之前的高原？再也沒有可能產生更為正面的改變？

未必如此。我們已經發現一個新模式，現在並且已有很好的理由相信，成年期也有重要的正面改變，雖然這些改變並不是發生在每一個人身上。事實上，形式運思思考也不是所有青少年，甚至於所有成年人的特徵。某些人的思考，終其一生都停留在具體運思階段，也有人從未超越前概念直覺層次的直覺思考。

Basseches（1984）告訴我們，成熟的成年人和學童與青少年有不同的思考方式，他認為，認知發展在青春期以後繼續進行，但不是變得更有邏輯（更為堅定不移的理性），而是變得較有相關性，更能處理衝突，對於道德、倫理、社會與政治現實更為敏感。Basseches 稱之為辯證的（dialectical）思考形式。辯證的思考藉由解決衝突而尋求意義與秩序，辯證思考者總是留意其它的可能性，並且認為沒有什麼解決方式是絕對必要與最後的定論。

Labouvie-Vief（1980）同意這項說法。她告訴我們，形式邏輯可能完全適用於兒童所面臨的某些問題，特別是校園中發生的問題，但是對於成人所面臨的許多問題而言，它可能並不適用，甚至於大部份是毫不相干的。最合乎邏輯的解決辦法有可能完全錯誤，完全不適合。成熟的推理歷程必須是「具體的實用性」（「concrete pragmatics」），也就是說，它必須考慮何者可行並且能被接受，換句話說就是實用性（Labouvie-Vief，1986）。真正有智慧的人，他們的思考不受邏輯限制，這並不是說他們的思考是非邏輯的，相反的，他們會去考慮更多的可能性、考慮各種涵義、分析社會與道德上的現實面。

簡而言之，Basseches、Labouvie-Vief 和其它關心成人智力成長的學者認為，Piaget 模式不足以描述成人的思考歷程。這些理論學者認為，成人藉由學習新方法，從解決各式各樣涉及關係、藝術活動、商業交易、宗教等各種問題（事實上是生命中的所有問題）的歷程中，獲得認知的成長。他們也認為，成人思考對於含意不清與矛盾更為敏感，也更能容忍，並且更有可能除了單純的邏輯以外，也考慮各種因素（例如道德、社會與政治涵義、經濟考量等等）。

評量 Piaget：新 Piaget 論者的貢獻

雖然 Piaget 在發展心理學的地位無人可比，他也受到不少的批評。最普遍的批評是，他沒有使用充分的大型樣本、純熟的分析與適當的控制。我們可以經由驗證性實驗是否支持 Piaget 的發現，來確定這些批評的效度。

驗證性實驗：數百個（或數千個）企圖驗證 Piaget 發現的研究中，絕大多數至少都提供了某些證據，證明智力階段的順序和 Piaget 的描述差不多，特別是感覺運動期。然而，也有許多研究已經發現，北美與歐洲兒童達到各

階段的時間，往往比 Piaget 所推想的更早，而較爲劣勢的團體可能較晚（參見 Dasen，1977）。

至於同意 Piaget 對童年晚期與青春期之主要階段的順序與描述，少於對較早階段的認同，例如有兩項主要批評：第一，Piaget 大大低估了學前兒童的認知發展，第二，他高估了青少年（甚至於成人）的形式運思能力。

學前兒童的成就：新 Piaget 論者[3]普遍認同第一項批評。他們認爲將學前兒童的心智稱爲「前概念」、「前運思」或「前邏輯」並不適當，同時也造成誤導（譬如 Case，1985；Gelman，1982；Flavell，1985）。他們的研究指出，Piaget 低估或忽略了學前時期許多顯著的認知發展，譬如象徵式表徵的能力，以及發現概念之間關係的重要進展。這些能力可以從兒童對數字的理解，得到清楚的例證。很明顯的是，兒童對於大與小、少與多、加與減的效果等概念，在入學前通常已獲得高度的發展。Aubery（1993）解釋說，這些兒童顯然擁有直覺知識，非常類似於未唸過書的街頭小販所發展出來的「街頭數學」（street mathematics）。街頭數學是一種用來計算的知識，例如已知一件物品的價格，則買二件或二件以上需要多少錢。街頭數學讓街頭小販與未入學的街頭小孩得以買賣或進行其它交換。並且在某些情況下，對於數字的運算需要非常複雜的直覺知識。但是正如 Nunes 及 Carraher、Schlimann（1993）所發現的，他們檢視在巴西探討街頭小販的數學知識之研究後指出，這些街頭小販的數學知識跟在學校所學的較正試之數學知識並不一樣。

Gelman（1982）與同事們（Gelman，Meck & Merkin，1986）描述二項出現在學前時期的數字知識，第一項是數字抽象技巧，他們教導兒童對數字或數量的理解——譬如在口袋裡有多少隻小老鼠。數字抽象技巧有幾個基本原理，包括一個接一個原理（如果你要數老鼠的話，你必須一次只數一隻、一隻接著一隻數）、固定順序原理（計算的正確順序是一、二、三、四，而不是一、三、四、二……）、主要順序原理（最後的數字代表了群體的數

---

[3] 他們的研究大部份來自 Piaget 觀念，因此稱為新 Piaget 論者。

量）、抽象原理（幾乎任何事都能被計算），以及順序無關原理（計算的順序與計算運思的最後結果無關）。

這五個數字抽象原理涉及如何計算、計算什麼，以及計算的意義。二、三歲的兒童經常表現出彷彿清楚地了解這些原理，但是仍在計算時犯錯（往往是系統性的錯誤）。第二項出現在學前時期的數字知識，與數字的推理原理有關，這項知識使兒童得以推理或預測加法或減法等簡易的數學運思結果。

數字的抽象意義與數字的推理，是重要且複雜的認知活動，它們可說是學前兒童認知成就的有力例證，這與 Piaget 所描述的直覺、自我中心、知覺主導、前邏輯、前運思兒童呈強烈對比。

形式運思的限制：某些對 Piaget 形式運思階段的批評，建立在下述的觀察上：許多人在青春期、甚至於青春期以後，並沒有出現此種思考（Papalia，1972；Rubin，Attewell，Tierney & Tumolo，1973）。Piaget（1972）也已經承認，形式運思階段也許不如他原本所認為的那樣普遍。

另一項對形式運思的批評，涉及 Piaget 在使用邏輯模式來描述青年思考時所犯的明顯錯誤。Ennis（1976，1978）認為，Piaget 所使用的命題邏輯（propositional logic），包括了冗長與不必要的概念、命題概念本身的錯誤運用，並且含有某些邏輯的錯誤。

摘要：Fischer 和 Silvern（1985）指出，根據新 Piaget 論者的研究所提供之證據，發展階段可以重整為八個層次（Fischer 和 Silvern 認為「層次」比「階段」更為「審慎」）。最初的四個層次發生在嬰兒期，類似 Piaget 所描述的感覺運動發展；下一個層次（幾項表徵的關係）涵蓋整個前概念期；接著的兩個層次涵蓋具體與形式運思，而最後一個層次發生在青春期後期。一些研究者（譬如 P. K. Arlin，1975；Riegle，1973）並且認為，青春期之後還有一個層次。

在評量上述批評的重要性與可信度時，值得牢記在心的是，Piaget 理論就像其它的理論一樣，都只是隱喻。明確地說，Piaget 提出一個哲學的／生物

的隱喻，試圖藉由智力能力與運作的成長，來解釋心智的適應情形。許多對 Piaget 的批評來自對基本隱喻以及理論意圖的誤解，或是對理論原理做過於狹隘的運用。最後，雖然基本隱喻所依據的某些觀察基礎可能並不明確，或者含有邏輯、詮釋或重點強調上的錯誤，但是這些對一個基本隱喻而言，也許不具關鍵性影響，因為它的詮釋強度與實用功能也許更為重要。

Piaget 理論對教育的啓示

Piaget 理論是有關兒童發展的認知理論之不朽著作，對教育事業一直有深刻的影響，它最實用的教學應用有三方面：教學理論、促進發展，以及衍生特定的教學原理。

⌖ 教學理論

較高的技能與能力奠基於較低的能力，這個觀點說明了，學習是層級性的。Robert Gagné（1985）【編註：蓋聶，著名的心理學者，對於將心理學的學習理論用在學校實際教學上有卓著的貢獻】以這個概念提出了一個教學模式（請見第 4 章）。建立在這個模式上的教學，總是從分析教學的題材開始，再將內容排出先後順序，此過程稱之為任務分析（task analysis）。Case（1975）認為，Piaget 的發展理論可以和 Gagné 的教學理論結合，明確地說，Piaget 理論可用於評鑑學習者的發展層次與認知能力，而謹慎的任務分析能夠顯示為什麼某些任務過於困難（譬如對前運思兒童而言），並且建議與學生的發展層次更相容的學習內容。

☞ 發展能促進嗎?

這個問題並非 Piaget 所直接關切的,他對成長細節的關心勝過引起發展改變的因素。然而,就涵義而言,他的理論支持了下述信念:豐富的經驗歷程應該能導致更為進步的思考方式之提早出現。

促進發展的直接企圖,普遍以教導幼兒守恆的觀念為目標,但是針對這個議題所做的許多研究,卻有相反的結果。過早教導守恆觀念往往不成功(參見 Smedslund,1961a-e)。看起來似乎是最簡單不過的教學任務,可能僅次於不可能,例如說服一個五歲孩童理解黏土的含量不會改變,除非有黏土被加進來或拿走。另外,雖然有幾個系統訓練歷程,已經成功地促進幼兒守恆觀念的產生,至於它們對智力運作的其它面向,是否也有普遍的有利影響,至今仍未有證據(參見 Lefrancois,1968;Cote,1968)。如同 Nagy 和 Griffiths(1982)的結論,「規劃教學策略以促進智力發展的企圖,其成果非常的少」(p.513)。這些企圖普遍的失敗,究竟是因為智力發展無法輕易促進,還是因為我們對智力發展的本質了解不夠,以致於無法規劃出更適當的策略,至今仍不清楚。

☞ 教學原則

Piaget(1961)認為,兒童的發展並非和兒童的環境與活動無關,相反的,發展決定於四個重要的因素。

首先是平衡:如同先前的討論,平衡是在同化與調適之間維持均衡的自然傾向。換句話說,平衡涉及舊有的學習與行為之使用(同化),及進行改變(調適)之間的最適均衡。平衡促成了適應與認知成長。

其次是成熟:成熟指基因所決定(或影響)的特徵之逐漸呈現,譬如兒童對發音器官的控制力之逐漸增加,甚至於性發展,都涉及成熟。

第三是活動經驗:在 Piaget 的觀念裡,發展直接決定於兒童與真實事物和事件之間接觸的日常活動與經驗,

第四是社會互動：與他人的互動是發展出對人、事與自我等概念的關鍵。

　　這四個因素，平衡、成熟、活動經驗與社會互動，是 Piaget 理論系統的核心。不足訝異的，它們也含有了重要的教學涵義，以下即簡述這些涵義。它們無意做為教室活動的範本，而是要引導你建立個人的教學風格。

　　提供活動：就概念來自於對環境的知覺與行動（主動的經驗）之層面而言，兒童應該參與涉及各種真實事件的活動。譬如 Piaget 認為，處理分類、關係與數字的能力，產生於前運思階段在真實的物體間進行組合、分離以及建立對應的活動。因為兒童的學習、以及使學習踏實的自然方式涉及活動，所以大部份的教室學習應該涉及活動。對 Piaget 而言，活動不只是肢體活動，同時也包括內在的心智活動。這個原則有雙重重點：

1. 學校應該盡可能提供肢體活動與心智活動。
2. 學校應該提供與真實物體和事件有關的學習，特別是在形式運思階段以前。

　　提供適度的困難：就平衡能促進認知成長的層面而言，學校應該提供能夠增進同化與調適之平衡的活動。先前我們曾經提過，同化與調適是兒童與世界互動的兩種方式，所有活動都涉及兩者。當兒童根據舊學習而對新物體或事件作出反應時，就產生了同化；而調適涉及調整或改變。同化必須在一個有幾分熟悉的情境，而調適只在情境有幾分陌生時產生，因此，新教材與舊學習之間適度的落差是需要的（其它的理論學者也持相同觀點，譬如 Ausubel〔1963〕與 Bruner〔1966〕，見第 6 章）。教師若知道學生的心智運作層次，便能更有效、更實際地確定何種學習經驗最適合學生。

　　了解學生如何思考：雖然許多人都認為兒童與成人的思考有某些重要的差異，Piaget 比其它人更明確地指出這些差異。當一個小孩說高窄容器中的水量，比矮寬容器多，他的確相信自己的說法；當一排盤子的間距變得比另一

排相對應的盤子更短時，小孩會改變心意並且說這排盤子的數量較少，他其實並不矛盾，因為既然他沒有看到錯誤，自然就沒有矛盾。當一個二年級學生被一個口語排序問題完全搞混時，譬如「法蘭的鼻子比強尼塌，而強尼的鼻子比喬治挺，誰的鼻子最挺？」他並不是不聰明。

諸如此類有關幼兒世界的發現，應該能幫助教師更容易接受學生的思考限制，並且和學生做更有效的溝通。

了解學生的限制：教師必須知道不同年齡學生的限制。教一個七歲孩子比例的概念，或是教一個五歲孩子數量守恆並不容易。即使上述這個說法被證明是錯的，仍然正確的是，與其花時間教五歲孩子數量守恆，不如教他如何閱讀。因為兒童可能會自行學會數量守恆，卻不太可能在沒有教導之下學會閱讀，這一點特別的真實。

提供社會互動：社會互動是使思考更為實際的主要因素之一。幼兒的自我中心觀點，尤其是不考慮他人的觀點，在經過社會互動之後，會變得比較注意同儕與大人的觀點與意見。Piaget 主張，思考的社會化、道德與遊戲規則的發展，甚至於邏輯思考歷程的發展，極為依賴口語的互動。這對教學的啟示是，教學方法應該提供學習者與學習者以及教師與學習者之間的互動。

評鑑學生的預備程度：Piaget 實驗的歷程與發現之詳細描述，提供教師們許多評鑑學生思考歷程的非正式並且容易應用的建議。評鑑學生的預備程度並不會特別困難，或耗費太多時間，例如了解一個孩子是否擁有數字守恆或排序能力，這兩種能力對於初期的數學教學非常重要。

研究人員已經發展出數個量表，以評鑑 Piaget 理論的兒童概念（譬如 Pinard & Laurendeau，1964；Goldschmid & Bentler，1968；Uzgiris & Hunt，1975）。然而，這些量表沒有一個被廣泛使用或標準化。此外，Piaget 的理論及其相關研究等知識，對於改善教師對學生的認知歷程之了解大有幫助，因此，這些知識應能建議出更好的教學方法。

Vygotsky 的文化／認知理論

　　Piaget 等理論強調個體與他人互動的角色，以及內在傾向與秉賦的角色。在某種意義上，他們試圖解釋人們的生物與社會面向。至於蘇聯心理學者 Vygotsky 的研究取向，則較強調社會／文化的影響。

☞　其人與其事

　　瀏覽目前的心理學著作，不難發現幾乎所有主要的教科書，都至少有一、二處提到 Vygotsky，加上討論他的觀點的許多新書，以及他的著作翻譯，可能會讓人以為他是當代的理論學者（譬如 Wertsch，1985；Vygotsky，1986；Kozulin，1990）。事實上，對教師而言，一本相重要的書尚未自俄文翻譯過來（Vygotsky，1991；見 Davydov，1995）。但是事實上，他並非當代學者，他已經逝世半個世紀之久（1934 年死於肺結核，享年三十八歲）。雖然他二十八歲時就已經在蘇聯的智力發展領域佔有一席之地，他的作品在許久以後才在國外成名，這不禁讓人聯想，如果他和 Piaget 一樣長壽，他的貢獻與成就不知如何。

　　Davydov（1995）指出，Vygotsky 一直被稱為「心理學界的莫札特」。在二十八歲時，他就已消化了當時所有主要的理論與發現，並開始構築一項新的理論，當中的想法至今看來仍然相當清新。然而不幸的是，許多這些想法相當複雜，而且不是很清楚。正如 Nicolopulou 所說的（1993），「儘管他的著作充滿直覺與啟發，但是常常過於簡略以及有時則不完全」。（p.7）

　　複雜且不易理解的 Vygotsky 理論，包含了三個主題，第一是文化的重要性，第二是語言的重要角色，第三是他所謂的「基本成長區」（zone of proximal growth），以下簡單地敘述每一個主題。

☞ 文化的重要性

Vygotsky 表示，人類發展和動物發展有基本的差異，爲什麼？因爲人類使用工具和象徵，其結果是，人類創造了文化。文化是強勁的事物，它們會成長與改變，自有其生命力，並且對每個人產生劇烈的影響。文化指出成功的發展之最終結果，並且決定了我們的學習內容，以及我們必須培養何種能力。Bronfenbrenner（1989）表示，我們不僅製造文化，我們也是文化的產物。

Vygotsky 在他所謂的「基本心智運作」與「較高心智運作」之間，做了一個重要的區分：基本運作是人類的本能，因此不需要學習，譬如傾聽與感覺；在發展的過程中，這些基本能力逐漸轉變爲較高的心智運作（大部份受文化的影響），譬如索解問題與思考。文化使語言變成可能，而社會化歷程又引發語言的學習，最後語言或符號使思考變成可能。因此，在發展的前語言階段期間，嬰兒的智力是單純的實用性，接近於猿猴單純的自然能力。

☞ 語言的角色

語言使思考變成可能並且會管理行爲。Vygotsky（1962）將語言功能的發展分述爲三階段：社會的、自我中心的、內在的。

社會語言（social speech）（**或向外的語言**）：最先出現，它的功能主要是控制他人的行爲（譬如我要喝果汁），或表達單純而且偶爾很難理解的概念。

自我中心的語言（egocentric speech）：主導三歲至七歲，是第一階段（原始且極爲公開的社會語言）以及第三階段（較爲世故並且極爲私密的內在語言）之間的橋樑。第二階段的兒童常常對自己說話，很明顯地想藉此引導自己的行爲，譬如他們可能在動作的同時說出自己正在做的事，然而異於較大兒童的是，他們可能會大聲說（外化，相對於內化至心中），彷彿他們相信如果語言要引導行爲，就必須說出來。

內在語言（inner speech）：是沉默的自言自語，它是較大兒童與成人的特徵，也是 William James（1890）所謂的「意識的泉源」。我們的自言自語（內在語言）告訴自己我們是有意識的生命體，使我們得以引導自我的思考與行為。尤有甚者，它使所有較高的心智運作變成可能（見表 3.4）。

表 3.4　Vygotsky 理論中的語言角色

階段	功能
社會的（向外的）（出生至三歲）	控制他人的行為；傳達單純的想法與情緒
自我中心的（三至七歲）	向外與內在語言之間的橋樑；大聲說出以控制自己的行為
內在的（七歲以後）	自言自語；引導自己的思考與行為；涉及所有較高的心智運作

⚘ 基本的成長區之概念

較高的心智運作涉及了思考、知覺、組織與記憶等活動。這些運作從社會活動中產生，與同為社會現象的語言密不可分。就一個非常實際的意義而言，這些較高的心智運作定義了智力。

Vygotsky 主要的興趣之一是，使智力發展達到極限。他對於測量過去的成就，或評估目前的運作層次的興趣，遠低於對未來的發展潛能有一些了解。他認為每一個孩子都有一個目前的能力範圍或區域，他稱為「基本的成長域」（zone of proximal growth）（Belmont，1989）。舉個例子來說，有兩個五歲大的兒童在正常的情境下，能夠回答一般五歲兒童所能回答的問題時，他們的心智年齡可能被認為符合他們的實際年齡，人們會說他們有平均的智力，但是，如果其中一個孩子在提示下能夠回答七歲心智年齡才能回答的問題，而另一位小孩不能，則正確的說法應該是，第一個小孩的基本成長

區大於另一個小孩。也就是說，他的基本成長區擴展到範圍較廣的心智運作。

Davydov（1995）對基本成長區的意義解釋如下：「兒童一開始僅能夠跟著父母與同儕一起做的，以及後來所能夠獨自做的，都決定於心理發展的基本區」（p.8）。正如待會將提到的，教育者、父母、及其它肩負「撫養／教育」兒童者的任務在於，讓兒童從事符合其心智成長區的活動——這些活動不能太困難，也不能太簡單，因此可以引導他們持續成長。借用 Davydov（1995）的話：「教學必須引導兒童的發展能夠往前，而不是落後。」（p.18）。

Vygotsky 的理論在教育上的涵義

Davydov（1995）聲稱，俄羅斯的教育正處於改革的狀態，而此一改革大部份是根據 Lev Vygotsky 的理念。對於世界其它地方而言，他的理論在教育上也有重要的涵義。他將 Vygotsky 的教育理念歸納為以下五點（p.13）：

1. 教育（包含教學、學習、與撫育）的宗旨在於發展幼兒的人格。
2. 由於人格的發展跟創造力潛能的發展有密切關聯，因此學校的一項重要任務在於提供機會，讓此種潛能得以發揮。
3. 教學、學習、與撫育都需要學生從事實際的「活動」，因此，在教學／學習的歷程中，學生必須是真正的參與者。
4. 教師應該是學生之活動的嚮導與指導者，但不能把自己的意志加在學生身上。因此，教學應是一種「合作性」的歷程。
5. 最有效的教學法，應該顧及學習者之間的個別差異，因此，最好的教學法不是以同一套用在所有學生身上。

有趣的是，他的許多理念跟最近的理論與信念幾乎不謀而合。事實上，大部份的這些理念在本書的各個章節中都會做某種程度的深入討論。例如，Vygotsky 認為教學、學習、與撫育的宗旨在於發展個體的人格，這反映在第 9 章的人本取向教學；他強調創造力潛能的發揮，反映在第 7 與第 8 章對智力與創造力的討論；他認為學習需要學習者主動投入，可以從 Piaget 的理論及許多有關學習的理論中找到相似的觀點；他認為學習應該是一種教師與學生合作的歷程，反映在第 9 章對於合作學習取向的討論；至於說最好的教學法應顧及個體的差異，則是多元文化教育運動的核心理念。

⇨ 搭鷹架

Vygotsky 的理論在教育上最重要的引申涵義，可稱之為「搭鷹架」（scaffolding）。本質上而言，搭鷹架可定義為：在學生學習時，教師提供支援的多種不同的方法。這可以想像成利用鷹架來搭蓋特別高而且多層的狗屋。在搭蓋的最初階段裡，所使用的鷹架必須非常接近地面，而且必須非常堅固，因為並無它物可供依靠。隨著工程的進行，鷹架必須升高，否則很快就會變得無用。但是現在建築工人可以裝設螺栓，甚至可以站在較低層狗屋的屋頂上作業。最後，狗屋建設完畢，則不再需要任何鷹架。事實上，如果建築工人想的話，他們可以站在最高層狗屋的屋頂上走動。

學習也一樣需要搭鷹架，Vygotsky 如此說。在起初的階段，搭鷹架——即引導與支援——通常是必要的。例如，入學前的孩子對於字母的重要性一無所知，因此幾乎不可能去發掘各種發音所代表的字母。藉著告知、示範、指出、及矯正，教師／撫育者乃為兒童「搭接鷹架」。並且當兒童開始學習時，搭鷹架的性質也需要改變。通常當學習者開始踏著過去學習的成果，及逐漸學會如何學習時，就比較不需搭鷹架。

搭鷹架（即提供支援）的方法有非常多種，包括：

1.　示範如何做事情。

2.　解釋各種處理事情的程序。

3.　提供書面或實際的楷模供模仿。

4.　有系統地培養所有必備的基礎技能，以完成更複雜的任務。

5.　詢問可以導引某些重要觀念的問題。

6.　指出與導正錯誤的觀念。

7.　激勵學生。

8.　提供清晰與實際的目標。

　　讀者也許會問，有些什麼新的東西嗎？對作者本人而言，所有一位好教師所做的似乎都跟搭鷹架有關。至於新東西則是 Vygotsky 的搭鷹架觀念與基本生長區之間的關係。回憶一下，基本成長區的定義是指學習者「在成人或同儕的協助下」能夠去完成的哪些任務。換句話說，基本成長區敘述哪些是學習者需要支援（即搭鷹架）的任務。對教師與其它撫育者的涵義非常清楚：即，安排學習環境，讓學習者投入哪些屬於基本成長區內的活動——這些活動有足夠的挑戰性，所以學習者需要支援，但又不是困難到無法完成。

Vygotsky 理論的教育啓示

　　上述 Vygotsky 理論的主要信念，具有數個教育涵義。首先，這個理論突顯了語言在發展較高層次之心理運作的重要性。Vygotsky 強烈相信，語言是社會與文化現象，是思考發展的核心。因此，或許學校所能努力的是，特別重視學生的語言發展，以提升認知歷程的發展。

　　其次，這個理論強調，認知發展深受文化與社會環境的影響。明確地說，如果社會環境要求兒童的表現能超出現有的發展層次，則發展會因此受

到強化。Vygotsky 認為，在每一個層次中，教學與對問題的表達都極為重要，因此他主張它們應該充分地超越兒童現有的發展層次，呈現出一種真正的智力挑戰，然而它們不應該過份超出兒童當時的生物成熟度與發展層次，而變成太困難的挑戰（Valsiner，1987）。

總而言之，Vygotsky 的社會／認知發展理論強調文化，以及文化最重要的產物——語言——對於發展較高層次之心智運作的角色。他提出，沒有了文化，人類的智力將和猿猴差不多，因此文化傳遞是教育的基本任務。

我們似乎都知道這個道理，但是我們或許不是全然知道這個信念背後的理論基礎。

熊也有文化嗎？野牛呢？

摘要

1.　理論是一種組織與詮釋觀察結果的系統性嘗試。它的價值最好不要以準確性或真實性來判斷，而是它如何反映事實、它的一致性如何，以及它在解釋與預測方面的實用性。

2.　社會學習意指（a）在社會背景情境下發生的學習，是一種歷程，以及（b）社會規範與傳統習俗的學習，即什麼是社會所接受與不接受的，是一種結果。

3.　性別角色是男性與女性學習到，而為社會所認可的行為，它們是基因、家庭與文化力量等因素共同作用下的結果。

4.　Erik Erkison 以一系列兒童所經歷的心理社會化階段來描述人格的發展。每個階段都有一個心理衝突的主題，若能加以解決，則個體便能獲得更高的社會能力（social competence）。這些心理衝突依序是：信任與不信

任、自主與羞慚、進取意識與罪惡感、勤奮與自卑、認同與角色混淆、親密與孤立、生產與停滯及整合與絕望。

5. 傳統的性別角色反映出男性比女性更具攻擊性、更粗魯，並且更為冒險，這些印象正在逐漸改變中。男孩和女孩都傾向於偏好男性的角色。

6. 性別差異通常受到基因與環境兩者的影響，有時候顯示男性較具攻擊性。此外，男性傾向於在常識與機械推理測驗上略勝一籌，而女性則在語言測驗上表現較佳。在許多測量中，男性的成績反映出較高的變異性。

7. 能力方面的性別差異微不足道而且不一致，其重要性教師不必加以注意。對教師而言，最重要的是，應敏銳察覺男孩與女孩的興趣，以及許多仍然深入社會的性別偏見。

8. Piaget 理論的基礎——部份建立在他的生物學導向，以及以認知（智力）發展為焦點。他的理論描述人類為了尋求適應的行為特徵，並且根據依序的發展階段，將重要的智力發展結果做一分類。

9. 新生兒是內在自我激勵的資訊處理有機體，它經由同化（做出已經學會的反應，使環境的刺激能順應心智結構）與調適（修正反應，使心智結構順應環境的要求）的聯合歷程，獲取資訊並且完成適應。

10. 感覺運動期（出生至二歲，是 Piaget 四個主要發展階段的第一期）的特徵是，對外在世界的感覺與動作表徵。兒童在感覺運動期的成就，包括語言的學習、獲得物體概念、培養內在的控制表徵基模，以及認識了因果關係。

11. 前運思期（二至七歲）包括了前概念期（二歲至四歲，以轉換推理為特徵，即從特例推理出特例）；直覺期（四至七歲，採自我中心、知覺與直覺主導的推理）。

12. 具體運思階段（七至十一、十二歲）的特徵是與分類、排序、處理數字有關的新技能，以及在發展守恆概念時（理解到物體的某些性質，譬如

重量或質量不會改變，除非有東西加入或拿走），很明顯地受限於某些邏輯規則（譬如等同性與可逆性）的思考歷程。

13. 在形式運思階段（十一、十二歲至十四、十五歲），兒童變得不受具象物體與事件的拘束，並且能夠處理假設性事物。

14. Bassches（辯證思考）、Labouvie-Vief（實用推理）等研究者認爲，雖然形式運思或許適用於邏輯問題，但成熟的成人推理對於模糊不清與矛盾更爲敏感，也更能容忍，並且更會去考慮所做決定所含的實際、社會、道德與個人意義。

15. 許多對 Piaget 實驗所做的驗證實驗，都同意 Piaget 從感覺運動期至形式運思期的排序，但是他們也認爲，Piaget 有時候可能低估了兒童的能力，以及某些發展成就的對應年齡可能更小。

16. Piaget 對於發展所涉及的四個因素（平衡、成熟、社會互動、活動經驗）之描述，含有某些重要的教學原則，包括提供學生活動機會的必要性、新學習的教材最好有適度的困難性，以及察覺兒童能力的特徵與限制。

17. Vygotsky 的社會／認知理論，強調文化與它的主要產品——語言——兩者之重要性。沒有了文化，我們的智力功能侷限於猿猴一般的初級心智功能。有了文化與語言，我們才擁有思考、推理、記憶等較高的心智功能。

18. 兒童在發展語言功能方面，經歷了三個階段：社會的（向外的）語言，主導三、四歲以前，大部份用以控制別人或表達單純的概念；自我中心的語言（大約三至七歲），一種大聲說出來的自言自語，作用是控制與引導自己的行爲；以及內在的語言，以沈默的語言控制思考與行爲。

19. Vygotsky 的基本成長區，是指兒童從現有的心智運作層次所能發展的潛力。Vygotsky 強調評鑑潛力的重要性，甚過單純地測量過去的成就。他的理論也強調，學校應該安排與語言有關的活動，並以學生的基本發展區之上限來設計教學內容，也就是具挑戰性的教學題材與教學方法。

複習問題

1. 試舉例說明不同的文化裡有不同的性別角色。
2. 對於「性別差異是想像多過事實」這個命題，試列舉正反兩面的理由。
3. 在 Erikson 的心理社會化發展模式裡，各個階段的主要特徵是什麼？
4. 對於以下的兩個生物問題，Piaget 如何回答？（a）兒童如何適應外在的環境？（b）發展該如何加以分類？
5. 在 Piaget 的發展模式中，兒童在各個階段的行爲各有哪些最重要的特色？
6. 試舉例說明何謂「基本的成長區」，此一概念對於教育實務有何涵義？

❑ 建議書目

Theorists such as Erikson, Piaget, and Vygotsky were prolific and sometimes difficult writers. It is generally easier and perhaps more valuable to begin with secondary sources for information about their theories. The following are useful starting points:

MILLER, P. H. (1993). *Theories of developmental psychology* (3rd ed.). New York: Freeman.

THOMAS, R. M. (1992). *Comparing theories of child development* (3rd ed.). Belmont, Calif.: Wadsworth.

WADSWORTH, B. J. (1989). *Piaget's theory of cognitive and affective development* (4th ed.). New York: Longman.

The following is of particular value in understanding the logical thought processes of children in the concrete operations and formal operations stages:

INHELDER, B., & PIAGET, J. (1958). *The growth of logical thinking from childhood to adolescence.* New York: Basic Books.

The following is a comprehensive collection of articles that deal with many important aspects of gender and with its implications:

BEALL, A. E., & STERNBERG, R. J. (eds.) (1993). *The psychology of gender.* New York: Guilford.

For a clear account of Vygotsky's life and theories, see:

KOZULIN, A. (1990). *Vygotsky's psychology: A biography of ideas.* New York: Harvester Wheatsheaf.

PART | THREE

學習、思考與教學

必須學習的東西如此之多，這會令你抓狂，我們頗能理解。

——Petronius，*Satyricon*

學習新東西是教育歷程的核心。幸運的是，學習在正常情況下並不會使我們抓狂。第三篇共有六個章節，探討學習與思考，特別是這些議題在教學上的涵義。其中有兩章也探討智力、創造力，及特殊學生的學習需求。最後一章並提出人本主義取向的教學法，呼應學者對於教學日趨機械化與不重視人性的批判。

第 4 章

行為主義對學習的解釋

　　對於教師而言，關於學習最重要的問題之一是，何種條件最能有效地使行為產生令人滿意的改變，換句話說，如何將學習應用在教學上？在開始回答這個問題以前，我們必須先看看心理學對學習的解釋。本章介紹行為主義者的解釋，探討行為如何受到行為結果的控制。教師控制學生的某些行為結果，並因而間接地控制了學生的行為；但是，藉由操縱獎賞與懲罰而控制人的行為合乎道德嗎？本章也探討這個問題。

摘自《小熊故事》（第二冊）：野牛谷

　　於是野牛們朝薩克齊萬河走去，伊美黛覺得很興奮，她一直想來一段冒險。

　　到了「溺水灘」，大夥停下來喝水，年紀大的或休息，或反芻打飽嗝，幾隻年輕的還趁機跑去游泳。「熱死了，」伊美黛說著。她喜歡看牛群踩扁河岸把黑泥帶入河中，把原來的水藍河流變成濃稠污泥，還帶著溫熱的牛糞味，至於河裡的魚，她向來不關心。

　　伊美黛打了一個響嗝，這一回不是因為反芻，而是強勁的威士忌。在前一次休息時，她使勁灌了好幾口，現在她喝得比較慢，享受味蕾燃燒的刺激，野草從來沒有給過她這種感覺，所以自從她習慣在早上喝威士忌之後，她就不怎麼喜歡吃草了。

　　伊美黛大聲宣布：「還有十分鐘，足夠抽根雪茄。」一隻年輕的大角牛把雪茄分發出去，所有牛拿到之後將煙點燃，向空中吐藍煙圈，當鳥兒們嚇呆後急忙飛離鳥巢時，大夥笑了起來。唯一的例外是羅珊，她年輕時曾是美女，現在已屆中年，對抽煙毫無興趣，也不喝酒，這使大家對她充滿懷疑。

　　她甚至沒有潰瘍或硬化等毛病，「她就是不一樣，不正常，如此而已」，伊美黛一邊抽雪茄一邊說，心裡痛恨羅珊看她的眼神，她常常覺得羅珊在裝模作樣。

　　野牛哲學家（大部份是祖母級的野牛）有一個理論：正常的牛喜歡喝威士忌和抽雪茄，而且喜歡團體生活。伊美黛同意這個理論，因為牛本來就是這樣。

　　「出發了！」伊美黛叼著雪茄，從嘴角大喊：「到森林去！」，野草莓和羊齒蕨在她的腦海中跳躍。

　　羅珊獨自逆風而行，她討厭威士忌和雪茄的味道。她悲傷地想著：「也許我也不喜歡野牛的氣味，我就是不符合任何理論。」

科學理論的本質

我的姑媽露西沒有聽過野牛哲學家，但是她有各種關於人的理論，其中一項是：小孩長大後，是他們兒時英雄的翻版。她用這個理論來解釋為什麼羅勃會陷在牢裡（因為他的童年英雄是耐斯比叔叔，一名無情的罪犯）。她也以此為藉口，盡可能邀請每一位新老師和教區牧師到家裡來吃晚餐，確保路克心目中有正確的英雄。路克長大後的確很成材，但是他的弟弟愛德華，每當老師和牧師來吃雞肉大餐時也都在場，卻過了好幾年姑媽所謂的「被糾正」的生活，姑媽對此的解釋是：「他剛好不符合這個理論。」

同樣地，羅珊也不十分符合野牛理論。事實上，我們之中有許多人之所以符合或不符合我們的天真或內隱理論，是因為我們的自製理論和科學理論一樣，都來自觀察，其中有些觀察是正確的。業餘和科學理論者最大的不同是，我們對科學觀察有信心，因為準確與客觀是科學的必要條件，而天真理論卻沒有這種精神；此外，社會科學家的結論與類化（gereralization），可以適用在許多人身上，而露西姑媽的人性結論，可能只根據單一個案。科學堅持樣本數量必須足夠，以及樣本須具有代表性，使理論足以類化。

天真理論與科學理論另一個重要的差異是，類似露西姑媽的理論通常不考慮隨機或機會因素，另一方面，科學由數學上準確的機率模式所引導，因此，科學遠比露西姑媽更能認定：特定的結果與觀察是由於機會（至少是未知的因素），而不是來自實驗者的操縱，或牧師、老師出席周日晚餐等特定事件造成的。

如同第 1 章所提的，理論是相關敘述語句的集合，主要功能是歸納與解釋觀察的結果，它可以說是一種使我們明白所知或所懷疑的事物之道理的發明。此外，好的理論我們可以拿來做預測。因此，我們對理論的評斷是根據

它反映事實的程度，它的一致性與邏輯性，解釋與預測的準確性，以及對於解決問題或建議特定情況該如何反應的實用性。

本章討論數個試圖解釋學習的理論，以及它們對教學的啓示。

學習

教育離不開學習，教師教而學生學是教育的一體兩面（事實上，教育有更多面向，教師也在學，而學生有時候也在教）。

♤ 定義

學習是訊息與知識、技能與習慣、以及態度與信念的獲得，它總是涉及這些領域的改變，一種由學習者的經驗所造成的改變，因此，心理學者對學習的定義是：所有經由經驗所造成的行爲改變，而且這些改變相當持久，不單單由生長或成熟所造成，而且不是疲倦或藥物等因素導致的暫時效果。

意向：學習所涉及的改變，不盡然都是明顯與可以觀察到的，舉例而言，學習往往涉及學習者在意向（disposiotion）方面的改變，也就是人們是否會去做某件事的傾向，因此，意向的改變涉及動機，此種改變有時無法觀察，但是其真實性與重要性並不因此而減少。

能力：除了意向之外，學習也涉及能力（capability）的改變，也就是做某件事所需要的技能或知識的改變（R. Gagné，1985）。能力的改變和意向的改變一樣，有時候無法直接觀察。教師若要確認學生的意向或能力是否在教學之後有所改變，必須給予學生機會從事相關的活動。意向或能力已經改變（亦即學習已經產生）的推論，往往依據表現。如果教學影響了學習者，使他們教學前後的行爲有明顯的不同，我們可以推斷學習已經產生。

表現：雖然教師常以學生的表現（performance）（實際的行為）來評估學生的學習效果，校園中可能產生的各種學習，不一定都在表現中呈現。例如，某些學生學到喜歡或厭惡學校、教學科目、教師、粉筆刮黑板的聲音，然而他們不見得會在實際的行為中表現出這些意向的改變，同樣地，學生不見得有機會展現那些導致新能力的知識或技能之改變，這個議題在第 13 章（測量與評鑑）會有較多的討論。

　　因為學習涉及能力與意向兩者的改變（在適當的情境中，改變會在表現中顯露），學習可以分為好幾種類型，例如涉及肌肉協調與肢體技能（動作學習，motor learning）的學習，顯然與涉及情緒（情感學習，affective learning）或涉及訊息、概念（認知學習，cognitive learning）的學習不一樣，這三種區分是根據它們所涉及的反應之明顯差異。學習或許也能根據導致學習發生的制約來分類，本章稍後將介紹 R. Gagné（1977a）所採取的此種研究取向【編註：蓋聶，著名的教育心理學者，對於將學習理論應用於實際教學上有極大的貢獻】。

行為主義與認知主義

　　行為主義（behaviorism）與認知主義（cognitivism）是探討學習的兩大理論取向，這兩種學習理論（learning theory）的差異，大部份與它們試圖解答的問題有關。行為主義試著解釋單純的行為——可以觀察與預測的反應，因此它主要探討的是，影響有機體並且可能導致行為的制約（也稱為刺激，stimulus）以及單純的行為本身（反應，response）。行為取向（或行為主義）研究者試圖發掘控制刺激與反應之間形成關係的規則（制約的規則），基於這個原因行為主義理論（behavioristic theory），經常被稱為刺激——反應理論（stimulus-response theory）或聯結理論（associationistic theory）。

和行為主義對照下，認知取向主要處理認知或求知的相關問題。認知理論者關心人們如何累積知識、如何視自己為 Flavell（1985）所謂的「認知遊戲」的主人。兒童逐漸察覺自己是求知者（knower）、逐漸察覺自己有哪些策略可用以獲取與處理訊息，以及能指揮自己的努力，及評量自己的認知活動，這些都是後設認知（meta-cognition）的層面，換句話說，認知意指求知，後設認知意指對求知的求知（knowing about knowing）。認知取向研究者試圖理解訊息的本質——學習者如何取得與組織訊息，如何回憶、修正、應用與分析訊息，以及如何理解、評量與控制認知歷程所涉及的活動，第 3 章所討論的 Piaget 是認知理論學者的好例子。

　　人本主義（humanism）是第三種理解人類行為的研究取向。人本心理學者關切人類的個體性與獨特性，勝於發掘解釋人類反應的一般化原理。他們以情感的發展為焦點，較不關心訊息處理或刺激與反應（見表 4.1）。

表 4.1　三種學習的研究取向

理論	主要焦點	關鍵變項／概念	代表人物	對教師的主要實用性
行為主義	行為	刺激 反應 強化 懲罰 行為修正	Watson Guthrie Thorndike Skinner	解釋技能與態度的學習；強調強化作用
認知主義	求知	決策 理解 認知結構 知覺 訊息處理 記憶	Ausubel Bruner Gagné Piaget Sternberg	解釋理解（意義性）的形成；強調意義性與組織的重要性
人本主義	人	自我概念 自我實現 自我價值	Maslow Rogers	重視情感的發展；強調適應與福祉

本章討論行為主義者對學習的一些解釋，以及它們的教學啟示，第 5、6 章檢視認知主義的解釋，第 9 章則討論人本主義。

古典制約

一些簡單形式的學習只需要很少量的訊息或理解，它們能夠不自覺地發生，並且適用於某些類型的動物學習與人類學習。

本章的 Grundy 老師課堂案例，描繪了動物與人類最簡單的學習形式：古典制約（classical conditioning）。古典一詞的使用，只是要使這個特定的學習形式，與口語中泛稱為「制約」的其它學習形式有所區分。

↬ 巴夫洛夫的古典制約

蘇聯心理學家巴夫洛夫【編註：Ivan Pavlov，1849~1936】是最早注意到古典制約的人士之一。他注意到他實驗室的小狗到了餵食時間便會開始分泌唾液，即使在牠們看見或聞到食物以前。很奇怪地，牠們似乎只要看見主人，甚至於只聽到主人的腳步聲，就會開始流口水。

這個簡單的觀察導致巴夫洛夫進行一系列聞名的實驗。實驗包括在鈴聲或鳴聲（兩者通常不會導致唾液分泌）之後，立刻給狗食物（一種導致唾液分泌的刺激）。巴夫洛夫很快發現，如果這個程序充分地重覆，光是鈴聲或鳴聲就能引起唾液分泌。

在巴夫洛夫的實驗中，鈴聲被稱為制約刺激（conditioned stimulus，CS），食物是非制約刺激（unconditioned stimulus，UCS），對食物產生分泌唾液反應是非制約反應（unconditioned response，UCR），而對鈴聲或鳴聲產生分泌唾液是制約反應（conditioned response，CR）。

Grundy 老師／Robert 案例是古典制約的簡單示例，如圖 4.1 所示，低鳴
聲是制約刺激，害怕反應（退縮）是最初的非制約反應，鞭打的疼痛感是非
制約刺激。

一般而言，一個容易導致某種反應的刺激或情境，與一個中性刺激
（neutral stimulus）（原先不會引起反應的刺激）相伴出現，會產生古典制
約。要注意，這種學習通常是無意識的，也就是說，學習者並非意識到制約
刺激與非制約刺激之間的關係，才對制約刺激產生反應，事實上，即使是個
體通常無法控制的反應，古典制約也可能會產生，例如將冷水或熱水袋直接
放在皮膚上，會造成血管收縮或擴張，如果這些刺激與一個中性刺激相伴出
現，譬如一個聲音，最後這個聲音本身將導致血管的收縮或擴張。

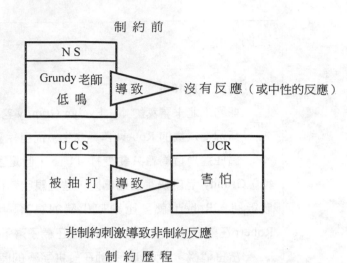

制 約 前

N S
Grundy 老師 低 鳴

導致 → 沒有反應（或中性的反應）

U C S		UCR
被抽打	導致 →	害怕

非制約刺激導致非制約反應

制 約 歷 程

N S
Grundy老師 低 鳴

U C S		UCR
被抽打	導致 →	害怕

中性的刺激持續地伴隨著非制約刺激

制 約 後

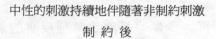

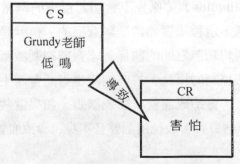

C S
Grundy老師 低 鳴

導致

CR
害怕

原先中性的刺激變成制約刺激，導致制約反應（害怕）

圖 4.1 古典制約。一個原本中性或怡人的刺激（NS）和一個非制約、產生害怕的刺激（UCS）一起產生，受試者最後會因制約而害怕原本中性的刺激。害怕現在是制約刺激（CS）下的一個制約反應（CR）。

✍ 華森的行為主義

華森【編註：John Broadus Watson，1878~1958】深受巴夫洛夫論著的影響。根據他的說法（1913，1916），人們天生具有一些有限的反射本能，學習就是一種涉及這些反射本能的古典制約，因此，人之所以不同完全是經驗所造成的（此觀點稱為環境主義，environmentalism，第 7 章會有比較詳細的討論）。

華森的觀點對於美國早期的心理學發展有非常大的影響，他對於準確、嚴格與客觀的堅持，以及對於使用心靈、心情、感覺等難以定義（與測量）而當時卻非常普遍的用語之拒絕，相當符合現今的科學精神。另外，人們的一生完全是經驗作用的信念，彰顯人生是公平與平等的觀點；如果我們的一生真的是由我們的經驗所造成，那麼人們其實生而平等，如同華森所說，任何孩子都能變成一名醫生或法官。然而，其實沒有這麼簡單：並非每一個人都能變成醫生或法官（見第 7 章）。

✍ 對教學的啟示

所有學校都會發生古典制約，特別是情緒的反應，而且幾乎在任何時間發生，不管當時是否有其它種類的學習正在進行。大部份經由這些無意識的歷程，學生變得討厭或喜歡學校、學科、教師，以及相關的刺激。假設一個學科對學生而言是全新的刺激，剛開始只激起少許的情緒反應，而學生所處之環境裡的教師、教室，或其它顯著刺激，都可能扮演制約刺激，這些制約刺激可能是怡人的（舒適的課桌、和善的教師），或惱人的（冰冷堅硬的桌子、冷酷嚴肅的教師，他的聲音刺耳，寫粉筆還會刮黑板）；學科與這些顯著刺激不斷地相伴產生，情緒（態度）遂與刺激聯結，形成校園中某些面向的古典制約。簡而言之，學生對學科、學習、學校等的態度之養成，大部份是古典制約的作用，因此，教師在教導學生數學時，極有可能同時教他們討厭數學。由於數學之學習涉及認知歷程（或許還涉及某種形式的制約，特別

是如果與重覆性的技能有關），因此學習討厭數學可能主要涉及古典制約
（見圖4.2）。

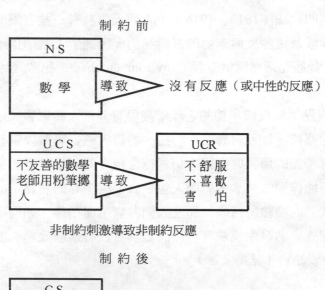

非制約刺激導致非制約反應

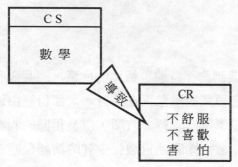

圖4.2　數學恐慌症的古典制約

　　因此，教師必須知道教室裡有哪些事相伴產生，並且盡可能地擴大怡人
的非制約刺激的數量與效果，並使惱人的非制約刺激消除到最少。

　　俗諺所說的「學習應該有趣」，並不是學生卑微的請求，而是古典制約
理論的啓示。一名教師在教六的倍數乘法時，因爲各種的刺激與反應相伴產

生，而使學生微笑與大笑，他成功地教會學生：（1）如何微笑與大笑——它們本身就值得努力學習；（2）將 6×7 的刺激與「42」的反應結合爲一項重要的訊息；以及（3）喜歡算術——以及老師、學校、粉筆的味道、書本的感覺等等。

而一名使學生愁眉苦臉地度過九九乘法表的老師，教會了什麼呢？

☞ 桑代克的聯結理論

在試圖解釋刺激之間、反應之間，或刺激與反應之間關係的形成時，行爲主義者有兩種選擇，他們能夠採取和華森與巴夫洛夫相同的主張：同時發生的事件足以導致學習作用，此種推理通常稱爲時近（contiguity）解釋。第二個選擇是：根據行爲的結果來解釋刺激—反應之間關係的形成，此種解釋又稱爲「強化取向」（reinforcement approcach），由桑代克【編註：Edward Lee Thorndike，1874~1949】首創，由 Skinner【編註：Burrhus Frederick Skinner，1904~?】發揚光大，但是華森、Guthrie 則避免應用。

桑代克將學習定義爲：刺激與反應之間的聯結（connection、bond）形成，因此他將他的學習理論稱爲聯結主義（connectionism，1949）。根據他的說法，學習涉及「嵌入」刺激—反應聯結，遺忘則指「嵌出」聯結。他的理論大部份處理導致嵌入或嵌出聯結的制約。簡而言之，桑代克認爲，反應的結果導致學習是否產生（1911）。在他的一項經典實驗[1]，一隻飢餓的貓被關在籠子裡，籠子外掛了一片魚肉，貓兒若要逃出籠外得到魚肉，牠必須扯開圈線，或展現其它力學上的技巧。

學習定律：從上述實驗中，桑代克得到兩個與學習有關的結論（1913，1932，1933）：效果律（law of effect）與重覆反應律（law of multiple responses），這兩個定律構成他的理論基礎。

效果律說明了在令人滿意的狀況下所產生之反應，傾向被嵌入（導致學習），而在令人困惱的狀況下所產生之反應，傾向被嵌出，因此，效果律指

出學習是行為結果的函數，而不只是時近效應而已。桑代克後來對這個定律加以修正，主張怡人反應的嵌入效力大於痛苦反應的嵌出效力，因此，獎賞會強化行為，懲罰只會導致學習者去做別的事。

重覆反應律建立在桑代克的下述觀察：個體在面臨一個不知如何解決的難題時，通常會嘗試不同的反應，直到某個反應產生令人滿意的結果為止，換句話說，問題經由嘗試錯誤而解決，這使桑代克理論又稱為「嘗試錯誤學習理論」（trial-and-error learning）。

第三個定律，預備律（law of readiness）認為：由於學習者的預備程度不同，特定的反應多多少少比其它反應容易學習（嵌入）。學習是容易、困難或不可能，很明顯地涉及成熟、先前的學習等因素，這個重要定律提供了桑代克定義獎賞（reward）與懲罰（publishment）的基礎。明確地說，學習者的預備程度決定了事件的怡人與否。桑代克認為怡人的狀態（獎賞）產生於人們準備好做某件事，並且被允許去做時。同樣的道理，當一個人準備做某件事，卻不被允許，或是沒有準備好卻被迫去做，則產生困擾的狀態（懲罰）。

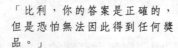

「比利，你的答案是正確的，但是恐怕無法因此得到任何獎品。」

這個定律對教學的重要性顯而易見，很明顯的，一個準備好接受特定學習內容的學童，比另一個還沒有準備好的學童，更有可能從那些學習經驗中獲益；至於「準備好」牽涉到哪些事情，則不是如此明顯。預備程度的種類有很多種，例如有關生理成熟、智力技能的發展、重要背景訊息的取得，以及動機等等。因此，為了確認學生的預備程度，教師必須對學童的情感與智力發展有所了解，這些議題在第 2、3 章中討論過。

✆ 對教學的啟示

桑代克大部份的研究與著作，是將他的發現運用在教育上，因此他的理論具有豐富的教育啟示。

獎賞正確的嘗試：學習經由嘗試錯誤，一直到最後的正確反應受到獎賞而產生（嵌入），或許是桑代克的信念中最明顯的啟示。這個信念直接導致了一個原則：教師與學校必須提供學生豐富的機會去產生各種反應，而且正確的反應必須受到獎勵。這個理論同時也強調，獎賞與懲罰必須適合情境與學童，而且必須考慮學童的預備程度。

建立態度：構成桑代克理論的一系列子定律，含有其它的教學啟示，例如態度律（law of attitude）說明了人們往往根據自己的態度對新奇的情境產生反應，這表示，教師可以教導學生說某學科的各種面向是相關的，那麼學生就會視新題材與先前所學習的訊息相關而去學習，同樣的道理，教師也可能教導學生一種態度，將背誦當作是最好的學習方式。

這個定律同時顯示，文化背景與周遭環境不只影響到一個人如何反應，也決定了什麼事令人滿意或令人困惱。例如，學生的環境可能決定了是好成績令人滿意，或是受同學歡迎更令人滿意。

預備狀態：預備狀態的重要性對教師而言是相當明顯的。預備狀態完善的學生比預備狀態不良的學生更能從學習經驗中獲益。但是預備狀態如何精確定義？預備狀態有多種定義，有的涉及生理的成熟，有的跟智力技能的發

展與重要背景資訊的知悉有關，以及有些與動機有關。因此，欲評鑑與提高學生之預備狀態的教師，須擁有關於情感發展與智能發展方面的知識——這些是第 2 章與第 3 章所涵蓋的課題。教師也需要知道學生如何學習及其學習動機，這些在整個第三篇與第 10 章中探討。

吸引注意力：第二個子定律，元素優勢律（law of prepotency of elements）認為，人們會對於刺激情境中最顯著或最驚人的面向產生反應，而不必對整個情境反應。很明顯地，學生不可能，或許也不應該在同一時刻對周遭所有的景像與聲音反應，因此，教師必須小心強調學習情境中的重要面向（製造優勢），譬如加底線、使用黑體、顏色、聲音與手勢，以及重覆等等。

類化：類化（gereralization，有時稱為轉移，transfer）是教育的重要目的之一。類化產生於在新的情境中使用先前所學的反應，或是針對視為相似的新刺激。例如當泰蜜運用學校所學的九九乘法，計算 50 分錢可以買幾包口香糖時，她就是在做類化。桑代克認為，將一個反應轉移到一個新情境，是兩個情境之間的類似性所產生的作用，因此，這個子定律稱為類比反應律（law of response by analogy）。

桑代克認為，藉由指出單一反應（或規則）在各種情境中的應用，能夠促進學生進行轉移。他也強調概念間的聯結之重要性，並認為這些聯結是知識的基礎。

操作制約：Skinner

就定義而言，行為主義者關切行為，他們根據行為的改變，來定義學習，並且尋找環境中對這些改變的解釋。他們的理論是聯結論（associationism），它們處理刺激與反應之間所形成的聯結。如同先前的敘

述，這些理論運用兩大類別的解釋：那些建立於時近（同時發生的刺激與反應事件），以及建立於行為結果（強化與懲罰）的解釋。時近理論的代表人物是巴夫洛夫和華森，強化理論則是桑代克和 Skinner。Skinner 是二十世紀最具影響力的心理學者之一，也是操作制約（operant conditioning）理論的創始人與主要代言人。

反應行為與操作行為

Skinner 接受古典制約的存在與效度，他認為一個刺激能引起許多反應，稱為引發性反應（elicited response），並且可能依巴夫洛夫與華森所描述的方式，變成受到其它刺激的制約。他稱之為反應（respondent）行為，因為它是一種因刺激而產生的反應。

然而，另一種比較廣泛也比較重要的行為類別，不是由任何已知的刺激所引起的，而是有機體的自發性反應（emitted response），稱為操作（operant）反應，因為從某個意義來說，它們是有體機表現出來的運思。從另一個角度來看，反應行為是有機體順應環境的反應，而操作行為則是有機體主動作用在環境上的反應（見表 4.2）。

表 4.2　古典制約與操作制約

古典制約	操作制約
探討反應行為，此等是有機體順應環境的反應	探討操作行為，此等是有機體主動作用在環境上的反應

檢視幾種簡單的行為，可以進一步釐清反應行為與操作行為的區別，例如打噴嚏、眨眼睛、生氣、害怕、興奮，這些可能都是反應行為，它們的共通點是大部份是自動的，而且幾乎是對特定情境的必然反應，換句話說，它們確實是特定刺激所引起的。此種反應經由古典制約歷程而學會。

相對地，開車、寫信、唱歌、讀書、親吻一個小寶寶，往往是操作行為（雖然它們也可能涉及反應行為，例如紅燈導致我們自動地踩刹車），它們的共同特徵是蓄意，而且是有目的的。它們不是對於特定刺激的必然反應，而是人為控制的行動（不只是反應而已）。此外，他們依循操作制約定律。

因為操作制約不涉及明顯的刺激，它與桑代克的學習概念與效果律有些差異。桑代克認為強化物強化了刺激與反應之間所存在的聯結，Skinner 卻宣稱，刺激不只是經常不詳，而且在任何情況中都與學習無關，因為形成聯結的是反應與強化物，而不是刺激與反應。基本上，操作學習是指自發性反應受到強化之後，這個反應將重覆出現的可能性就會增加。

典型的 Skinner 老鼠實驗，是操作制約最簡單的例證。實驗中一隻老鼠被放在一個小型的控制環境中，稱為斯氏箱（Skinner Box）（見圖 4.3），斯氏箱的構造是要促使特定的反應盡可能地出現，並使實驗者得以測量這些反應，以及進行懲罰或獎賞。典型的實驗箱包括了一根拉桿、電燈、鋪設電路的地板，以及一個食物盒。它們的安排方式是：當老鼠壓下拉桿，電燈便會發亮，接著會有食物落到食物盒。在此情境下，大部份的老鼠將很快地學會壓下拉桿，並且長時間地持續這個動作，即使牠們不是每一次都得到食物。同樣地，如果壓下拉桿會使地板發出輕微電流，老鼠也將很快地學會避開拉桿；然而，如果電流持續存在，並且只有在壓下拉桿才會停止，老鼠將學會這個動作。

這個實驗顯示了 Skinner 理論的基本內容。老鼠壓拉桿的動作是一種操作行為，一種接近隨機的行為，純粹是自發性的，而不是由特定刺激所引發的；食物擔任強化物，它們的存在增加了老鼠只要在同一情境裡，都會前去壓下拉桿的可能性。

a. 燈光　b. 食物盤　c. 拉桿
d. 電壓板　e. 老鼠

圖4.3　斯氏箱

　　以通俗的話來說，操作制約增加了某一反應將再次發生的可能性，這種增加是強化的結果（稍後有更多的討論）。另外，Skinner 的操作制約模式說明了，獎賞加上與強化作用同時出現的任何辨別刺激（discriminated stimuli，SD[1]），可能在學習之後，導致操作行為，例如，斯氏箱內部的景象（與味道），最後可能會變成老鼠壓下拉桿行為的刺激源（操作學習模式參見圖4.4，教室案例見圖 4.5）。

---

[1] 又稱為 discriminative stimuli，指與其它情境（刺激）在某些面向有所不同的情境（刺激）。

制 約 前

刺激的背景環境：教室

反 應	反 應	反 應
看 漫 畫	聽 課	跟隔壁同學講話

在某種背景環境下產生各種反應

制 約 歷 程

刺激的背景環境：教室

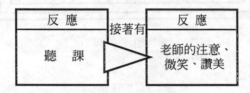

某項反應受到系統性的強化

制 約 後

刺激的背景環境：教室

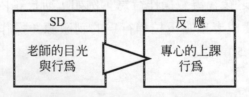

受到強化的反應變得更頻繁。伴隨著獎賞
（辨別刺激，ＳＤ）的刺激控制了反應。

圖4.4　教室裡的操作制約。注意到操作制約和古典制約不同，它的原始反應是自
發的，而不是由刺激所引起的。在本範例中，學生自發產生各種與課程有關或無關
的行為。強化導致與課程相關的行為之發生頻率增加。

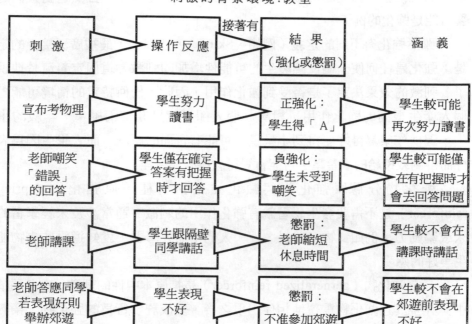

刺激的背景環境：教室

刺　激	操作反應	接著有 結　果 （強化或懲罰）	涵　義
宣布考物理	學生努力讀書	正強化：學生得「A」	學生較可能再次努力讀書
老師嘲笑「錯誤」的回答	學生僅在確定答案有把握時才回答	負強化：學生未受到嘲笑	學生較可能僅在有把握時才會去回答問題
老師講課	學生跟隔壁同學講話	懲罰：老師縮短休息時間	學生較不會在講課時講話
老師答應同學若表現好則舉辦郊遊	學生表現不好	懲罰：不准參加郊遊	學生較不會在郊遊前表現不好

圖 4.5 操作制約的教室範例。請注意，前兩個例子導致反應出現的機率「增加」，後兩個例子則「減少」。並注意，老師也可能無意間強化了適應不良的行為（第二個例子）。

⬡ 操作制約原理

Skinner 主要的關切之一是，探討強化與行為之間的關係，以及釐清行為如何受到結果的影響。

強化：Skinner 對強化物（reinforcer）與強化（reinforcement）這兩個相關名詞，做了一個重要的區分。強化物是一件事或物，或是 Skinner 所形容的刺激，強化是這個刺激的效果，舉例而言，糖果可能是一個強化物，因為它

是一個能夠產生強化的刺激，然而，糖果本身不是強化，雖然它對人們的影響可能是強化的例子。

　　雖然強化有不同的定義（例如，Skinner，1953），最被廣泛接受的定義是：強化是任何使一個反應發生的可能性增加的刺激。這個定義清楚地說明了，刺激的效果決定了是否受到強化作用，因此，任何特定的情境可能對某個人產生很高的強化作用，對另一個人卻可能是非常困擾；一年級的小學生，因為作業寫得好而得到小星星，可能有正面的反應，而大學生因為表現好而得到教授給的小星星，可能會覺得教授有點奇怪。

　　強化物分為原強化物與類化強化物兩種。原強化物（primary reinforcer）是不需要發生學習就有強化作用的刺激，通常涉及未經學習的需求或驅動力，例如食物、飲料、性。人們不需要學習，就知道這些事物能產生美好的感受。

　　類化強化物（gerneralized reinforcer）是指原本中性的刺激，在各種情境中與許多其它強化物重覆地相伴出現之後，變成許多行為的強化物。榮譽、金錢與成功是類化強化物的有力例子。

　　原強化物與類化強化物各又有正向與負向兩種。正強化物（positive reinforcer）增加某個反應在某一情境中出現的可能性，而負強化物（negative reinforcer）的效果，如同將反應從情境中加以消除。

　　在斯氏箱例子中，食物和燈光是正強化物，然而，如果箱子裡的地面發出輕微電流，而且只有在老鼠壓下拉桿時才會關閉，那麼關閉電流就是負強化物的例子。

⌒ 教室裡的強化與懲罰

　　簡而言之，強化有兩種，一種涉及出現怡人的刺激（正強化；獎賞），另一種涉及解除惱人的刺激（負強化；解脫）。同樣地，懲罰也有兩種，其種類與強化相對，一種是取消怡人刺激所造成的懲罰，另一種比較常見，也

就是加諸一個有害（惱人）的刺激所造成的懲罰。圖 4.6 摘錄上述四種可能性，以下例舉它們在教室中的例子。

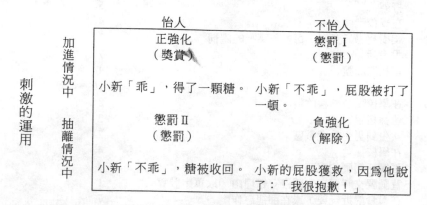

圖4.6　強化與懲罰

正強化（獎賞）：教室中正強化的例子既多且明顯，引述任何一項都顯得陳腔濫調。每當教師對學生微笑、說一些取悅他們的話、讚美他們的作業、提高分數、挑選某人擔任一項特別任務，或告訴家長他的小孩有多麼聰明時，他都是在使用正強化（有關教室各種強化的詳細討論，見第 11 章）。

負強化（解脫）：明示或暗示的懲罰、不及格、放學留校、嘲笑、惹父母生氣、羞辱等威脅，以及其它的惱人事件，組成了教師們現代化且設備齊全的負強化物之「兵工廠」。當這些負強化物在不規矩、不用功或其它不被接受的行為之後出現，它們可能被詮釋為懲罰（出現在令人不滿意的行為之後的惱人刺激）。當這些威脅的可能性在合宜的行為之後被解除，則是負強化的清楚例子（在令人滿意的行為之後解除惱人的刺激）。過份使用負強化會導致負面行為以及適應不良的行為，譬如養成逃脫或逃避傾向。

懲罰 I：懲罰的第一類涉及出現傷害性的刺激，目的通常在於消除某些令人不滿意的行為，典型的例子是 1848 年北卡羅萊納學校使用鞭打（見表 4.3，以及內文中的 Grundy 老師案例），目前鞭打已不像以往那樣普遍。

表 4.3　1848 年北卡羅萊納學校的懲罰表

編號	犯規行為	鞭打次數
1	男、女生一起玩	4
3	打架	5
7	在學校玩牌	4
8	爬樹超過三英呎、每多一英呎的處罰	1
9	說謊話	7
11	互相取綽號	4
16	作弄女生	10
19	在學校喝含酒精飲料	8
22	留長指甲	2
27	女生到男生的遊戲區	2
33	在學校摔角	4
41	丟擲任何硬的東西	4
42	背誦課文時漏忘字而沒有好理由，以單字計算	1
47	在穀倉附近玩耍，或在那裡惡作劇	7

懲罰 II：懲罰的第二類涉及解除怡人的刺激，放學後將學生留校是相當普遍的例子，因為它剝奪了回家這項怡人的權利，所以是一種懲罰。

強化與懲罰的效果：強化改善學習，這一點可以從謹慎使用強化往往可以控制動物與人類的行為得到證明。相對之下，懲罰的效果就不是如此明顯，如同桑代克的觀察，快樂的嵌入效力，甚於痛苦的嵌出效力。

懲罰不是控制行為的完美方式，這除了考量道德或人道因素之外，還有數個其它理由。最明顯的是，懲罰通常不能示範或強調令人滿意的行為，只會吸引學生注意令人不滿意的反應，所以在學習情境中並非很實用。第二個理由是，懲罰經常產生令人非常不悅的情緒副作用，而且往往與懲罰者產生聯結，而不是與受懲罰的行為聯結，換句話說，受罰者很少因為受懲罰而忘掉某項行為，雖然他可能避免再犯，有時候卻只是暫時避免。

最後一個反對懲罰的理由非常簡單與實際：懲罰通常沒有用。Sears、Maccoby、Lewin（1957）指出，那些針對孩子的攻擊行為而採取嚴酷懲罰的父母，更有可能教出攻擊的小孩；而在訓練幼兒如廁時過份懲罰的父母，更

有可能教出尿床的孩子；然而，那些過份縱容的父母極可能面臨和過度使用肢體暴力的父母一樣的問題。

這些的確是珍貴的建議，不論對賢人或傻瓜而言。

☞ 厭惡控制

我們必須再次強調，負強化與懲罰描述著兩種非常不同的情境，但由於兩者通常涉及令人不悅（有傷害性）的刺激，所以常常造成混淆。懲罰造成行為的減少，而負強化和正強化一樣會增加某項反應再次出現的可能性。因此，一個小孩可能因為說「請」、「謝謝」得到大人的微笑鼓勵（正強化），因而和老師講話時也很有禮貌，另外一個小孩可能在忘記說「請」和「謝謝」時被痛打一頓（或隨即受威脅），而且清楚地知道，只有在行為達到教師的禮貌標準時，才不會再受鞭打（負強化），最後，兩個小孩都變得很有禮貌，但是你認為哪一個小孩比較喜歡教師和學校？

聽起來也許很奇怪，但是利用負強化作為控制方式，以及使用懲罰，在今日的校園、家庭、教堂中非常普遍。這些厭惡控制（aversive control）（與正控制相反）的方式明顯地表現在給予低成績、口語斥責、懲罰的威脅、放學後留校，以及大部份的宗教所說的，不幸的命運在罪人的前方等著；我們的司法制度也是如此，因為它通常是懲罰而不是獎賞。良好行為很少受到實質的獎賞，而犯罪行為清楚地遭受懲罰。事實上，良好行為的獎賞往往是不會受到懲罰，簡單而言，是種負強化。

日常生活中的正強化與負強化很難裁定哪一種比較重要，而且實務上它們也常常難以區分，因為日常生活對於模糊性的容忍度，遠甚於心理學理論。例如，我努力爭取生活中「好」的事物：食物、名望、權力，以及溫熱的親吻等等，我受到正強化的控制似乎顯而易見，或者還是如同我祖母所說的，我的努力其實是為了防止挨餓，免於藉藉無名與無助，以及避免寂寞？

這個問題並不容易回答，但值得注意的是，如果我的行爲由正後效強化所控制，而不是負後效強化，我更有可能快樂。事實上，逃避學習（avoidance learning）是厭惡控制所產生的重要結果之一；一個爲了獲得父母與教師獎賞而在學校表現良好的學生，可能會喜歡學校，另一個爲了避免父母生氣與學校懲罰而表現良好的學生，可能對學校有非常不同的情緒反應，而且可能逃避未來的非義務教育，甚至考慮逃學。

行爲的厭惡控制可能產生另一項非常不好的影響，例如，Ulrich 和 Azrin（1962）曾將兩隻老鼠放在一起，牠們必須一起轉動轉輪，才能避免電擊，以及牙齒和指甲的脫落。雖然牠們都了解（當然是以老鼠的原始方式）痛苦的來源是轉輪，而不是對方，但牠們仍然以最不友善的方式對待對方。

我們也該注意到，致力於應用行爲技術與原理的擁護者，特別是 Skinner，強烈呼籲使用正控制方式，摒棄厭惡控制方式。

☞ 強化的排程

Skinner 以鴿子和老鼠做實驗，試圖發掘：（1）強化的類型和數量與學習效果之間的關係；（2）強化的執行方式與學習之間的關係。

第一個問題不容易確認，因爲強化的類型和數量似乎以無法預料的方式影響著個體。許多實驗清楚地顯示，即使是非常小的獎賞也會導致有效的學習，並且長時間保持行爲。此外，太多的獎賞（滿足）可能導致行爲的中止。第 11 章會介紹一些強化的使用指南，然而在理解這些指南時應該謹慎。

強化如何執行（意指強化的排程，schedule of reinforcement），以及它所產生的行爲結果，兩者之間的關係可以直接研究。排程的方式可分爲連續強化（continuous reinforcement）或間歇強化（intermittent reinforcement）（又稱爲「部份強化」，partial reinforcement）。連續強化是指對每一個正確的反應（意指每一次嘗試）都提供獎賞；間歇強化只對某些嘗試強化；實驗者在間歇強化的情況中有兩種選擇，他們可以強化特定比率的嘗試（比率排

程，ratio schedule），或是根據通過的時間量進行強化（時距排程，interval scheudle）。

例如，他們可能決定每五個正確反應給予一次強化，或是每 15 秒鐘強化正確反應一次，在兩種情況中，他們都還有兩個選擇，或採取固定的方式（固定排程，fixed schedule）或比較隨興的排程（隨機或變動排程，radom or variable schedule）。或者以適當的心理學方式製造混淆，也就是混合使用幾種排程，並且快樂地宣稱自己使用混合或組合排程（combined schedule）。

此外，還有另一種迷信排程（superstitious scheudle）。迷信強化是無視學習者的行為而規律地給予強化，它可說是一種固定的時距強化，只不過它強化的對象不限於正確反應。Skinner（1948）曾對六隻鴿子進行徹夜的迷信強化（不管鴿子做什麼，每逢固定的時距都給予強化），到了早上，他發現有一隻鴿子已經學會了在強化出現前逆時鐘旋轉，一隻將頭指向角落，好幾隻學會了前後搖晃。Skinner 認為，人們也在學習「迷信的」行為，它們是與行為無關的強化所造成的結果。例如，有些人在思考時可能皺著眉頭、咬頭髮或搔頭，這些動作真能幫助思考嗎？或是因為以前我們受到強化時（譬如想到一個好主意），剛好在做這些事，因而有這些舉動？

強化排程這一節乍看之下似乎有點混亂，你不妨再慢慢地看一遍，並且參考圖 4.7。它其實很簡單，實驗者有兩個選擇：如果他們選擇 A，便不再有其它的選擇，但是如果選擇 B，接著有兩個新的選擇，這兩個選擇又依次提供兩個進一步的選擇。而在最後，實驗者可能混合四個選擇，或採取迷信排程。

排程與學習：Skinner 致力於發掘各種強化排程與三種學習測量之間的分別關係。這三種測量分別是：學習率（rate of learning）、反應率（response rate）與消弱率（extinction rate）。接著我們討論這些研究的重要結果。

A.連續強化

> 每個正確的反應
> 都受到強化

B.間歇強化（部份強化）

	比率排程	時距排程	迷信排程	混合排程
固定排程	例如：每第五個正確的反應都給予強化。	例如：15秒後第一個出現的正確反應給予強化。	例如：每隔30秒就給予強化，不管反應正確與否。	（這就複雜了！）
隨意排程	例如：平均每五個正確的反應就就隨意地強化其中之一。	例如：每隔15秒就隨意地選一個正確反應來強化。		

圖4.7　強化的排程。各種強化往往產生獨特的反應型態。

　　連續強化似乎是增加最初學習率的最佳方法。當老鼠學習諸如壓下拉桿等簡單的反應時，如果它最初的正確反應沒有受到強化，老鼠可能會困惑，而且幾乎可以肯定會學習得比較慢。就教室的情形而言，這意味著初始的學習可能比後期的學習需要更多的強化，特別對低年級的學童而言。學生經常得到的強化是，得到教師的注意或被告知他們的表現是正確的。

　　有趣的是，雖然連續強化經常導致較快速的學習，但是不一定能使學習內容有較長的保留（retention）。事實上，那些受連續強化的行為，它們的消弱率比受時距強化的行為更為快速。消弱（extinction）意指強化消失後所產生的反應中止，消弱率指自強化中斷到學習行為停止之間所經過的時間。

校園裡最常使用的消弱，是忽視那些不守秩序、尋求別人注意的行為，此種方式被廣泛運用，而且很有效，範例請見第 11 章。

因此，一般而言，最好的強化排程似乎是初期採用連續強化，之後採用間歇強化，而在間歇中，安排隨機／比率排程通常能產生最緩慢的消弱率。

強化排程也能控制反應率：很有趣的，鴿子和老鼠的行為經常顯示出，它們已經培養出對獎賞的期待。一隻學習啄桌面的鴿子，若是在每 15 秒（固定時距）之後，第一個啄的動作受到強化，通常會在強化之後立刻停止啄的動作，並且在另一個 15 秒鐘結束之前重新啄。另一方面，如果鴿子接受隨機比率的強化排程，它的反應率將會一樣高而且持續，通常最高可以多達每小時兩千下（見圖 4.8）。

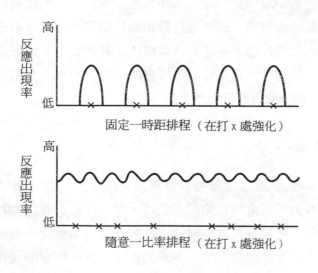

圖4.8 鴿子在兩種強化排程下啄桌子的反應情形

排程與人：原來如此！人們能夠運用各種聰明的方式去強化老鼠和鴿子的行為，而且可以發現如此一來對小動物們滑稽而單純的行為有許多具一致性的影響，從這一點足以讓博學的學者和驚訝的人們寫出無數的論文，並且出版大量的研究報告。

人類的情況如何？他們如何受強化排程的影響？

答案似乎是：和動物的情況差不多。例如，Marquis（1914）曾研究規律餵食（固定時距排程）與隨意餵食的嬰兒之行為，不足訝異地，固定時距排程的嬰兒在接近餵食時間之前，他們的活動力明顯增加。Bandura 與 Watlers（1963）也曾做過類似的觀察，他們發現，那些渴望父母注意的幼兒們，他們的行為傾向於受到隨機排程的強化，並且具有高持續性；同樣的，老鼠們在持續強化之後的消弱率較為快速，這項觀察似乎也適用於幼兒（Kass & Wilson，1966）。

強化排程對人類行為的影響有許多例子，例如釣客一再地前往同一條溪流垂釣，即使他很少（但是偶爾）釣到魚，這其實是間歇強化排程所造成的持續性行為。一名小鎮學生，過去八年來始終是第一名，在新學校的強烈競爭中落後，因而停止用功，這可能是持續強化結束後的急遽消弱。了解強化排程如何影響人們的行為，在許多真實情況中非常實用，例如妻子偶爾（但是不常）讚美先生的外表或烹飪，可能會讓先生保持外表光鮮，並且繼續下廚，即使有段時間沒有得到任何讚美的強化。

☞ 行為塑造

一名 Skinner 學派心理學者若要訓練老鼠下跪、翻三個觔斗，然後倒立、尾巴指向西方，他可能會靠近老鼠籠，並且仔細觀察這些複雜的操作行為之出現；一旦這些目標行為出現時，則對此等行為強化以提高行為重覆出現的可能性並不困難（理論上），不幸的是，在這些期望的操作行為出現以前，心理學者和老鼠可能早因年老而死去。

另一項運用操作制約來訓練老鼠的較佳方式，稱為行為塑造（shaping）。行為塑造涉及只要老鼠的任何舉動稍接近目標行為，就給予強化，例如，如果目標是教老鼠下跪，實驗者一開始可能只要老鼠的前肢稍微彎曲，就給予強化，爾後，一旦老鼠已經確實學會彎曲，那麼除了較顯著的

彎曲之外，稍微的彎曲將不再予以強化。此外，如果某個顯著的刺激，譬如鈴聲（一個辨別刺激），伴隨強化出現，最後老鼠可能在心理學者每次搖鈴時就會下跪，這個景象一定叫我的老祖母吃驚迷惑！

行為塑造基於明顯的理由，又稱為連續漸進的差別強化（differential reinforcement of successive approximations），它是訓練動物表演最常用的技巧。這和人類有任何關聯嗎？

行為塑造與人：是的，人類的許多行為都是經由強化而塑造成型。例如，當先前受到強化的行為活動變成習慣並且獎賞性較弱時，行為傾向於改變。一個機車騎士剛開始可能從高速急轉彎的快感中得到許多強化，但是，一段時間之後快感減弱，興奮感也會減少。每當強化開始減弱時，速度就會跟著不自知而漸進地提高。這個例子清楚地說明了行為塑造是行為結果所造成的。

教室裡也有許多行為塑造的例子。同儕的認同或不認同，有時候以微妙、非語文的方式傳達，並且激烈地影響一個學生的行為，例如，班上的小丑很可能不再當小丑，如果根本沒有人注意他。的確，如果他的觀眾一開始就沒有給他強化的話，他可能根本不會變成小丑。

⚐   類化與辨別

個體在學習時所做出的特定操作行為，並非對於所有遭遇的情境都是適當的（或不適當的），然而，個體的確在面臨新情境時會有所反應，行為主義理論者對此提出了類化與辨別（discrimination）的解釋。如同先前所提，類化涉及做出一個在其它類似情境中通常會做出的反應，辨別則涉及根據情境之間的差異做反應，使之更適合當時的情境。例如，兒童可能很早就學到哭泣能得到媽媽的注意，哭泣行為很快地從得到母親注意的特定情境，類化至其它希望母親注意的新情境。一名聰明的母親只要在那些不希望被打擾的情境中，不理會小孩的哭泣，就能引起辨別，例如，如果她正在講電話，她可能完全忽略小孩的哭泣，而小孩將很快地學會辨別，吸引注意的行為在哪些情境沒有強化，在哪些情境比較可能受到強化。

⚐   操作原理的教學啟示

操作學習原理與教學之間的關係，再怎麼高估都不為過。正如 Sparzo（1992）指出，Skinner 主要的貢獻在於分析行為的結果所扮演的角色，以及對於口語行為、編序教學、人際行為等領域的了解。一間教室從很多方面來看都像一個大型的斯氏箱，它受到巧妙的安排，使得特定反應更有可能產生，例如，書桌適合坐而不適合躺，而坐著比躺著容易保持清醒；數百萬間教室的前方都站著一位強力的強化施與者——教師——他們微笑或皺眉，他們說「好」或「不好」，他們給高分或低分，偶爾給予特別待遇，有時候壓制或取消優惠。他們藉由強化與懲罰方式，塑造學生的行為。

將教室和斯氏箱做一個對比，一邊是教師和學生，另一邊是心理學者和老鼠，這個對比並不吸引人，或許還有點嚇人（有 Orwell 的著作《1984》的影子），然而卻是相關而且具有實用潛力。實驗心理學者的發現，往往使教師獲益良多。

編序教學（programmed instruction）是將 Skinner 理論運用在教學上，最早產生的直接結果之一，這個議題在第 12 章會有較詳細的討論。

　　Skinner 理論在教學上的另一項運用是，嚴厲批評教育以及現行的教學方法。1965 年，Skinner 在一篇名為〈教師為何失敗〉的文章中，聲稱改進教育的努力很少包括改進教學的方法，因此，教師繼續以當初自己被教導的方式教學，而厭惡控制技術——利用惱人刺激進行懲罰，有時候也作為負強化，則是他們的主要方法之一。

　　Skinner 建議捨棄厭惡控制，採取明白易懂的正強化，加上「具吸引力與強迫注意」的教學技巧。此外，他也在《教學的技巧》一書中（Skinner，1968）提出許多建議。有趣的是，數十年後另一名行為主義者 Fred Keller（1978，p.53）宣稱：「人類歷史中從來不曾對學習歷程，以及人們在何種情境下能有效且快樂地接受訓練，有如此多的了解。」Greer（1983）也曾強烈主張，行為主義原理的教學效果無可比擬。教師若要運用這些原理，必須變成行為分析家，致力於確認和建立會導致期望行為的環境，並且提供能夠維持這些行為的後效強化。

　　有無數的實驗已經證明此種方法的成功，或許最為明顯的是對智力不足、自閉症和其它有學習障礙的兒童所做的研究。這些原理在教育與治療上的運用，統稱為行為矯正術（behavior modification），詳細的討論請見第 11 章。

行為主義者的貢獻：摘要

　　「要滿足教育的實際需求，學習理論必須倒立，才能產生教學理論。」（Gage，1964，p.269）。假如理論維持直立，而要求學生倒立，或許也能得到相同的結果。然而不幸的是，即使採取將行為主義理論倒立的極端手段，

也不太可能產生教學理論。另一方面，它們需要稍微地傾斜、做點改變，以便產生各種具有實用價值的原理，本章稍早已提過許多例子，例如重覆對於學習很重要的觀點，就是直接來自於桑代克法則與古典制約理論。在桑代克理論中，聯結的形成是刺激與反應相伴產生的次數以及受到強化的直接函數。

　　強化的重要性是行為主義理論第二個主要的教學涵義。Skinner 和桑代克都以強化原理為理論的礎石，即便在 Watson 理論中，強化都可說是重要的，它的效果也許是藉由改變刺激，以避免反應不被學習，也就是避免有機體對初始的刺激做其它的反應。桑代克的許多特定結論，對於教育實務具有如下啟示：

1. 懲罰對於消除不好的行為不是很有效（Thorndike，1932）。
2. 對於功課與改進的興趣有助於學習（Thorndike，1935）。
3. 教材的意義性與學習者的態度，是校園中的重要變項（Thorndike，1935）。
4. 沒有強化的重覆灌輸不會增進學習（Thorndike，1931）。

♬ 另一種觀點

　　然而，也有許多人很快地指出，行為主義不是所有教育問題的萬靈丹。即使我們認同行為主義原理應該盡可能地應用，我們很快就會發現，在無數的例子裡，這些原理一點也不實用。如同 H. Walker（1979）指出，教師很少能控制那些最能影響學生行為的強化物，例如同學的接納與讚美、父母的認可等等，也就是說，至少對某些學生而言，教師通常使用較弱的強化物——教師的認可與成績。

如同 Brophy（1983）的論證，行為主義原理在教學上全面運用的第二個問題是，我們大部份的教學問題不在於建立一種強化排程，使能維持那些期望的行為反應，而在於首先如何導致那些反應。這與斯氏箱的情況非常不同，在斯氏箱中，主要問題在於經由強化的操縱去控制與維持一個特定反應，至於誘導出反應往往只是一個小問題。

第三個問題是，雖然操作原理能夠用以控制適應不良的行為，應用上有時候卻有嚴重限制。Palardy（1991）指出，應用於行為問題的行為矯正技術，對於預防不當行為強調得不夠，而且忽視不良行為的起因，以及往往不具長期效果。然而他也指出，這些技巧是有效的，所有教師都應該熟悉它們，只不過單單靠它們仍然不夠（詳細的行為矯正術見第 11 章）。

雖然行為主義原理的應用存在著問題，也無法解決所有的教學問題，但是它們的潛力不容忽視，第 11、12 章對於它們的運用有詳細的討論。

超越自由：一項哲學上的辯論

如果最重要的人類行為是由強化或缺乏強化所控制著，這表示人們受到環境的控制，我們所引以為傲的自由只是一種幻像。我早上醒來後決定去刷牙，這真的是出於自由的選擇嗎？我可以根據當時的念頭決定要不要刷牙嗎？還是因為過去真實的或想像的強化（及／或懲罰）支配著我的行為？Skinner 在一本談論自由與尊嚴的書中，主張自主人（autonomous man）是一種神話。他說：「『自主人』是一種發明，用來解釋那些我們所無法解釋的事情，是由無知建構的。當我們的理解增加時，其組成元素也就消失了。」（Skinner，1971，p.200）。雖然 Skinner 說我們受環境的控制，他也告訴我們，那是一個我們幾乎完全控制的環境，或者至少是一個幾乎完全由我們製造的環境。這兩種環境之間有基本的差異。一個我們能夠控制的環境，意指

我們在那個環境中是自由的，因為我們能夠改變環境中的後效強化；而一個我們製造，卻無法直接控制的環境，意指我們在那個環境中是不自由的。也許以人類而言，我們能控制自己的命運，但是做為一個個體，我們無法控制自己的行為。

Skinner 曾詳細討論應用行為科學以增進人類福祉的可能性，其中涉及對人類行為做某種程度的控制（Skinner，1953，1961），這個研究面向讓他遭受最多的抗拒，並且導致某些人懷疑 Skinner 學派的行為主義，除了做為工具外，也能夠輕易地做為一種武器。這是一個倫理與道德的問題，現有科學儘管不完美與不完整，有時候難免遭受蓄意與有計畫的利用。例如 Skinner 描述廣告如何以誘人的美女進行情緒強化，以及如何創造類化的強化物，以達到動機控制，譬如將汽車和性劃上等號，變成有力的強化物。他也描述一個利用薪資、賄賂或小費等正強化以控制人們的社會——或以藥物進行控制的社會，譬如軍人的「免懼丸」或運動員的類固醇與古柯鹼。

但是這一切在他之前就已存在，如同 Skinner 所說的：「沒有任何理論能夠改變理論所探討的東西，而人們也還是老樣子。」（1971，p.215）。

如同 Skinner 自己的預期，他對人類處境的描述使他受到廣泛的嚴厲批評。基本上，他質疑「自主人」所能行使的控制，並且在試圖創造行為科學中，舉例說明環境所行使的控制。這個研究取向引發了人類的價值與尊嚴問題。Skinner 表示：「它們是猛烈的改變，那些認同傳統理論與實務的人很自然會排斥。」（1971，p.21）

這基本上是介於人本心理學者（比較關切人性、理想、價值與情緒，見第 9 章）與實驗取向心理學者（比較關切一個嚴格的行為科學之建立）之間的爭議，但這兩種主張並非真的互不相容，Skinner 告訴我們：「人遠勝於狗，但是人和狗一樣都在科學分析的範圍內。」（1971，p.21）

我能夠刻意地選擇向你說謊，能證明我是自由的嗎？

社會學習與模仿

在心理學中,社會學習(social learning)一詞的使用往往沒有明確的定義,好似每個人都直覺地知道而且同意它的意義。

其實不然。事實上這個詞用於兩方面,有些作者用它來表示:所有社會互動所造成或涉及的學習;有些人用它來示:在發掘何種行為是社會所接受與期待或不接受的過程中,所涉及的學習。兩者之間意義的差別,基本上是歷程與結果的區分。換句話說,社會學習可能指學習所產生的方式(也就是經由社會互動),或是學習的內容(結果:可接受的行為)。

♪ 社會接受的行為:結果

社會所接受的行為隨著文化的不同,以及單一文化中團體的不同而不同,譬如在某些亞洲國家裡,學生向教師鞠躬或送禮,是社會所接受的,而在大部份的西方國家,學生若習慣性地向教師鞠躬或送禮,可能讓雙方都很尷尬。

類似地,社會所接受的行為往往是年齡與性別的函數。小孩通常不能直呼教師或其它成人的姓名,他們被期待學習與遵守有關尊敬和社會距離的許多不成文規定;同樣地,有些行為對男性而言是社會所預期的,也是文化認為適當的,對女性而言卻非如此,反之亦然。

就培育兒童而言,家庭與學校最重要的任務之一,或許是培養他們的適當行為,也就是社會化(socialiaztion)歷程,這個歷程涉及將社會文化傳遞給兒童,並且教他們符合性別與社會情境的適當行為——或者,以更理想的境界而言,教導他們了解行為的適當性不以性別為依歸。

⌂ 學習社會行為：歷程

　　從發展的觀點來看，如何學習社會所接受的行為是核心的問題。答案之一是經由模仿，一種複製他人行為的歷程。簡單來說，經由模仿的學習，有時候稱之為觀察學習（observational learning），涉及在目睹一個楷模做某件事之後，學習新的反應，或是修正舊的反應。根據 Bandura（1969）的說法，模仿所涉及的歷程是「取得新的行為模式，以及修正現存模式的基本方法之一……。」（p.118）

　　口頭禪與俚語大部份是經由社會學習與模仿的歷程而風靡全國的：（幾乎是）一夜之間男人開始流長髮或短髮；短裙流行、退流行，然後又再次流行……；人人都說「耶」或「哇塞」；事情是「酷」或「正點」；人們成了「帥哥美女」。但是和更為廣義的事件相比較，這些不過是瑣事，雖然在我們較為私人、較狹義的世界中，如何穿著和說話，絕對不是小事。社會學習理論的意涵不只是口頭禪與俚語而已。

Bandura 與 Watlers 的社會學習理論

　　Bandura 與 Watlers（1963）以及 Bandura（1969，1977）所提出的社會學習理論，大部份根據操作制約模式，但是或許更重要的是，該理論確認了人們能夠將意義象徵化、想像、搜索因果關係，以及預期自己行為的結果等種種能力。因此，它既是認知取向又是行為主義。Bandura 告訴我們，環境很明顯地影響我們的行為，我們的許多行為都是行為結果的強化所造成的，這一點少有疑慮。但是強化並非盲目地控制我們，它的效果大部份是根據我們對於行為與結果兩者之關係的察覺。如同 Bruner（1985）所指出，直接影響學習與行為的不是強化，而是個體對結果的預期，因為強化發生在行為之後（有時候相當久）。

我們的象徵化與預期能力，不只反映在我們能想像我們的行為結果並且因而控制自己的能力上，也反映在我們刻意安排環境，以便控制我們的某些行為結果的習慣上。如同 Bandura（1977）所說：「藉由安排環境誘因、產生認知支持，以及製造行為的結果，人們得以對自己的行為有某種程度的控制。」因此，Bandura 也將他的理論稱為交互決定論（reciprocal determinism）。

☞ 理論摘要

Bandura 理論能做以下三點摘要：

1. 人類學習大部份是觀察與模仿他人行為的函數，他們的學習對象也可能是象徵性楷模，例如書本或電視節目中的虛構人物。
2. 模仿所得到的強化使我們學習去模仿；持續的強化維持著模仿行為。
3. 操作制約原理能解釋模仿（或觀察學習）的某些面向。

☞ 模仿的流行

複製他人行為是一種普遍的現象，在非科技社會中尤其明顯，譬如加拿大的 Ojibwa 族人一直到本世紀初幾乎完全依賴漁獵為生，年輕的男孩一旦具有生理能力，就跟隨他們的父親四處佈陷阱，頭幾年他們只是觀察，後來他們製作自己的武器與陷阱，並且按照父親的方式設計圈套，然後將捕獲的獵物帶回父親的木屋。如果這個男孩有姊妹的話，她們將學習如何處理獸皮、獸肉和魚、如何製衣、搭棚子，以及許多母親所做的事，當她們年紀夠大時，她將照料兄弟的獵物、準備他們的食物和衣服。

而在比較科技化的國家，例如美國，通常不太可能提供給小孩看到父母使用工具的迷你樣本，也不可能讓他們觀察父母的工作，那麼學術研究所感興趣的觀察學習，似乎對教師沒有太多實用價值吧。

未必如此。我們或許無法從父母那裡學到設計陷阱或處理毛皮，但是我們從他們和周遭的許多楷模身上，學到許多其它的事。

楷模（model）：楷模一詞可以是一個真實人物，他的行為是觀察者的反應之刺激來源，或者比較常見的，楷模可以是一個象徵楷模（symbolic model）。象徵楷模包括了口語或書面的教導、圖畫、心像、卡通或影片人物、宗教人物，以及同等重要的書本與電視中的情節與人物。對某些兒童而言，象徵楷模可能和真實楷模一樣重要。然而，這並不是否認同儕、兄弟姊妹、父母所擔任的楷模角色，或是教師與其它行為良好者的模範楷模（exemplary model）角色。（「為什麼你不學學 Dr. Lefrançois？看看他在教堂裡的坐姿多麼好看，他閉著雙眼在為我們祈禱。」）

⤷ 模仿中的強化來源

模仿從三方面受到強化。楷模給予學習者的直接強化，在兒童的初期學習中最為明顯，例如經常可以聽到父母對著小孩的行為驚呼：「看看他所做的，和他的爸爸一個樣子！」

行為的結果是強化的第二個來源，特別是如果它是社會所接受的行為，而且有助於達成目標。即使一個小孩學會說「牛奶」，一部份是模仿的函數，另一部份則是他的楷模給予他強化，但是除非小孩在說這個字之後，有人給他牛奶，否則他不太可能繼續說。也就是說，經由觀察所學習到的行為之結果，能夠強化行為。

強化的第三種類型稱為替代性強化（vicarious reinforcement），它涉及從觀察某人的特定行為中，得到一個二手的強化——因此是替代性的——好似觀察者假設楷模做某件事是因為他從那個行為中得到強化，因此他才有那

個行為，因此，在觀察者的邏輯中，任何人從事相同的行為，都會得到相同的強化。

有趣的是，替代性強化可能導致觀察者長時間進行一項沒有結果的行為，即使在明顯缺乏直接強化之下仍然持續進行，這項事實證明了其中涉及某種替代性強化。事實上，研究已經顯示，對楷模施行獎賞或懲罰，對觀察者的行為所能產生的效果，類似於直接對觀察者施行獎賞或懲罰。例如在一項研究中（Bandura，1962），有三個不同的楷模接觸三組兒童，三個楷模都對一個充氣塑膠娃娃進行攻擊行為，不同的是第一個楷模後來得到獎賞，第二個受到懲罰，第三個沒有受到獎賞或處罰，其結果是，楷模受獎賞的測試團體很明顯地比楷模受懲罰的團體更有攻擊性。楷模所受到的獎賞或懲罰結果，替代性地轉移至受試者身上。

⚐ 模仿效應

從表面看來，模仿似乎只是複製楷模的行為而已，然而仔細檢視它所涉及的反應，顯示出模仿行為有三種效應（Bandura & Walters，1963；Bandura，1977）：楷模效應、禁忌／去抑效應、引發效應（見表 4.4）。

表 4.4　三種模仿效應

楷模效應	在觀察楷模之後學會「新」的行為
禁忌／去抑效應	目睹楷模因為某類似行為而受懲罰或獎賞之後，停止或開始某種「偏差」的行為
引發效應	從事與楷模行為「相關」的行為

楷模效應（modeling effect）指學會新的反應；禁忌／去抑效應（inhibitory-disinhibitory effect）指抑制（inhibition）或去除抑制（disinhibition）偏差的行為，通常是目睹楷模受懲罰或獎賞所造成的結果；

引發效應（eliciting effect）指觀察者從事與楷模行為相關（但不是一模一樣）的行為。

　　楷模效應：每當觀察者在目睹楷模的行為之後，學會一樣的行為，這些都是楷模效應的例子。新奇的攻擊行為已經在實驗室中大量地研究，通常以幼稚園兒童為受試者（Bandura，1962；Bandura，Ross & Ross，1963）。典型的實驗涉及讓受試者接觸一個真實的楷模或是卡通、電影等象徵楷模，主角對著一個大型的充氣塑膠娃娃進行新奇的攻擊行為，他可能對娃娃拳打腳踢，或坐在它上面。另外，控制組也接觸同一個楷模，但是他安靜地坐在娃娃旁邊。上述實驗和類似實驗的結果，幾乎都無可避免地顯示楷模效應。實驗結束後，觀察兒童們和娃娃在一起的表現可以發現，接觸攻擊楷模的兒童比控制組兒童更具攻擊性，而且往往模仿示範的攻擊行為，這些行為對他們而言十之八九都是新奇的。

　　諸如此類的研究已被廣泛使用來支持以下的信念：認為大部份的攻擊行為是透過模仿而學會的，以及電視由於充滿暴力劇情，對於孕育攻擊行為具有高度的影響力。其它學者指出，這些研究是在實驗室的情境下進行，這些情境並不是那麼逼真，而且對著沒有生命的塑膠娃娃進行攻擊跟在真實世界裡攻擊真正的人是大不相同的。不管如何，道德的考量使這些實驗無法用小寶寶取代塑膠娃娃，因此，很難以實驗的方式示範出有意義的攻擊行為。另外，對於電視進行研究的一般性看法是，電視暴力確實會增加觀看者的暴力行為，然而，電視暴力有「長期的」影響力這一點結論還不是相當明確（Evra，1990）。

　　行為模仿的例子還有很多；原始文化中（例如 Ojibwa 族）學習社會所接受的行為是一個例子；語言的學習也是模仿的例子，成人模仿教師或卡帶來學習外國語尤其明顯。

　　禁忌／去抑效應：這項模仿效應對於關心異常行為的人特別重要。禁忌效應是指觀察者壓抑異常行為，通常是目睹楷模從事相同行為而受到懲罰的結果；去抑效應正好相反，它是觀察者解除壓抑而去從事先前所學習到的異

常行為，通常是目睹楷模因同一行為而受到獎賞（或至少沒有受到懲罰）後的結果。

至於去抑效應的實驗證據，Bandura 和 Watlers（1963）引述觀賞影片導致兒童攻擊的研究指出，攻擊反應對兒童而言不是新奇的，而是先前學過但是壓抑住的行為。這些研究證據顯示，接觸攻擊楷模可能對年輕的觀察者有去除抑制的作用。一般而言，實驗組成員所呈現的攻擊反應次數，明顯地高於控制組的次數。另外，Bandura 研究懲罰或獎賞楷模對觀察者的影響結果顯示，懲罰楷模會抑制觀察者類似的行為，而獎賞正好相反，具有去抑效應。

Bandura 的另一項相關發現（1962）特別驚人：當觀察者因攻擊行為而受到獎賞，兩組成員之間的差異消失了！現在，不管觀察者所接觸的楷模在攻擊之後受到懲罰或獎賞，他們的行為一樣攻擊。這個觀察對於解釋為何懲罰不法者無法達到警戒效果，特別地重要。懲罰犯罪的理由之一是希望其它人能注意，並且停止犯罪，換句話說，用意是藉由懲罰楷模而抑制犯罪行為。然而，從 Bandura 的實驗可以得知，只要受試者有他們自己的犯罪動機，只不過當時受到壓制，那麼楷模受獎賞或懲罰可能都一樣。

一系列嚴謹的實驗證明，成人經由楷模會解放社會所不接受的行為（Walters，Llewellyn & Acker，1962；Walters & Llewellyn，1963）。這些研究模仿了知名的 Milgram（1963）從眾研究，在研究中大學生願意對其它同學施行他們認為非常危險的高伏特電擊，只因為有一位實驗者要他們這麼做。Milgram 研究結果經常被用來解釋，溫和的正常人也會進行各種殘忍的暴行，卻宣稱他們只是服從某位權威者。

在 Watlers 與同事所進行的實驗中，成人受試者被要求參與一項記憶實驗。受試者首先看兩部影片之一：第一組觀賞影片「無故的背叛」，片中有兩個年輕人持刀打鬥；第二組觀賞青少年的藝術活動。然後所有受試者被要求協助另一項實驗，內容是對學生進行一連串的電擊，以研究懲罰的學習效應。實驗中的學生其實是實驗同謀，那些成人才是真正的受試者，他們一開始被安排坐在實驗同謀的椅子上，並且接受一、兩個輕微電擊，體會受電擊

的滋味。然後他們坐在一個電盤前方,電盤上有兩個信號燈(一個紅燈一個綠燈)、選擇電流強度的轉盤,以及執行電擊的旋轉鈕。每當紅燈亮起,代表受試者犯了一個錯誤,必須施行電擊。

這些實驗指出,接觸攻擊情節的影片,很明顯地增加攻擊行為,這可以從受試者願意執行的電擊次數與強度看出(由於實驗之前會拔掉其中一條電線,因此學生其實沒有受到任何電擊)。

這些研究結果被用來解釋為什麼在戰時聲稱自己只是服從命令的正常人,為什麼會有各種殘暴行為。這些研究結果對於解釋與預測電視暴力可能產生的結果也可能很重要。

引發效應:第三個模仿效應涉及引發與楷模行為相關的反應,但是不一定和楷模行為完全一樣(雖然有可能一樣),也就是說,它們屬於同一類型。譬如有一個人熱心地為機關團體、教堂與校園活動服務,他的鄰居們可能受到感動,而有其它的慷慨舉動,第一個人可能捐錢給地方慈善機構,第二個人可能捐禮物給教堂摸彩,第三個人可能免費提供意見,這些觀察者沒有人完全模仿楷模行為,但是都產生了涉及慷慨的反應。

群眾行為是引發效應的另一個例證,有時在運動場合中非常明顯,例如有人鼓掌可能帶動全體觀眾鼓掌,有人發出噓聲、倒喝采,可能引起他人的類似行為。相同地,當有人聽到國歌而起立,可能有許多人在不知道起立的原因之下跟進。這些引發效應的例子都沒有涉及新的行為(相對於楷模效應的例子),而且討論中的行為並無偏差(相對於禁忌/去抑效應的例子)。

觀察學習的歷程

雖然經由模仿的學習隱含著強化,Bandura(1977)明白表示,楷模效應大部份是所謂的「訊息告知作用」的結果,換句話說,從觀察楷模中,認知上我們不只學習到如何做一件特定的事,也學到那項行為可能的後果。

根據 Bandura（1977）的看法，觀察學習涉及四個不同歷程：注意歷程、保留歷程、動作複製歷程，以及激勵歷程（見圖 4.9）。

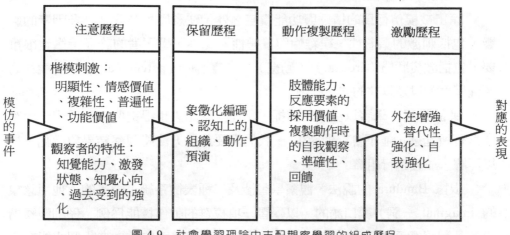

圖 4.9　社會學習理論中支配觀察學習的組成歷程

注意歷程：除非我們對於所欲學習的行為之明顯特徵加以注意，否則不太可能學到太多，這個道理顯而易見。楷模所做的許多事，或許對我們而言並沒有價值，因此，我們沒有加以注意也沒有學習。譬如，年輕時我和祖母同住，我對設陷阱和圈套捕捉野生動物以換取食物和金錢非常著迷，當我有機會和有名的設阱人 George Ahenikue 到樹林裡去，我像隻老鷹一般，觀察他的一舉一動，包括他如何走路、如何張望、如何在某處停留、如何製作陷阱並且設下圈套，這些行為對我極有價值。

但是當我捕到一隻誤闖圈套的笨兔子後，我並不注意我的祖母如何將獵物解體、火炒與烹調，我只是坐在桌旁享受我的美食。我對於如何烹調兔子毫無興趣，雖然我喜歡最後的美味。

直到多年以後，當我自己的廚房中有一隻兔子要處理，我才明白我向祖母學到的廚藝是多麼的少，雖然我看過她煮過無數隻兔子，她的動作卻不足以引起我的注意。

於是我打電話給祖母，問她如何燉煮各種野兔，她在電話另一端做了說明。她的每一句說明，彷彿多年前站在我面前的楷模（如果我當時曾注意到），但那只是象徵楷模。

除了被模仿行為的情感與功能價值之外，注意歷程還受到許多因素的影響，包括刺激的顯著性、複雜性與普遍性。此外，學習者的許多特徵也很重要，包括激發狀態（arousal）（動機）、知覺心向（perceptual set）（觀察的預備程度）以及以往的強化經驗。

保留歷程：學習以注意為前提，記住觀察結果也很重要，因為模仿效應通常有所延遲，並不會立即產生 ，我們需要某些方法將觀察結果象徵化、加以理解，並且進行組織。

根據 Bandura 的說法，觀察學習涉及二種表徵系統：視覺的（他用意象的 imaginal 一詞）與口語的。以學習一項複雜的動作技能為例，仔細觀察楷模並且記憶行為的視覺順序，有時候很有幫助，因為如此一來我們才能在心智上試演這些行為。Bandura 引述研究指出，心智上試演一個複雜的動作順序（譬如跳高、潛水或體操）能夠明顯地改善表現。他認為學習楷模最好的方式是認知地組織與預演觀察到的行為，並且化為實際行動。

動作複製歷程：複製楷模的行為涉及將象徵化的表徵行動（心理的視覺化或想像化）轉變為肢體行動。當然，肢體能力是複製成功的必備條件。很明顯的，有些人即使觀察再多的楷模，也不可能學會跳得很高。準確的動作複製也決定於個體對於複製嘗試的監督，以及應用動作回饋來進行修正這兩種能力；模仿一個動作行為，很少在第一次就很完美，它們必須修正改進。一個教練可能一再地示範打擊者的站姿、如何握球棒、如何使力與改變重心、眼睛和腳趾應有的動作等等，但是真正優秀的打擊者可能經由長期的練習（動作複製），精益求精，最後才使打擊趨於完美。然而，複製動作並非盲目的嘗試錯誤，直到正確的動作無意中發現，而是謹慎地模仿嘗試，每個嘗試受到評估，並且在回饋過程中逐漸修正，例如擊中球的次數、打擊出去的球飛得多遠、教練看著打擊者時面帶微笑或皺眉等。

激勵歷程：人們所觀察及能夠學習的，大部份都不會在行為中表現出來。以設圈套捕捉野兔來說，George Ahenikue 是我重要的楷模，他知道無數捕捉的技巧，我也盡可能模仿這些技巧。他還知道一種擤鼻子的奇妙方法，我雖然學會了而且清楚地記得，但是我不曾這麼做。換句話說，我已經學會這項行為，但是沒有表現出來。

學會和表現出來之間的區別，對於社會學習理論非常重要，因為如同我們所提過的，大部份我們所觀察以及或許也同時學會的動作，永遠不會表現出來。模仿到的行為是否表現出來是強化的函數，或許更正確的說法是，預期的強化之函數。

總而言之，觀察學習由模仿一個事件開始（真實的楷模做某件事，或一個口語或象徵的楷模，或是兩者的組合），最後是觀察者產生某種類似的表現。楷模與模仿行為的出現之間涉及四個歷程，首先，觀察者必須投以注意；第二，觀察者必須在認知上表徵化這個觀察行為，以及加以儲存並預演；第三，如果觀察者具有必備的能力，他會開始複製並且修正這個觀察行為；第四，在適當的激勵條件下（主要以預期的強化來定義），觀察者表現出所學習的行為。

社會學習理論對教學的啟示

提供學習者一個完整的行為順序，是模仿學習勝過其它形式的最大優勢。沒有人會讓一個新手坐在方向盤後，光靠嘗試錯誤學習開車；而是提供給他一個或更多的楷模，來達成教導開車的目的，例如讓他接觸一個正在開車的人、一本駕駛手冊，或是一連串的口頭教導。相對於模仿學習及許多其它的學習方式而言，讓人們只從做的過程中學習是魯莽的。

對社會學習涉及的歷程所做的一項謹慎分析指出，許多顧慮可能對教學非常重要，例如，許多與注意歷程（譬如刺激的特徵、學習者的激發狀態、過去的強化經驗等等）有關的因素最少有一部份是在教師的控制之下。類似地，在學生的保留與複製活動中教師也能夠提供指導與機會。此外，因爲強化的效果取決於我們對於行爲與結果之間關係的察覺，教師對激勵歷程能產生相當大的影響力。刻意使用社會學習理論來改變和控制行爲（有時候包括行爲管理，behavior management 或行爲矯正等領域）所呈現的另一個重要的教育啓示，在第 11 章中討論。

最近，Bandura 的社會學習理論（也稱爲社會認知理論）又有一新的趨勢，並且很明顯更偏向認知取向（Bandura，1986；Evans，1989）。這個新取向強調「自我參考的思想」（self-referent thought）——即跟自己的心智歷程有某種關係的思想——也提到對於自己個人的效能（自我效能，self-efficacy）所做的推估。Bandura 指出（1993），「自我效能的各種信念影響著人們如何感覺、思考、激勵自己、以及表現行爲」（p.118）。因此，我們如何感受自己個人的能力，這一點的重要性再怎麼強調都不爲過。關於 Bandura 理論在這方面的細節，我們在第 10 章會有詳細的討論。

摘要

1. 科學要求理論要建立在客觀、可以複製的觀察上，須考慮隨機因素，以及能類化至其它情況。
2. 學習指所有經由經驗而產生的行爲改變，而且此種改變是相當持久的，不是單純由生長或成熟所造成的，也不是疲倦或藥物等因素的短暫影響。意向或能力的改變不一定會出現在表現中。

3. 行為主義者的學習理論關切：刺激—反應事件，以及重覆、時近與強化的影響。認知理論探討記憶的組織、訊息處理、問題索解，以及後設認知（對求知的求知）等相關問題。

4. Palov 與 Watson 所描述的古典制約，指原本中性的刺激與實際刺激（非制約刺激）一再地相伴產生，以至於該中性刺激最後會導致與非制約刺激類似的反應（制約反應）。

5. 古典制約對於解釋情緒反應的學習有時候非常實用。因此，教師必須知道在校園中有那些事情相伴產生，並且盡量擴大與正面情緒有關的情境，同時盡量減少與負面情緒有關的情境。

6. Watson 的行為主義之基本概念是，學習是簡單反射動作的古典制約作用。Watson 可以視為制約反射以及環境主義的擁護者——相信個體的差異歸因於經驗，而不是基因。

7. Thorndike 以學習理論的效果律提出強化的觀念，主張隨後會接受到某種滿足感的反應，傾向於和造成滿足的刺激產生聯結。根據桑代克的看法，學習指嵌入刺激—反應聯結，遺忘指嵌出聯結。在先前不曾學習過的情況下，行為將採取嘗試錯誤的形式。嘗試反應的選擇，可能受到心向、刺激情境中相同的元素、古典制約或其它優勢元素的影響。

8. Thorndike 理論的教育啟示之一是，教育的重要目標之一是教導轉換（類化），並且強調各種概念之間的聯結。他也強調學生預備程度與強化的重要性，並且認為懲罰的效力有限。

9. 反應行為是由已知的刺激造成的，而操作行為單純是自發的（反應行為是刺激所引發的回應，操作行為是根據刺激主動做出的反應）。Skinner 發明的斯氏箱是一個類似鳥籠的裝置，他用來研究操作行為與強化之間的關係，實驗對象通常是老鼠和鴿子。

10. 當一個操作行為受到強化，使得操作制約模式繼續維持，會增加這個行為再次發生的可能性。強化物是指能夠增加反應再次發生的可能性之任

何刺激，它有可能是被加到情境中（正強化；獎賞）或是被解除（負強化；解脫）。

11. 懲罰的效果是減少一個反應將會再發生的可能性，而不是增加，因此負強化不是懲罰。懲罰發生在撤走怡人的刺激，或是不怡人的刺激在行為之後出現。

12. 厭惡控制指使用負強化和懲罰（往往採取解除威脅的形式）。正向控制通常能產生更怡人的情緒結果。

13. 強化能夠連續地施行（針對每一個正確的反應），或是根據比率或時距基礎，採取隨機或固定的方式（也就是說，強化排程可以是連續、隨機比率、隨機時距、固定比率或固定時距）。一般而言，連續排程能導致較快的學習，而間歇排程則能產生較久的消弱期。

14. 行為塑造能夠用來教導動物學會新奇的行為，或是以微妙的方式改變人類行為。它涉及使用連續漸進的差別強化。

15. 類化是反應相似性（在相似情境中做出相同的反應）；辨別是反應差異性（辨別同一個反應不適合在哪些情境）。

16. 行為主義理論所隱含的教學啟示包括，突顯重覆、強化和懲罰的價值性，以及提出一些管理不當行為的實用建議。

17. 有些人相信行為主義的原理所提供的教學技藝勝過其它取向，並且有人為那些不肯採用的其它教育者感到惋惜；但也有人強調行為主義取向的效果有限，因為教師往往只能控制那些較弱的強化物，而且許多教學問題（組織、排序、解釋、例示）都無法輕易地用行為主義的原理來加以解決。

18. 人類可能並不自由，我們受到環境的控制，我們所擁有的只是虛幻的自由。

19. 大部份的社會學習理論都假定，模仿是決定行為的核心歷程。Bandura 的觀察學習理論建立於：強化的效應、觀察者對行為與結果之關係的察

覺，以及觀察者的象徵化能力；它是一種交互決定論（環境決定行為，但是個體也能選擇並改變環境）。

20. 楷模一詞意指一個可做為他人模範的真人，以及象徵性的模範（在先進的科技社會中非常普遍），包括口語與文字教導、及書籍、影片、電影中的虛構人物。

21. 觀察學習的強化來源包括來自楷模的直接強化、行為結果的強化，以及替代性強化（楷模所受到的懲罰或獎賞影響到觀察者的行為決定）。

22. 模仿效應包括楷模效應（學習新奇的反應）、禁忌／去抑效應（偏差行為受到解放或受到壓抑，通常是楷模的行為結果之函數），以及引發效應（引發與楷模行為有關的反應）。

23. 楷模效應大部份由訊息告知作用造成的，它們告訴我們做什麼、怎麼做，以及做了之後最有可能的結果。

24. 觀察學習涉及四個歷程：注意歷程（觀察者注意到楷模的行為中明顯與最具高價值的面向）、保留歷程（觀察者將觀察結果象徵化、貯存，以及或許也進行心理預演）、動作複製歷程（觀察者將模仿行為化為行動，並且根據回饋進行修正）以及激勵歷程（學習者的動機決定是否表現出學習到的行為）。

複習問題

1. 你能以學校裡的例子說明學習會導致哪些改變嗎？
2. 試列出幾個跟 Pavlov、Watson、Skinner 及 Bandura 等人的理論最相關的重要用語。
3. 你能以教室裡的例子來說明古典制約與操作制約的原理嗎？
4. 試舉例說明負強化與處罰之間的不同。

5. 試說明強化作用的排程對於學習有何重要性？
6. 試舉例說明模仿的效果如何應用在教室裡？

❏ 建議書目

Among the many attempts to apply learning theories to educational practice, the following three sources have been selected as the most representative and the most practical. Skinner's book is a collection of his papers on teaching, Lefrançois provides a simple explanation of early theories of learning, and Joyce, Weil, and Showers present a useful look at instructional models based on a variety of psychological theories:

SKINNER, B. F. (1968). *The technology of teaching*. New York: Appleton-Century-Crofts.

LEFRANÇOIS, G. R. (1995). *Theories of human learning: Kro's report* (3rd ed.). Monterey, Calif.: Brooks/Cole.

JOYCE, B., WEIL, M., & SHOWERS, B. (1992). *Models of teaching* (4th ed.). Boston: Allyn & Bacon.

Skinner provides a highly readable and important behavioristic estimation of the human condition:

SKINNER, B. F. (1971). *Beyond freedom and dignity*. New York: Knopf.

The social development theory of Bandura and Walters is presented in the following:

BANDURA, A. (1977). *Social learning theory*. Morristown, N.J.: General Learning.

BANDURA, A., & WALTERS, R. (1963). *Social learning and personality development*. New York: Holt, Rinehart & Winston.

第 5 章

認知與記憶

　　制約理論解釋刺激、反應以及行為的結果
如何在某些情境中產生聯結，因此，這些理論可
以解釋許多相當單純的行為——或許還有一些複
雜的行為。但是對於解釋我們如何辨認，至少是
如何思考，好比說野牛的角色，這些理論的實用
性如何？

摘自《小熊故事》（第三冊）：野牛入侵

野牛入侵小熊的森林。曙光乍現時小熊來到溪邊，溪邊的牛糞讓牠喝不下水。懷著沉重的心情，牠隨野牛的足跡穿越森林。野牛是每隻熊的夢魇；人們總是幻想著贏得彩券，或是成為人見人愛的英雄，熊則希望野牛警報器能發揮作用，比較惡毒的還詛咒野牛染上瘟疫。

小熊發現牛群跨過溪流之處，牛群的腳印、毀損的野草莓田，以及連根拔起的水仙花，證實了小熊最深的恐懼，牠忍不住停下腳步啜泣。

隔天一大清早，小熊發現了牛群。有些牛在玩牌，大部份的牛躺在小草坡上，牠們已經填飽了第一餐，現在悠閒地反芻和嚼草根。空中迷漫的惡臭令小熊反胃。

這是一個美麗、長滿花朵的草坡，但是小熊知道蕃紅花短暫的美麗，或是豔紅的野百合，並沒有觸動野牛的心靈。牠也知道野牛不懂得欣賞日出、日落，當烏雲密佈時牠們不知道害怕，當大雨滋潤大地時也不知欣喜。這些野牛沒有神秘或偉大的觀念，也不認得神聖的地方，這是小熊悲傷的來源。

「我們的森林再也容不下對環境不友善的動物。」小熊說。牠們的行為能夠經由制約歷程而改變嗎？有一隻野牛將牌丟到地上，突然孩子氣地用力踐踏。牠們能被制約嗎？小熊懷疑。牠自問自答：理論說來可以，這將涉及如果牠們的吃相稍有節制，或是不再躺在苜蓿與草莓田畦上，並且改變如廁的壞習慣時，就給予強化。但是牠也知道，這些沒有一項行得通，因為沒有人充分知道哪些事能強化野牛，即使懲罰也是如此。

「或許最好的辦法是和牠們講道理，讓牠們了解自己的行為對環境的影響，教牠們尊重別人的權利，以及大自然的神聖。」

但是要對這樣的動物採取認知主義取向，而不是行為主義取向，讓小熊不知所措。

認知主義

我們在第 4 章曾經討論過，行為主義簡單而言，是研究行為、以及行為如何受其結果的影響。在行為主義對學習的分析中，影響行為的外在制約是主要的強調。一般都沒有明說的假設是，所有學習者一開始都是一樣的，但是由於他們接觸到不同的制約，造成後來的行為差異。

和行為主義不同，認知主義指「心智事件的科學研究」（E. Gagné，1985，p.4），這些心智事件跟訊息的獲取、處理、貯存與抽取有關。因此，認知的學習分析主要強調學習者的心智結構（mental structure），這個概念不只涉及學習者舊有的相關知識，也涉及學習者在當下的環境中可能採用的學習策略。這個觀點所內隱的假設是，學習者並不是都一樣。個體先前存在的概念、策略與理解網絡使經驗變得有意義。因此，我最近聽到與閱讀到的事物所殘留的意象與想法，加上童年時期所殘留的恐懼感，是貓頭鷹的啼叫聲令我心跳加速的原因。

因為認知主義處理心智事件，而不只是可觀察到的行為，所以跟行為主義有顯著的區別，此一區別導致兩大派別長年來有相當大的衝突與爭論。例如，Amsel（1989）以政府的隱喻來描述兩者之間的抗爭：「我樂於指出，行為主義取向的心理學者一度組閣領導政府，現在則處於劣勢，認知取向已成為新政府的掌舵者。」（p.1）也因此，許多學者稱此為「認知革命」（例如，Bruner，1992）。此一認知革命在本章及其它章節都可以看到明顯的痕跡，對於教育理論與實務已經起了深遠的影響。

E. Hunt（1989）表示，認知主義是一種透視，而不是一門學科。它是檢視事物的方法，而不是已經確認的發現之集合，並且在認知主義的隱喻中，明顯可見的基本構成信念，是這個檢視方法的特徵。

⚡ 認知主義的隱喻

歷史上，大部份的科學家都相信，只有真實地描述事物的正確模樣，並且對相關的因果提出數學般準確的理論，才算成功地完成研究。一開始沒有人曾想到，有一天科學會發現只能以黑洞（black hole）、夸克（quark）、節點（node）或基模（schema）等模糊字彙來描述現象。但是科學的確發掘到這些現象，並且發現自己無法真實、正確地描述它們；因此，這些都只是隱喻。

隱喻是一種比較：它不說：「就是那樣。」而說：「把這個視同那個來看的話，情形會變得有趣，耐人尋味，或有用。」因此，隱喻不能從它是否準確來判斷，而是看它是否有用──或有趣與耐人尋味。

認知主義對隱喻的使用可能多過心理學的其它研究取向。認知理論並不試圖準確地描述運作與歷程，相反的，它們提出建議、進行比較，並且做出推論，因此，它們不能以準確性來判斷，而是和其它心理學理論一樣，必須接受實用性與一致性的測試。

定義：認知主義主要談認知，有別於研究「行為」事件的行為主義。

然而認知不是簡單的概念。就字面的意義而言，認知是知道；因此，認知是理解。如同 Neisser（1976，p.1）所說：「認知是理解的活動：知識的獲得、組織與使用。」或如 Glass、Holyoak、Santa（1979，p.2）所說的：「我們所有的心智能力──感知、記憶與推理──組織成一個複雜的系統，它的整體功能稱為認知（cognition）。」上述定義和其它定義的共通點是，它們都強調心智結構（或組織）在求知歷程中的角色，換句話說，它們處理心智表徵如何受到操控（E. Hunt，1989）。那麼可想而知的是，認知取向主要關心訊息如何處理與貯存。請注意認知取向所強調的重點，和強調行為與行為結果的行為取向，兩者之間是相當不同的。

電腦的隱喻：認知主義對訊息處理的關切，和訊息處理機器（一般稱為電腦）的發展，有密切的關係，特別是探討人工智慧與試圖使電腦更聰明的

電腦科學之分支。Raphael（1976）指出，我們要使電腦更聰明的數個理由之一是，一台非常聰明的電腦能幫我們做許多了不起的事，使我們能夠有空去做同樣了不起的事。然而，或許更爲重要的是，特別對那些研究智力的人來說，一台真正聰明的電腦可能釐清人們的訊息處理系統－－我們的心靈－－之運作真相。關切後者的科學家們，通常將電腦用於兩方面：模擬人類心靈的運作，或產生人類心靈運作的理論。在這些理論中，頭腦、神經元，以及它們的連接網路，能夠比擬爲電腦的晶片、貯存裝置以及轉換系統。或者說，訊息的接收、組織、貯存庫與抽取所涉及的歷程，能夠比擬爲電腦的程式運作。就這個觀點來說，能模擬人類心智運作的，是程式而不是電腦本身（Newell & Simon，1972），見圖 5.1。

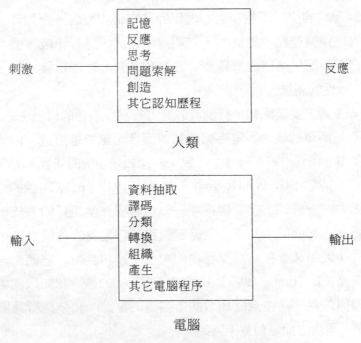

圖5.1 人腦的隱喻：電腦

其它的隱喻：電腦很明顯是認知科學的隱喻之一。事實上這個隱喻是說：「將人類的認知運作想成和電腦一樣，是很實用的。」

許多研究取向發明它們自己的隱喻——它們在檢視認知運作時不根據已知的事物，例如電腦，而是根據某些未知的事物，並且描述它們的特徵。為了他們的隱喻，他們使用「知識庫」（knowledge base）、「認知策略」（cognitive strategy）或「基模」等用語。沒有人曾經見過知識庫、認知策略或基模，它們是認知理論所發明的抽象物。但是每一個發明都能被描述，而且在描述時可以說：「學習者的行為彷彿他們有知識庫與認知策略。」

我們目前的認知運作理論——稱為新認知科學（new cognitive sciences）——基本上檢視三件事。首先，是 Chi 和 Glaser（1980）所謂的知識庫——我們從小到大所建立的訊息、概念與其中各種聯結的貯存庫；第二，是各種認知策略——指將訊息變成知識庫的一部份，以及後續的抽取或使用的歷程；第三，是處理個體察覺到自己是訊息的理解者與處理者——稱為後設認知（meta-cognition）。接下來的章節中，我們將逐一檢視這些認知科學的面向，並且在第 6 章探討認知科學對教育有無限貢獻的潛力，特別是發展教學方法以及改進認知策略這兩方面。

訊息處理基本模式

Simon（1980）所描述的心理學之訊息處理革命，特別是學習理論，已經形成為人廣泛接受的基本模式（見圖 5.2）。這個模式大部份根據 Atkinson 與 Shiffrin（1968）的研究，將人類的記憶分為三種訊息貯存庫類型：短期感官記憶（short-term sensory storage），有時候稱為感官記憶（sensory memory）、短期記憶（short-term memory）（又稱為工作記憶，working memory），以及長期記憶（long-term memory）。三種貯存庫之間的區分主

要根據它們所處理的訊息之性質與範圍。處理（processing）意指組織、分析、歸納、複習等活動。此外，三種貯存庫的「容量」與「記憶內容的範圍」也有差異。

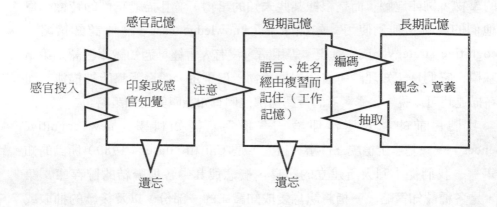

圖5.2　記憶的三項要素

認知心理學之訊息處理基本模式有兩項相關的功能：首先，提供我們一個對人類記憶的整體模式；第二，提出許多與學習有關的問題——例如訊息如何組織與貯存，何種教學與學習方式能夠促進訊息的處理，以及記憶如何改善，這些問題對教師而言都非常重要。

接下來我們要進一步檢視這個訊息處理基本模式。值得謹記在心的是，我們所討論的是一個模式——一種隱喻，並不是要描述我們頭腦中貯存事物的實況。

✍ 感官記憶

這個訊息處理模式試圖指出人們如何取得訊息，如何貯存、組織與抽取，事實上是一個學習與記憶模式。一開始先談所有學習經驗的原始素材：感官知覺。

我們的感官系統（視覺、聽覺、味覺、觸覺、嗅覺）對各式各樣的刺激都非常敏感。然而，在同一時間裡，我們顯然只能回應所有刺激的一小部份；此一刺激當中大量的訊息大部份未曾實際地處理過——也就是從未真正地變成認知結構（congitive structure）的一部份。這種感官記憶，有時候也稱為「餘音」（echoic）或「映像」（iconic）記憶（Neisser，1976），意指我們沒有加以注意的刺激所產生之瞬間（少於一秒鐘）與無意識的效果。

我們注意到，感官記憶在處理刺激訊息的時間長度，以及可獲得的訊息之實際數量兩方面，都有極高的限制。換句話說，感官記憶只是某個刺激即時的感官效果而已。如果在事先沒有說明的情況下，我以枯燥嚴肅的語調唸出一串數字，然後要你在十秒鐘後複習一遍，你能記住的數字可能不會太多；但是如果我問：「我唸的最後一個數字是什麼？」你很可能會有正確答案。事實上，每一個數字停留在感官記憶裡的時間非常短，如果在瞬間內沒有加以理會或處理，就再也不存在了。

☞ 短期記憶

認知心理學者所描述的訊息處理系統，會利用到許多不同的活動，這些活動共同的目標是：理解顯著重要的感官訊息，同時忽略或拋棄比較不重要的細節。如同先前所提的，許多感官資料沒有受到理會，因此只限於即時的感官記憶。事實上，加以注意是我們的訊息處理系統中重要的活動之一，是訊息從感官貯存庫轉移至短期貯存庫的方法——因此，引起學生注意是有效教學的要點。

本質上而言，短期記憶是任何特定時間點在我們腦子裡的即時知覺。如同 Calfee（1981）所說的，它有點像是思考的便條紙，包含即時知覺中的所有東西。因為這個理由，短期記憶常被稱為工作記憶（working memory），這個名詞強調這個記憶層次的機能，而不是它的有效期間。

容量上受到很高的限制，是短期記憶的重要特徵之一。Miller（1956）在進行各種不同的記憶實驗之後，提出短期記憶的平均容量只有七個獨立項目（加減兩項），也就是說，我們的即時意識知覺受限於這個容量，當超出數額以外的訊息進來時，它們就會擠掉一些已經存在的即時記憶。

　　短期記憶只持續數秒（不是分、小時、或天），並且極度依賴複習，也就是說，保留在短期記憶貯存庫的項目，必須重覆有意識地想起。在沒有覆誦的情況下，它們很快就會消褪――通常在二十秒內。

　　短期記憶的明顯限制，其實不像乍看下那麼嚴重。雖然我們注意到的訊息項目很難超過七個以上，但所謂意元集組（chunking）的歷程，卻能大大增加短期記憶的容量。意元其實是一組相關的訊息，因此，一個英文字母可以是短期記憶中的七個項目之一，但和其它字母組成一個單字之後，也是七個項目之一。為了描繪這個現象，Miller（1956）以一個能容納七個硬幣的錢包來比喻，如果這個錢包裝七個一元，那麼它的容量只有七元，如果它裝的是七個十元或七個五十元，甚至於七個金幣，則容量便會劇烈增加。

　　總而言之，短期記憶是意識察覺中，少數的幾項訊息項目或意元集組。在沒有持續複習的情況下，這些項目通常在二十秒內就從記憶中消失。短期記憶的最大用處是，它使訊息停留在心中（久到足以使我們理解連續字句與指示的意義）進而讓我們能去解決問題及做決定。

遺覺像（eidetic images）

　　當我們想起某件事時，有時候我們會說：「在我的心中清晰可見」，事實上我們真的看到了嗎？心理學者告訴我們，我們看到的往往是一種心像──一種從記憶產生的不完美表徵，並且受限於記憶易患的所有扭曲與失真。但是也有少數人，他們的心像較為準確──也就是說，他們擁有遺覺像的記憶。

　　遺覺像其實是某些類似照片之刺激的回憶，因此一般稱為「照片記憶」（photographic memory）。一個擁有遺覺像的人，其記憶的準確度與精細度有時候非常驚人。例如，在一個典型的遺覺像研究中，受試者看到一張圖，好比內文中的附圖，一會兒之後實驗者問：「樹上有多少顆橘子？」「吹笛手的襯衫上有多少條紋？」「你看到幾朵花？」。類似的研究顯示，具有某種程度遺覺像的兒童不在少數，但是青春期後就非常少（Ahsen，1977a、b）。這些調查也指出，遺覺像的回憶和實際目睹圖片時

頗為類似。那些天賦異秉的人在圖片被拿走後,仍然「看」得到圖片。當他們被問到看到幾朵花時,他們眼球的轉動和實際目睹圖片時的轉動非常類似。

　　和一般的想法相反,遺覺像對於課業學習不具優勢,因為它很少涉及將短期記憶遷移至長期記憶。事實上,遺覺像的回憶壽命很少超過一個小時,通常在幾分鐘內消褪。然而,也有一些遺覺像記憶的驚人案例,它們不受時間的破壞。其中最有名的可能是 Luria(1968)所描述的蘇聯少年 S。S 飽受困惑而求助於心理學者 Luria,因為他的心如同一個充斥影像、聲音和色彩的叢林,使他很難在一般談話中專心。他的問題其實很簡單,就是他有非常驚人的記憶力。有一次 Luria 讓他看如附圖的數字表,在花了數分鐘查看後,S 能夠在四十秒內正確無誤地複習這些數字,並且在五十秒內,逐一讀出十二排平行列的四位數字,以及最後一列的二位數字。但是更驚人的是,甚至在數個月以後,他也能準確地複習(雖然這一次他須花較久的時間「再次去想像」數字的排列),其間他不曾再看過這張表。類似 S 的記憶是少有的特例,教師所教的學生當中,大部份擁有比較平凡的記憶。

6	6	8	0
5	4	3	2
1	6	8	4
7	9	3	5
4	2	3	7
3	8	9	1
1	0	0	2
3	4	5	1
2	7	6	8
1	9	2	6
2	5	6	7
5	9	6	0
×	0	1	×

短期記憶的教育啓示：測量短期記憶最普遍的方法，是讓受試者重覆剛剛聽過的一連串、無關的個位數字，許多智力測量也常用這個方法。在這些情況下，成人和青少年通常能記住六或七項（有時候超過九項）。相對的，六歲孩童只記得二或三項。

　　這些差異可能對教師非常重要。或許如同 Siegler（1989）所說的，某些問題對年紀較小的學習者來說之所以困難或難以理解，只因爲他們無法在同一時間內記住足夠的相關訊息——好比說要求一個小孩一次加好幾個數字。Case、Haward、Lewis 和 Hurst（1988）指出，小孩子的理解力與索解問題的能力中最嚴重的限制是，他們的工作記憶在保留訊息方面受到限制。

　　關於這一點，教師有兩種作法。如果許多學童的認知限制來自於短期記憶容量受限，教師可以等待記憶的適當改變，然後再進行要求較高的學習任務，或採取行動以改善學童的記憶。

　　實務上，教師們較常訴諸第一個選擇，他們等待小孩長大成熟。然而近年來有愈來愈多的證據顯示，對短期記憶而言很重要的認知策略有一些面向是可以教導的——例如複習（稍後有更多的討論）。

☞　長期記憶

　　教育者最關心的記憶，很顯然是長期記憶。長期記憶包括所有我們對世界所知道而又相當穩定的訊息——所有我們知道但不在即時意識中的一切。事實上，短期記憶和長期記憶最重要的差別是，短期記憶是主動的、持續的意識歷程，而長期記憶是比較被動的潛意識歷程。因此，短期記憶很容易受到外在事件的擾亂——例如某些事使我們分心而中斷我們的「思緒列車」。相反的，長期記憶不會輕易地受到擾亂，舉例而言，如果你今天知道芬蘭的首都，你可能明天、下個月，甚至明年都仍然知道。

　　如同先前所提的，訊息經由注意的歷程而從感官貯存庫遷移至短期貯存庫，以及我們主要經由覆誦將訊息保留在短期記憶中。但是將短期記憶中的

素材遷移到長期記憶,所牽涉的就不只是複習:它涉及編碼(encoding)——一種從經驗中取得意義性的歷程。編碼是將訊息轉型或抽象化,也就是以另一種形式來表示。

　　編碼很明顯涉及訊息的處理,這是可以在不同層次上出現的事件。處理層次模式(levels of processing model)的創始者 Craik 和 Lockhart(1972;Cermak & Craik,1979)認為,記憶產生於訊息被處理的層次。未經處理的訊息,只留下短暫的感官印象(感官記憶);只經過複習的訊息,只存在數秒鐘的時間(短期記憶);而經過較深程度處理的訊息,則進入長期記憶。但是長期記憶中的所有素材,未必都經過相同的處理層次。舉例而言,如果要求受試者學習和記憶一個單字,他們可以在非常表面的層次上加以處理,譬如只注意到這個字的寫法;比較深一點的層次,他們會注意到字的發音;更深的層次,他們會考慮這個字的意思——也就是所謂的「語意編碼」(semantic encoding)歷程(表 5.1 摘錄這三種記憶層次的特徵)。

表 5.1　三種記憶層次

	感官	短期	長期
其它名稱	餘音或映像	原始或工作	二次
存在時間	少於一秒	少於二十秒	無限期
穩定性	瞬間	容易被擾亂	不容易被擾亂
容量	受限制	受限制(七加減兩項)	不受限制
一般特徵	暫時的無意識印象	工作記憶;即時意識;積極的,經由複習來維持	知識庫;聯結的;被動的;編碼的結果

長期記憶的認知理論：長期記憶最早的理論之一出自Koffka（1935），其理論將心靈視為記錄我們所有經驗之連續表徵的目錄或攝影機，日後我們在需要時可以從這個表徵中取出獨立的記憶訊息，只要它們沒有隨著時間消失。無聯結性是這個記憶模式的基本特徵，也就是說，認為記憶是由連續記錄下來的獨立訊息片斷所組成。

　　當今的記憶模式幾乎都是聯結主義，他們的基本概念是：我們記憶中的所有訊息項目，幾乎多多少少都有關係，特別是因為這些關係，我們得以盡可能地回憶事情。以電腦而言，它通常根據位址來運作（項目的「連繫」是根據位址），而人類記憶的連繫似乎靠內容。因此，電腦能夠抽取與分析訊息，只要它知道搜尋對象的貯存庫位置，相反的，我們在尋找訊息時只需要知道要找什麼，而不需要知道它在哪裡。

　　推敲形成人類長期記憶的聯結性質，已經導致產生許多抽象的模式，以及描述記憶的標籤。這些理論基本上都屬認知取向；也就是說，聯結是根據意義或重要性，而不是行為取向的聯結（例如根據重覆與時近）。當然這並不表示重覆與時近是無關的，就如 Calfee（1981）指出，我們對一個觀念或經驗的接觸愈多，它愈可能生動地在記憶中呈現，並且容易取得。同樣地，經常一起產生的經驗和觀念，更有可能在記憶中聯結。但是認知取向的聯結主義所強調的是，許多不常呈現、或是近日內沒有呈現的觀念，將會因為意義的聯結，而在記憶中產生關聯。

　　長期記憶的各種隱喻，包括結（node）、基模、腳本（scritp）、架構（frame）、網絡（network）、類別（category）、編碼系統與包容物（subsumer）。接下來只描述部份術語，以釐清長期記憶的聯結本質，至於其它術語在第 6 章會有詳細的討論。

　　結就字面而言是節、連接點。做為人類記憶的隱喻，結可視為概念、觀念或思想的交叉處或連接點。這個術語指我們能夠在心中回想，並且得以貯存與記憶的一切。它重要的特徵是它代表觀念、想法，以及它們之間的關係。而基模、架構、網絡等術語，有時候用以稱呼記憶的組織。因此，架構

或基模可以定義為代表觀念或概念（結）如何聯結的隱喻（見圖 5.3）。如同 Bransford 的主張，架構或基模模式其實是知識結構的模式，而認知心理學所提供的是關於受過教育的心靈意象為何的模式。

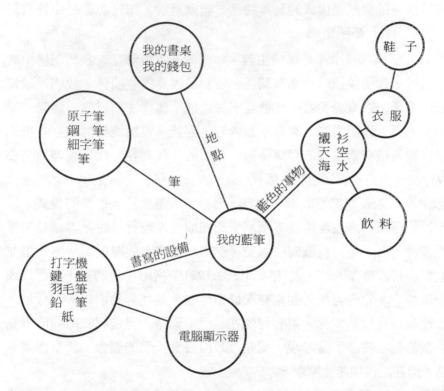

圖5.3　隱喻的一種模式。架構或網路理論認為，我們會記住抽象的觀念——即意義與觀念的聯想——而不是特定的事物。因此，我的藍筆在抽象的複雜網中（例如，「藍色的事物」）為一個結點，圖示是它與其它結點的連結情形。結點的複雜連結，有時稱為「架構」（frame）。

衍生性與複製性記憶：長期記憶的重要特徵之一是，它似乎有一部份具有建造性或衍生性，而不是複製性，也就是說，我們所記得的往往是最初知悉內容的變體，舉例而言，在回憶電影情節中的一景時，我們傾向於記得某些重要的元素，並且填補任何遺忘的部份。因此，至少就某個程度而言，我

們同時建造與複製記憶，這是為什麼即使親眼目睹，回憶也不一定完全正確的原因之一。

Loftus（1979）曾讓受試者觀賞一部影片，片中有一輛跑車涉及一件意外，然後實驗者問了一連串與意外有關的問題。部份受試者被問到：「當跑車經過鄉村小路旁的穀倉時，它的車速有多快？」其它受試者則被問到：「跑車在鄉村小路的車速有多快？」當全體受試者稍後被問到是否看見穀倉時，稍早被問到第一種問題的人當中，有百分之十七宣稱看見一座穀倉，其它人當中，有少於百分之三的人記得有座穀倉。事實上，電影中並無穀倉。

Loftus 根據上述實驗以及相關研究的結果，認為我們的記憶大部份都經過干預事件的修正，並且隨著時間消逝而模糊。結果是，有能力指認小偷的人或許不到半數，而能夠記住小偷頭髮或眼睛顏色的人就更少了，而且有些人會記住他們從未經歷過的事情。

☞ 長期記憶的類型

當一位愛管閒事的哲學家問一隻蜈蚣如何管理它那麼多隻腳的行進時，那可憐的蜈蚣心中一片慌亂。它不曾想過這個問題，但就是知道如何走路。被問到這個問題之後，心理有點悲哀，它開始試著去了解走路的程序，試著去想那一隻腳是怎麼走的，接著另一隻腳是怎麼走的，以及接下去的另一隻腳……，最後整個身體扭成一團，令它腹痛不已。

陳述性與非陳述性的長期記憶：人類大部份的知識也跟蜈蚣不知道如何走路一樣，並不是意識層次所知道的，所以無法轉成清楚、可理解的話語與指示；它們可能儲存在我們神經系統的某個潛意識部位；這些資訊跟騎單車、打長距離的高爾夫球，以及我們在驚嚇或興奮時對事物的無意識反應等等有關。這種記憶稱為「非陳述性記憶」（nondeclarative memory）或「內隱記憶」（implicit memory），理由是我們無法用話語陳述出來。

但是我們也有許多可以用話語陳述出來的記憶——包括我們的姓名、地址、單字的意思、汽車的顏色等等。這種記憶稱為「陳述性記憶」（declarative memory）或「外顯記憶」（explicit memory）。正如 Squire，Knowlton，Musen（1993）等人的解釋，上述兩種記憶的差別在於陳述性記憶是各種事實與事件的「意識」記憶，而非陳述性記憶則是「潛意識」記憶。

語義性與插曲性記憶：Tulving（1991）指出，陳述性記憶至少由兩種不同的主要記憶構成。抽象、一般性對世界所知的知識，譬如兒童在校中所學習的，是所謂的「語義性記憶」（semantic memory）。除此之外，我們每個人都有大量我們所做過、所想過的、以及曾遭遇過的經驗等個人回憶。這種自傳式的資料由生活中所有小插曲所組成，稱為「插曲性記憶」（episodic memory）。

總而言之，長期記憶有兩種：一種是內隱的、潛意識的、不容易訴之話語的（非陳述性）記憶；另一種是外顯的、意識層次的、可以訴之話語的（陳述性）記憶。陳述性記憶又分為抽象的、一般性的（語義性）記憶及較屬於個人所有的自傳式（插曲性）記憶。

記憶歷程

捕捉一個感官印象，並且保留在即時意識中，或是遷移至日後得以抽取的長期貯存庫中，涉及到許多重要的歷程。因為這些歷程與「知」有關，所以它們是認知歷程，其中最重要的是複習（rehearsal）、加工（elaboration）與組織（organization）；此外，每一種歷程都會用到許多特定的策略（Horton & Mills，1984）。

⇪ 複習

如同先前所說，複習是使素材維持在短期記意（即時意識）中，以及遷移至長期貯存庫的要件。複習就是重覆，以最簡單的層次而言，複習只是一再地重覆某件事（例如重覆地唸七、二、七、五、五、五）。大部份的學齡前兒童不會自發地複習，而且也很難被教會（Flavell，1985）。

⇪ 加工

加工是延伸或添加素材，使素材更容易記憶的認知歷程。加工素材的方法之一是，將所要記憶的事項與心像聯結。Higbee（1977）認爲，由於我們的記憶極爲視覺性（圖片比文字更容易記憶），因此心像的使用是大部份的記憶術之重要面向。本章稍後將描述這些記憶術。

加工有時候涉及在新素材與已知素材之間形成聯結。研究指出，跟意義有關的加工會有很高的記憶性。舉例而言，當 Bradshaw 和 Anderson（1982）要求受試者回想：「那個胖男人讀標誌」的句子時，那些將句子加工爲：「那個胖男人看薄冰警告的標誌」的人，他們的記憶表現會比沒有進行任何加工的人好。十二歲以下的兒童不會刻意地利用加工去改善記憶（Justice，1985）。

⇪ 組織

組織是涉及分組、整理、分類，以及辨識素材之間關係的記憶歷程。意元集組——將素材列入相關的類別——是組織的例子。同樣地，根據某些邏輯系統對素材進行整理，也是組織的例子（例如整理出一邊是長期記憶的特徵，另一邊是短期記憶的特徵）。

對於長期記憶而言非常重要的組織策略，能夠非常複雜或極爲簡單，然而，它們的共通點都是建立在我們對於相似性與差異性的辨認。人類（或許

其它動物也是，雖然比較難確定）似乎具有察看相似性與差異性（以及其它的關係），並且從中進行類化的傾向。換句話說，我們似乎是訊息處理的有機體，職責是理解周遭的所有資訊。我們用以理解世界的重要方法之一是，從不同的經驗中找出共同的元素，進而取得我們能夠記憶的概念或觀念（Hintzman & Ludham，1980）。

除了尋找關係這個明顯的自然傾向之外，也有證據顯示，我們對於相關概念或觀念的組織，有許多來自於對舊有策略的應用。尤有甚者，當我們意識到能夠運用各種策略來理解世界時（並且去學習與記憶），我們也意識到自己是有學習與記憶能力的有機體。我們學習事情，而且學習應該如何學習。換句話說，我們會培養出後設認知的技能。

☞ 教育上的涵義：教導記憶的抽取

Semb、Ellis（1994）指出，一般人認為，學生在考完試之後會開始非常迅速地遺忘他們所學習的東西。事實上，長期記憶的研究似乎顯示，大部份我們所遺忘的，是在學習之後就已經非常迅速消失了；同理，我們在幾天或幾週後依然能夠成功記住的，在幾年之後很可能也同樣不會忘記。他們的說法如果屬實的話，這代表一項對於教師相當重要的挑戰。畢竟學校的一項功能在於傳授終身受用的技能與知識，而不是為了應付考試。也就是說，學校的功能在於灌輸長期記憶。

幸運的是，據 Semb 與 Ellis 的研究，認為學生在學校所學習的東西很少能成為長期記憶的說法，並非完全屬實。他們指出，上述說法所根據的研究主要是在實驗室的情境下進行，而不是在真實的學校裡。在實驗室的研究裡，受測者所學習的教材經常是在一節當中完成講解與學習。相對之下，在學校裡通常有許多種學習的機會，而且學校也會使用更多種教學工具（像影片、講解、CD、示範、輔助書籍等等）。因此，不須驚訝的是，當 Semb 與 Ellis 分析 62 項特別探討學校教材之長期記憶效果的研究時，他們發現存在相

當多長期記憶的證據。也許對於教師更為重要的是，他們同時發現清楚的證據指出，長期記憶的良窳反映了學生第一次學習時學得有多好，這個因素部份決定於教師如何教，以及學生個別的能力。

後設認知

　　幼兒組織素材的能力遜於較大的兒童與成人，他們對於組織素材的重要性也比較沒有概念。他們還沒有意識到自己是認知者，也還不熟悉那些能讓他們取得訊息、進行組織、學習與記憶的特殊技能。換句話說，他們對於「求知」（knowing）的了解較少，對於「理解」（understnading）的了解也較少（Flavell，1985）。以現今的術語來說，他們還沒有培養出後設認知（meta-cognition）或後設記憶（meta-memory）的技能。

　　分辨後設認知的兩個不同的面向頗為有用：個人對於認知本身所擁有的知識與信念，以及個體想控制認知活動的企圖（Baker & Brown，1984）。因此，你對於唸書劃線的效果之信念代表後設認知的第一種面向：關於認知本身的知識。如果你試圖去推估某章或某段內容的困難度，以及決定是否最好做筆記、劃底線、或只消瀏覽過去，代表後設認知的第二種面向：你企圖去控制你的認知活動。

　　後設認知是對認知的認識。同樣的，後設記憶涉及對記憶的認識。因為認知必然涉及記憶，所以後設認知包括後設記憶。

　　當我們試圖去理解與知曉某件事時，後設認知技能使我們得以監視我們的進展。它們提供我們估計努力的結果之方法，以及預測日後能夠記住素材的可能性。後設認知的知識告訴我們，有許多方法能組織素材，進而使學習與記憶更容易。某些複習與加工策略對某一類的素材特別有效，以及某些類型的學習必須運用特定的策略，有些則不必。

♪ 後設認知的培養

先前曾經提過幼兒似乎不具有後設認知的技能，這並不表示幼兒沒有使用認知策略，而是指他們沒有意識到認知策略的存在，因此不是有意識地應用。同樣的道理，幼兒較無法監視、評鑑與引導自己的學習。在大部份的情況中，他們不知道有哪些策略能使學習與記憶更為容易。當 Moynahan（1973）問幼兒們：一組分類排列的字群和一組隨意排列的字群，哪一組較容易學習時，三年級以下的兒童對兩組的選擇幾乎各佔一半。相對的，年齡較大的兒童幾乎都選分類排列的字群，意味著他們對認知的了解較多。

Borkowski、Milstead 和 Hale（1988）指出，幼兒的記憶行為（memory behavior）與記憶知識（memory knowledge）之間似乎有很大的差距。舉例而言，兒童在回答問題時可能顯露他們知道特定的學習（記憶）策略——譬如將項目分組有助於記憶，然而，當要求他們學習排列項目時，他們並沒有運用分組策略。

我們能夠教幼兒諸如此類的特定策略（Pressley，Forrest-Pressley & Elliot-Faust，1988），但是我們也必須教他們何時必須使用這些策略。不幸的是，如同 Borkowski 和他的同事們指出的，教師通常不會有系統地教導認知策略，相反的，他們讓兒童自己去摸索。

♪ 認知策略

從經驗中取得通則，如同學習如何學習與記憶，似乎是人類自然的傾向。當我們學習如何學習時，我們開始變成 Flavell（1985）所謂的認知遊戲之遊戲者，並且逐漸察覺到更多各種使我們變成更好的遊戲者之策略。這個認知遊戲的目的不是擊敗別人，遊戲的贏家是那些成功地理解訊息，並且能有效地回憶與使用訊息的人。

有些人在認知遊戲中表現差勁，他們在學習與記憶方面都有困難，經常陷於不知所措與沮喪的情況，其它人則表現良好，他們的學習既快速又輕鬆，而且理解力往往很驚人。

　　在認知遊戲中表現良好或差勁，兩者之間的差異或許涉及遊戲者對於學習與記憶歷程的理解程度，換句話說，涉及認知策略。那些在遊戲中表現良好的人，可能對學習有較多的了解，並且比較能夠學以致用。

　　定義：簡單來說，認知策略是智力活動的工具。E. Gagné（1985，p.33）將校園學習中的認知策略定義為「目標導向的認知運思順序，它引導學生從對問題或教學的理解，到產生答案或其它要求的表現」。

　　認知策略有各種不同的種類與層次，其中有一些似乎是自然形成的。然而有許多是在學校學到的，有時候是教學的直接結果，但是更多時候是一再地接觸需要特定類型的策略之問題而產生的結果。事實上，學校的重要功能之一，除了提供教學內容之外，也包括教導如何組織、分析、歸納、評鑑與創造等知識（Gagné & Dick，1983）。換句話說，教師所教的不只是內容；他們也教學生如何學習與記憶——即教導認知策略。此類教學（與學習）在以往大部份是在教導其它事情的過程中意外發生的，然而近來已經產生一些針對教導認知策略而設計的教學計畫，本章稍後將詳細討論其中的幾項計畫。

　　認知策略使我們得以學習、解決問題、研究與理解。策略本身和我們所學習的內容沒有太多關係，它是一種概括性取向，一系列「沒有內容」的謀略或歷程（Gagné & Briggs，1983）。因此，教導認知策略的嘗試有時候相當抽象與籠統，雖然它們不是必然的特質。相反的，Bransford、Sherwood、Vye 和 Rieser（1986）指出，教師應該讓認知策略與特定的問題產生關係，並且讓學生知道這些技能對於自己生活中索解問題的重要性。

⇨ 學習／思考策略

學習／思考策略有兩組廣闊的目的。Weinstein 和 Mayer（1986）描述為，一組與學習的結果有關，一組與學習的歷程有關。與學習結果有關的目的指教學歷程的內容——教導的訊息。與學習歷程有關的目的指學習的方式——能夠用以取得與處理訊息的技能或策略，亦即處理如何學習。

認知心理學目前對教育心理學最重要的貢獻是，重新強調上述主要目的之第二項：學習如何學習。

就這個觀點而言，學習／思考策略（learning／thinking stragety）一詞比「認知策略」適合，它是一個含義較廣的術語，包括複習或加工，以及後設認知等特定的策略。此外，它所強調的「學習如何學習」所涉及的策略與歷程，和我們一般定義為思考的歷程相同。換句話說，學習／思考策略是學習者處理／思考訊息的工具。

描述：那麼你可能會問：什麼是學習／思考策略？本章稍早曾經提過，訊息處理基本模式（記憶模式）描述了將素材維持在短期記憶，並且將之編碼與遷移至長期記憶時涉及的三個主要歷程或活動：複習、加工與組織。Weinstein 和 Mayer（1986）表示，這些歷程各有學習策略，有些是基本的，有些則比較複雜。因此，有基本的複習策略、複雜的複習策略、基本的加工策略、複雜的加工策略、基本的組織策略，以及複雜的組織策略。除了這六類學習策略之外，還有理解之監視策略，以及情感與動機策略。理解之監視策略基本上和我們所描述的後設認知技能一樣，而情感與動機策略則引導我們的注意、維持我們的興趣，幫助我們放鬆，並且控制學習與思考的障礙（譬如考試焦慮）。

表 5.2 摘錄這八種學習／思考策略，並且各舉一個簡單的例子。

表 5.2　學習／思考策略的分類

基本的複習策略	單純的重覆：hablo，hablas，habla，hablamos，hablais，hablan【編註：西班牙文動詞「說」的六種人稱變化】
複雜的複習策略	強調教材裡所有的重點
基本的加工策略	形成心像或其它聯結，例如「men very easily make jugs serve useful nocturnal purposes」（每個字的字首各代表太陽系中的一個星球）
複雜的加工策略	形成類比、改編、歸納、形成關係
基本的組織策略	分組、分類、排序
複雜的組織策略	確認主要的觀念；製作類似此表的概念歸納表
理解監視策略	自我詢問；陳述重點；設定目標，並且檢查達成目標的進展
情感與動機策略	預期學業成就的結果（譬如獎學金）；深呼吸與其它放鬆活動；積極面的思考

對教育的涵義：教導思考

　　第 4 章曾經提過，行爲主義的學習研究取向導致許多教學建議，這些取向強調強化的重要性，並且試圖找出那些在教室中最有效的獎賞與懲罰之種類與方式。以後（譬如第 11 章）我們將探討行爲主義所導致的行爲修正術之特定技能。

　　認知取向的教育含義乍看之下似乎和行爲主義完全不同。畢竟認知主義對思考的關切勝於行爲、刺激、獎賞與懲罰。它探討兒童如何變成思考者，以及我們如何使他們變成更好、更有批判性、更有創意的思考者。

　　認知取向對這些重要的問題提出兩方面的答案。首先，學習者必須意識到自己是思考者／學習者－訊息處理者；第二，他們必須培養與練習批判

性、創意性、與有效的思考，以及索解問題所涉及的種種方法與策略，換句話說，認知取向主張學習者必須培養後設認知的技能，以及適當的認知策略，也就是學習如何學習所涉及的技能。

先前曾經提過，傳統上學校的努力大部份致力於教導特定的課程內容；認知策略的學習以及後設認知之察覺與培養，大部份是附帶的——而且有時候是意外產生的。然而，近來有愈來愈多的研究者，已經設計出特別針對培養學習者認知技能的教學計畫。其中許多計畫的目的是，使學生意識到認知策略的存在，並且教他們監視與評鑑這些策略的運用。此類計畫倡導各式各樣的教學取向，包括集體學習（例如合作學習）、個別教學（例如教師詢問能夠促進特定思考技能的問題）、模仿歷程（例如在執行認知策略時由學子加以口語化說明），以及各種訓練學習者使用特定策略的計畫（例如 Mulcahy，Peat，Andrews，Darko-Yeboah & Marfo，1990）。

教導思考

Alexander 和 Judy（1988）認為，最好的學習者是那些擁有策略知識與特定領域（內容）知識的人。策略知識處理怎麼做：如何解決問題、如何學習與記憶、如何理解，或許最重要的，如何監視與評鑑，並且管理這些活動的進行。

釐清新認知科學的一些用語

　　以下是新認知科學中一些與教育有關的常見術語：

　　後設認知：對認知的理解，也就是我們對於自己的認知歷程之理解，以及對認知歷程的整體看法。這些知識使我們在學習與記憶時得以選擇不同的方法，使我們得以監視我們的認知活動，以及評鑑成功的可能性；在必要時也建議替代的選擇。

　　認知策略：認知行為的工具；一連串目標導向的行動，譬如複習、組織或加工；當我們學習與記憶時的實際作法。

　　學習／思考策略：包含後設認知技能與認知技能的概括術語；也就是學習與思考所涉及的所有活動。

　　摘要：學習思考策略包括後設認知策略與認知策略。後設認知技能是執行的（控制的）技能；認知技能是非執行的（應用的）技能。

　　例示：後設認知與認知之間的關係

　　我決定學習新認知科學中與教育有關的術語（設定一個我認為可行的目標：一個後設認知的經驗）。我開始讀這個專欄（認知活動）。看了兩行之後我停下來；我隱然感覺自己不是很明白（後設認知經驗），於是我將前面的文字再讀一遍（認知活動），直到我覺得懂了（後設認知），我繼續讀下去，並將不同的定義重覆研讀兩三遍（複習，一種認知策略）。我知道自己正在學習（後設認知經驗）。我默默重覆每一個術語的定義（認知活動），很滿意自己理解了，而且能夠應付明天的小考（後設認知）。

教師能夠教導學生這些策略性或程序性技能嗎？能夠教導他們如何思考與學習嗎？

總而言之，是的。

♪ 學習如何學習

學習如何學習在校園中一點也不新鮮。新鮮的是，我們對於造成學習困難或容易的因素之看法。過去我們簡單地假設，關於學習最重要的因素是遺傳因素，或天生的智力——當然也知道激勵、持續努力，以及其它類似的因素也很重要。然而，近來我們對智力的概念，已經開始劇烈地改變。我們開始認同認知功能是智力活動的重要元素之一，而且大部份是後天取得，而不是來自遺傳。Haywood 和 Switzky（1986）提出類似的論點，他們主張智力活動有兩個要件：與生俱來的能力（我們所認為的天生智力）以及認知功能。重點是，與生俱來的能力就定義而言，是基因造成的，因此除非採取強烈手段，否則不可能改變，而認知功能是學來的。那麼，如果它們是學來的，它們可以教導嗎？

簡單的答案是可以的，而且有愈來愈多的證據顯示，這種學習不必是那些不以教導學生如何學習為目的之校園活動的副產品，不必只是附帶地產生——甚至於偶然產生。新的研究領域正急速發展，包括尋找方法去教導學生如何複習、加工與組織等認知技能，如何監視自己的理解層次之後設認知技能，以及對自己的認知活動與個人能力做重要的決定。對於這項所有的人都必須參與的認知遊戲，心理學者在發掘遊戲的規則、策略與目的方面愈來愈有成績。其結果是，學生明天的表現可能遠超過從前。

致力於發展與研究如何教導學生學習與思考的教學計畫之研究者強調各種技能。Nickerson（1988）在評論中指出，至少有七項不同的強調要點：

1.　諸如分類或概括等基本運思。

2. 特定領域的知識。

3. 諸如邏輯等推理原則的知識。

4. 在索解問題時可能用到的非正式思考原則。

5. 後設認知的知識。

6. 諸如公平與客觀等價值觀。

7. 個人的信念（例如對問題、對世界、對原因，以及對幸運與努力的看法）。

　　這些不同的要點形成了各式各樣的思考教學計畫。這些計畫通常採取一至兩種不同的形式：獨立式，將認知技能當作獨立的學科來教導；隱藏式，將認知技能融入學科內容來教導。Prawat（1991）則指出了第三種方法：沉浸式，對於觀念的強調甚於技能與歷程，但是它其實跟隱藏式非常類似。接下來簡單描述幾種計畫。

✐ Dansereau 的後設策略

　　Dansereau 和同事們設計了一種以教導大學生一些一般性認知策略為目的之獨立式計畫（Dansereau，1985），這些策略主要運用在語言學習上，並且分為兩類：主要策略與輔助策略。

　　主要策略是有關學習、貯存與抽取，以及從教本素材中取得意義性的訊息處理技能。它們包含了使用視覺心像、歸納、改編、分析問題等活動，以及運用前後關係以促進回憶。輔助策略與維持適當的學習與記憶之心境有關。它們包括設定目標、安排方法、監視理解情形以及自我評鑑等後設認知活動。

　　Dansereau 和同事們運用他們對後設策略（後設認知的策略）的分析，設計出一個一般性的研究計畫，稱之為 MURDER，它們是下列序列歷程的縮寫：安頓情緒（mood）、閱讀以求理解（understanding）、回憶（recall）、

消化訊息（digest information）（涉及正確地回憶、複習、組織與貯存等歷程）、擴展所知（expand knowledge）（指透過自我詢問的歷程進行加工），以及檢閱錯誤（review mistakes）。這個簡單的敘述看起來簡單，其實代表更為複雜的歷程。舉例而言，許多特定的策略在教過之後，經由練習與計畫中其它的主要步驟產生聯結（譬如放鬆技能和安頓情緒聯結，心像策略和回憶聯結）。這個計畫對大學生的效果之研究，一般都顯示認知運作的測量值（measure）均增加。

✄ Feuerstein 的工具性充實化

在實務上，智力的評鑑根據，往往是人們在測驗中的表現，這些測驗顯示他們從過去經驗中得到多少收穫。Reuven Feuerstein（1979）主要研究智能不足的議題，他認為此類測驗對智力代表現靜態的觀點，而不是動態的觀點：它們顯示兒童曾做過什麼，而不是他們未來能做什麼。它們沒有評鑑學習的潛力。

他認為比較有用的智力測驗，不應只反應兒童過去的成就，而應能預估兒童未來的學習潛能。他所發明的學習潛能評鑑測驗（Learning Potential Assessment Device，LPAD）以智力運作——即認知歷程——為焦點，而不是兒童是否能在有限的時間裡正確地答題。這個測驗允許實驗者實際地教導兒童，提供暗示與線索，並且給予指示與協助。它被描述為一種動態的，而不是靜態的測量，它能夠確認認知功能的強度，以及測出認知功能的喪失或不足。以 Feuerstein（1980）的用語來說，它使我們能為學習者畫一張「認知地圖」，這張圖能做為分析他所謂的「遲緩的表現者」（retarded performer）之認知運作的基礎，並且做為治療的藍圖。

Feuerstein 最偉大的貢獻之一是，針對改善認知所設計的一序列複雜而且影響深遠的活動與練習，這個 Feuerstein 的工具性充實化計畫（Feuerstein's Instrumental Enrichment，FIE，有時簡稱為 IE），主要建立在激勵著所有

「學習如何學習」之研究者的一項假設：強烈相信修正認知的可能性（cognitive modifiability）。

FIE 是 LPAD 的邏輯產物，整個計畫大部份沒有固定的內容，也就是說，它嘗試教導認知運作，而不是學科內容，是獨立型計畫的清楚例子。

FIE 計畫使用一系列漸進的，比較抽象的紙筆練習，這些練習的設計目的是幫助學生確認思考策略，並且鼓勵他們察覺到自己在使用這些策略。這些練習總共超過五百個以上——足夠每日一小時的課程進行數年。

雖然 FIE 計畫最初為「遲緩表現者」而設計（Feurestein 刻意避免智力不足一詞）。他認為這個計畫的原理適用於廣泛的年齡層與科目。教師必須接受特殊訓練，才能運用 FIE 計畫。

FIE 素材的初始評鑑涉及一個縱貫實驗（longitudinal experiment），比較接觸 FIE 計畫的智能不足青少年，以及接觸較傳統、內容取向的充實化計畫之正常青少年，結果非常正向（Feuerstein，1980）。

Savell、Twohing 和 Rachford（1986）曾經歸納包括加拿大、美國、委內瑞拉與以色列在內的許多國家所做的後續研究，雖然他們所檢視的許多研究沒有清楚提出正向的結果——通常是由於實驗設計不當（例如缺乏控制組）或應用計畫時的缺失——他們仍然下結論說 FIE 普遍有正向結果。最普遍的認知收穫在於非口語的智力測量，並且是年齡十二至十八歲之間的學生。最成功的 FIE 計畫裡的教師通常在執行計畫之前，曾接受至少一周的訓練，而最可能從中獲益的學生，最少都接觸了八小時的 FIE 教學。而最有可能產生效果的計畫，應與學生重視、並且具有強烈興趣的學科結合。

Feuerstein（1994）指出，LPAD 與 FIE 最主要的貢獻之一，在於點出智力是一種改變與適應環境的傾向——相對於認為智力是一種相當固定與大部份來自遺傳的特質。因此，評鑑程序應強調調適的能力，及能促進調適的能力；同理，為提昇認知功能與智力而設計的教學方法也是一樣。

⌁　SPELT

　　另外一個大規模的認知計畫是 Mulcahy 和同事們所設計之有效的學習／思考策略計畫（Strategies Program for Effective Learning／Thinking）（SPELT）（Marfo，Mulcahy，Peat，Andrews & Cho，1991；Mulcahy，Kofe，Peat， Andrews & Clifford，1986）。被描述爲一種學習／思考的教學計畫，SPELT 是針對所有的兒童（包括有學習障礙與天賦異秉的兒童）而設計，它和 FIE 一樣，重視歷程而不是內容。SPELT 和 Dansereau 的後設策略或 FIE 等許多其它發展計畫不同的是，它的對象是小學與國中學生，而不是青少年或大學生。

　　SPELT 和 FIE 的重要差異是，它是隱藏式計畫，而後者是獨立式計畫。隱藏式的優點是，它們是正規課程中的一部份，因此和學生較有關係，而且更加容易應用。此外，由於它們不需要額外的教學時間，所以比獨立式計畫經濟，而且比較容易安排（Derry & Murphy，1986）。

　　SPELT 有三個主要特徵。首先，它的主要目標是，使學生積極參與學習歷程，它試圖使學生逐漸意識到自己的認知歷程，以及朝向啓發式的學習，而不是接受式的學習。

　　第二，SPELT 要求教師積極參與策略的確認與發掘，並且設計教導學生的方法。一開始先讓教師接受測試過的策略與方法，但是在持續的在職訓練之後，則鼓勵他們發展自己的一套方法。

　　第三，SPELT 的設計是鼓勵學生確認和產生自己的認知策略，也就是說，這個計畫希望學生能逐漸意識到自己的認知歷程，並且變成積極地投入發展與改善這些歷程。簡而言之，學生在鼓勵之下去確認與發展可以在認知遊戲中使用的工具。Mulcahy（1911）表示，SPELT 的主要目的在於培養自主性學習者——即實際學習如何學習，能夠控制自己的「認知與情感之資源與活動」的學習者。

SPELT 所發展與強調的學習／思考策略之範圍非常廣泛，例如一般性的問題索解、數學與閱讀策略、記憶策略、研讀技能、應考策略、情緒安頓策略，以及諸如監視理解情形等一般性的後設認知策略。此外，特別致力於發展人際問題的索解策略。

　　SPELT 的進行可分為三個重疊性的階段。在第一個階段中，受過訓練的教師教學生許多學習／思考策略，這個階段的教學歷程是指示性的，並且由教師控制，它們的基本元素包括激勵學生、使策略模式化、提供記憶與回饋練習技能，以及評鑑學生的學習。如同 Peat、Mulcahy 與 Darko-Yeboah（1989）所說的，這個階段的目的是「培養後設認知能力」，使學生逐漸意識到認知策略之存在，以及有系統地運用它們在學習與問題索解上所能產生的貢獻之存在。

　　第二階段的目的是，維持第一階段所學策略的使用、開始評鑑這些策略的效度，以及將之修正並擴展至不同的內容領域。主要的教學方式不再是指示教學，而是促使學生將先前所學的策略應用到新的情境（教導如何遷移）。該階段的教學方式以蘇格拉底式的對話取代指示，也就是經由互動的問答歷程，鼓勵學生去擴展與應用策略。教師在詢問時的指南如下：（1）從已知的事情開始（當你研讀專欄中的素材時，你發現使用何種策略最有效？《學生指劃底線與溫習》）；（2）詢問一個以上的理由（為什麼？……你們能想出為什麼劃底線與溫習之所以有效的其它理由嗎？）（3）要求學生敘述他們的推理過程之各個步驟（你們做了些什麼使這個策略有效？接下去你們又做了什麼？當你們試著去溫習時，你們思考些什麼？）（4）從數個特定的案例形成通則（你們能使用劃底線與溫習來研讀其它東西嗎？你們認為對於哪幾種素材可以使用此法？）（5）當學生過度概括時提供反例（你們認為在觀看教學錄影帶時可以使用此法嗎？）（6）探討各案例之間的差異（劃底線與溫習對於書面形式的素材是一種有效的策略；此法跟複習乘法表所用的方法有何不同？）（7）要求學生做預測（你們認為在劃底線與溫習後，對於專

欄的了解會更好嗎？對於應付考試也會有更好的成績嗎？）（Mulcahy，Peat，Andrews，Darko-Yeboah & Marfo，1990）

SPELT 計畫的第三階段，在於鼓勵學習者產生新的認知策略，並且進行監視與評鑑。蘇格拉底式的對話仍然是主要的教學方式。和第一階段不同的是，這個層次的學習大部份由學生控制，而不是由教師控制。

一項以九百位就讀四、五、七、八年級，包括天賦異秉、平均與有學習障礙的學生為對象的 SPELT 三年計畫之評鑑結果是正向的，特別是有學習障礙的學生，而且最明顯的是四年級學童，其中又以閱讀理解與監視理解技能的改善最為顯著。對於資質優異的學生也有顯著的效果。而各年級與各團體的學生，在認知策略的使用與意識方面都有改善。此外，家長、教師與行政人員也顯示贊同這項計畫。在實驗計畫進行了一年之後，85%以上的教師們表示仍然在教學中使用這個計畫。

交互教學（reciprocal teaching）：Palincsar 與 Brown（1984）提出一種教學技術，目的在於教導學生如何思考與了解他們所學習到的東西。在這種交互教學法中，先教導學生四種增加閱讀理解力的認知策略：提出問題，歸納摘要，澄清字眼的意思與混淆的地方，及預測接下去會是什麼。在最初的階段裡，教師協助學生熟悉這些策略，並以書中的內容示範各種例子。當學生有系統地演練這些策略時，教師以提示、回饋、再示範、及解釋等方式協助學生。在這樣的歷程中，鼓勵學生提出問題、評論彼此的預測、要求澄清、及協助澄清誤解之處。逐漸地，教師所做的愈來愈少，學生則愈來愈多。最後，整個程序有點像合作教學取向，即一位學生提出問題，第二位學生加以解答，第三位學生對上述解答提出評語，接著是另一位的補充等等。然而請注意，交互教學未涉及如同合作取向教學法（在第 9 章會提到）使用到小組的團隊工作。它是一種為增加閱讀理解力而設計的認知策略教學方案。

許多研究已經指出，交互教學法的實驗測試結果顯示，不論是對於正常的學生（如 Garner，1992）或有閱讀障礙的學生（如 Bruer，1993），都有高

度正面的效果。Rosenshine 與 Meister（1994）曾檢視過 16 項探討交互教學法之效果的研究，他們在報告結論中指出：「當使用實驗人員所發展的理解測驗時，有八成的研究結果顯示，接受交互教學法的學生之成績顯著優於控制組之成績」（p.505）。

結論：Dansereau 的後設策略、Feuerstein 的工具性充實化計畫，以及 Mulcahy 與同事們的 SPELT 只是眾多（例如 Nickerson，1988）學習／思考計畫中的其中三項。它們似乎清楚地說明了二件事：第一，學校對於教導學生如何思考與如何學習的努力不夠；第二，系統性的計畫能夠明顯地改善各種人（Turner，1993；Ashman，Wright & Conway，1994）在許多不同情境中的學習與思考。

上述的結論並不是說，未能使用系統化教案來教導學生思考／學習技能的教師就是失職。正如 Marzano（1993）所指出的，許多課堂教師使用各種策略與技術來促進認知技能，即使這些並不總是完全系統化的策略，卻也是設計來鼓勵學習者去分析、組合、編碼、及察覺與改善其資訊處理的方法。

雖然建議教師們為了某種目的，而開始使用某種計畫，在目前來說言之過早，但是重申許多教育批評者認為學校對於教導思考與學習技能一向努力不夠，卻是一點也不為過。當代的認知科學就是建立在還有許多地方能夠努力的假設上，他們也開始告訴我們該怎麼做。

教導記憶的抽取

長期記憶有幾項特徵對教師特別重要：有意義且組織過的素材，比無意義的題材更容易學習，而且能記住的時間更久。特別驚人的事件往往更容易清晰地想起（Bower，1981）。頻繁的複習能改善長期記憶。視覺素材比口語素材更容易消化記住。

內文中兩個 Medicine Hat 中學的案例中，具有明顯的教學涵義。

第一個案例不太可能成功，特別是一堂週五下午的課，而第二個案例可能極有效果——而且教材內容可能會被記住。它從驚人的素材開始，呈現一個有意義的情境，提供能與訊息項目產生關係及突顯概念的機會（或許與一堆堆的鈔票有關），並且運用視覺（及可記憶）的教學道具。此外，它讓學生能夠輕易地複習與反芻，學生們很可能記住這堂課。

案例

地點：Medicine Hat高中

時間：週五下午三時

地點：Orville Radcliffe老師開始上生活與工作的十種技能，他的學生是大家稱為「牛頭班」的低成就高一學生。

課程：個人理財。

教室充滿了吵鬧、走動、說話與不安份，沒有多少人在聽講。Radcliffe先生看了一眼他的教材筆記，他讀出課程大綱：

銀行的功能；金融方案；利率的波動；貸款的花費……

「無聊！」他心裡這麼想，然後清了清喉嚨。

「嗯，」他試著吸引學生的注意力，但是沒有成功。

「今天我們要談個人理財，」他不確定地咕噥。他很快地發現，在下課鐘響拯救他之前，他可能會失去所有的聽眾。

但這是預定的課程內容，於是他繼續往下說：「拿出筆記本做筆記，因為考試會考到，特別是利率的影響，以及所有的……」，他開始希望自己所準備的是不同的教材。

案例

地點：Medicine Hat高中

時間：週五下午三時

地點：Orville Radcliffe老師開始上生活與工作的十種技能，他的學生是大家稱為「牛頭班」的低成就高一學生。

課程：個人理財。

差異：Radcliffe先生如何準備這堂課。

他闊步走到教室前方，將他的公事包打開平放在教桌上，沒有人看得見公事包裡的東西。然後他一邊將一疊疊鈔票堆在桌上（也許只是用橡皮筋綁著的報紙鈔，只有最上面的那張是真鈔），一邊說著：「現在愈來愈像了。」

他問：「教一輩子的書也領不到這麼多錢，但是我中了彩券。」

然後 Radcliffe先生和同學們一起討論銀行提供給彩券得主的各種理財方案，每一種辦法的涵義等等。

　　學生所要學習的重要認知策略中，有許多涉及記憶，或許更重要的是，如何從記憶中抽取訊息。

✍ 我們為什麼記不住

　　長期記憶似乎不像短期記憶般那麼受限制，是它最引人好奇的事情之一。心理學研究不曾舉證指出，經過一輩子的學習之後，我們的長期記憶變

得如此擁擠，我們發現自己無法學新的素材，除非忘掉一些舊的素材。然而我們的確會遺忘（或無法記住）許多事情。了解人們為何會遺忘，以及如何避免遺忘歷程的產生，可能對教師極有價值。

雖然沒有人能正確地知道記憶的生理機制，或遺忘如何產生，但已有許多理論對這些歷程提出解釋。

消褪

有一個理論認為，在心中回憶不足的素材（也就是沒有使用），傾向於從記憶中消褪（fading）。舉例而言，我現在知道女人生子的最高年齡是 57 歲，我是在金氏世界記錄大全尋找可以打破的記錄時注意到這件事實，但是除非我再次看到這項訊息，或因某人或某事再次想起，明年我可能不會記得這件事，它將會消褪。

許多心理學家認為，時間本身造成記憶的遺忘不會勝過時間使金屬生鏽或使山石腐爛。在時間流逝的過程中，是其它事件導致上述現象的發生。

扭曲

那些沒有完全消褪的記憶，往往受到扭曲（disortion）。我曾經看過許多落日，但是我現在卻很難正確地回憶某一個特定的落日。在我的落日記憶中，即使是最耀眼的落日，都已變得和其它的沒什麼兩樣，這是令人傷心的事實。日出的記憶稍好一點（或許因為我看得不夠多）。目擊證人提供不可信賴的證詞（Lofurs，1979），是記憶扭曲的另一例證。

☞ 壓抑

人們似乎傾向於壓抑（suppression）與忘掉那些特別不愉快的事件。這個現象的解釋之一是，弗洛伊德相信不愉快的記憶會滲入潛意識中，使個體未能意識到它的存在，即使它們繼續對個人的情緒生活產生重大的影響。

☞ 干擾

最有名、而且與教師有直接關係的遺忘理論認為，先前或後續的學習所造成的干擾（interference）是導致遺忘的重要原因。當舊的學習干擾到現在的回憶時，即發生所謂的順攝抑制（proactive inhibition）；當後續的學習干擾到舊學習的回憶時，即發生倒攝抑制（retroactive inhibition）。教師往往不容易記住新同學的名字，特別是如果他們已經教書教了很久，而且認識許多名字類似的學生時。他們將舊名字與新而類似的面孔混淆。同樣的道理，一旦教師記住所有目前學生的名字，他們有時候會發現很難記得以前學生的名字。第一個例子說明了順攝抑制，第二個則是倒攝抑制。

☞ 抽取不良

某些心理學者認為，遺忘的原因往往是無法從記憶中抽取，而不是記憶喪失、遭到扭曲、壓抑或干擾。換句話說，個體之所以無法記起，似乎只因找不到方法從記憶中回想某項訊息，即他們可能沒有好的抽取線索（retrieval cues）。

對教育的涵義

總而言之，訊息的遺忘可能是因為不被使用、受到扭曲、受到壓抑、受到干擾，或因為個體沒有適當的抽取線索。教師重要的功能之一是，傳遞不會被忘得一乾二淨的訊息、態度與技能，而了解人們為什麼遺忘，有助於這項任務。

如果訊息是因為沒有使用（消褪理論）而遺忘，則教師可以提供重覆敘述和複習，來提醒學生想起重要的事項。事實上，Semb 與 Ellis（1994）認為，在學校裡的學習之所以比在實驗室情境下的學習有更好的長期記憶效果，是因為學校確實能提供給學生各種演練與複習的機會所致。

同樣的，謹慎地強調情境中最重要與最明顯（最能記住）的面向，能夠克服一部份的扭曲影響。

壓抑理論並未提供任何教學上的建議。我們希望教師不會給學生那些必須去壓抑的經驗。在課程的啣接之間安排空檔，以及利用相似性與差異性來安排課程，或有助於克服干擾。另外，將素材進行組織或許能克服一部份抽取記憶的問題，特別是如果組織能促進其間關係的辨識時。

利用相似性與差異性：利用訊息項目之間的相似性與差異性，是強化回憶訊息的能力中最重要的建議之一，這個議題在第 4 章的類化與辨別一節中曾經提過。這些議題經常被歸在「遷移」（或類化）的標題之下。這些術語意指舊學習對新學習的影響。遷移有正、負兩種，當舊學習促進新學習時發生正遷移，有時候在學習第二語言時尤為明顯，舉例而言，如果你除了英語之外，還懂法語，那麼你學拉丁語會比較容易。負遷移發生在舊學習干擾到進行中的學習時，類似於順攝干擾，舉例而言，當我們到百慕達度假，租了一輛摩托車，並且發現所有的車輛都走街道的另一邊時，就是發生負遷移。

如同先前的建議，教導正遷移及同時減少負遷移的明顯方式之一是，使新素材與舊素材產生關係，強調它們之間的相似性與相異性。相似性將會促進正遷移；而了解素材之間的差異性將使負遷移減到最少。

有證據顯示，對於陳述性（語意性）的資訊——指學校最關切的那些外顯、屬於意識層次的學習素材——而言，某些類型的抽取線索最有效。例如，Tulving（1989）指出，最有效的抽取線索是那些與回憶的目的最能密切配合的線索。因此，如果要求學生記住單字的意義，那麼強調意義的線索最好。相對之下，如果要求學生記住單字的拼法，則關聯到字母的線索最有效（參閱表 5.3）。

表 5.3　遺忘理論與教育上的一些應用

理論	大意	可能的教學對策
消褪理論	記憶會由於不使用而消褪。	提供重覆與複習的機會；在各種場合中用不同的教學法教導學生。
扭曲理論	記憶的特徵是具有衍生性或重建性；隨著時間的流逝，我們記憶的內容會改變。	強調學習中最重要與最顯著的特色。
壓抑理論	創傷經驗會無意識地加以掩埋，在意識層次上再也尋不到。	避免傷害到學生。
干擾理論	舊的記憶會干擾到新的學習（順攝抑制）或新的學習干擾到舊的學習（倒攝抑制）。	加強正遷移；凸顯新舊學習之間的異同點。
線索抽取不良理論	學習者缺乏記起某些學習內容的線索。	指出各種關係使能成為線索；教一些特定的線索；教一些特別的記憶術。

☞ 特定的記憶術

除了這些一般性的方法之外，還有許多知名的記憶改善技術。許多這些記憶術（memory aids or mnemonic devices）都利用了特定的抽取線索。

節奏與其它：節奏、模式、頭字語（acronym）與字首語（acrostics）是普遍的記憶術。「七月大、八月大、九月小……」是一段簡單的節奏，卻能使我們知道九月有多少天。同樣的，哥倫布航向大海的年代，其節奏單純而容易記憶。另外，五百五十五萬一千二百一十二，比555-1212難記，三個五、二個十二可能更好記。至於字元集組的記憶術會利用到模式。

頭字語是有助於記憶複雜素材的字母線索，常見的有 NATO、UN、UNESCO，又如 Roy G. Biv 是由可見光譜色系各顏色的第一個字母所組成【編註：即紅、橙、黃、綠、藍、靛、紫】。字首語和頭字語類似，不過通常是一個句子，句子中每一個字的第一個字母代表一項需要記憶的訊息項目。如果沒有「Men very easily make jugs serve useful nocturnal purposes」這奇怪的句子，我會覺得太陽系的星球順序將非常難記。同理，「Every good boy does fine」對每個音樂初學者是有意義的。

Higbee（1977）曾詳細描述許多更複雜的記憶技術，共通點是廣泛利用心像，以下做簡單的介紹。我們曾經提過，視覺素材似乎對記憶有較大的影響，而且比大部份的非視覺素材更容易抽取。

連結系統：這些技術當中最簡單的是連結系統（link system），也就是將要記憶的項目視覺化，並且和其它欲記憶的項目形成強烈的視覺連結。購物單是一個簡單的例子（一旦你熟悉了這個方法，你再也不必寫購物單了）。假設購物單包括下列項目：麵包、鹽、蕃茄醬、狗食與香蕉。連結系統的方法是先將第一個項目視覺化。集中注意第一個出現在心裡的畫面，因為當你再次想到麵包時，它很可能再次出現。它可能很奇怪，或者只是一條或一片麵包。現在將第二個項目（鹽）視覺化，並且將它和第一個項目的心像產生一個視覺的連結。舉例而言，你可能看見一片麵包擺在一個大的銀器

鹽罐上方，鹽罐流出蕃茄醬，蕃茄醬滴在小狗口中咬著的狗食上，小狗耳朵上有根香蕉。在許多的例子中，你花在每一個心像上的時間只要數秒鐘，而且在記憶清單的過程中，也不須再回頭複習。

連結系統有驚人的效果，雖然它也有缺點，其中一點是有時候記不起來清單的第一個項目，如此極有可能也記不起其它項目。這個問題可以藉由將第一個項目和一個可能讓你想起這個項目的場景之間形成視覺連結來克服，例如，你可能看見一條麵包斜放在購物車上。聯結系統的第二個缺點是，如果你無法想起某一個項目，你也不太可能想起後續的項目。

地點系統：從連結系統變化而來的地點系統（loci system）克服了第二個缺點。在地點系統中，你將欲記憶的項目，和你熟悉並且能夠清楚視覺化的地點形成聯想，例如熟悉的房子裡的一個房間是很好的地點。藉由將物品放在不同的地點，並且形成強烈的視覺心像，如此一來，你就能夠相當輕易地將購物清單「放」在房子裡。這個方法的優點是，如果你記不得在玄關放了什麼東西，你總可以想想在浴室放了什麼。

語音系統：第三種記憶術是語音系統（phonetic system），雖然它更為有效，但是也需要更多的努力。的確，如果你能熟練這個方法，你就能變成一個專業的記憶大師，至少也能讓你的祖母印象深刻。語音系統使你能依序、反序、一次二個、三個、四個，甚至於回憶任何特定項目（譬如清單上的第 14 項）的訊息。

學習這個方法的第一步是，在數字和子音間製造聯想（這個方法沒有用到母音）。一般而言，t 或 l 以數字 1 代表，因為它們都有一條直線，n 因為有二條直線以數字 2 代表，m 是 3，p 是 9，因為它們的外形類似。一旦你將每個數字和一個字母產生聯想，你就能形成代表數字的單字。因此，數字 13 可能是 tam、tome、team（記住，母音不算數），數字 21 可能是 nut 或 nut 等等。接下來的步驟是將每一個單字和對應的數字（例如 1 至 25）之間形成強烈的視覺心像。如此一來，你就可以站在舞台上，讓觀眾們向你描述或出示 25 項物品，而你的助理依序將它們記在你看不見的大黑板上。藉由物品與

連結數字之間所形成的強烈視覺聯想，你就能以任何的次序回憶所有的 25 項物品，或是其中的任何一項。舉個例子，如果觀眾所出示的第 21 項是一隻鞋子，你的想像畫面可以是一隻掛在網子裡的鞋（編註：net 可解釋爲網子，代表 21）。

這必然含有某種教學涵義。

摘要

1. 我們的學習有些明顯地涉及隨機行爲（嘗試錯誤），並且由強化與懲罰主導。行爲主義取向研究此類的學習。不管如何，我們的學習似乎大部份由策略、模式、假說，以及經驗中對次序與意義的辨識（或搜尋）所引導著，這些是認知心理學探討的對象，而認知心理學主要強調認知、獲取訊息、解決問題以及記憶等心智事件。

2. 認知心理學檢視三件事：知識庫（學習者的訊息貯存庫）、認知策略（學習與思考所利用的處理歷程）、以及後設認知（意識到自己是理解者、自己有能力去理解與監視認知歷程）。

3. 電腦，特別是探討人工智慧的學科，對人類的認知運作提供一個實用的模式（隱喻）。認知心理學另一個基本模式認爲，學習者的訊息處理與貯存庫有三個層次，分別是感官記憶、短期記憶與長期記憶。

4. 感官貯存庫指等待處理之即時、無意識、瞬間、只持續不到一秒鐘的感官訊息。

5. 我們所注意到的素材會進入短期（工作）記憶，並且在那裡維持大約 20 秒鐘。如果這些素材沒有加以複習的話，會很快地從短期記憶中消褪。短期記憶的容量只有七項（加或減兩項），有些可能包括相關素材的字元集組。六歲前幼兒之感官記憶只有兩至三項。

6. 素材經由編碼（轉換或改變為抽象的通則或引申出意義）的歷程，從短期記憶遷移到長期記憶。編碼涉及三個歷程，複習（重覆）、加工（延伸）與組織（產生關係、進行分類）。

7. Craik 和 Lockhart 的處理層次論認為，記憶的深度與持續的時間，來自訊息接受處理的層次。因此，我們不會想起沒有被處理的素材，而且只在感官停留不到一秒的時間；被注意到並且經過複習的素材，能留在短期貯存庫中數秒鐘；而經過編碼的素材則能找到管道進入長期記憶。

8. 傳統的長期記憶理論將心靈描述為記錄一系列不相關的經驗，就像目錄或電影一樣。當代的長期記憶理論是聯結主義理論，他們認為記憶中的素材是根據關係加以組織——記憶中的每件事都和其它事有聯結關係。

9. 長期記憶不像照片只複製事件或心像，而是像畫家一樣能產生或建構圖畫。曾經發生過的事常受到遺忘或扭曲，偶爾記憶中還包括那些子虛烏有的事件。

10. 當我們得知事物時（事實、問題索解技能等等），我們也學到如何學習。認知到我們自己的認知歷程是所謂的後設認知。後設認知技能使我們得以引導、監視、評鑑，以及修正我們進行中的學習與思考。

11. 認知（學習／思考）策略是認知行為的工具。Weinstein 和 Mayer 描述八種學習／思考策略：前面六項是基本的或複雜的複習、加工與組織策略，最後兩項是理解之監視策略（後設認知策略）與情感（激勵）策略。

12. 認知主義探討兒童如何變成思考者，以及我們如何使他們變成更好、更有批判性、更有創意的思考者。部份的答案是使他們意識到自己是理解者與訊息處理者（後設認知技能），並且教導他們特定的認知策略（例如如何複習、組織、監視等等）。

13. Dansereau 教導思考的後設策略計畫是一種獨立式取向（和一般的課程分開），它試圖教導大學生主要策略（用於學習、貯存與抽取的策略）以及輔助策略（那些與維持學習心境有關的策略）。Dansereau 的後設策略

稱為 MURDER（mood，understand，recall，digest，expand，review，即心境、理解、回憶、消化、延伸與複習）。

14. Feuerstein 的工具性充實化計畫（FIE）建立於學習潛能評鑑計畫（LPAD）。這個計畫試圖評鑑智能遲緩表現者的最高成就潛能，它由發展認知策略的紙筆練習所組成，主要對象是那些具有表現缺陷的青少年（智力低於平均水準或正常但有學習障礙或認知不足）。

15. Mulcahy 與同事們所發展有效學習／思考之策略計畫（SPELT），是針對中小學生的沉浸式計畫（與一般的課程內容一起進行）。它鼓勵教師與兒童在各種領域中（一般問題索解、生活問題索解、數學、閱讀、研究、考試、心情安頓，以及一般的後設認知策略）辨認與培養認知策略。Palincsar 與 Brown 的交互教學法是試圖發展出各種教學策略，目的在於讓學生最終能肩負起彼此互助的責任，以提高閱讀理解力。

16. 教導抽取記憶的實用策略強調意義、組織、視覺心像、複習與反覆學習。

17. 遺忘理論認為訊息的遺忘是由於不被使用、受到扭曲、壓抑、干擾或個體的抽取系統不良。這些理論建議教師們應該強調情境中獨特與重要的面向，並且強調相似性與差異性，以減小干擾及擴大轉移。

18. 記憶術包括節奏、模式、頭字語與字首語，較為複雜的記憶術包括連結系統、地點系統，以及語音系統。它們的基本原理是利用視覺心像，這是輔助記憶的超級工具。

複習問題

1. 認知理論有哪些重要的隱喻？
2. 試以學校裡的例子比較感官記憶、短期記憶及長期記憶。

3. 短期記憶與長期記憶的特徵對於教育實務有何涵義？
4. 試說明各種遺忘理論對於教育實務有何涵義？
5. 試說明各種記憶術。
6. 爲了教學生如何思考，在基本的教案中應該包括哪些內容？

☐ 建議書目

The following book is a clear and detailed description of contemporary cognitive psychology and its implications for education. The authors look not only at human information processing and knowledge acquisition, but also at the application of cognitive science in specific subject areas like reading, writing, mathematics, and science:

GAGNÉ, E. D., YEKOVICH, C. W., & YEKOVICH, F. R. (1993). *The cognitive psychology of school learning.* New York: HarperCollins.

A very practical, classroom-oriented book that looks at how teachers can help students become more thoughtful is

BARELL, J. (1991). *Teaching for thoughtfulness: Classroom strategies to enhance intellectual development.* New York: Longman.

The following two books present useful descriptions of how children learn science and how schools and teachers can make use of cognitive psychology in teaching science:

FENSHAM, P. J., GUNSTONE, R. F., & WHITE, R. T. (eds.) (1994). *The content of science: A constructivist approach to its teaching and learning.* Washington, D.C.: Falmer.

BLACK, P. J., & LUCAS, A. M. (eds.) (1993). *Children's informal ideas in science.* New York: Routledge.

A highly readable, informative, and practical discussion of memory and mnemonic aids is provided in

HIGBEE, K. L. (1977). *Your memory: How it works and how to improve it.* Englewood Cliffs, N.J.: Prentice-Hall.

第 6 章

學校的認知學習

　　當我們想到思考時，通常會想到做決定、問題索解、分析、歸納、評估，以及其它的認知功能，這些都是較高層次的心理歷程。本章討論這些較高層次的心理歷程，並且介紹兩種認知運作的理論取向，以及它們截然不同的教學啟示。Bruner 理論主張啟發取向的學習，而 Ausubel 擁護講述灌輸的方式。本文也討論它們各自的優點。

育兒啓示

　　正當肥胖的藍怪獸看起來似乎消失在隧道彼端，牠卻猛然轉身，張開血盆大口，挾帶可怕巨響與劇烈火花將我活活吞下。

　　我七歲大的兒子覺得這很有趣。但是當他踏上同一條隧道，他很快地發現自己在另一隻藍怪獸和三隻像牛一樣的黃色小怪獸之間掙扎。當血盆大口張開時，我看見他猶豫了一會兒，心裡正想著：「他也逃不了！」他卻一溜煙跑到怪獸後方，在牠來得及轉身以前，在鱗片獸皮上刺了一刀，牠立刻「噗」的一聲洩了氣，然後隧道內佈滿藍色煙霧，擋住了小牛，讓他能夠逃到另一個房間。在那裡他很快遇到一群三腳、獨眼的單爪怪獸。他對眼前的怪異視若無睹，勇敢地跳過第一隻，一溜煙來到第二隻的腳邊，並且衝向第三隻。單爪怪獸突然瘋狂大笑，伸出爪子捉住男孩的褲管，將他高舉在空中，不停地蠕動與尖叫，直到另一隻肥胖的藍怪獸一搖一擺地出現。然後牠隨意地將他拋向空中，旋轉幾圈後掉入紅色的大嘴中。

　　「噗！」

　　另一場惡夢？不，我們只是在試玩當天新買的電腦遊戲，我兒子喜歡玩這些遊戲，而我是想一個教育心理學者應能從新的電腦遊戲中學到一、二課。

　　我學習這個遊戲的第一步是坐下來讀手冊，以多年來的閱讀經驗細讀說明書。小兒的第一步是拿起遙控器開始玩，然後很快地被紅嘴巴的藍怪物吃掉，一次又一次，每一次都有一聲巨響和迷漫的霧氣。為了避開這些噪音，我躲到比較容易專心的書房裡。我讀到「用左手或右手握著遙控器，從四方移動推桿，注意看瓦克如何向上、向下、向左或向右。現在旋轉推桿讓瓦克轉身。注意看他的劍總是朝向身前，要用劍的時候按下控制器上的發射鈕。」接著有十幾頁以上的內容，描述每一個「撒廬之洞」（Caves of Zarool）的生物如何移動、牠們的危險性，以及如何躲避、殺害牠們，或是將

牠們變爲盟友。手冊上還說：「瓦克的任務是尋找撒廬，並且在他完成將月亮變成巧克力布丁，並使地球的夜晚更黑暗的新程式之前，將他殺掉。」

「我樂於將他變成巧克力布丁」，我回到電腦前暗自竊笑。

當我拿著遙控器時，心裡想：「只要逮到山洞裡面的那個傢伙就可以；跳到藍色的後面刺牠們，你也可以跳過黃色的；紅色的會丟紅色的布丁渣，除非你可以刺到牠們，否則最好閃開，而綠色的……這裡有一隻藍色的，看我怎麼旋轉……。」

「噗！」

學習的結果：R. Gagné

很明顯的，認知有時不只涉及閱讀、理解與記憶，撒廬之洞就是一個例子。雖然我對洞中生物了解得非常透澈與準確——牠們如何移動、攻擊、毀滅，以及如何躲開、攻擊或毀滅牠們；雖然我知道瓦克在找到撒廬之前，必須克服一連串的阻礙，也知道撒廬的唯一弱點（右腳根，和希臘神話的阿奇里斯一樣）——很明顯的，我仍然不知道怎麼玩這個遊戲。而我七歲大的兒子，他並沒有讀手冊，因此是以全然不同的知識基礎開始玩這個遊戲，卻學會殺死藍色怪物、跳過發怒的獨眼單爪怪物、在飛行的布丁雲之間穿梭，並且威脅到撒廬的生命。

我這個心理學者心裡想：「他或許是經由嘗試錯誤與強化作用而學習到的！而我也學習著同樣的事物，只不過從認知開始！」例如，他的行爲很明顯地受強化作用（逃離一個怪物或殺掉牠）與懲罰（被捉到、吃掉、壓扁、銬在洞裡的牆壁上，或被殺掉）之影響。此外，這個學習過程中似乎涉及許多嘗試錯誤，特別是一開始對遊戲的目的，或是必須克服哪些阻礙所知有限時。這是經由嘗試錯誤來學習的絕佳例子。

但是當我看他學著玩這個遊戲時，我很快地領悟到真實生活很少像理論說的那麼簡單，以及簡單的行為理論不足以解釋小兒在撒廬之洞的學習歷程。的確，他的動作會持續回應瓦克所遭受的獎賞和懲罰，但是他逐漸能認出操控不同敵人之行為的策略與模式，因而他的動作似乎也受此影響。有一次我問：「為什麼跑到那裡去？」他很快地回答：「因為我覺得橘色的總是三個一起出現，牠們之後立刻會有一個藍色大隻的，如果我往那邊走，就可以在牠後面，跟『大爆炸』（Big Bang）很像。」他的學習很明顯地涉及搜尋規則（模式與策略）、產生假說（「如果我往這邊走……」），以及根據舊知識進行類化（「就像大爆炸」）。換句話說，他的學習至少有一部份是認知的。

學習與教學的條件：R. Gagné 的理論

　　Robert Gagné 的學習理論既是行為主義取向，也是認知取向。該理論融合了行為主義之學習理論的許多原理，同時在根本上係根據上一章所述的資訊處理／記憶模式而構築的一種認知理論。也就是說，它探討學習者在其長期記憶中如何處理與儲存資訊，接著並探討資訊是如何抽取的。

⌂ 隱涵的認知理論

　　Gagné 指出，當代的認知理論所描述的學習順序可以歸納如下（Gagné，Briggs & Wager，1992）：刺激影響著學習者的知覺感受器，並且如果未能進一步加以處理，則僅能存在幾分之幾秒——有點像是作用在知覺收錄器上的回音。但是學習者若能加以注意，這個歷程 Gagné 稱之為「選擇性知覺」（selective perception），則資訊會短暫地儲存在短期記憶裡，特性是只要加以複習，就會停留在我們的意識裡。在下一個階段裡，經由一種「語意編

碼」（semantic encoding）的歷程——即根據素材的「意義」轉換成另一種形式——素材會再次受到改變，然後儲存在長期記憶裡。各種搜尋與抽取的程序，會讓學習者從長期記憶裡想起此一資訊。在另一種歷程中，Gagné 稱為「反應組合」（response organization），可以讓學習者將抽取出來的各種資訊加以組合與調整，以符合適當的用途。

Gagné 將發生在「學習行為」（act of learning）中的歷程或事件歸納為以下九項（Gagné，Briggs & Wager，1992，p.11）：

1. 知覺受到刺激。
2. 知覺收錄器將資訊加以收錄。
3. 選擇性的知覺或注意，及短暫地存入短期記憶中。
4. 複習使資訊維持在短期記憶中。
5. 進行語意編碼，將資訊轉換並存入長期記憶中。
6. 從長期記憶中抽取資訊。
7. 產生反應。
8. 學習者實際的績效表現。
9. 使用各種策略以控制上述的所有歷程。

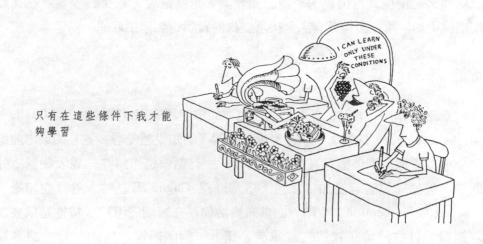

只有在這些條件下我才能
夠學習

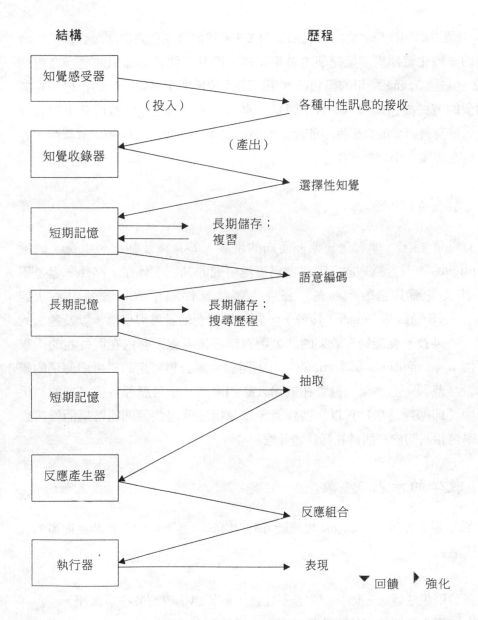

結構　　　　　　　　　歷程

知覺感受器

　　　　　　　（投入）　　　　各種中性訊息的接收

知覺收錄器　　　（產出）

　　　　　　　　　　　　　　　選擇性知覺

短期記憶　　　　　　　　　　長期儲存；
　　　　　　　　　　　　　　複習

　　　　　　　　　　　　　　　語意編碼

長期記憶　　　　　　　　　　長期儲存；
　　　　　　　　　　　　　　搜尋歷程

　　　　　　　　　　　　　　　抽取

短期記憶

反應產生器

　　　　　　　　　　　　　　　反應組合

執行器　　　　　　　　　　　表現

　　　　　　　　　　　▼回饋　▶強化

圖6.1　Gagné的理論中認知學習的結構與其中相關的歷程

這個資訊的處理／記憶模式示於圖 6.1。我們會注意到這個模式跟上一章所述的一般化資訊處理模式基本是相同的，而且與認知心理學的發展有密切關係。但是 Gagné 所用的模式較實用，而且較為教學導向。他的目標不在於以抽象的方式描述人們的學習，而是非常特定地指出，在哪些條件下學習會發生，以及最有效的教學程序能促進學習的發生。事實上，Gagné 解釋說，教學只是在操縱「學習的條件」。

⇨ 學習的條件

Gagné 指出，學習是一種多面向的現象，時常涉及強化、重覆、時近（contiguity）及行為取向心理學者已廣泛研究的其它「外在」條件。但是學習也涉及各種其它的「內在」條件。這些條件顯示學習者的內心狀態（Gagné，Briggs & Wager，1992），諸如學習者的動機與目標，以及過去的學習。如果教學要能夠有效果的話，則教師必須考慮所有內在與外在的「學習條件」（conditions of learning）。因而教學應針對特定的科目與個別的學習者量身裁製。心理學的職責在於為教師們澄清，學習歷程各種可能的結果是什麼（即哪幾種事物可以學習到），以及指出就這些個別的結果而言，跟有效學習相關的內在與外在條件是什麼。

⇨ 教學的活動

為了做某種簡化，Gagné 根據圖 6.1 的模式，進一步指出教師應從事的九種教學活動：

1. 刺激學生注意——因為學生若不注意，則資訊不會留駐在腦海裡。
2. 告知學生教學的目標，使他們產生適當的預期心理。
3. 提醒學生過去學習過的相關素材。
4. 講解時應清晰與獨特。

5. 藉著引導語意的編碼來引導學習。
6. 提供機會讓學生運用他們新學習到的東西。
7. 提供關於學習情形的回饋給學生。
8. 評鑑學生的績效表現（及教學的效果）。
9. 延伸與說明未來的應用性，以輔助學生記住與做進一步的概括化。

✍ 學習的結果

　　Rebert Gagné（1985）表示，學習至少涉及五種主要的能力：智力技能、語文訊息、態度、動作技能與認知策略。事實上這五個領域的能力代表學習歷程的結果。Gagné 之教學理論的實務應用，大部份來自他對於最能導致這五種能力的條件之分析。儘管這些條件方面的知識仍不完整而且純屬推論，但對於建議適當的教學策略是有價值的。接下來介紹這五種能力，以及能夠導致這些能力的學習條件。

✍ 智力技能

　　智力技能（intellectual skills）相當於學習的《how》，而其它四個領域（語文訊息、認知策略、態度、及動作技能）跟學習的《what》較有密切關係。從某一意義來說，它們是先前所描述的學習歷程之結果（例如古典與操作制約）；它們也包括更複雜的結果，譬如辨別、規則與概念等方面的學習。它們包括所有跟獲得資訊、解決問題、發掘規則、及學習如何學習等等有關的技能。因此，智力技能無法僅由查閱、研讀、及加以記憶就能學到，而是必須在記憶之後在適當的場合中加以應用才算學會。

　　Gagné 區分出八種不同的智力技能，前面四種統稱為「簡單型學習」，後四種由簡單至複雜，依序是「辨別、概念、規則、及較高層次的規則」

（Gagné & Dick，1993）。各種智力技能的定義與範例，以及獲得些技能的條件分別敘述如下：

簡單型學習（simple types of learning）：這些包括諸如古典制約或操作制約的結果，以及語文反應或動作反應所聯結的順序，稱爲「連鎖」（chains）。一個例子是兒童學習計算，「一、二、三、四……」。計算的順序是一種語文連鎖，其中各個反應刺激著下一個反應的產生。跟這些簡單型學習最有明顯關聯的條件是：刺激的操控，以及行爲的結果（獎賞與懲罰）。

辨別學習：辨別的學習指獲致足以區分類似刺激的差異，以便做出正確反應的能力。Gagné 指出（1965，p.115），辨別學習是「建立各種連鎖的基本要務」。例如，當學習第一種語言時，學習者會學到大量的語文連鎖，接著這些連鎖必須跟第一種語言中有相同意義的連鎖加以分辨。另一個簡單的例子是，教學生區分字母 p 與 b 的不同。辨別學習的必要條件之一是連鎖的出現，也就是彼此具有關係的反應順序。以 p 與 b 的例子而言，上述的連鎖包括學生能讀出「bee」或「pee」。此外，不同的連鎖必須重覆與強化，而且它們之間的區分必須加以突顯。例如，教師可以指出兩個字母最明顯的差異，或是發明特定的記憶術來突顯這些差異（例如 b 看起來像一隻靴子，它也是靴子 boot 的第一個字母）。

辨別學習在學校非常普遍，例如學習辨認印刷字母、數字或單字，學習區分事物的類別，以及學習辨認相似的事物。

概念學習：雖然辨別學習與概念學習都涉及思索相似性與差異性，但一般而言，辨別學習偏向區分差異，而概念學習偏向找出類似性。在簡單的層次上，概念是反應相關事件或物件之共同特徵的想法或觀念。Gagné 認爲重覆經驗呈現同一概念的情境與事件，是促進概念學習的重要外在條件之一。爲了說明起見，他舉如何教小孩學習「不同」這個概念的簡單歷程爲例，過程是讓小孩看一系列的三件物品，其中兩個一模一樣，另一個不一樣。各式各樣的物群繼續進行，同時在小孩選對不一樣的物品時給一個實質的獎賞（例

如糖果），或只是口頭稱讚小孩做了正確的選擇。然後教師詢問更多的例子，以確認小孩對這個概念的理解。

概念學習的重要性再怎麼強調都不為過。概念是思考歷程的基本元素，世界觀的本體，使我們得以解釋世界和我們自己的行為。它們減低環境的複雜性，並使我們得以進行類化、做決定與表現出合宜的行為。

規則學習：雖然概念非常重要，但是只有概念還不夠。很明顯的，我們不可能給學生所有的例子，舉例來說，如果數學課程的目標是減法，例如9134 減 7461 或 6234 減 1978 等等，教師不必要（或許也不可能）一一教每一個例子，而是運用某個概念或概念的組合。概念的組合採取規則的形式（Gagné 將之定義為兩個或兩個以上概念的組合）。規則反應了系統性與可預測性，因此使我們得以用類似、有規則的方式，在不同的情境下做反應；語言中有無數的例證，例如一個小孩說「He jumps，cats jump，men jump，and rabbits jump」，他很明顯地運用了「複數主詞的動詞字尾通常不加 s」的規則。

在討論促進規則學習的外在條件時，Gagné 表示教學通常是透過語文（Gagné & Briggs，1983）。依此說法，教學的目的往往在於提醒學習者記住相關的概念，以及突顯這些概念之間的重要關係。Gagné 和 Briggs（1983）舉了一個例子，有一名老師讓學生看一組字，譬如 *made*，*fate*，*pale*，並且要學生們讀出來，然後他指出這些字的第一個母音都發長音，緊接著他要學生讀 *mad*，*fat*，*pal*，然後他指出這些母音都是「短音」，並且說明相關規則。另一種作法是，教師可能只提出各種例子，並且鼓勵（也許經由適當的提示下）學生自行發掘規則。

規則使我們得以解決問題。事實上，Gagné 認為問題索解是一種「較高層次的規則」。問題索解是指組合舊有的規則來形成新規則，並且思考出問題的解決方式，這也是學習規則的主要理由。

在人們的日常活動裡，可以找出無數問題索解的例子。每當舊有的學習規則不足以解決問題時，問題索解於焉產生（當然，前題是問題事實上是能

解決的）。一個正在學習綁鞋帶的小孩可能組合數個規則來完成任務，例如鞋帶穿入鞋洞的觀念及互繞的鞋帶能夠把鞋子綁緊的想法，可以組合成較高層次的規則：「有鞋帶的鞋子，將鞋帶穿洞互纏後就可以綁緊鞋子。」

問題索解的必要條件是，學習者的知識庫中須擁有適當的規則。Gagné（1985）也描述了一些似乎有助於問題索解的外在條件：

1. 語文教導或詢問可用來引導出相關規則的回憶。
2. 語文教導也能引導思考歷程的方向。

☞ 智力技能摘要

前述的 Gagné 智力技能分類，顯示如何從學習理論中取得教育啟示。例如，促進學習的條件蘊含了特定的教學策略。

☞ 智力技能的層級性質

Gagné 指出（1977b），許多教學科目由層級性的知識或技能組成，以便能逐漸理解較高層次的學問，因此必須先熟練許多從屬的能力。如此一來，教學必須循序由從屬的任務開始到最後的任務。這項觀察的效度或許在數學等科目最為清楚，即解決較高層次的問題之前，必須先熟練各種從屬的技巧。類似的，Ranzijn（1991-92）曾敘述過兩個實驗，說明了資訊的順序之重要性，也就是說，從屬的知識具備之後，才能再學習較高層次的概念。

正如同特定領域的知識可以根據從屬能力的層級安排來描述，許多學習技巧也是如此。學習者必須先熟練較低層次的技巧，然後再進入較高層次的技巧。簡而言之，問題索解依賴規則，規則從概念產生，辨別學習是形成概念的先決條件。辨別依賴語文聯想或動作連鎖（motor chains），兩者都來自刺激—反應的聯結關係。

上述觀點所含的教學啓示，茲摘要如下：

1. 特定領域的內容應該經過層級性的安排，使學習者能先熟悉後續學習所必備的簡單能力與概念。
2. 教學目標應先分析欲達成何種學習成果（辨別學習或概念學習或規則學習）。接著，教學方法與程序應該環繞著那些能促進學習的必要條件。

☞ 語文訊息

教師最爲關切的校園學習，有許多都採取語文訊息（ Verbal Information ）的形式。事實上，語文訊息的複雜性和一般對知識（knowledge）的描述不相上下。語文訊息可辨識的特徵是，能以單一句子表達，或隱含著一個句子。因此，「Ursus 一角由真的熊扮演」這句話，以及熊這個單字，都是語文訊息表達的對象，而且兩者對任何陳述者可能都是相同的意義。這並不是說，語文訊息總是以語文的方式來加以學習或貯存。我們的語文訊息大部份來自圖畫、圖例，或許也有來自幻想與夢境，但是必然也有來自我們自己與他人的行爲，以及我們在日常生活中所做的無數觀察。

Gagné 表示，不管語文訊息有何實用價值，它對於取得進一步的訊息是絕對必要的。此外，沒有語文訊息就無從思考，無怪乎學校耗費如此多的時間和精力去決定應該傳授學生哪一部份的知識（語文訊息），以及如何做最好的傳授。

有助於學習語文訊息的外在條件，Gagné 的描述有許多和 Ausubel 的描述（本章稍後討論）類似。Gagné 提到前導組體（advance organizer）與有意義的背景脈絡。此外，使用照片、圖表、圖例與其它的圖畫表徵，經常能使語文訊息更有意義。其它實用的教學策略在於確保學習者能夠注意，以及能促進回憶與類化。因此，變化的語調和語氣的強調，以及使用能引起注意的

輔助教具，諸如幻燈片、影片與各式各樣的其它刺激，是教學中引導注意力與激勵的重要作法（詳細的討論見第 10 章的教室激勵）。

➴ 態度

全世界的教育者都有許多偉大的目標：我們要培養熱愛生命與學習，尊重人們、制度與有價值的想法，以及成為好公民的學生。總而言之，我們要培養具有積極態度的學生。然而事實上，我們的教育體系致力於教導動作技能、語文訊息、智力智能，以及一部份的認知策略，教導態度只是附帶的。原因何在？因為態度是個人的情感（情緒）反應，並不容易教導。簡而言之，態度（attitude）是積極或消極的傾向，具有重要的動機成分。舉例而言，對學校的積極態度隱含不只喜歡學校，也努力在學校追求良好的表現、受教師喜愛，以及遵從學校明示與暗示的目標。

態度明顯地受到強化的影響。在校中一直表現良好的學生，對於學校的態度通常比那些表現不好（也就沒有受到強化）的學生更為積極。雖然這項觀察顯而易見，教師有時候似乎未能記住。如果你要學生對你所教的任何東西都持積極的態度，你必須讓他們嚐到成功（強化）而不是失敗，特別是他們與你及新科目是第一次接觸時。Gagné（1974）認為，Bandura 所描述的模仿學習（見第 4 章）是教導態度主要的間接方式之一。教學順序中的步驟包括，選定一個適當的楷模，最好是學生所認同的人物（教師是強而有力的楷模），接著安排楷模做出能夠反映出良好態度的個人選擇，並且吸引學生注意楷模所得到的後續強化。舉個例子來說，如果教師告訴學生自己因為一些誠實的行為而受到強化，即使只是「感覺很好」，他在培養學生誠實的積極態度上已經邁了一大步。如果這聽起來太簡單，容我迫不及待地指出，態度是以特定方式去思考、行動與感受的微妙、深入與有力的傾向，它們是以很多方式在許多地方建立起來的（包括校園內外），而且它們不像前面討論的那兩項那麼容易改變。

✍ 動作技能

動作技能是我們的知識庫中，有關執行一連串受控制的肌肉動作所涉及的許多技能。寫字、打字、開車、走路、說話、跳舞與挖洞，都是動作技能。這些技能有些對學校很重要，有些則否。它們能經由適當的口語指示與示範而學習到（例如「你應該像這樣坐在電腦前……對著球做出打擊的姿勢……抓住鏟子……握住鉛筆……用鼻子做暗號」），而且主要經由練習才能達到完美。動作技能就像其它技能一樣，容易受到強化的影響。所涉及的強化不只決定於學習者是否願意去學習（換句話說，學習者的態度是否積極），也直接涉及技能的學習難度與達到完美的時間。一個人在學習打字時，如果無法看見練習成果，將會學得非常慢。即使表現良好，也無法矯正錯誤及得不到強化。

✍ 認知策略

我們的智力運作受到複雜的、極個人化的策略引導著。這些策略支配我們如何注意、如何學習與組織、如何分析、歸納與回憶。依某種意義而言，這些策略來自我們學習如何思考、創造、發掘與記憶時所培養的能力。在第 5 章，我們討論了許多針對教導諸如複習、組織、及延伸等認知策略而設計的計畫。

✍ R. Gagné 的學習結果摘要

Gagné 對於學習結果以及能夠促進這些結果的外在條件之分類，摘錄於表 6.1。條件與結果這兩方面的知識，對於幫助教師決定適當而有效的教學策略，會有很大的價值。但是學習的順序就許多方面而言，比我們稍作簡化的討論更為複雜。Gagné（1974）以表 6.1 的學習行為模式，說明此種複雜性。這個模式考慮了激勵因素與引起注意的因素，以及保留和遷移的重要性。

表 6.1　Robert Gagné 五大領域的學習結果及一些教學歷程的範例與建議

學習結果（主要領域）	例子	促進結果的建議條件
1·智力技能 　問題索解 　（較高層次的規則）	透過實驗由學習者來決定教學順序中教材之最適次序。	複習相關規則；以語文指示來輔助規則的回憶；以語文指示引導思考的歷程。
規則	學習者示範金屬的熱脹冷縮。	讓學習者注意到我們所要的學習結果；複習相關概念；具體的例子。
概念	學習者對物體的大小（形狀、功能、放置位子、顏色）進行分類。	舉例；讓學習者積極參與於發掘例子；強化。
辨別	學習者分辨印刷體的英文字母同時出示多種待區辨的刺激物；強化（確認）；重覆。	簡單型學習（訊號學習；刺激——反應學習；連鎖化）／學習者受到制約而產生有利於學校的反應。／強化；楷模示範；在各種學校的場合獲得正面的經驗。
2·語文訊息	學習者以書寫或口語的方式回憶訊息	前導組體；有意義的背景脈絡；提供能刺激學習效果的教學輔助工具。
3·認知策略	學習者發明個人策略以記憶複雜的語文素材。	經常提出新穎與具挑戰性的問題。
4·態度	學習者在多種活動（科目、教師、學校）中進行選擇。	楷模、強化、語文輔導。
5·動作技能	學習者學會寫字（游泳、走路、跑步、飛行）。	楷模、語文指示、強化（知道結果）、練習。

認知上的解釋

如同第 5 章所述，人類行為的認知取向強調學習者舊有知識與技能的重要性。行為主義傾向於視所有學習者一開始都一樣，同樣會受到行為之結果的影響，但認知主義卻強調，不同的人經常會從經驗中汲取不同的意義，這大部份是因為我們會去建構意義而不是發現意義，因此你和我往往會學到不同的事。

認為學習者是訊息處理器的基本假設，是大部份的認知理論之共同點。因此，這些理論會根據所謂的認知結構（cognitive structure）來分析學習。就簡單的層次而言，認知結構是心靈的內容，它包括概念、學習者在概念之間所建立的關係，以及在長期記憶中提煉與組織概念所運用的策略。基模（schema）或腳本（script）是常用來描述認知結構的術語。

☞ 知識與意義

認知理論家認為，知識並非存在於虛空，而是依靠關係而存在。如同 Gagné 所說的（1985）：「一個人擁有的所有陳述性知識，在概念上可視為一個由相互關聯的各種敘述命題組成的大型網絡。」就此定義而言，陳述性知識（declarative knowledge）包含我們學過的所有事實，以及擁有的所有經驗。和陳述性知識相對的是程序性知識（procedural knowledge），指知道如何行事（也就是知道做某件事的程序）。程序性知識也是從相互關係中去汲取意義（Anderson，1983）。

意義依靠關係：知識由關係的網絡組成之觀念並不新鮮，我們在第 5 章提過，當代的長期記憶理論無可避免的都是聯結主義，也就是關係理論。新鮮的是，近年來湧起一股熱潮，想探索人們如何學習、理解與思考。根據這

個研究取向，思考涉及在訊息項目當中控制關係（E. Hunt，1989）。本章將簡化這個核心觀念及提出例示，並且檢視它的一些教學啓示。

例示：首先進行簡化。我們為什麼說，知識與理解是依靠訊息項目之間的關係？這個概念有何意義？

首先請讀一讀下面的情節內容。

如果氣球上升，聲音將無法傳遞，因為一切都會離正確的樓層太遠。緊密的窗戶也可能阻礙聲音的傳遞，尤其是大部份的建築物都有良好的隔音。既然整件工作都得依靠穩定的電流，電線若是斷裂也會引起問題。當然，這個傢伙可以大叫，但是人的聲音無法傳得那麼遠。另外一個問題是，裝置上的某條線可能會斷掉，那麼訊息也無法傳遞。很明顯的，最好的方式是縮短距離，那麼潛在的問題會較少，當然，如果面對面接觸的話，出錯的狀況可能最少（Bransford & Johnson，1973，pp.392-393）。

如果你覺得這段話混淆不清，別灰心，幾乎每個人都有同感。這是令人沮喪的經驗，因為雖然文字簡單而清楚，句子短而直接，沒有一項概念難以理解，然而整件事顯得毫無道理。

現在再看看圖 6.2，你是不是恍然大悟了！

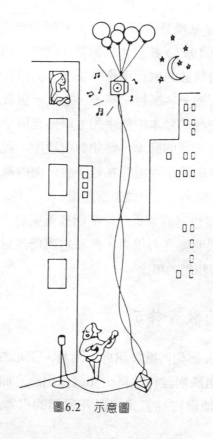

圖6.2 示意圖

基模與腳本：現在上面那段話有道理了，爲什麼？只因爲示意圖提供了一個了解的架構；它活化了許多認知心理學者所謂的基模（schema）。

基模是認知結構及其運作的隱喻，它們就像是一串定義概念的相關知識項目，是我們對各種事情的理解。舉個例子來說，與理解上述氣球情節有關的基模，包括了氣球充滿比空氣輕的物質會上升的知識，對相關樂器的認識，以及我們對男女雙方的意圖與動機之特定假設。注意到每一個概念都由一個或更多的關係所定義（譬如重量與上升或下降的關係、旋律與吉他的關係，相關人物之間的推測關係等等）。

脚本（scritp）是基模是一個面向，對於學習與記憶真實事物頗為重要。Schank 和 Abelson（1977）將脚本描述為，認知結構中處理例行事務與順序的部份。我們都知道無數的例行事務與順序，例如我們知道合理的穿衣順序無非是先穿內衣褲、襪子、襯衫、褲子，這是一個普遍的脚本。在今天這個有點冷的天氣，我在我的脚本中依序加上厚外套與手套。如果今天早上我想要有點創意，並且改變我的脚本，譬如顛倒順序，我可能會發現穿衣服不僅困難而且花時間，我的襪子可能穿在鞋子外，而內褲在牛仔褲外面，如此一來我可能不敢穿到學校來，即使敢也很愚蠢。

　　脚本和基模一樣也處理關係，從某個意義來看，它表達的是連續的順序關係。脚本和基模很明顯各有用處，然而它們仍然只是隱喻，因此必須變得更為具體，才能符合我們的用途。

✍ 認知取向的教育啓示

　　認知取向關心人們如何處理訊息，因此，認知取向檢視我們如何從環境中取得訊息、如何組織與詮釋訊息、如何找出訊息間的關係，以便從經驗中汲取意義、如何組織與貯存意義，以及我們的思考歷程如何運用貯存的訊息。

　　從教育者的觀點來看，這些關切重新強調了認知策略，並且再次認定了訊息項目之間關係的重要性，明確地說，它們指出兩件事：第一，學校課程（以及教師的授課）必須經過組織以顯示與突顯重要的關係；第二，學校應該審慎而有系統地培養學生有關知覺、詮釋、組織、分析、評估、貯存與抽取訊息所涉及的策略。

　　許多以認知為基礎的理論，尤其明顯地反映這二項教育啓示，例如 Jerome Bruner 與 David Ausubel 的理論。這兩個理論在許多重點方面是類似的，雖然它們以不同的術語描述認知組織的單位與歷程。然而，有一項重點使這二個理論彼此極為不同。Bruner 提倡，應該引導學習者自己去組織素

材，並且發掘關係，相對的，Ausubel 認爲在大部份的情況下，教師可以進行組織素材的工作，並且提供學生最後的結果，也就是說，Bruner 強烈擁護啓發式學習（discovery learning），而 Ausubel 擁護灌輸式學習（reception learning）。

Bruner 的理論：概論

認知心理學認爲，學習者是積極的訊息處理者，它研究學習者如何從環境中取得訊息、訊息如何被組織與詮釋，以及如何被使用。Bruner 理論對這些問題以及其它問題提出答案。

Bruner 的認知理論，將學習與知覺描述爲處理資訊的活動，反映著人類對於簡化與理解環境方面的需求（Bruner，1973；Bruner，Goodnow & Austin，1956）。這些活動涉及從事件與經驗中萃取共同的元素，以形成概念（Bruner 稱爲類別）。從這些萃取的過程中，我們獲得了能夠對世界進行分類（概念化）的內隱規則，並且在規則之間發現豐富的關係。Bruner 將這些關係稱爲譯碼系統（coding system）——即將概括強度漸增（或漸減）的概念做一層級性的安置。因此，我們的長期記憶——較爲持久的知識、策略、印象等等的貯存庫——可以視爲類別（概念）與譯碼系統之複雜與高度聯結的裝置（見圖 6.3）。

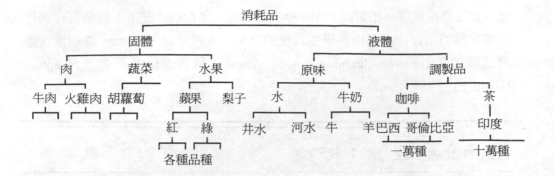

圖6.3 一個譯碼系統

☞ 啟發式學習：Bruner

在第 3 章曾經提過，Piaget 的觀點是描述認知發展的方法之一。他認為，兒童經由與環境之間的互動（透過同化與調適）而逐漸建立起知識庫。具體而言，就好像學習者在建構知識，相對於由別人（例如父母或教師）給予學習者知識。

Bruner 的理論即建立在相同的基本信念上。Bruner 表示，我們建立起自己對現實情形的看法（1986），我們自己會去發掘意義（1990）。他一再強調，學校的功能應該在於，提供能夠促進發掘各種關係的情境，因此，他強力主張學校裡的啟發式學習。

啟發式學習（discovery learning）可以定義為，一種不講授課程最後形式內容，而要求學生自己去進行組織的學習。學生必須自己去發掘訊息項目之間所存在的關係。在 Bruner 的理論中，發掘是指形成類別，或者更常見的，形成譯碼系統，這是以事物與事物之間的關係（相似性與差異性）來定義的。

啟發取向對教學最重要與最明顯的特徵是，它對於教師的涉入與指導，不像其它取向要求得那麼多。然而要注意到，這並不意味著，當教師提出最

初的問題之後，他就不再給予任何輔導。就如 Corno 與 Snow（1986）指出的，教師可以對不同的學生與基於不同的目的而提供不同的輔導（他們稱之為「教師中介」，teacher mediation）。一種極端是，太少或缺乏中介可能造成學生沒有發掘的方法，而另一種極端是，教師不斷地指引和輔導可能剝奪了學生所有自我指引與發掘的機會。

　　Bruner 表示，啟發取向的優點是，此類的學習促進遷移（transfer）與學習成果的保留、增加索解問題的能力，並且強化動機（Bruner，1986a）（見下文案例「露珠的形成」）。

案例：露珠的形成

地點：Tremont 國中
情境：Creasy 老師的國二科學課程
主題：露珠的形成
Creasy 老師：接下去的問題是，露珠是如何形成的？
Paul：我知道，它只是雨水。
Jackie：不是。沒有下雨時，也會有露水。
Creasy 老師：我們的方法是什麼？我們如何找出答案呢？
學生齊聲回答：科學研究！

　　接著，Creasy 老師很有耐心地領著全班複習科學方法的步驟。接著，他們澄清「露水」的定義，然後要求學生們去收集各種真實生活中的現象與事實資料。

　　在下一堂課中，學生將他們的觀察結果集合起來，然後根據這些事實（露水從天空掉下來；露水從空氣裡來；露水出現在物體的表面）來發展假說。Creasy 老師接著引導學生，使他們能做適切的觀察以及有時侯也能進行一些實驗，使觀察更深入（露

水在較冷的物體上形成；在天空無雲的夜晚也會產生露水；露水甚至在原先完全乾燥的物體上形成）。

最後，學生開始同意一項結論（含有水分的空氣被相當冷的物體冷卻，而「擠出」水滴在物體的表面上）。接著學生們設計各種實驗來確認這項結論是否一定正確。

☞ 促進啟發式學習的條件

根據 Bruner 的看法，有四項條件能促進啟發式學習：心向、需求狀態、特定的純熟度以及多樣化的訓練，每一項對教師都很重要。

心向（set）意指以某些方式去反應的傾向。啟發導向型的人，面對問題時的習慣性作法是，尋找訊息項目之間的關係。教學是影響心向的明顯方式之一。例如，學生可能在教師的鼓勵之下背誦教材內容，彷彿它們是由獨立的訊息片斷組成的；僅測驗獨立的訊息項目也可以達到相同的效果。這就是 Marton 和 Saljo（1984）所謂的教學與學習之「表面取向」（surface approach），即致力於背誦事實資料、完成學習任務、與通過測驗。另一方面，學生可以在鼓勵下，尋求訊息項目之間的關係，不管是告知他們這麼做，或只告知他們老師會考對這些關係的理解。這是 Marton 和 Saljo 所稱的「深度取向」（deep approach），即重視關係與理解。

需求狀態（need state）：是學習者之激發（arousal）、受激勵或警覺的狀態（見第 10 章）。Bruner 認為，適度的激發，對於啟發式學習的幫助勝過太高或太低層次的激發。

特性的精熟（mastery of specifics）**程度**：指學習者對於特定的相關訊息之了解程度。Bruner 主張，發掘（其實是通則的形成）並非偶發事件，它

最有可能發生在個體準備充分的時候。學習者處理的訊息層面愈廣，他們愈有可能發現訊息之間的關係，這也跟 Bruner 的第四個變項，**多樣化的訓練**（diversity of training）有關，Bruner 認為，一個接觸各式各樣情境的學習者，較有可能發展出組織訊息的規則。

✍ 特定的教育建議

Bruner 在數篇論文與著作中指出（例如 Process of Education，1961b），學校應該採用啟發導向的技術。此外，所謂的構成主義者（constructivist）的教學取向，也顯示重視對於啟發學習的興趣（Brown，Collins & Duguid，1989）。構成主義一詞是那些認為學生應該建立（建構）自己的知識之教學取向的常用語，因此，構成主義取向基本上是啟發取向。類似地，概念改變運動（conceptual change movement）也是啟發取向（參見 Farnham-Diggory，1990；E. L. Smith，1983）。在概念改變課程中，會向學習者提出具有挑戰性的觀念、呈現問題與疑惑處，以及最後導致知識的再組織（因此是概念的改變）。

Bruner 提出許多特定的建議與觀察，對於啟發取向的課堂尤為重要：

1. 「……課程內容的選擇，應該根據能否對課程結構的主要原理獲得最根本的理解來決定。」（1961b，p.31）。Bruner 認為，了解課程結構的主要原理，能夠促進發掘（因為建構知識必須先對組織的原理有所了解）。舉個例子來說，了解白楊、樺樹、赤楊等都是落葉樹木之後，比較容易對這些相關名詞取得概念。的確，「人類」、「樹類」、「鳥類」讓人們得以用類似的方式做出反應，並且使學習者得以對特定的人、樹、或鳥做出推論。以 Bruner 的話來說，就是使人們得以「超越訊息」（1957a）。Bruner 認為，除非課程組織能夠促進結構（譯碼系統）的形成，否則將造成學習的困難，無法導致遷移，而且將不容易記憶。

2. 「……任何科目都能以某種真實的形式教給兒童。」（1961b，p.52）
Bruner 的批評者曾經指出，並非每個概念都能教給任何年齡的兒童。例
如，四歲大的兒童可能無法了解比例。Bruner 的答辯是，我們應該探討
如何將任何科目之各種面向去教導任何年齡層學童的可能性，或許四歲
幼兒能夠學習比例的某些面向，問題在於如何有效地教導。Bruner
（1966）的答案是，形式能加以簡化，而表達的方式應配合最簡單的表
徵系統。因為兒童是從動作（enactive）或感覺表徵，進步到比較具體的
意象（形象，iconic），最後進入抽象（符號，symbolic）表徵，因此教
學也應該是相同的順序。換句話說，如果能先讓兒童經驗某項科目，然
後對具體事物的表達有所反應，最後再加以符號化，那麼這會是最好的
教學順序。

3. 螺旋式的課程，使議題在不同年級一再進階出現，是取得概括規則
（generic code）最理想的方式。Bruner 在許多著作中主張（1961b，
1966），螺旋式的課程非常適合發掘學習。首先，這種課程根據原則去
組織教材，而且通常從簡單到最複雜，作有系統的呈現，這種歷程和譯
碼系統的發展平行進行。其次，螺旋式的課程涉及的重覆，有助於建構
知識，學習者一開始接觸最普遍、最一般性的概念，然後是一系列相關
概念之特定且簡單的例子。當他們發現到這些概念之間的關係時，他們
即建立起對於遷移、回憶與發掘極有幫助的知識（譯碼系統）。

4. 「應該給予學生一些辨認某種猜測是否合理的訓練」（1961b，p.64）。
關於這一點，Bruner 質疑所謂的直覺跳躍——受過訓練的猜測不是盲目
的嘗試，而是根據已知的類似例子去推論或預測，直覺的跳躍則較不確
定。Bruner 認為，阻止猜測會抑制發掘的進行。

5. 使用輔助教材（視聽、具象的教材等等）。支持這項建議的理由之一
是，視聽教具能提供學生直接或替代性的經驗，因此有助於概念的形
成。這呼應著 Bruner 的另一項主張，即最好的教學順序往往與學童的表
徵進程同一方向，也就是從動作到形象到符號。

輔導式發掘

　　某些科目比其它科目更容易採取發掘導向的技巧。例如，只要給學生足夠的背景訊息及適當實驗器具，學生就能夠在輔導發掘的情境下，發掘某些（雖然絕非全部）科學原則。同樣的，進行田野調查旅行的學童能夠發現各種現象，雖然理解與詮釋這些現象（甚至於注意到）往往必須經由相當多的輔導。

　　新進教師不應該誤以為，發掘式教學只是告訴學生去「發掘」，然後就讓他們自行奮鬥。教師除了必須教導學生發掘的歷程——經由體驗及較教誨式的歷程——之外，在發掘的歷程中，也必須時時給予輔導，而輔導必須不會破壞發掘或毀掉它的力量。

　　有關發掘學習的例子，Bruner（1961a）描述小學生如何在引導下，發現人類的居留地與地理特色之間的重要關係。學生被問到，如果他們初次探勘一個區域時，他們會選擇在何處落腳；學生選擇某個特定區域的理由，逐漸促使他們「發現」主要的居留地應該在河流匯集處，並且靠近天然港口。如此一來，讀地理變成是發掘環境與人類之間的關係，而不只是背地圖與相關數據而已。

　　國中二年級的學生能夠發掘引擎燃燒的原理嗎？可以。針對這個目的所設計的輔導發掘課程中，你認為應該有哪些特色？

Ausubel 理論：另一種觀點

　　並非所有的教育者都認同啓發式教學是最好的取向。反對陣營中最坦率的，或許首推 David Ausubel（1963，1977）。

☞　概論

　　Ausubel 所提出的學習認知理論幾乎完全在處理他所謂的「意義化語文學習」（meaningful verbal learning）。就教育心理學的觀點而言，Ausubel 理論的重要性在於尋找「意義化教室的學習法則」。

　　意義：根據 Ausubel 的看法，事物的意義產生在和已知的事物產生關係，並且在「意識內容」中能產生印象之後。同樣地，概念必須具有意義才能和心中已經存有的觀念產生聯繫。換句話說，一個刺激或概念要有意義的話，學習者的認知結構中必須有某些事物讓它能夠產生關係。例如，汽車這個字只有在個體能將它和汽車實體的心理表徵產生關係時，它才具有意義。

　　學習的意義：Ausubel 表示，意義化學習之必要條件是，在學習者的舊學習中，具有可以和新素材產生關係的聯結概念——或以 Ausubel 的用語來說，能夠「包容」（subsume）新學習的概念。因此學習涉及兩種包容（subsumption）。衍生包容（derivative subsumption）產生於新素材和舊學習非常類似，以至於能直接產生包容；相關包容（correlative subsumption）涉及相當新穎的素材使現存的認知結構必須做改變（見「斑馬和驢子」專欄）。

斑馬與驢子

　　一位教師在科學課中，想讓學生們認識不同品種的牛。他的學生已經知道牛是什麼，但是他們不知道亞伯丁安格斯是一種看起來很光滑的黑色牛。他這樣告訴學生。這可是一種意義化的學習嗎？它涉及了哪一種包容？

　　現在，這一位教師希望告訴學生們什麼是斑馬。他告訴學生斑馬的樣子，他用馬、毛驢、騾子，以及最為類似的驢子來比較；然後他展示一張斑馬的照片。此時涉及了哪一種包容？

　　為什麼簡單地描述斑馬是一種食草性、黑白相間的非洲動物，對於住在都市裡，從來沒有在書上或電視上看過斑馬的北美洲小孩，幾乎毫無意義？

斑馬是一種草食性、黑白相間的非洲動物

　　認知結構：認知結構指，在學習者的「意識」中，那些多少經過組織而穩定的概念（或觀念）。和 Bruner 理論類似，Ausubel 的認知結構隱喻也假

設，概念的組織是層級性的，也就是最一般化的概念在頂端，而逐漸特定的概念在底層。因此，教學應該從最普遍與最共通的概念，進展到特定事例的細節。這有點像 Bruner 所說的，教學應該採「螺旋式」之類的課程，先呈現「大觀念」（最普遍的概念），然後再有系統地重覆接觸，這或許得歷經好幾年的時間，最後逐漸到達更複雜的抽象層次。Bruner 與 Ausubel 之教學理論的基本差異在於，Ausubel 主張應該給予學習者組織過的訊息，而 Bruner 卻認為應該給學生特定的訊息，並讓他們去發掘自己的組織（自己的譯碼系統）。Ausubel 的理論摘要見表 6.2。

表 6.2　Ausubel 的意義化語文學習理論之摘錄與說明

1. 包容可能是衍生性或相關性包容。	學習（包容）或涉及（a）使新素材與相當類似的舊學習產生關係（衍生包容），或（b）擴展舊知識以聯結類似但新穎的素材（相關包容）。
2. 包容導致知識的層級性安置，從最一般化到最特定。	學習導致認知結構產生有意義的精緻化。
3. 記憶是分離性包容。	記憶必須能分離新學習與舊學習。
4. 遺忘涉及零分離或忘卻性包容。	遺忘發生在素材與心中的舊學習不再有差別時。

⇧　講解教學：Ausubel

Ausubel 強力擁護講解教學。他不僅認為講解教學能導致高層次的理解與類化，也認為發掘取向需時太久，而且實際上並沒有比較好。在一篇評論發掘學習的專文中，Ausubel 和 Robinson（1969）在結論中指出，支持發掘學習的研究幾乎不存在。他們表示：「除此之外，那些發掘取向的熱衷者，似

乎一直以彼此的意見與推論，加上過度引用不可靠的發現，來作爲支持的證據」（1969，p.494）。

Ausubel 強調講解教學及其結果（灌輸學習），部份原因是它仍然是大部份學校所採用的學習取向這項事實，另外，他的理論所處理的意義化語文學習，主要在講解教學的過程中發生。他認爲這種學習不是被動的，也不會抑制創造力或鼓勵機械式學習。的確，有意義的語文學習絕不是機械式，它涉及將新素材與現有的結構產生關係，而機械式則只消化單獨的片斷訊息。

Ausubel 對於教材的企劃與講解，提出一些概括性的建議，它們是包容（subsumption）所涉及的變項：前導組體、可辨別性與意義性。

前導組體：前導組體（advance organizer）是在講解課程之前給予學生的觀念或概念，用意在於提供認知結構，使新的學習能夠停泊（被包容）。促進回憶是組體的另一個功能（防止 Ausubel 所謂的解離性（dissociability）——分離概念的能力——喪失）（Ausubel 稱遺忘爲忘卻性包容，obliterative subsumption）。前導組體在兩種情況下使用：當學生沒有相關訊息可以讓新學習產生關係時，以及當相關的包容訊息已經呈現，但是學習者不太可能辨認出它的關聯性時（Ausubel & Robinson，1969）。

Grippin 與 Peters（1984）曾描述前導組體的四個特徵。首先，前導組體在課程開始前呈現；第二，它們的目的是喚起與課程有關的舊知識（激起相關的包容物）；第三，前導組體的抽象層次，比後續講解的課程內容高。換句話說，前導組體通常由包容性概念（subsuming concepts）所組成，就定義而言，它們比被包容的概念（subsumed concepts）更具有概括性。最後，前導組體使舊知識與新學習之間有明確的聯結。Abusuel 描述兩種不同類型的組體，一種用於學習素材是全新的情況，另一種用於素材有點熟悉的情況。前者被稱爲講解式組體（expository organizer），因爲它會描述或表達相關的概念；後者稱爲比較式組體（comparative organizer），因爲它會突顯新素材與現存認知結構的相似性與差異性。

舉個例子來說，一堂黃金課程的講解式組體，在提到黃金的特質之前，可能先描述金屬的一般性特徵，使新的素材能與之產生關係。

　　本書中有許多比較式組體的例子，有些採取簡略的導讀形式，也就是比較即將學習的素材與先前討論過的素材，「本章提要」就是屬於這一類。記得本章一開始的時候，在實際討論 Bruner 與 Ausubel 的理論之前，我們曾將它們和啓發式學習與灌輸式學習連結，這是前導組體的另一例子。由於教科書主要是講解式（雖然書裡的部份內容可能有輔導發掘的作用），因此，大部份的教科書經常使用組體。

　　教師在課堂上，有時候會無意識地運用類似前導組體的技巧，例如，在課程開始前複習以前的重點；然而，這些重點複習往往沒有使新、舊學習之間產生明顯的關係，而它們的抽象性也不符合 Ausubel 對前導組體的定義。重點摘要通常僅只是摘要——說明先前所教過的東西，而前導組體比較抽象，是從舊學習中淬取出觀念，其一般性足以包容將要介紹的新素材（參考 Eddie Lemming 老師對黃金和其它貴金屬的介紹）。

　　請注意 Eddie Lemming 的課程由一個非常簡單的抽象概念開始：供需原則。也請注意這個概念和這堂課的基本問題：為什麼黃金如此昂貴？有絕對的關係（學生因此得到一個抽象、高包容性的概念，使他們的新學習有所依靠）。

　　類似下例的組體，有時候以書面文字呈現，有時候由老師描述，有時由學生的討論中取得。有關前導組體之效度的研究，往往以此類組體為對象，一般而言，他們是比較課堂中得到與沒有得到前導組體啓發的學生之後續表現。

案例

地點：Carmel Mid Valley School

事由：Eddie Lemming 老師對國中一年級學生介紹黃金及其它貴金屬

Lemming：有人能告訴我爲什麼渦輪推動的 WZ 222As 汽車這麼貴？

Bruce：因爲它們花較多的錢去製造？

Lemming：嗯，不盡然，Bruce，雖然這可能是個好理由，如果它們的製造眞的比較昂貴。

Jcak：因爲每個人都想要一輛？

Sally：因爲不夠給每一個人？

Lemming：對，你們兩個都說對了。

Jack：就好像你以前說的，工人和他們的薪水。需求太多了。

Sally：而且供給太少了。

Lemming:供給和需求。千萬別忘記。如果有件東西沒有人要，或是這件東西太多了，那麼它就不會太貴，就好像你們的教科書。如果每個人都要它，它就貴得不得了！供給和需求。好了，今天我們要談黃金！黃金，非常令人興奮的東西！而且非常貴，是因爲供給？需求？還是其它原因？讓我們看看到底爲什麼⋯⋯。

此類研究的結果尚無定論。有些研究者已經發現，前導組體沒有顯著的益處（例如 Clawson & Barnes，1973）；有些則報告明顯的正面效果（例如 Gabel，Kogan & Sherwood，1980）。White 和 Tisher（1986）所提出的證據顯示，最有可能從前導組體的使用中獲益的，是那些缺乏相關舊知識的學生，這可能足以解釋研究結果之間的衝突。此外，諸如此類的教學策略並非總是能立即產生顯著效果的事實，不應該被視為它們只是浪費時間的明顯證據。教師所做的許多有益之事，不一定都能夠衡量，或許也不應該衡量。

或許，只是或許，一個適當呈現的前導組體之長期效果，可能在多年以後變得明顯，譬如學生變為成人，在電視益智遊戲中正確回答涉及二千萬美元的問題；或是破產的投資人回想起黃金並非實用金屬，它的需求其實非常的人為，而且供給畢竟很充裕。

可辨別性（discriminability）：在 Ausubel 理論中，決定學習成果之持久性的主要變項，是新素材能從舊學習中分辨出來的容易度。他發現到，與舊知識緊密類似（衍生包容）的訊息，會很快地被遺忘，而不一樣的素材（相關包容）傾向於保持較久，因此，強調新素材與舊學習的差異之教學技巧，將導致較長的保留。同時，為了促進包容（學習），仍然必須使新、舊學習產生關係。因此，根據相似性與差異性來比較訊息，將有助於學習與保留，此外，包容性概念的持久與明確，直接關係到新素材能被合併與解離的容易度。

使學習有意義：Ausubel 強調灌輸式學習，反對啟發式學習，部份原因是，他認為灌輸式學習是最令人滿意的學習類型，相對於機械式學習。這並不表示發掘取向的技巧就不會導致意義化的學習。然而，Ausubel 認為，講解取向有許多優點，特別就學習者的時間效益而言。

意義是根據新學習與現存認知結構（知識）的關係而產生的。這個定義對教師的行為有許多啟示，有些在先前所討論的前導組體中曾經提過。

首先，意義可能直接來自概念、事物或物體之間的聯結，然而，除非學習者察覺到這些聯結，否則它們將沒有意義。舉個例子來說，學生可能很快

學會單字的發音與拼法，但是因為它們與學生現存的觀念無關，因此對他們來說，這些字是沒有意義的。新概念將具有意義，如果它和學習者過去的經驗，以及曾經學習過的其它觀念有所關聯，這似乎顯而易見。

重點在於，意義不是事物或概念本身的無形資產。Ausubel 主張沒有一個觀念、概念或物體本身是有意義的，它們只在和學習者有關係時才有意義。因此它的教學啟示是，在學生準備好理解之前，教師不應該呈現任何新素材。另外，理解必須有適當的認知結構，因此教師應該經常使用前導組體，以提供給學生背景訊息（見「無意義的學習」專欄）。

無意義的學習

「學習涉及經由衍生或相關等方式，使有意義的素材包容於現存的認知結構中。」

由於舊學習使你知道什麼是衍生與相關包容、什麼是有意義的素材，以及認知結構是何物，因此上述心理學的智慧雋語，對你來說必然是有意義的，而對那些不知道這些術語的人，上述句子將會毫無意義。

要求學生在沒有足夠的背景訊息下，學習對他們而言毫無意義的素材，是教師很容易犯的錯誤。最常被引用的例子是將白人、中產階級取向的讀物用於非白人、貧窮地區的兒童，又如北極的愛斯基摩兒童，他們從未見過城市、汽車、電話或室內廁所，卻被要求學習下列的句子：「約翰搭車兜風」「消防員、警察與大學教授是我們的好朋友。」（當然，許多愛斯基摩人現在也有衛星電視，也接觸了數百個頻道，他們的文化疏離感已大為減輕。」）

你是否讀過下列的句子：群眾領袖是「沒有原則的政治家，他們慫恿群眾的情緒與偏見」、地球的中心是「似火的熔解物」、最近的星星離我們「數十億光年之遠」，這些訊息具有什麼意義？

調合啟發取向與灌輸取向

調合本章所介紹的這兩種截然不同的觀點並不困難；它們其實不像並列時所顯現的那麼不同。事實上，在許多方面，它們只是做不同的強調。兩者無所謂優劣，也不一定要捨棄彼此。很明顯的，兩者各有用處。Ausubel 甚至認為啟發式學習可以是實用的（Ausubel & Robinson，1969），例如，它能用在沒有貯存大量訊息可以讓新學習產生聯繫的年輕學習者身上，在這種情況下，講解取向對他們來說，不一定很有意義。

啓發式學習也能用於測驗新學習的意義性。舉例而言，學習者可能被要求舉出（也就是發掘）某些新學習——例如一個新的算術原理——能應用上的例子。事實上 Ausubel 認為，在問題索解的過程中，如果要學生展現他們理解學習的內容，啓發式學習有其必要；他更進一步表示，有徵狀顯示，學生更容易將自己所發掘的訊息應用在新情境中，而不是他們所接受的最終訊息。另外，啓發取向可能比解講取向更能引發動機，而且自我學習可能更能產生內在的滿足感。

　　雖然 Ausubel 接受啓發取向在某些情況中具有實用性，他仍然強烈擁護講解教學。他認為大部份的學習都屬於灌輸，其它方式就花費的時間、成本，以及學習者的利益而言，都是非常沒有效率的。Ausubel 表示，學校的學習中能讓學生去發掘的相當少，不只因為發掘需時太久，也因為大部份重要的事物學生不見得有能力去發掘。即使是顯然適合採取啓發取向的科目，若給予學習者訊息的最終形式，他們也能很快地熟悉。Ausubel 認為，學習者到了十一、二歲之後，已經擁有足夠的背景訊息可以清楚地理解許多新概念，此時只要對他們稍作解釋即可，因此在這個年紀之後，要求學生去「發掘」，大部份是浪費時間。

✍ 科學性的比較

　　因為有許多研究試圖比較教學與學習的啓發取向與灌輸取向，我們因此不必依靠單一的觀點、猜想或理論性推測，來評鑑這兩個取向。然而也未必如此，因為這些研究未能一致地支持某一個取向，而且研究結果往往混淆與相互衝突。為什麼？部份原因是，不同的研究往往以不同的判斷標準來評價不同取向的效果，例如有些研究檢視學習的速度，有些關心學習效果的保留，有些評鑑遷移，有些則著眼於學習者動機之改變。

　　無法控制（因此無法同等看待或比較）不同研究（甚至於單一研究中）所使用的研究方法，是教學結果的研究結論有時候會相互牴觸的原因之一。

不只是學生與班級每每不同，教師也是如此。一堂準備充分的講解課程，讓甲班老師來教可能很有效果，乙班老師可能非常失敗。同樣的道理，一班五年級學生可能對一堂發掘導向的課程有很好的反應，而另一班學生對同一教材同一教師，可能完全聽不懂。

一些研究：試圖探討單一取向的效果（而不是比較兩種不同的取向）之研究，也尚未獲得清楚的結論。這些研究中，有許多檢視前導組體對學習、保留與遷移的幫助。Grippin 和 Peters（1984）指出，這些研究當中有半數顯示，組體的使用能造成明顯的差異；另一半則發現，即使沒有使用組體，也能有同樣的學習效果。然而，使用好的組體往往比沒有導體好。

Mayer（1979）認為，最有效的組體是：（1）讓學生對即將學習的素材導出全部或接近全部的邏輯關係；（2）指出熟悉與較不熟悉素材之間清楚的關係；（3）非常容易學習與使用，以及（4）用於學習者由於沒有經驗或無法回憶相關訊息，因而不會主動去使用組體的情境。

啟發取向的效果也受到研究，結果往往也是混淆與相互衝突，部份原因是不一致的定義、不適當的測量，以及對教師與學生未加以控制（而且往往是無法控制）所產生的差異。然而，即使是其它取向的強烈擁護者，也逐漸承認啟發取向在各種情境中，也能夠非常有效（例如 Corno & Snow，1986；Leutner，1993）。

一些結論：那麼教師應該怎麼做？應該採用發掘或講解取向？簡單而言，這個問題不像聽起來那麼單純，而且也不易選擇。一個好的教師，當然兩者都用。

對於偏好黑白分明、單一立場的人來說，這種結論可能令人不安。然而只使用一種教學取向、完全摒除其它取向，在許多例子裡是不可能的。強尼想知道院子裡那隻高貴的火雞的配對習性，在強烈的發掘動機下跑到圖書館，並且找到有關火雞的學術解說，這個解說所給他的學習遠超過他的理解範圍。這是啟發式學習嗎？相反的，法蘭克的老師最近才信奉灌輸式學習，他給那些坐在椅子上的學生一段非常精采的火雞配對說明，在講解的過程

中，法蘭克想到近來火雞受到沒有必要、而且沒有理由地貶低，譬如俚語常說「You turkey！」【編註：意指沒用的東西】。在靈機一動的冥想中，他發現應該將火雞列為和老鷹同等的鳥類，值得人們尊敬與愛戴。這是灌輸式學習嗎？

學生的工作是學習，而教師是教學，這個事實或許能減輕這些例證所引起的混亂。一名強調啟發的教師會致力於鼓勵學生去思考、收集訊息，以及最重要的，自己去組識訊息之教／學情境。而強調講解教學的教師，將會比較關心組織訊息，讓訊息立即對學生具有意義，並且變成他們現存認知結構的固定部份。然而，最後的學習者是學生，學生可能自己去發掘新的訊息與關係，或者只接受那些可以立刻學習與同化的內容，即使教師採取的是相反的取向。

目前的發展與強調

將明顯相反的觀點並列做比較，有時是實用的教學設計。它突顯差異，而且如果 Ausubel 的見解正確的話，它將能增進觀點的可記憶性——更容易彼此解離。

但是這個作法也有缺點：它誇大差異，並且遮蔽相似性。它造成與事實不符的印象，使觀點看起來更為不同，以及使理論家對自己的信念更為頑固。

本章就是一個例子。將 Bruner 與 Ausubel 的理論並列比較，突顯了它們之間的差異——特別是有關啟發與講解的爭議。此外，這個作法或許也遮掩了兩個觀點之間重要的共識——特別是兩者都主張，學習者對知識的組織是成功的認知處理之關鍵。畢竟兩者都是堅定的認知理論，都視學習者為積極的訊息處理有機體，對他們來說，環境的意義在於新素材能和現存認知結構

產生關係的程度。另外,兩個理論對於認知結構的形成之描述類似,即使他們使用的用語不同(一邊是類別與譯碼系統;另一邊是包容物與包容)。而且如同先前所提,啟發式與灌輸式學習用於教學與學習並非完全不相容。如同 Bruner 與 Ausubel 的描述,兩個理論的目的都在於導致意義化概念的取得,使遷移、保留與激勵最大化,並且減低學校學習成為機械式學習的程度。

認知學徒

認知學徒(cognitive apprenticeship)是一個試圖整合這些強調不同觀點的教育理論(Collins,Brown & Newman,1989)。這個理論將學習者視為學徒,有點像是新手受教於專家來學習新的方法與技巧。以認知用語來說,專家是指父母、兄弟姊妹、同儕、大人,以及最重要的教師。在這個理論中,教師的角色著重在提出例子、引發學生去探索、提供輔導與鼓勵,而不是用訊息、事實、數據、程序等等來填滿學生的心靈。這個理論主張,教師必須注意各種認知策略的培養,如此一來學生才能具有自己探索、組織、發掘與學習的能力。認知學徒取向並不限制以成人教師為專家,以能力正常或超過平均水準的年輕學生為學徒。證據指出,這些取向對於特殊需求的學習者(如 Rozewski & Schell,1994),以及成人學習者也有很高的效果。例如,Le Grand 等人(1993)指出,認知學徒法對於培養成人的實務知識與理論知識有很高的效果。同樣的,De Bruijn(1993)指出,成人教育中的方法,教材的排序、及內容,非常類似於認知學徒法所提倡的方法與排序。

認知學徒的方法

認知學徒法提倡許多特定的技術,用來澄清教師(專家)與學習者(學徒)的角色(Farnham-Diggory,1992)。這些技術包括如下:

示範法（modeling）：依最簡單的意義而言，這項技術是指教師「顯示」某件事是如何做的。Farnham-Diggory（1992）指出，教學目標不僅止於讓學習者接著就只抄襲教師的作法，而是對於學習任務發展出概念模式。因此，示範法適用於認知性任務與動作性任務。但是如果是某種認知性任務，則必須將任務中涉及的步驟與程序解說清楚——其中包括說明特定的認知策略，如複習或組織是如何加以使用的，以及用各種方法將心中想到的大聲說出來（think aloud）。

教練法（coaching）：教練法是指，引導學生的績效表現中的某些面向。教練法在認知學徒取向中也跟示範法一樣，目標在於引導學習者的認知行為。教師可以採用各種教導思考的技術（用以培養認知策略與後設認知策略）中的任一種，關於這些技術在第 5 章已有詳細的討論。

搭鷹架法（scaffolding）：搭鷹架法指提供支援，使學生能完成原先難以完成的任務。此法的概念在第 3 章討論過，跟 Vygotsky 所提的基本成長區有關。搭鷹架法常採取指導、建議、及其它形式的語文支援等方式，而它最有效的情況是，學習任務落在學生的基本成長區內——也就是說，此等學習任務是學生原先不會的，但在其它人的支援與指引下能夠完成。

Wood、Bruner 與 Ross（1976）曾描述過六種搭鷹架法中可能使用的程序或技術（摘要於表 6.3）。

漸隱法（fading）：漸隱法依某個意義而言，是搭鷹架法的互補。搭鷹架法是指，提供支援與指引給學生，使學生能完成落在基本成長區內的學習任務。相對之下，漸隱法是指，當學生不需要支援而能完成某已知的學習任務時，教師即撤走支援，確保最後學生能負起解決問題與學習的責任。

清晰表達法（articulation）：清晰表達法指語言化或化為語言，目的在於鼓勵學生，將他們的結論、描述、及他們已發現的原理化為語言，逼迫學生能更清楚地思考他們的認知歷程。在孕育認知策略的教案中，這是一種重要而常使用的技術。Mulcahy（1991）所使用的蘇格拉底式對話，就是其中的

一個例子。這是指使用一系列特定設計的問題與答案，使學生能察覺到他們自己的思考歷程與認知策略。

內省法（reflection）：內省法與清晰表達法關係密切，乃要求學生去思考並以語言清楚地表達出認知任務的完成與結果。但是在內省時，會鼓勵學生以較抽象的方式思考，以及跟一個概念模式（有時是物理模式）加以比較。

探索法（exploration）：在認知學徒的教學歷程中，探索法是最後的一個步驟，指將學習到的東西加以類化（generalization），類似於行為主義所稱的轉移。

認知學徒法的順序：Collins、Brown 和 Newman（1989）的認知學徒理論，對於教材的排序提出三個原則。第一：先廣後小（golbal before local），意指在學習者開始學習特定事物之前，應該先讓他們對即將學習的內容有整體認識。在實際教學中，可能採取的形式是摘錄、提要、一個完整的活動、或是最後的詮釋。

第二，這個理論認為，素材的呈現應該從最簡單到最複雜，類似於 Bruner 的觀點：學習者應該從概念的最簡單例子開始，然後進入較一般性、較概括性的概念。

第三，增加遷移與學習的意義性。這個理論認為，獲得的知識與技巧應該不斷地應用於各種情境中。Collins、Brown 和 Newman（1989）指出，我們從教科書、課堂與實驗室中所學習到的，大部份沒有在這些情境以外的地方應用過，通常是因為我們不知道應用的時機與方法。就此觀點而言，我們的知識是「鈍化的」，而不是有活力的。因此，認知學徒法強調探索的重要，即上述的技術，鼓勵學生將所學習的加以應用與類化。

認知學徒法與沉思教學法：沉思教學法（reflective teaching）是指，引導學生自己去發掘與學習，及鼓勵他們去思考他們的學習情形與想法的教學策略；同時也要求教師去思考與分析，當他們教學時所發生的情形（Freiberg

& Driscoll，1992）。因此，沉思教學法的哲學是，強調學生在學習時的主動角色，以及教學的任務大部份在於促進學習與啓發學生。

表 6.3　一些搭鷹架法的技術

技術	描述	範例
招募	吸引兒童的注意力，並焦注在學習任務上。	好，現在我們已知一個直角三角三邊的長度，我們想計算它的面積。它涵蓋的面積有多少少平方公分呢？
削減自由度	將學習任務降至學生會處理的程度。	還記得如何計算長方形的面積嗎？你們能夠利用這個三角形做出一個長方形嗎？
維持思路的方向	引導學生步入正軌，並加以鼓勵。	你們何不把三角形形成直角的那兩邊畫出一個長方形，然後看它的邊長各是多少？也許可以看看另一個三角形是否跟原來的三角形一模一樣。
點出重點	引導學生進入學習面中重要的方向。	我們需要幾個一樣大小的直角三角形來拼出一個長方形？
控制挫折	減輕學生面臨挫折時所產生的挫折感。	有時候，對於國二的學生，這個問題也不簡單。事實上，你們學得相當不錯。
示範	模仿學生的嘗試作法，但稍加修改，然後反過來由學生模仿老師的作法。	那麼，讓我作出兩個一樣大小的直角三角形，然後拼出一個長方形，接著計算它的面積應該是多少呢？對了，就是長方形面積的一半！這就是公式，你們真是天才！

認知學徒法的哲學觀也是完全一樣。學生是學徒，而教師則是嚮導與顧問；教師的角色基本上在於，向新進的學徒提示有哪些不同的認知性任務能夠如何完成，引導學徒天天有進步，選擇與安排學習的任務，提供必需的支援（搭鷹架），以及在不需要時撤走支援（漸褪法）。

Roth（1993）指出，認知學徒法的教學方式，不僅有益於組織教師與學生們的活動，也提供著一項隱喻，讓教師去反省他們的教學情形。這個「教師是專家嚮導」與「學生是學徒」的隱喻，特別有助於供教師分析他們的教學行為，及評鑑其學徒在認知上的進展。

☞ 賦權

Wiske（1994）說，如果你離開時不鎖門，這就彷彿每個人都有這門的鑰匙。她認為，學校的功能就在於為學生打開了解之門。因此，學校有必要摒棄舊有的哲學觀，認為智能上的知識是私有的，掌握在教師手中，他們在覺得適宜的情況下才施捨出去。相反的，學校必須視其任務在於，採取與學生共享與合作的方式，為學生的智能充電。

我們在第 1 章曾經提過：教育的目的是培養學生的能力，這句話摘錄了教育最重要的目的之一。Mann（1994）指出，這項目標應是所有教育的目標——不論是資優生的教育或平庸者的教育。Shannon（1994）也說，賦權是今日學校之管理的根本理念。如同先前的討論，賦權（empowerment）是給予能力、給予力量。簡單而言，教育提供學生技巧與知識，使他們有能力做一些原本無法做的重要事情（例如讀報、寫情詩、計算錢包裡共有多少錢等等）；就較深的層次而言，教育致力於認知內容與智力歷程的發展，以培養學生的能力，也能藉由真實的事物（內容）之教導，以及教他們如何思考（歷程）而賦權。最後，教育藉由發展學生在人際、智性與個人等方面能力的感受而培養學生的能力。

⌂ 錯誤觀念對學習的影響

認知心理學對於學生如何學習與理解的注意，已經導致一些有關學生如何思考的重要發現。例如，許多學生（以及許多教師們）有時候似乎很難理解那些其實相當簡單的概念與原則，原因是他們先前曾經學過，已併入認知結構中那些特定的固執誤解（比較不負面的說法是替代概念，alternative conceptions）阻礙了學習。證據顯示，有四分之三以上的五年級學生，認為眼睛的確能看見東西——而不是直線照射的光線在不同的物體間跳躍反射的結果（Anderson & Smith，1984）。類似地，很高興說地球是圓的小學生，他們心裡所想的，往往和你我的想法不一樣（Nussbaum， 1979）；有些人認為地球是扁平的圓體，有點像是餅乾，或許四周被水圍繞；其它人認為地球是巨大的球體，靠近底部的地方是地面、天空在頂端，而中間是空氣。又如，有些實習教師曾說，電線外層之所以包覆絕緣體，是為了防止電流脫離電路（West，1988）。Lockhead（1985）也發現，有四分之三以上的大學生，並沒有真正理解國三的代數，即使他們能夠正確地運算代數符號與解方程式。

上述例子和大量的相關研究，主要在討論學生為什麼不知道，或許更明確地說，學生自以為知道的不僅根本不正確，同時也變成物理或數學等特定科目中認知結構裡的基本成分，並且阻礙了學習（Arron，1994）。Voss，Wiley 及 Carretero（1995）歸納了許多研究，顯示這些錯誤的觀念相當固執。

這些研究的啟示之一是，教師必須察覺學生們幼稚與誤導的信念，並且努力地糾正（Calfee & Drum，1986；Amir & Tamir，1994；Watson，1994）。教師們可以用的方法有前導組體、詢問、將問題索解口語化，以及其它相關活動。Ramsden（1988b）指出，今日的教師在教學上必須採用關係觀點。這個觀點強調學習是改變概念，而不只是添加更多的事實。因此，教師必須同樣關心學習歷程——學習如何學習——以及學習的內容，也必須注意科目與學生之間的關係，而不是教學方法與測驗成積之間的關係。以

Nickerson 的話來說：「教育的目的應該是，幫助人們變成有能力的求知者、思考者與學習者」（1988，p.34）。或如同 Bruner 所說的：「宗旨在於學習如何學習……」（1985，p.8）。

☞ 有效的教學

Mac Iver 等人（1995）指出：「學校是一種組織，存在的目的在於提供給學生學習的機會」（p.377）。而對於教育者的挑戰則是，找出最有效的工具來提供這些機會。

Benjamin Bloom（1984）認為目前教育研究的重要挑戰之一是，設計出一種用於整班學生和一對一教學都一樣有效的教學程序，他的研究發現，一對一教學的效果遠勝於其它教學方法。事實上，如果給予良好的個別指導，一個普通班的學生，也能達到接受傳統教學的資優班學生之 98%左右的程度，換句話說，一個普通班的學生接受個別指導教學，將會超越 98%的普通班學生。這個更高成就表現的潛力顯然存在，只是缺乏方法，找出這個方法（或更多的方法）是當前的挑戰。

☞ 對教學研究的一些啟示

學習理論如何直接涉入教育實務，本章稍早介紹 Robert Gagné 的觀念，是絕佳的例子。Gagné 對每一種學習結果均提出可能最有效的教學程序。

關於如何將探討學習的理論與發現轉化為教學實務，教育研究文獻中充滿著例子。事實上，Glaser 和 Bassok（1989）指出，教學研究再也無法輕易地與認知歷程的研究分開了。

那些是何種研究？

有很多，包括廣泛的年齡層與年級，並且涉及許多科目與教學歷程，因此，無法輕易地描述或摘錄。然而，就我們的目的而言，那些檢視由理論衍生的特定教學歷程，對學習者表現的影響之研究最為重要。這類研究往往涉

及精緻、經過長期實驗、以學校為基礎的計畫（摘錄與評論見 Rosenshine & Stevens，1986 或 Glaser & Bassok，1989）。

最重要的是，這類研究提出了哪些結果？

兩項事實：Alexander 和 Judy（1988）認為，這類研究告訴我們許多事實，其中的兩項發現他們稱為「無可爭議的事實」。第一，學習者對特定科目所知道的愈多（也就是個體認知結構中特定領域的知識愈多），他們的理解與記憶將愈好。第二，那些善於監視與控制自己的認知活動之學習者，和其它在 Falvell（1985）所謂認知遊戲中技巧較差的學習者相比，前者通常表現較好。

這兩項無可爭議的事實，對於教師行為有豐富的啟示。有關舊學習中最好能有大量特定領域的知識（相對於一般性訊息）之發現，突顯了學習的前置準備之重要性，它也強調了我們的學習大部份是累積與層級的性質，此外，它也支持了課程與教材必須提供素材，使新理解能建立在穩固的知識與技巧之基礎上。我們採用何種理論並無不同，無論是 Bruner（教師必須提供各種大量的概念實例，使學習者能夠發掘得以超越訊息本身的譯碼系統）；或是 Ausubel（學習者必須給予——以及提醒——穩定而相關的包容性概念，因此認知結構中將有某些事物能給予新學習某種意義性，並使新學習能堅固地停泊），或是 Robert Gagné（任何特定科目領域的內容，必須層級性地呈現，使學習者能先具有基本的從屬技巧與理解）。在先前的分析中曾經提過，這些用語不同而且充滿術語的理論，它們的教學啟示其實非常類似：理解非常依賴我們已知的事情。這不是特別驚人的啟示，但是非常重要。

Alexander 和 Judy（1988）的第二項無可爭議的事實——善於監視與控制自己的認知結構之學習者表現較好——也有清楚的教學啟示：明確地說，教師必須以更多的時間和精神，教導思考與學習的技能與策略。

其它發現：除了這兩項發現（指舊學習對於獲得理解的角色，以及認知策略中自我監視的角色），學習的認知研究也提出數個與教學有關的其它發現。其中，Shuell（1986）提出，認知心理學強調學習的積極本質（相對於強

調背誦答案的消極觀點），以及強調理解（而不只是關心成績）。還有一些先前提過的，處理學習者先入爲主而往往不正確的觀念。如同 Nickerson 所說：「忽視學習者有哪些錯誤觀念的教學取向很可能失敗」（1988，p.35）。

有效教學之研究結論

Rosenshine 和 Stevens（1986）摘錄許多實驗研究，這些研究檢視根據理論所產生的教學計畫之執行效果。一般而言，這些研究顯示，訓練教師依循特定的教學程序是可行的，而且接受實驗計畫的學生在各種測量中往往超越控制組。

Rosenshine 和 Stevens 的研究評論（1986，p.377）指出，有效教學對於教師行爲有許多意義性與啓發，明確地說，以教導結構良好的科目而言，最有效的教師有下列特質：

1. 以簡短的複習開始。
2. 一開始即說明課程目的。
3. 小步驟地呈現學習素材，及允許學生在步驟之間進行練習。
4. 給予明確與詳細的教學與解釋。
5. 讓所有學生積極地投入課程。
6. 詢問許多問題以檢查學生的理解，並且獲知所有學生的反應。
7. 在學生最初的練習中，提供立即輔導。
8. 提供有系統的回饋，並且糾正學生的錯誤。
9. 提供清楚與明確的課桌作業說明，並在必要時監視學生的表現。

Rosenshine 和 Stevens 也警示，這些教學程序並不總是適用於所有的學生。如同文中所提，它們最適用於結構良好、能以小步驟呈現的內容，而且教師能夠提供詳細與明確的教學、允許所有學生在立即糾正的回饋下練習等

等。然而，當課程屬於比較抽象、結構性較弱的內容（譬如道德與倫理、創意寫作、政治等等），則有必要採用不同的教學取向。

摘要

1. Gagné 將學習結果分為五大領域：智力技能、語文訊息、認知策略、態度、與動作技能。

2. 智力技能（學習辨別、規則與概念）是層級性的，較高層次的技能依賴較低層次的技能。辨別指能對類似的刺激做不同反應的能力。概念指反映相似性，從認知理論能得到最好的解釋。規則是概念之間的關係之敘述，它使我們得以預測與組織，甚至組合不同的規則以解決較複雜的問題。

3. 語文訊息（知識）能以句子的形式呈現，對會話、日常活動、訊息的獲得和思考來說不可缺少。

4. 態度是指在行為的選擇中，做特定選擇或以特定方式表現行為的情感傾向，它們因此具有重要的動機特性。

5. 動作技能，譬如打字與寫字，涉及一連串肌肉動作的控制與運作。

6. Gagné 將認知策略定義為，後設認知技能與認知技能兩部份。後設認知技能指對求知的求知，譬如對理解的監視；認知技能是我們在學習、思考與記憶時實際做的事——例如複習或延伸。

7. 認知理論強調學習者本身的認知結構之重要性，並且檢視訊息如何被處理、組織與回憶。認知理論將知識視為由關係所組成的巨大網絡。陳述性知識是所有我們曾經學習過的事實（正在發生或曾經發生的事）；程序性知識指知道如何作某件事。基模是認知結構藉以運作的隱喻，可以

將它們想成是一系列定義概念的知識。腳本是基模中處理例行事務與順序的面向。

8. 認知心理學的主要信念是：（a）課程必須經過組織，以顯示與強調關係，及（b）學校應該培養組織與運用知識的策略。

9. Bruner 的認知理論，將學習與知覺描述為訊息處理活動，這些活動涉及概念（類別）的形成，而概念的形成產生於在事件與經驗中取得共通性。相關類別的層級安排被稱為譯碼系統。譯碼系統對於保留、發掘與遷移都很重要。

10. Bruner 強烈擁護教學的啟發取向，也就是要求學習者去發掘概念或原則之間所存在的關係來建構訊息。他認為，發掘取向導致較高層次的遷移與較長的保留，同時也強化學習動機，並且能培養問題索解的技巧。

11. 啟發式學習受到四個一般性條件的影響：心向（以特定方法去學習的傾向）、需求狀態（激發的程度）、特性的精熟（學習的質與量），以及多樣化的訓練（在各種情境下進行學習）。

12. Bruner 提出螺旋式課程、教導年齡較輕的學生複雜的科目時，採取簡化但真實的方式、將課程中的不同主題與主要原理進行組織、鼓勵合理的猜測，以及使用輔助教具。

13. 啟發取向在構成主義取向（建立在學生如何建構知識的假設上）與概念改變運動（認為教師應該更關心能夠導致學習者改變概念之概念策略與認知策略，而不是只關心事實訊息）中重新受到重視。

14. Ausubel 的理論是試圖解釋意義化語文學習的認知理論，它主要關心如何獲致教室學習的法則。他將意義定義為新、舊素材（認知結構）之間所涉及的關係。認知結構由組織過的層級性概念（包容物）所組成，類似於 Bruner 譯碼系統中的類別安置。

15. 學習是將素材包容進現存的認知結構中，可能採取的形式是由現存結構中衍生出素材（衍生包容），或是將已知素材加以延伸（相關包容）。回憶能力（將新素材與舊素材解離）的喪失是忘卻性包容。

16. Ausubel 認為啟發式學習太花時間，而且往往不可行。他最重要的教學技巧涉及使用前導組體——在課程開始之前給予非常概括性的概念，目的是使學生回想相關的舊知識，並且試圖去釐清新、舊學習之間的關係。

17. 啟發式教學與講解教學並非互不相容，兩者都很實用。Ausubel 認為啟發取向對低年級學生、測驗意義性與問題索解、確認遷移，以及建立內在激勵可能有益。然而，畢竟是教師教而學生學，啟發式教學並非總是能導致啟發式學習，反之亦然。

18. 雖然 Bruner 與 Ausubel 的觀點在許多方面是相反的，但它們基本上都呈現認知取向的觀點，視學習者為主動積極的訊息處理者，他們從環境中取得意義的努力，與概念的聯結網絡之發展有密切的關係。Bruner 和 Ausubel 的教學建議包括，促成意義化概念的取得、使遷移、保留及動機最大化，以及減少被動的機械式學習。

19. 認知學徒理論認為，當代的教師須擔任極為複雜的角色——須了解各種學習結果（例如程序性與陳述性知識）、不同的教學取向（包括示範、指導、支援、漸隱、清晰表達與省思），以及一些重要的排序原則（先大範圍再到局部、從最簡單再到最複雜，並逐漸朝向多樣化）。

20. 教學的重要目的之一是，藉由提供學生知識、技能與信心，培養他們的能力。

21. 學生所不知道的，或是自以為知道而其實不正確或誤解的事情，有時候會阻礙學習與理解。因此使用前導組體、詢問與其它方法，確認所有學習者是否已經擁有可以用於學習新素材的適當知識與技巧頗為重要。

22. 認知研究的兩項主要發現，對有效教學有重要的啟示：（a）學習者對一門科目所知道的背景知識（特定領域的知識）愈多，學習將愈有效，以及（b）對於認知策略中的監視與控制技巧愈純熟的人，學習與索解問題（使用策略知識）的能力愈強。

23. 對於結構良好的素材，最有效的教師有以下特徵：（a）由複習開始（通常使用前導組體），（b）一開始就清楚說明目的，並且（c）以小型、

詳細與明確的步驟呈現素材，並且在課程與課桌作業進行時，給予許多練習的機會以及有系統的回饋。

24. Bloom 提出一項挑戰：找出一種（數種）對於全班和一對一個別指導同樣有效的教學方法。

25. 「接受教育的宗旨在於學習如何學習……」（Bruner，1985，p.8）。

複習問題

1. 試說明 Gagné 所述的九項教學事件。
2. 試設計一份「輔導發掘」的教材。
3. 在使用各種前導組體時，應考慮哪些事項？
4. 試說明幾種「架鷹架」的技術。
5. 為了記住最有效的教師之行為與特徵，試想出一種輔助記憶的方法。

建議書目

Original sources are among the best references for approaches to learning theory such as Gagné's, Bruner's, and Ausubel's. The following references are clear presentations of their theories and educational recommendations:

GAGNÉ, R. M., BRIGGS, L. J., & WAGER, W. W. (1992). *Principles of instructional design* (4th ed.), Fort Worth: Harcourt Brace Jovanovich.

BRUNER, J. S. (1961). *The process of education*. Cambridge, Mass.: Harvard University Press.

BRUNER, J. S. (1990). *Acts of meaning*. Cambridge, Mass.: Harvard University Press.

BRUNER, J. S., GOODNOW, J. J., & AUSTIN, G. A. (1956). *A study of thinking*. New York: Wiley.

AUSUBEL, D. P. (1968). *Educational psychology: A cognitive view*. New York: Holt, Rinehart & Winston.

An excellent collection of articles dealing with the implications of children's ideas about science for teachers is:

BLACK, P. J., & LUCAS, A. M. (eds.) (1993). *Children's informal ideas in science*. New York: Routledge.

Farnham-Diggory's book is highly recommended for the contemporary teacher concerned about the intellectual development of learners. The Hamilton and Ghatala book presents a practical attempt to link theories of learning with instructional strategies:

FARNHAM-DIGGORY, S. (1992). *Cognitive processes in education* (2nd ed.). New York: HarperCollins.

HAMILTON, R., & GHATALA, E. (1994). *Learning and instruction*. New York: McGraw-Hill.

第 7 章

智力與創造力

　　模糊而且難以界定的智力與創造力，是我
們擁有的「資產」中，最受重視的特徵之一——
或許也是最有用的。本章檢視這些用語的意義、
它們的形成，以及一些評估的方法。此外，本章
也討論創造力與智力之間的關係。人們可能有創
造力卻很愚笨？智力很高卻毫無創造才能嗎？

- ➢ 西方對智力的看法
- ➢ 智力測驗
- ➢ 智力的決定因素
- ➢ 創造力
- ➢ 創造力與智力的關係
- ➢ 摘要
- ➢ 複習問題

摘自《小熊故事》（第三冊）：野牛入侵

　　小熊藏在草坡上方、小山丘旁邊的野櫻桃叢裡，野牛全在牠的視線內，但是由於牛群在逆風處，所以牠們所發出的臭味很淡，牠們沒有注意到小熊。有些牛一邊嚼草一邊玩牌，有些喝著威士忌或梳理皮毛，有隻牛偷了一輛貨車，在草坡上兜圈子，壓壞苜宿和野草莓。伊美黛斜靠在樹幹上，一邊吐煙圈一邊打嗝，好像萬事都很完美。也難怪，她剛剛才把一隻年輕的公牛打得屁滾尿流。

　　但是對小熊來說，不再有任何事是完美的。牠一直觀察牛群，研究牠們，試著理解牠們所代表的危險性。小熊看著牠們在寒冷的夜晚，掠奪林木大燃營火，牠非常生氣，因為牛群不是真的需要取暖，只是任性慣了。

　　還不只如此。牠們自以聰明的把含有氟氯碳氣的燃料當作髮膠，還以為這樣看起來比較可愛，小熊輕聲咒罵：「裝模作樣，又醜又笨的野牛。」

　　小熊還沒有完全了解潮流的力量。牠所看到的一切，讓牠知道領導潮流的那隻野牛不再只滿足於啃野草和生小牛，而是喜歡抽煙吐煙圈、四處狂奔，還有跳舞。

　　再次引述小熊的話：「該死的野牛。」

　　野牛玩世不恭的態度讓小熊生氣，有時候當牠想起再也聽不到的鳥語聲，牠總會低聲啜泣：「都是那些該死的野牛哲學家。」野牛哲學家用一些沒有意義的格言要大家安心，例如：「凡事都有解決的辦法。」所以野牛們認為牠們所膜拜的科技會解決世界上所有的問題，一旦這些問題嚴重到需要解決時。

　　小熊堅信野牛哲學家錯了。問題本身並沒有解決的辦法。經濟過度膨脹了科技的價值。即使這個說法是錯的，野牛也已經使大家陷於科技無法解決的困境中。

小熊自言自語說：「我們的創造力和智力是我們唯一的救世希望。但是我們必須先除掉野牛。」

西方對智力的看法

　　Lund（1994）指出，IQ 在西方世界是個極重要的概念，這代表西方世界較重視個體而非團體，因為 IQ 是個體差異的一項重要測量指標。如此重視 IQ 的另一理由是，視 IQ 是一種神秘的東西，我們每個人就只能擁有那麼多。而且我們也會認為高 IQ 的人是幸運兒，做什麼事情就是會比別人容易成功；至於 IQ 低的人，則是一種悲哀，一生註定是個失敗者。正如我們在本章中將討論到的，這些都是對於智商及其測量值的迷思。對這些迷思的信仰，使我們訝異於湯姆並沒有成為一位外科醫生，以及他成為一名酒鬼，最後慘死在火車軌上。也讓我們對於湯尼竟然能經營一家成功的公司，賺進無法計數的財富感到不解。是否 IQ 值並不是最終的結果？或人們的 IQ 有時會測量出非常差的結果？這些都是本章要探討的一些問題。

　　並不是所有的文化都那麼看重智商。正如底下的案例「伊藤是個正常的孩子，跟其它人一樣」所顯示的，桑木先生似乎未能察覺伊藤的才華，或更精確地說，未能察覺學生之間的個體差異。事實上，這種跟文化有關的傾向，很可能是日本社會與美國社會的重要差別之一。

　　相對之下，美國的教師與家長對於個體差異有高度的敏感性。事實上，大多數的美國學校將高比率的資源，用於發現學生個人的優點與缺點，並進而採取教學上的對應措施。其中最重視的，就是智商。不幸的是，智商卻是最難定義與最被誤解的人類特徵。

案例：伊藤是個正常的孩子，跟其它人一樣

地點：東京的一所幼稚園

情境：桑木先生是幼稚園的教師，帶領著孩子進行活動。在旁有一群美國人觀察著這群小朋友並做筆記。放學後，他們跟桑木先生碰頭討論。

觀察員 1：那個穿黃色襯衫的小男孩，叫什麼名字？

桑木先生：哦！那是伊藤。

觀察員 1：他的智商如何呢？我是說跟其它小朋友相比的話。

觀察員 2：是啊，他絕頂聰明……。

桑木先生：不，伊藤的智商只有平均水準，跟其它人一樣。

觀察員 1：但是他似乎相當有才華。

觀察員 2：是啊，他的作業總是做得比其它孩子快。而且他又能唱那些美妙的歌來娛樂大家。

桑木先生：但是，你們當然不會把速度視為智商吧！而且他唱那些歌來娛樂其它人，也不是智商的表現，他只是很想吸引別人的注意罷了。

教育上最常用到，所知卻最少的術語是創造力（creativity），其次是智力（intelligence）。

Wagner 和 Sternber（1984）指出，智力有三種不同的基本定義。首先是「心理測量觀點」（psychometrics view），它一直是最常用以了解智力的方

法，心理測量意指對心理運作所做的測量；因此，智力的心理測量觀點以測量取向為基礎。

其次是 Piaget 觀點，這個觀點認為，智力是一種活動的歷程，經由同化與調適的交互作用而形成。認知活動的結果，表現在認知結構上。認知結構的主要特徵隨著年齡而改變，這些改變正是 Piaget 發展理論中所述的主要特徵。

第三是訊息處理觀點。它和 Piaget 取向一樣，比較質化，而不是量化，也就是說，它以歷程來描述重要的智力特徵，而不是以測量的結果。

我們在第 3 章討論過 Piaget 理論，本章我們討論心理測量取向，並且檢視二種與訊息處理觀點有關的取向：Gardner 的「多元智力」（multiple intelligence）以及 Sternberg 的「組合智力」（componential intelligence）。

✍ 心理測量對智力的定義

以測量（心理測量）為基礎的智力定義種類繁多，以下列舉其中四項：

1. 「測驗所測量的就是智力」（Boring，1923，p.35）。
2. 「個體所進行之理性思考、有意圖的行動，以及有效因應環境的綜合性能力」（Wechsler，1958，p.7）。
3. 「智力 A：認知發展的內在潛力……。」「智力 B：知覺、學習、索解問題、思考、適應等能力發展的概括性或平均程度。」（Hebb，1966，p.332）
4. West 和 MacArthur 延伸 Hebb 的定義，稱為智力 A1：個體未來智力行為之發展的現有潛能，假設未來的際遇能引發這份潛能（1964，p.18）。

第一個定義（測驗所測量的）不是故意簡化。它說明了智力是難以定義的概念，而且主張智力測驗是有用的，只要它們所提供的分數，和我們認為

成功完成任務所必須有的智力有關，那麼不管它們所測量的是什麼，都能稱爲「智力」，即使它真正的本質是未知的。

　　第二個定義（綜合性的能力）根據清楚的思考、有意圖的活動，以及與環境的有效互動來定義智力。Wechsler 認爲智力是「全面性的」能力。這個觀點和 Spearman（1927）、Thurstone（1983）與其它學者的看法不同，主張智力不是單一的特質，而是由許多不同的能力或因素組成的。Guilford（1959）也提出類似的觀點，我們將在創造力一節中加以討論。

　　第三和第四個定義，與其它類型的智力定義有一些實質的差異。如同 Vygotsky（1986）指出，人們生來就有不同的發展潛力——即 Hebb 所謂的「智力 A」。然而，傳統的智力測驗所評鑑的是「智力 B」——目前的發展層次——而不是智力 A，同時以目前的測驗表現做爲潛力的預測基礎。相反的，Vygotsky 和 Feuerstein（1980）的智力測量取向，致力於對潛能取得較正確的估計，然後給予受試者暗示和建議。

　　Cattell（1971）在另一種心理測量取向中，對兩種智力做重要的區分。從一方面來看，特定的能力似乎構成我們大部份的智力行爲。這些能力基本上是非語文的，而且不受文化或環境的影響；Cattell 稱爲流動能力（fluid abilities）。一般性推理、記憶、注意廣度與圖形分析等測驗，都反映了流動能力。並且，雖然這些流動能力較不受文化與學校教育的影響，但是各種設計來教導學習／思考策略的教案，對這些能力會有顯著的效果。因此，一般性的學校教育，確實跟測量到的智商值有明顯的關聯性（Lohman，1993）。

　　和流動能力相反的是，一些主要是語文的，而且深受文化、經驗與教育影響的智力能力。這些固定能力（crystallized abilities）反映在字彙測驗、常識測驗與算術技巧上。可想而知，固定能力測驗的表現，傾向於隨年齡而增加，有時候可以到非常高齡（Horn & Donaldson，1980）。相反的，流動能力似乎比較取決於生理結構，對生理的衰退較爲敏感；通常在老年時衰退（Horn，1976）。

歸納：那麼，我們應該如何定義智力？是測驗所測得的結果？一種綜合性能力？涉及潛力與實際的一體兩面？一方面涉及非常「純粹的」能力，另一方面涉及深受經驗影響的能力？或者我們應該綜合這些定義？如同 Vernon（1969）的觀察，當我們談到智力時，我們通常指三件事的其中之一，或是它們的組合：一種遺傳的能力（可能反映在流動智力或 Hebb 所說的智力 A）、一種測驗成績（來自各式各樣的智力測驗中的任何一項）、或是觀察到的行為（反映在 Hebb 的智力 B）。

　　或者我們應該和 Das 一樣，放棄尋找這個可以測量，但是難以捉摸的所謂「普通智力」（general intelligence，一般簡稱為 g）。Das 曾說：「如果我是一名初出茅蘆的心理學家，我不會浪費時間尋找 g……。」（p.137）試圖以單一的普通智力量表給人們定位，不只沒有考慮不同個體之間在興趣、技巧與能力方面的巨大差異，就政治面而言也是危險的，它很容易產生某個種族的智力較弱的結論，特別是如果我們和 Jensen（1980）與 Rushtoh（1988）一樣，認為智力大部份由遺傳決定。

　　相反的，Das 表示，我們必須檢視智力的三個面向：智力行為的歷程與組合、與文化和年齡有關的個人能力，以及經由訓練與經驗而進步的可能性。

✍ Das 的 PASS 智力理論

　　Das 對於智力行為之歷程與要素的描述，係採取資訊處理模式（Das，Naglieri & Kirby，1994）。簡言之，該理論指出，智力功能的運作有三個分開的單元。第一個單元是所有心智歷程的基礎，也就是注意或激發狀態。大腦若未處於適度的激發狀態，以及未加以注意，則個體對環境是沒有反應的。

　　第二個單元是實際的認知處理——指個體對於刺激進行確認、組織、解析等等歷程。因此，也就是在這個單元裡，負責資訊的接收、處理與儲存。

Das 等人（1994）解釋說，認知處理有二種獨特的歷程。一種是「同時處理」（simultaneous processing），指至少對於情境的一些要素同時加以反應。例如，兒童在辦認一個幾何圖形時，會涉及同時掃描該圖形的若干要素，確認其中的關係，而這些關係是立即或同時知覺到的。

相對的，「接續處理」（successive processing）指依序地處理資訊。當問題或活動的要素形成系列（series）時，必須採取此種處理歷程；在前面的資訊未適當處理之前，是無法處理稍後的要素。例如，在解一題複雜的數學題時，必須先依序完成中間的各項附屬任務，才能獲得最後的答案結果。同理，大多數的運動任務（如寫字或擲球）都涉及接續處理。

第三個單元是指讓個體能夠擬訂計畫，付諸執行及評鑑執行效果的部份。依某個意義而言，這是智商的意圖或意識部份。換句話說，「規劃」（planning）在這個模式中相當於後設認知策略——也就是指，讓個體能夠去控制認知活動，監視與評鑑認知活動，以及做必要修正的策略。

歸納來說，由 Das 所描述的這三個智力運作單元是：規劃（planning）、注意（atteention）及接續（successive）與同時處理（simultaneous）。故稱爲 PASS 智力理論。這個模式不僅對於智力的運作提出有用的認知處理觀點，對於矯正兒童的認知缺陷，也特別能提供有用的建議。在 Das 等人所發展的 PREP（PASS remedial program）計畫中，首先評鑑兒童在接續處理與同時處理方面的缺陷。接著給予這些兒童 8 至 10 項任務，這是爲了矯正缺陷而特別設計的，目的在於灌輸認知策略，包括複習、分類、預測、監視自己的績效表現等等。在一項研究中，51 位有閱讀障礙的兒童接受 PREP 的訓練後，閱讀問題獲得顯著的改善（Das，Mishra & Pool，1995）。

➪ Gardner 的多元智力

就教師的觀點而言，認清較高的能力與才華不一定在人類運作的所有領域中出現，而是只出現在某些領域，是很重要的。這個觀點強調，教師必須鼓勵個體發展其特殊優點，並且對較弱的才能提供支持與協助。

Gardner（1983）指出，我們不只有一種，而是有七種不同的智力。這些多元的智力能力出現在七個不同的領域：數理邏輯、語言、音樂、空間、肢體運動、人際，以及個人內在（見表 7.1）。

表 7.1　七種智力

智力	可能的職業	主要特質
數理邏輯	科學家、數學家	辨認邏輯或數學模式的敏感性與能力，能夠處理一長串的推理。
語言	詩人、新聞人員	對於聲音、節奏與字義很敏銳；對不同的語言功能具敏感度。
音樂	作曲家、小提琴家	能夠創作與鑑賞節奏、曲調與音質；能鑑賞各種的音樂表達。
空間	領航員、雕刻家	準確地察覺視覺的空間世界，並且能處理它所產生的心智表徵。
肢體運動	舞蹈家、運動員	能夠控制自己的肢體移動，並且有技巧地掌握物體。
人際	治療師、銷售員	能夠辨認與適度地反應他人的情緒、性情、動機與欲望。
個人內在	清楚地了解自己的人	了解自己的感受，並且能夠區分情緒，以及能利用情緒來引導行為；了解自己的優缺點、欲望與智力。

Gardner 和 Hatch（1989）指出這七項能力不容易評鑑的原因。首先，我們曾經接受的智力測驗大部份涉及數學、語言和邏輯任務。因此多元智力觀點主張，創設各種新的任務，以啟發肢體運動、人際與個人內在的能力。

其次，智力無法輕易地與文化和成長背景分離，這似乎顯而易見。因此，評鑑這些多元能力必得考慮社會背景對兒童的能力、興趣之影響程度，甚至包括兒童接受測驗的意願。

Gardner 和 Hatch 表示：「即使如此，探知不同人們的長處，並且作為任用和訓練的判斷基礎，可能還是值得的……」（1989，p.9）。Gardner 認為，學校必須更加注意它們教些什麼與如何教。特別是，許多學校在最重要的任務中失敗：教導學生使他們真正能了解（Kieran & Gardner，1992）。

✂ Sternberg 的觀點

訊息處理的智力觀點，強調求知所涉及的策略與歷程之重要性。因此，它是一種認知的透視。簡單而言，這個觀點認為，認知運作是智力活動的重要成分之一。一般認為，這些運作大部份是後天養成的，這一點對教師而言最為重要。如同第 5 章的討論，後天養成的運作（也就是學習而得）能夠教導。這個理論構成了目前廣為發展與測試的認知策略計畫。

其它生物的智力

我們總是假設人類是所有生物中最聰明，而且最有創造力的。我們驕傲地指出，我們愈來愈能駕馭大自然，並且對照著不是那麼資優的動物們長年為生活掙扎*，我們認為自己是最能適應環境的生物——這種適應能力，是很有用的智力定義。

諷刺的是，我們——自以為聰明的人們——並不是擁有最大腦重量的地球生物。事實上，成年男性的腦重量大約是 3 又 1/4磅，女性的腦重量大約少 10%——不到三磅。這和大象或鯨魚 13磅的腦重量（有些甚至高達 19 磅）相比，實在微不足道。然而，由於腦的絕對重量和智力行為的關係，很可能低於腦和體重的比率，使人類仍然佔優勢。我們的頭腦與體重比，最高是 1 比 50，而鯨魚與大象可達 1 比 1000。然而，有些小猴子有更好的腦與體重比——例如 1 比 18，但是在這些例子裡，腦的絕對尺寸是如此的小，它或許只夠應付簡單的生理功能。另一方面，海豚並非很巨大——事實上，牠們通常和成年男子差不多，然而牠們的平均腦重量是 3 又 3/4 磅。這項事實已經引發許多對海豚智力的假設與研究——這些研究尚未成功地確認海豚實際的智力情形。

雖然根據頭腦和身體的重量比，能夠相當準確地排列生物群的智力，但這種粗糙指標，對於人類之間所存在的微細卻意義重大的差異，似乎沒有實際的價值，「智力測驗」這項工具因而被廣泛使用，但是這些測驗不只通常不適合非人類，往往也只適合非常特定的人類團體。

註：而且我們也（不是那麼驕傲地）指出，我們對不可替代資源的耗損、污染環境的愚昧嗜好、無法理性地控制生育，以及逐漸增加的核子毀滅危險，都不是其它動物趕得上的。

肆應智力（contexual intelligence）：Sternberg 的肆應與組合理論（1984a，1984b，1986），是智力的訊息處理取向的好例子。肆應理論根據個體對特殊環境的適應來定義智力。以 Sternberg 的話來說，智力是「對於和個人生活有關的真實世界環境之有意圖的選擇、塑造與適應」（1984a，p.312）。這個定義的重要特徵是，它強調個體對環境的控制。事實上這個理論認為，有智力的個體不僅藉由改變與塑造環境中的重大事項來控制環境，也一開始就選擇環境。因此，一個患有嚴重暈眩症的人去買一間山崖上的房子，是很愚笨的（至少不明智）。

　　我們如何測量肆應智力？Sternberg 表示，方法之一是，詢問人們在他們的文化中，什麼被認為是聰明與愚笨的。畢竟肆應智力只代表人們對一個特殊情境的適應情形——而且在那個環境中生活的人，可能是如何有效適應的訊息最佳來源。不足訝異的，分析一項北美地區人民對於「什麼是智力行為」的回答時，得到三大類最能描述聰明人們的能力特徵：實際的問題索解能力、文字能力，以及社會能力。在其它文化中，可能得到不同的答案。

　　肆應智力觀點的優點之一是，它突顯個體在社會與自然情境中成功處理日常生活需求的重要性，也就是說，它將智力從抽象與理論的領域中抽離，並且帶入一個比較具體、比較容易理解的層次，然而這個觀點也有許多缺點。首先，它過於概括性，因為若是所有的適應行為都是有智力的，則幾乎所有的行為都有智力的潛能（即使它們在某個情境下有點愚笨，它們或許適用在其它情境）。其次，肆應觀點未能充分地描述構成智力的歷程與結構，相反的，它根據行為的特徵與功用來描述智力。

　　組合觀點：Sternberg（1986）提出人類智力的組合理論，來回應這些缺點。這個理論認為，智力有三種不同的成分（見圖 7.1）。首先是與後設認知有關的成分——也就是計畫、監督與評量認知表現，統稱後設成分（meta-components），包括了 Sternberg 所說的「執行技能」——決定使用何種認知活動，以及監督與評量這些活動的進行。傳統的智力測量通常沒有測量後設成分。其次是表現成分（performance componetns），它們是執行任務時，實

際運作的歷程，包括歸納、推理、編碼、分析、記憶、注意等等。我們注意到，Cattell 將這些歷程稱爲流動能力。它們似乎和經驗非常無關，而較決定於內在的因素。Sternberg 認爲，許多測量流動智力的傳統智力測驗，也能夠測量出表現成分。

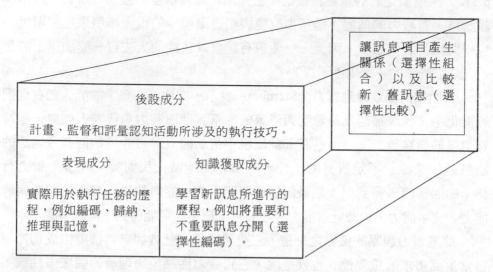

圖7.1　Sternberg的智力訊息處理觀點，將智力定義爲對眞實世界的適應（一種肆應性觀點）。適應是經由計畫與監督智力活動（後設成分），實際實行認知活動（表現成分）以及學習（獲取知識成分）等認知歷程而產生。

　　Sternberg 的第三個智力成分是，知識獲取成分（knowledge-acquisition component）。Sternberg（1984c）指出，學習新訊息的三個重要歷程：選擇性編碼（分離相關與無關的訊息）、選擇性組合（將選擇的訊息與其它訊息組在一起，使訊息意義化），以及選擇性比較（讓新訊息與舊學習產生關係，以獲得意義性）。

小結

簡略而言，智力有三種不同的界定。心理測量觀點認為，智力是一種現象，在那些被認為需要智力行為的任務中，人們的表現就是智力的證據。因此，謹慎地選擇與組合這些任務，能夠測量出智力。Piaget 觀點說明了他所謂的「活動中的智力」（intelligence in action）。他認為，智力是在同化與調適的交互作用之下的持續適應歷程，並且導致認知結構的逐漸發展。訊息處理觀點則關切那些構成智力行為的認知歷程。

現今的智力研究取向，有二個共同點：它們對歷程的強調勝於結果，並且認為智力是由各種技巧與能力組成。例如 Gardner 和 Hatch 描述七項不同、而且可能非常無關的智力——雖然他們也承認，這些智力之間的關係，研究可能發現比理論所認定的還要密切一些（Gardner&Hatch，1989）。Sternberg 則提出肆應智力（智力行為是在一個特殊情境裡的適應行為），並且指出智力有三個組成成分：後設成分涉及後設認知（策略的計畫、組織、監督與選擇）；表現成分是執行任務時，實際運用的歷程（編碼、歸納、推理等等）；知識獲取成分涉及新訊息的學習（將重要和不重要的分開，讓新知識中的訊息項目產生關係，以及比較新訊息與舊知識）。

從教師的角度來看，智力是一個重要的概念，不論從智力與學校成績的關係，或教師偶爾必須依學生的智力，來修正教學策略這兩方面而言。而且從一個實際的觀點來看，教師對學生智力的了解，大部份是從學生的實際表現中得到證據，比較少從較正式的智力測量。

相關性的概念

事實上，好的教師有時候非常善於不靠測驗而評估學生的 IQ，而 Delgado-Hachey 與 Miller（1993）的研究則指出，母親也有此能耐。

Follman（1991）指出，教師的評估和實際的測驗之間大約有0.55的正相關，這代表什麼意義？

相關性（correlation）是經常被使用卻不見得被人充分了解的術語。兩個或更多的變項（variable）（性質可以互異）相關，如果它們之間有一些對應。鞋子的尺寸和襪子的尺寸相關、薪水和生活水準相關、房子的大小和窗戶的數量相關、酒醉和酒精消耗量相關，這些是正相關（positive correlation）的例子：當一個變項增加，它的相關變項也會增加。相反的關係稱爲負相關（negative correlation）：野生動物的數量和人口數量相關、海底的污染程度和魚群數量相關、清醒和酒精消耗量相關，這些例子當中只要有一個變項增加，另一個就會減少，因此，它們是負相關的例子。

　　相關的指數（或係數）通常介於 -1.00 到 +1.00，每一個極端代表完全相關，而零代表完全無相關（見圖 7.2）。相關係數的符號通常以 r 表示。Follman（1911）發現，IQ 分數和教師對智力的評估有 0.55 的正相關，即表示一個極高的可能性：如果教師評估學生的 IQ 是高的（或低的），則測驗結果也會是高的（或低的）。

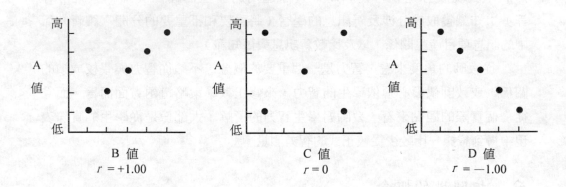

圖7.2　相關性（r）的圖示，顯示兩個測量值傾向於一起變化的程度。關係的走向（正或負）以相關係數的符號表示（正或負）。關係的強度由相關係數的大小表示：r愈接近 ±1，所觀察到的關係愈強；愈接近0，關係愈弱。圖例中，變項A的分數與變項B和D完全相關，並且和C完全無關。

不要單憑相關性就做因果推論是很重要的。即使兩個一同變化的變項具有相關性，變項之一的改變不一定造成另一變項的改變，舉例而言，市區的販酒商店和教堂數量有很高的相關性，然而，大部份的人不會認為其中一項造成另一項的產生。

☆ 智力與成就

大部份的智力測驗都建立在一項假設上：智力和學校任務的成功表現有關。因此，這些測驗和課業成績的測量有很高的相關性，就不足為奇了。事實上，智力測驗和成就測驗所測量的東西差不多，也就是說，兩者都測量舊學習的成就，而且兩者通常都極為文字化。它們之間的主要差異是，智力測驗所取樣的行為層面較廣泛，而且（就某種程度而言）強調將知識與技巧運用在新問題上的能力；相對的，成就測驗傾向於侷限在特定的內容領域或科目。

傳統的智力測驗並沒有測量內在的能力，只做遙遠的推論，尤其教室中最常使用的紙筆團體測驗；也就是說，心理學者有時候會推論那些在測驗中有好表現的人，他們內在的學習能力，比那些測驗表現較差的人高。並且預期與實際的績效表現之間的差距，常被視為存在著特定學習障礙或某種其它問題的證據（Fletcher，1992）。然而，這些測驗事實上只顯示受試者過去學習的經驗，以及他們從這些經驗中得到多少收穫的粗略測量。Vygotsky（1986）和 Feuerstein（1979）都主張，為了測量學習潛能，應該讓受試者處於他們必須學習的情境，而不是處於應用舊學習的情境，因此 Feuerstein 的性向測驗（LPAD，見第 5 章）應用了暗示與線索。

從成就測驗與智力測驗之間的密切關係來看，許多研究（Barrett & Depinet，1991）所報告的兩者之相關係數，都介於 0.30 到 0.80，就不令人驚訝了。由此看來，學生的智力測驗分數似乎對教師有相當大的價值。不幸的是，如同本章稍後將指出的，智力測驗的分數，對於預測某個特定個體將有

何種表現，通常不是很有價值，它們的結果往往非常不可靠：同一個體在不同測驗的得分，有非常大的落差，而且可能未必確實反映任何個體未來或過去的表現。然而，它們對於預測整個學生群體未來可能的表現，非常有價值。因此，它們通常用於編班或其它的參考目的。值得牢記在心的是，智力只是與在校成就正相關的因素之一；過去的成績是較能預測未來成績之指標。

✍ 有關 IQ 的迷思

使用智力測驗的教師們，應該注意到它們的限制，以及經常圍繞著智力商數（intelligence quotient，IQ）這個概念的迷思。

誤解一：「IQ 是固定、奇妙而神秘的，每個人或多或少都擁有一些。」這個迷思常見於一些問題中，例如「你的智商多少？」或「我的 IQ 是……。」等句子。事實上，一般稱為 IQ 的智力商數，僅只是一個人在特定的測驗情境，以及特定的「智力」測驗裡，所得到的分數。智力測驗需顧及效度（validity）（有時會有爭議性）。一項測驗只在它所欲測量的範圍內有效；因此，一項智力測驗是有效的，如果它只測量智力而不是其它東西，另外，沒有任何一項測驗有完全的信度（reliability）（有關效度和信度的討論見第 13 章）。智力測驗的準確性（信度）有相當大的差異，事實上，這種差異技術上稱為「測量誤差」（error of measurment），也就是說，任何教師對一個特定的智力商數可能會推理：「得分 130 表示這個學生的 IQ 可能介於 120 到 140 之間。」

有愈來愈多的研究顯示，IQ 的測量值並不固定。沒錯，幼年初期和長大以後測得的智商之間的確有實質的相關性。Bloom（1964）指出，五歲和十七歲的測驗結果之間的相關高達 0.80——八歲以後和幼年初期的相關值甚至更高。Gustafsson 和 Undheim（1992）也發現，智力測量值具有很高的穩定性。但是也有許多證據顯示，和新科技的互動（譬如電腦，甚至於計算機）

使智力測量值逐漸增高（Salomon，Perkins & Globersion，1991）。而且也有驚人的證據顯示，受教育會提高智力。Husen 和 Tuijnman 曾說：「兒童的 IQ 會影響教育成果，（而且）教育本身對於 IQ 也有實質的影響」（1991，p.22）。在實施以培養認知能力為目的的新認知策略課程之下，這份影響可能更為明顯（見第 5 章）。

　　誤解二：「智力測驗測量所有重要的事項。」事實上，大部份的智力測驗所測量的能力項目相當有限－－一般而言，是處理抽象概念與符號的能力。它們很少觸及人際技巧、運動能力、創造力以及各式各樣人類所希望擁有的特質。如同 Weinberg（1989）所說的，它們沒有觸及許多有關人類認知的重要事項，舉例而言，大部份的智力測驗並沒有告訴我們，任何有關社會智力、動機、調適技巧或情緒等事情。

　　誤解三：「智力測驗是無關個人、無私、而且公平的。」並非如此。許多智力測驗有文化的偏見，也就是說，它們傾向有利於那些和測驗常模的樣本有類似背景的兒童。在北美洲，樣本通常是中產階級的白人兒童，這一點說明了，為什麼許多智力測驗對各種弱勢團體來說並不公平。然而，此類測驗較近期的版本，例如 Stanford－－Binet 和 Nechsler，已經將弱勢團體納入他們的標準化樣本中。因此，現在的測驗對弱勢團體比較公平。

　　許多其它的測驗－－沒有一項被廣泛地使用－－雖然有些已經廣泛地用在研究中－－企圖減少文化偏見。此等測驗，有時候被描述為「文化公平」（culture-fair），或是比較貼切的「文化消除」（culture-reduced），通常是非文字的。它們試圖經由圖畫或抽象的問題，來測試智力（譬如 Ravens Progressive matrices Test，瑞文氏非文字推理測驗）。Mercer 的《System of Multicultural Pluralistic Assessment》（SOMPA 多文化多元評估系統，Mercer & Lewis，1978）是克服測驗情境中，某些文化偏見的重要方法之一，本章稍後將會討論到。

　　事實：IQ 和學校與人生的成功有關－－雖然有些心理學者一直持相反的看法。舉例而言，Thorndike 和 Hagen（1977）以及 Cohen（1972）指出，雖

然智力測驗的得分，和學業成績有實質的正相關，過去的成績和未來成績的相關性，甚至比 IQ 與未來成績的相關性更高。而且 McClelland（1973）強烈主張，智力測驗得分和人生或事業的成就，只有相當小的相關性。但是 Barrett 和 Depinet 在仔細檢視研究之後指出：「這些不同的科學研究所得到的證據，一次又一次地導致相同的結論：智力與性向測驗和工作表現呈正相關。」（1991，p.1016）。

智力測驗

　　已知成績與智商測量值之間的關係之後，智力測驗主要的功能在於預測。從某個意義來看，智力測驗只不過在於預測，在需要執行智力任務時，個體會做得多好。

　　智力測驗的種類非常多，大部份的測驗結果都稱為 IQ。在大部份的測驗中，隨機選擇團體的平均 IQ 是 100，大約有三分之二的人介於 85 至 115 之間，大約有 11%的人高於 120，以及 1.6%的人高於 140。圖 7.3 描述常態母體智力測量值之分布。

　　智力測驗有兩大類型：團體與個人，前者是同時對一群受試者進行測驗，後者則是個體獨自進行。一般而言，團體測驗（group test）是紙筆測驗，它們的種類遠超過個別測驗，或許因為團體測驗花費較少，而且運用較廣；不幸的是，它們的效度與信度通常較差。相反的，個別測驗（individual test）就設備與進行時間而言花費較大，然而它們測得的分數有時比較可靠，而且它們對智力歷程往往提供較深入的洞察，對於診斷兒童特殊的學習問題尤其有效。舉例而言，很少學校會根據單一的團體評鑑而將學生編入「特別」班或計畫班。一般來說，在團體測驗的初步甄選後，通常有必要再進行個別評鑑，部份用意是要確定測驗是否對學生公平。

只要是稍有能力的教師，通常都能執行團體測驗與評分。然而，除了少數的例外，絕大多數的個別測驗都必須受過相當的訓練才能執行。這裡只簡單敘述一些最常使用的個別與團體測驗，詳細的資訊請參閱《Tests in Print》（Mitchell，1983）。

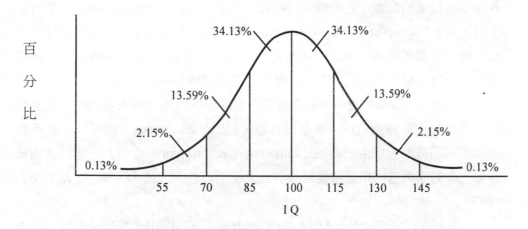

圖7.3　理論上智力的常態分配圖（平均數是100；68.26%介於85至115之間；只有2.28%的人超過130或低於70）。某個團體實際的情形會跟本圖有點不同。

☞　個別的智力測驗

如同上述，個別測驗的對象是單一學生，通常由受過訓練的人員進行。

Peabody Picture Vocabulary Test-Revised（PPVT-R）。這是最容易進行與評分的個別測驗之一。它是一種不限時間的測驗，通常每一位受試者大約花十五分鐘左右，內容是測試者先讀一些單字，然後要受試者在四張圖畫中指出代表那個單字的圖畫。此項測驗有兩種（L 和 M），各自有從最簡單到最難的 175 個單字（圖）。測驗在連續發生六次錯誤答案後中止。最後根據受試者的年齡與最後一個正確答案的層次，推算智力測驗的得分。因為形式

簡單，Peabody 測驗有時用來測試那些有嚴重溝通問題或運動功能運作不良的學生（Wagner，1994）。

Revised Stanford-Binet 修訂版。Stanford-Binet 是最有名與最普遍的個別智力測驗，它的執行必須有相當高程度的訓練與能力。它依不同年齡層而有各種不同難度的測驗。它的得分能換算為 IQ。最新的 Stanford-Binet 修訂版（第四版，Thorndike， Hagen & Sattler，1985）產生四個不同領域的分數：文字推理、量的推理、抽象／視覺推理，以及短期記憶。它同時也提供一種複合的分數，稱為「調適能力」的測量，它的解釋和 IQ 差不多。

Stanford-Binet 廣泛用於評鑑能力正常的學生與那些有學習問題與發展問題的學生。對於指認資優才華也很有用（Ellzey & Karnes，1993），並可做為初步掃瞄自閉症學生的測驗（Carpentieri & Morgan，1994）。此外，由於涵蓋寬廣的年齡層，所以也能用以測試大學生與較大的成人（Nagle & Bell，1993）。

Wechsler Intelligence Scale for Children；WISC-III（魏氏兒童智力量表修訂第三版）。這項智力測驗和 Stanford-Binet 類似，但是比較容易進行。它同樣產生許多特定的分數（例如字彙、圖形設計、記憶廣度、理解）以及兩大「智力」分數——文字與表現（performance）。這些分數能夠組合產生所謂的「全量表 IQ 分數」。這項測驗另有成人與學齡前兒童的版本。表 7.2 描述 WISC-III 的各種分支測驗。

System of Multicultural Pluralistic Assessment；SOMPA（多文化多元評估系統）。本章所描述的幾個例子，都指出許多智力測驗，對那些白人中產階級之外的種族與社會團體並不公平。的確，美國已經有許多法庭承認這項事實，舉例來說，在黛安娜與加州教育局的案例中，十二位墨西哥裔的美國兒童申訴，他們在不是用母語所進行的測驗之根據下，被當地學校安排在智能不足的班級，明確地說，這些兒童接受標準英文版的 Wechsler 和 Stanford-Binet 量表的測試。偏向原告的法官判決，讓西班牙語流利的人士再次對兒童測驗，將重點放在非文字部份，並且對西班牙語的兒童發展出新的測驗。

表 7.2　魏氏兒童智力量表（WISC-III）

文字量表

1. 一般知識。涉及大部份兒童都有機會得知答案的問題。（M*）

2. 一般理解。評估兒童對特定事情的理解。（M）

3. 數學。口語的數學問題。（M）

4. 相似性。兒童指出特定事物之間的相似性。(M)

5. 字彙。兒童對難度逐漸增加的字彙釋義。(M)

6. 數字廣度 。兒童依序和反序地口頭重覆一連串的數字。（S*）

表現量表

1. 圖畫記憶。兒童指出圖畫中遺失的部份。（M）

2. 圖畫安排。兒童安排圖畫的順序，並且看圖說故事。（M）

3. 圖形設計。兒童以彩色積木準確地複製一個圖形。（M）

4. 組合物件。拼圖（M）

5. 編碼。兒童依照線索將符號與數字配對。（M）

6. 迷宮。兒童用鉛筆走迷宮。（S）

7. 尋找符號。兒童進行尋找符號位置的任務，用以測量他們的心理歷程速度與視覺尋找技巧。（S）

註：（M）必測項目；（S）補充項目

　　上述的例子和許多相關的案子，已經對學校的測驗產生許多影響。其中不利的影響之一是抑制測驗的使用。儘管測驗可能具有偏見，但是依賴測驗或許遠勝於，依賴那些不相信測驗結果的教師或其它專業人士之判斷。測驗中的偏見是固定的，因而得以察覺，而且可以測量；人們的偏見比較不明確，比較微妙，因此也比較難察覺與控制。正如 Seligman（1992）所說的：「不管有或沒有智力測驗，我們仍然必須決定哪個兒童需要協助，以及哪個兒童可以申請獎學金。若沒有測驗成績提供一些獨特（通常是令人訝異）的洞察之見，我們很難說這些決定會較好與較公平。」

此外，這些法案一直刺激新的測驗以及測試方式的產生。其中一項是 Mercer 的 SAMPO（多文化多元評估系統，System of Multicultural Pluralistic Assessment：Mercer，1979；Mercer & Lewis，1978，1979）。SOMPA 包括一套十個不同的個別測驗，它們反映三個領域的表現，Mercer 稱之為「模式」（models）：醫學模式、社會系統模式，以及多元模式。醫學模式的測驗，試圖評斷兒童的生理是否正常，包括視覺與聽覺敏銳度的測驗、肢體靈活性與肌肉協調性的測驗，以及健康與身體發展的指數。社會系統模式的測驗，試圖判斷兒童的社會能力是否「正常」，也就是說兒童在社會情境中，是否有符合社會期許的行為，所使用的測驗是 WISC-III，以及兒童適應量表（Adaptive Behavior Inventory for Child，ABIC）。Mercer 的假設是，落在 WISC-III 量表最低的百分之三的學生，在校園中的行為不會達到標準，她認為這些學生在學校的功能運作層次會相當低。

多元模式是一種特別的興趣，因為它在試圖判斷學童在學校成功的可能性時，考慮了學童的文化與社會背景，最主要的測驗方法是 WISC-III，它以傳統的方式進行，但是用不同的標準。舉例而言，Mercer 對一群標準樣本的加州學童進行 WISC-III，其中包括 456 名非裔、520 名拉丁裔，以及 604 名白人。和預期的結果一樣，拉丁裔和非裔的成績明顯地低於白人團體，他們的平均全量表智商分別是 91.9 與 88.4，而白人是 103.1。將這些常模加上兒童的家庭背景（家庭大小、收入、人口組成與社經地位），Mercer 發明了對兒童在學校能否成功的預測模式，稱之為「學習潛能推估值」（estimated learning potential score，ELP），這種推估值是多元性的，因為它在測試潛能時，將社會與種族背景、以及測得的潛力納入考慮。

Sattler（1982）曾經批評 SOMPA 所用的加州樣本不具有全國代表性，而且沒有足夠的證據可以證明，根據 SOMPA 的預測，比單純依據 WISC-III 的預測更為有效，此外，對於將醫學模式運用在教學決策上也有一些疑問。

然而最新的證據顯示，SOMPA 可能適用於某些重要的目的。舉例而言，Matthew，Golin，Moore 和 Baker（1992）用 SOMPA 檢定一群非裔美

籍學童為資優，這些學童在以往那些一般的、未調整的測驗中從未被認為資優。然而他們在各種認知歷程的測量中，表現得和一般測驗檢定出的資優兒童一樣好，而且在參加資優計畫七個月以後，他們和其它學童之間並沒有明顯的差異。

⇨ 團體智力測驗

團體智力測驗通常是同時對一群人進行的紙筆測驗。以下簡單述敘數百種中的幾項。

畫人測驗（Draw a Person Test）：這是由 Goodenough（1926）所設計，爾後由 Harris（1963）與 Naglieri（1988）修正的有趣測驗，它的基本假設是，兒童的繪圖能反映他們的概念純熟度。兒童的任務是，在不受時間限制下，盡可能地畫一個人像（見圖 7.4）。圖畫的評分主要根據一套定義清晰的標準，判斷人像的細緻與準確度，同時也有將原始分數轉為 IQ 的參考表。

認知能力測驗（CogAT）：被廣泛使用的多層次紙筆測驗，適合三至十三年級的學童。這個測驗取得文字、數量與非文字三類的分數——以及它們組合成的 IQ 商數。這個測驗同時也包括，根據同年級其它學童的表現，將個人得分轉換為百分位數的圖表（百分位數指個人落在或低於特定分數的百分比率，舉例而言，一個百分位數是 75 的學生，他的表現和同年級所有人比較時，在 100 人當中勝過 75 人）。

Otis-Lennon School Ability Test。Otis-Lennon 所設計的學校相關能力評估測驗，共有五種層次，適合一至十二年級的學生。測驗項目相互混合（例如字彙、推理、數字與其它等題目混合出現），而且難度逐漸增加。這個測驗所得到的單一標準分數稱為「學校能力指數」（SAI）。

圖7.4　Goodenough-Harris畫人測驗的兩個例子。兩名受試者都是將滿十一歲的男孩，兩張圖所得到的原始分數與IQ商數分別是（a）41與110；（b）4與54。B學童的Stanford-Binet IQ分數也較低。取自Goodenough-Harris畫人測驗。

☞　智力測驗的用途

　　智力測驗雖然仍然在許多學校中使用，卻不再對所有學童例行地施測，部份原因是父母與其它人士強烈的反對，部份原因是對測驗潛在的缺點與濫用之認知逐漸增加。

　　使用智力測驗的主要目的是，將結果用以參考、輔導、編班、診斷上的矯正或強化等，當它們被有技巧地進行，並且理性地詮釋時，它們對以上的目的都有相當大的價值，不幸的是，智力測驗並非總是有技巧地進行或理性地詮釋。

　　在詮釋智力測驗的結果時，有許多重要事項必須牢記在心，它們大部份和上面所描述的誤解有關。例如，教師必須記住，所有智力測驗的效度與信度都不是絕對的。如果今天強尼的 IQ 測驗是 120，而法蘭是 115，教師若因此而認為強尼比法蘭聰明，因此應該編到「前段班」，而不是「放牛班」

是非常愚蠢的。因為下個月強尼的 IQ 測驗可能只有 110，或法蘭在明天的另一個測驗中得到 130。事實上，就是測得的 IQ 之不準確，為偶爾環繞著 IQ 的神秘做辯解。不幸的是，父母並沒有完全了解 IQ 的概念，或許更為糟糕是，即使是教育者也是如此。

教師也必須牢記在心，智力不是固定不變的特質，如同上面的討論，正規的教育，以及和電視、電腦等事物的持續互動，也會增加智力。這些注意事項的涵義是，教師根據智力測驗結果所做的決定應該是實驗性的，而且要不斷地檢討，教師不應該對學生那些受限制與經常改變的抽樣行為貼上標籤。簡而言之，教師應該有正確的觀念。

智力的決定因素

智力不是偶然形成的，它有形成的原因。聰明的原因同時也是愚笨的原因，因為兩者不能共存。我們曾經在第 2 章提過，人類的人格是遺傳與環境交互作用的結果（參閱標題「經驗與智力的爭辯」專欄），如同專欄所指出，雖然爭辯雙方都有許多證據，爭辯卻沒有停止。遺傳與環境很明顯的不再是重要的問題，比較重要的反而是，個體在發展中如何與環境互動、造成智力改變的歷程，以及缺陷如何彌補、資優如何強化（Rose，1995）。

☞ 橡皮筋假說

用來描述遺傳與環境之交互作用的較佳類比之一是，Stern 的橡皮筋假說。它將智力發展的內在潛力比喻為橡及筋。任何時間的智力都像是橡皮筋的長度。很明顯的，短的橡及筋（較差的基因背景）能被延伸；在相當程度的努力下能夠變得很長，而環境就是在橡皮筋上施予拉力的力量。因此，如果天賦較高，即使環境刺激較少，也能達到一般的發展，反之亦然，基因和

環境力量的互動情形大致如此。學校的功能之一就是——延伸橡皮筋（見圖 7.5）。

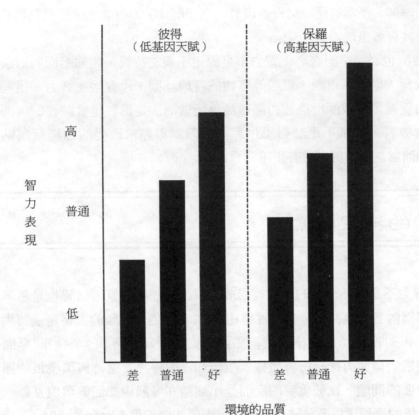

圖7.5　Stern假說：個人受自遺傳的智力發展潛能不同（基因天賦），在環境力量 的作用下可能達到平均值以下、平均值或平均值以上的智力。

☞　家庭的影響

有些證據顯示，家庭的大小和出生排行，可能影響兒童的智力表現。舉 例而言，一百多年前，Galton（1869）觀察到，許多偉大的英國科學家都排行

老大，從此以後，有許多的研究顯示，老大和獨生子（必然也是老大），他們的口語能力從小就勝於排行較後的小孩（Koch，1955），此外，他們的智力測驗分數較高（Altus，1967）、學業成績較好（Zajonc，1976）、比較有可能上大學，以及擔任要職（Velandia，Grandon & Page，1978）。此外，也比較可能成為國王與皇后（例如見 Gaynor 與 Runco，1992）。

然而一項比較近期的排行資料檢視卻指出，在最好的情況中，排行對學業成就或智力只有少許的助益，在最差的情況中，排行完全沒有助益。Hauser 和 Sewell（1985）在調查九千名高中畢業生和他們的兄弟姊妹（超過三千人）之後發現，出生排行完全沒有影響。然而，他們的確發現，兄弟姊妹人數的多寡，對於受教育有負面的影響。換句話說，家庭愈大，學科成就會愈低。

家庭大小和學科成就，以及家庭大小和智力測驗表現之間的關係，已經在許多研究中受到證實。在嘗試解釋這些關係時，Zajonc（1075，1976，1986）和 Zajonc、Markus（1975）指出，家庭裡的智力氛圍（intellectural climate）是智力發展的重要影響之一。此外，他們根據融合理論（confluence model）提供了一個簡單的公式，用以決定家裡智力氛圍的大約值。

根據這個理論，每個家庭成員因為年齡而有不同的數值。父母各為 30，新生兒是 0，其它的孩子們則介於 0 至 30 之間。然後再根據所有家庭成員總和的平均值來計算出智力氛圍指數。舉例而言，排行老大的人出生時的智力氛圍是 30 加 30（父母的）再加上 0（嬰兒的）再除以 3（等於 20，無知的新生兒所處的環境）。因此，排行較後，即出生時家中已有許多幼兒，可能處於智力氛圍指數較低的家庭。Zajonc-Markus 的理論只是預測大家庭成員的智力測量值和智力氛圍指數有關，事實上，有些證據也支持這項觀察（例如 Grotevant，Scarr & Weinberg，1977）。

經驗與智力的爭辯

　　從教育者的觀點來看，兒童的經驗是否能增加智力是最重要的問題。有關這個問題，以及一般的先天－－後天問題的相關研究，我們將之濃縮在一段 John Watson（環境主義支持者）與 Francis Galton（認為智力完全來自遺傳）之間的虛構辨論。這段辨論充滿了明顯的時空倒置。為了知道他們所侃侃而談的一切，他們必須多活個一百歲。

　　Galton：親愛的 Watson，只要你打開心胸看這個問題，我會讓你徹底相信遺傳是發展中最有力的因素，如同我在 1869 年說過的，我對那些突發奇想，而且往往只是暗示的假說毫無耐性，尤其是那些教孩子要學好的神話，說什麼小孩子生下來都差不多……。

　　Watson：還有呢？

　　Galton：你以前也這麼說。想想看那些無數的孿生子研究。同卵孿生子基因上完全一樣，而異卵孿生子的不同，和其它任何的兩個兄弟姊妹一樣。Burt 聞名的 1958 年研究顯示，不管是一起或分開成長，同卵孿生子的智力測驗之相關性，遠的勝於異卵孿生子。我也相信，如果我們的智力測驗更為可信，相關係數值會更高。Bloom 將這個研究和其它四個研究，摘錄在 1954 年出版的書中第 69 頁，它們都指出相同的結果。

　　Watson：我的天！這是多麼有偏見的詮釋。如果你看一下 Newman，Freeman 和 Holzinger 1937 年的研究－－Bloom 的摘錄

中也提到這個研究——只要你看了這個研究，你就會知道環境的影響。你怎麼不說一起成長的孿生子的相關值，總是遠超過分開成長的孿生子。這你又如何解釋？

Galton：那些以人為主的智力測量研究都很值得懷疑。以老鼠為例好了。

Watson：那可是完全無關！

Galton：才不是，你先安靜下來聽我說。R. C. Tryon 在 1940 年做了一個驚人的研究，它證明你是錯的，知道是什麼嗎？

Watson：你是指 Tryon 的研究？

Galton：沒錯。

Watson：錯了。

Galton：我不認為。你書讀得不多吧！你只能唬唬一般的讀者。Tryon 讓 142 隻老鼠走完 17 組的迷宮 19 次，其中最聰明的老鼠，我忘了……大約犯了 20 個錯誤（其實是 14 次），最笨的犯了 200 個錯誤（Gal 又錯了，是 174 次）。然後聰明的老鼠們養在一起，愚笨的公鼠和母鼠住在一起。人們通常也是這麼回事。哈！哈！好了，同樣的程序一再地重覆，僅僅經過了八代，神奇的事情開始發生了。聰明群中最笨的老鼠，牠犯的錯誤比愚笨群中最聰明的老鼠少，換句話說，愚笨群中最聰明的老鼠，還是比聰明群中最笨的老鼠笨，或者說聰明群中最笨的老鼠……你應該知道。想想看人是不是也能這樣研究。如果美國政府沒有禁止一夫多妻的話，John Humphrey Noyes 就會做完這個研究（Noyes 曾於十九世紀末期，在紐約的 Oneida 組成一個宗教的、博愛的自治團體。為了培育最優秀的種族，他進行選擇性生育，

但是在 1880 年法律明文禁止一夫多妻時解散這個團體）。

　　Watson：原來你的優生運動就是建立在這種荒謬的證據上（優生就是選擇性生育）。既然你提到了，讓我也告訴你一個老鼠的研究。Hebb 在 1947 年，Krech，Rosenzweig， Bennett 分別在 1960，1962 和 1966 年提出證據指出，隨機選擇出來的老鼠，能夠明顯地受環境改變。第一個例子是 Hebb 在 1947 年提出，當寵物撫養的老鼠，在迷宮測驗的表現，勝過實驗室撫養的老鼠。Krech，Rosenzweig 和 Bennett 在 1962 年甚至藉著強化環境，而改變老鼠的腦部化學作用。如果這些還不夠的話，想一想 Heyns 1967 年在南非做的研究，他以吸塵器改變了嬰兒的智力。

　　Galton：少來了！吸塵器！太離譜了吧！

　　Watson：那是你的想法。它發表在 1967 年 2 月 14 日出版的《女人自己的》（Woman's Own）一書中。

　　Galton：你看過？

　　Watson：我老婆。反正 Heyns 用吸塵器的馬達做了一個降壓力的物件，他把這個看起來像氣球的塑膠東西放在女人的腹部上，然後將空氣吸出來。它舒解了各種的酸痛，並且讓嬰兒也更聰明。

　　Galton：聽起來有點詭異。Jensen 在 1968 年檢視了這個研究，並且提出基因決定智力的結論。

　　Watson：樂觀的教師們必然和我有相同的看法。我們對基因無能為力，卻能夠改變環境……那也是學校的意義。兒童電視節目、針對資優小孩設計的書與計畫，都是為了加速……。

Galton：別沖昏頭了，Watson，你的觀點或許比較樂觀，但是卻比較不確實。我是一個科學家，不是哲學家。

後來 Watson 被老婆叫去洗碗，結束了這段爭辯。

但是爭議持續進行，現在大部份的科學家認爲，遺傳和環境兩者都很重要，而且兩者之間的影響密不可分，這些因素會造成何種影響並不重要，重要的是它們如何影響智力（Anastasi，1958）。

這些觀察是否支持家庭大小與出生排行是影響智力的重要因素？Zajonc 和 Markus 認爲如此（1975）；然而，比較近期的分析指出，他們只說對了一半。

大部份的證據都沒有質疑家庭大小和智力測量值成反比的結論（家庭愈大智力愈低），雖然它們的相關值不一定總是很高，也算不上普遍。比較受到質疑的是，家庭大小是不是最重要的變項。Page 和 Grandon（1979）在幾項同類型的大規模和系統化調查中所發現的關係，和 Zajonc、Markus 以及其它曾提出結果的學者差不多。但是他們同時也發現，當社會階級與種族變項包括在內，這些因素和智力的相關性超過家庭大小。簡單而言，在許多發現家庭大小、出生排行與智力間有高相關的多數研究中，研究者並沒有考慮大家庭較常見於較低階級、特定的弱勢族群與教育程度較低者的事實。此外，或許大家庭中的「智力氛圍」更可能是種族、社會與教育變項所造成的，而不是家庭大小。

一項結論：這個問題最合理的結論，或許是智力的發展受到許多變項的影響。這些重要的變項包括，基因的力量（我們能掌握的相當有限）、環境的變項例如正規教育、兒童與父母、兄弟姊妹之間的互動，以及兒童與社會、科技面之間的互動。

每一個變項都不單純。

　　最後，我們也應該時時牢記，社會科學的結論大部份是建立在某一群人的平均表現上。那麼，無可避免的情況是，群體中會有許多的個人，他們的行為經常和研究結果不同，換句話說，所有的家庭、所有的社會與種族都有天才，就像到處都有傻瓜、笨蛋與白痴。

創造力

　　過去數十年來有許多學者致力於創造力的研究，特別是在 J. P. Guilford 的研究（1950，1959，1962）之後。然而，創造力研究與思辯的中心問題——什麼是創造力——大部份仍然無解，未有一致的看法。

　　蕭伯納（George Bernard Shaw）的傳記作者 Stephen Winsten，曾經問他天才與瘋子只有一線之隔的問題：「務實的人喜歡將有創造力的人想成有毛病的人，至少也接近瘋子。」蕭伯納的回答是：「大部份的人是這樣沒錯，我或許是唯一頭腦清醒的例外」（1949，p.103）。

　　雖然人們不再像以前那樣公然地害怕有創造力的人，不安和不確定卻仍然存在。如同 Cross，Coleman 和 Terhaar-Yonkers（1991）所說的，創造力在我們的社會裡仍然受到責難，那些獨特的人往往蒙受從眾的巨大壓力——行為舉止要和那些比較平凡的人一樣。

　　有創造力的人是不隨俗、怪人、激進份子與傻瓜——還是只是一般人？或許兩種都是。然而創造力其實一點也不神秘或不可思議，它和智力一樣，只是人類和人類行為的一種特質——一種每個人都有的特質。如同智力低是愚笨，創造力低就是普通。智力測驗所檢定的天才很少，高創造力的人也是如此。

⌂ 定義創造力的問題

創造力不容易定義。以下是許多定義中的其中三項：

1. 創造力涉及流暢性、變通性與獨創性。（Guilford，1959）
2. 創造力是「將聯結的元素形成新的組合，以符合特殊的要求或具有某種實用功能。新組合的元素之間的差異愈大，索解的歷程愈有創造力。」（Mednick，1962，p.221）
3. 創造力能產生「終究會讓某些人接受，認為是合理、有用或令人滿意的成果」（Stein，見 Parnes and Harding [eds.]，1962，p.86）。

思考一下內文中提到 Réné Choumard，Joseph Lalonde 和 Rollie Wozny 的三個例子。這三個人都符合某一項定義，不符合另兩項定義。根據 Guilford 的看法，Réné 是有創造力的，他的行為有獨創性，而且顯示相當驚人的流暢性與變通性。然而根據 Mednick 和 Stein 的定義，他就不是有創造力。相反的，Joseph 符合 Mednick 的創造力標準，即產生差異極高的聯結。我們甚至可以假設他有獨創性、流暢性與變通性，但是他並沒有產生任何「合理、有用或令人滿意的」成果，而科學家 Rollie Wozny 做到了，但是他的行為沒有獨創性，反而是笨拙的，而且他也沒有做任何的差異聯結。

上述討論所呈現的錯綜複雜，使得定義創造力與評估創造力愈形困難。將創造力視為一個整體的用語，它不一定只代表一個事件或特質，或許能夠降低部份的困難。如果我們將創造的歷程、創造的結果與有創造力的人做一個區分，上述定義所隱涵的許多衝突將因而消失。Réné 是一個有創造力的人，但是他沒有產生成果；Joseph 使用了創造歷程，但是也沒有產生任何有創意的事物；科學家既沒有創造力，也沒有使用創造歷程，但是他製造了有價值的事物。正如 Csikszentmihalyi（1994）所稱，創造力或許最好視為人格與創造歷程與成果之間的一種複雜的互動。

案例

案例姓名：Réné Choumard

地點：Pascal，Saskatchewan

過去三年來，Réné 都坐在門廊上一個倒放的洗臉盆上，替自己編沒有姆指的紫色手套，並且想著他年輕時乳牛的模樣。他不停地自言自語他曾經見過或做過的每件事。

案例姓名：Joseph Lalonde

地點：Pascal，Saskatchewan

Joseph 是 Réné 的鄰居，他是地方上的智者，他的幽默也是出了名的。他所說的笑話常常是聯結兩個風馬牛不相及的事——但是它們不見得都很好笑。今天早上他對他的妻子說：「我剛想到一則笑話，你聽過教師到教堂去吃藥嗎？他跪在教堂的長椅前，然後吃他的藥，你知道為什麼嗎？想到了嗎？那是他的長椅之藥（pewpill）——他的學生（pupil）！好笑吧！【編註：pewpill 和 pupil 發音相同】

案例姓名：Rollie Wozny

地點：神奇生物實驗室

Rollie 端了一杯不加糖的黑咖啡從販賣機走到位於角落的辦公桌，途中他絆到了一堆廢棄的電腦零件，他握住了咖啡杯，卻滑落了另一手的實驗試管，意外地將少量最新合成的 DNA，混入一大桶內含 1055.4 加侖（約為四千公升）的甜奶油中。頃刻之間，奶油變成了四隻乳牛（逆轉現象）。

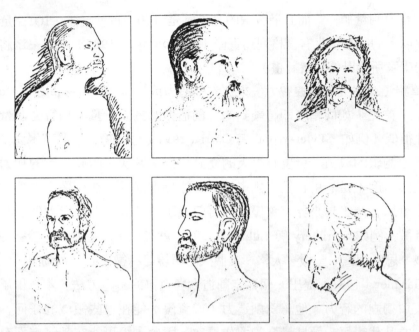

這六幅同一人的畫像，哪幅最具有創造力，每一幅都是由不同的畫家所畫的嗎？這個問題不易回答，因為對畫家創造力的評斷十分主觀。我們無須訝異，心理學家對創造力一詞所代表的涵義遲遲未取得共識。部份原因在於要評斷畫家的創造力不僅要觀察畫家的作品（以上面六幅畫為例），而且還要注意畫家創作的特色或過程，同樣也包括畫家本身獨特的個性特徵。上面六幅畫（從上到下，依順時針方向）的畫家依序為：David Mors、C. Stinson、Peter Sentkowski、David Rose、Tim Gallagher 及 Andrew Ogus。

☞ 如何檢定資優

從教育的觀點來看，能夠定義創造力與優異資賦，並且因而檢定與挑選學生參加特別的培養計畫，是很重要的。因此，許多教育體系在單一標籤下（例如「有才華與資賦優異的」，或只稱「資優」）籠統產生各種分類，例如「有創造力的」、「有才華的」以及「資優」，並且產生特殊的判斷標準來檢定出屬於這些分類的學生。毫無疑問的，最常使用的標準是，以 IQ 型式

呈現的智力測量值——而且最普遍的分界點是 130；也就是說，IQ 測量值是 130 或以上的所有學生有資格列為資優（Humphreys，1985）（下一章將討論為資優學童所設計的培養計畫）。

　　單獨（或主要）根據智力，來定義創造力或資優涉及許多問題（Hoge，1988）。首先，如同稍後即將談到的，創造力的獨立測量值和智力測量值的相關性很低。例如，Tyler-Wood 與 Carri（1991）仔細檢視一群資優兒童四種不同智力測驗的成績，發現有很大的變異情形。其次，由於我們的智力測驗之效度與信度不足，用它們來挑選學生參加特別課程，往往是不公平的。第三，單單以智商工具來界定資優意味著忽視了許多其它與創造力似乎有關的重要特徵，例如 Sternbery 與 Lubart（1993）就指出，創造力決定於智力與背景知識、思考型態、動機、人格、及個人的環境等特徵之間的互動。

　　Gardner（1983）提出一個界定創造力與資優的有趣方法，本章稍早曾提過七大類獨立的智力。他認為創造力（或資優）能在這些領域的任何一項中發生，並且代表每一領域最高的運作層次。因此，很可能在某一方面有很高的資優，在其它方面卻沒有——例如音樂與科學資優可能是明顯的例子。Wallach（1985）持類似的觀點，他認為創造力能夠在任何特定的領域中有傑出的表現。

　　並非所有研究者都同意創造力有領域的特殊性，許多學者認為，雖然資優往往只在某一領域出現，但是特殊的基本特質，使我們能夠將有創造力的人描述為整體而言具有創造力，而且這些特質或許能夠測量。

⌂　測量創造力

　　將學生分等級是檢定創造力最簡單（也最不可靠）的方法之一。Gallagher（1960）引述研究指出，最有創造力的學生而被教師遺漏的，大約達 20%。如同 Shaklee（1992）所說的，如果學生的學業成績不高或者不是班級領袖，教師往往沒有檢定出他們的創造力。此外 Shaklee 也曾說，大部份的

學校，將兒童限制在一個僵硬、而且不太可能促進資優發展，或突顯創造力的課程中。

　　Heizen（1991）指出，測量創造力有三種取向：人格量表、傳記量表、及行為測量法。人格量表焦注在有創造力的人們之特徵（例如富彈性、好奇、開放等等）。傳記量表探討過去的成果與行為，假定這些最能預測未來的創造力。行為測量法則根據在學校時的行為或測驗的成績來預測未來的創造力。一些學者如 Osborne 與 Byrnes（1990），倡導混合使用上述的方法來辨識資優生。

　　有幾種可行的測驗，可以檢定創造力。最普遍的，包括 Guilford（1950）提出，經由 Torrance 發展的一些測驗。這些測驗的基本假設是，創造能力由數個不同的因素所組成，包括流暢性、變通性與獨創性。測驗內容的設計在於鼓勵產生各式各樣的反應，然後對這些反應與其它因素進行評分。舉例而言，在「稀有用途」的測驗中，受試者盡可能地說出某個普通的東西，例如一個磚塊或尼龍絲襪，可能有哪些用途。所有的反應計算之後成為流暢性指數。變通性則是計算反應之間所屬的類別變換，例如磚塊可以用來蓋房子、造路等等。每個反應增加流暢性的得分，而不是變通性，至於丟擲磚塊屬於不同的類別，描繪了變通性。獨創性的記分，則依據統計上屬稀有的反應或實驗者認為不尋常的反應。統計上稀有的反應，是少於 5%的答案（見表 7.3）。

　　有些比較近期的創造力測驗，試著去評估創造行為中可能涉及的認知歷程（例如 Urban & Jellen，1986）。然而，這些測驗主要用在研究與理論發展，而不是用在教師與行政人員必須檢定學生的資優與才能的學校情境中。如同第 8 章將提到的，資優兒童的檢定往往只根據學業成就與智力測量值——儘管資優的正式標準，實際上包含了創造力、領導力、心理運作，以及視覺或表現藝術等其它領域的能力。

表 7.3 創造力測驗中單項物品的樣本答案與評分程序

題項	尼龍絲襪有多少種用途？	
答案	◇ 穿在腳上	◇ 裝小汽車
	◇ 戴在頭上	◇ 做聖誕飾品
	◇ 冷的時候戴在手上	◇ 當吊帶
	◇ 編成毯子	◇ 綁強盜
	◇ 做衣服	◇ 掩蓋破窗戶
	◇ 做椅套	◇ 當飛船裡的沙袋
	◇ 掛花盆	◇ 做漁網

計分
◇ 流暢性：14（不同反應的總數）
◇ 變通性：10（從一個類別變換到另一個類別的得分）
◇ 獨創性：5（不尋常或是在全體答案中低於 5%的答案）

創造力與智力的關係

由於智力測量值時常被用來挑選資優的學童參加特別的計畫，確定高智力與高創造力之間的關係就很重要了。

這個領域的經典研究之一由 Getzels 與 Jackson（1962）提出，並指出有創造力的學生不見得最有智力——雖然他們的學校成績往往和那些較有智力的學生一樣好。然而，有意思的是，高創造力的學生並不那麼受教師的喜愛。

遺憾的是，Getzels 與 Jackson 的研究發現無法輕易地類化。研究中所挑選的受試者，他們的平均 IQ 高達 132，而被描述為「高創造力、低 IQ」團體的平均 IQ 是相當不錯的 127。在這個相當有限的 IQ 範圍，讓人懷疑能在創造

力與智力之間發現任何關係，甚至於關係是否存在。此外，任何從類似研究所得到的發現，可能只適用於特別聰明的兒童。

　　一項相關研究（Wallach & Kogan，1965）也檢定出四組被分類爲高、低智力與創造力的學生，這項研究的目的在於指出四個團體之間可能有哪些不同的特性，研究結果摘錄在圖 7.6。研究者指出：高創造力但智力較差的學生在學校比較挫敗，而高智力但創造力較差的學生最喜歡學校，而且較受教師喜愛。然而，必須牢記的是，這四組團體代表智力測量值與創造力的極端，大部份的學生都不屬於極端。此外，這些校園調適與個人特性的一般性描述只不過是－－一般性。即使在如此高度挑選的團體中，也免不了有許多例外。

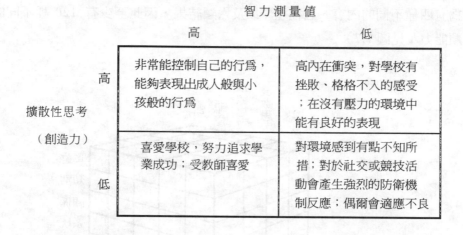

圖7.6　在智力測驗與擴散性思考測驗中被檢定爲高或低的學童特性。根據Wallach與Kogan 1965年的研究報告。

　　智商與創造力之間，存著高度的相關性（Maker，1993），但是智力測驗本身對於辨識有創造力的兒童似乎不是一種非常好的方法。正如 Fuchs-Beauchamp 等人（1993）研究了 496 位兒童後發現，雖然對於一般就學兒童而言，智力的測量值與創造力的測量值呈現非常高度的相關性，但是對於 IQ

是 120 或 120 公上的兒童而言，情形並非如此。在這種智商水準上，其它諸如動機、毅力、家庭背景、人格特徵、個人智力的長處與短處等因素變得較為重要。確認這些型態的一個重要取向是 Guilford 的智力模式。

☞ 另一種觀點：Guilford 的理論

才能與資優能夠在不的同領域中展現，這似乎很清楚。然而我們的許多智力理論與心理運作理論，都沒有考慮這一點。

唯一的例外是，J. P. Guilford 的智力理論（1959，1967），這個特別的理論涉及智力與創造力，主要探討智力運作的三大向度：思考運作、思考結果與思考內容。Guilford 表示，所有的能力都與這三個向度的運作組合有關。因為有四種不同的內容、五種運作以及六類結果，因此至少有 120 種不同的人類能力（見圖 7.7）。

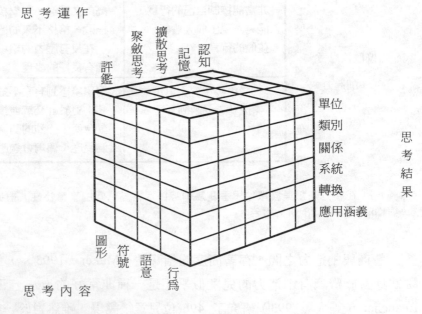

圖 7.7　在 Guiflord 的模式中，智力含有 120 種不同的能力，是由三個重要向度，即思考的運作、內容及結果組合而成（4×5×6 = 120）。

智力三向度：檢視智力運作的三向度，是理解 Guilford 的智力多元因素理論最好的方法。

1.　思考運作。思考運作係最主要的智力歷程。這個術語包括得知、發掘或察覺（認知）、從儲藏中抽取（記憶）、產生多元反應（擴散性思考）、取得一個可以接受的解決方法（聚斂性思考），以及判斷訊息或決定的適切性（評鑑）等活動。

2.　思考內容。思考運作會因應特定的訊息類別而產生。這種訊息或內容可能是圖形的、符號的、語意的或行為的。圖形內容是具象的訊息，例如心像。符號內容是任意符號型式的訊息，例如數字或代碼。語意內容是字意形式的訊息；而行為的內容是與人類互動有關的非文字訊息，例如情緒。

3.　思考結果。思考內容在思考運作下產生了結果——是訊息經過處理後變成的形式。思考結果包括單一的、隔離的訊息項目（單位）、根據共通特性而組合的項目集合（類別）、訊息項目之間的連結（關係）、訊息的組織（系統）、訊息的改變（轉換），以及從訊息所得到的推想或預測（應用涵義）。

　　大部份的研究主題與興趣，都在模擬聚斂思考與擴散思考這二種思考運作，它們也是與創造力和智力關係最密切的兩種思考運作。聚斂思考（convergent thinking）指，對問題產生一個正確的解決方法；是智力測驗中的關鍵因素。擴散思考（divergent thinking）指，產生多種解決方法或假設；是創造歷程的核心。事實上，「擴散思考」一詞經常被當做創造力思考的同義字。

　　Guilford 的理論和 Gardner 的多元智力理論一樣，都是建立在智力不是單一特質，而是不同能力的集合之假設上，這個觀點解決了那些創造力與智力關係研究所存在的明顯衝突。如果智力是根據這整個結構來界定，以及如果

創造力只涉及此理論所描述的 120 種能力當中的幾項，那麼兩者之間可能有某種相關性。同時，極高到極低的相關性，可能依個體的能力類型而定。

　　對教師的啟示：Guilford 的智力理論，對於教學／學習歷程有許多重要的涵義。首先，這個理論注意到智力歷程的複雜性，以及這些歷程有多種表達形式。它也突顯了教學歷程能夠在智力發展中扮演重要的角色，舉例而言，教師總是要求學生記住教學的內容，強調的只是記憶運作，而且往往只涉及語意內容，而忽略了圖形、符號與行為內容。

　　簡而言之，這個理論點出，教師與教學歷程在智力發展中負有相當大的責任，以及如果只給予傳統的、高限制的思考運作、結果與內容的話，可能會阻礙學生的智力發展。雖然學校一直在培養兒童的各種能力——提供心理運作技巧、數學技巧、文字技巧、社會技巧等等的反覆練習——教師並不能總是有系統地注意到一些比較複雜的能力之發展，例如涉及創造力思考（擴散思考）、評估和應用等比較複雜的能力。針對培養學習／思考策略所設計的計畫，試圖改正這個缺失。

　　值得注意的是，資優青少年的退學率往往高於一般人（McMann & Oliver，1988）。這一點有許多可能的原因，包括學校的計畫不能讓特殊能力有所表現和發展所導致的挫敗感。此外，Kanchier（1988）指出，資優青少年對自己的期望——以及他人對他們的期望——可能對某些人有負面的影響。

　　現今的教育實務與信念一般都認為，檢定與教導那些能力不足的學童必須有特殊的訓練。但是，我們很難過地指出，我們對於如何檢定與教導那些資優學童也仍然很迷惘。

　　對於內在的運作能力，還有一個重點必須指出。在我們的學校中，可能有許多拉裴爾、達文西、莫扎特與愛因斯坦，披著普通人的外衣，沒有被發掘與培養，也完全沒有察覺到自己所具有的才能。只有處於適當的環境，並且受到適當的要求下，這些才能才會運作。如果學校要求更多的評鑑、應用、擴散思考等等，可能會有所幫助。

摘要

1. 智力有三種基本的觀點：心理測量（建立於測量概念）、Piaget（建立於兒童與環境的互動），以及訊息處理（建立於認知歷程）。

2. 以心理測量來言，智力被視爲是一種適應的特質，它的界定有時候根據智力測驗的結果，或根據具有發生潛力或可能在行爲中呈現的一般性特質（g）。

3. Cattell 探討流動能力（基本的、非文字的，並且不受經驗的影響）及固定能力（主要是文字的、深受文化與教育的影響）。Gardner 探討七種獨立的智力構面。

4. Sternberg 對智力的訊息處理觀點，包括了肆應理論（根據對特殊情境的適應來定義智力）、及組合理論，後者探討三項要素，包括後設成分（選擇認知活動、進行監督，以及評估結果所涉及的執行歷程）、表現成分（實際執行認知任務的活動），以及知識獲取成分（取得新訊息所涉及的活動）。

5. 相關係數是變項之間的關係指數。它是共變的作用——而不是偶然的關係。關係指數值（r）介於 -1.00 到+1.00。

6. 智力測驗通常和學校成績很有關係。傳統的智力對於內在能力的測量不足，只是測量個體從過去的學習經驗中所得到的收穫。此外，它們的效度（並非總是只測量應該測量的東西）或信度（並非總是持續地測量到同樣的結果）仍然不夠；它們通常沒有顯示許多重要的特質，例如人際技巧、創造力與運動能力；而且許多測驗對於弱勢族群具有偏見。

7. 智力測驗所得到的 IQ 分數，通常介於 50 至 160，而非選擇性母體的平均值是 100。它們包括團體測驗（畫人像測驗、認知能力測驗〔CogAT〕、以及 Otis-Lennon 學校能力測驗）及個別測驗（Peabody 圖畫字彙測驗、

Stanford-Binet，以及 Wechsler 修訂量表）。個別測驗必須有受過訓練的施測者，會耗費大量的時間，因此也比較昂貴，但是它們對於重要的教育決定有較高的效度與信度。

8. SOMPA（多文化多元評估系統）使用不同測量的組合，它評估生物性與社會性的正常情形，是根據 WISC-III（考慮弱勢族群樣本）的標準化分數及考慮重要的家庭變項，而取得學習潛能（ELP）的推估分數。

9. 創造力與智力似乎都是遺傳與環境之間的互動結果。家庭大小與結構對此扮演重要的角色，種族背景與社會階級也是。這些因素不一定造成高或低的智力；它們只是和外顯的智力有關係。

10. 橡皮筋理論是一種將內在的學習潛力，比喻為橡皮筋的隱喻：藉由好的環境，它能得到延伸，它也會在壞的環境下萎縮。在這個隱喻中，橡皮筋最後的長度（被經驗延伸後）反映出智力測量值。

11. 雖然出生排序與家庭大小，有時候和智力與學業成績有關（長子和獨生子比較有利），社會與種族因素更為重要。Zajonc 指出，家庭中的智力氛圍受到家庭大小與出生排行的影響。

12. 創造力的定義有好幾種，而且顯然相互衝突。當創造力的結果、歷程及人分開考慮時，許多衝突就消失了。

13. 創造力、有才能，以及資優個體的檢定，通常是看智力測驗的表現（例如智商 130 或更高）。Gardner 認為，創造力只是我們多元的智力領域中，任何一個領域的最高運作層次。

14. 創造力的測量可以採取教師評量或同儕評量，或是使用任何為了這個目的而設計的測驗（例如 Torrance 的創造能力測驗）。

15. 創造力和智力可能有很高的相關性，也可能沒有。可能的情況是，優越的創造力通常必須有較高的智力。然而，從另一個觀點來看，人格與社會因素或許比單純的智力因素更為重要。

16. Guilford 的理論根據思考運作（例如得知與記憶等主要的智力歷程）應用在思考內容上（例如數字、符號或字彙等形式的認知訊息）及最後產生

的結果（訊息處理的結果，能夠以單位、類別、關係或應用涵義等形式
來表達），來描述人類的智力運作。這個理論產生 120 種不同的能力。

17. 擴散思考和聚斂思考，是 Guilford 理論中兩個重要的思考運作。擴散思
考涉及創造力；聚斂思考和智力測驗中成功表現所需要的思考類型有較
密切的關係。

複習問題

1. Das、Sternberg 及 Gardner 等人對智力的看法對於教育實務有何涵意？
2. 試說明為什麼相關性不能證明因果關係。
3. 「智力是可以調整的」這項信念對於教育實務有何涵意？
4. 試說明智力跟家庭的規模、出生排行及手足之間的間隔有何關聯性。
5. 如何調整教材來激發學生的創造力？
6. 你能以教室裡的例子說明擴散思考與收斂思考？

建議書目

The following two-volume encyclopedia contains more than 250 current articles dealing with all aspects of intelligence and intellectual functioning, including most of the topics covered in this chapter:

STERNBERG, R. J. (ed.) (1994). *Encyclopedia of human intelligence.* New York: Macmillan.

The pros and cons of intelligence testing, and some of the myths surrounding the meaning of IQ, are presented clearly in the following three books:

LUTHER, M., & QUARTER, J. (1988). *The genie in the lamp: Intelligence testing reconsidered.* North York, Ontario: Captus Press.

MENSH, E., & MENSH, H. (1991). *The IQ mythology: Class, race, gender, and inequality.* Carbondale: Southern Illinois University.

SELIGMAN, D. (1992). *A question of intelligence: The IQ debate in America.* New York: Carol Publishing Group.

Current thinking and research in creativity are summarized in:

CROPLEY, A. J. (1992). *More ways than one: Fostering creativity.* Norwood, N.J.: Ablex.

SHAW, M. P., & RUNCO, M. A. (eds.) (1994). *Creativity and affect.* Norwood, N. J.: Ablex.

FINKE, R. A., WARD, T. B., & SMITH, S. M. (1992). *Creative cognition: Theory, research and applications.* Cambridge, Mass.: MIT Press.

A useful overview of intelligence measures, with detailed comparisons and evaluations of the Stanford-Binet and WISC-III, is:

KAMPHAUS, R. W. (1993). *Clinical assessment of children's intelligence.* Boston: Allyn & Bacon.

第 8 章

教育資優與特殊兒童

　　今日的學校教育,與我父親當年或我兒時所受的教育方式,已不可同日而語。其間的差異,不僅表現在電腦等新科技設備的引進校園,更表現在各種徬徨無措的特殊學生身上。在今日的北美社會,文化已日趨多元化,然而法令卻執意將具有特殊傾向的學生,安排在普通班級裏,和一般學生一同受教育。其結果便是,如我們本章所談的,教師的角色與責任日趨複雜化。

父親的啟示

「假想一下，」我父親開口說道：「如果你有一頭野牛……喔！不，還是改換成一隻神經兮兮的鵝吧！」話說到此，在座的我們都趕緊挨近父親，惟恐漏聽絲毫細節，其間更有同伴已忍不住咯咯地笑出聲了。這便是我父親最慣用的開場手法，尤其是當我們一結束課外活動，熱得滿身大汗而坐立難安的時候，只要聽到「假想一下」等暗示性字眼，便會不約而同地迅速摒息，全神貫注聆聽父親接下去要說的話。就在說話的同時，父親還不時在我們面前，比劃出一頭野牛或一隻狂鵝的模樣。於是，我們的注意力便著實被父親擄獲了。

父親接著說：「這隻神經錯亂的鵝，不單有斜視的毛病，而且對福特汽車還有一股狂熱。」這時羅勃突然大笑起來；也許他已搶先察覺出，這隻鵝或那股狂熱背後的某些端倪吧！

「首先假設這隻瘋鵝以時速三十英哩的速度飛行，無意間竟瞥見陸上有輛福特的好車，正以時速二十英哩和自己朝同一方向前進。然後，被福特吸引住的狂鵝便立刻朝汽車飛近。」羅勃又再度吃吃笑了起來。

「不過，」父親接道：「這時斜視鵝的餘光卻瞥見一百二十英哩外，居然還有另一輛福特汽車，正以四十英哩時速，朝第一輛福特車的方向對駛過來。」

「於是狂鵝立刻放棄挨近第一輛車，保持原有的飛速但改朝第二輛車飛去了。可是當鵝靠近第二輛車時，卻偏又想起第一輛來，牠念頭一轉，便又折向第一輛飛去。儘管鵝又折回，牠的速度可一點也沒慢下來。但是就像我先前就提過的，這隻鵝生來就有些古怪，牠才剛改飛向第一輛車沒多久，就又以等速調頭朝第二輛車飛近。不時發出鳴叫聲的斜視鵝，就這樣往返在兩輛車之間，直到這兩部車撞個正著為止！」

父親的一句：「問題是……」，果然引來一陣沉寂，我們就知道自己又得為某題數學難題傷透腦筋。不出所料，「問題是，就在兩輛車撞車的前一刻，斜視鵝究竟已經飛了多遠的距離？」

史丹立即舉手說：「我知道答案，我能說出來嗎？」

「只要寫下答案，再交給我好了。」父親答道。雖然這輩子我可能怎麼也摸不清史丹為何能如此神速地算出答案，不過他的答案或許還是正確的。當我們其它多數人仍埋頭於加減乘除，甚至利用畫線以解出那隻狂鵝究竟調了幾次頭，還有每回它到底能縮短多少距離時，另一旁的羅勃則在一張紙上的兩邊角落下，畫了兩部精巧的福特汽車。接著在紙頭上端，又勾勒出一隻鮮活的斜視狂鵝來。然後從角落兩端畫道直線，再由直線上扯出一條曲線多次地往返於直線的兩端，隨著兩點間的距離逐漸縮短，最後他才在紙的中央底部畫出一連串類似小「S」的圖樣。用尺對線作番丈量後，羅勃便宣布：「狂鵝總共大約飛了三百七十四英哩遠。」看來羅勃對於狂鵝們，顯然並非全然地了解。

才能與天份

「這隻鵝真是棒透了！」父親對於羅勃能將鵝畫得唯妙唯肖，不僅讚賞有加，似乎也感到與有榮焉。「儘管鵝無法一口氣飛個三百七十四英哩遠，不過你的畫是否能給其它人也欣賞一下？」此刻就連羅勃也有幾分得意。擔任教職的父親，擁有的絕佳天份之一便是：辨識別人的才能與天份，並加以鼓勵使他能夠引以為傲。

雖然教育本身並不只是辨識才能與天份而已，不過教育體系卻始終存有某種問題：多數學校從未替資優生另行設計出一套教學課程。Adamson（1983）曾提出天份的「混沌概念」（fuzzy concept），乃包括優異的智育成

績、高智商指數、超快的學習速度、明顯的單一特殊才能、或綜合以上各項。

「你的拼字糟透了！！！」

☆ 天份的定義

天份就如同創造力一樣，我們很難下定義；就算 Adamson 所提的「混沌概念」，對於需要界定學生的天份，以便設計課程的教師及校方人員也沒有什麼價值。

資優兒童與天才兒童（prodigy）有時候我們會加以區別。前者在許多領域裡，有優異的表現與能力，後者則擁有某種非常突出的技能或能力（Feldman，1993）。天才兒童常出現在音樂或其它藝術方面的領域。此外，Lupkowski-Shoplik 與 Assouline（1994）曾個案研究過兩位男孩與兩位女孩，他們在數學方面有超越年齡相當多的表現。

大眾法（Public Law 91-230）：隨著美國大眾法 91-230 條文的通過，天份（giftedness）的概念才在 1969 年做了某些程度的澄清。此法中的第 806 節，直接對天份與才華有如下的界定：

具天份與才華的兒童指——憑藉傑出能力而有高成就者。這些兒童需要不同於普通人的教育方式，為的是讓他們發揮才華以貢獻社會。

大眾法依下列各項性向及能力，對有高度外顯或潛在成就者的資格做了界定：

1. 一般性智能
2. 特殊的學科性向
3. 創造性或生產性的思考
4. 領導能力
5. 視覺或表演技能
6. 心理運動能力

有趣的是，1987 年修訂本法時，卻從資優生的定義中刪除了「心理運動能力」這一項。此舉並不意謂具有特殊心理運動能力的兒童，就不算是資優生，實在是因為傑出運動員已將該項能力展露無遺，在這方面另有其它基金充裕的培育計畫（Harrington，Harrington & Karns，1991）。

界定天份與訂立申請標準，對於日後為資優生設計課程，顯得格外重要，因為採用的定義與標準，將會決定哪些學生才符合接受另類課程；同時也決定了，已被全然歸類為「非資優生」的大部份學童，便是不適合接受的一群。Hoge（1988）就曾對界定資優生的重要道德問題及公平性提出諸多質疑，其中尤以篩選程序所產生的嚴重問題最引人關切。

界定資優生：傳統上界定資優生的途徑，不外乎憑藉團體或個別的智力測驗，或由教師依學生在校的傑出表現而做推薦。然而智力測驗本身的含糊不清是一大關鍵。如第 7 章所討論的，許多重要訊息，如學生的動機、堅持性及其它人格因素等，皆無法從測驗結果得知；況且施測過程也有不夠嚴謹的疏失。實際上，目前對資優生的界定，多半仍無法反映「天份」真正的涵

義。若真以美國大眾法（Public Law 91-230）所界定的六項標準（因已刪掉心理運動能力一項，故只剩五項）來看多數的測驗，它們所考慮的，僅有一般性智力及學科成就兩項而已。其它如創造力、領導特質、視覺或表演技能等項標準雖然也會影響教師的推薦決定，然而這三項標準的甄選程序依舊鮮少被提及。

許多教師已企圖發展出，足以涵蓋另外三項標準的評估程序及天份的定義。如 Renzulli，Reis 及 Smith（1981）便依各項特徵而對天份加以界定。他們建議無論是外顯或潛在的天份，教師們的界定觀點不外乎是下列三項的綜合體：

1. 高能力（優異的在校表現或高智商）
2. 高創造力（表現在有時能產生新穎的概念或解決問題的能力上）
3. 高執行力（對於完成學習任務表現出高度的堅持性與高品質）

Renzulli（1986）的「優等生行為特徵量表」（Scale for Rating Behavioral Characteristics）便是提供給教師，作初步篩選資優生的工具。教師和校方人員若想尋找適當的學生接受特殊課程，藉助此類評估工具乃是基本程序。同時也非常重要的是，教師與學校在辨認資優學生時，應採用多種檢測方法。也就是說，即使某位兒童的某項測驗成績，只有平均水準或低於平均水準，但是在做成最後決定前，也應該檢視他的其它測試成績。學校與教師最常檢視的項目包括：IQ 測驗的成績、學校成績、視覺測驗的成績、自我推薦的評語、家長推薦的評語、同學推薦的評語、教師推薦的評語及測試創造力的得分。

資優生所佔的比率：Marland（1972）依上述指標對資優生比率的預測是，約佔在校生總數的 3%至 5%左右。然而，沒有任何一所學校，已為此等比例的資優生提供相稱的特殊課程（Harrington，Harrington & Karns，1991）。並且許多研究（例如 Renzulli，1982）也顯示：3%至 5%，其實是過

度保守的估計；大約有 20%或者更高比率的兒童，都是具「潛力」的資優生。

有文化差異的資優生受到忽視：經常被忽視的資優生當中，最明顯的或許是有文化差異的一群，因為一般採用的成就或潛力測驗，他們並不適用。Kitano（1991）就指出：儘管教育體系逐漸關切資優生的需求，然而弱勢族群卻鮮少接受特殊課程。Mathew、Golin、Moor 及 Baker（1992）等人也提到：透過較有利於弱勢族群所設計的 SOMPA，便是為了篩選原被傳統測驗遺漏的資優生（有關 SOMPA 之細節，請參考第 7 章）。

Wilgosh（1991）曾指出，具文化差異的資優生，常因在校成就偏低，而為人所忽略。他們在校接受普通課程時，由於無法跟上多數同學，因此較難被評定具有資優的潛能。Urban（1991）也得到類似的結論；行為偏差的資優生很少能接受資優特殊教學。

Shaklee（1992）研究造成許多資優生被忽略的主因有四：（1）原來的定義層面太狹隘；（2）資優生的甄選及他們有哪些選擇過於模糊；（3）過於強調那些有偏見的測驗所測得的能力及成就分數；及（4）資優生欠缺適當的教學課程。

♪ 資優生之教學課程

隨著大眾法的通過，一項針對資優生教學課程所做的大規模調查隨即在美國展開。這項調查數千名家長及教育人士的研究，透露了幾項訊息（S. P. Marland，1972）：首先，資優生應接受的教育方式，素來被視為「不迫切的課題」，因此，全美僅有二十一個州訂有「需為資優生另添教學設備」之相關法令，並且多數法令形同虛文，並無實際行動。其次，即使真的設有特殊課程，也未能涵蓋種族或社經背景不同的弱勢族群，並且在甄選資優生方面有一些嚴重的問題。

大眾法通過六年後，類似的研究發現：全美約只有八州訂有資優班教學之相關法令。而美國資優生研究中心（National Research Center on the Gifted and Talented）自 1990 年來，每年都投注近千萬美元的預算，用於進行及協調資優生教學計畫的研究。全美多數的州郡或許由於經費拮据，缺乏專業人才與廣為人接受的甄選程序與標準等，終導致只能對相當少數的資優生提供相稱的教學服務。令人遺憾的是，六十年前 Terman（1925）的研究結果居然仍能反映今日的情況：若以潛能和外顯成就來比較的說，在校中「最受到阻撓」的，竟是天份最高的一群。

加速與豐富化教學取向：資優生教學素有兩派主張：加速與豐富化（enrichment）。單就字義，其實便可瞧出個中端倪。「加速」簡言之，就是讓資優生領先普通學生，快速學完一般教材。「豐富化」指在普通課業外，另外讓資優生接受額外的學習經驗，以提昇其知識及能力的深度與廣度。

Renzulli（1977）曾以「旋轉門模型」（revolving door），為豐富化教學取向作了最佳的詮釋。旋轉門模式依三種特徵來甄選資優生：高學科能力、高創造力潛能及高動機。該模式並未採用嚴苛的評分方式；反之，舉凡成就及外顯潛能居全校學生前 25%者，便被視為資優生。符合資優資格者，則被安排接受「豐富化課程」；學生也擁有隨時離開特殊課程的權利（因此才命名為「旋轉門」）。至於課程的設計則完全視學生的興趣而定，一旦學生認定且接受某特殊課程，他們即被准許進入資源教室而真正落實既定的教學計畫。

「加速教學取向」之最佳範例，或許以 Stanley（1976）針對學生的數學天份而設計的激烈加速模式最具代表性。該模式主要在於縮短資優生學習普通教材的時間，之後再安排資優生接受大學院校提供的特殊課程。

教育界對於加速及豐富化二種取向之優缺點始終各執一詞。加速取向最為人詬病的，莫過於資優生在快速學習時，自身的社會、心理面可能會受到傷害。此外，加速作用令資優生可能無法融入同儕的世界，也已引起教育人士相當的關注。有趣的是：豐富化取向之擁護者的最佳武器，竟是加速取向

的爭議性；因爲教育界假定：豐富化作法並不像加速作用那般，會損害資優生的社會及心理面。畢竟豐富化並非讓資優生快速升級，而只是提供各年級的資優生，有更多機會學習較具深度與廣度的知識。

目前爲止，研究尚未能指出何種方法較好。事實上，有一些證據指出，這兩種方法在實務上的差別並不大。Slavin（1993）認爲，最加速的教案實際上一點也沒有加速，反而是豐富化教案較可能有此效果。並且最近的研究在探討各種混合加速與豐富化之效果後指出，混合這兩種方法的效果最好（例如 Kulik & Kulik，1992；Keirouz，1993）。

現在似乎已相當清楚的是，大多數加速化的教案並不會導致負面的社交或情緒問題（Janos & Robinson，1985）。最重要的是，資優學生在上課時應與其它學生分開，而不在於採取加速或豐富化教案（Kulik & Kulik，1992）。Rogers（1993）指出，「分班」（grouping）教學，對資優生有明顯的效果。

指導員與個人教師：目前愈來愈多的資優課程，是採取指導員及個人教師的教學方式（Emerson-Stonnell & Carter，1994）。這兩種方法也可以用在有學習障礙的學生身上（Phillips，Fuchs & Fuchs，1994）。指導員是指對學生進行智力及心理輔導者；他們不但和學生保持密切的關係，還扮演楷模、顧問、忠告者、智者，甚至保護者等角色於一身。而個人教師與普通教師之不同處，在於「只有一名學生」，不過所負的責任則較指導員更重（Raines，1994）。

Bloom（1984）曾明白指出：藉助於個人教師，乃是最有效的教學方式。他的研究便提到：一對一的教學，將使普通學生晉升進入前百分之二的優等生行列。此外，Snow 與 Swanson（1992）則主張，教師本身也能從個別教學中受惠：發展出較正面的態度及增進理解力。對於可能遭到挫敗的學生而言，個人教學也有助益。

近年來，指導過程中需要建立的「更包容的兩人關係」，已日益受到教育界的重視，對於輔導生涯發展更是特別有用（Holland，1994）。例如，許

多校方當局所設訂的教學計畫裏，便規定資深教師需協助新進教師適應新情境。不過，Little（1990）指出，研究結果並未支持「指導教學具有高效能」。同樣地，有些大學也採用指導教學，輔導對象除以研究生為主之外，大學生也包含在內。但是也少有系統性的研究指出，大學中所建立的指導關係確具正面效果（詳情請參考 Jacobi，1991）。然而，Torrance（1984）的創造力研究中則發現：曾受惠於指導教學的學生們，能表現出明顯的創造力。

個別教育計畫：另外一個涉及自我引導（self-directed）及獨立研習（independent study）的資優教學取向，則經常運用第 3 章提過的各種學習／思考策略。有一部份自我引導的研習課程也採用了「針對學生特別需求及才能」而訂做的個別教育計畫（Individual Education Plans，IEPs）。美國 1975 年的法令（PL 94-142），對於 IEPs（稍後再作說明）應廣泛使用在特殊需求的學生身上，已有明文規定。Torrance（1986）指出，IEPs 愈來愈常用在資優教學上，其教學計畫涵蓋諸如自我引導、指導、豐富化、甚至加速等取向與教材；再加上提供那些培養學習／思考策略及動機的課程。

特殊學校：除了以上提到的各種資優教學取向之外，另有部份學校針對資優生的需求，而開設週六、暑期及與各社區及大學配合的豐富化課程；甚至連個別教育計畫 IEPs 有時也包含在內。

儘管有上述各種特殊課程，眾多資優生及那些資質較低的學生卻依舊接受普通教學，或苦無途徑受教於任何一種特殊課程。不過，這並不代表普通班教師就無法協助特殊學生。如稍後本章將討論到的，因為當前的法令硬將許多原該接受特殊教育的學生留在普通班裏，所以普通班教師對特殊學生的了解與協助益形重要。本章所提及的各種教學主張，不但十分適用於普通學生身上，特殊學生亦能受惠。

提昇創造力與天份

　　Harrington，Harringtion & Karns（1991，p.41）寫道：「最終的分析結果提醒我們，須為資優教育而戰，否則明日就只有平庸的領導人，如此周而復始，我們就只能一直聽從於無能的領袖。」

　　學校能（或應該）為資優或具創造力的學生作些什麼？若像下述案例中，柏姬司小姐的態度，答案或許就是否定的。Cropley（1992）的看法正是如此。

　　他提到，高創造力的行為和人格，並不是老師最欣賞的特質，因為校方大多著重於培養學生養成服從、接納別人意見、人緣佳、守時、禮貌周到及受人尊敬等行為模式。至於優異的學科成績，則只須背誦、認定及複製那些被接受的答案與程序結果。相反地，如彈性、冒險性、原創性、發明能力和不輕易妥協等特質，並不為校方青睞。前述案例中，克萊兒便被老師期望能和班上其它學生一樣，只要單純學會單偶數原理，並覆誦答案即可。

　　優秀教師的反應，不該如上例柏姬司小姐那樣，她不僅因自己的不悅而全然不思考克萊兒的答案可能正確，甚至純以指責來替代原須給學生解釋的機會。即使克萊兒的回答全然錯誤或不適當，正如 Matson（1991）所說的，錯誤的嘗試或創新這份勇氣，也值得教師鼓勵與引導。

　　今日全球問題叢生，因此對創造力的需求更形迫切；同理，對於老師學習如何協助資優及具創造力的學生之需求，也同樣殷切。

案例

背景：柏姬司小姐是位數學老師，課堂進度是「奇數和偶數」。

柏姬司小姐：現在你們都該懂了，那麼從一到十，有誰能告訴我究竟有哪幾個數字能被二除盡？

湯姆斯：所有的偶數都可以被二除盡，像二、四、六、八和十。

柏姬司小姐：很好，湯姆斯答得很正確！

克萊兒：他弄錯了。

柏姬司小姐（些許不悅）：克萊兒，那麼答案到底是什麼？

克萊兒：我是說，應該不只是湯姆斯所答的偶數而已。

柏姬司小姐（極為發火）：妳總是認要妳比課本懂得多，是不是？

克萊兒（態度更加畏縮，但仍堅持己見）：答案應該也包括奇數才對。我爸爸說……。

柏姬司小姐：妳爸爸又不是老師，妳這自以為是的小鬼。妳怎麼會認五能被二除盡？當我在班上解釋所有的偶數都能被二除盡時，妳究竟有沒有注意聽？

紅著臉的克萊兒只是聳聳肩，壓低嗓子，連柏姬司小姐也聽不到：「五除二等於二點五。」

☞ 教師所能運用的技巧

在您教書好一陣子之後，或許可以稍停片刻，自問以前自己究竟教了些什麼。這該是個好主意，假如您夠坦白（如同多數的教師一樣），便可能發現您一直在傳授那些被歸類為「學科知識」的資訊，或如閱讀、寫作及算術等實用的技巧。在這當中，也許你曾留意到某些學生已經開始懂得去了解、欣賞、分析及組織知識。有些學生則顯露出有能力去比較及綜合的跡象；或者更進而懂得整合與批評，尋找與測試假說，以及觀察與分類。

遺憾的是，除非你是少數肯竭力教導學生達成上述目標的老師，或你正參與有關學習／思考策略（詳情見第 5 章）的實驗性研發計畫，否則期望學生能達到上述的學習程度，可說幾近奢望。

即使我們費盡唇舌、闡釋學生發展創造力及學習思考技巧的各種益處，校方可能始終對於協助學生，學會類似技巧的特殊計畫不甚重視。事實上，人們總是單純地假設，創造力或思考能力是與生俱來的；更糟的是，認為讓學生有組織地吸取大量資訊與概念，並面對各式考題，便足以使學生自然地發展他們的思考能力。雖然創造力極難界定，人們偏偏會隨意認定某人有無此等能力。除此之外，我們也認為：教師對創造力最大的殺傷力，就是任意地抹煞之，以及認為教師最大的貢獻，也僅止於不迫害創造力而已。其實，教師還能透過各種技巧，來教導學生各種思考的方式，或培養學生創造性的思考能力；其中也包括各種解決問題的技巧。

腦力激盪：利用團體的創造力，是解決問題最普遍的方法之一，這是所謂的腦力激盪（brainstorming）（例如，Alvino，1993；Naval-Severino，1993；Herschel，1994）。由 Alex Osborn（1957）研發出來的腦力激盪技巧，是指廣泛產生各種解決的方法，但同時也延後批判各種方法的適切性。這種「延後批判」原則，不單是腦力激盪最重要的特色，其實也是進行其它多數創造性思考方法的重心。Parnes（1962）指出：對一名解決問題的生手而言，要暫且不去批判，實在極為困難，不過若能徹底遵守此一原則，卻比單

單遵循「想出好點子」的指示，能多產生 23%至 177%的好辦法來。暫緩批判可以讓參與者有更充分的發揮空間，而產生意見的過程若遭受批判，將只會抑制個人及團體的創意。

進行腦力激盪活動時，勢必遵守下列各項規則：

1. 絕對禁止提出批判性的意見（即延緩判斷）。
2. 鼓勵修正或綜合別人的意見。
3. 尋求大量的意見。
4. 接納奇特、抽象或瘋狂的意見。

工商界一旦舉行腦力激盪，通常會由五至十二名背景迥異的人持續進行兩小時，甚至更久的會議。會中，主席先解釋腦力激盪的規則，並提出待解決的難題，然後宣布會議開始。理想的情況是，各人天馬行空使各種意見在霎那間蜂擁而來，此刻，任何的評判都被嚴格禁止。諸如「聽起來很棒」、「不，那行不通」等說詞；或嘲弄、譏笑；甚至以非語文方式來傳達讚賞或嫌惡的意圖都該立即禁止。對習慣性違規的人或許應驅離現場。

在腦力激盪期間，也常利用各種輔助創造力的方式，最普遍的便是以各種清單來刺激想法的產生。例如 Parnes（1967）設計出涵蓋九種思考方向的特定清單，適用於解決各式問題。以「對於管理教室，你能提出哪些方法？」為例，下列九項便是解決該問題的各種作法：

1. 轉作他途（other use）：不再只視班級為學習的團體而已。譬如學生也能被賦予負起在學校舉行社交晚會時，擔任娛樂活動的責任。
2. 適應（adapt）：適應指採用其它來源的想法；或許可把班級當成工廠、監獄或遊樂場一樣來管理。
3. 調整（modify）：調整指將班級的組成、教學的方法或懲戒的方式等等作一番改變。

4. 擴大（magnify）：擴大班級、教師數量、作業量及賞罰的水準。

5. 縮小（minify）：縮減班級規模、作業量、譴責次數或上課天數。

6. 替代（substitute）：換新教師、更換全班成員或與其它班級調換數名學生。

7. 重組（rearrange）：變更教室裏硬體設備的位置；重新安排座位，以隔開班上的搗蛋份子。

8. 對調（reverse）：或許把所有課桌椅轉向後方；教師也可以一反往常只面朝黑板；甚至教師與學生的角色來一番對調。

9. 綜合（combine）：綜合前八項的作法或許就能找出解決之道。或讓原先單純的教導／學習之功能，併入其它如娛樂、解決難題、討論有趣的主題等活動中。

　　高登技巧：高登（W. J .J. Gordon，1961）將腦力激盪作了些許改變，給予參與者更抽象的問題，不同於腦力激盪對問題做完整與詳細的說明。例如，眼前待解決的是紐約的停車問題；此刻，高登團體的主席或許一開始會說：「今天討論有關貯存的問題。各位能想出多少貯存的辦法呢？」此類的引導方式，有時會引來一些突發的奇想（諸如放進袋子裏、堆、拆或吊起來、分割成數份，甚至以輸送帶處理等方式）。

　　稍後，主席便逐漸將問題範圍縮小；接著便可能改為：「我們要貯存體積相當龐大的物品。」然後再提出更明確的限制，例如：「這些物品無法折疊或分割。」

　　形態學分析法：歐斯本（Osborn，1957）及亞諾德（Arnold，1962）根據費茲史威航空公司原創的概念，加以延伸成形態學分析法（Morphological Analysis）。分析過程中，須將問題劃分成多個獨立變項，再針對每個變項，竭盡一切想出大量解決的途徑，最後再將每種可能性加以組合來求出答案。亞諾德曾將形態學分析法，運用在一項新型交通工具的研發計畫上。首先他把問題提煉出三個變項：（1）交通工具的種類；（2）動力的種類及（3）交

通工具所利用的媒介。每一變項各自找出許多答案，例如交通工具的種類，便可能包括手推車、纜車、火車及汽車等等。圖 8.1 所列的 180 項答案，其實是從數千項當中挑選出來的。其中某些答案確具可行性；有些則否，另有些尚待研究。譬試想一下，某種似纜車的交通工具，以馬匹在油面上划動前進。或想像一下在地下鐵道中推動的自動火箭。

水平思考：波諾（de Bono，1970）提出：若想要挖個較深的洞，就必須垂直向下挖。但假如挖洞取土只為了掩蓋他處的地面，那就只需朝水平方向挖取即可。同理，若最終目的在於找出一個為傳統接受的解決辦法，那麼垂直思考（vertical thinking）絕對適合。反之，若想要一個奇特且具創意的答案，水平思考（lateral thinking）會是較佳的選擇。波諾認為，水平思考能促進創造性思考，及尋得具創意的答案；不過，水平思考並不能和創造性思考畫上等號。除此之外，他也主張：雖然水平思考與洞察力、創造力及幽默感三項天賦息息相關；然而還是能利用其它途徑逐漸發展水平思考的能力。波諾基於以上的理念，於 1976 年曾籌設教導水平思考及其它相關的思考課程。垂直思考對於有創意地解決問題是必需的，但是並不夠。這是因為我們不僅需要具備批判各種想法的能力，也需要產生這些想法的能力（Brodinsky，1985）。

波諾所開的水平思考課程，並不像腦力激盪或其它技巧在於培養創造性行為；也不要求學生解決明確的難題；相反地，他只鼓勵人們以各種全新的角度去面對問題，而思考的方向採水平式而非垂直式。

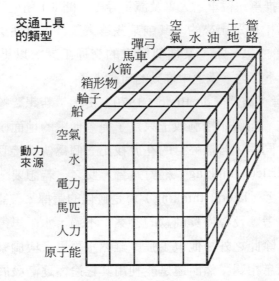

媒介

交通工具
的類型

空氣 水 油 土地 管路

彈弓
馬車
火箭
箱形物
輪子
船

動力
來源

空氣
水
電力
馬匹
人力
原子能

圖8.1　創造新型交通工具的一項形態學分析。如圖示，共有180種可能可供探討（6×6×5）。

　　波諾的課程裏有許多習題也常為各種創造力測驗所採用。例如學生可能面對著各式各樣的幾何圖形，再盡可能以各種不同的角度去描述圖形。此外，還有其它活動是為了鼓勵學生發問、暫緩批判、界定及質疑各種假設、進行腦力激盪、以及同理類推等目標而設計的。總而言之，水平思考在於強調創造新概念及挑戰老舊思想；但仍需注意並非過份否決所有舊的主張。因為波諾認為「否定」是垂直性思考的產物；其實邏輯思考本來就是以否定和篩選為基礎，所以「不」（No）這個字便成為邏輯（垂直）思考的中心理念。

　　然而水平思考就沒有類似的關鍵字眼。波諾除了給學生許多作業外，還針對垂直思考的「No」一字另創了「Po」這個新字。「是」（Yes）一字因代表無條件地接受而不適用；相反地，Po 因為可以解釋為所有的一切，也能解

釋爲空無一物（nothing and everything），因而更加適合。波諾的 Po 即是語言及思考的「渲洩口」，它准許我們暢所欲言，任何言行更是不受絲毫批判；本身既不含肯定意味，也不是否定；單純得只是要求水平思考而已。爲此，Po 其實是誘導檢試、挑戰、修正、綜合、腦力激盪或類推的源頭；或許它根本已經出現在你的教學裏了。

概念模式：如第 1 章曾提過的，教育不該只侷限於教導事實和教學程序。學生更不該僅是學習，需要進一步學習如何學習的方法。雖然學生的確需要累積知識，相對的，也須增長思考的能力。其實各種教學的最終目的之一，不外乎「賦予學生能力」（empower），讓學生學到最能有效應付現實生活所需的技術、態度和資訊；換言之，即學會解決他們（及我們大家）的難題。

若要學生具有上述的能力，就必須具有創造力。梅耳（Mayer，1989）曾問道：「當學生面臨難題時，究竟要如何做，才足以激起他們的創造力呢？」梅耳聲稱，若以概念模式（conceptual models）爲教學技巧，則不失爲有效措施。

概念模式即利用口語或圖文，協助學生對於將學習之事物，能自行發展一套明確而且有用的心理表徵（mental representation）。Rafferty 與 Fleschner（1993）指出，這些概念模式對於促進有意義的學習與了解特別有用。梅耳於 1989 年曾指出，這是與 Ausubel 理論（請參閱第 8 章）相關的一種特殊的前導組體。當作前導組體的概念模式，通常由教師開發。教師也應鼓勵學生開發自己的概念模式，做爲組織資訊與增進理解與記憶的途徑（Novak & Musonda，1991）。

圖 8.2 是引用概念模式來解說影響雷達運作之最關鍵因素的實例。實驗顯示，在進行短暫解說雷達前，讓學生先看圖 8.2，則學生們在稍後回想關鍵概念的測試中，其回想率比只給予解說，但無圖表的學生們要多出 57%。但更重要的結果是：曾看過圖的學生，答對問題之比率，要比另一群須移轉舊

概念至新情境的學生們，高出 83%。另一方面，回想率及正確率較高的學生，也能以圖 8.2 的概念模式，活用至其它新情境上。

　　梅耳（1989）聲稱，許多類似的研究結果，也支持概念模式能明顯提昇學生解決問題之創造力。除此之外，儘管學生因建立概念模式而減少死記、逐字回想的情形，但對於重要觀念的記憶卻有增無減。就如同 Ausubel 的前導組體理論一樣，概念模式能提供重要的概念給學生，這能組織先前的學習經驗，並能提供重要的認知結構元素，俾日後連結新的資訊。

　　從教師的立場來看，了解如何建立概念模式和判定最具效益的概念模式，都是極重要的課題。梅耳（1989）曾指出優良的概念模式之特點。

　　首先，模式需具備各項基本要素，並能組成為完整的系統，以便學生看了之後，能夠了解該系統的運作方式。同時，該模式必須簡明，避免流於贅述細節；並且必須條理分明以便於了解。除此之外，此等模式在處理學生熟悉的事件及功能時，就應該具體；同時，在處理有意義的想法時，必須有概念性。無論如何，正確性是最基本的要求。最後，優良的概念模式，還必須考慮學生先前的學習經驗和理解程度。

　　很明顯地，或許已有更好的說法，能解釋概念模式裏，最有助於提昇理解及創造力的特徵。例如，利用押韻的特色，對記憶便極有幫助。

　　研究報告顯示，概念模式運用在科學研究上，成效最為顯著，其中又以用來解釋系統的運作（如雷達之例）方面為最。梅耳並指出，視覺模式反映在組織與回想列表的成效也極為可觀。

1.發信：天線發出脈衝信息。

2.反射：脈衝信息碰到遠方的物體彈回來。

3.接收：脈衝信息由接收器接收。

4.測量：從發射至彈回來的時間差，即波
所旅行的總時間。

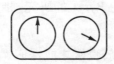

5.換算：由於波速是固定的，所以旅行的時間
可以換算成旅行的距離。

[　　　　] 秒 = [　　　　] 英哩

圖8.2　雷達運作的概念模式

　　帕柏特（Papert，1990，p.3）表示：「最好的學習方式是，給予學習者
較好的『建構』機會，而不是爲教師找出較適當的教導方式。」譬如使用電
腦程式，就是一種建構方式，而建構即創造出模式；其它如鉛筆素描、發展
心理學模式，也都是另一種方式。對於教學而言，新構成主義者

（contructionist）強調：鼓勵學生發掘與建立自己的心理表徵，即自己的模式。

⚮ 家庭背景、教室氣氛與資優生

對資優學生做長時間的後續研究之發現指出，許多資優兒童後來並不必然有傑出的成就——雖然平均而言，他們比非資優的兒童有較佳的適應能力，也較爲成功（見 Fetterman，1994）。然而，有些資優兒童不管是學業成就，或後來的生涯與一般性的快樂程度，都比其它人領先許多。

家庭背景：爲了探討爲什麼某些資優兒童比其它資優兒童較爲成功，Terman 與 Oden（1959）對照比較一組 100 名最成功者與一組 100 名最不成功者。他們最重要的發現是：兩組人的家庭背景顯著不同。第一組人來自學歷較高的家庭，較能鼓勵他們去探索、獨立、追求成就與壯志。很顯然，對於後來的發展，家庭背景是極重要的決定因素。後來同樣的研究，又再次證實同樣的結果（Pyryt，1993）。Pyryt 的研究同時也指出，後來再進修深造的重要性。

Torrance 指出，心理學對於資優才能採取過於簡單的認知觀念，以至於忽視了重要的人格變數、家庭變數、與學校變數，與創造力的發展有密切的關聯性。這些因素包括：愛自己所從事的工作、生活的目標感、高動機與毅力、喜愛挑戰及良好的體能。這些都比智力測驗與創造力測驗的測量值重要，而且這些因素都強烈地受到家庭與學校的影響。

鼓勵學生發揮其特殊才華的關鍵因素，絕不只是偶而利用某些特定的技巧來激起學生解決難題之創造力，或單純地鼓勵水平思考而能奏效。羅威（Lowe，1983）指出，創意的教／學乃奠基於認清「自發學習」的重要性，採取彈性與非權威式的教學方法，以及重視推理、質疑、概念及資料的處理等教學取向。法米勒（Fahrmeler，1991）主張：教師及家長對學生之個體性及創造力的肯定與鼓勵態度，將有助於學生的創造力與高成就。除此之外，

史考特（Scott，1991）則認為，獎勵的文化要比處罰的文化，更有益於資優生。凡能確實反映上述價值觀的學校，便更能培育資優生及有創意的兒童。

哈登及林頓（Haddon & Lytton，1968）曾將學校分為兩類，其一為「形式化」（formal）；另一則是「非形式化」（informal）。形式化的學校之特色是，教學方面採權威取向；而非形式化的學校，則強調學生的自發學習和參與感。不出所料，實驗結果果真是：非形式化學校的學生，在創意思考方面，要比高智力且擁有上流社經背景的形式化學校之學生更加出色。另外，在全然不具結構化的班別裏（指非形式化的課程班別），在那些埋首於撰寫電腦程式流程圖（Logo）的學生身上，也能獲得類似的結論（詳情請參考第12 章）。這些學生在後續的創造力測驗中，表現確實較為優異（Clements，1991）。

教室氣氛中，另一個重要因素是，學生對於學校活動究竟是感受到合作性還是競爭性。亞當斯（Adams，1968）的研究顯示：在自發性測試中，身處非競爭情境的受試學生，所得的分數高於置身在競爭環境裏的學生。更進一步說，假如測驗人員表現出親切與包容的態度，那麼學生所得的分數也會較高。其它大量的研究報告也已獲得一致的結論，其中斯拉文（Slavin，1980）一人便獨佔 28%的研究量。另外某些成果顯示：合作式教學法（小組的整體表現比個人的表現更受重視）較能提昇學生的成就感及自尊；促使同學們彼此關心；甚至能促進學校裏的族群融合及其它多種正面效益（有關合作學習的主題，將在第 9 章裏做更詳細的討論）。

關於與卓越創造力相關的因素，Torrance（1993）曾對於資優學生（現在已是成人）進行過三十年的後續研究，他發現，最有成就的，是那些同時具有高智商與特殊才華的人。但是須注意的是，並非所有高智商與高創造力的人都能夠有高成就。並且在高成就者當中，僅有少數的人能成為真正傑出的人。這些人似乎擁有才華與正確的人格特質，並且更重要的是，足夠幸運地出生在正確的家庭，以及就讀於正確的學校。

Albert 與 Runco（1986）曾做了一項歸納，指出如果期望兒童後來能有傑出的成就，他們最好是：

1. 同時擁有高智商與高創造力。
2. 能發展出正確的價值觀、動機、及能力，使他們足以從事重要或不尋常的工作。
3. 出生在鼓勵發展這些價值觀與驅動力的家庭裡。
4. 找到一種「合適」的前程生涯，既能發揮其才華，而且此一前程生涯具有足夠的挑戰性，足以刺激產生傑出的表現。
5. 能擁有多種經驗（也就是在音樂、體育、學術、社交、政治等等方面）。
6. 來自曾產生過傑出人物的家庭。
7. 能順應家人的指導，去開發特定的才能，但是這些指導不能不切實際、過度要求、或不關心。

Karges-Bone（1993）指出，對資優學生影響最大的因素來自家庭。Christian 與 Morgan（1993）也指出，資優學生的家長如何顧及他們的興趣與體能狀態，以及如何因應撫育資優學生所面對的其它挑戰，是決定這些學生日後的適應能力與成就之關鍵。此外，教師對於培育創造力的態度也很重要。

☞ 教師的態度與創造力

部份證據顯示：人性化教學較易誘導出學生的創造力。如第 9 章所提的研究指出：開放式教學較可能導致較高的創造力；然而學生在標準化成就測驗中的成績卻普遍較低。特納及丹尼（Turner & Denny，1969）也同樣發

現：友善、自然且體貼的教師，比高度結構化與講求效率的教師，更能夠激勵學生的創造力行為。

　　不過另一點卻須牢記：人性化的關懷與態度，跟有效的學習方式並沒有明顯與絕對的衝突。特定的教學方式可能並不重要，反而教師的態度與當事人的其它人格因素，才是更重要的變項。

　　多羅斯（Torrance，1962）為提高學生的創造力，對教師的態度及行為做了以下的建議：

1.　尊重創意思考。
2.　讓學生對周遭的刺激更加敏感。
3.　鼓勵學生善加掌控物件及概念。
4.　教導如何有系統地測試各種概念。
5.　培養包容各種新理念的態度。
6.　留意避免陷入僵化的教學型態。
7.　營造鼓勵創意的課堂氣氛。
8.　教導學生重視自己的創意思考。
9.　教導學生免於被同儕排擠的技巧。
10.　傳遞有關創意形成過程的各種訊息。
11.　消除對大師傑作的敬畏心態。
12.　鼓勵自發性學習。
13.　提高對心中疑問的敏銳度。
14.　創造創意思考的必備要素。
15.　給予學生自主與安靜的時間。
16.　提供輔助資源，以協助學生開發其想法。
17.　鼓勵學生養成從想法中去開發各種涵義的習慣。
18.　給予建設性的批評，而不是無謂的批評。
19.　鼓勵學生涉獵不同領域的知識。

20. 使自己發展為具冒險精神的教師。

　　相對於培養學生創意及態度的各種建議，霍曼（Hallman，1967）則列出一些抑制創意的常見因素：

1. 強迫從眾。
2. 權威式的態度和環境。
3. 冥頑性格的教師。
4. 冷嘲熱諷。
5. 過度強調評估。
6. 過度講求必然性。
7. 對於跟自己不同的人格易產生敵意。
8. 過度強調成就。
9. 排斥遊戲的態度。

　　假如霍曼所列的行為確實會抑制學生的創造力，則多羅斯相對提出的各項建議就可能具有提昇效果。其實，若把這二人的主張一併參考，便可成為教師最佳的教學指南。

✍ 教學風格與創造力

　　教學風格一樣能視為由可以指認與相關的教學活動組成，所以，在研究人員的眼中，教學風格是指特定的教學方法（如講解、發問、角色扮演等上課風格）；或指師生間的關係，及各自扮演的角色（如權威或民主式；以教師或學生為重心；保守或激進等）。另外，某些研究已經對於主要的劃分類別，如形式化或非形式化；直接或間接等教學風格，進行調查探討。

教學風格不只反映教師本身的人格特質，另外還涵蓋了多項其它因素，如個人的理念、教學目標、教學訓練課程之影響力、個人的成熟度與智慧及使用激勵性教材與否。大部份的教師，並非只採取單一的教學風格，他們會根據課文內容、學生、課前預備時數、可用資源及其它因素而選定不同的教學方法。不過，多數的教師仍會偏好某些特定的教學方法，例如，採用形式化的機會勝於非形式化（反之亦然），或常運用直接法而較少採間接教學。

就教師的立場而言，究竟何種教學風格最能影響學生的成績、動機、及有關思考、創意之技巧與態度的形成等，才是最重要的課題。

形式化或非形式化的教學風格：班奈特（Bennet，1976）指出：形式化及非形式化的劃分，乃是教學風格最主要的分類之一。採取形式化教學的教師們，通常具有以下特點：教授各個學科時未能整合其它學科、重視個人的成績遠勝過團體的表現、指派課堂座位、限制學生的行動、強調評估及成績、過度使用外在的激勵工具如分數。反之，偏好採用非形式化教學的教師們，則傾向整合各個科目、賦予學生較多的自由來決定課堂的活動、准許學生自選座位、不偏重測驗及學科的成績、以及大多以內在的動機，如自我滿足感，來誘導學生。

這兩種教學風格，會影響學生的成就嗎？研究結論是肯定的，正如第 12 章將討論到的：形式化教學和較高的學科成績間的關聯性，超過非形式化教學。不過，非形式化教學卻和高創造力有較高的相關性。

直接及間接的教學風格：法蘭德（Flanders，1970）依師生之間的言語互動關係，而將教學風格區分為二：直接或間接。其實，直接教學風格在某些方面，和形式化教學是極為相似的。傾向直接教學的教師們，在課堂上都會詳細表達自己的觀點，給予學生各種指示，下權威式的評語等。相對地，採間接教學的教師，會以發問替代直接提供給學生訊息；除接納學生的感受及態度之外，還會鼓勵學生自發性的行為和意見，並且會廣徵學生的意見。透過分析課堂中師生間的互動關係，法蘭德得出結論：所有課程中有三分之二的教師，採用直接的教學風格。

然而，同時評估直接與間接教學的研究，卻出現混淆的結論。或許正如希弗（Silvernail，1979）所言：不一致的結果，是因為「單以言語互動關係來評估教學風格，可能過於簡化複雜的情境」所致。在某些情境或對某些學生而言，直接教學可能是最佳的選擇；反之，因情境及對象的不同，間接教學可能較適合。

儘管得出上述曖昧不明的結論，然而教學風格中的許多特色，卻與教學成果有著相當清楚的關聯性。例如，在本書的其它章節裏所提到的讚賞、回饋、批評、前導組體或概念模式、課堂氣氛、以及鼓勵合作的獎賞結構等，全和學生的成就，以及或許還包括創造力與思考能力等，有著密不可分的關係。

☞ 教師的期望和學生的表現

在許多「自證預言」的例子裏，情勢的發展，正如我們事前的預期一樣發生了。為此，有時我們會假設期望以某種方式影響著結果。然而，事實不如原先預期的實例也不勝枚舉。那麼，「教師的期望」對學生的表現是否具有任何影響力？

相關研究：教師期望的經典研究，以羅森坦及賈寇柏森（Rosenthal & Jacobson，1968a，1968b）的「橡樹學校實驗」為先驅。實驗中，該校教師被通知需參與一項新測驗的效度測試，測驗目標是「預測學生會有突飛猛進的學業成績」。首先，施測者告訴教師：學生（尤其是低分數者）的功課經常會有突飛猛進的現象，而該項新測驗就能測出這些「突發優等生」。其實橡樹學校的學生們只接受了弗蘭哥普通能力（智力測驗）測驗而已；第一次在春季施測，另一次則在秋季。接著，故意把錯誤的施測結果透露給教師們，並且不經意地讓教師得知某些「突發優等生」的姓名。事實上，這些特定學生，只是從全體學生中，隨機抽出 20%的實驗對象。實驗組（被誤認為突發

優異生）和控制組（80%的其它學生）之間的差異就只在於，教師對實驗組的學生有了「學業可能突飛猛進」的預期而已。

實驗結果卻十分令人驚訝：教師的預期竟然成真。更出人意料的：實驗組學生的進步不單是學業而已（這受到教師某種程度的控制），在弗蘭哥智力測驗的分數也相對提高。頗具戲劇性的突發效果，在一年級學生身上尤其明顯，這或許是因為他們仍有極大的進步空間。除此之外，實驗結果也支持著以下的結論：年紀愈小，愈能鍛練智力（詳情請參閱第 2 章）。

羅森坦及賈寇柏森的實驗結論，稍後便遭到眾多的質疑（參考 Wineburg，1987；Rosenthal，1987）。其中，又以分析過程最為人詬病，因為資料的陳述、記錄及判斷屢有錯誤產生。此外，有許多複製橡樹學校實驗的研究，最後失敗了。但是，也有其它研究是成功的。

柏飛及古德（Brophy & Good，1974）曾檢視 60 項複製的實驗報告，結果發現大部份的報告有點混淆，提不出有力的證據來證明羅森坦及傑寇柏森所提出的戲劇性效果。不過，他二人也指稱，多數此類的研究顯示：教師的期望頗具一致性，而這些期望很可能和某些關鍵因素有重要的關聯，例如學生的自我概念、自尊以及成績。

柏恩（Braun，1976）同樣檢視大量有關教師期望的研究文獻，而且也發現，教師期望的一致性確實頗為驚人。就課業方面，教師似乎對社經背景較好、順從、外表出眾、座位離教師較近，及口齒清晰的學生們，有較正面的期望。同時也有證據指出，教師的期望或許以很微妙，但仍可測出的方式與學生溝通著。例如，柏飛與古德（1974）就提出：有些教師對成績較差的學生，不但較不留意，也較沒耐性等這些學生回答；即使同樣的答案，教師對於成績較差的學生易有批評。

歸納而言，雖然教師的期望所產生的影響力，並不如第一份研究發現所稱的那麼大，但是現在大多數的研究，均證實其重要性（Wang，Haertel & Walberg，1993）。

其它研究也持續致力於了解，究竟是哪些條件會導致教師的期望，以及期望對教學過程的影響力。例如，羅里森及麥迪威（Rolison & Medway，1985）便發覺，學生被貼上的標籤與學生近期的表現，皆是決定教師期望之重要因素。例如，教師對於「有學習障礙的學生」之期望便超過「智能不足的學生」。此外，近期表現漸入佳境的學生，也比逐漸低落者，容易贏得教師較高的期望。巴德（Babad，1985）則指出，批改作業簿時的情形也有關係：教師所批改的分數，竟與認為作業是出自優等生或功課落後者之手這個因素息息相關。而 Chandler（1994）則發現，許多小學教師對學生的期望，顯然會受到性別因素的影響，例如，許多教師預期女學生的科學與數學成績會較差，藝術課程會較好。

教師期望之相關研究的涵義：顯然的，至此仍無絕對的證據足以斷言：教師的期望，對學生的行為具有一致且不容置疑的影響力。然而，教師確實會對學生有所期望；或許這些期望對學生也相當重要（請參考 Means，Moor，Gagne & Hauck，1979；Ozar，1994）。某些實例顯示：負面的期望，可能對學生的行為，及教師的評分有不良的影響；相對地，正面的期望，可能導致較正面的成果。巴德維（Bardwell，1984）表示：正面的期望，可能提高學生的學習動機，並間接影響學生的行為。

目前已有許多研究致力於探討，如何「改變」教師的期望。研究目的在於提高教師的期望，特別是對於那些因某種原因而不為教師看好的學生（Babad，1993）。這些研究常會提供特定的建議，目的在於促使教師對學生的期望能夠擴散，而不是僅針對一小部份的學生，以及更能察覺到自己對學生的期望。雖然大致上來說，他們的方法不一定都能測量到正向的結果，但是支持了一項信念，就是可以使教師的期望變得更為正面，以及導致較快樂與較成功的學生。他們也指出，跟人們大多數的信念一樣，教師的期望不是那麼容易改變的。正如 Weinstein 等人（1995）進行一項校內的兩年研究（針對改變教師的期望）之後發現，改變教師的期望並不容易，必須將促成這些信念的背景因素考慮進去，例如，長時間以來，對於種族、性別所形成的觀

念。此外，教師對於學生的可塑性、對於智商等特徵之重要性與意義性、以及對於自己能產生顯著改變的程度所持的信念，也必須考慮在內。

其它的可能性：無疑地，正面的期許，不會始終具有正面的效益；而負面的效果，也並非全來自負面的期望。這樣的說法成立嗎？

高登貝克（Goldenberg，1992）曾提到一個研究：首先，他觀察了九名一年級的學生，再從中挑選兩名西班牙裔美籍女孩，作為研究對象。二人在一年級時，曾被同一名教師教過；由於她倆在閱讀預備測試中分數都偏低，由此可知，她們一年級的閱讀成績都不好。事前並不知道她們在閱讀預備測試中的得分類似，教師對她倆有著不同的期望，對一個期望高，對另一個期望低。

結果卻和教師原先的預期恰巧相反：教師起初期望較高的女孩之成績卻較差，另一名原不被看好的女孩之閱讀成績卻令人刮目相看。結果令人驚訝嗎？高登貝克認為不然。對於這看似矛盾的結果，他輕易地以事實解說原因：教師對於預期成績會較差，而需額外輔導的女孩給予更多的注意、協助及支持。基於此因，高登貝克便作了最合理的結論：其實，教師實際的行動比原先的期望更具關鍵性。因為負面的期望或許會令教師放棄學生，不去注意他，不願提供協助，甚至和該名學生不再有任何互動，此種結果，似乎能說明期望之自證預言的效果。然而，對於期望較低的學生，某些教師的反應，卻和高登貝克實驗中的教師一樣，他們願意提供更多的協助與注意，最終的結果便可能推翻先前的預估。

特殊學生面面觀

儘管在現實生活中，每個人都和別人有所不同，然而大部份的人，都是我們認定的正常人及普通人。但不可否認的，確實存在著與普通人多少有些

不同的另一群人。從教育、社會以及醫學（有時候）的觀點來看，這些人可以描述為具有「特殊需求」（special needs）。

　　智力及創造力遠超過普通人的一群，在前文中我們已經提過；此外，運動技能高超及外貌出眾或具社交天賦者，若一併冠上「特殊份子」的代稱，應該也是很恰當的。

　　遺憾的是，特殊性還有另一種涵義：智力或創造力較低者；有生理或運動技能障礙者；情緒困擾或適應不良者等等。簡言之，特殊性同時指先天與後天很優異以及有缺憾這兩種人。

☞　大眾法（Public Law 94-142）

　　特殊教育的教師所受的基礎訓練，在於學會確認真正的特殊學生，以及進而了解如何教授特殊課程與運用輔助資源。這些教師最明確的職責，在於提供殘障學生所需的教學服務。

　　近年來，特殊學生的特定需求，對普通班教師而言已日趨重要，尤其自1975 年大眾法 94-142 條文通過後更加明顯。條文中的某一部份，對於特殊學生所受的不公平待遇，訂出修正規定。本法在 1990 年經由 IDEA 法案的通過而加以修改，並在 1995 年經國會再次發布實施（見 Fuchs & Fuchs，1995）。本法對於有特殊需求的學生，提供四項保障：（1）「限制最少」的教育環境；（2）免費與適當的教育服務；（3）公平無歧視的評鑑與相關的法律訴求管道；（4）個別教學計畫（IFP）。這些內容摘要於表 8.1。

　　從大多數的實例得知，限制最少的環境，大多指普通班級；因此，必須和特殊學生相處的教師自然日益增加。將有特定需求的學生，安排就讀於普通班的作法已成為「主流」（main streaming）（主流教學容稍後再談）。

表 8.1　大衆法 94-142 條的主要內容

條款	實務上的涵義
限制最少的教育環境	採主流教學（指常態分班），因法院對此解釋為能滿足兒童特殊需求之最重要的環境。
免費與適當的教育服務	對於有特殊需求的學生由政府提撥經費執行特殊教育方案。
公平無歧視的評鑑與相關的法律訴求管道	專家必須使用無偏差的工具來評鑑學生，並顧及特殊困難的因素（如操持不同的母語）；家長對於是否讓他們的子女接受此等特殊教育，保有被告知權與同意權。
個別教學計畫（IEF）	由一群較師、行政人員、專家及家長共同為特殊需求的學生所個別擬定的特殊教學計畫，內容須包括教學目標、評鑑方法與程序及時間的長短。

大衆法 94-142 的主要條款：除了提供「限制最少的環境」之外，大衆法 94-142 還規定，校方在安置特殊學生方面，必須落實幾項重大的改變：

1. 為辨識殘障學生而採用的方法，必須盡力避免種族或文化的偏見。
2. 針對特殊學生所訂的評估及教學計畫，其家長有權知情並保有同意權。
3. 校方必須提供特殊教學，以符合學生之需求，但不得向學生家長或監護人索取任何費用。
4. 殘障學生必須持有一份書面的個別教育計畫書（IEP）（IEP 容稍後再談）。因為某明顯的原因，大衆法 94-142 常被視為「殘障學生的權利法案」。

　　儘管本法已竭力為特殊學生掃除各種偏見或不平等待遇，然而向教師們解說及要求執行時，卻依舊遭遇很大的困難。例如 IEP 本身不但難度高，準

備過程耗時且成本高，況且至今仍無法證實其普及性。至於選擇適當的特殊性測驗或找一份以學生母語編成的測驗，也均非易事。而大眾法最具明顯效果的「主流教學」也並未獲得全面的肯定。

主流教學（Main Streaming）：大眾法 94-142 一通過，便直接提高了特殊學生被安排就讀普通班之比率。造成此一結果的背後因素，至少有二：第一，是有關認知方面，對許多被歸類為有情緒困擾或障礙，因而未被允許就讀普通班的學生們而言，若能被安置在普通班，事實上他們有學習及正常表現的能力。第二，處理新分類的「學習障礙學生」。此類學生通常泛指，一些並無明顯殘障跡象（如盲、聾、重度智障等）因而不宜進入特殊班級，但在普通班的表現不理想的一群學生。

因此，一方面產生的看法是，有些「特殊」學生受到錯誤的歸類，以及即使歸類無誤，他們確實也能從普通班中受益不少。另一方面，今日的教育學者也認為，確有部份學生在普通班中，由於教師特別的關注而表現得格外出色。

不過，後續的研究，並不全然支持以上的說辭。因為，雖然有些學生在特殊班級中並不適應，可是仍有部份學生表現得相當好（請參考 Budoff & Gottlieb，1976；Semmel，Gottlieb & Robinson，1979）。

近年來，許多主流教學（常被稱為「包容性教育」）成果顯示，特殊學生的需求，在普通班能夠得到滿足（McDonald，1993）。愈來愈多的證據顯示：經主流教學洗禮過的學生，在自我概念和社會調適方面，都要強過硬性被隔離的學生（Macmillan，Keogh & Jones，1986）。不過，柴司特（Chester，1992）卻指出，主流教學的爭議性依舊很大。部份原因來自：把特殊需求學生安插在普通班裏所耗的費用過高；法令規定，測驗必須顧及公平性及廣泛性，以及須輔導學生家長並取得他們的同意，這為校方當局增添困擾。此外，要整合參差不齊的學生，加深了教學的複雜性；並且無論就人格特質或訓練經驗而言，畢竟並非每位普通班教師，都有把握能在包容性班級裏，明智而有效地處理各種狀況。在包容性教學中，教師需要巨幅改變教

學課程的內容，尤其必須在「確認殘障及資優學生」方面格外用心（請參考 Robert Goldberg 案例）。

案例

在見習教師布魯瑪的記憶裏，羅勃・高登貝克（Robert Goldberg）是位差勁的老師。布魯瑪回憶說：

> 高登貝克老師不但無聊，穿著邋遢，還很少跟我說話。他比較喜歡和聰明的學生在一起，而我卻常有被排擠的感覺。例如，學期剛開始時，我的座位是在教室前排，而我最要好的朋友就坐在我後面。可是到了學期中，老師卻把較聰明的學生調到前面，而把較笨的擠到後面去坐。你們是否已經猜到，我就是必須和聰明的朋友分開，而單獨被調到後排的笨學生。高登貝克對我的嚴重傷害，讓我一輩子都記恨他。

柴司特意料中發現，包容性班級的教師，往往認定班上那些有學習障礙的學生大多「成績差、無學習興趣、怠惰、不求上進、害羞且缺乏自信」（1992，p.93）。然而，在包容性班級上，那些正常的學生對於學習障礙同學的評價，意外地高過教師許多；只有在自信及受歡迎程度這兩方面，才給予較差的評價。查普曼（Chapman，1988）在研究中發現，事實上，有學習障礙的學生之自我概念，確實比普通學生差，不論是否就讀於包容性班級。

個別教育計畫（IEPs）：個別教育計畫（有時稱為個別課程計畫，IPP）是法令強制規定，須施行在每個殘障學生身上的課程。擔任包容性（主

流教學）班級的教師大多會去準備此等課程，不過有時仍須諮詢其它人的意見。儘管教師有時會有一或多位助理協助，不過落實課程的最終責任還是在教師身上。有鑑於此，所有教師基本上，必須了解此等計畫的要求、詮釋方式以及如何準備。

準備 IEP 前，必須先完成某些基本步驟。首先，教師（偶而是家長）得察覺到或許有需要特別教學服務的學生。接著，若得到家長的同意，就需由校方人士或延請校外專門機構為學生進行評估。依大眾法 94-142 規定，受聘之跨學科評估小組，會判定究竟是否要進行全面性的評鑑。評鑑內容可能包含多種診斷及成就測驗；測試結果若是學生的確需要特殊課程，IEP 的準備作業，會在評估小組會同教師與家長磋商後立即展開。

大眾法 94-142 明文規定，IEP 中必須涵蓋：（1）年度目標及短期目標；（2）課程期限，包括註明特定的日期；（3）訂出用以確定課程目標是否落實的評估程序（圖 8.3 即 IEP 之實例）。

特殊學生的需求，並不一定能從教師或普通班身上得到完全的滿足。有些普通班教師，尚需求助於助教、輔助教師或巡迴專家之力，才能滿足部份學生。某些學生在每天或每週的部份時段裏，得另待在特定的資源教室中。部份學生則須輪流就讀特殊班及普通班；另有一些則須全待在特殊班上。另一群人或許得寄住學校（如某些聾、盲生）、醫院或其它機構。

STRATHCONA COUNTY BOARD OF EDUCATION
INDIVIDUALIZED EDUCATIONAL PLAN

NAME OF STUDENT Thea Murray GRADE ECS SCHOOL Wye TEACHER C. Munoz

IEP TEAM MEMBERS

SIGNATURE	POSITION	SIGNATURE	POSITION
	Teacher		Special Needs Aide
	Assistant Principal		
	Counsellor		
	Speech Clinician		

PROGRAM GOALS (S)	INSTRUCTIONAL OBJECTIVES	STRATEGY/MATERIALS/ RESOURCES	DATE START	DATE END	EVALUATION CRITERIA	PLACEMENT/PERSON RESPONSIBLE
1. develop intelligibility	- to improve intelligibility	- through one-to-one assistance, provide Thea with the correct speech model have Thea repeat the model speech provide Thea with the opportunity to interact with her peers with appropriate levels of intelligibility	Oct. 3	June 28	- ongoing assessment notes will be kept on ongoing basis - periodic reassessment by L. Brent	- C. Munoz - E. Takata - H. Murphy - L. Brent * * L. Brent is responsible to train the assigned teacher aide to carry out the appropriate assistance program for goals 1-4.
2. develop correct production of /L/	- to improve production of /L/	- through one-to-one assistance, provide Thea with the correct speech model have Thea repeat the model speech encourage Thea to find words with 'L' in her environment provide Thea with the opportunity to interact with her peers with appropriate /L/ usage	Oct. 3	June 28		

(handwritten annotations: NB "r" "b" following [as in library]; much improved; check — use of "got" at times; intended word is "forgot" — also syntax)

圖8.3　IEP範例

第 8 章　教育資優與特殊兒童　383

STRATHCONA COUNTY BOARD OF EDUCATION

INDIVIDUALIZED EDUCATIONAL PLAN

NAME OF STUDENT _Thea Murray_   GRADE _ECS_   SCHOOL _Wye_   TEACHER _C. Munoz_

PROGRAM GOALS (S)	INSTRUCTIONAL OBJECTIVES	STRATEGY/MATERIALS/ RESOURCES	DATE START	DATE END	EVALUATION CRITERIA	PLACEMENT/PERSON RESPONSIBLE
3 develop receptive and expressive syntax	– to improve receptive and expressive syntax	– through one-to-one assistance, provide Thea with the correct speech model – have Thea repeat the model speech – provide Thea with the opportunity to interact with her peers with appropriate receptive and expressive syntax	Oct. 3	June 28	– ongoing assessment – progress relative to expected performance	
4 develop fine motor skills	– to improve fine motor skills	– through one-to-one assistance, Thea will participate in a variety of fine motor skills including pasting, painting, drawing, manipulating, etc.	Oct. 3	June 28		

handwritten note (in objectives column):
i.e., "I don't get a turn"

handwritten note (in objectives column):
Second objective - giving verbal words now reversed in proposal

續圖8.3　IEP範例

⇪ 特殊性的範圍

教師對於界定及滿足學生特殊教學需求，所負的職責已日趨重要，因此教師必須熟悉日後可能遭遇的特殊學生之類型。

如先前我們所提的，特殊性（exceptionality）涵蓋兩個構面：資優或殘障。特殊性又可依人類的三大功能來劃分：認知、生理及社會情緒。每一功能的分布範圍，都是從明顯低於平均標準而持續延伸到相反的另一極端。處於負面極端者，可能包括；重度智障、多重生理殘障（如盲、聾或四肢麻痺）及嚴重情緒偏差（如精神分裂病患）等等。

大眾法 94-142 對於「殘障」（handicapped）一詞有更明確的定義：凡被評爲智能不足、重聽、耳聾、語言表達困難、視覺障礙、嚴重情緒困擾、外貌傷殘、他種生理傷殘、既瞎又聾、多重殘障或特殊學習障礙者，便是需要特殊教育及相關服務的對象（U.S. Office fo Education，1977，p.42478）。

以下章節，檢視生理、認知（智能）及社會（情緒）三大類的特殊性，其中又因認知障礙和普通師最爲息息相關，故特別加以強調（參考圖 8.4）。當然，主修特殊教育的教師們所學的不僅止於此。

生理特殊性（Physical Exceptionality）：在運動技能、或在需要配合動作協調性、力道和節奏等條件的活動中，有傑出表現者會被視爲具有生理特殊性；另一方面，身體殘障、感受度不足、大腦麻痺或罹患其它疾病，而或多或少造成學習困難的一群，也同樣具有生理特殊性。其中又以聾、盲學生所需的特殊協助，可能會遠超過普通班教師的能力所及。不過，爲了符合主流教學的規定，在普通班上仍可能使用到矯正器材（眼鏡或助聽器）及特殊學習的輔助方法。

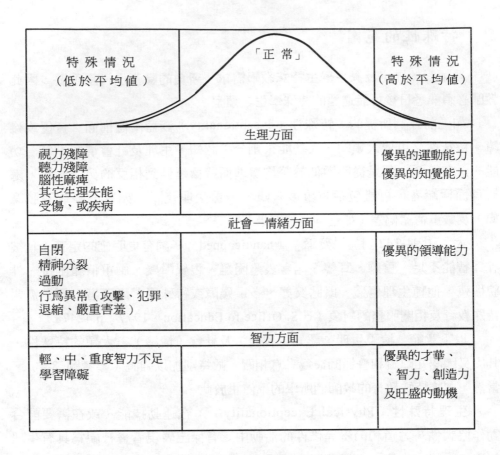

特殊情況 （低於平均值）	「正常」	特殊情況 （高於平均值）
生理方面		
視力殘障 聽力殘障 腦性麻痺 其它生理失能、 受傷、或疾病		優異的運動能力 優異的知覺能力
社會—情緒方面		
自閉 精神分裂 過動 行為異常（攻擊、犯罪、 退縮、嚴重害羞）		優異的領導能力
智力方面		
輕、中、重度智力不足 學習障礙		優異的才華、 、智力、創造力 及旺盛的動機

圖8.4　特殊性的構面

　　社會情緒特殊性（Social-Emotional Exceptionality）：在這個構面上，擁有正向特殊性的個人，多具有純熟的社交手腕及擁有較佳的適應力，甚至比尋常人能承受生活中的壓力和不安。通常這群特殊份子並不十分突出，只是有時難免遭人妒羨而已。

　　然而諸如行為偏差、情緒困擾、社交性失調者，具有負的特殊性。這些人的共通特徵是憂鬱不悅，也經常是教師、同儕、家長、及其它人感到棘手的對象（Whelan，1978）。行為異常的學生當中，超過 70%的人成就非常低

（Nelson & Pearson，1991）。對於有多少學生罹患情緒異常的毛病，估計方面有很大的落差。Knitzer 等人（1990）指出，有 3%至 5%的學生罹患嚴重的情緒困擾。這些學生當中，僅有 20%接受特殊的治療（Heward & Orlansky，1992）。

對於最明顯與最嚴重的情緒困擾而言（如精神分裂），普遍都需藉助特殊機構的看護。不過，許多實例顯示：情緒偏差的學生在普通班依舊能夠正常作息。

例如，無法集中注意力的過度活動偏差行爲（ADHD）（通常簡稱過動），其實並不需要校外的特殊看護。稍後對於過動兒會有更詳細的討論。

其它人格及行爲上的偏差現象（如欺騙、極度無禮及其它社會性適應不良的行爲），也隨時會成爲教室管理及教學上的困擾。然而在大多數的實例中，此類學生卻依舊讓他們就讀普通班，爲的是預防他們觸犯校規而被退學，或從事犯罪活動而遭拘留的不堪下場。

智能特殊性（Intellectual Exceptionality）：相對於先前提過的資優生及具有創造力的學生們，另有一些學生在學習方面（如果不是全部）卻比一般人困難許多。此種負面的特殊性可劃分爲二：智能不足與學習障礙。

智能不足（mental retardation）：根據美國智能缺陷學會（American Association on Mental Deficiency，AAMD）的定義（1992，p.5）：智能不足指，心智的運作功能受到相當大的限制，其特徵是在下列的適應技能領域中，有二項或二項以上的領域之表現，因受到限制而顯著低於平均水準：溝通、照顧自己、家居生活、社交技能、對社區的熟悉、自我引導、健康與安全、功能性學科、休閒及工作。智能不足顯現在十八歲以前。

定義中，有二點值得加以澄清。第一，「……表現顯著低於平均水準」通常是以著名的個別智力測驗之成績爲準，例如 Stanford-Binet 或 Weschler 測驗。IQ 70 分是一般可接受的區隔分界線，但並不是那麼嚴謹。第二，「適應技能領域……受到限制」指智能成熟度不足，因而無能力學習，以及無法跟同年齡與同經驗者一樣，達到一定程度的獨立、社交能力及肩負起社會責

任——例如年齡已達四歲，卻還不會說話。在評鑑適應行為方面，有多種標準量表可供使用（見 Reschy，1990）。

　　圖 8.5 是常用於區分智能不足的兩種基模。請注意，圖中的歸類標準，都以標準化智力測驗的成績為主，其中以又史比量表（Stanford-Binot Scale）最常採用。不過，麥瑟（Mercer，1979）指出：若將適應性行為也列入評量標準，那麼就有 1%的人口屬智能不足者。艾傑頓（Edgerton，1979）指出，麥瑟的結論正說明了，需一併考慮適應性的必要性。

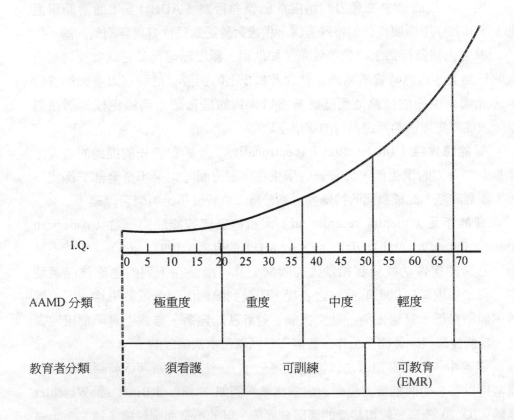

圖8.5　智力不足的兩種常見分類（均根據IQ分類，在實務上也會將適應技能納入考慮）。AAMD分類根據Stanford-Binet測驗。韋氏量表因樣本的取樣不同，故分界點也不同：55-69，輕度；40-54，中度；25-39，重度；25以下，極重度。

導致智能不足的真正原因眾說紛云，因此分類上會按程度來區分而不是按原因。研究人士通常將造成智能不足的主因劃分為二：一為器質變化（organic），包括產前或產後所致；二為家族性成因（familial）（Zigler & Hodapp，1991）。器質變化包括大腦受傷、染色體突變、唐氏症等疾病的後遺症、及懷孕發展關鍵期間母體感染等等。家族性成因則包括遺傳基因的不當、成長環境刺激貧乏、以及環境與基因互動造成的結果。

其實，在智能不足的學生當中，輕或中度仍居大部份，僅有少數在入學前便被認定為智力嚴重受損。因此，許多學生的小學成績還能令人接受，而他們大多來自包容性班級。

重度及極重度智能不足，通常伴隨著極有限的技能學習能力，例如，他們幾乎都缺乏溝通技巧，而重度者也只具有基本的生活技能，因此便只能終生住在特定的機構中。看護機構對於極重度智能不足者，甚至負有監護的職責，其中也包括餵食及穿衣等照料。由於智能不足通常會全面影響到各種認知功能，因此第二類智能不足者，能運作的認知領域有限，經常只有單一領域。具有此等特殊性的學生們，可能未顯示任何生理或情緒上的困擾，然而在學習特定技能時卻飽嘗痛苦。有時，此類學生被描述為學習官能失調、過動、大腦官能障礙、小腦受傷、知覺障礙、失語、或單純只是遲鈍的學習者。

☆ 學習障礙

智能不足經常會影響到所有領域的認知功能，但另有一種智能損傷只表現在幾項認知領域上——常常是只有一項。也就是說，有些兒童並無生理上的缺陷與情緒上的困擾，但是在學習特定技能時會有明顯的困難。這些兒童有時被描述為學習功能不良、過動、大腦功能不良、腦部輕微受損、知覺障礙、閱讀障礙或緩慢的學習者。不幸的是，這些用語並不特定，常會混淆，而且有時並無意義。Samuel Kirk 在 1963 年曾提出「學習障礙」一詞，一來

無「大腦功能不良」或「緩慢的學習者」等用語的負面意義，二來則表達得相當清楚（Hammill，1993）。

普遍性：就美國而言，特殊需求的學生當中，以學習障礙的學生佔最多數。事實上，在美國的公立學校裡，所有學生的 5%有學習障礙，大約佔特殊需求學生的三分之二。正如 Lerner（1995）所稱，這也許是因為，這個用語常用來指任何有問題而無恰當稱呼的學生。

定義：學習障礙一詞，現在用來指多種狀況。雖然大眾法 94-142 條也有學習障礙的定義，是用來做為分配預算的準繩，但是其定義可有多種解釋，因此，許多學校當局乃紛紛建立自己區分的準則。不過這些準則並未確切地指出學習障礙是什麼，而只是列出相關的症狀與行為（Kavale，Forness & Lorsch，1991）。至於特定的學習障礙，則會做較精確的描述（Cole，1993；Stanovich，1993）。

大多數對學習障礙的描述，強調以下的四種特徵：

1. 預期與實際的行為表現有顯著的差距。這種差距通常顯現在一般的學科成就上，而且顯著地低於根據 IQ 所做的預測情形。
2. 有學習障礙的學生在學科成績方面的表現相當不平均，有些科目相當好，有些科目則非常差。通常這種學生無法做其它學生可以輕易做到的某些事情。
3. 學習障礙常常是在語言或算術方面，有某個心理歷程出現問題，因此常在傾聽、思考、說話、閱讀、寫作、拼字或算數方面有異常現象。
4. 跟學習障礙有關的問題，通常不是聽力、視力或一般的智能不足等其它問題所造成的。

根據美國官方機構指出，學習障礙明顯的特徵是，IQ 分數與學科成績有明顯的差距，而且是諸如記憶與知覺等基本心理歷程造成的。凡是一般性的學習能力受到壓抑，或受害於環環的剝奪、情緒的問題、或知覺缺陷，均排

除在學習障礙之外。但是，Shepard 等人（1983）進行一項調查 800 名學習障礙學生的研究之後發現，許多原先認定為學習障礙的學生，並不符合政府當局所訂的定義。事實上，這個研究樣本有一半以上有情緒異常、輕度智能不足、或特定的語言問題，不應歸類為學習障礙。不幸的是：錯誤的歸類會導致以不適當的治療策略用在這些學生身上，並且當然會混淆治療策略真正的效果。

學習障礙的症狀：對於教師而言，目前對學習障礙學生的指認是非常不確定的。正如我們所知，最明顯的特徵是，學科成績嚴重落後。但學科成績落後本身，並不能認定就是學習障礙——儘管學習障礙常會導致閱讀、寫作及語文等其它方面的問題。

各種其它症狀也可能跟學習障礙有關。這些症狀包括注意力不集中、情緒起伏大、過動及衝動（見表 8.2）。

表 8.2　可能跟學習障礙有關的一些症狀

注意力不集中
衝動
情緒起伏大
視覺記憶受損（無法記住圖形或單字）
運動問題（難以跑步、投球、切東西及寫字）
說話與聽力異常
特定的學習問題（無法閱讀、寫作、拼字或計算）

資料來源：根據 Clements（1996）

此外，學習障礙常出現短期記憶的問題（Swanson，1993）。使用藥物也常會出現在這些學生身上，這也許是因為他們在學校的適應困難所致（Karacostas & Fisher，1993）。基於同樣的理由，有學習障礙的青少年也許會有輕微的自殺傾向（Huntington & Bender，1993）。

有各種測驗可用來協助指認學習障礙。這些測驗可用來測量一般性的智力，及檢查學習與記憶時所涉及的基本心理歷程。探討其它因素的可能性也

是重要的，諸如視覺問題、聽力缺陷、生理或健康障礙、低智商、或環環的劣勢遭遇。儘管測量智力與排除其它缺陷是很直接的作法，但評鑑基本心理歷程所產生的最大問題在於，對於這些歷程是什麼並未普遍達成共識。例如，學習性向的 Detroit 測驗，是用來檢查閱讀活動方面的歷程，而且有時候可用來辨識特定的缺點。

學習障礙的分類：儘管腦部受損或某種神經系統的毛病，被懷疑是許多案例的原因，但是特定的學習障礙，大部份都還未能確認出真正的原因（Mercer，1990）。各種疾病與傳染、營養不良及其它環境方面或基因方面的因素很可能也有關聯。不管如何，跟智能不足一樣，學習障礙也僅能按症狀來分類，而不是原因。對於學習障礙的情形，最常以能力不足的特定領域來分類。因此，學習障礙通常根據是否涉及口語或書寫文字、語言的理解或產生、或拼字或算術方面的特殊問題等等來加以標示。

目前為止，最常被診斷出來的學習障礙跟語言有關——特別是閱讀。因此，最常見的學習障礙是「發展期閱讀異常」（developmental reading disorder）或稱「閱讀障礙」（dyslexial）（Stanovich，1992）。根據美國心理學會（1987）的說法，閱讀障礙主要的特色是，確認單字與理解閱讀內容的能力受損，並且這跟智商、瞎眼、色盲、或不當的就學等等問題都無關。當兒童無法學習閱讀時，此種閱讀障礙會被指認出來。接著是，在拼字方面會出現困難，或閱讀技能落後其它同學許多。對於克服閱讀障礙方面，有時候矯治性的教學會有很高的效果。

第二種特定的學習障礙稱為「發展期算術異常」（developmental arithmetic disorder）（APA，1987）。最大特色是，在沒有智能不足的情況下，對於發展算術技能有相當大的困難。有這種學習障礙的學生，最常在計算方面（加、減、乘、除）有困難，或在處理視覺、聽覺資訊方面有困難；也因此，通常會有閱讀困難（Semrud-Clikeman & Hynd，1992）。

第三種是「歷程異常」（process disorder），指基本心理歷程有缺陷。因此，這些缺陷包括知覺（混淆形狀或發音類似的單字）、記憶（跟記住及

類化已學習過的東西有關的問題）及注意力（稱為「注意力不足異常」，跟浮躁、過動、難以容忍挫折、及易於分心等現象有關）。不管如何，在實務上，通常難以區別基本心理歷程異常與其它特定領域的異常。

整治：在大多數的情況下，學習障礙是在普通班的背景中加以整治，通常由該方面的專家提供協助與建議。在普通班裡，這種學生與其它學生一樣並無不同。他們大多數適應良好，也受人喜愛。Juvonen 與 Ber（1992）曾比較過有學習障礙的學生與正常的學生，發現在人際適應方面，兩組人並無差別，也就是說，受人喜愛或被排斥的比率是類似的。

正如其它領域的特殊性，初次辨認學習障礙的責任，落在班級導師的身上。事實上，教師的意見往往比更正式及更昂貴的測試更受重視。正如 Clarizio（1992）指出，對於決定學生是否有學習障礙，教師的意見是最具影響力的資訊。不幸的是，Clarizio 的研究顯示，太重視教師的意見，造成大量的誤認，使人數幾乎倍增。因此，在辨識所有特殊需求學生時，需要清楚明確的定義及嚴格遵循篩選的準則。

注意力不足過動異常

注意力不足過動異常（ADHD）或過動，是一種相當常見的情緒性異常，跟學習障礙有密切的關係。事實上，許多小孩會同時顯現這兩種毛病的症狀（Korkman & Prdonrn，1994），因此，一些研究人員建議合併這兩類異常，使診斷更為精確（Cherkes-Julkowski & Stolzenberg，1991）。

普遍性：雖然在美國的初級學校裡，有 3%的學生有程度不等的過動現象（APA，1987），但並非所有這些學生都罹患 ADHD；同時，在沒有過動現象之下，也存在著注意力不足的問題（稱為注意力不足異常，簡稱ADD）。

對於 ADHD 學生人數的估計頗為分歧，這來自篩選準則之不同，也決定於診斷是採取教師的評估，或家長的評估或兩者合參（Cohen，Riccio & Gonzalez，1994）。有一項研究曾調查一個有 14229 名學生的學區，發現有 136 名學生罹患 ADHD——將近 1%（Reid，1994）。

症狀與診斷：一般而言，ADHD 的特徵是就其年齡而言，有活動過度的現象（常是不停地與帶有危險性地爬、抓與跑）；難以維持注意力及健忘；以及衝動（傾向於迅速反應，難以跟同學輪流進行活動，對於挫折的容忍度低）。結果，ADHD 在學校與家裡往往適應不良，而且被認定有嚴重的問題（Zentall，1993）。APA 所訂的篩選準則中則規定，過動的期間至少須持續六個月以上。

教師與家長常把情緒浮躁、無法進行沉靜的活動、及有紀律問題的學生誤診為 ADHD。但是，Kirby（1994）指出，ADHD 兒童的干擾行為，經常不是故意的。如果學校當局只依賴教師與家長的判斷，則會有更多的學生會被診斷為 ADHD。Tynan 與 Nearing（1994）指出，最常使用的診斷準則過於強調衝動這個現象。因此，篩選的結果會過於浮濫，特別是篩選非常小的幼童時。他們指出，事實上，學走路而被診斷為衝動性的幼兒，後來再確認為 ADHD 的人數在一半以下。

嚴格地說，正如 APA 的定義，ADHD 必須顯現在七歲之前，使能夠與因重大壓力事件或疾病引發的異常有所區別。此外，尚須符合表 8.3 所列的 5 項準則。

並非所有 ADHD 兒童，都表現出同樣組合與嚴重程度的症狀，然而因為情況大多以可觀察到的行為來定義，所以很容易診斷，也很容易過度診斷（overdiagnosed）。在給任何一個兒童貼上標籤之前，應極度謹慎。

表 8.3 ADHD 的 DSM-IV 診斷準則

A. 必須有以下第一組或第二組的症狀出現
　1. 下列注意力不集中的現象出現 6 項或 6 項以上，且達到適應不良與不符發展期特徵的程度，並須持續至少 6 個月以上：
　　　a. 對於學業、功課或其它活動，常常不能密切注意其中的細節或犯不小心的錯。
　　　b. 在學習任務或遊戲活動中，常常難以維持注意力。
　　　c. 直接喊他（她）時，常常顯得沒有在聽。
　　　d. 常常未能貫徹指示與作完指派的功課（不是因為反抗或不了解指示）。
　　　e. 常常難以安排自己要進行的任務與活動。
　　　f. 常常避免、不喜歡或不願意進行需持續付出心力的任務（如課堂作業）。
　　　g. 常常遺失任務或活動中需用到的東西（如玩具、鉛筆、書本或工具）。
　　　h. 常常因外界的刺激而分心。
　　　i. 在日常作息中常常健忘。
　2. 下列過動／衝動的現象出現 6 項或 6 項以上，且達到適應不良與不符發展期特徵的程度，並須持續至少六個月以上：
　　　a. 常在座位上不安地撥弄手腳或身體蠕動。
　　　b. 常在必須坐在位子上時不時地離開位子。
　　　c. 常在不適當的場合中過度地跑或爬。
　　　d. 常常難以安靜地玩或進行休閒活動。
　　　e. 行為表現常常像是「由電池馬達驅動著」。
　　　f. 常常過度地講話。
B. 以上的一些症狀出現在七歲以前。
C. 以上的症狀出現在二種或二種以上的場合（例如在學校與在家裡）。
D. 必須有臨床顯著的證據顯示，社交、學科或職業上的運作功能受損。
E. 以上症狀並不是只出現在發展異常、精神分裂或其它精神異常發病的期間，而且不能以另一種心理異常（例如情緒異常、焦慮異常、解離症或人格異常）來做較佳的解釋。

資料來源：DSM-IV（p.83-85），1994。

　　原因：雖然男生罹患 ADHD 比女生多（多出八至九成），因此似乎至少有一部份是基因因素造成的，但確切的原因尚不清楚。證據也顯示，它是中樞神經系統功能運作不良造成的（Ward，1994），因此　也許有一部份是成熟度的問題。過動兒童的活動水準通常類似於四、五歲的兒童，而且許多過

動兒童——不是全部——在青春期之後，會擺脫 ADHD 的症狀（Henker &
Whalen，1989）。

其它解釋過動的原因，包括腦部受損與飲食（與維生素有關）的因素。
但是證據顯示，上述兩種原因相當微弱（Erikson，1992）。此外，有些人建
議說，由於 5%至 10%的過動兒對於某些食物的反應很糟，所以這些兒童很可
能可以透過飲食的途徑來協助（Ross，1980）。

整治：最常用來治療 ADHD 的，是 Dexadrine 與 Ritalin 等含有類似安非
他命成分的興奮劑（Busch，1993），取其鎮定效果而非刺激效果
（Swanson，1991）。一些證據顯示，爲了控制 ADHD 兒童的問題行爲及提
高其學業成績，使用藥物的效果，是行爲矯正術（主要使用獎賞）的二倍
（Pelham et al.，1993）。

雖然使用藥物來治療 ADHD 兒童，通常是爲了防範其學業成績的持續退
步（Busch，1993），及克服管理上的問題，但是這種治療方式仍有爭議。這
些藥物有其負面作用，包括體重減輕、生長減緩及情緒改變（Henker &
Whalen，1989）。然而，在適當的診療下，這些負面作用很少見（Guffey，
1991）。

另一種治療方式是，使用電腦化的偵測儀器，監視兒童的腦波活動，並
將大腦的運作訊息提供給他們。研究人員已經發現，ADHD 兒童的腦部活動
不同於正常的兒童（Janzen et al.，1995）。似乎可以訓練 ADHD 兒童，使其
腦波活動類似於正常兒童。這種訓練涉及提供「生物性回饋」
（biofeedback）——在他們從事活動時，能知道腦波活動的情形。這種治療
程序費時，而且需要昂貴的儀器，目前仍在實驗階段，但初期的實驗結果很
好（Lubat et al.，1995）。

⌘ 確認特殊學生

馬克米南及梅耳司（Macmillan & Meyers，1979）曾提到：輕度智能不足、學習障礙及情緒困擾等現象，鮮少在兒童入學前便能鑑定出來，在鑑定這些特殊兒童時，通常會歷經數個階段。

最初這些特殊學生就和普通學生一樣入學就讀，部份學生會明顯跟不上進度而留級。實證指出，其中又以社經地位較差的輕度智障學生居多（Mercer，1973）。馬瑟爾（Mercer）描述下一階段是，教師察覺到這些學生實在不能升級，而決定安排學生作進一步的診斷。然而有些時候，這些學生還是升級（一種被稱為「社會性升級（social promotion）」的現象），主要因為校方並不願他們硬是和同年齡的學生分開來。

林奇、希米司、海普及舒查特（Lynch，Simms，Von Hippel & Shuchat，1978）提供某些建議，給做初步判斷的教師們——此時便得決定是否需要專業評鑑。首先，教師必須學會透過仔細觀察，去區辨出哪些學生可能有學習上的困難、難以進步或跟不上進度等症狀。一經認定，教師即可嘗試找出適當的因應對策，並從多方面進行。通常最後的結果是，這些學生並沒有問題。

其次，林奇等人則建議，教師應自問一些關鍵的問題，例如，學生學習的速度是否過慢，或學生的社會適應行為（使用言語的能力、與同學一起遊玩的情形、及適切的獨立性等等）是否太差，以至於無法充分融入與其它同學的互動關係中。

第三點，也是非常重要的一點，就是教師必須格外用心去區分特殊性及單純的文化差異。某些高智力的學生，因為其母語及價值觀顯然不同於主流文化，因此有時反而顯得不如普通學生。

第四點（同第三點一樣重要），教師也必須區辨，學生在意向、動機、興趣及其它方面，正常的個體差異，同時也得隨時留意到，教師本身與特定

學生之間所產生的難題，或許和教師個人的風格有關，而不是學生的能力有問題。

一旦教師認定確實需要格外留意某學生，則下個階段便得尋求專業性的協助。後續的診斷作業，自然由專家們負責，通常包括成立跨學科的研討小組，以特定的工具從事評鑑及進行磋商。診斷之後，治療行動接著便根據特定的診斷而訂定（尤其針對學習障礙）；愈詳盡的診斷，便愈有助於開出治療處方。如前面所提的，大多數被診斷為輕度智能不足、有情緒困擾及學習障礙的學生們，仍舊會留在普通班，儘管他們或許還得額外接受團體或個別的特殊輔導課程。不管如何，對此類的每個特殊學生而言，準備及落實 IEP 都是必要的（請參閱「確認特殊性」專欄）。

「確認特殊性」專欄

部份極端的特殊性，不但極為明顯，甚至連未經特殊訓練的父母或其它人，都能輕易地察覺到。然而大多數特殊性的實例並不十分搶眼，使評鑑及診斷過程較為困難。雖然需要特別干預的特殊性，其最終的診斷和評鑑必須由專業小組來執行，但是初步的辨認及決定進一步委由專家診斷，則需要由家長或教師來做。不過，家長和其它非專業人士，在初步判斷時須格外留意，特別是面對那些在學習特定學科（如閱讀或算術）而遭遇些許困難的學生們（及成人）時更需小心。因為原先可能只是普通的學習問題，可能被誤認為學習障礙或智能不足。由家長及教師即可察覺到的症狀，列舉如下。至於更深入的評鑑、評估或轉介，則可委由校方的心理專家去做。

大腦麻痺（Cerebral Palsy）：須由醫師診斷。察覺到的症狀，從非常輕度至非常重度，或許是下列任何一項或多項（或無）

所構成。

- ◇ 步伐不平衡
- ◇ 抽搐動作
- ◇ 言辭問題
- ◇ 僵化
- ◇ 流口水
- ◇ 平衡困難
- ◇ 不能控制的擺動
- ◇ 不自主的面部表情
- ◇ 搖晃動作
- ◇ 各種可能的痙攣

癲癇症（Epilepsy）：需藉助醫學評鑑。發作時極為明顯。輕度癲癇發作時，只是間歇性喪失注意力達數秒鐘，可是同時卻可能伴隨著眼皮顫動和暫時失去行動能力。至於重度癲癇發作時，則可能導致突發性僵硬、跌倒、左右搖晃及呻吟等現象；發作時間大多持續數秒，鮮少超過五分鐘。若是發病時間再長些，便須緊急救護。

聽力問題：

- ◇ 經常性耳痛
- ◇ 精神渙散
- ◇ 言語問題

◇ 收看電視或收聽廣播需調高音量
◇ 反應困難
◇ 單或雙耳失聰
◇ 兒童需轉頭才能聽到聲響
◇ 說話異常大聲

視力障礙：

◇ 常搓揉眼睛
◇ 眼睛泛紅
◇ 頭疼
◇ 難以注視黑板
◇ 斜視
◇ 對亮光極度敏感
◇ 將事物挪至近處觀看

精神分裂症（Schizophrenia）：需藉助精神醫師的診斷。
可能具有下列一或多項特徵：

◇ 疏離
◇ 拒絕擁抱
◇ 自殘行為（如重擊頭部）
◇ 不與人進行語言溝通
◇ 重覆性行為（如旋轉、搖擺身體）

◇ 異常地迷戀物體

◇ 對疼痛麻痺

◇ 缺乏平衡感

◇ 退縮

◇ 面對改變會產生極度憂慮

◇ 缺乏協調性

缺乏注意力過動異常（Attention Deficit Hyperactirity Disorder）：主要發生在男性身上。年齡需小於七歲，至少得具備下列八項特徵，且需持續發生半年以上，特徵發生的頻率及嚴重程度也比同年齡的兒童更高：

◇ 經常焦躁不安

◇ 難以持久坐定

◇ 容易分心

◇ 缺乏等待耐心

◇ 時常脫口答覆

◇ 不易遵守命令

◇ 習慣性變換活動

◇ 難以安靜遊玩

◇ 不停地講話

◇ 經常打斷談話內容

◇ 似乎很少聽人說話

◇ 時常遺漏事物

◇ 身體經常涉險

　　行為和人格異常（Conduct & Personality Disorders）：此類異常需經心理醫師及精神醫師評鑑。因其行為及症狀範圍極廣，故以下僅列舉其中數項（必須極端及持續發生才能視為異常）：

◇ 高度侵略性和敵意
◇ 極度退縮和疏離
◇ 極為害羞
◇ 說謊
◇ 偷竊
◇ 容易發怒
◇ 極負面的自我概念

　　智能不足（Mental Disabilities）：需由合格的心理學家，藉助個人智能測驗進行診斷及評鑑。最明顯的特徵就是缺乏學習能力；界定標準是智力測驗成績顯著低落（智商指數低於 70 分）及缺乏適應性行為，範圍由輕度至重度。中度及重度智能不足的初期症狀如下：

◇ 學習爬、走和說話的進度明顯落後
◇ 缺乏學會吃、穿及繫鞋帶等基本能力
◇ 動作協調性不足

◇　語言技巧明顯低拙

輕度智障（Mild Retardation）：學齡前的兒童通常都難以察覺；一旦入學便可能產生以下症狀：

◇　顯著的學習困難
◇　短期記憶出現問題
◇　語言表達能力不足
◇　動作技能問題
◇　短暫的注意力

學習障礙（Learning Disabilities）：即使是合格的專業人士也難下定義和評鑑；學習障礙可能顯現在以下各方面：

◇　不平衡的學業成績
◇　學業成績低落
◇　無關智力或環境的缺失所導致的學習問題
◇　語文相關學科或算術方面特殊的學習問題
◇　反常的拼字
◇　經常無法辨識一些簡單字
◇　字母或數字的混淆不清
◇　對於簡單的數學運算都感到吃力
◇　心不在焉、衝動及快速的情緒變化
◇　不良的視覺記憶

⤷ 特殊教育中的標籤

在特殊教育裏，已普遍將學習障礙、可塑智障及過動等詞，分別縮寫為 LD，EMR 和 ADHD。不過這些縮寫詞仍只是一種標籤，除了具有命名的功能外，並不能解釋其真正涵義。例如，「艾力克辨識數字有困難，因為他是一個 LD」的說辭，便可能讓我們誤以為這一來就能了解為什麼艾力克遲遲未能挑出黑桃六的背後原因。其實，此時的 LD 不過顯示，艾力克的行為和先前我們所同意的 LD 症狀定義吻合。此類的標籤，能協助我們和其它人溝通，以及為日後研發特殊教學課程（對象如艾力克）提供某種基準。

不過，標籤本身確有其它缺失，許多人甚至反對使用。最常見的批評包括：標籤常欠缺公平性（來自智力測驗中的社會及文化差異），導致較低的期望，這對於被貼上標籤者，會受到額外的傷害；以及被貼上標籤者之間也明顯缺乏同質性（Macmillan & Meyers，1979 提出）。另一方面，在區分學習障礙與普通學生時，已逐漸形成趨勢，認為學習障礙的學生是在「量」的方面，而非「質」的方面不同於普通學生。因此採用普遍帶有輕蔑意味的標籤字眼，顯然和上述趨勢牴觸。

不同於昔日廣為使用的「白痴」、「低能」等字眼，我們對於各式標籤的使用似乎已趨於節制。

摘要

---

1. 美國聯邦法令對資優生的定義為：在一般性智力、特殊學科性向、創造性思考、領導力和藝術才能方面有傑出能力，且經專業人士認定有開發潛能者。事實上，資優生多由教師提名，或經能力及成就量表所測得。專為資優生設計課程時，常忽略文化差異的存在。

2. 資優教學主要有兩個取向：讓學生快速學完普通課程的加速取向（如 Stanley 的激烈加速模式）與普通課程做更深入、更廣泛探討的豐富化取向（如 Renzulli 的旋轉門模式）。

3. 腦力激盪是以團體的方式產生各種意見，進而解決難題，其實施的原則便是延緩批判。高登技巧其實是將腦力激盪做了部份修正，先從層次較高的抽象問題開始著手。形態學分析法是把問題依其屬性加以劃分，然後分別以腦力激盪求得結果後再加以組合。波諾對發展水平（創造性）及垂直（邏輯式）思考等技巧，提出各種實用建議。至於運用概念模式也有助於創意思考及解決難題。

4. 教室氣氛與創造性行為呈正相關。在形式化教學下，學生的創意指數不及非形式化教學。態度友善及接納性高的教師，較易激勵學生的創意；反之，激烈的競爭氣氛會抑制創造力。

5. 特定的教學風格由一連串的活動組成。形式化教學（具組織性；由教師主控；成績取向及偏重個人表現）通常會令學生得到較高的學業分數。而非形式化教學（學生導向；鼓勵整合性與自發性的學習動機——即開放式教室的特色）導致較低的學業成績，但能導致較高的創意和學習動機。直接教學（教師主控、以授課為主、權威取向）和間接教學（學生主導及發問取向）的比較結果尚未完全明朗。

6. 爭議性的證據顯示：教師的期望會影響學生的表現。對於社經背景較佳、較服從或得到較正面評價（例如，被貼上的標籤是學習障礙而不是智能不足、坐在教室前排或中央、及口齒清晰的學生），教師均有較高的期望。不過較低的期望，也可能導致教師更用心地協助學生，這反而會使學生的成績進步。

7. 特殊性指在認知、社會情緒或生理功能等方面異於常人的現象。特殊性可能呈現正向（相關功能較佳）或負向（缺乏相關功能）。

8. 大眾法 94-142 除了明文規定「須提供限制最低的教學環境」之外，還賦予學生與家長參與相關歷程（如分類、評鑑程序、及校方的記錄不但須

向家長公開，並准予申訴及要求獨立評鑑作業）的權利；保護學生免於接受具偏見及歧視色彩的測驗（採用一種以上的評鑑程序，而各種測驗須以受試學生的母語編寫）；確保特殊學生所接受的是具有明確目標的結構性課程，並且含有評鑑教學的程序（如個別教育計畫，或稱為IEP）。

9. 主流教學（另稱為整合性或包容性教學，也即國內所稱的常態編班）的主旨在於滿足普通班中特殊學生的需求。隨著評鑑、邀請家長協商且取得同意後，IEP 準備作業便須立即展開。IEP 尚須包括教學目標的陳述、課程期間及評估程序。

10. 生理特殊性或許表現在傑出的運動才能上；但極端相反的，則指知覺或動作上的缺陷、肢體殘障或疾病等。

11. 負向的社會情緒特殊性指，顯現情緒困擾、行為異常、過動症（ADHD）及其它現象。不過多數嚴重的社會情緒特殊性問題，普遍多在普通班中處理。

12. 智障是指明顯缺乏一般性的學習能力，程度則從輕度至極重度智障。至於學習障礙是指特定領域的學習不良，如學習閱讀或算術的困難。

13. 學生入學後，經由班級教師對特殊性作初步的辨認。輕度智障和學習障礙，很少在學齡前診斷出來。

14. 標籤可用來區分學生，及提供滿足其特殊需求的教學服務。不過標籤只是一種代號，而不是用來解釋。此等代號最好不要含有任何輕蔑的意味。

複習問題

1. 對於「資優生」的定義中，最重要的要素是什麼？

2. 有哪些技術可以促進創造力？

3. 試描述具有何種人格及採取何種教學風格的教師最能孕育創造力。

4. 在生理、智力及情緒方面，各有哪兩種學生符合「特殊兒童」的定義
   （一種是資優，一種是有障礙），試說明其特徵。

5. 試區別智能不足與學習障礙。

6. 試說明 ADHD 兒童最重要的症狀。

❏ 建議書目

The following two references should be of value for teachers concerned with the creative behavior of their students. The first has been translated into many different languages and continues to be popular. The second is a useful analysis of current thinking and research in creativity. The last three chapters deal specifically with approaches that foster creativity in the classroom:

OSBORN, A. (1957). *Applied imagination.* New York: Scribner's.

CROPLEY, A. J. (1992). *More ways than one: Fostering creativity.* Norwood, N.J.: Ablex.

The two following references are practical classroom guides for teachers in inclusive classrooms. The first outlines a large number of specific strategies teachers can use in different situations; the second is a two-part video program produced by Phi Delta Kappa that looks not only at the usefulness of mainstreaming, but also at some of the practical issues involved:

POLLOWAY, E. A., & PATTON, J. R. (1993). *Strategies for teaching learners with special needs* (5th ed.) New York: Macmillan.

Facing inclusion. Two tapes and a guide available for $185 from Phi Delta Kappa, P.O. Box 789, Bloomington, Ind. 47402-0789. (800-766-1156)

The following is a highly practical guide for teachers of exceptional children in the early childhood classroom. It deals with the characteristics of exceptional younger children as well as their identification, and provides useful ideas for working with them:

SPODEK, B., & SARACHO, O. N. (1994). *Dealing with individual differences in the early childhood classroom.* New York: Longman.

A detailed look at diversity in today's schools and at various approaches to diversity is

GROSSMAN, H. (1995). *Special education in a diverse society.* Boston: Allyn & Bacon.

A far more comprehensive introduction to special education than can be provided here is found in this general textbook:

HALLAHAN, D. P., & KAUFFMAN, J. M. (1994). *Exceptional children: Introduction to special education* (6th ed.). Boston: Allyn & Bacon.

第9章
人本教學法

　　人本主義反對那些在心理學和教育領域有時被解釋為機械化、抹殺人性、無人情味的「傳統」教學方法。他們力促在這些領域裡採取新態度、新觀念和新方法。本章描述人本取向教學法的基本特色,協助讀者了解人們及教學。最重要的一點是,人本主義、行為主義與認知主義並不是難以相容的。你可以做所有人本主義認同的事情,同時也可以採用其它取向所提供的知識。

摘錄自《不要欺騙老奶奶》

　　當我還是個年輕學生時，我相信心理學家有多種不正當的方法能透視我們的心靈，而且，只要他們願意，就能輕易地揭開深藏在我們心中那些黑暗或有趣的秘密。所以，我選擇唸心理學，完全是因為我相信一個聰明的心理學家能解釋人類和動物的行為，且解釋得讓人滿意。而身一個為新進的心理學家，我將這些解釋帶回家，向我的祖母解說。我告訴她為什麼豬在炎熱的夏天會在泥濘裡打滾；為什麼雞在早上會喔喔地叫，而晚上則在雞舍裡閉嘴休息。我向她解釋為什麼母牛總是會回到同樣的牛舍，為什麼馬在暴風雨來臨前會站立起來。

　　但是，她認為我的解釋一點也不是什麼不可思議的事。她說：「如果我是頭豬，我會躺在泥濘裡。如果我是隻雞，我會在早上叫，晚上在雞舍裡休息。」「但是……，」她繼續說著，阻止我告訴她我的解說仍算是重大的發現……。她說：「如果我是隻母牛，我會想做隻野母牛，而且絕不回到牛舍裡去！」

　　我說（我想我是非常興高采烈地說）：「但重點是，你不是豬，也不是雞，也不是母牛。你是個人。而且我們對人類的行為也有所解釋！」很快地，我就對於為什麼法蘭克對貓感到懼怕，為什麼露西對髒髒的綠色嬰兒毯碎片有令人困惑的情感說出很好解釋。

　　我的祖母提出反對，她說：「邢法蘭克並不怕狗，這又該如何解釋呢？而且他曾被狗咬過八次，而貓卻幾乎不曾咬過他。另外，露西不喜歡其它的毯子或枕頭，這又該如何解釋？而且，為什麼她不喜歡她自己的嬰兒毯呢？」

　　我祖母是十足的懷疑主義者，她總是能以比我回答問題還快的速度提出問題。雖然我已經開始有些答案，能使她相信 Skinner，Freud，Piaget 和其它心理學家們都能提出重要、有力的觀點，來解釋法蘭克對貓的懼怕，以及露

西對破毯子的喜愛，但我都無法使她相信，那些心理學家們，或是我，比她還了解法蘭克和露西的行為。

當我祖母率直的說：「我個人認為豬並不在乎在泥濘裡打滾，雞從來不在乎休息或喔喔地叫，而母牛隨地都可休息，馬則跟前面敘述的相反，牠們以自己強烈的意願去面對任何狀況。」

我覺得祖母真是個人本主義者。

人本主義心理學

人本主義心理學關心每個個體的獨特性、個別性及其人性。這是個承認人們具有差異性的觀念取向，以比較通人情的話語來說，這個觀念取向是建立在對人類行為的基本觀察上，即雖然我們在許多重要方面可能都非常相像，但是我們每個人跟別人卻又是如此不同。我們的獨特性就在於我們的「自我」。而自我就是人本主義心理學中最核心的觀念。本書中有二部份提到此等觀念（第 1 章及本章），這是為了要突顯出人類的科學傾向於抹殺人性。在本章，這個觀點特別適切，因為本章討論的教學法試圖突顯人類的人性。

☞ 人本主義與其它觀點

行為主義的教學法或認知教學法與人本主義之間的衝突來自它們的觀念在根本上相當不同，而這些觀念是指對人們之最基本的信念和態度。總而言之，人本主義者反對以科技導向（technological orientation）的方法來教學，像行為主義那樣。在最極致的形式中，這種科技導向的教學方法宣稱某些教學過程，當使用某種教材來教導某類型的學生時，則這些過程應該都會達成同樣特定且清楚的目標。

但是，人本主義者強烈反對這種過程的教學法。如 Shulman（1986）所觀察的，他認為這種方法過於強調老師們「應該」使用何種教學技巧，也太過於注重教學過程或學習過程所得到的結果，尤其是標準測驗成績。這種教學法的研究結論和建議，經常被學校當局拿來做為評量學校制度、老師和教學的基礎，這是人本主義者反對的。

人本觀點強調兩件事情：學生的獨特性及老師對學生的態度。因此，人本取向的教師對於教室成員的多樣性特別敏感，正如 Bartolome（1994）所稱，人本教學對文化敏感，尊重各個學生的歷史、文化及不同的觀點。Patterson 與 Purkey（1993）也指出，人本取向教師在準備上除了教材內容與教學策略之外，也同樣須致力於注意自己的信念與態度。

如果教學誠如我們在第 1 章所說的，是一種藝術和科學，那麼人本主義者是站在藝術這一邊，而行為主義者則站在科學那一邊。

但，在我們介紹人本主義者所要說的話之前，請注意我們在本節及本章大部份的地方所使用的許多術語，是幾近羞人的鬆散和一般化，這一點很重要。真實的情形並非如此簡單。行為主義者並不是常常如人本主義者所誇張描述的那般科技導向，而研究教學過程與結果的行為主義者和認知主義者也並非如此。事實上，我們稍後在本章會看到兩項重要而且相當特別的教學方法（一種建立在學習風格上，另一種建立在合作學習上）。每一種方法都反映了人本主義者所強調的個人成長及情感成長，但，這兩種方法基本上同時關心教學的過程和結果。對於教學過程與結果之研究結論並不十分認為：老師應該完全成為機械化的教學機器，作用在於矯正學生在認知及行為方面的缺點，及修護造成的損害，使個個都能有近乎完美的學習成就。

請記住，大多數的教育者並不完全加入人本主義者、行為主義者或認知主義者的陣營。大部份的人都採折衷方式；他們會從各處擷取優點。

所以，我們在這一章所做的，是故意誇大兩者的事實：我們特別強調人本主義與行為主義間的差異；我們假裝所有的事如果不都是清楚的人本取

向，則認定爲行爲取向。誇張法是教學上一個極有用的方法——只要你不受騙。

Rogers 的現象學理論

　　要介紹人本主義，我們首先須探討 Carl Rogers 對於人格和行爲所寫的各類文章之論點，然後我們再看看反映人本觀念的教育方法（Rogers 是在這領域裡最具影響力的理論學家之一；另一位重要的人本主義者，Abrahom Maslow，於第 10 章裡討論）。

　　Rogers 的文章並不十分建立在客觀的資料上，而是建立在他探討諸如下列問題的答案上：如個人對世界的看法，他們如何感覺，他們如何知覺到自己與他人之間的關係。因此，Rogers 的理論跟較嚴謹的其它理論取向形成尖銳對比。而且，對於老師們如何看待學生及如何與學生溝通，也提供不同的方法。借用 Rogers 的女兒 Natalie 對他父親的感想：「他堅持的一個信念是，提供一個安全、支持的環境，讓每個人（包括兒童）都能順利步入自我啓發、自我尊重與自我導引的學習之旅」（Rogers & Freiberg，1994，p.iii）。

☞ 重要用語

　　我們有不同的用語來描述 Rogers 理論中的各項重點。首先，是「當事人中心治療法」（client-centered therapy），也稱爲「個人中心治療法」（person-centered therapy），它描述著這個取向數方面的觀點。首先指出：這個理論是個治療理論；那就是說，此理論可供諮商人員用來處理人們的行爲與情緒問題。第二，此一標籤突顯這個取向跟諮商取向之間的主要差異。此理論支持以當事人爲中心的治療法，相對於「指導式的治療法」（directive therapy）。相反的，諮商員的功用只在於爲當事人提供解決問題的忠告，階

段性的作法包括讓他們去界定自己的問題，再加以反應，並逐步找出自己的解決方法（實際的過程比上述的更為複雜；見 Rogers，1951）。

第二個用語是「現象學」（phenomenology），這個用語是指關切個人對這個世界的知覺認定，而不是關切這個世界的實際狀況。Rogers 的理論是屬於現象學，因為它關心個人對這世界的看法，也就是注重個人看待這個世界的觀點，而非注重別人眼裡的世界。

第三個用語是「人本主義」（humanism）。人本主義在文學、哲學和心理學的歷史上，都一直關心人類價值、個體性、人性以及個人有決定其行動的權利。因此當物質目標被淡化時，個人潛能的發展將會受到高度的評價。Rogers 把「自我實現」（self-actualization）描述為所有人們追求的最終結果，這很清楚地表達人本主義的觀點。此外，他支持的個人中心治療法也跟人本主義者強調的自我決定相容。事實上，自我決定與外部控制的議題及應用行為科學所產生的道德與實務問題，都是 Rogers 和 Skinner 爭辯的主題。

☞ 行為控制的爭論：Rogers 與 Skinner

這場爭論的主要議題是關於：在社會團體中，使用行為控制技術來控制個人，及用在教育程序與政府對人民的控制上。Skinner 強烈認為應該放棄嫌惡控制的技術（見第 4 章），而應該公開而有知覺地施予正面控制，以改善社會（這項主旨是他的小說《Walden》（1948）的主題，是記述一個施加行為控制技術的虛構社會）。但是，Rogers 聲稱，Sinner 因為提出了錯誤的前題而低估了整個問題。此一錯誤的前提是：社會控制技術能使社會變得更好。再者，則是他無法指出行為控制技術的明確目標。Skinner 聲稱：如果行為科學家在社會上實驗行為控制技術，且能為社會帶來最大生物上及心理上之益處，則最終這些技術應能存在（Skinner，1955，p.549）。但是，Rogers摒棄這個觀念。Rogers 認為：社會的目標主要應該是關心「成長」（becoming）的過程，以及成長所獲致的價值、尊嚴及創意，簡而言之，就

是自我實現的過程。這場爭辯並沒有解決任何問題；它只增加了兩者的衝突，一邊贊成對人們施加設想周到的行為控制，另一邊認為這些行為控制不應用來改變或控制人們，卻應該用來提高人們自制及自決的能力。

⌁ Rogers 理論的原則

在《當事人中心治療法》（Client-Centered Tyherapy）（1951）這本書的第 11 章裡，Rogers 提出了一份以 19 個命題形式出現的整合報告。這份報告在本章裡有重點摘要（見表 9.1）。了解這些原則對於了解各種人本取向教學法是很重要的。

表 9.1　人類的人格主要特徵〔根據 Rogers（1951）的說法〕

1.	現實情形是現象學的。	現實情形中的重要面向構成私人經驗的世界。因此，我們心中認定的現實情形完全是個人獨有的。別人從直覺可以感受得到，但卻無法知道詳情內容。
2.	我們認定的現實情形是立即浮現在個人腦海中的意識。	我們私人的經驗決定了我們認定的現實情形。我們的現象域虛構出我們立即的意識狀態。
3.	行為是受到自我實現之需求的激勵。	我們每個人都有一項基本的傾向：透過自我治理、自我管制及自主的歷程努力使自己成為一個完整、健康、有能力的個體。
4.	行為發生在個人認定的現實情形之背景下。	要了解別人的行為，最好的辦法是試圖從對方的觀點來看待事物；因此，人本主義強調開放溝通的重要性。
5.	自我概念是由個體建構起來的。	我們發現「我們是誰」是根據直接的經驗，以及根據別人對於我們是何種人所給予我們的訊息之後，我們將之納入自我概念中的信念與價值觀。
6.	我們的行為呼應著我們的自我概念。	一般而言，我們所選擇進行的行為，不會與我們的自我概念相衝突。

「…… ，他們吃
荒謬的食物……。」

每個人都是從個人的
觀點來理解這個世
界。

原則一：每個個體都是一個持續變化的經驗世界之中心。在現象學家提出的基本重點中，有一項認清了人類功能運作的兩個特色，而這兩個特色的涵義對老師們特別有幫助。首先，對個人來說，環境的重要的面向構成個人的「私人」經驗。第二，意味著：不只是個人的現象學世界是私人性質的，而且，別人對此也永遠無法完全了解。想想看，譬如說，一個小孩子在做惡夢之後，走出來對他的媽媽抱怨說：「媽媽，我好害怕。」這個孩子所表達的害怕，在他的世界而言，是真實而且重要，而他的媽媽卻可能從她以前的記憶中找出過去害怕的經驗，藉此來想像她兒子的感受。但她無法真正了解她兒子害怕的感覺。因為，每個人對這世界的感受、看法，是個人所獨有而無法與別人完全分享的！

原則二：有機體是根據它的經歷與認知來反應環境。而這些對環境的感受，對個人來說，就是實際的情形。這項命題產生了一個要點，即實際的情形是「現象域」（phenomenal field），也就是個人對環境所產生的立即知覺。因為這個領域是由個體的私人經驗來定義的，所以，現實環境也就變得具有私密性質。因此，對某人而言是真實的東西，對他人而言則不一定如此。一個喜歡老師的學生，不管別的學生有多麼討厭那個老師，在他的現象

域中，那老師是令人喜歡的，而他對老師所表現的行為，也會反映出這一點，因此老師需要了解學生們是以不同的角度來認知他們的世界。一個看起來最了解學生的老師，常常被形容為具有「同理心」（empathy）（即容易體會別人的感受）。

原則三：有機體有一項基本的趨向和目標，即實現、維護和提昇自己。列出人類各種的需求、驅力和目標，來解釋人類的行為，是既無幫助，也無必要的；我們只朝向一個目標而努力——即自我實現。Rogers 承認：「要找到話語來陳述這項主張是困難的」（1951，p.488）。事實上，他已找到核心的字眼——自我實現——現在則面臨如何定義它的問題。

要定義自我實現這個字眼，有一個說法是經由自己所決定的活動，去成為自己能夠成為的人（Maslon，1970）。換句話說，自我實現就是開發個人的潛能。Rogers 試圖藉著描述自我實現之過程的一些特色來澄清此項定義。

首先，自我實現是一種引導性的過程，意味著朝向成熟發展、增加能力、追求生存繁殖後代等等。有趣的是，這每一項都是目標；每一項都曾被描述為人類運作功能中，與動機有關的重要目標。然而，對 Rogers 來說，這些目標都只是主要歷程的特徵傾向而已。

自我實現也因為假設人們會朝向提高「自我管理、自我監督及自主性」的程度而具有引導性。同時，也會朝向擺脫「外界控制的力量」（Rogers，1951，p.488）。這是 Skinner 所說的行為控制及 Rogers 所說的成長歷程存在基本衝突的一個原因。

總而言之，Rogers 認為人類有內在的引導性需求，這會使他們朝向健康的、有能力的及有創意的運作功能去發展。在了解人本主義者如何看待人們，及認為人們本質上是好的，且永遠都朝邁向更好的境界努力時，這是最基本的觀念。這也合乎邏輯地導出 Rogers 的信念，認為偶而不是那麼健康的功能運作是經驗造成的。

原則四：了解人類行為的最佳立足點是個人內心的參考架構。

Rogers 認為，個體認知的現實情況是私密性與個人化的，沒有人能真正了解。因此，如果我們要近一點了解某人，我們就必須試著從他的觀點來看待事物——如同 Arnold Jackson 在回答以下問題：「你確定這是『他的』問題嗎？」時所面對的（見 Arnold Jackson 的案例）。Rogers 認為，我們之所以無法了解別人的行為，是由於我們無法認清：只有從對方的觀點來看行為反應才具有意義。

原則五：從跟環境的相互影響，特別是與其它人的相互交流，我們發展出我們是誰與我們是什麼的觀念。換句話說，我們開始建構「自我」（self）的觀念。自我是我們對於自己所持的一致性信念。當我們接收到別人關於我們自己的回饋時，我們會將這些訊息融入自我的概念裡。大多數的小孩，在他們非常小的時候，就會從他們父母親或別人身上獲知他們是令人喜愛或頑皮等訊息。結果，他們覺得自己是好孩子的觀念會變成他們知覺到的自我之一部份。一個學生可能在發展自我概念時，由於考試得到高分，使自我概念中包含認為自己是聰明的。相反地，如果得到負面的訊息，則可能會認為自己很笨。

案例

Arnold Jackson 教書到現在已有十三年了，以下是他第一年的教書經驗：

> 當時我只有二十二歲，我教的這個年級共有十班，而我必須承認，我實在害怕極了。最令我害怕的是，我可能無法維持良好的紀律，及學生們不聽我的話。所以，我嚴密地看著那些調皮與叛逆性的學生，因為我下定決心要在起火前盡快滅火。

這其中有個學生，是個大個子，叫作 Randy，比其它學生的年紀稍大，而且功課也不太好。他已留級至少一次，但我想是二次。在課堂上，他從來都無法答對任何問題，我知道他將會是個麻煩人物。

　　果然沒錯。才第二天或第三天上英文時，他就把身子縮進座位中，並把腳伸出走道上。所以，我叫他坐好，並以迅速、堅定的口頭申斥糾正他，這是有效的，但是，在一堂課裡，我總要糾正他超過兩次，而且，隔天他又會再犯，直到有一次，我實在是被激怒了，就從講台下來，走到走道上，將他的腿踢回桌子底下。

　　在那一刻，他充滿恨意地看著我，我知道，我為自己樹立了一個敵人。而且，從那次事件之後，情況似乎變得更糟了。每次我在課堂上看他時，他好像都在做別的事情，大部份是不專心聽課，故意不按時交作業，以及將他的腳伸到走道上，然後很快又縮回去，彷彿忽然想到那一次的事件。

　　最後，我去找 Franklin Lohde 談，他是副校長，對於紀律管理很有一套。我將 Randy 的行為解釋給他聽，並下結語說：「他真的有問題。」之後，我永遠都不會忘記 Franklin Lohde 所說的話。他說：「你確定這是他的問題嗎？」我問：「什麼？」他說：「你確定他故意不專心以及態度傲慢是他的問題嗎？或是，這也許是你的問題？」

這個簡單的問題把我的觀念整個翻轉過來，當然，也把我的職業態度翻轉過來。它使我覺得：也許我應該問這是否真的是 Randy 的問題？有無可能因為在我的腦子裡，我已經先認定他有問題了？有無可能這個大個子的小孩之所以彎下身子並不是因為他不尊重，而是因為桌子對他而言太小了？我對這些問題想得愈多，就愈覺得有道理。Randy 也許不是故意不完成作業，而是因為他沒有能力完成。

我開始以完全不同的角度去看待他，以及許多其它的學生。我幾乎都這樣問自己：如果我是他們的話，那會是何種感覺？

有兩項重要的資訊來源，與自我概念的發展有關。第一項是小孩子直接的經驗——包括被愛、被需要的經驗與導致很好的感覺之經驗，受傷害的經驗導致知道自己不喜歡受到傷害，以及滿足的經驗（例如：吃東西）使自己知道滿足的感覺是令人愉悅的。這些直接的經驗會引導自我概念的發展。小孩子也可藉由別人的告知，而間接體驗與自己相關的事（例如別人跟他說：「你真是聰明！真是個好孩子！」）。這些經驗也有助於建構自我概念。

有時候，一個人的直接經驗與間接經驗會互相矛盾，並導致產生衝突的自我概念。譬如說：有個學生，他的間接經驗使他認為自己在課業上是聰明的（例如：他的媽媽常常告訴他：「兒子，在課業上你是很聰明的。」），但是，他的直接經驗是：在學校裡，他常常不及格。解決這種矛盾的辦法可以採取數種形式。當然，其中一個辦法是接受直接經驗，並下結語說，自己並不是非常聰明。另一個辦法是接受間接經驗，並扭曲對直接經驗的認知。

譬如，他可能會下結語說：自己的確相當聰明，只是老師不喜歡他而已。或者可以尋找額外的訊息，來解決這個難題。Rogers 認為：適應不良的行為經常是過去未能成功地解決衝突的自我概念與「內攝價值觀」（introjected value）所播下的種子造成的。

原則六：有機體所採取的大部份行為，與他們的自我概念是一致的。譬如說，有個人認為他自己是個天生的演說家，並受邀到當地的某個協會演講。上述命題清楚地預測：為了與他自己的自我意象符合，他會接受這個邀請。同樣的道理，如果這個人認為自己的口語能力並不好，他很可能就會拒絕這個邀請。在這兩個例子裡，以及實際上在大多數人類行為的例子裡，人們選擇的活動，會與他們的自我意象相符合。

然而，想想看，當自我意象受到某種扭曲時，會發生什麼事。譬如說，有個人認為自己是個天生的演說家，但這並不是從直接經驗（亦即，從過去演說後得到的掌聲）得知，而是從他那有智慧的老祖母口中得知：「你講得真好，你一定會是個很棒的演說家。」為了符合他的自我意象，他接受了邀請；但是，隨著演講的日子一天天逼近，他卻變得害怕起來——不是知覺上的害怕，而是生理上的害怕。他可能忽然會發現他實際的身體狀況並不好。一個有病的人，怎麼能向該協會眾多的會員演講呢？的確，以身體不佳為由來拒絕邀請可以維護住自我意象——認為自己是個好的演講家。以 Rogers 的話來說：「個體所採取的行為，是為了滿足其有機體的需要，但卻無法符合自我意象時，這種狀況被認為是人類神經質行為的一項主要原因。」

評估 Rogers 的現象學

Rogers 對人類行為的觀點，在許多方面都符合直覺上的正確性。每個個體以自己的方式去認知世界，這似乎是很明顯的。而想要完全了解某個人，就要從他的觀點來看，這似乎也很有道理。然而，Rogers 的某些主張並不是

非常清楚，有些用語的意義，例如：自我實現，也不是很清楚。Rogers 對人類行為所下的結論，也不一定如他所稱的那麼普遍。

　　Rogers 的取向明顯地不是建立在嚴格的、能複製的研究上。儘管如此，它促使科學進步的貢獻仍然相當大；即使是臆測性的理論，有時也會產生相當多的想法。而且，其理論對於諮商和教學，也有相當大的影響。現在，重要的問題不在於追究這個理論是不是對人性的正確觀點，而是這個理論是不是探討人性的一個有用的方式。答案是肯定的。

人本理論在教學上的應用

　　跟他們的基本信念一致，人本主義者，如 Rogers，Maslow（1970）和 Combs（1982）提出了「學生中心教學法」（student-centered teaching）。他們倡導的教學方法，是讓學生對課程的決定扮演更重要的角色，而不是像傳統方法那樣。他們還認為：老師們應該定位在幫助學生學習，而不是講解教誨式的課程。但要成功地幫助學生學習，老師們必須接受訓練成為較為敏感、關懷、真誠和具有同理心的人（見「Rogers 的行為控制」專欄）。

　　不足驚訝的，人本取向的教學法注重健康的人際間與個人的發展；同時，不強調對學習科目採嚴格、成績導向、以測驗為主的教學法。他們強烈地主張，應該讓學生們有成功的學習經驗，而非失敗的經驗；他們的取向是啟發式學習而非填鴨式學習。對於人類功能運作的觀點，人本取向接納個體原先是怎樣的人，尊重他們的感覺與抱負，讓每個人有自我決定的權利。對學生採取這樣的觀點，自然產生了以學童為中心的學校。Rogers 與 Freiberg（1994）聲稱，這些學校的基本前提是：「如果身為教師、家長或諮商員的我們具有真誠、關懷別人、強烈同理心及言行一致等特質，則將能孕育與激發學生的成長與學習潛能。」

Rogers 的行為控制

Rogers 提出關於人類行為控制的五點模式,並視之為 Skinner 的行為技術之另一種選擇(Rogers & Skinner,1956,p.1063-1064):

1. 對我們來說,這是可能的:我們可以選擇重視人性是一種自我實現的成長歷程,以及也重視創造力和我們獲得知識的歷程。

2. 科學可以幫助我們發掘出導致這些歷程的條件,以及提供更好的方法來達成這些目標。

3. 對個人或團體來說,這是可能的:為成長營造條件,但不需訴諸大量的外界控制力量。目前的知識指出:唯一需要的權威是能為人際關係建立起某些特質的權威。

4. 身處在這些條件之下,個人會變得更為自我負責,在自我實現方面日有進展,變得較有彈性,以及會變得能更有創意地適應環境。

5. 選定這些人本價值觀,會導致開創了一個價值觀、知識、適應技能、以及甚至科學的觀念都會持續改變與成長的社會系統。其強調點放在人類的存在是一種成長的歷程。

但是,以學童為中心的學校並不是只關心孩子情感上與個人的發展,雖然有時候看起來是那個樣子,這部份是由於注重情感的發展,部份是因為人本主義運動誇大了對嚴格的教學法之反動。大多數的人本取向教學方案都會

顧及對課程的要求。畢竟，即使是最能自我實現的學生，也必須能夠閱讀、書寫及指出歐洲的主要首都為何。實際上，要成為自我實現的人，必須擁有 3R 及各種認知與後設認知策略等新認知科學賴以建構教學方案的知識。很明顯的，認知方面的考量，也是人本取向教學法的一部份。

⌁ 教育上的人本運動

　　人本主義理論的思潮現在已成為所謂的心理學第三勢力，其它的兩股勢力是弗洛伊德的理論與行為主義的 S-R 理論。在教育上，心理學的第三勢力主張（1）肯定人類個體的獨特性與重要性；（2）強烈反對過度機械化與抹殺人性的教學法。

　　教育上的人本運動以 Parkey（1984）、Combs（1982）、Kohl（1969）、T. Gordon（1974）、Postman & Weingartner（1971）與許多其它學者的著作及各種非傳統式的教育方案為代表，而這些方案貼上的標籤包括「自由作風的學校」、「開放的教室」、「歷程教育」（process education）及「以社區為中心的教育」（community-centered education）。這些方法的理論基礎建立在對兒童福祉的真誠關懷上，堅定地認為此等方法較能顧及兒童的福祉，以及確信現今的教學方法還有許多可供改進的空間。因此，Dennison 在描述一個替代傳統教學的教案時，他談及該教案對學生的生活之深遠益處。他也批評了（非常溫和地批評）傳統教學方法為「軍隊式的紀律、排程、獎懲與制式化」（1969，p.9）。然而，他的書，如同許多其它類似的書，並不批評目前的教學方法，而是試圖描述出較好的方法。Dennison 告訴我們說：「我們沒有必要再去批評公立學校，這些批評是表層的，而且無法帶來改進。」（p.3）

✍ 人本教育的原則

　　人本教育與傳統學校所重視的在基本上是相容的。所有的學校都關心學生們現在與未來的福祉；所有的學校都肯定學生個體的價值與權利；也都重視與鼓吹諸如心胸開闊、誠實、利他主義等人性價值觀。人本教學與傳統教學之間的衝突在於：學生人數眾多與編班分組造成的壓力及課業成績的競爭，使教師與學生已無多少餘力及時間去從事壓力的溝通、價值觀的探索及追求情感與自我的成長。然而，正如先前所提的，沒有任何事情能阻止你在傳統教學的情境中，成為一名人本取向的老師。

　　雖然目前的文獻認為教育上的人本取向有許多共通處，但事實上也具有高度的變異性。熟知這些共通點對老師們而言很可能相當有幫助。至於更詳細的資料，請參考建議讀物。

　　共通的強調點：大多數的人本取向教學法有若干共通的強調點（見表9.2）。其中最主要的一點：較強調思考與感覺，而非求得知識（例如：見Simpson & Gray，1976）。在這方面，它們有時候與較傳統的教學法有相當大的不同。Postman 和 Weingartner（1971）提倡「柔性革命」（soft revolution），朝向使學生有更大的自由空間與創意，並提出一些刺激性的建議來引導改變。然而，他們的許多建議是給學生的，而非老師；而且，一般而言，他們有許多建議較為激進，並非典型的人本取向。

表9.2　人本取向教學法共通的強調點

1.	情感	對情感和思考大為注意，較不強調知識的獲得。
2.	自我概念	重視孩子們的自我概念之正向發展。
3.	溝通	注重人群關係之正向發展及誠實的人際溝通。
4.	個人的價值觀	認清個人價值觀的重要性，並試圖促進發展正面的價值觀。

第二個共通點是強調發展自我概念與個人認同感。這項強調能以 Borton（1970）、Satir（1972）和 Purkey（1984）的書為代表。Borton 提出了一個高度人本取向，分為三階段的教學模式，這是為了確認學生們關心哪些事物而設計的，一方面既能視學生們為獨立的個體，另一方面仍能使學生在與傳統學校相容的系統環境下受教。三個階段的稱呼構成 Borton 專著的書名：《到達、接觸與教導》（Reach、Touch and Teach）。Purkey 也同樣重視學生之自我概念的發展，他將老師們（及其行為）做了一項既有趣又有用的區別，即「歡迎人的」（inviting）的老師與「不歡迎人的」（disinviting）老師。他主要的前提之一是：不受老師歡迎的學生比處境不利的學生還要多；學生感受到的不受人歡迎，通常來自老師對學童表現出明顯冷漠的態度，以及未以待人之道回應學生。一個歡迎學生的老師，會藉著和學生溝通（用許多種不同的方式），讓他們知道自己是有價值的、有能力的、能夠自我引導的人，並期望他們表現出符合其自我價值的行為與成就。簡言之，就是傳達給學生對他們有高度正面的感受。不歡迎人的例子列舉在「不受人歡迎的學生」專欄裡。

　　第三項共通點是溝通。T. Gordon（1974）的「教師效能訓練」（TET，Teacher Effectiveness Training）計畫能指出這一點。該計畫傳授促進良好師生關係的方法，而根據的理念是：教師應受訓學習各種關於「有效的人際關係、誠懇的人際溝通、及建設性地解決衝突」之原則與技巧（1994，p.ix）。

　　最後一個重要的共通點是認定與發展個人的價值。老師應鼓勵學生們去了解自己、表達自己、尋求自我認同感以及實現自己。譬如，Simon、Howe 和 Kirschenbaum（1972）等人提供給老師們 79 項特定的策略，目的在於提昇學生個人的價值意識。

不受人歡迎的學生

　　Purkey（1984）提出強烈的論調，鼓勵老師表現出歡迎學生的行為，讓學生覺得自己是有價值、負責任、有用及重要的人。若認為所有老師對學生的態度，都會使他們表現出歡迎學生的行為，那是過於天真的想法。這裡列出一些明顯不歡迎學生的例子——老師將學生貼上不負責任、沒有能力、或沒有價值的標籤，而且有時候三個標籤全都會貼上（見 Purkey，1984）：

　　老師說我並不想學習，說我就只想惹麻煩。

　　她向全班說，我們不守紀律，不值得信任。

　　老師叫我站到教室外的走廊上，好讓大家嘲笑我。

　　他們將我編進收容笨蛋的班級，教室門口漆著「特殊教育教室」。

　　老師在全班同學面前對我說：「我真的不曉得你是那麼的笨！」

　　校長打了我一下，並說這是我唯一懂得的語言。

　　她說我比哥哥還差，但是我並沒有哥哥啊！

　　我的名字是 Bill Dill，但老師總是叫我「Dill Pickle」，然後哈哈大笑。

　　在開學後，我才轉到這所新學校。當我出現在教室門口時，老師說：「喔！不！不要再塞給我這種學生了！」

共通的教學法：上述這四項共通的強調——情感、自我發展、溝通與個人價值——讓人本取向有許多種教學法，而且比重視精熟課業內容、培養好公民、及培養運動精神的傳統取向更容易進行。於是，淵源自敏感度團體（sensitivity group）與會心團體（encounter group）等成長團體運動的團體歷程取向便成為人本教育中常用的教學法。在團體中，學生們被鼓勵開放地表達他們的感覺、發掘與澄清這些感覺、探索人與人之間的關係、以及清晰地表達出他們個人的價值觀。有多種溝通遊戲能夠幫助提高人際關係的真誠與開放。角色扮演的遊戲也能夠提供途徑來探索情感與人際關係。

　　人本取向教室的一般性描述對於準教師的價值通常很有限，特別是關於課程活動的詳細情形。這些描述較不注意教學歷程，而將重心放在老師個人的特質和老師對孩子們的態度。簡而言之，雖然人本取向教學的倡導者有一套吸引人的說法，將教學／學習過程加以人性化的理由也極為充分，但他們常常讓新上任的老師不知教學方法和策略為何。不幸的是，他們也常常讓新上任的老師認為傳統教學法與較人本取向的教學法是十分不能相容的，以及後者應該取代前者。

　　也許，人本取向最重要的貢獻在於老師們的教學態度方面，而非教學方法。人本取向的教育者追求真誠關懷人們、開放與有效地溝通、以及真摯、溫暖與同理心，而含糊不清並不是我們所需要的；我們需要實際的範例與方法。

　　在本章的最後這一節，我們將介紹三種取代傳統教學法的方案。第一種是開放式教學法，它主要是關心學生們在情感上的發展，也因此，它很明顯具有人本取向的特質。其它兩種方法是學習風格取向與合作學習法，雖然它們也某程度地重視學生的個體性，但仍然較注重學業成績與認知上的發展。

三種人本取向教學法

　　雖然學習是一種自然的過程，但是學校並沒有自然地引導學習。孩子們被迫參與學習；他們對於課程的內容沒有選擇的餘地，即使它們沒有什麼明顯的價值；他們必須和老師一起度過時間，必須和同儕一起分享教學資源；同學們彼此的能力、經驗每每不同，卻都被要求跟上與他們興趣或程度不合的教學節奏；而且他們被一套個人行為規定管理著，像是說話、四處走動、上洗手間等等。簡而言之，學校並不能使學生感到友善親切（user-friendly）（Hess & Azuma，1991，p.2）。

　　不同的文化對於學生與學校之間不佳的配合性的確會有不同的回應。Hess 和 Azuma 認為：日本的文化，就極有可能會去要求學生改變，以順應學校的要求。相反的，北美洲的文化就很可能會去改變學校的環境，以適應學生們的需求和願望。

　　儘管如此，北美洲大部份的教學環境是我們所稱的「傳統式」，也就是Hess 和 Azuma 所描述的「對學生不友善」的學校。我們都知道這些教學環境是什麼樣子，因為我們大多數的人都曾經歷過。而且我們大多數人都被灌輸了一項觀念，就是我們都要在這種充滿課業的環境中學習——只是你在這裡、我在那裡，而「傳統式教學」也沒有很壞地對待我們。

　　但是，不同於傳統式教學法的方案已經存在，這些就是本節所要探討的。在下面的部份，我們將介紹三種方案。

開放式教室

　　幾十年前，有種叫作「開放式教育」或「開放式教室」的現象，成為北美洲的一種流行。開放式教室與傳統式教學，在重要的若干方面均不相同。

首先，它主要的目標與傳統的目標不同，其中包括個人的成長、批判性思考、自立、合作及終生學習（Walberg，1986）。第二項不同是：在開放式教室裡，最重要的人是學生，而不是老師。第三項不同是：開放式教學並不會固守相同的課程，以及按年齡或年級分類的制度——這些是傳統教學的特質，開放式教室則較不正式。

開放式教學的神韻也許以 Dennison（1969）描述得最好。他描述這方法是以學生為中心，老師與學生之間的互動既緊密又輕鬆（這是有可能的，在他的例子中，我們可看到師生比極低）。這種取向並不強調上課的時間表，根據 Rousseau 的觀念，時間是拿來花的，不是拿來節省的（Dennison，1969，p.13）。開放式教學的理論，如 Dennison 所說的，認為學校應該關心孩子們的生活，而不是狹義的教育；摒棄舊有的教室慣例，能使我們對於情感及人類存在的其它特質所扮演的角色，獲得重要的洞察；至於經營一所小學是一件再簡單不過的事，只要消除「滲透到每種官僚制度中的欲望與不可行的中央集權作風」即可（p.9）。

要在此處完整地描述瀰漫在 Dennison 所說的這種教室中的氣氛是困難的。的確，將這種學校描述成沒有行政管理人員、沒有成績單、沒有競爭性的測驗，只有極簡陋設備的學校；是每個孩子都受到「體貼與公平」對待的地方；以及是個主要關心孩子們能過著無拘束生活的地方，這些描述似乎無益而且會誤導。雖然這些是正確的描述，卻只描述了一部份。如 Kohl（1969，p.15）指出：要清楚地說明開放式教學真正的情形是不容易的。同樣的道理，要解釋何謂自由，以及要區分混亂與由學生決定的秩序、區分反抗與個人做正當表達的權利、及區分課外活動是無意義地浪費時間與課外活動是有意義地運用時間，也都是困難的。

現在，在北美洲我們很少看到開放式教學了。然而，有趣的是，大多數比較這種教學取向與其它傳統取向的研究結果發現：開放式教學通常能有效地達成其重要目標，也就是說，在開放式教學環境下學習的學生會有較好的

自我概念，也比較有創造力與合作精神（譬如，見 Horwitz，1979）。但是，以傳統教學取向的目標來看，這種收穫是以犧牲課業成就為代價。

☞　學習風格取向

在討論傳統教學取向時，Dunn 和 Griggs 聲稱：「這套方式對某些學生很有效，但對其它學生則不然」（1988，p.1）。為什麼呢？

不同的學習風格：Dunn 和 Griggs 解釋說：因為有些學生在早上精神不好，學習效果也不好，但在下午卻能表現出色。有些學生喜歡在光亮、吵雜的環境中做作業；有些則喜愛在安靜的環境裡，柔和的燈光下唸書。有些學生在老師主導、具高度結構化的課程中表現良好；有些則在較不正式、低結構化的環境中表現較為卓越。有些學生需要別人告訴他該做些什麼，何時去做及如何去做；有些則能自動自發。簡短地說，就是每個學生都有個人獨特的「學習風格」（learning style）。跟學習風格有關的一些明顯變數包括上課日的時間、授課的方法及社會學習環境（如個別教學與團體教學之別）（Klavas，1994）。

但，不幸的是，傳統的學校並不將個人的學習風格列入考量。因此，他們獎賞著個人的學習風格與學校配合的學生，同樣地，他們不知不覺懲罰了那些與學校步調不同的學生。有些學生的生理時鐘無法在早上專心，但儘管如此，他們仍然必須去學校，坐在教室裡，與別的學生一起接受同樣的課程。那些對視覺刺激，或是觸覺刺激反應較好的同學，也必須被迫與那些對聽覺刺激反應較好的同學一起聽課。注意力不能持久的孩子也被迫與較易專心的孩子上同樣久的課。

Dunn 和 Griggs 辯稱：這種情況並不公平；因為這不是最佳的學習環境。他們堅稱：學校必須把學習風格方面的這些基本重要差異列入考量。但是，要如何做呢？

使學校迎合學生的學習風格：首先，學校必須調查每個學生的學習風格。有幾項工具可達成這個目的，包括 Gregorc（1982）的「學習風格調查表」（Style Delineator）與 Renzulli 和 Smith 的「學習風格量表」（Learning Styles Inventory）。Gregorc 的調查表測量學生在知覺方面的長處（例如：人們如何獲得資訊，包括具象方面與抽象方面），並能依照推理、情感、直覺等秉賦來區分學生。同時也探討個人在處理資訊時較偏愛的方式。

　　Renzulli 和 Smith 的量表是設計來幫助老師調整教學程序，以配合學生對各種教學程序的態度，如授課、模擬、討論、研究課題、遊戲、練習、朗誦、同儕教導（peer teaching）、獨立研讀與編序教學。另一個取向由 Reay（1994）提出。他將學習者區分為四種，即：主動者（activist）、思考者（reflector）、理論者（theorist）及實用者（pragmatist）。如表 9.3 所示，針對不同的學習者，可以分別採取最佳的教學策略。

表 9.3　一種學習者與教學策略之分類

學習者的類型	特質	偏好	教學策略
主動者	性急、衝動、開放、有彈性	多樣化、刺激、參與、活動	團體教學、以活動為主的教學法
思考者	謹慎、細心、思慮多、睿智	證據、有思考與反省的時間、有深思熟慮的機會	個別研讀、指定閱讀讀物、自定步調的學習法
理論者	講求邏輯與理性、喜歡追根究底、客觀	理性、連續性、仔細的解說、模式與理論	電腦化教學、概念模式、科學方法
實用者	實際、愛好應用	急切於徹底試驗、新的想法與方法、實際的解決辦法與應用	在監督下學習、承襲經驗、個別指導

資料來源：Reay（1994）

認清個人的學習風格只是個開始而已；如果學校真的要對學生的個別差異做出回應，則學校和老師的行爲必須有戲劇性的改變。Dunn 和 Griggs（1988）訪問了十所在教學上將個人的學習風格視爲決定性因素的學校。雖然這些學校之間有許多差異，但它們也有許多共通點。就某個意義而言，描述這些共通點就等於在描述一所理想化的人本取向學校。

注重個人學習風格的學校：這種理想化的學校提供給學習者近乎驚人的各類選擇。它讓孩子們可以坐在柔軟的毯子上獨自學習，也可以在會議桌上與小組一起學習。它提供由老師主導的高結構化課程、同儕教導、編序教學、電腦輔助教學和自我學習。它會循環上著核心科目的課程，好讓學生可以選擇任何上課時間，包括大清早或是傍晚。它也讓學生們依照他們的生理時鐘，去選擇何時接受測驗的時間與進行研究課題。

這種理想化、人本取向、注重個人學習風格的學校，不僅注重學生個別的差異，從它重視的價值觀與目標也能指認出來。它比傳統學校更重視學生們在各學習階段的投入，而且強調解決問題的能力與創造力。

最後，這種理想化的學校最常見的教學技術，特別在講解新教材時，是採取高度參與性、合作性、小組式的教學方式，這有時候被稱爲「知識圈」（circles of knowledge）。這種教學法，將在底下討論合作學習時會提到。

將個人學習風格取向簡略地轉換爲課堂實務，對這項主題的複雜性並不公平。沒有一種單一、最好的教案能讓我們做簡單且準確的描述，因爲這種教案都會要求學校和老師須有深遠的改變，而且要求的改變必須是持續的。因爲他們須對教案進行實驗、調整以及需不斷地調整目標與努力的方向。

評量：我們現在還無法評估這種教學取向的效果，只能做一些非常暫時性的評鑑。Dunn 和 Griggs（1988）在訪問十個採用此種教學取向的學校之後報告說：學生在許多學科項目表現得非常優越。有些學生贏得了全國性的獎章，而且有許多學生成功地通過了過去不及格的科目。並且大部份的人都說他們喜歡，喔，不，是說他們愛上了學校。

Guild（1994）指出，研究顯示所有類型的學生都能夠在課業上成功；但同時也顯示，若教學方法符合學生的學習風格，則情形可以更好。因此，良好的教學不應只有一種教學方法。

　　Snow 和 Swanson（1992）指出：目前對個人的學習風格所列的，與評量它們的工具，是沒有經過組織的、冗長的、並且包含了大範圍的習慣、人格特徵與能力。而且研究尚未能證明它們任何一種是有用的。例如，Reiff（1992）在一本小書中曾描述過文獻已指認出來的數十種學習風格。Thompson 與 Crutchlow（1993）指出，學習風格是教師應考量的一項重要因素，但這只是一項因素，而且在教育運動的狂熱中常會被過度強調。

　　也許當熊變得非常、非常老的時候，會回顧歷史說：「嘿，那種叫個人學習風格的東西在千福年（millennium）來臨之前只是種教育上的流行而已，就像開放式學校與教學機器。」也或許，只是或許，歷史的評斷會是：「嘿，就在千福年來臨之前，這種教學取向已經全面採行了。」

⇨　合作學習

　　根據 Johnoson、Johnson、Holubec 和 Roy 的說法（1994），老師們有三種基本的選擇：「在每間教室裡，老師們可以將課程建構為有人輸有人贏的架構，好讓學生們知道誰是最棒的。也可以讓學生靠自己個別去學習，或將學生安排為兩個一組或數個一組，彼此互相幫忙，以精熟指派的教材」（1984，p.1）。

　　但，不幸的是，這些作者聲稱：大多數的學生將學校視為競爭的地方，因為會有成績的高低。不是每個人都能表現得很好；為了要名列前茅，學生們必須競爭，以超越別人。而當學校不具競爭性的時候，則通常採取個人主義；也就是說，老師會力促學生，不藉助別人的幫忙，驕傲且獨立地達成自己個人的目標！

有一個簡單的方法可以區分這三種情況，就是從獎賞來看（Bossert，1988）。在合作的情況下，個人會跟別人一起分享獎賞；在競爭的情況下，別人得到的獎賞多，你得到的獎賞就會少；而在個人主義的情況下，個人的獎賞與別人無關。

有時候，有些學校會提供一些具合作性的活動。很少學校和老師會將合作學習視爲教學的基本要素。Schniedewind 和 Davidson（1988）聲稱：會這樣做的學校，都是人本取向的學校，因爲合作學習是人本教學的本質。它結合了學習中的認知與情感這兩個面向，以及強調參與和積極的投入，這兩者都是人本取向所重視的。但是合作學習同時比其它較明顯的人本取向教學更注重課業成就，及定義清楚的課程目標。在大多數使用合作學習方式的學校中，學生們很可能不像開放式教室那樣擁有非結構化的自由，也不像採取個人學習風格的學校那樣迎合學生個人的優點與偏好。

合作學習的理論基礎：爲什麼學習與他人合作是件重要的事？倡導此學習方法的人士提出了許多理由。其中最不得已的理由是以下這一項爭辯不休的猜測——認爲此種學習方式是我們自救的唯一方法，因爲我們若不學習與他人合作，我們和我們的星球將註定承受悲慘的命運。

我們必須學習合作是爲了自救這個理由如果不夠充分，或承受悲慘的命運顯得太遙遠了，或我們就是不願去想它的話，其實還有其它的理由。Bossert（1988）告訴我們：合作，是現代民主制度的基石。一個國家若缺乏各種領導者之間的合作，這個國家將無法治理；並且合作也是政治和經濟賴以平衡共存的關鍵。

以較立即性的效果來說，在學校裡教導學生與他人合作，可以減少許多學生對老師的依賴，也能消除學生彼此之間的偏見與疏離。Johnoson 等人（1984）聲稱：合作學習可以解決兩項重要的危機，也就是學業成績滑落的問題，以及學生的疏離感、孤獨感、漫無目標、和學生在團體裡的不安感。

另外一項理由是：它的確「有效」。以 Snow 和 Suanson 的話來說：「研究證據清楚地指出它在達成認知目標方面的效果，同時也讓學生對學校

有更正面的態度，提高學生的自尊及改善不同類型的學生之間的關係」
（1992，p.612）。

最後一個理由是：學生們「較喜愛」合作學習。研究人員詢問來自三種不同文化（德國、加拿大和伊朗）的學生最喜愛哪一種學習方式，他們選擇了合作學習（Huber，Sorrention，Daridson，Epplier & Roth，1992）。

合作學習的定義：合作學習是指學生們一起進行作業，以達成共同的目標。它不像競爭式學習，獎賞不是給予表現比別人好的學生，而是給予跟別人一起做得好的學生。

雖然在教室裡，我們有許多種合作學習的作法可用，但大多數的作法都有幾項相同的特徵（Johnson，Johnson，1994；Slavin，1995）。首先，合作學習會要求一組的組員，通常是四到六個學生，進行面對面的互動。第二，組員彼此之間的關係可以形容是一種正面的互相依賴，也就是說，組員們若想達到他們的目標，他們就必須分配資源、分派角色及分擔工作。第三，合作學習通常會爲了分享、合作與學習而分配某種程度的個人責任。因此，需要使用各種技術以確保這些目標和獎賞能依照組員的表現和貢獻來決定。最後，合作學習須用到人際技巧與小團體技巧，諸如輪流、催化助長（facilitation）及合作等等。

Bossert（1988）曾描述過相當多已在學校裡使用的合作式團體活動。這些活動有各種各樣的名稱，但有時候會通稱爲：「知識圈」或「學習圈」（circles of knowlodge 或 circles of learning）。雖然每種活動都明顯地不大相同，但每一種都有先前所描述的共同點，其中最重要的一點就是組員間的互相依賴。

一起學習：在以四到六個學生爲一組的合作學習裡，老師會先給予一段課業，或一張工作單（worksheet），他們必須一起學習或完成。組員們必須互相幫忙以確保每個人都能學會課業內容或完成作業。老師也會鼓勵已完成作業的小組去幫助其它小組。當小組合力完成作業時，老師會給予讚美。在此種方法下，小組之間是不互相競爭的。一起學習強調四件事：（1）面對面

的互動（學生小組有四至六人）；（2）正面的相互依賴（朝向共同的目標）；（3）個別的責任（所有人稍後須顯示自己已熟悉與了解教材內容）；及（4）人際技能與小團體技能（學生被教導如何在一起工作及如何評估其小組的運作情形）。

學生小組－成就共享（STAD，Student Teams-Achievement Divisions）：STAD 是學生採「小組學習」的一種形式，在這方法裡，各小組是要彼此競爭的（Slavin，1995）。學生們以四個至六個為一組，理想上，每一組都應有高能力與低能力的孩子，不同種族背景的孩子，也包含男孩與女孩。通常，在課堂裡上新教材時，會使用傳統的教學方法，如講解、討論和錄影帶教學。之後，會給予小組進一步研習的課題與要完成的工作單。各個小組可以單獨進行，也可以兩個或多個小組一起進行。老師會鼓勵小組成員彼此幫忙，以確保每個人都了解課程的內容，在研習時間過後（通常會持續一個禮拜），學生們要單獨地，不彼此幫忙地接受這星期所學之課程的測驗。然後，老師就可計算出團隊的分數。雖然得到最高分數的組別會得到褒獎，但是，真正贏的小組是有組員個人進步最多的小組。這麼一來，低能力的學生可以和高能力的學生為其小組做出一樣多的貢獻（有時甚至更多）。

Slavin 認為：STAD 會使教室產生戲劇性的改變。「學生們開始視學習為團體的活動，而非孤立的；是有趣的，而非無聊的；是掌握在他們手中的，而不是由老師控制的」（1983，p.7）。他也認為：學生們現在會互相協助學習，而不是憎恨那些學得較快的同學，或是嘲笑那些學得較慢的同學。

小組－遊戲－競賽（TGT，Teams-Games-Tournaments）：TGT 一開始完全和 STAD 一樣，有同樣的小組組成、教學方式和合作學習順序。不同處是在最後，學生們是參與競賽，而非接受測驗。在競賽時，不是以一組為一隊，而是各組的各個成員分派到各張桌子去。每張桌子都有三位能力約略相當的競爭者（由老師挑選）。所有的桌子都同時開始競賽，競賽中涉及畫數字卡，依照卡片上的數字回答相對應的問題，及挑戰不正確的答案。參賽者在回答正確（或挑戰成功）時可以留住卡片，而在回答錯誤時，失去卡

片。在競賽最後，依每個參賽者手上所有的卡片來計算分數，並為各個小組計算競賽總成績。

從 Slavin（1995）的著作，我們可以找到關於 TGT 更完整的規則。關於 STAD 和 TGT 在小學和中學的許多學科教材，可以諮詢：The Johns Hopkins Team Learning Project，Center for Social Organization Schools，Johns Hopkins University；地址是：3505 North Charles ST，Baltimore，Md. 21218（電話：410-338-8249）。

拼圖法（Jigsaw）：在「拼圖」這個方法裡（由 Aronson 等人在 1978 年題提出），學生們需要學習的教材會被分成幾個部份。老師會給予小組裡的每個成員一部份教材或資訊，然後每個成員必須將他們所知道的教給其它組員。老師不會給予任何一個組員足夠的資訊，去解決他們手邊的問題或完成指派的作業，而是在所有的組員的資訊都集合起來時，才足以完成。如此一來，拼出來的圖才會完整。

在拼圖法的修正版裡，是給予學生們「同樣完整」的閱讀教材，而不是其中的不同部份，目的在於減輕必須準備多種素材的負擔。接著指派各個學生分別負擔精熟不同的題目，並鼓勵分配到相同題目的學生一 起討論，然後再回到自己的小組去做報告。因此拼圖法的主要特色在於小組成員之間的互相依賴；小組的成績決定於各個組員配合得有多好以及各個組員在小組裡報告得有多好。正如 STAD 一樣，拼圖法也會給予各組一些待回答的問題，並根據小組的整體表現及組員的進步情形來獎賞。

團體研究法（Group Investigation）：團體研究法依 Sharan 和 Sharan（1992）的描述，是一種合作技術，在合作的原則下結合了學科知識與調查研究。在此種方法裡，學生們先選定欲研究的領域，通常是一些值得探討的問題。接著該領域再分成好幾個子題，然後對這些子題有相同興趣的學生集成一組。每個小組要擬出一份調查研究計畫並分配責任。接著，組員們可以個別行動、或兩個一組、或與較多的組員一起進行。完成他們的調查研究之後，這也許需要好幾個星期，組員們會聚在一起，彼此分享各自的調查研究

結果，並決定以何種方式向班上的其它同學提報經過整合後的資訊。最後，所有的組別聚在一起分享資訊。在整個過程中，老師會引導學生，不只提供調查研究技巧，也提供團體歷程中的人際技巧。

　　交互教學（Reciprocal Teaching）：Palincsar 和 Brown（1984）提出了一種合作學習技術，根據的原理是：教導別人是學習的一種好方法。在交互教學中，老師和學生輪流當老師。所教的教材通常取材自教科書，但是，擔任老師的學生會被教導特定的程序，目的在於培養關於詢問、澄清、歸納與預測等技能。Mosston 和 Ashworth（1990）也提出了一種類似的教學方法，他們稱之為「交互法」（reciprocal style），是以兩個學生為一組，在結構化情況中互相引導對方的學習與績效。

　　合作學習技術的執行：以上所描述的技術，都還只是處於發展與尚待評估的眾多方法中的一些。讀者若有興趣了解更多，可查閱本章末的建議讀物，那裡列舉了許多重要來源。

　　合作學習取向不像個人學習風格取向，並不要求重新安排學校的作業時間，也不要求重新調整課程的內容。個人學習風格取向試圖迎合學生們在學習方面的個別差異與偏好，而合作學習取向通常會同時涵蓋所有的學生。事實上，合作學習取向的一個優點是：能在具有不同長短處的學生當中孕育合作，以及或許也能使不同種族背景、年齡和性別的學生搭起合作的橋樑。

　　合作學習技術最常被使用為一般課程的附屬作法。在典型的情況中，一天當中可能只使用它們 60 至 90 分鐘。然而，最擁護此種取向的倡導人士指出：我們應該將 70%的課堂時間花在合作性的活動上，20%的時間用在個別化教學上，以及 10%的時間用在競爭性的活動上（Johnson & Johnson，1975）。

　　雖然合作學習取向通常只佔總課程的一小部份，但執行起來經常需要細心地準備教材。根據所使用的特定方法而定，老師將必須準備工作單、問題、資源材料等等，所有這些都要細心地安排，才能一方面促進學習，一方孕育合作的習慣。

對合作學習取向的評估：這些合作技術的效果到底有多好？Johnson，Maruyama，Johnson，Nelson 和 Skon（1981）分析了 122 項檢測合作學習取向之效果的研究。大多數的這些研究都直接比較特定的合作學習取向與傳統教學法。Johnson 等人的結論是：合作學習取向能使所有接受研究的年級與年齡的學生在所有科目達到較好的學業成績。他們認為：學業成績之所以會提高是因為小組的討論與合作促進探索，導致發展較高品質的認知策略，提高學習動機；藉由要求學生互相教導增強了他們的理解力；藉由不同能力與經驗的學生混在一起豐富了他們的學習經驗，以及促進了組員之間高度正面的關係。最後那一句陳述也得到另一項研究結果的支持，該研究探討一所混合了以色列學生與阿拉伯學生的學校，他們發現：在合作學習取向下學習的學生，比在傳統教學下學習的學生，不但有較好的課業成績，在言語中，也透露較少種族緊張關係的訊息（Sharan & Shachar，1988）。

有一份綜合分析（Qin，Johnson & Johnson，1995）根據 46 份不同的研究，直接比較競爭取向與合作取向的教學法。整個來說，這些研究指出合作取向通常優於競爭取向，不論是評鑑語言或非語言的成就，也不管評鑑成就時所使用的試題是高度結構化與清楚或定義較鬆散。

一項較新的研究證實了許多這些正向的結果（Stevens & Slavin，1995）。在這項研究中，研究期間拉長為兩年，而且整個小學都採取合作取向的教學方法，因此跟大多數的研究只探討短期及侷限於一、二位教師形成明顯對比。在這個學校裡，所有學科科目都廣泛地採用合作取向的學習法。此外，殘障的學生也都納入正常班，接受同樣的教學。而且也鼓勵教師在教學規劃上採取合作取向——例如同儕指導（peer coaching）——並跟家長與校長直接合作。結果呢？進行到第二年，原先成績落後者與正常的學生，不論在閱讀理解、語言表達、數學計算及數學應用等方面，都有顯著的進步。此外，資優學生似乎也獲益良多，成績優於那些未納入合作取向教學計畫的同儕。

一般而言，由 Bossert（1988）所檢視的研究均支持上述正面性的評量。合作學習取向最能導致優越的學業成績、較高的學習動機、對學校有較高的興趣、以及同學之間有較好的關係。然而，他認為：合作學習取向對學業成績所產生的正面影響，可能是由於課程通常有較高的結構性與系統性，而較少是同儕間的互動造成的。

為什麼合作會有效果：將全班分為數個小組也許並不總是最有效果的教學方法。事實上，有時候，對某些學生來說，此法是行不通的。這是有可能的：有些學生雖然人在小組裡但並未融入。這些學生會很輕易地把時間浪費在不相關的事物上，或造成由某些組員壟斷一切，而其它組員則遭到忽視。

Slavin（1995）認為：要使合作學習有效，有兩件事是必要的。這兩件事是：合作的誘因與個人的責任感。在大多數應用合作學習法的情況中，對小組的表揚與團隊的競爭都會提供合作的誘因。至於個人的責任感能否產生要視小組的表現決定於各個組員的表現之程度而定。

Vygotsky（1978）的理論則提供了另一個為什麼合作學習法會有效果的理由。他聲稱：學習，是高度仰賴人際互動。廣義地說，學習決定於與較有知識的其它人互動。另外，學習結果也同時顯示在人際的互動中。再者，學習及所有較高層次的心智歷程都仰賴語言。合作學習取向的一大貢獻是：它促進了語言能力的發展與練習。

要不要採用合作學習法？看起來，合作學習對於傳授課程內容頗具效果，對於促進學生之間的人際關係上也有很好的效果。Mueller（1992）指出：它也能提高學生的自尊、目標感與自主性。這是否表示說所有的學校和老師現在就應該採用此法，也就是說，全面採用？（見「我應該如何教導學生」專欄）

我應該如何教導學生

　　雇用你（也可以開除你）的學校幾乎一定都會訂出一套管理老師之課堂行為的規定、排出指定的課程、明定評分與測驗的程序、及懲戒學生的作法等等。然而，在最後的分析中，你將會決定你自己的教學方法；你將會發展出你與學生互動的方式。沒有人能夠強迫你違背你個人的信念。然而如果你堅定地認為：你所呵護的孩子擁有被當做成人來對待的權利，而且應該以提高人類特質的方式去培養他們，那麼，你可能會對這些制度感到失望（或你對這些制度的理解會使你感到失望）。

　　不管如何，許多人本取向教學法甚至在最傳統的學校裡也行得通。如果你想更深入了解，可以閱讀本章後面的建議讀物。

　　Bossert（1988）對此提出警言。雖然合作學習對於課業和人際關係發展所帶來的正面影響非常明顯，但是它們也有一些缺點。譬如說，低能力的學生有時會因為他們的表現不好而感到困窘，也會因為他們拉低了團隊的分數而感到慚愧。因此，當他們的動機和自我概念受到傷害時，他們會比較不願意參與合作性活動。這種情形的長期效果很可能會降低這些學生的學業成績，也可能會拉低他們所屬小組的學業成績。但是，若能以成績的進步為評分的基礎，如 STAD 和 TGT 的作法，則也許能大大減少這方面的負面影響。

　　Bossert 還提出一項警言：認為合作學習技術應該是課堂活動之主要特色的人，他們可能忽略了一項可能性，即合作學習的效果之所以如此明顯，是因為它與舊學習方式形成強烈對照。注意力與教學程序的轉移，會提高學生的專注程度、激發動機，以及最後則提高他們的成績表現。但如果所有或大

部份的課堂活動都是合作性質，這些轉移可能就不會發生，學生的表現如果有進步的話，也可能不會進步得那麼戲劇性。

最後，Bossert 認為：即使對小孩子來說，學習與他人合作固然很重要，但是學習競爭技能和個別獨立的技能也很重要。

同時須注意的是，某些情況與科目特別不適合採取合作式分組的教學法。例如，當邀請專家來上課時，則講解式授課法的效果與效率較好。此外，有些學生可能偏好競爭取向而非合作取向的教學法。

對人本教育的一些反應

在人本取向教學代表關懷學生個人的生活與自我概念，以及代表關心人類的潛能應以最健康、最快樂的方式加以發展等方面，並不會受到任何批評，輿論認為在這些方面，所有的老師都「必須」採取人本取向。

然而，人本取向常常使用一些模糊的用語與下一些臆測性的結論。諸如下列的用語：「真誠的」、「開放的」、「真實的」、「真正的」、「功能運作充分的」、「有意義的」，通常是無意義的。你如何分辨真誠的經驗與非真誠的經驗？如何分辨坦誠老師與虛偽的老師？如何分辨功能運作充分的學生與功能運作只達四分之三的學生？不幸的是，雖然這些用語很模糊，但它們似乎代表美好的事物，也因此，這些字眼非常有吸引力。同樣不幸的是，它們所代表的事物無法輕易地定義或測量，因此，倡導人本取向改革的人士所持的理由並不總是能令人信服。

也許，對一般人本取向教學最有力的批評是：大多數都極仰賴教師個人的特質與技能。在這方面，較傳統的教室實務較無此現象。

然而，這些批評並不十分公平。它們主要針對全面性的人本教學取向，像那些標榜「開放」（有時稱為「自由」）的學校。正如我們先前所提的，

證據顯示，雖然從這學校出來的學生似乎較具有創造力與合作性，也有較好的自我概念，但這些收穫通常是犧牲課業成就而得來的。在美國，有一個大規模的研究發現：這些學生幾乎在所有課業測驗的表現都較差（Kennedy，1978）（雖然這些測驗很少觸及創造性的思考技能、邏輯推理能力，及其它重要的人格特徵）。也許並不令人驚訝的是，這些學校現在大多數都已經關閉了。然而，我們應該注意到，各種不分年級的學校（沒有年齡或年級的區別，也沒有成績單），對學生的課業成績有正面的影響（Gufierrez & Slavin，1992）。但這些學校和開放式學校多少有些不同，因為它們雖然提供不分年級、不會失敗的學習環境，但也提供高度結構化的課程。

這些對於人本取向教學的批評——用語的模糊性、過於注重情感的成長，以及忽視標準課程與認知上的發展——並不適用在本章所介紹的兩種人本取向教學法，即個人學習風格與合作學習。誠如我們所知的，這兩種教學法都能夠導致優異的學業成績。有趣的是，個人學習風格取向的學校所使用的重要技術中，團體方法（group methed）與合作學習有密切的關係。

Waterhouse（1991）指出，各種人本取向的教學法之所以受到批評的一項原因是，教師對於人本取向的教育抱持了一些錯誤的信念，包括：

1. 學生應立即授予完整的自主權。
2. 最好的教學計畫總是要替特定的學生們量身裁製（而非針對整個班級）。
3. 以學生為中心的教學法需要特殊的教材。
4. 人本取向的教育應高度縱容。
5. 傳統的教學取向必須拋棄，完全由人本取向取代。

有一點很重要，我們須牢記在心：雖然人本主義在特別技術的使用上最能清楚地顯現它的精神，但它本身並不是一種特定的教育技術。事實上，人本主義是一種教育哲學觀，它的特徵是老師對待學生和看待教育目標之各種

令人稱讚的態度。如我們剛才所提的，這些態度並不是上述批評的對象。到了最後，複製人本取向學者提倡的教學模式或採用他們的建議並不重要。重要的是，你是否真誠地把學生當做人來關心。

來自 Watson 的結語

　　引用行為主義的創始人與發言人所說的話來對本章做一結語，似乎顯得奇怪，因為行為主義與人本主義是直接對立的兩派。然而，有趣的是，在某些 John B. Watson 所寫的文章中，他所描述的卻是高度人本取向的社會。在六十多年前，Watson 在一本書的結語部份指出（1930，p.300-304）：

　　　　行為主義應該是一門讓男人和女人了解他們自己行為之原理的科學。它應該使男人和女人渴望於重新安排自己的生活，以及特別渴望於以健康的方式養育自己的孩子。我真希望我能描繪給你們看，如果我們讓孩子適當地自由發展，並給予他們一個世界，一個有下列特徵的世界：即從千年傳說中解除束縛的世界；從不名譽的政治歷史中解放出來的世界；從

沒有意義與愚蠢但卻緊緊扣住人們心智的傳統習俗中解脫出來的世界，那麼我們可以讓每個健康的孩子成為既美好又豐富的個體。我在這裡並不是要呼籲革命，也不是要鼓勵人們去一些求上帝原諒的地方；既不是要組織殖民地，也不是要將身體赤裸，去過自治社區的生活。我並不要求人們改吃根莖蔬果類來節食，也不是要倡導「自由的愛」。我只是試著在你們面前搖晃一項刺激，一項如果採取行動，就會逐漸改變這個世界的口頭刺激。如果你的孩子不是在放縱的自由中長大，而是在行為主義的自由中長大（這種自由我們無法以言語形容，因為我們所知不多），這個世界就會改變。到那時，會不會輪到這些孩子以較好的生活方式與思考模式取代了我們的社會，以及他們會不會以更科學的方式撫育他們的孩子，直到這世界變成一個適合人類居住的地方？

摘要

1. 人本心理學關心個體的獨特性、價值與自尊。對於其它較機械導向的教學法來說，它代表一種意識形態上的反動。它也反對學校注重學業成績，及忽略了學生在情感上的發展。

2. Carl Rogers 的理論是現象學的（現象世界就是個人所知覺到的環境）、人本取向（重視個體與自我實現）以及以學生為中心。他的立場反對 Skinner 試圖利用操作制約原理去對人們做某種控制。

3. Rogers 認為，個人的真實世界是私密性的（現象學的），行為的目的在於朝向自我實現（發展個人最大的潛能），自我實現與健康、有創意的功能運作有關，以及「自我」概念的發展來自個人與世界的互動（即直

接的經驗）以及從他人的行動中得知關於「自己」的價值觀（即間接的經驗）。

4. Rogers 的理論認為，為了要促進充分與健康的功能運作（functioning），學校應該以學生為中心。Rogers 認為學校最好的教學程序應以啟發為導向。

5. 人本取向主要的強調點包括自我的發展、價值觀的澄清、開放、誠實與自我決定。

6. 開放式教育最關心學生在情感方面的發展，也重視批判性思考、自立、以及對學習的承諾。它以學生為中心，而不是老師。研究結果指出：從開放式學校畢業的學生比較有創意，容易與他人合作，而且有較好的自我概念，但他們在傳統的課業測驗中的表現通常較差。

7. 學習風格是指與最佳的學習條件有關的個人偏好（譬如：有早上精神較好的學生，也有晚上精神較好的學生；有偏愛視覺、聽覺、或肌肉神經刺激的各類學生；有喜歡單獨學習的學生，也有喜歡和小組一起學習的學生；有學生喜愛高度結構化的課程，也有學生喜愛低結構化的課程等等）。

8. 採取個人學習風格的學校，會去調查每個學生個別的長短處與偏好，及試圖調整教學方法、課程內容、課程時間表、及其它教學的面向，去配合每個學生的學習風格。在這種教學取向下的學生，在標準課業測驗中的表現似乎都相當好。

9. 合作學習涉及應用小團體技術，設計上使學習者的獎賞是根據所屬小組的結果，以及讓小組的成員有責任去學習，也有責任去幫助其它組員學會。本取向的特徵是：面對面的互動、正面的相互依賴、個人的責任感、以及使用人際技能與小團體技能。

10. 合作學習的一些技術包括：一起學習（純合作、共同的目標、沒有小組之間的競爭）、STAD（以提高組員的成績為目標，而使小組成為彼此競爭的團隊）、TGT（類似 STAD 的教學程序，但是在學習之後，從各小

組選能力相當的組員三個一桌同時進行競賽）、拼圖（老師給予每個組員一小部份資訊，然後要求全體組員聚在一起，分享彼此的資訊去解決一項問題或學習一個課程單元）、團體研究法（全班投入研究一項課題，老師並將全班分為數個調查小組，到最後，則全體聚集在一起整合與分享彼此的研究結果）、及相互教學（學生們輪流擔任教師的角色，並從中學習）。

11. 研究證據指出：合作學習的技術能導致優越的課業成績、較高的學習動機、及提高人際相處的技能。這些正面的影響部份是由於高結構化的課程，以及這些教學法與舊有的教學法形成強烈對比使學生更專注。也可能是它們所孕育的語言技能和人際技能所促進的。

12. 一般的人本取向教學法經常高度仰賴老師個人的特質，以及有時會使用模糊、臆測性的用語。若將教育上的人本主義視為一種態度或哲學觀，而不是一種教學技術，則就比較不會受到批評。若視之為一種態度，則對於老師們會更具有價值。就這項意義來說，所有的老師都應該採取人本取向。

複習問題

1. 試比較人本主義與行為主義對於教育實務的涵義。
2. 試說明人本取向的教育者有哪些主要的信念與態度。
3. 試舉例開放式教室有哪些特徵跟傳統式教室不同。
4. 你的學習風格為何？你認為哪些教學法最適合你？
5. 試準備一份融合多種合作學習技術的教材。

☐ 建議書目

The following revision of Carl Rogers' classic book not only describes his theory but also describes classrooms that put his ideas into practice. It includes many vignettes and interviews with teachers, and many useful suggestions for teaching and for developing discipline:

ROGERS, C. R., & FREIBERG, H. J. (1994). *Freedom to learn* (4th ed.). New York: Merrill.

The learning styles approach to education is well described in the following two books. The first is a detailed and highly practical description of the learning styles approach; the second is a brief booklet explaining a large variety of approaches for identifying student learning styles and suggesting ways teachers can accommodate them:

DUNN, R., DUNN, K., & PERRIN, J. (1994). *Teaching young children through their individual learning styles: Practical approaches for grades K–2*. Boston: Allyn & Bacon.

REIFF, J. C. (1992). *Learning styles*. Washington, D.C.: National Education Association.

The book by Johnson and Johnson is an excellent description of cooperative learning and of a number of different schools that use this approach. Slavin's book describes specific approaches to cooperative learning, including sample exercises and classroom examples. The collection edited by Sharan contains many articles written by people who have developed and applied cooperative instructional approaches:

JOHNSON, D. W., & JOHNSON, R. T. (1994). *Learning together and alone: Cooperative, competitive, and individualistic learning* (4th ed.). Boston: Allyn & Bacon.

SLAVIN, R. E. (1995). *Cooperative learning: Theory, research, and practice* (2nd ed.). Boston: Allyn & Bacon.

SHARAN, S. (ed.). (1994). *Handbook of cooperative learning methods*. Westport, Conn.: Greenwood Press.

PART | FOUR

更有效果的教學法

我用咖啡匙來測量我的人生。

——T. S. Eliot，*Love Song of J. Alfred Prufrock*

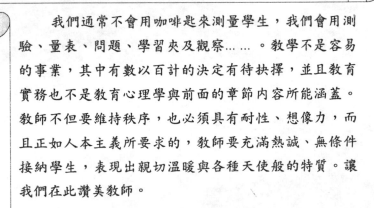

　　我們通常不會用咖啡匙來測量學生，我們會用測驗、量表、問題、學習夾及觀察……。教學不是容易的事業，其中有數以百計的決定有待抉擇，並且教育實務也不是教育心理學與前面的章節內容所能涵蓋。教師不但要維持秩序，也必須具有耐性、想像力，而且正如人本主義所要求的，教師要充滿熱誠、無條件接納學生，表現出親切溫暖與各種天使般的特質。讓我們在此讚美教師。

第 10 章

動機與教學

　　我的祖母對人情世故，是一個相當敏銳的觀察者，她在編織時會去了解周遭人們的行為動機。祖母總愛一邊編織，一邊喃喃自語：為什麼到了冬天雁子會往南飛，而烏鴉卻滯留原地呢？為什麼法蘭克如此用功，露西卻做不到？為什麼羅勃特不想再去上學？在本章中，對祖母的一些問題會有所解釋，雖然不一定比她提出的問題重要，但可以讓我們對於這些現象有些解釋，並且提供給教師們在扮演激勵學生之角色時的一些建議。

摘錄自《小熊故事》（第五冊）：野牛舞會

伊美黛從一開始就不信任這頭熊！這並不表示她會害怕看到生產小牛的過程或是任何人。這頭熊已經老了，伊美黛只在乎牠死後的皮革做何處置，除此之外，她猜想搞不好這熊是草食性的呢！

一頭草食性的熊——多出人意表啊！

這熊實在花太多時間注視牠們，而伊美黛平常卻一點也沒注意到。牠注視的眼神好像反映著牠內心的想法，這也是讓伊美黛困惑的地方。剛開始，伊美黛猜想或許是因為牠脖子上有東西的關係，因為牠的頭總是朝向同一方向，似乎無法轉頭的樣子。之後，她發現這熊可以自如地四處張望，但總是帶著一種哀怨的眼神，好似身負全世界的委屈。「可憐的熊啊，」伊美黛想著，「加入我們吧！」於是伊美黛試著邀請牠，反正這只是舞會嘛！但這熊卻變得愁眉苦臉，好像受到傷害一般，隨後跟蹌走回牠度過漫漫歲月，位於山坡邊的小巢。

「總有一天，我一定要離開這裡。」伊美黛一面倒酒，一面對自己承諾著。

有好酒，上等的雪茄，燃燒的木材和每個夜晚，這舞會像是明天不會到來般……伊美黛滿足地打了個飽嗝……。

稍後，牛仔湯姆斯開著喬伊農場的小貨車呼嘯而過，喬伊一直在尋找這輛車，我想他這輩子大概記不起他到底把車停在那兒了吧！接著湯姆斯做了一件誇張的事，他將樹果丟向牛群，牛群為了躲避只能四處竄逃；然後他丟出泥土、蘆葦和一些新鮮的牧草，眾牛見狀皆樂得大笑，好像在看熱鬧……。

蘿莫娜，他們總是開玩笑地叫她「邋遢女」，當貨車停下，她便趨前來到車旁，其實她並沒有看著湯姆斯，但她就是要湯姆斯以為她正在看他。湯姆斯開了車門，她順勢不以為意地溜進車內。

「站在那兒別走！」伊美黛叫道：「你想到那兒去？你這懶人！」每隻牛都知道她向湯姆斯說話而非蘿莫娜。

「只是走走而已！」湯姆斯半哀求著。自從上回伊美黛踹了他一腳之後，他的膽量變小不少。

「我一點也不相信你，」伊美黛說道，接著便用力將車門打開，「我想你早已別有『隱藏性動機』了。」

動機：行為背後的解釋

隱藏性動機曾經使我（指作者）受害。就定義而言，隱藏性動機是隱匿、不為人知的，自己不會顯現出來。不只一次，我希望我真正的動機能更明顯一點，讓別人更能洞悉。

本章所探討的不是隱藏性動機，而是比較明朗的動機。動機驅動著我們，是我們做某件事背後的理由。正如 Dweck（1986）所言，動機是所有目標導向活動的動力。動機理論探討人們行為的「why」，學習理論則較關心「how」與「what」。

從教師的觀點來看，與學習及成就相關的，才是最重要的動機。教師們必須特別注意為什麼有些學生肯努力學習，有些學生則否。

Keith 與 Cool（1992）曾經試著從超過二萬五千名學生的成績中，找出其中的一些決定因子。無庸訝異的，能力是最直接的因素。兩項間接的因素是：動機與教學的品質。這兩位學者指出，「選擇上較好的學校及選修較好的課程，會使學生有較高昂的動機——願意做較多的家庭作業——結果成績也較高」（1992）。

教師必須了解學生的學習動機，及影響此等動機的因素，這當中的重要性再怎麼強調都不為過。Uguroglu 與 Walberg（1979）認為，動機對成績的

解釋力足以判定學生的成功與失敗。不幸的是，由 Anderman 與 Maehr（1994）所檢視的研究指出，學校的中年級學生在學習動機方面常有顯著滑落的現象。也就是說，對於追求學業成績形成負面態度，並表現在行爲上。因此，教師必須留意學生的學習動機，並設法使之維持在高水準。最近的研究清楚指出，教室中有眾多變數會直接影響到學生的動機──這些變數包括「教室的組織變數、教學變數及氣氛變數，例如作業任務的結構、作業任務的複雜性、分組的作法、評分的技術、爲學習負責的內控或外控歸因、以及師生之間與學生之間關係的品質」（D. B. Matthews，1991）。

　　本章討論對人類行爲的各種解釋，但特別強調 Matthews 所列的各個因素如何影響學生的動機。一開始先簡略介紹過去對動機的一些看法，接著介紹以生理解釋爲基礎的心理理論（激發理論）；最後，則更詳細地討論一系列當代對動機的看法，包括：行爲取向、人本取向及認知取向。須記住的是，這些劃分均屬人爲，因此會有某種誤導。當我們研讀這些理論看法時，有時會不由自主地下評判，並僅認同其中的一種。但不同的理論只代表著不同的看法、不同的強調及不同的隱喻。並不是其中的一種正確，其它的就不正確；而是各個理論的某個部份，都能符合我們不同的用途。

人類動機的歷史觀點

　　歷史能告訴我們過去的信念，但這些信念並非全都跟目前的觀點有關。然而，歷史觀點的某些東西，常有助於我們了解一般性的人類行爲及特殊性的兒童行爲。歷史觀點的第一項是本能論，不過這跟了解動物行爲較有關。

☆ 本能

當我們養的狗 Zoe 第一次生產時，四歲的 Laurier 在一旁注視著 Zoe 生下每一隻小狗的過程。牠咬下小狗的肚臍，然後吃下生產後的穢物，並把小狗推向牠的乳頭，讓牠們開始吸吮。「Zoe 在那兒學會這些的？」Laurier 問道。Zoe 從來就沒學習過如何生產，然而牠卻完全明瞭；這是牠與生俱來的「本能」。

定義：本能是與生俱來、具有複雜性、物種特有、及不容易改變的行為模式。這些用語的意思為何？以下一一說明。

1. 與生俱來：意指本能行為不需透過學習，在遺傳上早已決定。
2. 複雜性：本能行為像眨眼，吸吮及其它我們生下便會的才能，這些我們稱為「反射動作」。複雜的本能行為，就像鳥兒生下來就會築巢。
3. 物種特有：本能在特定物種中具有普遍性，如雁子有遷徙的特性，熊（北極熊除外）在多天皆會多眠。
4. 不容易改變：本能是與生俱來的，並不會受環境的影響而有太大的改變。但如果沒有某些環境經驗，本能行為會有某種改變。例如，在實驗室中養大的母鼠，會喪失一般母鼠的母性及築巢的本能。

人類的本能：動物界裡有許多本能行為的例子，諸如築巢、遷徙、交配，這些行為都跟求生有關。現在的問題是，人類的行為是否也同樣可以用本能來解釋。

一些早期的理論家認為如此。例如，L. L. Bernard（1924）列了六千多種人類的本能，包括常見的本能（如性行為、母性的行為）至較淡薄的傾向（如不去吃自家果園長出來的蘋果）。

本能論一項明顯的缺點是，指出本能既不能解釋行為，也無法預測行為。至多，整個論證會形成循環。如果人們做愛，那麼顯然人有做愛的本

能，那麼，爲什麼人們有做愛的本能呢？因爲人們有做愛的行爲。就這樣循環下去……。

　　目前，本能論用在動物的行爲上較多，不過其中的「印記現象」（imprinting）有時會拿來描述嬰兒發展中的一些特色。印記現象指個體出生不久，在「關鍵期」（critical period）的一種本能性的特殊學習方式，例如剛孵出的雛鴨對初次見到能活動的對象，很快就學會與之親近，通常這個目標會是母鴨。然而，Lorenz（1952）的研究指出，他所孵化的灰腳鵝以他爲印記的對象，會像狗一樣地跟著他（如圖所示）。更尷尬的是，當灰腳鵝長大後，在交配期竟會一直選他爲交配的對象。

　　雖然人類的嬰兒似乎沒有產生印記現象所必需的關鍵期，但是諸如Bowlby（1982）等學者認爲，嬰兒剛出生後的六個月內是個「敏感期」（sensitive period），這段時期會跟父母或看護者產生強烈的情感聯結。

享樂主義

歷史上對人類動機的第二項解釋是享樂主義（ Psychological Hedonism），即認為人們的行為是為了追求快樂與逃避痛苦。不幸的是，享樂主義很少能解釋行為，因為它無法指出哪些是快樂或痛苦的情況。即使痛苦／快樂原則的確掌控著我們的活動，我們僅在知道何者能給予我們快樂，及何者能給予我們痛苦之下，才能夠預測與控制這些活動。

需求驅力理論

需求驅力理論（ Need-Drive Theories）提供了一個界定痛苦及快樂的方式。需求是指有機體內部一種不足或缺乏的狀態驅力，是受到需求激發的一股能量或趨向。例如我們有對食物的需求，這種需求會提昇飢餓的驅力。如果我們假設需求的滿足是一種快樂，需求的不滿足是一種痛苦的話，那麼需求理論與享樂主義之間的關聯便顯而易見：需求的定義及解釋清楚地道出痛苦及快樂的情況為何。需求的狀態得到滿足是快樂，反之，則是痛苦。

針對需求，我們可以分成二大類：生理需求及心理需求。生理需求指生理組織實際的需求，而心理需求則較接近一種精神的層次。另外，這二者之間的差異在於，心理需求永遠不會完全滿足，而生理需求卻可以。心理需求比生理需求更多是「學習」來的。生理需求包括對食物、水、睡眠、休息活動及性的需要。而心理需求則包括了情感、歸屬、成就、獨立、社會認同和自我尊重。

動機的歷史觀之摘要與涵義

從教師的觀點來說，對動機最有用的解釋是，能夠提供給教師們最大的洞察，關於學生們在哪些情況下最有興趣做某些事，以及在哪些情況下最沒有興趣做另一些事。

本能論也許頗能解釋熊在冬季裡冬眠的習性，卻無法告訴我們為什麼羅勃在科學測驗的前一天晚上徹夜苦讀，但山姆卻是整晚看電視，彷彿忘了明天的考試。

享樂主義同樣無法解釋羅勃與山姆的行為。沒錯，這個理論告訴我們，人們會去做那些預期會有快樂結果的事情，及避免去做那些預期會有痛苦結果的事情。但是這個理論並沒有告訴我們，痛苦與快樂的情況各是哪些。

需求與驅力理論開始指出，哪些情況和結果會使我們快樂或痛苦。我們知道人們在飢渴時，會去尋找食物和飲料，在感到寂寞時，會去打發時間排遣寂寞。

教師們必須察覺學生的需求。例如，如果要使教學／學習歷程有效果的話，學生們的某些生理需求必須先加以滿足。飢渴難耐的學生必然難以專心上課。同理，飢渴的教師也無法好好教學。其它需求，諸如對性的需求，對年輕學童而言，很可能還不會構成嚴重的問題；但是對青少年或教師而言，就不能這麼說了。

因為在我們的社會裡，兒童大多數的基本需求都已得到妥當的照料，所以教師不需拿著餅乾牛奶去餵飽那些飢渴的學生。但心理需求，則又是另一回事了。回想一下，心理需求包括情感、歸屬、成就、社會認同及自尊等需求。一位訓練有素的教師應做的是，視每個學生有不同的心理需求，而給予適度的照料。

激發狀態：一項生理／心理理論

學生願意付出多少努力（也即學生的動機有多強）？Brehm 與 Self（1989）指出，這決定於三件事：（1）內在的狀態如需求或欲望；（2）可能的結果；及（3）學生認為特定的行為導致其結果的可能性。根據這些看

法，動機既有生理面，也有心理面。由於有生理面，所以可以測量得到。也就是說，動機增強所伴隨而來的生理變化會表現在交感神經系統的變化上。這些變化顯現在「激發」水準的提高上。激發（arousal）是一項既是生理又是心理的概念。心理上而言，指警戒或專注；依某個意義而言，又是指清醒的程度。最低的激發狀態是指一個人處於睡眠（或昏迷）狀態，完全無法專注。反之，最高程度的激發指一個人極為清醒與警戒，再高的話則處於一種慌張或震驚的狀態。

伴隨著這些心理狀態——從睡眠到驚慌——交感神經系統也有明顯不同的運作方式。激發最低時，心肺頻率、腦波活動、皮膚的新陳代謝等等，都處於較緩慢的狀態；但隨著激發水準的提高，上述的生理活動也會激烈起來，這些情況都可以測量出來。

激發的來源

激發主要來源是距離感知器（distance receptors）——指聽覺與視覺——但激發也會受到其它刺激源的影響，包括大腦的活動。刺激的一些特性——意義性、強度、驚訝性、新奇性及複雜性（Berlyne，1960）——也會左右激發水準。因此，在決定激發水準方面，刺激的數量很可能比不上刺激的特性。

激發與動機

激發與動機之間的關係，表達在以下的兩項假設上：

假設一：對任何一項活動而言，個體處於某種激發水準會有較佳的績效表現。有些活動在相當高的激發水準下，會做得較好；有些活動則需要在低激發水準下進行。例如睡眠、休息、例行性活動及數手指頭或開車等習慣性反應，通常不需要高度的激發水準。另一方面，諸如考試等必須深度專注的活動，則需要高度的激發水準。

圖 10.1 指出了激發水準與績效之間的關係（Hebb，1955）。在最低的激發水準下——睡眠時——對外界刺激並不做反應。你可以試著問一位睡著的人，「Moose Jaw 在那裡？」，他一定毫無反應。在他將醒之際再問一遍，反應也一定是支支吾吾。但是當他完全清醒之後，他必然可以給你一個答案。如果你熱衷於觀察激發水準與行為之間的關係，你可以在目標對象的家裡放一把火，並把他叫醒，告訴他家裡起火了，然後問他伊朗的首都在那裡，你很可能發現他在極度激發水準之下，竟然無法回答你的問題。

　　人們在極大壓力下，常會有不適當的行為。悲劇性的例子包括，人們在人群中為了逃避危險而在慌亂中彼此傷害，甚至導致死亡（Schultz，1964）。Marshall 在研究報告中（摘自 Bruner，1957b）也指出，第二次世界大戰期間，近四分之一的美軍步兵，在敵人猛烈的砲火下，會胡亂掃射。幸好，敵軍可能也好不到那裡去。

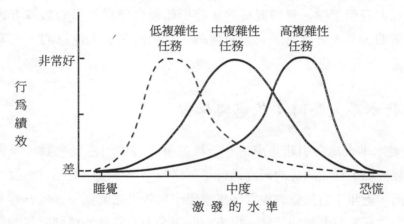

圖10.1　激發水準與行為績效之間的關係。最適度的激發水準隨著任務的複雜性而異。

　　假設二：個體會以某種方式為正在進行的活動維持或接近一最佳的激發水準。換句話說，如果激發水準太低，他會去調高；如果太高，則加以調低。例如，如果感到很害怕，第一個反應是逃離令他害怕的事物。這樣做的

目的，在於降低激發水準。當人們感到無聊時，激發水準通常也很低。隨後他們會去從事較刺激性的活動：閱讀、球類運動（下場去打或在旁觀察）、或做白日夢（如果是學生的話）。這樣做的目的，在於提高激發水準。在這方面，Mac Iver，Reuman，Main（1995）指出：學生的厭煩程度與教學程序有密切的關係。也就是說，強調記憶與反覆練習較可能使學生厭煩。

↪ 激發與學習

　　跟有效的行為一樣，最有效果的學習發生在激發水準最適中的情況下。低激發水準的特徵是低度的注意力——及較無效果的學習。身為教師，你可以證明上述的說法。你可以先好好準備一份課程內容，並把內容詳細寫下來，然後再到你的班上以柔和、緩慢的語調加以講解。接著再到另一班上同樣的內容，但講解的方式是你過去尋常的方式。你可以比較這兩個班級的學生之注意力有何不同。無庸置疑的，能引起學生學習動機的講解方式必然是：有趣的、令人著迷的、有激發性的、有用的、引人注目的、充滿挑戰的、及能引起好奇心的。

↪ 激發水準太高時：焦慮與學習

　　激發水準太高會引起焦慮———一種擔憂與害怕的感覺。對焦慮與學習（及測驗成績）之間關係的研究進行了超過四十年，但一直相當零散而無系統。然而，近年來對焦慮的性質、焦慮與學習效果之間關係、及減輕焦慮的有用技術之研究有顯著的進展。這方面的研究大多數屬於精神醫學的領域，因為焦慮跟許多精神異常有關（APA，1987）。關於較詳細探討焦慮與教育之間關係的研究，我們在此做扼要討論。

　　考試焦慮症（test anxiety）：Sarason（1959，1961，1972，1980）是首先提出對考試焦慮會減低考試成績的學者之一。此一重要發現也得到許多後續研究的佐證。Hember（1988）歸納了 56 項獨立探討考試焦慮症的研究。

結論非常清楚，Hember 指出：考試焦慮會導致較差的考試成績。此外，也跟較低的自尊有關。女性比男性更容易有考試焦慮症，雖然她們較高的焦慮並未能證明跟她們較低（與男生比）的成績有直接關係。研究也指出，除了成績較差外，高焦慮的學生從教學中獲益較少。換句說說，焦慮除了有害於接受考試之外，也有害於學習（McKeachie，1984）。這項觀察對於廣泛的各種教學法而言，顯然都是正確的。然而，高焦慮的學生在結構化程度較高的教學方法下，往往學習較好，例如編序學習法、電腦輔助教學法及不要求學生互動而全由教師主導的課程（見 Resnick，1981）。因此，高焦慮不一定總是導致較差的成績——只能說通常如此（見 J. M. Mueller，1992a，1992b）。

減低焦慮： 進行廣泛的研究之後，G. S.Tryon（1980）指出，有許多減低焦慮的技術是有效的。這些技術當中，大多數均針對改變學生對個人能力的態度，及把注意力放在逼近的考試身上，而不是放在擔心的感覺上。因此，這些技術也隨即把重點放在發展學習／思考的策略上（McKeachie，Pintrich & Lin，1985）。

至於其它減低焦慮的作法，Hill 與 Wigfield（1984）建議在教學與評鑑的程序中加以改變。例如，教師可以讓學生有更多的時間去做指定作業或接受測驗，以及教導他們管理時間的方法，減輕時間對學生造成的焦慮。教師也可以降低指定作業或測驗的難度，使能更吻合學生的水準，以避免學生體驗到挫折而產生失敗感。

在 Hembree 整合分析 562 份研究的報告裡，顯示這些管理策略大多數都能夠減低考試焦慮，而減低焦慮後，學生的成績表現也隨著提高。這些發現促使他提出以下的論點：諸如智力測驗或標準化成就評量——甚至是教師自行研擬的測驗項目——總體來說，都低估了這些考試焦慮症學生的能力——至少五年級以上的學生是這樣。在這項報告被提出之前，考試焦慮症一般並不被視為影響考試表現的重要因素之一。

這些發現揭示了雙重的意義：第一，我們應該採取一些措施，幫助極度容易焦慮的學生，減輕他們的考試焦慮，這又可從從兩方面來下手：輔導學

生、以及改變考試的方式。第二，我們必須進一步地研究出一些方法，以期在一開始，就能預防這種焦慮的產生。

生物性回饋（biofeedback）

　　如果我們有心的話，我們可以藉由感受物體的觸感、目視物體的顏色、傾聽物體的聲音、試聞物體的氣味、品嚐物體的味道……等等行為，來辨識物體的種種特性。我們的感官，使我們能夠偵測外在的回饋——這些回饋能夠提供我們，關於外界情況的資訊。但是在正常的情況下，我們對於自己體內的神經系統如何運作，所知卻非常有限；即，我們得到的生物性回饋非常有限。然而，心理學家已經發展出數種使我們能產生生物性回饋的方式，也對此進行了許多實驗，以確定受試對象是否能夠學習控制自己的激發狀態。

　　在這些實驗中有一種，讓受試者連上腦波圖記錄器，這種腦波圖記錄器又稱為「阿法波記錄儀」（有時候也稱為「測謊機」）。簡單的阿法波記錄儀，能夠區別腦波當中的阿法波（正常的，平靜的狀態）和貝塔波（比較警覺，興奮的狀態）。這個實驗的目的，在於讓受試者能夠控制自己腦部的運作、並且增加腦內阿法波的比例。

　　實驗的結果一再顯示，這種自我控制是相當可行的，也就是不需要外界經由操作制約原理的直接指引。一旦受試者產生足夠比例的阿法波，就會有音響。由於實驗人員告知受試者，他們要盡可能延長這種聲音出現的時間，於是這種聲音就成為一種強化物。實驗到了最後，大部份的受試者都會發現，他們比實驗剛開

始時，能夠更輕鬆地使自己的大腦達到「阿法波狀態」。有趣的是，禪修、瑜珈及超自然主義的冥想，都能夠在演練的過程中，藉由各種不同的冥想技巧，達到低度激發的平靜狀態。一般相信，這樣的大腦狀態對於生理和心理健康，都具有高度建設性。

　　生物性回饋的醫療設備與相關技術，現正採用來鬆弛身心、治療偏頭痛、以及處理心理和情緒問題，包括緊張與焦慮。此外，也用來治療心臟與血管的病變，像是高血壓（Parloff，London & Wolfe，1986）。實驗人員也採用這些設備與技術，試圖訓練注意力無法集中的過動兒（ADHD），以發展他們控制自己大腦各方面功能的能力（Lubar，1991）。

☞ 控制教室內的激發水準

　　激發理論跟教育的關聯性決定於，教師們能否控制影響激發的各項變數。理想上來說，在課堂上的所有學生應處於適度的激發水準。學生若是在課堂上睡著了、正在打盹、或剛醒過來，則處於太低的激發水準。而那些過度緊張得想逃走的學生，則處於太高的激發水準。

　　教師們真正面臨的核心問題是，他們如何控制激發水準。

　　我們已知，激發的主要來源是距離感受器，但是其它來源的刺激也都有一些效果。更進一步來說，刺激的強度、意義性、新奇性及複雜性比刺激的數量更會影響激發。此外，還有其它因素也會影響激發。冒險或個人投入的程度，也很可能直接關聯到激發，正如冒險行為的結果。

　　教師們控制了大部份的刺激，能在課堂上感染學生。這些刺激的強度、意義性及複雜性，表現在教師們的口頭陳述、行為舉止、眼神及他們所寫下的東西，並直接影響到學生的注意力（激發）。他們若過於重視考試、讓測

驗題目過於艱僻、利用威脅的方式、或者給學生過於複雜的教材,都會讓學生處於過度激發的狀態中而感到不適——學生很可能會減低注意力和努力以消除激發。老師也可能因為未能提供有意義的教材,而造成課堂的激發狀態太低——同樣使學生不專心上課。

教師們必須記住一個要點:課堂上的激發狀態,會隨著你的刺激之強度、意義性、新奇性、以及複雜性,而成比例地增加。講拿破崙的故事,正是新奇、有意義、而且相當能引發學習動機的例子(見下述案例)。同樣的,老師本身教學行為的改變,若能加深意義性及新奇性,也能增強學生的注意力。具有高度刺激性的教學方式都有一個特色,就是多樣化(variety)。

案例

Boris Randolph 是一位好老師。伊莉莎白,一位現任實習老師,憶起了這位老師:

> 他有相當豐富的歷史知識,他會在每一堂課的開始時,給我們十分鐘問任何和歷史有關的問題,而不是只在上歷史課時才能發問。在我們上完了好幾節關於拿破崙的課程以後,他帶了一個穿得像拿破崙皇帝的人到課堂上來展示。他給我們整堂課的時間,問這個「拿破崙」的生平故事、事業功績及在他統治期間,法國和歐洲的社會政治實況。這位假扮拿破崙的先生,其實是本地大學的歷史系教授,所以他可以正確地回答我們的問題。他也曾經打扮成阿道夫希特勒、約瑟夫史達林和奧圖大帝(Otto Von Bismarck)來我們班上上課。

行為主義取向

動機理論跟學習取向大致相同，可歸類為三種：行為取向、人本取向、以及認知取向。行為主義關切行為的結果如何控制行為。人本主義則關切人的自發性、自尊、以及自我的價值。認知心理學探討人們如何接收知識、思考、以及記憶。因此，行為取向強調跟讚美與獎勵有關的外在動機。人本取向，則將重心放在自我的本質、或內在的動機，比方說自動自發的精神、發展自己的能力、發揮自己的潛力。認知取向，則重視個人必須知曉和理解。

☞ 課堂上的強化

心理的享樂主義——痛苦／快樂原則——是行為主義之動機原理的基本大意：我們的所作所為，都是為了得到快樂及避免痛苦。然而，我們已經知道，痛苦和快樂是主觀的情緒評量，不容易歸納出明確的行為。因此，行為主義學家乃試圖找出那些能增加行為發生頻率的情境（刺激）。接著這些正強化物可以經由多種不同的方式，去引導出期望的行為，有時候也能減少不希望發生的行為。

正面與負面強化（有時候也加上懲罰），已經實際在所有課堂上採用，甚至最傾向人本主義、或強調認知取向的老師，也會採用這些方式。教師們會讚美或訓誡學生、給高或低的成績評分、對學生微笑或皺眉頭。這些及其它一千多種表達贊同或不贊同的作法，都是強化技術的例子。我們在第 4 章、第 11 章和第 12 章都一再強調，行為主義的理論，有許多在教學上是十分有用的。

但是人們並非實驗室裡飢餓的老鼠，Weiner（1984）曾經這麼提醒過我們。如果我們環視教室，我們會發現，行為是經由告知（informed）而產生的

——也就是說，行爲受到認知理解和情緒反應的驅動，所以行爲可能合乎邏輯、也可能違反邏輯。

近年來強化理論在課堂上的應用，已經把學生的思考內涵一併納入考慮，這應該是不足爲奇的。就像 Stipek（1988）所提出的，對學生最有力的強化是，給予某些形式的刺激，比方說讚美；而這些刺激的成效如何，又決定於學生對於老師行爲的詮釋。

讚美： 讚美不應像空腹時的食物，即使在沒有學習行爲下，也提供來令人感到溫暖與愉悅。相反的，讚美是複雜的事件，不僅意味著「你表現得很好」，而且也告訴著學生：「你表現得很合乎大家的期望。」讚美以及缺乏讚美都會提供最基本的重要訊息，讓人們據以建立自我的概念。我們會由此得知，自己多有價值、以及多有能力。此外，如果我們所得到的讚美清楚而簡要，我們對自己的看法，就會形成在根本上能夠引發動機的重要概念。

但是教師們並不是每一次，都能恰如其份地利用讚美的技巧。Brophy（1981）指出，許多教師之所以讚美學生，並不完全因爲學生實際上有什麼良好的表現，而是基於認爲學生有那些需求。結果，讚美由於太少使用而失去應有的效果；或者在濫用之後，變得毫無意義。若不恰當地使用讚美，會使得讚美和期望的行爲之間，沒有明確的必然關係。除此之外，也會使得讚美失去一定的可信度，而減低其激勵價值。

Hitz 與 Driscoll（1994）指出，單靠讚美不一定總是有很高的效果。但是如果設計來提高學生的自尊，效果會變得非常好。例如，如果讚美能加上建設性的鼓勵，則比單單說：「做得好！」有更強與更長期的效果。並且應該明確特定，不要模糊與籠統。讚美也應焦注在學生的努力上，而不只放在此等努力的結果上。讚美時應該誠懇則更不用說。此外，Hitz 與 Driscoll 提出警告說，教師應該避免在學生身上貼標籤，或在學生當中做比較。Borphy（1981）的建議是，如果要讚美真的有其效果，教師不應該太常使用；並且若能以許多方式使用，將會更爲有效。這些方式，我們已經在第 4 章討論過原則了。舉例來說，教師應該針對某特定的行爲，讚美應該具有可信度，並

傳達出明確的訊息。除此之外，讚美應該將重心放在學生本身的努力上。讚美不能隨意而毫無章法；也不應該僅因學生的參與，而非學生的表現就給予讚美（參照表 10.1：Brophy 的建議摘要）。

表 10.1　有效讚美的守則

有效的讚美	無效的讚美
有條件地施予。	隨意而沒有系統地施予。
針對成就中特別的表現。	針對學生整體的正面表現。
以自發性、多樣性、以及其它種種的特性來顯示讚美的可信度；使學生的成就能引起清楚的注意。	表示得過於千遍一律，無法引起學生太大的注意與重視。
達到某種績效的標準、就給予讚賞（也包括學生的努力）。	獎勵學生的參與，並不考慮中間過程的表現或表現的結果。
讓學生了解他們的能力或表現的價值性。	完全不提供回饋資訊給學生，或只讓學生知道自己的分數等級。
引導學生更能夠評鑑自己的程度，並且能夠思考解決問題之道。	引導學生和其它學生相互比較，以競爭為重。
以學生過去的表現評估學生目前的成就。	以同儕的表現來評估某學生目前的成就。
針對不同的學生，分別指出他在困難的測驗或作業中的努力之處或成功之處。	末指出努力之處或成就的意義何在。
將成功歸諸於努力和能力，並暗示在未來，相同的成功指日可待。	將成功全部歸諸能力或外界的因素，譬如運氣、或測驗的容易。
幫助學生培養自發性的動機（讓學生相信，他們為作業與考試付出努力，是由於他們喜歡它們及想要發展相關的技能）。	培養學生外在性的動機（學生相信他們為考試付出努力，是由於外在的因素——為了取悅老師、贏得比賽或是獎品等等）。
將學生的注意力，集中在他們自己與作業及測驗有關的行為上。	將學生的注意力集中在老師身上，視老師為操縱學生的外在權威。
測驗結束後，幫助學生評估自己的表現及作出有益的歸因。	干擾正在進行的過程，將學習的注意力岔開。

雖然強化技術（以讚美或其它形式）為所有教師們廣泛採用，還是有部份人士反對這種系統化、刻意的方式。他們覺得採用這種有系統的獎賞與懲罰（稱為外在強化，extrinsic reinforcement），來規範學生的行為，含有機械化和非人性化的色彩。其它反對者則擔心，如果學生經由這種訓練，對這種外在強化產生反射性的回應，學生會變得太依賴這些外在強化。有些人本主義者擔心，學生經過這樣的訓練，會變得無法學會傾聽自己內在的動機——也就是人們追求卓越、使自己具有價值、以及實現自己的潛力等基本欲望。

人本主義的動機論

　　但是外在獎賞之間，例如老師給的金色星星獎牌、得到高分、以及讚美，有著很重要的差異。讚美純然是口頭上肯定學生優秀的表現。不少當代的研究者認為，外在獎賞會減弱內在動機（intrinsic／internal motivation）；相反的，讚美卻能帶來截然不同的效果（Fair & Silvestri，1992）。由此看來，讚美比金色星星更為人性化。

　　人本心理學關切內在動機，在 Maslow（1970）的人類需求理論，特別是自我實現的觀念中，尤其突顯。

⇗ 基本需求與衍生需求

　　Maslow 提出兩種一般化的需求系統：基本需求和衍生需求。

　　基本需求　基本需求包括：

1. 生理需求，也就是基本的生物性需求——例如，對食物、水和適當溫度的需求。

2. 安全需求，這種需求表現在，人們努力去維護一個能滿足食物、水和恰當溫度的的需求，可與其它人們往來、可預測、有秩序以及無威脅性的環境。

3. 愛與歸屬感的需求，指發展人際間相互關係的需求及成為團體一份子的需求。

4. 自尊需求，這是指一種塑造、以及維持自我優越觀感的需求；也是期望得到他人敬重的需求。

　　這些需求有如金字塔般，當較低層的需求得到滿足之後，人們才會去追尋更上一層的需求（參照圖 10.2）。當人們需要食物時，他們不太可能會去思考關於愛和自尊的問題。我們可以從歷史上找到鮮明的例證，說明低層需求有多麼巨大的影響力。舉例來說，在 1933 年，蘇聯統治下的東歐烏克蘭發生大飢荒，在這一波的災難中，共有四千五百萬人相繼死亡，而這些受害者當中，有一半以上都是嬰兒。在此引述一位劫後餘生者的話（「烏克蘭飢荒倖存者的見證」，1983）：

　　　你滿腦子想到的都是食物。這不但是你唯一的念頭，也是整天想著的念頭。你對其它人，全然失去了同情心。姊妹對兄弟毫無感覺，兄弟對姊妹也毫無感覺；父母親對他們的孩子也沒有一點感情了。你變成了一隻飢餓的動物。你看到食物就會飛撲而上，就像一隻飢餓的野獸。這些是你飢腸轆轆時，會表現出來的模樣。所有人性的行為，所有道德的行為，全都崩潰了……。

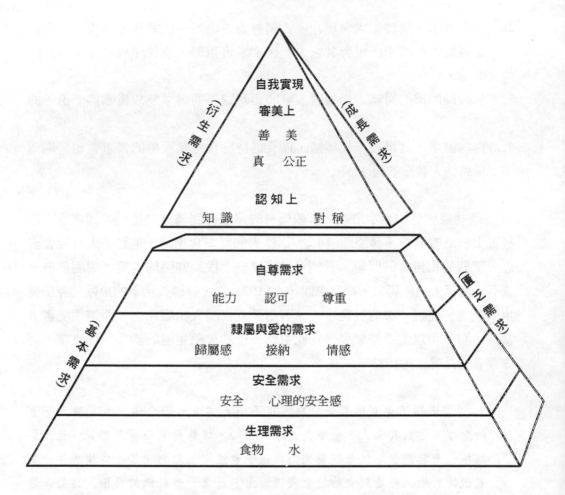

圖10.2　Maslow的需求層級

　　衍生需求（meta-needs）：Maslow 的基本需求又稱為匱乏需求，因為這些需求的驅動作用（引導著行為），是發生在生理感官的需求有所不足時（舉例來說，缺乏食物或水）。衍生需求又稱為成長需求，因為這些需求之所以能引導著行為，並非由於某方面的不足，而是由於我們追求自我成長的

傾向。而這種自我成長的傾向，只有在我們的基本需求得到某程度的滿足之後，我們才可能會去追求。

　　衍生需求包括美學上和認知上的驅力，而這些驅力又和追求真與善、知識、美的鑑賞、秩序以及平衡的美德有關。在 Maslow 的需求金字塔中，層級最高是自我實現的驅力——也就是自我的探討與發展、以及自我的成就。

　　誠如我們在第 9 章所說的，自我實現是一種過程，而非一種狀態。有趣的是，在很多方面這跟中國道教與禪宗的理念類似（Chang & Page，1991）。這是一種成長的過程——我們在過程中漸漸地轉變——大部份的人本心理學家也都認為，這種過程是我們要成為一個完整的人時，所必然要經歷的重要部份。但是，Maslow 在最近發表一的篇文章中指出，真正能自我實現的人相當少。為什麼呢？理由之一是，成長需要發揮意志力、付出努力、以及做出許多犧牲。Maslow 指出，許多人受制於「約拿情結」（Jonah Complex）。跟聖經上的約拿一樣，我們逃避承諾與努力，而這些是追求個人成長與發展所必需的。我們反而致力於吃、喝及滿足其它需求。到了最後，我們無法抵達本來可能達到的境界。Umoren（1992）指出，我們也許會因此變得較不快樂，他認為幸福跟如何滿足較高層次的需求有密切的關係。雖然這些抽象的觀念，比方說真、善、美和自我實現，都很難具體形容，更難用科學方法來檢驗，但對於大多數的個體確實具有驅動力。

☞ 能力動機

　　R. W. White（1959）認為，我們最重要的內在需求之一是，感覺自己有能力之需求。能力動機（competence motivation）會使兒童努力於表現，而成功的表現會讓他們產生能力感與自信，此外，成功的表現，也會使兒童感覺到自我的價值。從致力於朝向成長與開發潛力這個意義來看，能力動機可以視為自我實現的一個面向。

R. W. White 相信，能力動機在某些物種當中，尤其是我們人類，佔有特別重要的地位。像人類這樣的物種，初生時僅有簡單薄弱的生存本能。不像其它非人類物種的幼兒時期，人類的嬰兒無法逃跑躲藏，也無法自己覓食；面臨敵人或危險時，僅有一點點的辨識能力。也許更重要的是，他們對於記號、姿勢、和聲音所知都不多，而這些是他們必須在精通後，才能夠運用自如和別人溝通的工具。要成為人類，就要學習上千種的技能。

能力動機如 White 所說，能夠解釋極大部份的兒童行為。正是這種肯定自我能力——變得專精——的驅力，促使人們產生好奇心、以及追求知識的行為。能力動機在 Piaget 對兒童的研究中，也明顯表現在重複性及循環性的動作反應上（參閱第 3 章）；能力動機也解釋了為什麼，學童要一而再、再而三地反覆練習某些技巧，直到他們獲得了這種能力。

White 將兒童致力於取得某種能力的努力，歸因為榮耀、與效能（personal effectiveness，個人的效能）的感覺。這些感覺源自對某種技巧的精通，或對某種概念的理解。Albert Bandura（1986）延伸了這種自我效能（self-efficacy）的概念，他的理論不但與認知心理學相通，同時也具有相當的人本主義精神（他的理論通常被稱為：社會／認知理論）。我們在本章的後面，會再討論自我效能的概念。

✧ 人本取向的涵義

人本主義的動機論，強調影響行為的內在因素。誠如我們在第 9 章所討論過的，人本主義的學校以學生為中心，而非教師或授課內涵。他們的重點在於情感上的成熟、以及自我觀念的培養。在此同時，人本取向的教學，並不一定要與強調課程內容及發展基本技能的傳統價值觀背道而馳。

有三種人本取向的教學方式，包括開放教育、學習風格以及合作學習。這三種概念實踐了人本主義對動機的看法（參閱第 9 章，討論人本教育方式的優點及缺點部份）。

人本取向對教學實務最大的貢獻，表現在教師對學生的態度上，而非在混亂的教室當中發揮出某種特定功效上。人本主義的教育者是審慎而具有同理心的人，特別重視學生的個體發展。因此，自我實現是人本教學的重要目標之一，經由這樣的教育方式，讓學生對自我、以及個人的能力（自我效能），發展出正面的感覺。關於這一點，請參閱 Miss Cook 小姐班上的案例。

案例

Cook 小姐，一位八年級的英文老師；她是一位好老師。愛莉諾，一位實習老師，憶起了這位老師：

Cook 小姐認為我太害羞了，所以從來沒有在課堂上點過我的名字、叫我回答問題。我們曾經有過一個作業，要寫自己的自傳。我的主題是一片樹葉，這片樹葉有靈魂，卻被風給吹跑了。我們交出作業之後，Cook 小姐問我，是不是願意和班上的同學分享我的作文。她問話的方式既平靜、又給我受到尊重的感覺，她這樣的溫柔，使我難以拒絕。我用發抖的聲音把這篇作文唸完後，她對我表示謝意。當我離開教室後，她建議我要天天寫日記，並且考慮以寫作為職志。現在我回憶起當時 Cook 小姐的英文課，發現那時候的經歷，對我的生命有極大的影響。

認知取向對動機的看法

　　再一次提醒各位，我們必須了解一個重要的概念：心理學的分類，往往並不是都能如我們所願的那麼清楚明白；真實世界也並不像我們所設想出來的模型那麼簡單。舉例來說，R. W. White 的能力動機理論，既是認知取向也是人本取向，有些地方又有行爲主義的概念。本節所探討的這些理論，有些也有行爲主義和人本主義的弦外之音。

　　在最早期對行爲動機的論述當中，人類這種有機體被視爲被動的存在，若是沒有外在或內在的需求、驅力以及某程度的激發，就會呈現靜止狀態。而這些需求、驅力和激發，正能夠引動本能已學會的行爲，以及導致痛苦或愉悅的感受。換句話說，早期的心理學，將人類這種有機體描述得具有高度的反應性，但相當不具主動性。也因此，早期的理論將人類描述爲過於被動與機械化。

　　較新近的研究取向很顯然較接近認知取向，也較重視社會層面的因素。人們不再被視爲外界或內在刺激的受害者，全然讓這些因素掌控我們日常生活的行動。相反的，人類這種有機體的行動，都是經由個人有意識的評估、參與、以及感受後產生出來的。Bolles（1974）同意弗洛伊德的基本信念之一，即：沒有任何行爲是在缺乏動機的情況下產生的；因此，動機不是某種特殊的力量，不應該被獨立分開來看待、或歸類成某種需求而獨立列舉。動機只是進行中的行爲之特質。也許人類動機之單一與最重要的特質就是，我們延緩滿足感的能力（Mischel & Baker，1975 ）。我們有許多行爲是受到遠期的預期結果之激勵，因此，以幼兒的行爲反應來推論學童與成人的行爲是不當的。我們經由某些人類特有的能力，來延遲滿足感。這些能力包括思考、想像以及敘述。諸如 Bandura 等社會／認知理論學者，是透過研究這些進行中的認知過程，來尋求了解與解釋。

諸如 Bandura 等理論，都清楚地強調認知與資訊處理能力，以及這些如何影響行為（Grusec，1992）。其中 Bandura 尚探討他所稱的「自我參考的想法」（self–referent thought）指跟我們自己與我們的心智歷程有關的想法。第 5 章所提的後設認知，是自我參考想法的一個面向。另一個面向，對於動機有重要的涵義，跟我們推估個人的效能與能力有關，也就是「自我效能」。

✑ 自我效能

我們對自己的認知中，最重要的一部份是，根據 Bandura（1986，1991）的論述，對個人的效能——也就是自我效能——之推估。表現得最有效能的人，就是最能夠有效處理周圍情況的人——換句話說，也就是最有能力的人。因此，自我效能包括了兩個相關的因素：首先，是我們個人的技能——也就是實際的能力——這使我們能夠表現成功；其次，則是個人對自我能力的推估。

個人對自我能力的推估，在教育的過程中，佔極重要的地位。就如 Zimmerman、Bandura、和 Martinez-pons 所述：「無數的研究報告顯示，對學業成績的表現，有高度自覺的學生，對於課業的學習和表現，也會展現較大的毅力、付出更多的努力、以及自內而發的讀書興趣」（1992，p.664）。因此，教師們必須了解，學生是如何產生對自我效能的評價。教師在教學過程中所做的——以及能夠做的——大部份都會影響學生對自我效能之推估。

影響自我效能之推估的因素：Bandura（1986）指出，有四種因素影響著個人對自我效能（或個人能力）之判斷。他將這些影響因素歸納為：「強制性」（enactive）、「替代性」（vicarious）、「勸誘性」（persuasory）以及「情感性」（emotive）影響力。

強制性影響力，在個體的行為結果中，表現得特別明顯。一個人是否能經常在測驗中表現傑出，會影響到個人對自我能力的判斷。那些從來不曾在

測驗中表現傑出的人，比那些經常有優良表現的人，較不可能對自我效能產生高評價。然而我們不能遽下定論，認為成功必然來自個人能力，或成功必定能帶來高自我效能的判斷。就如我們稍後會了解的，有些人習慣性將他們的成功歸諸好運、是其它他們不能掌握的因素，而非歸諸他們的能力、或努力。也因為這樣的想法，這些人對於他們的失敗，也就不會太自責，並將失敗歸諸運氣不好（關於這一點，請參考下一節的歸因理論）。

第二個會影響到自我效能判斷的因素，是替代性（第二手的）影響力；這種影響力與觀察別人的表現有關。很明顯的，如果我們看到周遭的人，在繪畫上總是表現得比我們好，我們就不太可能對自己的藝術能力，產生高度的自我評價。同樣的，老是得到最低分——或是最高分——的兒童，就會獲得比較性的資訊，而這些資訊是他們評斷個人價值的重要依據。

Bandura（1981）的建議是，兒童對自我能力的研判中，最重要的，是與同儕的比較。在打板球時，打敗一個十二歲大的小孩，對自我概念並沒有太大的幫助。但痛宰一個地方上的冠軍選手，必然較具教育性（雖然也比較不可能）。

自我判斷的替代性影響力來源，在高競爭性校園裡，顯得尤其重要——這當然也是說，這種影響力在大部份的校園環境裡都很重要，因為，正如我們先前所述，大部份的學校都是高競爭性的。然而，在比較講求合作精神的學校裡，和同儕的比較就不會那麼重要。

勸誘性影響力，在有些時候，也是個人評估自我能力的重要資訊來源。那些對自己較缺乏信心——因而自我效能評價也較低——的學生，有時候可以經由勸誘，而被說服去做某些他們原本不願意做的事。蘊涵在「來嘛，愛蜜莉，做給我們看看」，這句話底下，就是一種正面的勸誘：「妳做得很好啊，愛蜜莉。」

第四種影響自我效能評價的來源稱為「情感性」影響力。這種影響力與激發狀態有關。正如本章前面所討論的，激發是指學生在課堂上的警覺程

度，其範圍從學生在課堂上睡覺、昏昏沉沉，到情緒熱烈、高度警覺、以及恐慌等等。

高度的激發，如 Bandura 所說，可以在許多方面影響到學生的自我評價。舉例來說，極度的恐慌，便可能導致較低的個人能力評價。一個被恐懼感征服的登山者，可能會認定他已經無法再繼續下去了——個要在大庭廣眾下演講的人，也可能會這麼想。相反的，極度的恐懼也可能導致登山者認定自己可以跑得比熊還快。

總而言之，我們對自我能力的感受，導源於我們的行為（強制性影響力：我們的成功和失敗，在在告訴我們，自己的能力如何）；我們也會與別人互相比較（替代性影響力：我們的表現和別人相比，也許一樣好，也許更好，或較差）；經由別人的勸誘（勸誘性影響力：當別人說服我們時，經由他們的一舉一動，正面地表達了他們對我們的能力之看法）；以及激發的強度（情感性影響力：對自己能力的判斷，會經由立即的情感性反應而提高或降低）（表 10.2 歸納了影響自我效能的資訊來源種類）。

表 10.2 影響自我效能判斷的資訊種類

	可能導致吉兒對自己的自我效能產生正向推估的資訊範例
強制性	她獲得進入農業大學的獎學金。
替代性	她知道羅納德比她用功，卻未獲得獎學金。
勸誘性	她的教師告訴她應該選修那些為資優學生開設的進階課程。
情感性	蟲害控制的考試之前，她很緊張，過後則很高興。

☞ 自我效能評價的重要性

我們對於自我效能的判斷——即自我效能的概念——對於我們決定去做與不去做什麼極為重要。事實上，Bandura（1993）說，自我效能有時比相關

技能更能預測人們的行為。那是因為在大多數的情況下，兒童與成人不會嘗試去做那些他們預期自己會做得不好的事情。Bandura 解釋說：「自我效能的信念，會影響人們如何感覺、思考、激勵自己及表現行為」（1993）。

對自我效能的判斷，不僅會影響我們選擇做什麼，以及有時候會影響我們選擇在何處做，而且也會影響到我們願意付出多少努力去克服面對的困難。個體感受到自己的效能愈強，則他愈可能堅持及願意付出更多的努力。反之，則面對困難時，就愈可能放棄，甚至連嘗試一下都不肯。自我效能的概念，對於行為的激勵特別重要。Schunk（1984）指出，在大部份的情況下，兒童（成人亦然）並不會自動地參與他們預期會表現不佳的活動。因此，自我效能的判斷會影響到他們對活動、以及環境的選擇。除此之外，這樣的評估判斷，也會影響到他們願意付出多少努力。在正常的情況下，如果我們預期自己有很大的可能會成功（也就是說，如果我們對自我效能的評價較高），對於我們所面臨的課題，我們就會願意付出更多的努力。從另一方面來看，如果我們對成功不抱樂觀的希望，那麼對於我們所面臨的課題，我們就不可能會付出太多的時間或努力。

自我效能的判斷，也和我們設下的目標有關。Zimmerman、Bandura 和 Martinez-Pons（1992）都表示，學生所設下的學業目標，和他們對於學業表現的自我效能概念有關。不認為自己是有效能的學童，會比那些對自我效能有較高評價的兒童，設下較低的學業目標。

Bandura（1986）認為目標特別重要，因為它們是決定個人是成功或失敗的標準所在。達成或沒有達成目標，都會因此伴隨強烈的情感反應。因此，學習者為自己設定的目標，是非常有力的動機來源。

自我效能的判斷，同時也會經由影響我們的思維和情感，而激勵我們的行為。那些對個人能力的評估判斷較低的人，便很可能用負面的角度去評斷自我價值，也會產生較低的自尊心。在 Coopersmith（1967）的研究報告中，我們可以很明顯看到，有著正面自我觀感的青春期男孩子們，在學校以及人際關係上，比較容易有成功的表現。

有一項研究，突顯了自我評鑑的重要性（Skaalvik & Rankin，1995）。該研究以近 700 位六年級與九年級的挪威學生爲對象，並開發出測量學生如何知覺自己的數學能力與語文能力之工具。不須驚訝的，他們發現，對成功的高度預期與實際成績之間呈高度的正相關。他們同時也指出，對成功的高度預期，是高自我效能的一種明示。

所以，我們可以得到一個結論，高度正面的自我能力評價（較高的自我效能），加上正面的自我評價（較高的自尊），對於兒童在學校的行爲極爲重要。同理，較低的自我效能評價，可能產生極負面的影響。

歸因理論

成功和失敗，很明顯會影響到我們對個人能力——即自我效能——的判斷。但是我們不是簡單、高度可預測的生物；每個人不一定會對失敗或成功，做出同樣的回應。Weiner（1994）認爲，這絕大部份決定於我們的人格——尤其是人格中的一個面向：制控信念。制控信念（locus of control）也就是行爲的原因所在。有些人的行爲是內控的，而其它人的行爲則是外控的。此外，Weiner（1992）也指出，有人會接受其行爲的結果，有人則不會。並且有些人會把行爲的原因歸諸高度穩定的因素(例如試題的困難度)，而有些人則歸諸高度不穩定的因素（例如努力的程度）。

這三種因素——內外控、個人的責任及穩定度——是 Weiner 的動機理論之礎石，對於了解學生之成就導向行爲（或不肯付出努力追求成就）極爲重要。

制控信念：內控及外控　如果我是內控的，我就比較可能將自己的表現，歸諸自己的能力或努力。但是如果我是外控的，我很可能將我的表現歸諸自己所不能控制的外在因素——好比說運氣、或是測驗的難度，因此認爲

自己沒有責任。因此，如果我失敗了，我可能認定失敗的原因是測驗過於困難，或自己的運氣不好（或兩者皆有）；相反的，如果我成功了，我也可能將自己的成功歸諸測驗的容易、或運氣好（見圖 10.3 及表 10.3、10.4）。

表 10.3　Weiner 動機理論中的八種歸因

歸因的特徵	範例說明（迪克解釋他為什麼教育心理學的考試考不好）
內控—不穩定—可控制 （高度負責）	他把考試前一天的晚上花在女友的房間裡。
內控—不穩定—不可控制 （低度負責）	他的手肘受傷，因此考試時寫不快。
內控—穩定—可控制 （高度負責）	他一向排斥研讀任何與教育有關的科目。
內控—穩定—不可控制 （低度負責）	他的學習障礙，使他幾乎不可能完成選擇題的作答。
外控—不穩定—可控制 （高度負責）	他會的東西考不多。
外控—不穩定—不可控制 （低度負責）	課程大綱把需要研讀的章節搞錯了。
外控—穩定—可控制 （高度負責）	左撇子的紅髮男子在這所大學都唸不好。
外控—穩定—不可控制 （低度負責）	教育心理學非常難唸。

資料來源：Weiner，1992。

原因的歸屬

	內 在	外 在
不穩定	努 力	運 氣
穩定	能 力	難 度

圖10.3 成功和失敗的歸因。我們對於自己為什麼會成功或失敗的解釋，可能歸屬內在或外在的因素；除此之外，這些解釋也可能與穩定或不穩定的原因有關。

很明顯的，還有其它原因（好比說情緒問題、疾病、或身體疲乏），但是這些原因比較屬於個人因素、比較多變、也比較不容易進行科學性的研究。

歸因傾向的發展：將成功或失敗歸因為內在或外在因素的傾向，似乎是比較能夠預測、也比較穩定的人格特質。然而，在九歲以下的孩童身上，這種傾向並不是那麼明顯，因為他們還不會區分努力與能力之間的差別。Nicholls（1978）指出，這些兒童會將努力與智力劃上等號；他們相信聰明的人，就是那些努力的人（以及因為努力而獲得成功的人）。到了九歲或十歲，這些兒童才會開始把能力獨立劃分出來看，當作是成功要素之一。但是就算在這個年紀，聰明才智和努力工作，還是平起平坐的要素。無論如何，到了十一歲，兒童就會發展出直覺概念，已經能夠區分能力、運氣、努力、和測驗難度之間的不同。

成就表現與學習（精熟）目標：Dweck（1986）告訴我們，兒童似乎會根據他們直覺上對智力的看法，來決定自己應有的行為，這些看法可歸納為：固有實體理論（entity theory）和增殖理論（incremental theory）。如果他們採納固有實體理論，他們的行為就會表現出，他們相信個人的聰明才智已經定型、不會再改變了。因而，他們的成就目標會是表現導向；也就是

說，他們會追逐對自己的能力有較正面的評價，及避免較負面的評價。另一方面，如果他們採納增殖理論，那麼他們的行為會表現出，他們相信個人的聰明才智是可以鍛鍊進步的。因此，他們的成就目標會放在精通某種技能或學習某種技能上，而非專注於自己的表現；也就是說，他們會致力於增長自己的能力。

　　Dweck 對歸因研究的分析，強烈顯示那些基本導向是表現目標的學生（認為聰明才智已經定型、不會改變），必須對自己的能力有相當高的自信，才會願意去接受挑戰——也就是說，在引導下去精通某種知識技能。自信心比較低的學生，較可能變成 Dweck 所描述的「無助的」學生，主因是他們認為失敗在於他們的能力不足。相反的，那些基本導向是傾向於專精某種知識技能的學生（認為聰明才智可以經由鍛鍊而進步），就較可能尋求挑戰，並且付出持之以恆的心力；也就是說，如果學生認為能力是努力的函數，他們比較可能追求高成就，因為對這樣的學生而言，失敗的代價，相較於那些認為個人能力是固定不變的學生，並不是那麼高昂（參閱表 10.4）。

表 10.4 成就目標和成就行為

智力理論	目標導向	對目前能力的信心	行為模式
固有實體理論（認為聰明才智是固定不變的）	績效目標（將目標設定在取得正面的評價／避免受到負面評價）	高度自信	精熟導向（尋求挑戰；高堅持性）
		低度自信	無助感（避免任何挑戰；低堅持性）
增殖理論（認為聰明才智是可以鍛鍊改造的）	學習性目標（將目標設定在增長自己的能力）	無論高度自信或低度自信	精熟導向（尋求能夠促進學習與成長的挑戰；高堅持性）

歸因與成就動機：如果將成就動機納入，歸因理論對於了解學生行為的涵義，會顯得更加清楚。有些個體的行為，表現出他們極需獲得成就、變得成功、以及達到某種程度的優越；另有一些人的行為，則表現出他們比較害怕失敗，但不是那麼渴望成功（McClelland，Atkinson，Clark & Lowell，1953）。研究報告顯示，高成就動機的人，在學校也往往有較高的成就表現（Atkinson & Raynor，1978）。

　　其它相關研究也顯示，高成就需求的人，通常只冒適度的風險。他們會去接受困難度適中的工作，一方面具有挑戰性，另方面他們成功的可能性也相當高（McClelland，1958；J. W. Thomas，1980）。相反的，成就需求較低的人，傾向於接受極度困難或輕而易舉的工作。為什麼會這樣呢？

　　答案就在歸因理論裡。如果我接受一個非常困難的工作，最後失敗了，我可能將自己的失敗歸諸工作的困難，而這樣的失敗因素是我所不能掌握的；更進一步來說，我可以認定我的失敗不涉及個人的責任，也因此，我不會有負面的感受。如果我成功了，也不會有太多正面的感受，因為我的成功不是由於自己所能掌握的因素，而是外界的因素。從另一個角度來說，冒適度風險的人，會把成功歸諸自己的技能或努力；相同的道理，他們也會把失敗歸諸個人因素。在任何一種情況下，他們對於自己的表現結果，會有較多情感上的聯結（見圖 10.4 及 10.5）。

　　我們可以合理地說，高成就需求的人傾向於內控，而成就需求低的人較可能將他們的表現歸諸外在的因素。事實上，上述的說法受到研究分析的支持（Greene，1985；Wittrock，1986）。

一般性歸因

| | **內在** | | **外在** | |
	努力	能力	其它因素	運氣
成功	放鬆	信心 能力感	感謝	驚喜
失敗	罪惡感 (羞愧)	能力不足感	憤怒	意外

圖10.4　歸因與成功和失敗所產生的情緒感受

制控信念

	內控	外控
成功	榮譽感 信心 能力感	感恩 感謝
失敗	罪惡感	憤怒 意外

圖10.5　制控信念與成功和失敗所產生的情緒感受

認知觀點在課堂上的運用

認知取向，對於行為動機的了解，對教育有很豐富的涵義。這一點並不足為奇，因為有許多認知取向的教學方式，已經陸續開發出來，用以了解課堂上的成就表現。

✍ 改變歸因與成就需求

如果高成就需求是我們所期望的，我們可以在學生的身上，增強這種需求嗎？Alschuler（1972）和其它人（例如，McClelland & Winter，1969；Andrew & Debus，1978）的答案是肯定的。這些研究者已經為學校研發出能夠孕育成就感的活動計畫，並且為經濟上面臨困境的成年人，也研擬類似的方案。這些活動計畫提供學習者一系列的假設情境，他們在這些假設情境中，須面對危機和冒險；為他們的表現做出預測；在進行的過程中，根據不時的回饋去修正他們的預測；然後根據他們的表現，讓他們贏得或輸掉象徵性的代幣。這些活動的目標中，有一些目標在於鼓勵學習者，能去利用他們先前的績效資訊擬訂實際的目標，以及為自己的表現負起個人的責任。研究分析顯示，這樣的課程活動，可以成功地增加某種程度的成就需求，也能夠改進個人的實際表現（Alschuler，1972）。

✍ 改變歸因

我們都知道，歸因與動機及表現有關，以及內控的人會有較高的成就需要，也會設定比較實際的目標。至於外控的人也能夠變得較內控嗎？

我們已經發展出為數不少的歸因改變研究計畫，也做了不少相關的分析研究。Weiner（1994）指出，這些研究計畫的主要目標在於，引導學生做努

力方面的歸因；也就是說，他們的成功或失敗都是由於個人的努力。舉例來說，De Charms（1972）的研究計畫，試圖教導學生從外控地視自己為無助的「棋子」，因此對自己的學習與成就並無責任——轉移到內控，使他們認為自己是最終的「根源」，並且為他們的行為所導致的結果負起較大的責任。同樣的道理，McCombs（1982）發展的一項研究計畫，也試圖培養這樣的動機。這項研究不只將學生導向內控，也教導認知策略和後設認知的技巧。結果使學生變得，更善於運用他們所習得的技巧和策略（他們對於學習有更深入的理解），也開始了解，他們對於學習與成就有更大的掌控權——不能將成果只歸諸運氣和信心。

在大部份的學校測驗中，運氣應該和表現沒有太大關係，但有些學生會一再期待出現好運。如果他們讀到的章節沒有考出來，就會怪罪到運氣頭上，認為是運氣不好而搞錯了答案、或碰上了比較差勁的老師。老師們可以影響三種表現結果的歸因（努力、能力、和測驗的難度），至於運氣則任由它全憑機會。

無庸置疑的，一而再、再而三的失敗經驗，很可能會對學生的自我概念、及對自己能力的感受，產生負面的影響。而那些失敗次數比成功次數多的學生，不太樂意把自己的失敗，歸咎於自己缺乏能力。事實上，我們可以很合理地預測，多次的失敗經驗會讓學生歸罪於外在因素，也會讓他們產生無力感。同樣的道理，多次挑戰困難的成功經驗（不是太簡單的考驗），就很可能引導出學生正面的自我概念、感受到自己有能力、對自己的表現負起責任、以及使學生產生較高的成就動機。

在此，最重要的不啻是「個人責任」。倘若學生能夠對自己的表現負起責任，他們對於自己所做的事情，就會投入較多的情感，而隨之而來的成功，也會加強他們的自我概念，激勵的力量絕大部份將由內而發，而非由外界的因素來引導，以及課堂上的管理問題（下一章的主題）會變成是比較有趣的教學法問題而不是紀律問題。

☞ 改變成就目標

目標理論，一種強調以認知觀點來解釋行為動機的新理論，探討個人的目標如何影響行為。Ames（1992）認為，成就目標是一種信念和歸因的表現型態，這樣的目標會使個人產生企圖心，促使個人去做某件事或達到某個目的。目標理論是建構在兩項觀察上，而這兩項觀察，我們稍早已經在本章討論過了：

1. 相信自己的行為結果，是來自個人努力的學生，會傾向於發展出精熟某種知識技能的目標——將焦點放在學習的內在價值（Dweck 稱這樣的目標為「學習性目標」）。這些學生會將焦點放在發展自己的技巧、了解作業的內容、使自己變得更有能力，簡單地說，就是精熟自己所研讀的知識。這樣的目標與高度的成就需求、勇於冒險嘗試、以及對學習的正面態度有關（參閱 Ames，1992）。
2. 相信自己的行為結果，是能力，而不是個人努力導致的學生，會傾向於發展出績效目標。他們的焦點會放在，表現得比他人更好、取得大家的認同、以及根據外界所訂的標準來追求成功。學習與理解，對這樣的學生而言，都是次要的；把事情做好（表現得很良好）勝於一切。這種績效目標，和避免挑戰性的任務、使用短期的學習策略、以及失敗後會帶來負面情緒有關。

學生是否認定課堂的目的在於讓他們精通知識技能，對於這兩種目標導向，有相當強烈的影響。關於這種認定，Ames（1992）認為，至少會受到課堂經驗的三個面向之影響：作業、評分以及權威。分析了這三項因素之後，我們可以得到無數關於教師行為的建議，這些建議或許能夠促進學生的學習動機（參見 Blumenfeld，1992）（其中的一些建議摘於表 10.5）。

表 10.5 　促進精熟導向的教學策略

◇ 列出各項短期的學習目標，合理的努力之後應能達成。
◇ 分別指派不同的作業——因此比較不會引起與其它同學競爭。
◇ 在評鑑的程序中強調能力與精熟。
◇ 避免比較性的評鑑。
◇ 焦注在學習的歷程與理解上。
◇ 避免因選出一些學生來公開讚美，而引起人際間的比較。
◇ 對於重要的議題，如課程內容、研讀的方法與進度、及評鑑方式，給予學生一些有
　意義的選擇。
◇ 鼓勵學生設定有意義、能力導向的目標。
◇ 獎勵努力與進步，而不是表現與成績。
◇ 在評鑑中，強調學生各自的進步。

　　作業：「作業中的訊息內容，」Ames 說道：「可以讓學生用來評估自己的能力、再努力的意願、以及他們得到的滿足感」（1992， P.263）。在作業中，至少有三項重要的動機構面：多樣性、挑戰性以及意義性。

　　多樣性，正如 Blumenfeld（1992）所說的，與持續的激勵有關。當作業的目的係針對特定或短期的目標時，學生較可能會認為，他們可以付出合理的努力來完成這些作業（並且認為自己是有能力的）。相同的道理，如果作業有個人的意義在，就比較不會使學生和別人比較彼此的表現——也就比較不會將學生導向去設定績效目標。

　　評分：評分是最能使學生發展績效導向的方式之一，因為評估的過程中，強調的是學生個人的能力，並且會誘使學生互相競爭比較。如果課堂的焦點，放在學生的表現、正確性、以及記憶力上，而不是強調學習的過程及學生的理解能力，學生很快就會被導向重視自己的表現更勝於一切。不幸的是，正如 Mac Iver 等人（1995）所指出的，事實上，傳統的評鑑作法，大部份都拿某個學生的表現來跟其它學生比較。

　　社會性比較，在績效導向的程序中最為明顯。Ames（1992）說，這種比較表現在，把學生從最高分排到最低分、表揚某些學生的成績和表現以及展示學生的成就。

諸如我們在第 13 章將會討論到的標準參照評量等評分實務，會避免直接採用社會性比較的形式，這對於發展內在動機、專精某種知識技能的目標，會有很大的助益。

權威：教師能否給予學生有意義的選擇，會直接影響到學生的精熟導向。Ames（1992）的研究顯示，如果教師提供學生有意義的機會，學生較可能孕育精熟導向。如果教師對學生有過多的控制，替學生做大部份重要的決定，就會引導出學生的績效導向。Ames 也指出，現在大部份的課堂上，學生的自主機會非常少，像是課程的安排、授課的方式、研讀的進度、以及評鑑的方式，學生多半沒有決定的餘地。

☞ 檢視認知觀點

為什麼有些學習者會設下具挑戰性、卻能達成的目標，其它的學習者卻不呢？為什麼有些人在面對艱難課題時，能夠繼續堅持下去，而其它人卻辦不到？而教師又要如何使學生保持學習的興趣？

這些都是複雜的問題，並沒有簡短或簡單的答案。我們在此並沒有太多的篇幅，可以對這些問題做說明、或做出複雜的鋪陳。以下謹從認知的觀點，做出一點簡單扼要的回答。

首先，從認知的觀點來看，學習者是一個能反省與思考的存在實體（也就是說，一個能認知的存在實體）。從這個觀點來看，動機反映在個人學習者對目標的決定，並跟學習者的信念互動著，至於學習者的行為，則受到信念與目標的引導。從某個角度來說，彷彿學習者會以自己的希望、性向和能力來評估自己；並且以可能會得到什麼樣的回饋，來評估自己的目標。此外，就如同我們已經知道的，對有些學習者而言，內在的回饋（通常與精熟及學習有關）比外在的回饋（通常與表現和成果有關）更為重要。

我們會問，什麼才是重要的？認知觀點認為，學生的自我評價是相當重要的一件事。對我們每個人來說，認為我們是聰明而能幹的——以及我們之

所以被愛，乃因爲我們可愛——都是相當重要的。我們大部份的生活，Kegan
（1982）說，都是爲了使自己具有意義性——即對別人而言，我們具有某種
意義。如果我們對別人一點意義也沒有，那也就意味著我們的個人價值低。

　　教師會影響到學生的自我價值評估嗎？很明顯，答案是肯定的。許多教
師所做的——以及他們能做到的——會直接或間接影響到學生對他們自己的
能力及意義性的知覺。但是在課堂上，影響到這些評估的因素，並不是以簡
單的方式運作。就如 Marshall 和 Weinstein（1984）所說的，這些影響因素不
但複雜、而且會產生互動。通常學生的自我評估，至少有一部份是建立在和
其它學生互相比較的基礎上。然而有許多因素（會有複雜的互動）會影響到
最後的評價結果。舉例來說，在大部份具有競爭性的環境中，成功能夠加強
學生對自己能力的自我評價；失敗則會導致相反的影響。但如果給予每個兒
童不一樣的作業，會比給兒童統一的作業，更能減少互相比較的機會。同樣
的，大班級教學，通常較會引起學生間直接的比較競爭。如果將學生分成小
組來授課，較不會引起競爭比較，正如合作學習的方式。

　　除此之外，學生的自我評價，很明顯也決定於他們行爲表現的結果，及
教師和其它人的回應。其它條件維持不變下，成功會導致正面的自我評價，
而失敗則相反。教師給予學生的回應，也會帶給學生許多資訊。教師的手
勢、注意、面部表情、給學生的分數、以及口頭上的評論，只是教師傳給學
生的資訊當中的一小部份：「天啊，你實在是很笨，小鬼！」（或者是更糟
糕的評語）或「嘿，你做得很好，繼續加油！」

　　很不幸的，並不是每一個人都能夠表現得很優越。事實上，也不是每個
人都具有相同的能力。但是，就如 Marshall 和 Weinstein（1984）所說的，社
會性比較的結果，對成就較低的人而言，並不總是負面的影響。如果教師和
學生們，都能視能力和聰明才智爲努力追求技巧和知識後的結果（見 Dweck
的增殖理論），而不是已經定型、不會改變的特質（固有實體理論），這些
成就較低的學生，就不必去身受不愉快的比較之苦。Marshall 和 Weinstein 認
爲，持有這種觀念的教師，會比較喜歡非競爭性的教學、彈性的分組、精熟

導向的學習、以及會將學生現在的表現與過去的表現比較，而非與其它人現在的表現比較。

摘要

1. 各種動機理論都試圖回答關於行為的起源、方向、以及強化等方面的問題。這些問題的答案，對教育都有極重要的意義。

2. 人類行為的本能理論，大部份是歷史性的看法，而不是目前的觀點。本能是相當複雜、非後天學來的行為模式，這樣的驅力是所有物種都有的。

3. 心理學的享樂主義推論出，人類的行為通常是為了達到愉悅的目的，以及避免痛苦。需求理論則對痛苦與愉悅，提供了一個定義：滿足某一種需求（生理上或心理上），被假定是愉悅的；而未能夠滿足需求，則是不愉悅的。

4. 激發水準的提高，定義上指生理上的改變（例如呼吸和心跳頻率的改變），伴隨著警覺性、和清醒度的增加。刺激的數量、強度、意義性、新奇性以及複雜性，都直接和激發水準有關。最適中的激發水準，對於引導學生產生理想的行為有最大的功效，而且學生所產生的理想行為，也能夠繼續保持或接近這種最適中的激發水準。

5. 教師的職責之一就是，使學生維持相當適中的激發水準。過高的激發水準，有時候會導致焦慮，並且對學生的學習和課業表現會產生傷害。特別是，考試焦慮已經一再顯示，這樣的焦慮會降低學生的成績。高度焦慮的學生，在接受較具結構性、較不要求發表意見的教學方法時，會有比較好的表現，而且也比較不會產生焦慮。

6. 人本取向強調和自主、能力、以及自我實現有關的內在動機；行為取向則注重和獎賞與懲罰有關的外在動機。人本主義的教育者特別關切學生的個人發展、以及提昇正面的自我概念。

7. 讚美是課堂上很重要的強化物。然而教師們常犯的錯誤是，不常讚美學生、或沒有系統地讚美、以及會認為學生有此需求，而不是依據學生實際的行為加以讚美。

8. Maslow 的人本理論，提出了需求系統的金字塔層級。生理需求在金字塔的最低層，而個人的自我實現則在最高層。R. W. White 相信，人類的一個重要驅力，就是發展出自我能力的需求。

9. 傳統的動機理論認為，人類是一種被動的存在實體。而比較傾向於認知取向的理論則認為，人類是主動積極、不停探索、也不斷評估判斷的有機體。這些理論也認為，人類能夠延遲滿足，也能夠解釋其行為的結果。

10. Bandura 認為，自我效能（個人的能力）的概念，對於決定自己應該採取何種行為（兒童不太可能去嘗試他們認為會失敗的活動）、以及要付出多少努力（如果預期自己會成功，相對的也會付出更多的努力）是相當重要的。對自我效能的判斷，會受到強制性影響（成功的結果，會增加正面的自我評估）、替代性影響（與他人互相比較）、勸誘性影響（他人的鼓勵與勸誘）、以及情感性影響（高激發水準，能夠提高或減低自我效能的判斷）之左右。

11. Weiner 的歸因理論建構在一個假設上：個人會將他們的成功或失敗，歸諸某些內在（個人的能力與努力）或外在（任務的困難度、運氣）因素。高成就需求的人，傾向於將他們的表現成果歸諸內在因素，如此一來，他們對於自己的成功或失敗，就負有個人的責任。而成就需求較低的人，較可能將他們的表現歸諸他們不能控制的外在因素。

12. Dweck 提出了一個觀點：同意固有實體理論觀點的兒童（認為個人的聰明才智是固定不變的），傾向於發展績效目標（以成果為目的；並認為

結果反映個人的能力）。他們僅在對自己的能力非常有信心的情況下，才可能以精熟為導向；否則，他們很可能避免挑戰、並且變得無助而不是精熟導向。同意增殖理論觀點的兒童（經由努力可以增進聰明才智），就比較可能會發展出精熟（學習性）的目標，將焦點放在個人的努力、尋求挑戰、以及精熟導向。

13. 有高成就需求的學生，通常較內在導向（內控），也因此比較可能會為他們的努力結果負起個人的責任。成就導向可以經由特別設計的訓練課程來塑造。這些課程一般來說，會鼓勵兒童冒風險、做預測、修正他們的預測、設定實際可行的目標、以及對於自己的行為結果負起個人的責任。

14. 改變歸因的訓練課程，試圖轉變學生以個人的努力為歸因對象——即將成功或失敗的原因，歸諸個人努力的結果，而非個人無法掌控的因素。

15. 大部份以認知為導向、以動機驅力為重心的課堂作法，會試圖藉著調控作業（提高多樣性、對個人的意義性、可以克服的挑戰性，來培養認同感及個人的毅力）、評分（社會性比較會鼓勵學生的績效導向）和權威（提供學生有意義的自主性機會，增進學生個人的自我肯定，並以專精某種知識技能為目標）等因素來孕育學生的精熟目標，而非績效目標。

複習問題

1. 解釋人類行為的理論有哪些？
2. 激發理論對於教育實務有何涵義？
3. 你認為過度使用外在獎賞將減弱內在獎賞嗎？理由是什麼？
4. 試說明人們的需求呈何種層級形式，這對教育實務有何涵義？

5. 試列舉教師的哪些行為與態度，有助於學生發展出正面的自我效能概念。

❑ 建議書目

A practical guide to motivating students in school, with particular attention to the development of achievement motivation, is the following:

STIPEK, D. J. (1988). *Motivation to learn: From theory to practice.* Englewood Cliffs, N.J.: Prentice-Hall.

For a fascinating account of the effect of high arousal on human behavior, see:

SCHULTZ, D. P. (1964). *Panic behavior.* New York: Random House.

Cognitive theories of motivation are presented clearly at a sophisticated level in the following book:

WEINER, B. (1992). *Human motivation: Metaphors, theories and research.* Newbury Park, Calif.: Sage.

The Hamilton and Ghatala book presents practical educational applications of many of the theories discussed in this chapter. Especially relevant here is the ninth chapter, which looks at the practical implications of various motivational theories. Bandura's book is an excellent overview of current cognitive approaches to motivation; the Ames and Ames' collection of articles, and especially the more recent Ames article, look specifically at the application of cognitive motivational concepts to the classroom:

HAMILTON, R., & GHATALA, E. (1994). *Learning and instruction.* New York: McGraw-Hill.

BANDURA, A. (1991). Social cognitive theory of self-regulation. *Organizational Behavior and Human Performance, 50,* 248–287.

AMES, R., & AMES, C. (eds.). (1984). *Research on motivation in education (Vol. 1): Student motivation.* New York: Academic Press.

AMES, C. (1992). Classrooms: Goals, structures, and student motivation. *Journal of Educational Psychology, 84,* 261–271.

第11章

教室管理

　　「紀律問題」是令教師們工作不愉快及提前退休的主因之一。本章在本書中是最實用的一章，除了列出一些策略及原則供教師們有效地預防或矯正教室裏的不當行為之外，也探討行為矯正術在教室中的應用。本章背後單一的重點就像醫藥之使用一般，講求預防重於治療。

- 教室管理與紀律
- 教室的特性
- 控制的倫理
- 課堂管理策略
- 課堂上糾正不當行爲的策略
- 認知行爲矯正術
- 從紀律規範到倫理道德
- 摘要
- 複習問題

童年往事

在我二年級的時候，曾在橡皮擦上挖一個洞好讓剛削尖的鉛筆能夠戳進去，接著拿起一支尺敲打鉛筆，讓它發出一種很有趣的聲響，但沒多久就被警告不許再做出這樣的動作。在我再犯之後，我的老師，也是我的父親，叫我站在全班面前，拿著皮條在我的小手上各打一下。

四年級時，我總是在放學後被叫去刷洗校舍外的藩籬，在那兒，我發現有人在牆上塗鴉。上帝為證，此為別人所為。我將此塗鴉保留下來並直接向老師報告。我一直記著的一件事情是，當天下午的拼字測驗有大部份的字在那些塗鴉中出現過，結果在那些日子裡，我總把火雞（turkey）拼成「t-e-r-k-e-e」。

八年級時，我被罰寫「我再也不把墨水噴在 Louise 身上」150 遍。但我一點也記不得當時為何會被罰寫，現在這句話倒提供我靈感做為一首歌名！

到九年級時我又被罰寫「我再也不描述有關野牛的行徑及畫相關的圖畫」250 遍，這回我可記得何以要寫這些東西了。風平浪靜的度過十年級。在這一年我像是迷戀上一些事物，結果讓我課業成績名列前茅，願與他人合作，甚至獲得老師們的垂愛，因為我合群，在各方面表現優異，更成功地與老師們相處甚歡。

升上十一年級，我再也不專注於學業上，轉而加入地方上一個不良幫派。我們在老師的椅子上放圖釘，把她的書黏在桌上，在教室日誌裏塗鴉，甚至在她背後丟石子之後，躲在一旁不可自抑的哈哈大笑。在當時，我們還把人家馬房裡的燈泡弄破，「借」了馬匹，不用上鞍就騎在湖邊奔馳。接著在多夜裡，將死雞放在人家的樓梯口。這一切不管何種責罰絲毫不能冷卻我們的精力，而我們之中大部份的人都厭倦於一般的生活，甚至對於留校察看也不以為意。

在十二年級時，我的家人便送我到外地一間私立學校就讀，那是一所專門收容「活潑好動」孩子的學校，在那時我親耳聽到我的堂兄弟們在我背後很不客氣地說：「那傢伙到那兒永遠都是個麻煩人物！」

教室管理與紀律

紀律（discipline）這個詞彙在不同的情境下有不同的解釋，諸如以下：

她是位好教師的諸多原因之一是，她一直能維持良好的紀律（good discipline）。

他們理應被責罰（to be disciplined），因為他們在教室裡放鴿子。

如今傑克儼然已成為一位學有素養（well-disciplined）的年輕人。

在教室裡，你常使用哪些處罰？

儘管 discipline 這個字彙經常在教師、行政人員及學生口中使用，但使用教室管理一詞會更適切。以 Kounin 的說法，discipline 意指教師對不當行為之處理方式，也就是說包括了不同的處罰方式、行為的矯正措施及教室管理的各種實務。教室管理的涵蓋層面較紀律更為廣泛，透過教室活動的安排及教學與學習間的互動使得管理更容易。因此教室管理包括預防及處理不當行為的各種措施，這就涵蓋了紀律。再者，教室管理跟教學與學習較有關，跟紀律較無關。

管理與懲戒措施二者也許同時發生或有相當緊密的先後次序，是須依情況而定。所以，這一章將教室管理與紀律一併討論。在文中，強調懲戒與管理歷程的實務面與倫理面，而不是去區分這兩者間的差別。有些教育專家認

為管理是教學的先決條件，有此先決條件，即掃除障礙之後教學才得以施行。

同樣的說法也可以應用在紀律方面。也就是說，有些教育人員認為，紀律要先照料之後，教學才能進行。其實不然，教室管理與紀律不是先妥善安排好後置於一旁，再來進行教學與學習；而是須將此二者融入教學的持續過程中。

紀律的問題是造成教師們挫敗感的理由及壓力的來源之一。Merrett 與Wheldall（1993）訪談 176 位中學教師之後，他們發現教室管理成為許多教師念念在茲的重要主題。但，很不幸地，Tonnsen 與 Patterson（1992）指出，在許多教師的養成教育中，教室管理技術並非必修的課程。並且，即使曾修習此等課程，傳統的教師訓練計畫中只強調權威以及控制，也就是教室管理中懲戒的部份。教師們僅學到教室管理的一些技術，於是灌輸學生要服從、聽話，而不是讓他們成為問題的解決者，風險的掌控者，以及讓他們知道對於自我成長有獨立的思考要比得高分來得重要。

在這一章裏，我們將探討教室管理的二個面向：第一，透過教室管理讓學習變得更容易；第二，預防及矯正不當行為。

教室的特性

將教室的特性放在這一章作一個單元來看，是因為對於教學與學習以及教室管理而言，考量環境是很重要的。

正如同「平均學生」是不存在於真實世界中的抽象概念一樣，「平均班級」也是。因為，每個班級都是獨一無二的，每個學生有其獨特的個性與同儕相互影響著，而不同的老師也有其不同的個性及風格，進而創造出教室的動態環境。有些教室裏盡是一些順從的學生，有些則帶有暴力傾向。

McCaslin &Good（1992）就指出，每天，在美國大約有十三萬五千名學生持槍上學！數以千計的學生被留級或是留校察看，另外，還有更多少年犯被判刑管訓。

有些班級的組成相當複雜，包括有不同的種族、不同的能力、不同的語言及不同的興趣；有些具有高度的同質性。有些班級由一群具有相同能力或興趣的孩童所組成；其它的班級則是混合班，具有混合著不可預期之特殊需求的特性。

然而，正如 Doyle（1979）所指出的，有些特性可以描述出大多數的班級，因此在教學及管理班級事務時必須加以考慮。這些特性包括班級是多元化的。正如我們所知道的，在不同的活動中，是由不同的人參與而朝向許多不同的目標。另外，在教室中，有許多不同的事件同時發生，很少一次只發生一件事情。即使上大班級的課，教師們也會發現不同的學生有不同程度的注意力與行為（或不當行為）而防礙課程的進行。當教師提出問題時，同時須決定由誰來回答，預估佔據課程的時間，以及監督每個學生是否有不專心的徵兆及潛在的干擾行為。

教室內所發生的事件不僅多元、同時發生，而且是立即的。這些同時發生的事件需要教師立即回應。為了維持教室內的活動持續進行、平順且有目標，必須立即做成決定並予以執行。

最後，除了立即性、事件的多元化及同時發生之外，或許更重要的是，教室內發生的各種事件有高度的不可預測性。

去管理這樣一個環境，裡面充滿複雜及不可預測的人事物，需要意志堅定，層次分明並且能夠立即做決定的一套特別的管理技巧。這些技巧包括了耐心、教師的個人哲學觀、教學技巧及教育心理學的知識，需要十八般武藝樣樣精通，這可不是簡單的工作。

這對新進教師而言或許像是一件「不可能的任務」，但也不盡然如此。因為資深教師不需要有意識地分析教室中同時發生的事件之所有因素，他們也不需要刻意或依序地去監督及評估學生所有的活動，以及在必要時給予回

應並掌握任何近來在術語上稱為「可教導的時刻」（teachable moments）之機會。Kagan（1988）曾提及，資深教師做所有這些事情幾乎都是潛意識的反應。他們已發展出一套循序漸進的規則及策略，變得幾乎全自動進行。

然而，這些資深教師所使用的策略能夠學習到嗎？

答案是肯定的。有些技巧及策略已經確認出來了，並且只要有所認識之後就能夠讓新進教師在教學上顯著地改善。例如，一些重要的教學技巧，像是順序性、結構性以及課程內容的組織，這些技巧皆取材自心理學對學習與人類發展的了解，在本書的各個章節中已介紹許多。

而教學不只是組織教材。教學還需要重要的教室管理技巧，即集中心思在學生身上，並對教室內的一舉一動瞭若指掌。Copeland（1987）稱之為「眼觀四面，耳聽八方」多重集中心思的技巧，並設計出一套電腦模擬的班級，用來偵查與評估教師如何將一些所學的技巧運用於實際的教室中。結果發現，如我們稍後將提及的，有些教師較他人更具有「洞悉」的能力，這些教師十分能掌握教室中進行的一切，並且能引導活動之進行讓學生一直參與其中。Eisner（1982）也指出，有些教師在教學的藝術方面較有才能，他們能夠更有技巧地建立教室環境，使更有助於學習的效果及樂趣，並且有助於教室的管理及紀律的維持。

控制的倫理

「控制」這字眼勿庸置疑地不受歡迎。它之所以不受歡迎的部份原因是，一些教育及哲學類的著作強調，自由、自主、自我價值、獨立性及其它人本觀念是適合培養人格及孩童的教育方式。這些觀念為我們這個時代的精神層面下了極佳的註解，沒有一位教師希望自己是保守並且限制別人的。但是，有意的控制卻是一種限制，難道控制違反了倫理嗎？

答案很難界定。如果是，就不會有什麼爭議，行為主義論者及人本主義論者不必打那麼多筆戰。

首先，考量到的是，控制非但不可或缺，而且是必要的。身為教師，由於職位及責任所在勢必為之，並且事實上正如 M. Marland（1975）所指出的，控制之執行是為人師者最重要的職責之一。我們在此所提的並不是像過去學校裡所實行的嚇阻式的控制方式。控制是可以用較溫和的方來達成，並且是可以學習的。

同樣的，父母親們也會去控制他們的小孩（或至少試著這麼作），一般的作法是對他們的行為定下許多限制。在這些孩子成功的社會化過程中，包括要求他們不要作出會傷害他人及自己的事情來。例如，父母親們不會允許孩子們在爐火邊玩耍，不准把刀具放在電器開關中，從樓梯上跳下，或是解除車庫中的警鈴。較不極端的控制例子包括教導在社會上合宜的行為、社會價值及社會道德，讓這些孩子們知道什麼是該做的，什麼是不該做的。父母親對品德的控制，使得孩子們不會任意地去破壞或侵佔他人的財產，或是殘害鄰居家裏的寵物。簡言之，一些行為的標準，透過父母親的控制而形成架構，讓孩子們有所遵循並學習之。不論這樣的控制是透過強化、處罰、樹立榜樣、說理或是綜合以上及其它一些策略，皆為控制之施行。

教室裏的情況與之相較出入並不大。教師們經常扮演著類似父母親的角色。他們試圖扮演明智、寬大且充滿愛心的父母，事實告訴我們這是可行的。並且事實上，人本主義的主張與行為控制的科學技術在價值觀方面並沒有很大的矛盾。

將愛、同情、溫暖、誠摯、誠實這些特質在教室中實行有助於學習與發展。然而，儘管在教室裏實行這些正面的特質，但紀律問題依舊會存在，所以教師們應明智地實行獎勵與懲罰，致力於維持一個有效率的教育環境；這並不表示他們不關心學生，相反的是他們更關心學生。

課堂管理策略

　　課堂管理，就像醫學治療一樣，預防不當的狀況發生，要比事後的糾正處理來得重要（Black，1994b）。有愈來愈多的研究，將重點放在老師們如何去預防紀律問題的發生（舉例來說，參見 Doyle，1986）。在這些研究報告當中，最重要的發現（雖然不是那麼出人意表）也許是，課堂上的秩序有很大的一部份不在於老師們經常或堅決地維持上課秩序，而是和課程活動本身的進行有很大的關係。

　　正如 Black 所指出的，最能有效管理教室的教師會設計出激勵學生投入的課程內容，向學生溝通學習目標與對學生的期望，以及使用不冒失與微妙的技巧來維持學生的注意力與學習行為。一個最近出現的術語，「主要向量的力量」（strength of the primary vector）——指課堂活動持續進行的主流向——是建立課堂秩序、維持課堂秩序最重要的影響因素。

　　在這份研究中，第二項重要的發現，是關於老師們採取干預措施的時機問題。最成功的課堂管理者，能夠準確地預知何時課堂上可能會發生不當的行為，並能及早介入，以避免這些行為發生。除此之外，最有效的干預措施是機巧的、簡短的、及通常是老師們私下處理的，因此不會干擾到課堂活動的進行（參見 Erickson & Mohatt，1982）。

　　預防策略頗依賴教室的管理——即藉由適當的課堂活動管理，來促進授課和學習的效果。我們不難找到許多建言，試圖幫助老師們管理課堂活動，以避免發生紀律問題。其中有許多建議來自成功的老師之課堂管理經驗，以及有系統地觀察老師們在課堂上的授課情形。這些建言有某程度的助益，因此，我們在這一章會將這些建議做一番萃取介紹。然而，我們必須謹記在心的是，老師本身的人格，也許是影響課堂活動最重要的因素。學生會從那些不易掌握、抽象的人格特質組合中，找到他們喜歡或不喜歡某位老師的理

由。有些特質能經由學習而取得，但有些優良教師所獨有的人格特質，卻無法學得。因此在本章，我們會略過這些無法學得的特質，不予討論。並不是每一個人都應該當老師。如果你不是真的很喜歡小孩，或如果小孩也不是很喜歡你——那麼請您……。

↷ 教室管理模式

　　各方面專家對於如何管理教室與規範學生，所提供的建議一直有很大的變化。大部份的變化都根源於三種不同的哲學取向，也就是說，對於不良行為的原因以及採取何種做法最為有效與適當，不同的專家持著不同的觀念。

　　連續譜的一端建議盡量不要採取干預措施，例如開放式學校及 Carl Rogers 所提倡的人本取向。另一端是較限制的行為矯正術，廣泛使用有系統的獎賞與懲罰。在兩端的中間尚有多種模式，試圖平衡放縱與限制，同時也提供各種達成此目標的建議作法（參見表 11.1）。

表 11.1　教室管理模式

	理論取向	對不良行為的原因所持的信念	主要建議	提倡者
最放任、指導性最低	人本取向	不良的自我概念	最少的干預；教師應提供支持性的環境及鼓勵自我發展	Carl Rogers、Michael Marland
	民主取向	不當的目標；對於結果的了解具有瑕疵；不合乎邏輯的假設與結論	教師應持民主而非獨裁的態度；設下合理的限制；使用論理與邏輯技術來澄清目標；指出合理的行為結果；全班集會討論規矩的設定	Jacob Kounin Rudolf Dreikurs Staten Webster
最不放任、指導性最高	行為主義取向	不良行為是學來的；未能學到適當的替代行為	行為矯正技術，諸如強化、示範及懲罰 等	B. F. Skinner Lee Canter

✍ 學習的自由：Carl Rogers

Carl Rogers（Rogers & Freiberg，1994）聲稱，人本取向的教師應使學生能夠自律。廣義的說，「自律」（self-discipline）意指「自知該採取哪些行動以追求成長及發展成一個人」（p.221）。Rogers 說，這是大多數教師的目標，但並非所有教師都走向正確的道路。

那麼，正確的道路是什麼？簡單說，就是採取最不具指導性的教室管理模式。跟 Maslow 一樣，Rogers 相信所有的學生都有成長、發展及成就等基本欲望。在理想的情況下，家長與教師的角色在於提供支持性的環境，使能促進與孕育學生的成長。由於自我概念對於成長與快樂極為重要，因此 Rogers 認為兒童應該被愛——但不僅是被愛，應該「無條件地」被愛。所以，由教師所提供的這種環境會無條件地接納學生，尊重他們是何種人，以及能孕育他們去成長。在此模式裡，教師是促進者而非指導者，而學生在教學與學習的歷程中是主動與重要的參與者。為了說明他的看法，Rogers 舉了許多模範教室，當中的學生不但能自律，而且能培養出強烈的個人責任感（見內文案例：「教師在那裡？」）。

不幸的是，Rogers 並未提供特定的教室管理技術。從某個意義來說，這麼做的話將違反他認為學生應有自主權的信念。這並不意味著他提倡完全的放任，這是 1970 年代流行一段短時間的開放式教室之特徵（見第 9 章）。Rogers 認為學生應在協助下學會自律。而幫助學生自律與成長之最重要因素是，教師所孕育的信任、親切與接納的氣氛。

人本取向以學生為中心，而非以教師為中心：在此等學校裡，教師的角色是「促進者」，而學生則能自我激勵與自我引導，所需要的指導最少。常用的教學技術包括探討研究取向、分組進行專案、自我評鑑。相對之下，在以教師為中心的學校裡，教師具有高度的指導性，而且經由獎賞與懲罰來控制學生。常用的教學技術包括講解、詢問、反覆練習、及教師的示範說明。

案例：教師在哪裡？

　　情境：Wilcox 小姐的班級

　　有天早晨，Wilcox 小姐生病請假。校長的太太接了電話，卻忘了傳遞此一訊息。

　　在她的班上，Wilcox 小姐一直推行「自治管理」的制度，學生們對於讓教室活動順暢進行，負有他們一開始就同意的責任，即不同的學生各負起一系列的工作職責。在必要時，Wilcox 小姐會協助他們學會如何執行這些工作，三個星期過後，他們的工作會進行一番輪調。

　　現在，Wilcox 小姐病了，自治管理制度發揮功能，有一些學生負起老師的角色，領導著同學學習教材內容，並劃分小組，進行討論……。

　　後來，是因為有位學生需要 Wilcox 小姐在文件上簽名，才發現找不到老師。自治管理制度培養出來的自律精神，使學生完全未注意到老師的缺席。

　　在這兩種極端之間的學校裡，教師的角色同時是促進者與指導者，常用的教學技術包括合作學習取向與引導發掘。圖 11.1 歸納了上述特色。

　　一般性指南：雖然 Rogers 並未說明教師應做什麼與不應做什麼，但從他的理論與描述中，可以間接推論出教師應：（1）具有反射的功能，即能反射出學生的行為與講話中的重點，例如，「你的意思是說……」；（2）鼓勵自我評鑑，例如，「你對於你的作為有何感受？」（3）提供無條件的支持與關

懷；及（4）孕育自我實現，即提供學習與成長的機會，鼓勵開發特殊的才華。

　　優缺點：本模式的主要優點是重視個體的獨特性與價值性，強調培養個人的責任感、教師對學生之態度的重要性及在學校裡孕育信任與愛的氣氛。

　　從教師的觀點來說，其主要的缺點是，對於應如何預防與矯正紀律問題，並未提供明確的建議。

以教師為中心

教師的角色	教學技術
高度指導性	講解 詢問
教師導引學生的行為及經由外在的獎賞與懲罰來控制	反覆練習 示範說明 討論
半指導／半促進	合作學習 引導發掘 簽訂合同
對於設計教室的一切及建立重要的活動引導發掘，由教師與學生一起合作	角色扮演 分組進行專案 探討研究
非指導／促進	自我評鑑
教師鼓勵學生自律與自主	

以學生為中心

圖11.1　以教師為中心及以學生為中心的比較

☞　Kounin 的管理模式

　　Kounin（1970）認為，分析成功的老師們如何預防不當行為的發生，或許比研究如果發生不當的行為，他們會如何去處理，要來得重要。在實地觀

察了班級的上課情形之後，他詳實地分析老師的授課情形，並指出好幾種特定的行為，和成功的課堂管理頗有關係，以及指出老師的哪些行為比較可能會使學生產生不當的行為。

對課堂的掌握（With-It-Ness）：Kounin 認為，最成功的老師們，似乎比那些較不成功的老師們，對課堂中所發生的情形、什麼人應該對教室規定被打破負責、以及什麼時候老師要做必要的介入，更能敏銳地察覺到。這些老師們對課堂中的情形比較能掌握。掌握課堂中的情形（with-it-ness），對於維持教室內的秩序，是相當重要的。一個能夠掌握狀況的老師，知道課堂上到底發生了什麼事，也比較能夠得到學生的尊敬。

老師們的重要課題就是，明確地界定何謂對課堂的掌握、以及如何發展出這樣的觀察力。很不幸的，我們對於如何發展出這樣的觀察力，所知並不多，雖然我們對於這種觀察力的本質，有比較多的了解。Kounin 曾經觀察及評估，老師是否能經常成功地引開學生的注意力——也就是說，阻止（desist）學生繼續做「與正題無關」的行為。得分最高的老師，就是那些能夠正確地察覺到不當的行為、並且能夠及時加以阻止的老師（不會太早介入、也不會來不及改變情況）。而比較不能掌握住課堂情況的老師，往往弄錯他真正應該阻止的學生、或在不當的行為已經發生過一段時間後才試圖加以阻止、或在發生之前過早干涉。

為了能夠用更具體的說詞，來界定何謂對課堂的掌握，Borg（1973）辨識出幾種元素，這些元素在老師如何打斷學生的不當行為，以掌握課程的進行時，表現得特別明顯。根據 Borg 的說法，最能夠掌握狀況的老師們，會建議學生採取另外一種、可以回到課堂正題的行為，而不僅僅是要求學生停止與課堂正題無關的行為；會讚許與課堂正題有關的行為，而忽視正在進行的不當行為；以及會描述什麼樣的行為才是正確及合乎教室規定的。除此之外，要停止課堂上的不當行為，最有效的方法是抓對介入的時機（要在不當行為擴散開來或加深程度之前加以阻止），並且找對真正的對象（找出那些在課堂上有不當行為的主要學生）。此外，效能高的老師，也似乎對 Kounin

所謂的「漣漪效應」（ripple effect）特別地警覺。漣漪效應的含意很簡單，指的是老師的行爲影響會擴散到整個班級。舉例來說，如果老師特別針對我，而採取阻止的行動（「不要再啃你的鉛筆了，古伊，否則我會把你給吊起來，就像上次一樣」）。這樣的阻止行動似乎總是會感染到另一個人，使魯克立刻停止他手邊在做的事情。他比我更怕被吊起來。

Kounin（1970）對老師是否能掌握課堂的研究，得到了一個結論：及時以及找到真正須導正的對象，能減少不當的課堂行爲及促進課堂活動的參與。這一個結論，後來在 Brophy 和 Evertson（1976）的研究中，得到更進一步的證實，並且在 Copeland（1987）的研究中亦然。在 Copeland 的研究中，教師與電腦所模擬的課堂上情況進行互動。這個模擬程式，可以讓研究人員觀察老師多重的注意力和警戒課堂情況的技能——也就是 Kounin 所謂的「對課堂的掌握」。老師們後來又在實際上課時受到觀察，測量學生專注於課堂主題或分心的程度。Copeland 指出，在專心於課堂主題方面，得分最高的班級，與老師是否有高度的警覺性和周全的注意力有關。

重疊（overlapping）：課堂上，就如我們早先說過的，同時發生著一連串各式各樣的事件。Kounin 認爲，成功的老師能夠處理同時發生的事情——這樣的情況，稱爲重疊。重疊產生在兩種不同類型的狀況之下：其一是在課程進行當中，需要導正學生行爲；其二爲在課程進行當中，有外界的因素闖進來。這兩種情況，在底下 Dennis Kightly 上課情形中有進一步的描述。學生詢問是否可以上洗手間，是一個溫和的干擾狀況，如果 Kightly 老師告訴學生：「好，可以，你可以去洗手間，山姆。」，那麼課程受到中斷了；而依芙琳韋斯特傳紙條的動作，是一個並沒有妨礙到課程進行、但必須阻止的行爲——再一次的，如果 Kightly 老師說：「依芙琳韋斯特！請妳把那張紙條大聲唸出來，給全班的人聽，可以嗎？」課程也會隨之受到中斷。

Kounin 認爲，處理這些重疊的狀況，最重要的原則就是盡可能地讓課程活動的進行愈少受到干擾愈好。

案例

地點：Walnut Creek 國小

場景：Dennis Kightly 老師上課的六年級教室

情況：Kightly 先生正在朗讀一段狄更生所著的「悲歡聖誕」：「……到最後，關上會計師事務所的時間到了。不懷好意的 Scrooge 先生從他的座位上走下來，向他那個充滿期待之情的雇員，默認了下班時間終於來臨的事實。他的雇員連忙熄掉蠟燭，戴上帽子。」

「『你希望明天一整天都放假嗎？是不是這樣？』Scrooge 先生對他這麼說……。」

在朗讀的時候，這位察覺性很強的 Kightly 老師注意到，山姆泰勒看起來有點急躁的樣子，舉起了他的手，他的模樣傳達了某種訊息：「很抱歉，但是我得快一點。」在此同時，他看到伊芙琳韋斯特寫了一張紙條，準備要傳給她的堂妹，瑪莉韋斯特。

「『如果可以的話，先生……』」

Kightly 老師繼續唸下去，並且對山姆輕輕地點頭，表示允許，而山姆立刻側著身子，弓身離開他的座位。

「『一點也不方便，』Scrooge 先生這麼回答，『而且也不公平，如果我扣掉你兩個半先令的薪水……。』」唸到這裡的時候，Kightly 老師走到了伊芙琳的座位前。他中途攔截了這張紙條，然後回到他的講桌前，把這張紙條丟進垃圾桶。在整個經過中，朗讀的過程仍然順暢地進行著。

「『如果我扣了你的薪水，你又會覺得自己被利用了，』……」。

——狄更生（1843／1986，p. 23）

順暢與動力：一個成功的老師，會讓課程活動順暢地進行。要做到這樣，不僅需要老師能夠處理同時發生的狀況，課程活動的改變銜接也必須順暢地進行。Kounin 的研究分析顯示，一個正常的上課日，平均有超過三十三個學習活動的改變（不包括非學業上的進程改變，像是休息或午餐）。這些改變，包括課程主題的轉變、以及課堂上主要活動的改變銜接（好比說，從聽課轉變到閱讀，從個人的獨立作業轉變到團體活動）。

　　Kounin 認為，優秀的老師不但能夠使課程的銜接改變平順地進行，也能夠同時繼續保持課堂活動的動力。事實上，根據 Kounin 的報告，課程改變若不能平順地銜接、以及課堂上的干擾因素若沒有妥善地處理，是導致學生上課不專心、心神不寧、以及做出不當行為的主要原因。他把幾種會引起課堂進程遲緩下來、打斷課程進行的主要因素，稱之為「不當的轉變」。透過他的觀察研究，他提出了幾種典型的課堂行為，並個別取特定的稱呼：

1. 容易受刺激型：這種老師的注意力，很容易受外界刺激的干擾；舉例來說，如果 Kightly 先生在看到依芙琳韋斯特傳紙條的時候，就中斷他的朗讀，並且說：「我倒想起來了。我希望你們每一個人，都寫一張便條給你們的父母親，請他們同意你們星期五的郊遊會比較晚回到家。等我唸完這個故事，再提醒我一下。」他就是這一類型的老師。
2. 突如其來型：這一類型的老師，會在沒有事先預告及不考慮學生是否準備好了，而打斷學生正在進行的活動。
3. 擺盪型：這一類型的老師，會在課堂活動進行的當中，稍做打斷，然後再回到課堂活動。
4. 截斷型：這一類型的老師，一旦被打斷課程的進行之後，就不會再回到原來的中斷處。
5. 跳來跳去型：這一類型的老師，會將課程的進行，從第一個課程活動跳到第二個課程活動，然後再跳回第一個活動，好像他又改變主意了。

6. 鑽牛角尖型：這一類型的老師，會耗上過多的時間在課程的某個特定章節或學生的某些特定行為上（經常是某些不當行為）；這是一種會使得課程進行遲緩的類型。

7. 零碎型：這一類型的老師，會把一個活動（或者是一群學生）分得太細，以至於每個學生花了許多時間在不必要的等待上，導致課程進行緩慢。舉例來說，老師把學生叫到黑板前，一次一個，去完成一道簡單的算術問題——「現在輪到你了，巴比」——每個人都等著輪到自己。如果看著巴比做題目，並沒有學習上的效益的話，應該要讓所有的學生都同時到黑板前，這樣可以大大地減少等待的時間，並且改善課堂進行的動力。

　　保持注意力：決定課堂秩序的重要因素，不在於老師是否經常或有力地干預，而在於課堂活動進行的品質性。

　　研究報告顯示，課堂上的活動，也許有十一個（Berliner，1983），也許有十七個（Stodolsky，1984）。這些活動包括桌上作業、學生上台發表、分組活動、討論、背誦、成果展示、講解訓示、個別指導等等。在小學的課堂上，一個活動一般來說，會持續十到二十分鐘；較高年級的學生，一個活動一般來說會持續較久的時間。活動與活動的銜接過程，有時候也被視為一種活動。

　　在一篇廣泛探討學生參與以及課堂活動的研究中，Gump（1969）發現，老師領導的小型團體課程活動，會獲得學生最多的參與。 相反的，個別學生的意見發表，則最不能激起學生的參與，至少，對那些非提報者的學生是如此。許多後續的研究也指出，學生對課堂的參與，以學生在各自的座位上做作業的程度最低；當老師積極地領導班級活動時，參與的程度最高（參閱 R. P. Ross，1984；Burns，1984）。依據這些研究報告，課堂上的干擾以及不當的行為，很可能發生在學生各自在座位上做作業、學生作個別的意見發表、或課程活動改變的銜接過程中。

Kounin（1970）描述了三種不同的策略，是成功的老師們用來將學生的注意力維持在課堂活動上。首先，他們會發展出一些方法使每一個學生負有某種責任——經常是讓每一個學生在課堂上能展示某種成果或某種才能或對某個主題的理解。其次，他們會採用「團體警戒」（group-alerting）的暗示技巧，即發出一些能夠維持學生注意力和警覺性的暗示性訊號。不定時地問學生問題、並且不讓學生知道下一個被輪到的學生是誰，這是老師經常採用的團體警戒暗示。第三種方式，是藉由課程活動的設計，來維持學生的注意力。如果課程活動的設計，只要求一次一個學生來表現成果（好比說，朗誦一段文章），通常會導致其它學生的注意力渙散。如果想得到相反的結果，課程活動的設計，應該在某一個學生朗誦文章的時候，要求其它學生也同時參與活動（舉例來說，像是回答一個問題、想出一個問題來發問、或聆聽其它同學的回答）。

成效如何？「根據 Kounin 的原則建立的管理系統，」McCaslin 和 Good 在一篇論文中寫道：「能夠提供大家對課堂進程的預期和了解，使得課堂的進程，對老師和學生，都能夠產生共通的意義，即使老師授課的行為，會因為個別學生的不同而產生不同的詮釋。這個管理系統能夠使課堂的進程以相當平順及可預測的方式展開」（1992，p.13）。

但是課程之間——和授課的老師之間——彼此都相當不同。而學生們也會隨著年齡的不同，而有不同的表現和反應。因此，對於年齡較低的兒童有效的管理原則，對年齡較大的兒童可能一點也不管用。正如 McCaslin 和 Good（1992）所指出的，老師定下的規則、老師本身的行為和對於學生的期許，必須具有可調整的彈性，有時候甚至需要做出大幅度的修正。當然，如果教育的重要目的之一，在於教導學生獨立思考的能力，老師若持續地給予學生絕對的規則與程序，對學生來說不見得合適。

研究文獻指出還有許多其它對成功的課堂管理頗為重要的老師行為，以及這些行為對學生的有效學習，有很大的貢獻。

☞ Marland 的建議

例如，M.Marland（1975）列舉出幾種教師的特質和課堂行為，表現出人本主義傾向的授課方式。

對兒童的關懷照顧：Marland 認為，不僅照顧與關懷兒童很重要，讓兒童知道他們受到照顧與關懷，也是同樣重要。為了達到這樣的目的，一個明顯、但是非常有效的課堂管理策略，就是盡可能很快地記住每一個學生的名字。比這個策略更重要的，或許是盡可能地了解每一個學生。從與其它老師的談話中，可以對一些學生有進一步的了解（但是要注意的是，有些老師可能對某些學生有成見，而使你對那些學生產生預設立場），此外，也可以從學生過去的記錄、從學生所參與的課外活動以及從學生的父母親或其它人的口中，來了解學生。你所教導的學生，不應該僅僅是一個名字、或一張面孔。你有多關心你的學生，會反映在你對他們知道多少以及你對他們了解多少。我們也可以從實例中得證，你多關心你的學生，也會影響到他們會多關心你、以及他們會如何彼此關心。

設立規定：如果我們能夠提供老師一份簡單而清楚的清單，列出種種管理課堂的規定與守則——並且完整地陳述如果這些規則被破壞了，應該要採取什麼樣的懲罰，課堂管理和教室紀律就不是什麼大問題了。

然而課堂管理並不是一件簡單事。關於學生行為的規定，並不是、也不應該固定不變或有絕對的標準。相反的，這些規定應該視不同的老師、不同的情況、以及不同的學生而定。因為人有不同的個性脾氣和行事風格，不是所有的老師，都會期望或同意相同的學生行為。同理，老師們也不應該期望不同年齡層、以及擁有不同經歷的學生，都願意遵守相同的規則。而關於學生行為的規定，也會隨著不同的課程而有所改變，體育課的上課規定，就和閱讀性質的課堂規定、或期末考時的課堂規定，有若干的不同之處。

儘管課堂規定有其相對性，研究顯示許多普遍有效的觀察發現。在這些觀察發現之中，最重要的或許是，有效的教室管理有很大一部份有賴於在開

學後的早期，就能夠成功地建立好課堂規則和上課的進程（Doyle，1986）。然而，由於課堂規則要視情況而定，所以這些規則通常不是很正式地設定；也就是說，老師們很少會特別地告訴學生，這樣是規定，那樣是規定。相反的，就如 Hargreaves、Hester 和 Mellor 所指出的（1975），學生往往以間接的方式學到這些規定，通常是在這些規定受到破壞的時候。有很多規定從來不曾被明白提示過，但是從老師的干預中，有清楚的暗示。

相對的，有很多的日常規定，是經由明顯而直接的教導而習得的。尤其是對於國小的學童，這些日常的規定，和課堂上流暢的管理有不可劃分的關係，並且掌控了老師和學生的活動之進行。這些規定決定了書籍和輔助教學工具應該如何擺置、學生應該要如何發問和回答、遊戲應該要怎麼玩、讀書會應該設置在什麼地方、以及種種諸如此類的課堂活動細節。這些日常規定的建立，對課堂管理是一個頗重要的面向，因為這些規定能夠提供一個課堂環境，使學生的學習活動能夠在這種環境下得到最大的效益。

日常規定應該在學生開學後的早期便加以確立。正如 Doyle（1986）的觀察，從某種意義來看，最成功的課堂管理者，就是那些在學期的一開始，就能夠留意課堂上的活動進程、以及不斷地引導學生，直到這些程序變成例行公事，而所有的學生都學會這些規定，並且都能夠接受。雖然這些規定必須能夠預測、並且要能持續一致，但這並不意味，這些規定一定毫無彈性可言。就算是在老師的強力控制下，好比說我曾經參觀過的一所內地學校，那些「不准交談」以及「不准在得到老師允許之前，擅自離開座位」的規定，有時候也會通融。

我還記得某一天所發生的事：有一隻熊徐徐走過校園，而老師（我爸爸）准許整個班級的學生擠到窗邊去看那隻熊。當天稍晚的時候，他講解了一堂奇妙的課程，主題是越過河流那一邊的森林裡，熊如何進行社交活動、牠們在冬天如何安置穴窩、冬眠的時候還夢到野牛群、以及牠們的小寶寶剛生下來的時候長什麼模樣。

隨後的幾天之後，我都會不時地看著窗外，期待自己會看到一隻熊。就算到了現在，經過了這許多年，每當我覺得無聊、或者是疲倦的時候，有時候我會發現自己正看著窗外，等著一隻熊從我面前經過。但是現在已經沒有熊的立足之地了，到處都是林立的水泥牆。

給予正當的讚美：M. Marland（1975）建議老師們應安排各種情況，使他們能經常給予學生適度的讚美，以及老師們應觀察出幾種簡單有效的原則，運用在讚美和批評上。讚美，對於學生的自尊和自我概念，有相當的影響，因此應該在公開的場合讚美學生。在有些狀況之下，老師也應該在學生的父母、以及其它有關係的成年人們面前讚美學生。批評則恰恰相反，雖然對於學生的自尊、以及自我概念也頗具影響，卻應該在私底下對學生表達。

除此之外，對學生的讚美和批評，都應該特定，而不只是籠統的說詞。正如我們在第 10 章提到過的，研究清楚地顯示出，如果讚美和懲罰並不是針對學生的行為或和某特定的行為沒有明確的關聯，那麼這樣的讚美和懲罰就比較不可能產生效果。有鑑於此，Marland 建議老師們不要用籠統的說法來勸誡學生，像是「注意自己的行為舉止」或是「你要乖乖的」。相反的，老師應該引導學生們去做特定的行為，並且向學生解釋為什麼要那麼做。舉例來說，老師應該要說：「請你放下手上的水槍和你的獵刀，因為你打擾到別的同學上課了。」前提是，老師對於學生打擾上課的進行已有了明確的規定，也已建議學生採取何種正確的行為，並且已解釋如果學生違犯這些規定會受到何種處罰。

利用幽默感：不認為自己有幽默感的老師，通常會忽略幽默可以帶來的效果。我們現有訓練老師的教材中，還沒有設計出鼓勵未來的老師學習如何引人發笑，或是最重要的，如何自嘲等相關材料。事實上，有許多可能會發生的衝突，如果我們能夠有技巧地利用幽默的迴避方式，就可以轉化學生之間互相挑釁的緊張場面。

舉例來說，霍華老師素來以維持教室秩序的能力而頗受敬重，她被分配到九年級去授課，而九年級的學生，一般來說可以歸類為青少年前期了（比

較精確的說法，在主要的教科書中，都沒有一個適切的名稱）。在她到那個班級上課的第一天，她就碰到了困難。有一個學生叫做龍尼菲力普，他極力模仿當時一個在電視上很受歡迎的明星，而那個電視明星，又是模仿 1950 年代的典型人物。這個學生看到霍華老師在黑板上做一道算數題時，犯了一個其實可以原諒的錯誤後，自己就代表全班的同學嗤之以鼻地說：「她連加法都算不對，還配稱做老師呢！」霍華老師聽到他這樣說了以後，立刻跪在地上，然後模仿電視上的某個主角，大聲地祈禱：「讓我恢復從前的完美吧！」如此一來，那些嘲笑聲本來是針對她而來的，現在變成與她一同歡笑了。霍華老師顯然已經抓到竅門，知道自己不需要過度嚴肅。

塑造學習環境：任何和老師與學習者之互動有關的事物，以及任何和教導／學習環境有關的事物，都有可能幫助或阻礙課堂紀律的維持。M. Marland（1975）建議了數種將學習環境個人化的方式。舉例來說，如果老師的座位，是在教室的正前方，這種傳統的、具有支配地位的老師座位會為教室帶來比較非個人化、冰冷的氣氛。相同的，學生的座位也依照傳統，採直線、間隔一致的排列，並且和教室的前方、後方與兩側都有固定的間隔。全部的學生都向正前方看齊！當然，這種傳統式的座位排列方式，還是有一些明顯的優點，至少經由這樣的座位排列，學生的注意力可以集中在某個焦點上，而且對學生而言，往前看著老師，總比往後看要來得方便。我的十一年級的老師就把她的座位挪到教室的後面——不是因為她想要實驗出某種方式，好讓課堂上的學習環境個人化，而是因為如此一來，她可以好好地看住那些整天不幹什麼好事的學生。我們這些學生也懷疑她是不是厭倦了我們這些小鬼，因此冷酷無情地拿塑膠子彈射她。

M. Marland 建議的學習環境個人化，不僅僅是研究座位的安排要如何個人化，還包括了一些機巧的安排，以改變學生的感受，而這些精心的安排，也要隨著學生的年齡，而有不同的安排。如果對象是較低年級的學生，就要讓這些特別的安排愈顯眼愈好，而較高年級的學生則不必如此。教室裡的海

報、圖表、牆壁上掛的東西、以及其它教學性或裝飾性的物體，並不一定都要由校方和老師們提供，也可以由學生來提供。

課堂氣氛的營造，比實際的環境來得重要。打個比方來說，就如同我們在第 8 章所提到過的，創造力必須在某種特定的氣氛下（溫暖、友善等等）才能夠培養出來，而會在另外某幾種特定的氣氛下（冷淡、權威主義）受到壓抑。因此，同理可說，在某種特定的課堂氣氛下，老師比較能夠維持紀律或教室紀律比較容易受到破壞。例如，Glasser（1969）也認為，在一個溫暖、個人化的環境下，所有的學生都能被接受、而且都被視為有能力的人，因此紀律問題可以減到最低。

Fitzsimmons 老師的課堂（見案例），就是一個有意義的個人化課堂環境，其中將一些強化原理用在課堂管理與學習上。

優缺點：Marland 模式主要的優點在於重視個體的尊嚴與價值性，以及所提供的建議相當明確。特別有用的建議包括制定規定、使用讚美與幽默、以及建立誘導學習的教室氣氛。

然而，跟大多數的教室管理模式一樣，Marland 的建議並未能涵蓋所有可能的情況。因此，較適合用於某些情況——例如較低年級。此外，對於如何矯正紀律問題著墨不多，主要較適合用於預防。

案例

Fitzsimmons 女士，是一位好老師。喬治，一位實習老師，憶起了這位老師：

在我三年級的時候，Fitzsimmons 老師設計了一個「城市」，我們都能夠積極地參與這個城市。每隔兩個星期，我們就要選出一個市長，這個市長有某些特權，

像是打開「城門」，讓其它同學得以進入教室。在教室外面的邊緣，我們建立了商店、餐廳、辦公大樓和動物園，全部用大紙箱作成，每一個學生在這些地方各司其職。我們這個城市裡流通的貨幣，是塗上銀色的汽水瓶蓋，上面還有編號；商店裡賣的東西，都是我們從家裡帶來的。如果我們一整天都表現得很乖，課程也都上完了，我們就會有時間來重建我們的城市，而這種重建過程本身就是一種學習的經歷。為了要表現良好，以便得到獎賞，我們之間會互相注意，形成同儕間的壓力。等我們再長大了一點之後，老師會給那些做完作業的學生，一份有表彰作用的額外工作，那是課堂上的一種娛樂。

⚐ Webster 的民主化程序

Webster（1968）針對老師如何以民主化的方式，來維持一種非獨裁式的課堂秩序，而提供了一系列指導方針。這些指導方針最主要的目的之一，就是要發展學生的自律精神。這些指導方針的依據，就是 Webster 所謂良好紀律的三個 R：理性（reason）、尊重（respect）以及相關（relevance）。因此，紀律應該要合理，而學生也認為如此；這些紀律應該反映出社會價值觀中最重要的一點：尊重每個不同的個體；而這些，也應該和那些關係到懲戒問題的行為有關。表 11.2 列出 Webster 所建議的原則。

表 11.2　Webster 的非獨裁式秩序

1.　老師們必須確定，是否所有的學生都了解所有的規範和標準、以及存在的原因。

2.　學生第一次犯規時，老師應該先給予警告，並且和學生討論是否有其它替代的行爲方式，而且要向學生宣布，如果他們再犯的話，會有何種後果。

3.　老師們應該致力於發掘不當行爲背後的肇因。

4.　如果可能的話，老師應該私底下勸誡學生的不當行爲。

5.　尖銳地諷刺、挖苦學生、或其它會使學生當眾受辱的訓誡方式，都必須避免。

6.　老師犯錯時（如果真的犯了錯），就應該要向學生道歉。

7.　處罰學生的方式和程度，應該要符合學生所犯下的過錯。如果學生犯規的行爲，只是輕微的錯誤，老師就不應該施予嚴厲的處罰。

8.　額外的隨堂練習、指定作業、學科考試、以及其它和學校有關的活動，都不應該作爲一種懲罰。

　　雖然在 Webster 的建議中，我們不會看到什麼出人意表、模稜兩可或執行困難的原則，無論如何，他的建議非常值得參考。當我們面對課堂的紀律問題時，依靠自己的直覺來處理，是太簡單了點。雖然有時候老師的直覺很可能完全切合實際，但是也很可能在某些情況下，採取其它措施會有更好的結果。或許對這些原則多些了解，有助於老師在面對紀律問題時，採取更合適的措施。

☞　理性的結果：Rudolf Dreikurs

　　Rudolf Dreikurs 提出一著名而又有點複雜的民主模式，主要是跟根據人格理論家 Adler 的理論。

目標：Adler 相信人類的行為明顯受到個體想達成某些目標的激勵。因此，欲了解學生的行為，重要的是知道這些目標是什麼、學生如何理解這些目標、以及那些行為最可能達成這些目標。

Adler 指出四類驅動學生之行為的目標，即四種需求：獲得注意、運用權力、報仇雪恥以及顯露無助。

根據 Adler 的解釋，這些目標是有層級的。也就是說，兒童（或學生）首先做那些能引起注意的事情。如果這失敗的話，他們可能會致力於獲得權力，也許因而堅持自己的主張及變得叛逆與傲慢。如果這個目標也無法達成，接著可能會試著顯露無助與自卑。

錯誤的假設：Dreikurs 解釋說，教師必須知道的是，兒童對於何種行為最可能達成他們尋求的目標所做的假定常常是錯誤的。事實上，Dreikurs 的模式之礎石是，他相信所有學生之不當行為均源自這些錯誤的假定。

兒童最重要的目標是尋求地位——也就是獲得別人的注意。成績突出與表現良好的行為是兩種獲得別人注意的正當方式。不幸的是，許多學生認為獲得別人注意的方法是表現出不良的行為，包括搗蛋與懶散、要求別人幫忙、丟東西、哭叫、辱罵與打架等等。

同樣的，當兒童未能獲得他們想要的注意時，接著也許會與權威人物進行權力鬥爭。如果他們獲得權力的希望落空，他們會受挫並表現出更不適當的行為。這種兒童可能變得固執、好辯與叛逆。

當受挫的兒童知道權力不可能取得時，報復是他們下一個目標。為了報復讓他們未獲得注意與權力的制度，他們可能變得惡毒與陰沉，可能採取步驟去傷害別人或傷害動物。

最後，完全受挫的兒童可能開始覺得沒有希望，並可能因而放棄。根據 Adler 的說法，這其中的一種表示方式就是讓自己看起來一副無助的模樣。因此兒童可能表現出明顯愚蠢的行為，以及露出自卑情結的跡象。

建議教師的作法：教師應如何回應這種性質的不良行為呢？Dinkmeyer 與 Dinkmeyer（1976）建議以下的步驟：（1）確認學生的動機及協助學生了

解這些動機；（2）協助學生以較有用的目標與假定去取代那些錯誤的目標與假定；及（3）採用團體討論的方式去推理出各種理性的結果，並發展教室的規定與分析各項問題行為。

為了確認動機，可以採取直接的詢問法。如果學生表現不乖，而教師懷疑學生的目標在於引起別人注意時，教師可以問：「你希望我多注意你嗎？」「你希望我為你做點什麼嗎？」如果學生顯得惡毒與陰沉，而教師懷疑是報復的動機在驅動時，可以問：「你是不是想去傷害你家裡的狗？以及想傷害你的同學？」

對於教師應如何了解學生錯誤的假設，並以一些較能令人接受的假定來替代，Dreikurs 提供了相當特定的建議。其中又以針對上述的四種動機最為重要，茲整理如下：

對於尋求注意的行為之回應：不去理會學生那些想引人注意的行為，是此處最重要的指南（Cassel & DreiKurs，1972）。教師若因此而惱怒或失去耐性，或以其它方式回應，都只會強化此等行為。因此，不要去懲罰、責罵、建議或理會。但是，另一方面 Dreikurs 則建議在此等兒童未表現出不良行為時，應偶而給予特別的注意。尤其重要的是，當教師察覺到學生做得很好或仔細聽課時，應給予獎勵，使他們把注意力放在良好行為上。

對於尋求權力的行為之回應：當學生變得固執、好辯與顯露出想要掌控的訊號，以及教師確定其背後動機是想尋求權力時，最重要的指南是，不要爭辯或屈服。這麼做似乎違反常人的信念，認為在面對學生的挑戰時應堅定不移，以及應以更強勢的力量反壓過去。Dreikurs 認為不然。與學生爭奪權力只會產生更大的敵意。教師應：（1）承認學生確實擁有正當的權力；（2）在適當的情況下認可學生的權力；（3）避免落入權力鬥爭；（4）可能的話尋求學生的協助；（5）尊重學生；以及（6）利用理性的結果彼此達成共識。

對於尋求報復的行為之回應：報復的欲望主要來自爭奪權力時受到挫折。對此等行為最重要的指南是：不要露出你已受到傷害的跡象。因為報復

的目的在於傷害某人,所以承認或顯示受傷會強化此等報復行為。Dreikres 建議做出對方預期不到的事情,因為心存報復的學生總是知道如何回應教師下一步預期中的反應。預期不到的回應有時能在產生嚴重問題之前,化解對峙的情況。另一種做法是尋求其它同學的協助,藉著其它同學與問題學生為友而讓對方相信其它人是喜歡他的。

對於顯露無助的行為之回應:此等行為在於投射無助與自卑,表現的方式包括明顯愚蠢的行為、未能接受挑戰、容易放棄、不要別人理他、以及拒絕參與。Dreikurs 認為這種學生常常有很大的野心,但是又未能達到他們企求的水準。另有一些人則競爭性太強,不能接受自己未得第一的結果。此外,還有一些人對於壓力過於敏感,他們容易放棄而不是勇敢的面對。此處最重要的指南是,鼓勵學生的努力,即使他們在嘗試時犯錯,目的在於學生感受到自己是個有價值的人,以及讓他們知道沒有人會放棄他們。尤其重要的是,教師在態度上應維持高度的支持性與建設性。此外尋求其它同學的協助與合作也會很有用的。

教導學生運用理性的結果:Dreikurs,說學生的不良行為有兩種結果:一種是「自然的結果」(natural consequence),另一種是「理性的結果」(logical consequence)。上學遲到是早晨鬧鈴聲響不肯起床的自然結果;同理,考試考不好或不及格則是不準備的自然結果。

相對之下,理性的結果則是設計出來的結果(Dreikurs & Grey,1968)。也即它們是行為(常是不良行為)的結果,是在教師與學生一起協議過的結果。雖然有意讓它們顯得自然與合理,但理性的結果並不是行為之後產生的自然結果。理性的結果也不像懲罰。Dreikurs 指出,懲罰是一種權威的表達,其中常含有道德判斷以及有時會含有憤怒的色彩。此外,懲罰很少直接關聯到特定的不良行為,湯姆把金魚抓來炸的行為被父母罰打屁股,而若打破廚房的窗戶玻璃很可能也會被打屁股。打屁股是一種懲罰。

Dreikurs 指出,懲罰在過去是可以被接受的作法,但現在則過時與無效。較有效的作法是跟學生設定理性的結果——也就是說已獲得學生的理解

與同意。這些結果的主要目標在於誘導出良好行為，而不是為了懲罰。因而，湯姆與父親很可能彼此同意湯姆炸金魚的理性結果是，湯姆去市場買替換的金魚回來放或買鱒魚塊回來炸。同理，打破玻璃的理性結果是負責修好或抵扣零用錢。

表 11.3 是一些不良行為可能的理性結果，部份是根據 Dreikurs、Grunwsld 與 Pepper（1982）的著作。請注意這些理性的結果並沒有懲罰的含意，而且經過學生的了解與同意。

表 11.3　理性的結果範例

不良的行為	理性的結果
珊蒂在桌子上寫名字。	將負責自行清理桌面或付錢請校工清理。
威廉在作業簿上塗鴉。	在重寫之前，教師不批改其作業。
珍妮放學後與瑪麗打架。	要求珍妮與瑪麗在提出一份報告，說明為什麼打架以及以後如何避免再發生同樣事情之前，兩人不能同時放學回家。
蘇珊在課堂中一直跟湯尼大聲講話，妨礙上課。	請蘇珊與湯尼在休息時間或放學後才能交換意見，或調整他們的座位，避免妨礙上課。

優缺點：Dreikurs 的理性結果之主要優點在於，讓學生認清不良行為的結果。如此一來，往往能提高自主性與責任感。並且，正如 Edwards（1993）指出，也能促進師生之間的相互尊重。

然而，不幸的是，教師難以確認學生之不良行為背後的動機。而且將所有的不良行為歸因為四大類目標與錯誤的假定可能過於簡化。此外，也許最為嚴重的是，不一定總是能夠針對所有學生的所有不良行為而協商出可以接受的理性結果。此外，該理論對於學生若不遵守約定或一再犯下同樣的過錯，並未說明教師下一步該如何做。

行爲矯正術主要優點之一是，對於管理教室提供非常明確的建議。雖然所有的教師都會非常直覺地使用強化物與斥責，但是若能清楚地了解各種可用的強化物、了解如何應用在教室裡、以及了解如斥責等負面的結果何時與如何使用最爲有效，教師必然獲益匪淺。行爲矯正術對於有系統地使用外在與內在的強化物、楷模示範、代幣強化制度以及各種懲罰，都能提供具體的細節與建議。

　　但是，較傾向自由取向與人本取向的教育人員則指出，行爲矯正術對於行爲施予太多的控制，未顧及學生本身的尊嚴與價值感，也未能重視自主性與自我引導的價值。此外，一些較令人嫌惡的控制方法——涉及使用懲罰與負強化——不僅可能非常無效，而且會產生負面的結果，表現在學生的行爲與人格特徵上。

⌦ 預防不當行爲的規範

　　就如同 Webster 一樣，Grossnickle 和 Sesko（1990）也提供老師們一張清單，列舉出十項課堂程序，當作課堂管理的重要基礎。在這十項程序當中，有許多我們稍早已經提到過，但是值得我們在此重述一次：

1.　建立清楚明白的行爲規範。老師們的期望、課堂上的標準和守則，對老師、學生、以及家長來說，都應該要清楚明白。最好的狀況是，這些規範都能夠書寫下來、並發給所有相關的人閱讀。
2.　採用團隊合作的作法。老師們、學校的行政人員和家長們，應該要像個團隊一樣地互相合作，並且團結一致地支持、遵守、並且加強三方皆已同意的課堂管理程序。
3.　設計出一個完整的懲戒階梯。這種懲戒階梯告知學生什麼行爲會得到何種懲戒的結果（舉例來說，第一階是課堂上的警告，接著是，如有必要

會採取課後的約談、打電話給對方家長、將肇事學生送到校長辦公室、請學校的諮商員幫忙……等等）。

4. 教導學生如何自我管理以及自律。這種教導過程必須是漸進的，但是對於學校來說，卻是非常重要的一環。

5. 誘導良好的紀律。

6. 將重點放在學生的成功處以及學生的自尊上。

7. 對於紀律的強化，老師的態度必須要堅定、公平、而且沉靜。

8. 周詳地計畫所有課程的進度。

9. 不間斷地觀察整個課堂的環境。

10. 盡可能在問題發生的一開始，就把問題減到最少。

⚑ 創造出良好課堂環境，使教室管理更能預防不當行為

以下的章節，看起來或許會有點像是一個聰明的老師，把一些課堂管理的技巧和竅門、以及在管理的同時，讓學生在課業上感到快樂的教學方式，蒐集成一個檔案。但是要當一個好老師，並不是這麼簡單；老師們在授課時，並沒有確切的方式可以讓他們遵循，以達成授課的目的。

好的教學方式包括有效的課堂管理——需要的不僅僅是在某個特定的課堂環境下，以繁複而公正的的規定和管理技巧來管理學生。就如同我們在本章一開始就提到過的，課堂上有許多無法事先預測的狀況同時發生；要應付這種種層出不窮的狀況，老師們需要付出相當大的注意力、以及高度的警覺性（對課堂的掌握）。此外，老師們也必須在一連串事件同時發生時，當下就能夠立即做出判斷，並且立即採取最適當的措施。

一個優秀的老師，除了要能在事情發生的當下就做出判斷並解決問題之外，也要在其它時候，做出許許多多的決定。這些決定或許是針對某個特定、直接的問題，像是：「我接下去要教什麼？」、「要給學生什麼樣的作

業，才適合這個章節的內容呢？」、「在我的課堂上，座位要怎麼安排才好？」這些決定也可能針對比較廣泛的問題，像：「在我的課堂上，是不是應該採用分組教學的方式，給學生合作式的學習活動？」、「我是不是應該讓學生一起來決定課堂上要有哪些規定？」、「我是不是應該設計一些課程，特別教導學生一些符合社會要求的行為？」、「我是不是應該把教學的重點放在以整體學生為對象、由老師來主導課程的教學方式？」、「我是不是應該多讓學生做一些分組學習的課堂活動？」等等諸如此類的決定。

最重要的一點是，在課堂環境下，至少有四個決定性的因素，影響著學生的學習和課堂上的管理：（1）一個班級裡學生的組成特性；（2）老師本身的信念和人格；（3）老師所受的科班教育；（4）衡鑑的藝術。

或許你能夠掌握住第三和第四個決定因素，但是你無法掌握第一個和第二個影響因素。你無法輕易地改變自己的信念和人格，你也不太可能有權利去選擇你要教什麼樣的學生。然而，你能夠控制的因素，已經足夠讓你盡自己所能，來當個最好的老師。所有與良好而有效的教學方式有關之因素，都和維持課堂秩序息息相關。

課堂上糾正不當行為的策略

就算是課堂管理最有效的老師，有時候也不得不去處理一些課堂上的干擾因素。但是如果課堂上發生了這樣的干擾，並不一定代表這位老師的課堂管理失敗，或管理的方式失當，也不一定是這位老師接受的訓練有缺失。雖然上述的三種可能性，可能要負上部份或全部的責任，但是我們的重點不在於找出罪魁禍首，以便追究責任；而是要想辦法處理這樣的狀況。

在處理任何紀律問題時，有兩點顧慮相當重要。第一，不要傷害到個人——不管老師的所作所為是不是完全為了學生好，我們還是要全盤考慮到

學生的自尊以及人性的層面。第二，在採取懲戒措施時，應該要以整個班級的利益爲出發點。總而言之，老師所採用的教導方式，應該要以人道主義的教學技巧爲依據（也就是，要帶點藝術性），並且要在整個團體的利益和各別學生的利益之間，找到一個平衡點。解決的方式，絕不會總是那麼簡單的。

老師糾正學生不當行爲的方式有多種策略。行爲矯正術（behavior modifcation）指根據行爲主義的學習理論，用來糾正學生行爲的策略。這些策略包括採用強化、樹立榜樣、消弱（extinction）以及懲罰。除此之外，有些行爲主義的行爲矯正策略，還加入了認知理論的部份概念；這些策略被稱爲「認知行爲矯正術」。我們底下特別討論到紀律問題時，會舉這些策略的例子供參考。

☞ 行爲矯正術

課堂上採取懲戒措施的直接的目的就是，要改變或減少特殊的行爲。強化與處罰，是矯正性的懲戒措施中，最常見的兩種要素。正如我們所料的，老師們糾正學生行爲的策略，通常會使用到制約理論的原理（我們在第 4 章已有討論）。這些策略統稱爲「行爲矯正術」、「行爲管理」或「行爲干預」。

Presland（1989）描述了針對某一個學生，採用行爲干預法的一般順序：

1.　界定問題：通常會針對學生的問題行爲列出一份清單，包括經常出現的（例如學生在班上大聲講話）及不常出現的行爲（例如主動回答問題）。問題學生應該在這個步驟裡確認出來。
2.　衡量問題的程度：確定某種行爲問題是否嚴重（經常發生或不常發生），也許可以算一算發生的次數。

3. 釐清前因與後果：在這個行為發生之前，是由於什麼樣的情況而導致的？而這樣的行為，產生了何種明顯的後果？也就是說，這種行為是怎麼被激發出來的？又是哪些因素強化了這種行為？

4. 決定是否以及如何去改變前因與後果：是否有哪些已經產生的後果，再度地加強了某種一而再、再而三發生的行為？是否有新的後果強化了不常發生的行為之產生？舉例來說，這些不當行為所產生的後果當中，其中有一種是增加老師的注意。如果是這樣的話，老師們若是採取不關心的態度，也許就會產生遏止的效果。同樣的道理，如果老師增加注意那些較不常發生的好行為，這種行為發生的次數便很有可能增加。

5. 計畫並執行干預措施：如果老師認定了某些行為必須加以改變，並且也觀察出和這些行為有關的前因（刺激）與後果（可能會增強某種行為動機的結果），老師們可以設計出一套計畫來修正學生的問題行為。這套計畫應該指出如何訴求、如何利用行為的前因和後果、以及學生如何參與。

6. 繼續追蹤：一旦執行了以後，老師就要繼續追蹤其結果，以及決定是否要增加額外或不同的作法。

↪ 系統強化法

　　使用正強化做為糾正學生不當行為的策略，通常是指獎勵與問題行為相反的行為 。老師不把注意力集中在減少不當的行為上，而是放在強化相反的行為上。舉例來說，如果老師的注意強化了莎莉干擾上課的行為（舉例來說，在其它學生朗誦課文時，大聲地講話），一個經常有效的策略就是，當她不干擾其它學生上課時去注意她，在她高聲講話時故意不去理會她。

　　在老師的掌控下，有很多有力的強化物。其中，讚美、微笑、評分和注意都頗為有效。然而，要是這些社會性的強化因素都不管用了，老師就要建

立一套更精細的強化系統。其中，最有名的是代幣系統（token system），這個系統讓學生表現良好時，能夠贏得分數或代幣，而在行為表現不佳時，就扣掉分數或收回代幣。學生所收集到的代幣，最後可以用來交換到實質的禮物。

代幣系統的執行實例：各類心理學期刊，都曾經刊登為數不少關於課堂上採用正面強化的實例。舉例來說，O'Leary 和 Becker（1967）曾經發表一項研究論文，描述了在課堂上採用正面強化的代幣系統配合社會性的讚許，試圖減少學生不當的行為，及鼓勵學生採取課堂上能被接受的好行為。這項研究的觀察對象，是十七個九歲大的兒童（雖然這些學生的聰明才智屬於一般程度，但都被歸類為情緒上不穩定、並且被安置在特殊班級裡）。這個實驗持續了一年，在實驗的過程中，老師在黑板上列出數條課堂規定（舉例來說，「桌子請保持清潔乾淨」、「上課要向前看」以及「上課不要說話」），然後根據學生是否遵守這些規定，來為每一個學生打分數。這些分數會登記在一本登記簿上，而每一個學生的桌上都會有一本。把這些分數加總起來，學生就可以在任何時候，根據他所得到的分數，交換一個小玩具或小飾物。而藉由老師的評語，學生們也可以得到額外的強化。（舉例來說，老師可以告訴學生：「我喜歡你今天先舉手才開始發言。」）代幣是否成功，可以藉由比較執行代幣之前和執行之後，不當行為發生的次數，來評估執行的成效。研究證據顯示，代幣是非常有效的課堂管理方式。

雖然正強化策略對於建立及維持學生可接受的行為之效果很少遭到質疑，其中代幣系統的使用，仍然產生了若干問題。這種代幣系統的建立，所花費的時間和精力都不少，而且對於如何選擇適當的強化物，像是總計分數後可以交換什麼樣的獎品，也存在一些問題。除此之外，一些研究報告中也顯示，這種代幣系統對於某些學生來說並不具有效果，而且也會使某些學生分心（Kazdin & Bootzin，1972）。有些學生花很多時間數他得到了多少代幣，正課反而耽誤了。

其它的例子：另外一個相對於記量系統而經常被採用的，叫做「普墨克（Premack）原則」，這個原則很簡單，只是讓表現合乎標準的學生去從事一些強化性的活動——而這些活動，正是這些學生所喜愛的。因此，老師可能會給一個小孩子自由活動的時間，讓他去閱讀，而讓另一個小孩子去畫畫，再另一個則讓他到操場上跑步（我們會在後面的章節裡，對普墨克原則有更進一步的解釋）。

另一種有趣的替代方式由 Nay、Schulman、Bailey 和 Huntsinger（1976）提出，這種方式利用線帶在每個學生的座位周圍，畫出大約一平方碼的範圍。這些範圍視為學生的個人空間，學生可以各自為自己的空間取名字、並且加以裝飾，而且只有他們自己才能擁有這片空間。實驗曾針對兩種不當的課堂行為：在不適當的時間裡，離開自己的座位以及在課堂上講話。各種明確的標誌會放在教室的前方代表種種規定，讓學生知道在什麼時候可以離開自己的領域、以及在什麼時候說話是不允許的。紅燈的標誌表示不准離開；把嘴唇闔上的標誌，就表示「不准說話」。如果學生可以在教室內安靜地走動、去教室的另一邊拿東西、或為了某個理由，在老師准許後可以離開個人的範圍，紅燈就會換成綠燈；同樣的道理，如果老師准許兒童可以安靜地交談，教室前面嘴唇打開的標誌，就會取代嘴唇闔上的標誌。這個實驗的假設是，允許學生留在自己的領域範圍內具有強化效果，尤其是如果破壞規定的行為會導致學生離開座位。據此，有些座位會被安排在教室的一邊，並且被稱為「無人之境」，而那些擅自離開座位或在不應該講話的課堂活動上講話，因此被老師評定為犯錯的學生，就會被安排到那些座位上，暫時待上二十分鐘。在「無人之境」再犯規的話，停留的時間就加長。在這個方式實行了幾個禮拜之後，得到一個令人印象深刻的發現，這個班級原本會有一些嚴重的紀律問題，然而在實行這個方式之後，干擾課堂活動的行為明顯減少。

一些限制：一些系統性的行為矯正術，用來當作導正課堂紀律的策略時，雖然產生了明顯的效果，但是我們必須注意的是，在普通的班級裡這些

方法有些執行起來頗有困難，而有些又不切實際（Hughes，1988）。除此之外，就如 Lepper（1981）所提出來的，如果老師過度使用強化，對於後續學生的學習動機，會產生不良的影響。在一個頗具代表性的實驗中，Lepper 和 Greene（1975）請兩組兒童去拼幾何圖形拼圖。他們告訴其中的一組兒童，如果他們拼出來了，就可以玩一些好玩的玩具當作獎勵；而另外一組兒童，則只告知他們可以玩拼圖，但是沒有告訴他們事後會有什麼獎勵。在後來，他們在不打擾兒童的情況下，把拼圖隨意放在教室內學生可以拿到的地方，觀察他們之中，是否會有人主動去玩拼圖。正如我們在圖 11.2 所看到的，那些沒有被告知拼完以後會有獎品的學生，比較會主動去玩拼圖。

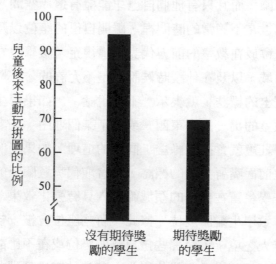

圖11.2　沒有期待獎勵的學生，很明顯的比期待獎勵的學生，有更明顯的內在動機，使他們後來玩幾何拼圖的人數比另外一組的學生多。根據 M. R. Lepper 和 D. Greene 的研究結果（1975）：「將遊戲轉化爲工作：成年人的監督及外在的回饋，對於兒童內在動機的影響。」這篇報告選自 Journal of Personality and Social Psychology，31，p.479-486。

　　爲什麼會這樣呢？Lepper 和 Greenern 認爲，最合理的解釋是認知上的解釋。對每個人都很重要的是，我們必須試著理解自己的行爲——去了解我們

為什麼會去做某些事情。通常我們會把對自己行為的解釋歸納為兩類：外在因素和內在因素；也就是說，我們逐漸理解到，我們做某些事的動機，是因為某些外在的報酬（金錢、名譽、被准許能夠玩玩具），或內在的報酬（感覺到滿足、成就感、個人的興趣），有時候也會同時因為外在和內在的報酬之激勵而產生行動。當外在的報酬頗有份量而且很明顯時，我們的動機會隨之傾向於外在，但是當我們並沒有期待外在報酬時，我們就必須具有內在的動機，才比較可能產生行動。因此，期待報酬的兒童們，能夠理解自己的行為，並能調整自己的行為以迎合外在的標準；而那些並不期待外在報酬的兒童們，會將自己的行為解釋為迎合自己的享樂和嗜好。不期待報酬的兒童具有比較高度的動機（內在動機），能繼續他所從事的活動。如果這個觀察結果具有可信度，那麼老師們不分皂白地過度使用外在的報酬，就可能會有危險。正如我們在第 10 章已經提到過的，具有自發性動機的兒童，比較會傾向於精熟某種知識技能。這樣的兒童，不只能有較高的成就，他們也會將注意力集中在學習和理解上，而不會僅強調個人的表現、和同儕間的競爭。更進一步來說，鼓勵學生的內在動機，是老師們很重要的課題。

　　內在動機的強化：雖然內在的動機並不是老師能夠直接控制的，然而老師仍然可以營造出一種學習環境，讓學生置身其中能獲得內在動機的滿足。如果老師給予學生的測驗過於艱難，就不太可能讓學生從學習中獲得某種程度的滿足。同理，過於簡單的測驗，對於學生的內在動機，也沒有強化的效果。正如我們在第 10 章所討論的，老師可以經由某些途徑，來培養學生的內在動機（精熟導向），像是特別設計的課業（讓學生接受有挑戰性、而且能夠達成的指定作業）、某種形式的評估標準（避免社會性的比較，因為會培養學生的績效導向，並且使學生依賴外在的強化物如分數）以及權威的使用（讓學生有機會學習有意義的自主性――比方說決定哪些問題是值得探討的――可以培養學生的內在動機）。

　　老師若採用外在報酬的方式，尤其是對較低年級的學生，對於學生內在動機的強化，也可能會有潛在的影響。如果老師的獎賞是針對和學習有關的

行爲，可能會產生的結果是，往後學生的學習過程都需要有外在的強化物。事實上，一般來說，老師們在以強化原理爲主的教學計畫中，只在課程的一開始採用外在的獎勵方式（例如參見 Meacham & Wiesen，1969 以及 Hewett， 1968）。其假設是，內在驅動的動機會漸漸成爲行爲持續下去的動力。

外在的強化：在所有外在的強化物因素當中，最常被拿來運用在課堂上的，是注意、讚美、代幣、星章、分數和升級。而另一個重要且明顯有效的強化來源，稱爲普墨克原則（Premack Principle）（Premack，1965）。這種動機原則認爲，經常發生的行爲可以用來強化那些比較不常發生的行爲。父母親和老師就經常使用這種原則：規定小孩子不准出去玩，除非吃完晚飯；規定某個學生不能閱讀閒書，除非把指定作業完成。

Bijou 和 Sturges（1959）將外在強化物，歸納爲五個類別：「消耗性的」（consumables）、「可控制的」（manipulatables）、「視覺與聽覺性刺激」（visual and auditory stimuli）、「社會性刺激」（social stimuli）以及「代幣」（tokens）。如何妥善地利用這些強化物，並且導入課堂，不但是個有趣的課題，同時也值得我們仔細評估。消耗性的外在強化物比較不方便。如果一個老師提著一袋小餅乾，在教室內走來走去，發現學生表現良好時，就分送餅乾給學生，這樣的鼓勵方式可能會引起學生家長的反對。可控制的強化物，像是玩具或其它小玩意兒，可以很成功地運用，尤其是運用在年紀較小的兒童身上。具有強化效果的視覺與聽覺性刺激，是老師們較須花心思來取得的。這一類型的強化物，像是一些訊號標誌，本身就具有強化物的特質。我們不能將這一類型的強化物和社會性的強化物混淆了。社會性的強化物有種種形式：讚美、認同或僅僅是注意都是，而且這些因素到目前爲止，不但是老師們最常運用的，效果也非常好。我們應該要記住，同儕間的認同，通常比老師的認同要來得有力。老師們有時也會利用代幣、成績分數、或學生得到幾顆星，這些直接的外在強化物，鼓勵學生產生受到期望的行

為。在代幣系統中，老師經常會讓學生將所得到的點數交換其它的強化物：像是消耗性、可控制的獎品、或一段自由的時間，讓學生從事喜歡的活動。

以家長為強化物：老師們不是唯一在學生的生活與學習過程中，能夠控制所有強化物的人。家長們也能夠控制特別有效的獎勵以及處罰。

Barth（1979）檢視了數十篇研究結果。這些研究均縝密而有系統地探討，家長們涉入學校活動所提供的強化作用。這些研究觸及特別班與普通班的學生。強化物從代幣、社會性的讚許，到消耗性的獎品、以及某些特別的權利。而這些強化物，對極大部份的行為都加以測試。在許多實例中，金錢也被用來當作強化物。舉例來說，學生們會根據他們在學校得到分數的高低，而得到不同總數的金額。有時候，未能做完學校的指定作業、或考試得了低分，會被罰一些錢。

總括來看，這些被 Barth 檢視的研究結果顯示，由家庭所提供的強化，對於學生的行為與學業成績有非常深遠的正面影響。

運用強化的七項原則：Michael（1967）提出了七項原則，是老師們試圖透過行為的結果來控制學生的行為時，必須謹記在心的。這些原則當中，有一些我們已經在前面討論過了，但是這七項原則都非常重要，值得我們在此重複一次。

首先，行為所產生的後果，不管得到獎勵或懲罰，都要以這些後果對學生會造成什麼影響而定。老師不能總是假設學生會喜歡什麼樣的鼓勵，就認為這種鼓勵一定能夠強化受到期望的行為。舉例來說，同儕的注意通常是一種很有力的強化物；然而，對一個很壓抑自己的學生來說，同儕的注目反而是一種懲罰。老師們也不能直接去問學生，什麼樣的強化物對他們有用，因為這種作法，可能會使老師們採用一些無意義的強化物。舉例來說，如果學生告訴老師，讚美對他來說是一種強化物，老師很可能就會不時地讚美學生，但學生會對後續的讚美產生懷疑，因此變得較無強化的效果。

這裡有一個很有用的觀念，和第一個原則（強化物是高度個別化的）有關，這個觀念就是 Addison 和 Homme（1966）所提出的強化清單

（reinforcement menu）。這份清單所依據的概念，大部份來自前述的普墨克原則。這份強化清單所列舉的是一些具有潛在強化作用的活動，使學生在有良好表現之後能夠自由選擇這些活動。表 11.4 是強化清單的一個例子。然而，有趣的是，針對年紀幼小的兒童（兩歲到六歲之間）所做的研究觀察發現，由實驗人員挑選出來的獎勵項目，有時候比兒童自己挑選的獎勵項目，要來得有效（Baer，Tishelman，Degler，Osnes & Stocks，1992）。

第二個原則所提到的是，強化所產生的效果是自動的；也就是說，老師並不需要向學生解釋，如果他們學習良好，他們就會得到強化，於是又會導致他們更加用功。真正的重點在於，如果學生真的在學習，而學習的成果也得到強化，那麼他們不需要和老師們討論，就很可能會更加努力地讀書。然而，正如 Kalish（1981）所指出的，讚美（或懲罰）本身，尤其是對年紀很小的學童來說，如果沒有旁人解釋他們做了什麼以至於得到讚美或解釋為什麼這樣的行為值得稱許，讚美的效果就不會那麼好。

表 11.4　強化物清單

獎賞項目	代價
1.　有一段時間待在圖書館裡自由活動	10
2.　有一段時間待在教室裡自由活動	10
3.　選一天不必做例行的清潔工作	5
4.　和老師吃一頓午餐	15
5.　吃一頓老師準備的午餐	25
6.　某個科目得到額外的幫助	2
7.　自由選擇體育場上的遊戲活動	10
8.　有一天可以自由選擇教室內的座位	3

第三個原則強調，強化或懲罰，都應該和期望的行為（或不當的行為）有密切的關聯。換句話說，老師們必須在心裡面清楚地鎖定了一些短程的目標，如此一來，他們才能強化那些吻合目標所針對的特定行為。

第四個原則是，強化應該要一致。這句話的意思，不是說強化應該在每次學生有正確反應時就要加以運用。這個原則真正的涵義是，如果某個特定的行為曾受到鼓勵，就不應該在往後發生時受到處罰。

　　第五個原則是，行為的結果應該緊隨在行為之後。遲來的獎勵或懲罰之效果，都比立即的行為結果來得差。讓學習者立即了解他們的行為會帶來什麼樣的結果，是編序教學法主要的一項優點（見第 12 章）。

　　Michael 所提出的第六個原則是：改變行為所需的強化，在數量和效力方面，一般來說都被低估了。尤其是在學習的早期階段，這樣的情形尤其真實。

　　第七個原則和學習過程的結構化有關。這項原則指出，學生的功課進程應該要有清楚的步驟，而每一個階段的進程都要能夠強化。編序教學（詳見第 12 章）要做到這一點，比大班級的老師要面對一大群不同的學生容易許多。

☞ 模仿

　　老師們在他們的職業生涯中，會不知不覺使用各種楷模（model）。無可避免的，老師應該成為學生的榜樣，而學生也應該成為彼此的榜樣。縝密而有系統地運用楷模，或許比較少見，但是這樣的方式，能夠產生非常好的效果。

　　回顧第 4 章，觀察楷模的行為所產生的一項效果是，壓抑或做出過去受到壓抑的行為。這種效應稱為禁忌-去抑效應（inhibitory-disinhibitory effect），很顯然的，這種影響會發生在看到楷模表現出偏差行為而受到處罰或獎勵之後，產生警惕或啟發的效果。事實上，禁忌效應在學校相當常見，這也是 Kounin 所稱的漣漪效應。當老師處罰一位同學的不當行為時，他是希望能警惕其它同學。這也是為什麼，在一個群體做出越軌行為之後，經常是領導者受到懲罰的原因。

⇨　消弱

動物的研究報告顯示，強化所引導出來的回應，通常在這些強化因素消失之後，會隨之減弱——通常而不是一定。舉例來說，我們可以教導鴿子去啄桌子，這樣牠就能得到食物。然而如果牠去啄桌子，卻沒有再得到食物的話，就會漸漸地不再啄桌子了。但是也有一些鴿子，會一而再、再而三，不斷地啄桌子，即使這個動作不再導致強化物。一個人本主義者可能會堅持說，鴿子本來就是會啄東西的動物，一隻積極的鴿子在啄桌子時，便會感到興致勃勃，並且會對於其它鴿子得到的獎勵感到無動於衷。其它人則會爭論道，鴿子啄東西的動作，本來就是一種生物性的癖好。不管原因是什麼，我們可以確定的是，並不是所有行為都能夠藉著撤走強化物而使其消失。更進一步來說，許多課堂上的干擾性行為，是受到同儕的強化，而不是老師。既然許多相關的強化物不是老師所能控制的，因此老師能夠撤走的強化物，其實不多。

有些干擾性的行為是因為老師的注意而強化，在這種情況下，解決這個問題的方法簡單多了，只要老師不再去注意這樣的行為。然而，如果問題行為嚴重地影響到課堂上的活動，情況可能不是那麼簡單。此時有其它的替代方法可以解決這種問題，最常被老師們採用的就是懲罰。

⇨　懲罰

懲罰學生的形式有很多種。我們在第 4 章已經提過，懲罰有兩種截然不同的形式：第一種是施予有害的（令人不愉快的）刺激；第二種，則是剝奪令人感到愉快的刺激，例如 Nay 等人的研究（1976）描述了這種懲罰的方式：如果學生違犯課堂規定，就會被隔開。

老師們採用的處罰措施包括表示不贊同的面部表情、申斥、下課後留在教室或禁足、勒令從事不愉快的活動、暫時禁止上學上課、以及體罰（參見

Neigel 老師的案例）。有許多人強烈反對這種利用處罰來導正學生的方式。
此時，我們有必要重新檢視各式各樣的懲罰之效果。

案例

　　Neigel 女士，不算是一位好老師。朗達，一位實習老師，憶
起了這位老師：

　　　　在我四年級的時候，我離開我的座位上要向另一個
　　學生拿回我的橡皮擦。當我回到座位上時，老師就站在
　　我的椅子後面，準備要喊我回座。我要坐下來的時候，
　　她就把椅子拉開，你一定猜得到，我就跌在地板上。這
　　種動作她連續做了兩次。她回到黑板之前，我試了第三
　　次要坐回椅子上，她賞了我一巴掌。由於我只是小學四
　　年級的學生，我嚇壞了，而且極度感到屈辱。全班同學
　　都很震驚。在那個時候，我只覺得她是個老處女，希望
　　自己不是她的學生。

　　體罰：體罰就是利用肢體的力量，來引起痛苦的一種懲罰方式。通常，
這種方式也會帶來恐懼、以及屈辱的感覺。
　　雖然體罰已經不像幾十年前那麼普遍了，McFadden、Marsh、Price 和
Hwang（1992）的研究指出，在許多學校裡，仍然存在著體罰。有趣的是，
連美國最高法院都肯定校方有權力施行體罰，前提是處罰的程度不能太過
份。相反的，有些明顯比較溫和的懲罰形式，像暫時停學或開除學籍，反而

會使學校背負較明顯的法律責任，因為許多法院都裁定，讓學生暫時停止上學上課會剝奪學生受教育的權利。

Mcfadden 等人（1992）從九所佛羅里達的學校中，檢視了 4,391 個關於紀律問題的檔案。這些學校對於學生犯紀的行為以及各種懲戒作法，都有清楚的規定。舉例來說，他們將犯紀行為依程度的不同劃分為二十五個等級，從嚴重的（恐嚇、持有武器），這些個案並不多見，到輕微的（干擾到別人）。他們發現七種犯紀行為，佔了所有不當行為的 80%以上。對這些不當行為最常見的懲罰方式是，尋求輔導員或校長的介入而採取放學後留校的方式；第二種是體罰；第三種是暫停上課。

Mcfadden 等人（1992）也指出，老師在體罰學生時，也有種族及性別偏見。男學生不僅犯紀的次數比女學生多，而且也較常遭到體罰。相同的道理，有 45%的非裔美國學生曾經受過體罰，但是只有 22%的白人學生和 23%的拉丁裔學生曾受過體罰。

有趣的是，在這些學校當中，懲罰對那些累犯（重複犯紀）的學生似乎起不了作用。在這些學校當中，遭到懲罰的學生大部份是那些一再違反規定的學生。就像 Mcfadden 等人所說的：「施行懲罰實際上可能使那些經常犯紀的學生之犯紀次數反而增加。」（1992，p.145）

反對懲罰的理由：在諸多反對老師施行懲罰的理由當中，最主要的反對理由之一是，使用處罰並不是經常管用的。除此之外，有些反對理由很明顯是站在倫理以及人道精神的立場，另有許多理由是根據實務上的考量。在這些反對理由當中，我們可以發現到，處罰本身雖然讓學生注意到一些不符合社會期望的行為，卻沒有說明合適的替代行為（如果處罰的施行能配合理性的解釋以及其它導正學生行為的措施，不在反對之列）。

額外的證據顯示，處罰產生的影響有時候正和老師所試圖達到的目的相反。這一點在老師與家長們試圖以體罰的方式，來減少侵略性或暴力行為時，展現得特別明顯，正如 Mcfadden 等人（1992）的研究所見。事實上，這

種以暴制暴，正爲兒童提供攻擊行爲（aggression）的榜樣——兒童可能會將這些榜樣詮釋爲在某些情況下，攻擊行爲是允許的。

其它反對施行懲罰的理由，由 Clarizio 和 Yelon（1974，p.50）陳述如下：第一，懲罰並不能消除不當的行爲，雖然懲罰或許能壓抑或減少這種行爲的頻率。第二，懲罰可能會帶來令人不愉快、情緒上的後遺症，而這些後遺症本身也不是社會所樂見的（舉例來說，害怕、焦慮以及緊張等情緒）。最後，懲罰會導致學生的挫折感，有很多學生受到懲罰了之後，可能因此會產生其它不當的或和社會要求格格不入的行爲。

贊成懲罰的理由：大部份上述反對對學生施行懲罰的理由，只針對一種懲罰：使用令人不愉快的刺激。更進一步來說，這些反對的理由大部份只提到體罰，而不太提及口頭上的懲罰。至於剝奪令學生愉快的刺激之懲罰形式（例如，讓學生失去某些特權），並未受到那些實務的、哲學觀點之反對。爲了維護教師的教學，採用這種懲罰方式是受到認可的。

贊成懲罰學生的理由，其理論依據來自許多研究的結果。這些研究的結果顯示，懲罰性的手段，對於抑制課堂上的干擾行爲、有時候甚至是危險的行爲，有某種程度的效果（Parke，1974）。在有些情況下，需要老師立即而果決的干預，而不能較溫和地運用強化、樹立榜樣、以及解釋說理等策略。如果一個小孩點燃火柴、並且打算去燒窗簾，此時可以經由說服及肢體上的阻止來導正行爲，然而如果他一有機會，就堅持要燒窗簾，那就必須採取懲罰性的措施了。

雖然強化、樹立榜樣以及說服說理的方式，在促進符合社會期望的行爲方面，已經證明頗有效果，然而光是從強化的情境當中，要讓一個兒童學會辨別相反的行爲就是不當的行爲，是極爲困難的（Ausubel，1958）。在許多情形下，針對某種行爲施予懲罰，具有高度的教育性。雖然相當多的證據顯示，平素溫暖有愛心的父母施行懲罰，會比平素冷酷有距離感的父母所施予的懲罰，要來得有效果（Aronfreed，1968），但是並沒有證據顯示，如果有

愛心的父母對小孩施予懲罰，就會破壞親子間的情感聯繫（Wallters & Grusec，1977）。

一種反對施行懲罰的理論性說法是，懲罰措施並不管用－－也就是說，雖然懲罰可能會壓抑不當的行為或是減少發生的次數，卻不能全面制止這種行為的發生（讓不當的行為完全消失）。懲罰者的意圖若很清楚地只是要壓抑行為的發生，那麼事實上，絕對消除不當行為的發生是另外一回事了，兩者不能相提並論。如果強尼因為燒窗簾而被處罰，我們不應指望他會忘記怎麼燒窗簾。但是我們可以合理地期望他以後會克制自己，不再做這樣的事。

有趣的是，大部份關於懲罰的研究資料，是來自對動物的研究觀察。明顯的理由是，用動物來做研究比用小孩做研究要容易多了（雖然低等的老鼠，現在比以前得到較多的尊重）。研究者可以對動物作各種電擊實驗，但是對於小孩子，就不能直接採用類似的刺激。因此，要研究懲罰對孩童產生何種影響，典型的研究方法是採用「惹惱物」（annoyers），像是大聲的噪音。不少的研究結果顯示，這些惹惱孩童的因素，對於壓制不當行為，具有某種程度的效果（在許多相關的實驗裡，兒童被要求不許玩玩具；如果他們不聽從，就會產生刺耳的噪音）。

本節的目的不在於探討如何將懲罰帶來的危險性減到最低。我們必須在此提出幾個觀點。其中最重要的是，大部份的研究者以及理論學家之所以反對體罰的出發點是沒有敵意的。不只因為體罰對個人而言，是一種侮辱性的暴力行為，這種懲罰方式，也為兒童提供了極負面的榜樣。如果你的工作是教導兒童以暴力來達到他們想要的目的，那麼大量地採用體罰很能夠達到你的教育目的。

如果我們真的反對動用體罰（雖然從實際的觀點來看，反對的理由相當不充分），還是有很多其它的替代方案。其中最不會引起爭議的替代方式就是撤走強化物。

如果你就像大部份的老師一樣，你很可能同時在課堂上採用兩種主要的懲罰方式：剝奪使學生感到愉悅的結果、以及施予讓學生感到不愉快的後

果。如果我們仔細地回顧有關懲罰的文獻、和人本主義的相反論調，我們可以發現三種有效、而且沒有什麼缺點的懲罰，這三種懲罰為斥責、暫停上課法以及反應犧牲法。

⟿ 斥責

斥責（reprimands）可以是溫和或嚴厲的，可以是口頭或其它形式的，也可以由老師、父母、或同儕來施予。簡單地說個不，是一種口頭斥責；而表達反對意思的搖頭，就是一種非口頭斥責。

使用的頻率：斥責是最常使用的懲罰形式，不管是在家裡或學校。不足為奇的，斥責只不過表達不贊同而已。這種形式的懲罰，對於任何具有某種權力的人就能運用，而且運用起來也很容易。更進一步來說，由於我們人類所具有的特質，斥責能以無法影響大部份動物的方式影響我們。

研究者比較過老師們使用讚美及斥責的頻率。在一項大規模的研究調查中，M. A. White（1975）發現，讚美和斥責的採用比例，會在同一學校裡有大幅的變化。在一年級和二年級時，讚美比斥責更常被老師們採用；接下來的年級裡，斥責就比較常發生。採用斥責的頻率，在小學三年級以上（含）和國中，實際平均是每兩分鐘一次，但是到了高中以後，其頻率就減少了大約一半。到了大學，斥責的採用頻率更是大幅減少。M. A. White 也發現，斥責較常針對能力較低的學生。

效果：Van Houten 和 Doleys（1983）檢視了許多研究斥責的有效性以及提高斥責效果的特別因素之研究。這些研究，大部份都發現斥責有高度的效果。此外，斥責若能針對特定的不當行為，並解釋其中的理由，則比光表達不贊同的意思要來得更為有效。舉例來說，告訴學生：「羅伯，請不要伸出舌頭，因為這樣會使別的同學分心，而且也會在我解說某些事時，搞不清楚你聽懂了沒。」會比光說：「不要那樣，羅伯！」來得有效果。

關於斥責的研究也顯示，如果老師在斥責學生時，雙方的距離比較接近，會比雙方距離遠，要來得有效果。在 Van Houten、Nau、MacKenzie-Keating、Sameoto 和 Colavecchia 所做的研究中，學生被斥責時距離老師是一公尺到七公尺之間，而且斥責的聲調和強度保持一定。結果發現距離一公尺的斥責比較有效果。

高聲溫和的斥責：有不同的研究中，探討斥責程度的強弱會產生何種影響，得到的結果互有衝突。一項研究顯示（O'Leary & Becker，1968；O'Leary，Kaufman，Kass & Drabman，1974），採用溫和的斥責，音量降低到只有被斥責的學生聽到，會比大聲斥喝學生，而讓全班都聽得到，來得較有效。然而 Van Houten 和 Doleys（1983）的研究卻指出，較嚴厲的（音量大的）斥責，通常會比溫和的斥責有效。他們也指出，O'Leary 會得到那樣的研究結果，是因為採用溫和的斥責時，通常兩個人的距離會比較接近。除此之外，當老師和學生的距離很近的時候，老師就更能夠運用眼睛的接觸、以及其它非口頭上的姿勢和動作，來加強斥責的效果。

無論溫和的斥責是否和大聲嚴厲的斥責一樣有效、或更有效，都不是最重要的考量。我們稍早曾經對讚美和懲罰提出了一個建議：為了顧及對兒童的自我概念所產生的影響，讚美應該公開（大聲的），而批評應該在私底下進行。同時，由於斥責一般是用來防止或阻擋某些危害課堂活動的行為，所以最成功的斥責方式包括簡單、毫不遲疑的制止訊號，像是「噓」、「等一下」、「不行」或者僅只是一個表情或是一個姿勢動作。類似這種斥責的好處是，可以將課堂上受到的干擾減至最低。

限制：本節裡所討論的斥責形式很明顯對於嚴重的干擾行為不總是適當而有效。那些在校園裡做出犯罪行為，像肢體的暴力、搶劫、吸食與買賣毒品、強暴和破壞公私物品的學生，很可能對溫和的斥責嗤之以鼻。要應付這樣的行徑，很明顯的就要使用更強烈的手段。在大部份的情況下，這些不當的行為會發生在走廊上、餐廳裡、洗手間、以及體育場，而比較不會發生在教室裡。此外，在大部份的學校裡，這些行為並不常見，而且通常由學校的

行政人員處理。老師要處理的是日常生活上，比較一般性的不當行為，像是曠課、遲到、上課不專心、上課講話、以及忘了帶書本或指定作業（Doyle，1986）。要應付這些不當行為，簡單的斥責也許就綽綽有餘了——或採用暫停法或反應犧牲等懲罰方式。

✿ 暫停法（Time Outs）

如果一個學生遭到暫停上課，就是把他從期望獲得強化的環境中隔開，而將他安排在另一個不具強化物的環境中。舉例來說，如果學生很喜歡參與某個課程活動，那麼讓他停上，將他從教室中隔開，也是一種懲罰形式。

Branter 和 Doherty（1983）從老師們所採用的暫停上課方法中，歸納三種不同的形式：第一種是隔離（isolation）。這個方式很明顯，是將兒童從具有強化物的環境中（一般來說，這些環境指的是教室；也許還包括體育場、餐廳或圖書館）移到一個不同的地方。雖然這種方式在校園裡並不是那麼不尋常，但會引起若干爭議，因為這樣的懲罰方式違反了較人本主義的價值觀。並且這種方式會讓我們聯想到處理犯人的方式。

第二種暫停上課的方式，並不是將行為不當的兒童隔離開來，而只是將他們從正在進行的活動中排除。在校園裡，普遍採用的排除（exclusion）方式，也許只是要一個小孩子坐在教室的後面，面對著相反的方向或坐在簾幕的後面。

第三種暫停上課的方式，稱為非排除（nonexclusion）方式，是三種方式當中最溫和的一種，這種懲罰方式是讓小孩子從正在進行的活動中移開（將小孩子從立即的強化來源中移開），並且要他觀察活動中的其它小孩。舉例來說，我們可能要求這個小孩站在一邊（或者是待在教室的某一邊），看著別的學生進行活動。

在詳細地檢視過關於暫停上課的研究文獻之後，Brantner 和 Doherty（1983）指出，在課堂管理中，這種懲罰方式極為尋常，但是相關的研究很

有限而且不太一致，所以尚不能確認出有效作法的特徵。除此之外，雖然這種方式通常會有效果，但並不是每一次都管用。

✍ 反應犧牲法（Response Cost）

如果老師們先對於良好的行為而給予學生種種具體的強化物，然後學生會因為不當的行為而失去部份的強化物，這種損失就稱為反應犧牲（response cost）。反應犧牲法是一種溫和的懲罰形式——類似於不准一個行為不當的小孩看電視。反應犧牲經常在代幣強化制度中採用。Kaufman 和 O'Leary（1972）做了一個實驗，指出反應犧牲法與強化系統之間的不同。 這個實驗是在一家精神病院的兒童部門，針對兩群兒童所做的。在其中一群，學生們如果表現良好，就可以獲得點數積分（代幣強化）；在第二群裡，學生們在課堂的一開始，就會得到所有的點數積分，但如果他們做出某種不當的行為，就會從他們的積分總數中扣掉一些。這兩種方式對於減少不當行為都有很大的效果，但是沒有那一種是比另外一種好。

Pazulinec、Meyerrose 以及 Sajawaj（1983）的研究指出，探討反應犧牲法之效度的研究，大多數都發現正面的結果。這樣的懲罰方式成功地減少課堂上的干擾行為，並且能夠明顯地提高課業成績及標準化測驗的分數。運用在課堂管理時還會有一個好處就是，這種懲罰方式不必將學童從學習環境中隔開（就像典型的暫停上課）。除此之外，這種懲罰方式通常還結合了強化程序（舉例來說，利用代幣），因此還可以享有強化物所帶來的許多優點。

✍ 果斷的紀律：Lee Canter

另一個高度行為主義取向的教室管理模式是著名的「果斷的紀律」（assertive discipline），由 Lee Canter 提出（Canter & Canter，1992）。該模式根據的前提是，教師（與學校制度）已經變得過於放縱與寬容，未能顧及自己的權利與責任。教師有三大類的權利與責任：（1）對於可接受的行為

與不可接受的行為應樹立規定，以清楚地界定界限；（2）教導學生一致地遵循這些規定；及（3）在處置學生的行為時要求家長與行政人員提供必要的協助。

Canter 聲稱，這些權利與責任之所以極為重要，乃因為它們是教師建立教室環境的藍圖。另一方面，教師的這些權利與責任也呼應著學生的權利，也即：（1）教師應設下穩定與一致的限制；（2）教師應提供一致與正面的鼓勵，激勵他們表現出良好行為；（3）知道在教室裡應表現出哪些行為；及（4）教師應教導他們如何管理他們自己的行為。

Center 指出，將這些權利與責任付諸實施顯然是教師的責任，因此，教師必須果斷。

教室的紀律計畫：果斷的教師不僅有權而且有責任提供最好的學習環境給學生。Canter 堅持說，這麼做需要一份教室的紀律計畫，此一計畫的目的不僅在於使管理學生的工作變得容易一點，而且也可以保護學生的權利。此外，這種計畫也能提高家長與學校行政人員提供支援的可能性。

教室的紀律計畫列載三件事情：（1）學生必須遵守的各種規定；（2）遵守這些規定會獲得的正面表揚；及（3）未遵守這些規定的後果。

規定必須清楚、能夠觀察，不能模糊不清。例如，「在隊伍中不能推或拉其它同學」就是一則清楚簡單的規定。相對的，「不要鬼混」則是模糊、難以解釋、及難以實施的規定。重要與一般性的規定包括訓誡，例如「遵循教師的指導」、「不可有藝瀆的語言或行為」、「不可恃強欺弱」、「上課時不准吃東西」、「在教室裡不可奔跑」等等。

很顯然，遵循規定與未遵循規定的結果，對於不同年級的學生應該不同。並且，在制訂規定時，學生應該能夠參與，而且必須充分了解違反規定的後果。Canter 指出，正面的結果包括讚美、寄信或打電話告訴家長、特殊的權利、表揚及其它實體性的獎勵。

不良行為的結果：在我父親的學校裡，不良行為的結果相當清楚。首先，是口頭警告。其次，是口頭斥責後加上另一種警告，依行為的嚴重性與

學生的年齡而定。第三是罰做一些不愉快的工作，諸如洗廁所。家長們都衷心支持這種教室管理模式，他們甚至不知道那是果斷紀律的一種形式。

對於訂定不良行為的各種結果（處罰），Canter 指出應遵循三項指南：

1. 這些結果應是學生不喜歡的事情，但不至於危害身心。
2. 這些結果應是一種選擇。
3. 這些結果不必非常嚴厲才會有效果。

Canter 模式所建議的處罰，大部份都是行為矯正術裡已討論過的處罰，包括：暫停上課、反應犧牲、放學後留下來、及送到校長辦公室。果斷紀律模式也建議造訪家長，以協助糾正其子女。有時甚至可以將學生的不良行為加以錄影、錄音，然後播放給學校行政人員及稍有懷疑的家長聽。

歸納來說，Canter 模式有四個步驟：

1. 樹立規定與期望。
2. 確認不良行為。
3. 使用處罰來實施上述的規定與期望。
4. 執行正面強化制度以誘導良好行為。

事實上，在 Canter 的模式中，對於教師在各種不同的情況下應如何回應、如何執行正面強化與處罰、如何處理學生的憤怒、以及如何處置真正麻煩的學生（5%至 10%），都有非常明確的建議。

優缺點：本模式主要優點之一是堅持教師與學生的權利與責任。它提供給教師一組清楚與可行的程序來建立與維護教室秩序，以及將人本取向所規避的處罰手段加以正當化來使用。此外，本模式相當清楚與簡單，而且將家長與學校行政人員納進來協助管理學生的行為。

但是，反對採用處罰手段的批評也同樣招呼到本模式，包括：通常行不通；有不好的副作用；會教導兒童認為在某些情況下，暴力與攻擊行動是允許的。其它批評則認為果斷的紀律會貶損學生、使學生蒙羞，因而可能招致更大的違抗與叛逆，並且未探討不良行為的基本原因。

認知行為矯正術

行為矯正術（又稱為行為干預 behavioral intervention 或行為管理 behavior management）的重點不在於學生的背景或本質，而在於學生的行為。立基於行為主義的制約原理之管理技術也是一樣——好比說那些我們已經在這一章裡討論過以及那些以行為主義的原理為主、加上認知心理學的色彩，而導引出來的課堂管理技巧。

☞ 改變認知

認知行為矯正術立基於一項認知上：我們的思維，對我們的所作所為有重大的影響。正如 Meichenbaum（1977）指出的，我們的行為之後果的效應跟我們對這些後果的想像以及預測能力較有關，跟這些後果本身較無關。舉例來說，我之所今天晚上寫這些文章時，寫得匆匆忙忙的，是因為我還沒吃晚餐，而我預期當我完成之後，我就可以到任何我想進餐的地方了。我不會像一隻沒頭沒腦的老鼠一樣忙碌，純粹是因為我已經預期到工作做完之後，我就可以吃到東西；而我匆匆忙忙的工作，是因為從我的推理中我「看到」了桌子上的食物。

因此，奉行認知行為主義的心理治療師著眼的不只外在的行為，也注重內在的認知（思維）。Hughes（1988）認為，造成行為的原因，在於「認知

的思慮過程」。而我們的認知、我們的思維，正如同我們的行為一樣，會隨著情況而改變。

在本質上，認知行為矯正術不但採用行為矯正術的原理，並且是結合認知活動（思考的過程），以致力於改變行為的模式（Hughes，1988）。

☞　實例說明

認知行為矯正術，在 Meichenbaum 和 Goodman（1971）試圖減低過動兒的衝動性之努力中，可以獲得很好的說明。他們設計出一個認知行為矯正程序，共分為五個步驟。這個程序採用簡單的任務，要學童們畫線：

1.　實驗人員親自示範一次如何進行畫線的任務，經由親身的示範來建立榜樣，而且在進行示範的過程中，大聲地說話。實驗人員說出他們正在進行哪些過程，而說話內容的重點，在於他遇到了什麼問題、如何解決眼前的問題、以及逐一檢視正在進行的活動情形（這是「認知」的階段）：好，我現在要做什麼呢？你要我用不同的線條來複製一張畫。我必須動作慢一點，要小心才好。好啦，畫一條線下來，畫下來，好；然後畫右邊，就是這樣；現在再畫下來一點，然後畫到左邊。好，目前為止我做得還不錯。記得要慢慢地畫。現在我們重來一次……。不行，我應該往下畫才對。就是這樣。小心地把這條線擦掉……好啦。雖然我弄錯一個地方了，我還是可以慢慢地、小心地加以修改。好，現在我要往下畫了。畫完了，我辦到了。
2.　要求受試兒童也做同樣的任務，但是在過程中，實驗人員會指導兒童如何做。
3.　兒童在進行的時候，也大聲地說出工作過程的「自我指導」。
4.　兒童在進行的時候，只小聲地唸出工作過程的自我指導。
5.　兒童在進行的時候，只在「心裡默唸」出工作過程的自我指導。

這五個步驟，是漸進地用在愈來愈困難的任務。隨後，衝動性兒童顯得比較能夠反省。這些兒童會花比較多的時間去完成指定的任務，而且在完成這些任務時，也較少犯下錯誤。

認知行為矯正術有一項重要的特徵，在於強調我們的思考能力——也就是我們的說理能力。事實上，雖然不像認知行為矯正術那麼有系統地運用，然而，說理是最有效與常見的課堂管理策略之一。

優缺點：認知行為矯正術的主要優點之一是，突顯思考對於行為的影響。認知心理學家指出，人們不像白老鼠只會根據過去所受過的獎賞或處罰來表現行為，而是會思考的生物，不僅對於行為與行為的結果之間了解很多，而且有獨特的想像力能夠預期未來會陸續得到的獎賞。因此，本法在色彩上不像行為主義取向那麼重視處罰。然而在缺點方面，認知行為矯正技術往往比較複雜，教師需要受過相當程度的訓練，而且可能不怎麼適合用來處理各種立即性的教室問題——對於這些問題，使用較直接的行為主義方式似乎較為有效。

⇪ 說理

說理：在各種較直接的糾正干預中，說理是最重要的方式之一。基本上，所謂的說理，就是提出理性的解釋；因此，如果說理當作糾正的策略，就必須向兒童說明清楚為什麼不要去從事某種脫軌的行為、以及為什麼要去從事其它的替代行為。告訴一個學生：「不要啃你的指甲，這樣你會讓其它的同學分心，害他們都沒辦法研習功課。」和告訴一個學生：「不要啃你的指甲了，再這樣的話，放學以後要留下來。」這兩種說法之間，有根本上的不同之處。第一種說法，採用了說理的策略；而第二種說法，則涉及施予懲罰的威脅。然而，我們要注意的是，第一種說法雖然訴諸說理，也有可能被學生解釋為暗含了懲罰的威脅，這要視兒童先前被糾正的經驗而定。如果兒童從經驗中得知，如果不遵從權威的指示，會有什麼樣的後果，那麼無論這

些指示是否以說理的方式呈現，仍然會被視為一種懲罰，而說理所產生的效果會來自隱含的威脅。

說理的方式，對於父母親和老師來說，無疑比其它懲戒方式更具有吸引力。說理的方式比根據某種權力，來決定獎懲賞罰的作法，是較人性化的懲戒方式，也是比較智性的作法。而且，我們也很高興地得知，經由多方的研究、和教導者個人敏銳的直覺，兩者都肯定說理的方式，對於控制及糾正學生的行為，具有相當的效果（Vasquez-evy，1993）。

不同理由的效果：已經有許多研究探討以各種不同的理由引導兒童不去從事某些行為的效果為何。在一個典型的實驗環境下，實驗者要求兒童不要去玩玩具，然後離開現場，並且將玩具留在兒童看得到的地方。如此一來，這些兒童沒有理由相信，如果他們真的玩了玩具，就一定會被罵。研究者接著再給這些兒童某些特別的理由，要他們不要去玩玩具。

Parke（1974）的研究指出，如果說理的重點在於強調物件本身（「如果你玩的話，玩具會壞掉」），對於年紀較幼小的兒童來說，會比與所有權有關而較抽象的說理（「你不應該玩別人的玩具」），來得更有效果。然而，Hoffman（1970）發現，對於年紀較大的兒童來說，如果說理的重點在於強調他們的行為結果對其它人有何種影響（他人導向誘導法，other-oriented induction），會比將說理的重點放在行為的結果對於兒童自己本身有何種影響，要來得有說服力。 換句話說，如果實驗者告訴兒童：「不要玩這個玩具，因為如果你玩了其它小朋友的玩具，其它小朋友就會不快樂。」接受實驗的兒童就比較可能不會去玩玩具。但如果實驗者告訴兒童：「不要玩這個玩具，因為如果你玩了，玩具就會壞掉，這樣你就會不快樂了。」效果就不會那麼好。

Walters 和 Grusec（1977）針對這一點，也曾經發表過看法。他們認為如果說理的方式能夠訴諸兒童對他人的同理心，那麼說理的效果會比訴諸個人得到的後果，要來得有力。對於六歲以上的兒童，尤其是如此。因此，隨著兒童年齡的增長，兒童的心智和道德觀也會逐漸發展，兒童對於抽象和理

念性的說理方式之接受度也會提高，對於立即而客觀的行為結果，也就比較不會那麼關注。這一項研究發現，在兒童的道德發展順序方面的知識中，得到了更進一步的確認（參見本書第 2 章）。關於上述的觀察，我們從中得到若干明顯的涵義：對年紀較幼小的兒童，說理與勸誡的方式應該要明確地針對某個理由，而且要具體。然而，在兒童進了小學之後，說理就應該要採取較抽象的理由。也許最重要的是，如果將說理的重點以他人為導向，並因此對他人產生同理心，對兒童來說顯然會最有效。

為什麼要說理？ 除了考慮到人本主義的精神和倫理道德的原則之外，向兒童說理，比懲罰兒童來得好的原因，有幾項實務上的考量。首先，施行懲罰的人，會為學習者提供攻擊行為的榜樣。事實上，懲罰施行者的作為，正意味著面臨困境時，可以透過藉著權力對別人加以懲罰來處理。然而說理則提供另外一種截然不同的榜樣。向一個兒童說理——讓兒童了解為什麼要採取某種行為——在效果上，也就是要讓兒童了解，審慎思慮是處理困境的一種方式。

採用說理策略，還有第二個好處，就是這樣的方式能夠自然而然地說明其它能被接受的行為是什麼。換句話說，說理，不必限定在解釋為何某種行為是不應該做的，也可以用來解釋為什麼某些行為是可以做的。不同形式的利他行為、以及社會化行為（合作、分享、互助），若是經由懲罰的方式來教導，並不容易奏效，而比較容易經由樹立榜樣、說理、強化或這些方法的組合來達成。

從紀律規範到倫理道德

本章的第一部份特意將重點放在預防不當行為產生的管理策略上，而非糾正不當行為的策略上，這樣做是希望適切地注意老師和學習者之間互動的

各個面向，這將能引發熱忱、溫暖以及關懷，把嚴重影響課堂的干擾行為減至最少，使老師不需要採取糾正的行動。如此一來，老師將會有更多的時間與精力，來處理更廣泛、但有時候不易察覺的問題，像社會性適應、自律、以及道德感的發展。

　　課堂上的規定和限制，是為了確保授課與學習所需的秩序得以建立，但是這些規定和限制也具有其它方面的效果。學校不僅是學生準備面對未來生活的場所，對於兒童來說，也是當下生活的一部份。或許可算幸運的是，在許多方面，學校都反映了更大的社會。學生違犯學校規定所受到的懲罰，或許不如違反社會法律所受到的懲罰那麼嚴厲，但是兩者對於遵從規定的人都有一樣多的獎勵。雖然我們可能會強烈反對學校只教導出唯命是從的學生，但我們還是必須承認，如果不是我們大部份的人都學會了依從社會的風俗習慣、法律、以及倫理道德的規範，使我們學會了不必仰仗刀子、槍枝、還有我們的拳頭，來解決大部份的衝突，並且讓我們的行為在大部份的時候都是正常而能夠被接受的，則我們所生存的社會可能會混亂得無以復加。

　　或許對於學校來說，以下的論點是稍嫌僭越：高層次道德標準的發展、價值觀的內化、以及個人原則和理想的發展，是從兒童的生活經驗中，不經刻意安排、自然而然地形成的——也就是說，沒有任何事物能夠、或應該經由特別的設計，來培育學童身心發展的這些部份。事實上，比較可能的狀況是，學童的身心發展，大部份都是由聰明而敏感的老師所培育出來的，而這些老師們如果能夠對自己的人格有更多的磨練，就能夠有更多的建樹。「人格」是價值觀、道德力量、紀律規範和個人美德的籠統說法，在現今的社會科學中，並沒有一個適切的定義，也很少出現在論述中。否則，這些社會科學就應該會有更多的建議，提供給不只關切課堂管理及授課／學習歷程的老師們。

⌂ 利社會的課程計畫

　　人本主義的教育取向，代表試圖直接迎合兒童的社會與情感需求，及協助兒童發展出有用的社會技能，使他們能夠與他人有效地互動。人本主義的精神在於強調上述的教育方針，而各種團體歷程取向也一樣，並且在人本主義的學校裡相當受歡迎，正如其它強調澄清價值觀及衝突管理的課程一樣，廣受各個學校的採用。

　　衝突管理：Palmares 和 Logan（1975）發展出一個廣闊的課程計畫，不但有視聽教材，也有書面教材，目的在於教導兒童各種解決衝突的方式。這些方式當中，有許多是兒童們會自發性地使用，是兒童在施與受的人際互動中，無意間學會的，進而成為兒童們處理生活的一種模式。然而，有些兒童在學習這些社會技能時，遇到較多的困難。對這些兒童而言，這個課程計畫應該會特別有效。

　　這個課程計畫所教導的衝突解決技巧，包括協商、妥協、輪流替換、解釋、傾聽、道歉、懇請他人仲裁、利用幽默感、以及決定機會（舉例來說，利用銅板的正反面來決定）。這個課程發展出十七種針對不同目的的策略，其中有十四種，對成年人之間的互動也一樣明顯有效。其餘的三種是比較負面的（暴力、打架、以及閒聊），有時也可能會派上用場。

　　這種課程計畫及各種衍生物一直廣泛使用在幾種情況中。例如，Beekman 與 Holmes（1994）發展出一套教導家長如何解決親子間衝突的教案，內容中有五種方法：合作、妥協、通融、避免及指導。同樣的，Black（1994 a）描述那些值得信賴、肯關懷別人與聰明的學生，以及那些受過訓練的學生如何能擔當「調解者」（mediator），以協助處理學生之間的衝突。

　　一項實驗性的利社會課程：實驗人員（Solomon，Watson，Delucchi，Schaps 以及 Battistich，1988）曾經在三所小學試行實驗性計畫，過程進行了五年，目的在於培養利社會行為。這個實驗計畫強調共同認可、並且一起分享的價值觀、社區意識、並且發展出學生對周遭人事物的關懷。這個實驗計

畫包括五種各自獨立的學生活動。在這些活動中，最重要的是由 Johnson、Johnson、Holubec 以及 Roy（1984）所設計的小團體合作活動，這些活動的主要目的在於發展出與公平、尊重、責任以及彼此幫助有關的價值觀。

這個實驗計畫的第二個面向是紀律的發展，乃採取以學生為中心的課堂管理策略，使學生有機會參與課堂規定的建立與執行。重點在於讓學生了解設立課堂規定的原則，目的是養成學生自動自發的精神。

Solomon 等人（1988）所設計的實驗計畫中，第三個部份包括促進社會性了解的活動，老師會以課堂環境為例，與學生討論及強化這些利社會的價值觀。除此之外，角色扮演的遊戲、正式的討論會、書籍、電影、以及其它活動，都被用來強化兒童對於彼此的敏感度，以及對於彼此差異的容忍度。

這個實驗計畫的第四個部份，在於鼓勵學生從事突顯利社會價值觀的活動。舉例來說，老師必須注意課堂上利社會行為的例子，像是分享與安慰別人。影片、書籍、以及其它社會行為的榜樣，都可以在此派上用場。

這個實驗計畫的第五個部份，強調協助性的活動，包括鼓勵兒童彼此幫助、或幫助社區，來直接從事社會行為。為了達到這個目的，學生之間會形成「好兄弟」互助系統，老師們則會建立一套授課計畫，並且組織各種改進學校與社區的活動。

這個實驗計畫的評估方式，是將這三所實驗學校的學生，與其它三所學校的學生比較。結果如何呢？用作者的話來說：「（這個實驗計畫）對兒童在課堂上的人際互動行為（不會妨礙到他們個人的課業成績）產生實質上的正面影響。」（Solomon，Watson，Delucchi，Schaps 以及 Battistich，1988，p.545）比較其它沒有加入實驗的兒童，在這些實驗計畫中的兒童，顯得比較會支持別人、比較有合作性、比較友善、也比較願意幫助他人。

雖然施行這項實驗計畫，需要老師們花上一週的時間，參加行前的訓練課程，每個禮拜、每個月也要參加會議，並且需要為數不少的輔助教學材料，然而對於任何課堂班級，這項實驗計畫都能產生相當大的益處。正如Solomon 等人（1988）指出，課堂生活似乎有兩種一般化的層面，與利社會

的價值觀和行為之發展，有顯著的關聯：其一是建立溫暖的師生關係；其二是為學生提供學習互助合作的機會。

學校可能在有意或無意間，教導了兒童許多如何與他人相處的方式。不幸的是，學生有時候反而學到「不要」與人和睦相處。也許，如果老師們奉行以下的兩件事——師生關係的融洽、以及學生之間的互相合作——學校就能夠有意圖地對學生做出更多正面的影響。

摘要

1. 「課堂管理」指對於課堂活動的安排，以促進老師教學與學生學習的效率；而紀律則是指老師的干預，當學生的行為干擾（或即將干擾到）課堂上的活動，老師就做出必要的干預。

2. 在課堂環境下所發生的事件，是多面向的（牽涉到許多個體、許多活動、以及許多目標）、同時發生的（許多事件同時發生）、立即的（許多事件需要老師當下就做出決定、並且立即採取行動）以及不可預測的（課堂上會發生哪些事件，是不容易預先得知的）。因此，如果老師們要做好課堂管理，本身必須具備特別的教學技巧、以及對課堂環境的洞察力（老師必須在課堂上保持警覺，能夠掌握課堂上所發生的狀況），而這些技巧，在老師長期熟稔運用之後，就會漸漸變成潛意識的一部份，能夠自動地發揮出來。

3. 儘管有些人以倫理或人本主義的理由，反對老師對學生的控制，只要老師對學生視如己出，並且懷有關懷之心，那麼適當的紀律仍然是必須的。

4. 人本取向的紀律模式（Rogers），建議教師施予最少的干預，並提倡那種高度支持性、以學生爲中心的學校。人本取向的教師致力於培養學生養成自律的精神。

5. Kounin 曾經對成功的課堂管理具有哪些重要的特質，做了如下的陳述：對課堂情況充分掌握（能夠及時以不干擾到課堂進行的方式，正確地針對造成干擾的人）；重疊處理能力（有效地處理課堂可能發生的干擾，但處理的方式不干擾到活動的進行）；課堂活動的銜接平順，並且能夠維持課堂活動的動力（能避免課堂活動銜接不夠流暢、一些會干擾課堂活動的因素，包括老師過於容易受到外界事物的影響而離題、讓兩個不同的活動互相干擾、在一個活動進行到一半時停下來跳到另一個活動、在幾種不同的課堂活動之間跳來跳去、或課程進行的方式過於零碎）；扣住學生的注意焦點（讓學生在課堂上發表、利用團體警戒的暗示，或採用能夠讓所有學生參與的上課模式）。

6. 其它重要的課堂管理策略包括建立例行的規定、盡快記住學生的名字、設下規範、一致地執行紀律與規範、安排活動機會以發出適當的讚美、利用幽默感、以及留意教室內的環境和氣氛。Webster 所提出的民主化紀律所根據的原則是以理性爲主、規定的執行必須和學生的行爲有關、而且要尊重學生。他所提出的幾項原則，都是顯而易見，卻經常被忽略。

7. Dreikurs 的理性結果模式，以尋求注意、尋求權力、報復及顯露無助等需求來解釋學生的不良行爲。它提供了一些確認學生之動機的程序，以及建議教師對於各類行爲的回應作法。本模式也建議訂定不良行爲的結果—這些結果爲學生所接受，並且目的在於鼓勵良好的行爲，而不是爲了處罰不良的行爲。

8. 行爲干預係應用行爲主義的原理，目的在於改變學生的行爲，典型的步驟包括：界定問題、測量問題、確定問題的原因和結果、決定如何改變、計畫並進行干預、以及事後追蹤結果與成效（評估後中止，也可能修正後繼續執行）。

9. 在學校採用的系統強化法一般來說都是運用正強化，有時候這些強化物採取代幣的形式，或融合老師的讚美和其它具體的獎勵（如同普墨克原則使用學生所期望的活動來作為強化物）。有些研究指出，如果學童過度地依賴外界的獎勵，會減弱內在的動機，並且反映在學生後來的興趣和動機上。

10. 外在的強化物包括：消耗性、可控制的、視覺與聽覺刺激、社會性刺激、代幣、以及強化物清單上的種種項目。其中，老師的注意相當重要。在課堂上，強化物的使用，需依循幾項重要原則：強化是個別化的（須量身裁製）；其次，其效果能自動產生；強化與懲罰的施予應該持續一致，並且必須和學生的行為有關，此外，強化與懲罰的施予，應該在事件發生的當下就採取；我們不應該低估學生對強化的需求量；最後，學生的功課應該區分成許多小步驟，使學生能經常接收到強化。

11. 為兒童設立榜樣，能夠讓兒童有適當行為的依循標準。在某些情況下，受到懲罰的榜樣，或許可以抑制脫軌行為。課堂上最重要的榜樣或許就是老師本人。

12. 消弱指透過撤走強化物來抑制課堂上的不當行為。

13. 懲罰指施予受罰者不愉快的刺激或剝奪感到愉快的刺激。有些反對施用懲罰的理由是，懲罰不一定每次都管用，而且也樹立了一個示範暴力的榜樣；除此之外，還可能會使受罰者產生負面的情緒影響，並且在受到挫折之後產生適應不良的行為。研究顯示，懲罰可以壓抑不當的行為；在某些特別的例子中，懲罰對於讓小孩了解哪些行為是不允許的，也有相當的必要性。

14. 斥責（表達不贊同的意思，一般來說是口頭上的，但是有時候也可以是非口頭的）是最常用於課堂上的懲罰方式。最有效果的斥責方式，必須向受斥者解釋可以做某件事或不可做某件事的理由，並且要在近身的距離內告誡之。

15. 暫停上課的處罰是將學生從具有強化作用的環境中，帶到另外一個不可能產生這種強化作用的環境。這種懲罰方式包括隔離（身體的移開）、排除（把兒童從正在進行的活動中帶開，但兒童未離開教室）、非排除（把兒童從正在進行的活動中帶開，並安排兒童在場內的一個地方繼續觀察活動的進行）。反應犧牲的懲罰方式，是讓受罰者先前所贏取的強化物因為後來的不當行為而失去。

16. Canter 的果斷紀律反對教師過於放任，提倡教師應制定出一份教師紀律計畫，當中包括清楚的規定、教導學生遵守這些規定的方式、以及將家長也納進來協助對學生的管教。

17. 認知行為矯正術採用行為干預的原理及考量個人的思維（認知），藉此改變個人的行為。在一般的情況下，認知行為矯正術致力於讓人察覺到自己的思考過程以及行為的理由。

18. 說理通常配合其它訓戒措施，具有高度的有效性，同時也是處理課堂問題時，一種符合人道精神的方式。對於年齡較幼小的兒童來說，具體理由的效果會比較好；然而對於年齡較大的兒童來說，抽象的理由會較管用。除此之外，訴求不當行為對別人的影響之理由特別有效，而且對於發展較高層次的道德取向也相當重要。

19. 除了維持教室秩序之外，老師也必須致力於發展兒童的社會技能及管理自我情緒的能力。奉行人本主義的教育者建議老師也應該注意學生的情感與道德發展，這或許可以藉助利社會的課程與技術。

複習問題

1. 為什麼良好的教室管理如此重要？試列舉你的理由。

2. 試列舉跟下列的管理模式相關的教學策略：（a）Rogers 的人本模式；（b）Marland 的關懷學生模式；（c）Kounin 的掌握模式；（d）Webster 的民主模式；（e）Dreikurs 的理性結果模式；（f）Skinner 的行為矯正術；（g）Canter 的果斷紀律模式；及（h）Meichenbaum 的認知行為矯正術。
3. 在使用教室管理的預防策略時，應注意哪些事項？

❏ 建議書目

There are a large number of books that present recipes and strategies relating to classroom management and discipline. The first two of the following seven books are highly practical, general guides to different models of classroom management; the second three books present humanistically oriented approaches to management; and the final two describe approaches that are clearly more restrictive and assertive:

HEWITT, J. D. (1992). *Playing fair: A guide to the management of student conduct.* Vancouver, B.C.: EduServ.

EDWARDS, C. H. (1993). *Classroom discipline and management.* New York: Macmillan.

NELSEN, J. (1987). *Positive discipline: A warm, practical, step-by-step sourcebook for parents and teachers.* New York: Ballantine.

KAMEENUI, E. J., & DARCH, C. B. (1995). *Instructional classroom management: A proactive approach to behavior management.* White Plains, N.Y.: Longman.

FROYEN, L. A. (1993). *Classroom management: The reflective teacher-leader* (2nd ed.). New York: Macmillan.

CANTER, L., & CANTER, M. (1992). *Lee Canter's assertive discipline: Positive management for today's classroom.* Santa Monica, Calif.: Lee Canter & Associates.

DOBSON, J. (1992). *The new dare to discipline.* Wheaton, Ill.: Tyndale.

第 12 章

個別化教學

　　我的老師們告訴我：科技是科學應用，是工業、藝術和其它領域技術上的進步。教育，可能要歸類為「其它領域」中的一項。本章是本書探討科技的章節。這一章詳載科學的應用（心理學也算是科學）及教育事業技術上的進步。所以，本章探討編序教學，電腦在教育上的用途，以及建立在獨特理論之原理上的特定教學技巧。

摘錄自《小熊故事》（第五冊）：教導野牛

　　小熊蜷曲地躺在山峰下的岩台上，並俯看著整個山谷。他的鼻子在腳掌間摩擦，眼睛也半閉著。這是一塊僅剩的還未被野母牛破壞的聖地。他們可能以為綠草不會生長在這麼陡峭的山坡上，雖然某一天，有一隻大野母牛拖拉著她喝剩的威士忌，拉到一半，在山坡上就放棄，又回去拿一瓶新的，她並不知道在這岩台後面有泉水，也不知道在岩台邊緣長著羊齒植物。

　　小熊並不吃羊齒植物，他只是聞一聞，有時侯會從羊齒植物捲曲的葉尖上舔一舔露珠。他那沒有宗教信仰的靈魂會阻止他將舌頭纏繞在羊齒植物的莖上，將它們擰下來送進嘴裡。他在開展的葉子上看到了神奇，在它們優雅的外表上聽到了詩篇。在這片岩台上，小熊是個詩人。有時侯，他還可以從羊齒植物中聽到音籟。但是現在，野母年在山谷下跳舞，他們四個圍成一圈跳了起來，配合著鼓聲低沉的節奏前後穿梭，尾巴糾結在一起。那些不想跳舞的，則帶著威士忌在舞區周圍，對著跳舞者做出淫蕩的動作；不然就在河裡潛水、游泳或只是在水中行走遊蕩。山谷裡傳來雪茄和沼氣混雜的惡臭，這使得熊無法再聞到羊齒植物的氣味，也無法感受到泉水的新鮮。他不再是個詩人了。

　　突然地，小熊很想知道野母牛肉嚐起來是什麼味道。但因為他已經選擇做一個素食者，所以這個念頭很快就使他反感；這一切使得岩台上的他感到厭惡。基本上，小熊並不愛抱怨，但這些野母牛真的使他很生氣，以他的話來說：「這些噁心的野母牛，她們可惹火了我！」然而他並不是抱怨家，他是個實行家。

　　忽然，小熊從岩台上站了起來。「母牛們，聽著！」他喊叫著。但是持續不斷的鼓聲和低沉的野母牛叫聲淹沒了他的喊叫。這是一群不懂得旋律，只懂得附和同伴叫聲的母牛。

「聽好！」小熊用吼的了。有一些母牛轉過頭來望向岩台。她們看到小熊站在她們上方，於是靜下來等他說話。

小熊是個很棒的老師；他有個很好的位置，而且他知道如何掌握這群野母牛學生。他說：「我有一些很重要的事要教你們。」野母牛們全都安靜下來。小熊露出微笑。他將要教導她們這世界的一切事物。他將徐徐灌輸她們要尊敬生活環境。她們終將會與環境和諧相處的。嗯，這些野母年們一定會的。

小熊望著全班，想著該從哪裡開始？該做些什麼？很顯然，這一群當中有一些聰明的野母牛。她們遲鈍笨拙的眼裡透露出熱切的眼神，並有著特別專注的姿勢。在她們身上可以找到機敏，並且她們願意學習。

不幸的是，其它野母牛們既不聰明也不感興趣。她們之中有許多還不了解小熊的呼喚有什麼嚴重性；她們也不感覺到他的存在。她們繼續抽煙和喝威士忌。

小熊是個非凡的老師，他馬上就理解到不是所有的野母牛都可以用同一種方法去教導。

使課程適合學生

有一些普通班級就非常像這群野母牛。有些學生很聰明、機敏、好奇心強並且有學習興趣；有些則能力較不足或較不感興趣，或兩者都有。當某堂課並不適合「所有」學生時，他們之中有許多人可能會去學習，但，無可置疑的，其中有一些人仍會繼續跳舞、喝威士忌（這當然是一種隱喻）。普通班級的老師該怎麼做才能符合個別化教學？

有一個方法是老師花時間和班上的每個同學個別相處，對學生立即的需求和興趣做出回應，以及做好老師該做的事情。但，很不幸地，老師與學生

的比例、時間是否充裕、以及需要回歸正課，都使得這個方法的困難度高而難以實行。

分班

　　分班（tracking）指基於教學的考量將學生集群。Oakes 與 Guiton（1995）指出，分班一般會根據下列三項準則：（1）以文化因素為準，例如種族；（2）以社會階層為準；及（3）以智力程度為準。低收入與弱勢族群家庭出身的學生常被編入低能力班。

　　分班也反應著對未來生涯的展望與抱負，例如，有所謂的升學班與就業班。此外，分班的決定也反映著個人的因素，例如個人的興趣與家長的意見。因而，家長也許會替小孩選擇某些課程，大部份是基於對小孩的期望；或在某些情況下，會根據學校的名聲（或文化上與宗教上的因素）替小孩選擇學校。

♎ 贊成能力分班的一些理由

　　將學生分成高能力班與低能力班是一度相當普遍的作法，目的在於使學校的教學資源更能吻合學生的差異。當使用能力來做為分班的基準時，是期望將低能力的學生集合在一起上課，使他們的需求能更有效地滿足。同理，教育人士聲稱，較高能力的學生若處於針對其能力與需求而特別設計的學習環境中，他們可以學習得更好。例如，Gallagher（1993）認為能力分班對於較聰明的學生特別有用——雖然對於低能力的學生不一定如此。

⌂ 反對能力分班的一些理由

事實上，能力分班的效果一直受到負面的評價。正如 Brassock 與 Slavin（1993）指出，能力分班充其量是完全無效，在較差的情況下則是有害的。

George（1993）指出能力分班會衍生以下的問題：

1. 許多學生受到不公平與不正確的編班處置。
2. 不管學生後續的表現如何，能力分班會將學生綁住一段長時間。
3. 分班強調能力卻忽略了努力的重要性。
4. 種族背景與家庭收入的高低往往因而突顯。
5. 編入低能力班的學生常常嚴重喪失自尊感。
6. 在低能力班進行的課程往往不具有足夠的挑戰性。

Black（1993）同時指出，能力分班常侵犯到學生應受到公平保護的權利，因此有違法之嫌。並且 Buvks（1994）舉證說明，事實上能力分班的效果適得其反，特別是低能力班。也就是說，若能使低能力的學生因接受量身裁製的教學而進步，那麼能力分班尚有道理，但是實施之後，高能力班與低能力班的差距會愈拉愈大。

基於這些理由，Slavin（1993b）認為必須實施「班別間」（between-class）的能力分組。這可以有很多種作法。一種是各班「內」的能力分組，即按學生特定的學習經驗加以分組，但各組仍是普通班的核心組成。

其它的方法，稍後在本章中會有詳盡的說明，包括：讓電腦與學生們互動，有時並根據學生們的反應而修改教學方案；經過特別設計的教學方案（即編序教學），可以採教本的形式，也可以藉助於電腦；還有許多以理論為基礎、相當精巧的教學系統，例如：PSI（personalized system of instruction）個人化教學系統，或是 IGE（individually guided education）個別引導教育。

學習風格取向

　　另一個方法，也許是最能使課程適合學生的一種方法，即學習風格取向，在第 9 章就已提過（見 Dunn & Griggs，1988；Dunn，Dunn & Perrin，1994）。學習風格的理論基礎是認清學生們用不同的方式學習，也就是說，每個學生有自己的學習方式。有些學生在早上的學習效果較好，有些則不願在早上醒來，因此學習效果要直到稍晚的時候才會較好。有些學生在老師的指引下，全班一起學習，或有良好的教學架構時能表現出色；有些則較不需老師講課，在自我啓發、自我探索的情況下表現卓越；還有一些是在小組討論、合作的方式下有較好的成績。有些學生偏愛在燈光明亮的環境下，伴著大聲的音樂看書；有些則需要在較柔和、安靜的環境裡。有些學習者非常喜歡使用視聽設備學習，有些則在受到讚美或批評時會有較好的學習反應，有些人注意力的集中較久等等。

　　倡導這種取向的人士認爲：爲了要真正落實個別化教學，就必須測出每個學習者的剖析圖（profile）。這份剖析圖要能提供個人的優缺點及喜惡等細節，如此學校才能迎合學生不同的需求與學習風格。如我們在第 9 章所見，實行這種教學方式需要多方面的配合。必修科目在同一天之內應有多種上課時間；班級必須重新安排，好讓學生們選擇要上小組教學、個別教學或大班教學；激勵方式也必須重新安排，好讓班級中能同時有個別學習、合作學習與競爭學習等情境；而教學設備也要發展至能迎合學生對視覺、聽覺、與運動知覺的各種偏好。

☞　在正規教室內的個別化教學

　　個別化教學要完全做到如同學習風格取向所建議的，會相當困難或不可能。即使相關人士也確信這是所有個別化教學方案中最好的一種，他們也會

認爲在大部份的情況下沒有足夠的時間、金錢和精力去執行這方案中的每一部份。但若縮爲較小規模的個別化教學,那麼,這方法幾乎可以在每個班級裡實施。事實上,這方法不只可行,而且有實質上的需要,尤其是在現在混合教學的一般教室裡,必須面對有各種獨特需求的學童。

即使在稍均質的教室裡,Bacdayan(1994)指出,如果教學未能有某種程度的個別化,結果會是將教育資源做無效率與無效果的運用。較差的學生會有不必要的掙扎;至於較好的學生會在不具挑戰性的學習環境裡浪費許多時間,並且也可能會厭煩。

請記住,個別化教學並不表示在整天的學校生活中,所有學生都要個別學習。個別化教學指的是呼應學習者的特性、課程與單課目標實際的限制,來調整、選擇教學方法、班別組織、評估程序、及教學/學習歷程中的其它要素。實際上,這表示有些學生至少會有一段時間須接受不同的學習經驗;當中有些經驗可能是個別學習,但大部份是以小組的方式一起學習。並且,即使在採取個別化教學的班級裡,也往往以全班一起上課的方式進行(見 Edward Stewin 案例)。

案例

根據 Serge 的回憶,Edward Stewin 是個好老師:Stewin 先生,是我三、四年級的老師,他總是知道每個學生對什麼感興趣,也能找到方法讓我們學習一些有趣的東西,有時候以個別方式,有時候以小組方式。譬如說:我們之中有些人對原住民很感興趣,他就讓我們研究一個特殊的部落,並做出他們生活中會用到的物品。然後,有一組人把這些物品埋在學校操場邊,另一組學生則必須把它們挖掘出來,並評估使用者的生活方式。最後,我們大家集合起來,老師利用剩下的時間,或多或少教導我們關於這個部落的其它事情。

在眾多教學方法中，老師可以使用講課、討論、背誦、詢問、引導學生發掘、使用大或小團體策略、個別指導、同儕相互教導等等。每一種都有其優點，可達到不同的學習效果，但即使是被認定為可能是最好的學習方法（例如：一對一的個別指導；Bloom，1984），因某些實際的因素，也不可能全盤實施。任何一位稱職的老師不會在課程內使用單一的教學方法授課；他們會陳述課程內容，包括講解、傾聽、詢問、示範、使用教學素材，以及有時候會帶學生們親身去見聞。

這些活動可以用在全班學生（大班或小班）、某個學生或幾個學生身上或輪流替換。而且，這些活動可與任何一種特殊的教學技巧結合。這些技術都針對個別化、系統化及電腦化教學等用途。

這些技術當中有一些來自特殊的心理學理論和實驗，將在下面討論，例如：編序教學（programmed instruction）、電腦輔助教學（CAI，computer-assisted instruction）、精熟學習（mastery learning）、Keller 的個別化教學系統（PSI，personalized system of instruction）、個別引導教育（IGE，individually guided education）及個別指導教學（IPI，individually prescribed instruction）。這些教學取向的方法與原理對每位當代的老師也許都很有用，可以納入自己日趨複雜的教學寶庫裡。

編序教學

「編序教學」這個名詞一般可用來形容任何一種經過組織的「自我指導工具」（autoinstructional device），也就是說，在沒有老師的協助下，學生能經由這套工具自行獲得知識。所以，教科書和電腦都可算是一種編序教學工具。編序教學較精確的定義是：教材限制在特別設計針對自我教育的用途上，以及依照直線式或分支式編序或混合兩者來編排。Skinner（1954）的方

法跟直線式編序教學（linear program）有關，而 Crowder（1961，1963）則探討分支式編序教學（branching program）。

☞ 直線式編序教學（Linear Program）

直線式編序教學是一種讓學習者使用同一教材，經歷完全相同的順序來學習的方式。但是學習者可以按自己的速度學習，所以是一種個別化的學習方法。

直線式編序教學直接根據操作制約模式（operant conditioning model）的理論。其教材能引導學生做出正確的答案，並能對此給予強化。事實上，學生們的反應是操作性行為，而促使他們做出正確反應的知識則是強化物（reinforcer）。因此，直線式編序教學有以下特徵，確保學生們總是能正確地回答：

1. 教學材料被拆為許多小步驟。這些小步驟稱為架構（frames），會以合乎邏輯的順序陸續介紹。每個架構都包含最適量的資訊，好讓學生能一個接一個地熟記。
2. 學生們被要求不時地做出回應，通常是在一個架構中回答一次，至多四、五次。教材中也會予各種形式的暗示，以確保他們能正確回答。
3. 直線式編序教學立即讓學生知道自己的回答是否正確（knowledge of results），也立即提供強化作用。Kaess 和 Zeaman（1960）證明了正面的回饋（知道自己答對了）要比負面的回饋（知道自己答錯了）之效果好。因為直線式編序教學是經由提供各種形式的暗示與子架構使學生不易犯錯，因此大多數的回饋都是正面的。

若你想親身經歷直線式編序教學，請參見專欄「Piaget 的術語：直線式編序教學」。

Piaget 的術語：直線式編序教學

說明：折一張紙或使用一紙板將右邊答案遮住。答案遮住的同時，閱讀第一題，並將答案填在空白處。然後移開紙張或紙板核對答案，再閱讀第二題。

1. Jean Piaget 發展出一套關於人類適應的理論。這 　適應（adaption）
   是關於人類＿＿＿的發展理論。

2. 當孩子學著去應付他們身處的環境，並且處理得 　適應（adapting）
   當時，他們可以說是在＿＿＿環境。

3. 因此，適應包含了與環境的互動。適應的歷程是 　互動（interaction）
   有機體與環境的＿＿＿。

4. Piaget 的發展理論中，其核心特徵是希望能從與 　適應（adaption）
   環境的互動中解釋人類的＿＿＿。

5. 互動是經由兩種互補歷程的相互作用而產生的： 　過去（Previously）
   一種是依據過去已學會的反應去回應環境，這種
   歷程稱同化。同化涉及＿＿＿已學會的反應。

6. 當孩子們在過去已學會的某項活動中，使用某項 　同化（assimilating）
   物件時，他們可以說是在同化該物件至過去的學
   習中。譬如說：Jennifer 在吸橡皮奶嘴，就表示她
   正在＿＿＿橡皮奶嘴至吸吮的活動中。

7. 有人給 Sam 一個紙娃娃。他好奇地看著它並將它 　同化（assimilating）
   放入嘴中吃了起來。他將紙娃娃＿＿＿至「吃」這
   個活動中。

8. 與環境的互動中包含兩種歷程，同化是其中一項。它是 _____ 歷程中的一部份。	適應（adapting 或 adaption）
9. 適應包含兩種歷程。第一種是同化。第二種為調適。它發生在與環境的互動中所產生的行為改變。調適涉及行為上的 _____ 。	改變（change 或 modification）
10. 當孩子們不能同化活動中的新物件時，他們必須對它 _____ 。	調適（accomdate）
11. Johnny West 在他第一次過生日時，有人給了他一個非常長的橡皮奶嘴。在此之前，他都吸「燈泡型」奶嘴。這個長奶嘴跟他的鼻子等長。他必須將嘴巴張得特別大，才能吸到新奶嘴。Johnny West 必須 _____ 他自己，使他能適應新奶嘴。	調適（accomdate）
12. 如果別人給 Johnny West 他的舊奶嘴，即原先那個較短的奶嘴，他可以較易地將「吸吮」這個動作與奶嘴 _____ 。	同化（assimilated）

　　編序教學理論的三項基本觀念為：積極的回應、不產生犯錯的學習和立即的回饋。將這些原則應用在教室裡，則應準備一小段一小段的學習單元，以加強學生在學習時的理解力及減少錯誤，並經由積極的回應促使學生持續學習，以及立即給予學生正確答案的回饋。雖然這種課程在編排須顧及邏輯和順序因而非常耗時，但這種過程對學習相當有益。

⇗ 分支式編序教學（Branching Programs）

分支式編序教學比直線式編序教學提供較長的架構（有時侯一個架構可能是一整頁）。而且不像直線式編序教學，分支式編序教學要求學習者從數個選擇中找出答案，而不是讓他們做出自己的答案。然而，在這兩者之中，最明顯的差異是；分支式編序教學不讓所有學生們經歷完全相同的教學。能正確回答所有問題的學生，可以盡快讓他們完成學習。答錯的學生，則需接受補救性的教導和進一步的講解。典型的例子是：答錯的學生要研讀補救性架構（remedial frames），最後再回到主幹，進行進一步的學習（見圖12.1）。請參閱專欄：「熊的足跡：分支式編序教學」。

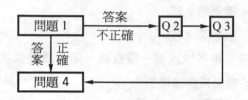

圖12.1　分支式編序教學法

熊的足跡：分支式編序教學

目標：在研讀完這份教材之後，你應該能夠：

1. 分辨森林

2. 分辨熊的脚印

3. 找出一隻熊

4. 找出一群野田牛

5. 在任何方向上迅速奔跑

註：這裡只顯示教材中的一部份，所以只能達到前面兩項目標。

指示：仔細閱讀題目，若不清楚題意則重新閱讀，然後選擇你認為最適合的答案，並跟隨對應於答案的指示。

1. 森林是樹的集合。森林是由大量的樹集合而成，就像城市是由大量的人集合而成。樹林是由少量的樹集合而成，就像城鎮是由少量的人集合而成。灌木叢是由小樹集合而成，那麼小矮人集合起來的地方稱為什麼？別介意，這不是問題所在。我們通常可以在有大量的樹集合的地方看到熊。如果你要找一隻熊，你會去：

   A. 大量的人所集合的地方　　B. 森林　　C. 海洋

   如果你答 A，請到第 10 題

   如果你答 B，請到第 3 題

   如果你答 C，請到第 7 題

2. 答對了。很好。現在你找到一座森林，你必須要找到一些腳印。記住，熊的腳印看起來是這樣的：

在你找到腳印之後，跟著它們走，你就會找到熊。如果你找到了圖中的這些腳印，你應該往那個方向走？

   A. 北方　　B. 南方　　C. 東方或西方

   如果你答 A，請到第 8 題

如果你答 B，請到第 12 題

如果你答 C，請到第 4 題

3. 你答對了。我們常常可以在森林裡看到熊。有時候，在別處也可以看到熊。你應該記住，欲找到熊最好的方法就是做以下這兩件事：第一，找一座森林。第二，找熊的腳印。腳印看起來是這樣的：

找到熊最好的方法是：

A. 找一片海洋　B. 找熊的足跡　C. 找一座森林

如果你答 A，請到第 7 題

如果你答 B，請到第 9 題

如果你答 C，請到第 2 題

4. 你答錯了，但這並不表示那是不明智的做法。如果你怕熊，你甚至可以考慮往南走。到第 12 題，看看你往南走，將會發生什麼。

5. 很明顯地，你對熊感到懼怕。給你的指示是去你大學的圖書館（不去的話，就別想拿到 250 美元獎金，哈！哈！）你被要求閱讀「反制約作用」（counterconditioning）之類的書籍，並努力減少恐懼感，若你付得起費用，你可以請本書的作者做你的臨床治療師。若付不起，則另請高明。

6. 很好！很好！你應該做點別的。但首先請你到有大量人群集合的地方。然後……（現在到第 13 題）。

7. 你不專心。再回到第 1 題重新開始。

8. 很好。你注意到箭頭指示的方向。你終於可以看到熊了。而熊總是

會在牠的脚印前聞來聞去，這真是件有趣的事，你不覺得嗎？這使得他更容易找到。在你找到熊之後，你會做何種決定？你會：

A. 停下來並禱告　　B. 跑回家　　C. 做別的事情

如果你答 A，請到第 11 題

如果你答 B，請到第 5 題

如果你答 C，請到第 6 題

9. 這答案不對。如果你在找到一座森林之前先去找熊的脚印，你可能永遠都找不到熊或牠的脚印。再回到第 3 題。

10. 這答案不對。有大量人群集合的地方是城市。在城市，通常看不到熊，但我們常常可以在有大量樹林集合的地方（森林）看到熊。如果你在城市裡尋找熊，可能會浪費時間。現在，再回到第 1 題。

11. 忠於自己是值得誇獎學生的一項特質，但在這裡並不適合。在這個時候，你應該仔細想想你是否真的想找熊，若你確實想找，再回到第 1 題開始。

12. 停！你走錯方向了。熊是面向牠的脚印之前方的，這是個要點。現在，你可以回到第 2 題，或是休息一下再繼續進行。你可以這麼做，但如果你從第 1 題開始會更好。

13. 本教材在此處是說明分支式編序教學法的範例。不敢追逐熊的人，可以去圖書館找書看，或是雇用我當指導人（我提供的可是高品質、有效率的服務）。

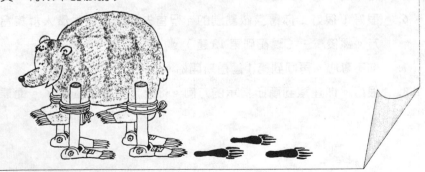

编序教学的用途

编序教学原先的构想至后来的发展，大部份仅成为历史性的研究兴趣，虽然有一些原理也许可用于普通教室内。Markle 和 Tiemann（1974；Markle，1978）指出，这些原理形成教学理论的基础，可应用在学习运动技能的简单任务上，或高度复杂的认知性学习任务上。

电脑与教学

有些编序教学的原则也明显地可以用在个别化教学的另一项发展上，即在教学上使用电脑。

事实上，许多电脑化的教案在格式上很像数十年前流行一小段时间的编序化教科书。并且一些研究人员注意到，从传统的编序教学到电脑辅助教学，一直有很自然的转移现象（Jonassen，1993）。对于呈现有系统的教学顺序，诸如编序教学的内容架构，电脑是特别有力的互动工具。

电脑革命

「电脑革命正发生在我们身上！」我们几乎每天都会接触到这句话，而且接触已有好一阵子了。「革命」是个很伟大的字眼，难怪我们周围有许多人想知道电脑革命是什么，不管是否真的作用在我们身上，也不管好或坏。

第三波（The Third Wave）：是的，根据 Alvin Toffler（1980）的说法，电脑革命的确发生在我们身上。他在较早的时候（1970）便已警告我们：这即将来临的革命会使我们许多人感到震惊。在一连串震撼人类的历史性变革中，Toffler 视电脑革命为「第三波」。第一波为农业革命，发生在一万多年前，它使我们那些以打猎和搜食为生的祖先们转变为畜养动物、栽种

植物的家居者，改變了那個時代人類的意義。第二波為工業革命，發生在近代，其最終影響改變了我們工作的地點，我們的家庭和生活結構。第三波將帶給我們的深遠影響，最後結果只有歷史能告訴我們。不管如何，電腦革命正在席捲我們大家的心。

抗拒電腦革命：Wilson（1988）寫道：「明天，我們必須去做一些和以前完全不一樣的事。那將會非常驚人的，因為人們必須不去思考他們自己是誰。一隻好的毛毛蟲只想知道如何變成一隻更好的毛毛蟲，它會說：『變成一隻蝴蝶？少來！你別想刺激我從事任何的那種事。』」

；　有些老師和學生只想做隻好的毛毛蟲。他們對電腦感到不安，對這種革命可能帶來的改變感到不安。但是已有徵兆顯示改變的來臨。Krrstiansen（1992）花了二十年（1970-1990）研究在教育上，老師們對電腦的態度，發現能接受電腦的老師以驚人的速度增加，有些甚至迷上電腦，會害怕的人急遽下降。然而，即使是現在，許多大學生仍懷有不同程度的「科技恐懼症」（technophobia），這其中，又以女生較男性為多（Bernhard，1992）。

然而，這一切在今天這一代的孩子們身上可能又有改變。Todman 和 Lawrenson（1992）比較九歲的孩子和大一心理系學生時發現：孩子們不只比較不會對電腦感到憂慮，而且對電腦有較多的學習經驗。對他們來說，新科技並不像是革命。

顯示電腦革命存在的證據隨處可見。二十年前我寫這本書的第一版時，用了一枝 25 分錢的原子筆和 24 包黃色稿紙。現在這一版，則是使用了連接雷射印表機，也連接學校圖書系統的電腦，它就像是一個資料庫。其實，當時並不是沒有電腦，十足相反的，當時就已有相當多的電腦，而令人驚訝的是，從功能上來看，當時的電腦與現今的電腦並沒有太大的差別。第一代電腦與現今電腦的一些重要差別正足以說明革命性的改變。其中主要的差異是，現今的電腦體積縮小、價錢下降、可放在桌上供個人使用，因為現今的電腦都盡量用只有指甲大小的微晶片來處理所有資訊。此外，新的電腦科技已經成功地創造出所謂的「網際網路」（internet），而且可以使人們沉浸在

虛擬的環境中，這些環境是如此逼真，因而稱爲「虛擬實境」（virtual reality）（Dykman，1994）。現在人們（包括學校）可以輕鬆擁有個人電腦，就如同擁有一架電視機。除此之外，這一代的人操作個人電腦的方法要比他們的祖父母簡單多了。以商業術語來說，也就是「使用者輕鬆使用」（user friendly）。難怪個人電腦的市場會快速成長。然而，這對教育有哪些影響呢？

➷ 電腦對教育的潛在影響

電腦迷和一些樂觀人士認爲：在學校裡廣泛使用電腦，會帶來席捲性、激烈的、有高度益處的影響。

正面的影響：他們認爲學校會變成交換和檢索資訊之大型系統的一部份，每個學生都可以立即獲得近乎無限制的高品質資訊。例如，Alberta Education（1987）整理許多研究結果後指出，科技在教育上的應用將：（1）使教育更有生產力；（2）使教育更立即與相關；（3）使教育更強而有力；（4）使教學更有科學根據；（5）使教育更個別化；（6）使教育更容易獲得；（7）使教育更能呼應特殊需求與個人的需求；及（8）使教育更符合成本效益（p.5）。有些人士還預測：規模較小、服務較親切的私人學校會急速增多，因爲隨著電腦的來臨，將可解決資源不足的問題（Coburn et al，1982）。有些電腦迷堅持認爲，一些讀、寫、算術上的學習問題會隨著熟悉使用電腦而獲得解決。實際上，到現在爲止，有些人認爲電視帶來的許多不良影響被電腦帶來的創造性活動所取代，而且，家庭關係可藉此獲得聯繫。另外，出生在第三波的這一代，有愈來愈多人能在家裡工作，因爲他們可以連接辦公室的電腦（如果還有辦公室的話），也可以經由玻璃纖維、金細絲、紅外線或電話線連接整個世界。

較不利的可能性：當然，對於電腦可能造成的衝擊，也有一些較不樂觀的看法。這些看法認爲：我們的計算能力會急遽退化，因爲電腦替我們處理

了所有計算上的需求，以及孩子們的閱讀技能會減弱，因爲他們會花較多的時間玩電腦遊戲，花較少的時間在閱讀上。還有一項隱憂則是暴力，因爲在以電腦操縱的電動遊戲裡，暴力一直是盛行的主題。有其它人士認爲，電腦不可能爲大眾帶來知識與力量，卻很可能有反效果。

譬如說，Parsons（1983）認爲：根據有力的歷史證據顯示，電腦極有可能增加而非減少貧富間的差距。事實上，這一點在電腦應用到學校的十年前就已經非常明顯了。窮學生和身爲弱勢族群的學生（及女學生）相較於較富有和強勢族群的學生（及男學生），顯然較少有機會去接觸到電腦（Sutton，1991）。

Parsons 還說：電腦迷有時會誇張和誤導電腦在教育上的好處。他指出，例如這些電腦迷廣泛、不正確地使用「互動」（interaction）這個名詞。Parsons 認爲：「互動」是「心智上的交流」（meeting of minds），是一種意義性的分享（例如：對話或閱讀書籍）。然而，與電腦互動又是另外一回事，主要是指資訊。再者，雖然電腦常被稱爲是某種「專家系統」，但它們並不像在大多數領域中的專家（例如：醫生、律師、教授、心理治療師等）；一般來說，電腦不太能提供我們建議——提供資訊沒問題，但提供建議卻只能偶爾爲之。

電腦將會如何影響我們的生活，在最後的分析結論中，這些樂觀和悲觀的看法都只不過是臆測。這也許是根據推理和潛在的可能性來推斷，但當然也根據期望與害怕。最後的結果如何，並不會因我們過早的猜測而有重大的改變。老師們的觀點是：電腦已佔據了我們的生活及學校，最重要的事情是找出電腦最能有益於學生的用途。

✍ 電腦在教育上的用途

隨著術語和頭字語的使用趨勢，教育人士們也給了我們一連串與電腦有關的字彙，例如：CAI（computer-assisted instruction）電腦輔助教學，CML （computer-managed learning）由電腦管理的學習，CBE（computer-based education）以電腦為基礎的教育，CBT（computer-based training）以電腦為基礎的訓練，CMI（computer-managed instruction）由電腦管理的教學，CMT（computer-managed training）由電腦管理的訓練，CAL（computer-assisted learning）電腦輔助學習。在這些字彙之中 CAI 也許是最常見的名詞，雖然已漸為 ICAI（intelligent computer-assisted instruction）高智能電腦輔助教學，或 ITS（intelligent tutoring system）高智能個別指導系統所取代。

基本上，有三件相關的事情，學生們可以利用到電腦：他們可以學習關於電腦的知識，他們可以使用電腦來學習，以及只把電腦視為工具。

認識電腦：認識電腦就是學習關於電腦的一切知識，就如同我們在認識車子時，必須了解哪些日常生活中的活動我們可以使用到車子。現在的兒童必須認識電腦，因為他們未來用電腦做的事，可能比我們現在用電腦做的事還要多。如果電腦革命的強度類似農業上與工業上的革命，則不懂電腦的人很可能會被這第三波淘汰。

或許明日的電腦會像今日電腦化的銀行機器一樣，簡單到連文盲都會操作？或許簡化到像速食餐廳內的收銀機，以鑰匙打開後，即可用小漢堡圖形點餐？

將電腦當做工具：在學校管理中，電腦可以是很有用的工具。不只可以簡化例行的文書工作，例如：學生註冊、儲存資料、行事曆、發成績單等，也可以做為計算和書寫工具。

對學生們來說，電腦也可以幫忙處理文字資料及計算。而且電腦可以是極重要的資訊來源，因為它們具有儲存和檢索巨量資訊的功能。當連接到合適的資料庫時，電腦終端機幾乎可以讓我們立即獲得如百科全書般多的資訊。譬如說，在決定職業生涯方面，可以利用電腦找資料、尋求建議。它們之所以能做職業指引，是因為在快速變遷的就業市場中，它們能儲存相當豐富關於就業機會及工作條件等資料。它們能有效率地掌握與職業相關的常見課題，並可以利用程式找出學生的成就、性向與興趣之間的關係，以及投入

各種行業的成功率。現在,很多種職業建議程式在學校裡廣泛運用。其中有許多程式提供上千種職業的資訊,而且大多是針對個人電腦而設計的,不管在家裡、學校裡,都能常常見到。

雖然這些都是極有價值的功能,但跟其它功能相比,它們還是很少被運用在真正的教學上。

以電腦為反覆練習的工具:電腦也可以當作一種教學機器,一種為講解教材或課程而設計的超複雜視聽設備,不一定需要老師從旁協助。譬如說,電腦第一次用在教育上時,是用於分支編序教學上。電腦特別適合用來針對不同的學生呈現不同的教材,以及供作反覆練習型的習題之用(像是數學和語言學習)。使用在這些用途上,電腦能裨益良多,而且能使老師脫身從事電腦無法做的其它活動。

研究指出:電腦這些相當無想像力的用途是昂貴的,而且使用在低能力的學生身上效果較好,但是對大多數的學生來說,它們還是有效果的,因為可以節省時間,而且導致學生對電腦產生正面的態度(Scott,Cole & Engel,1992)。

模擬:令人高興的是,電腦的用途並不只侷限於反覆練習習題,同時也包含模擬。例如:可模擬體內循環系統、化學實驗室或正在飛行的波音 737 之操作情形。模擬讓學習者不須冒險或實際演練,而能學習到特定反應之後果。因此,在以電腦操縱的模擬器中,一位領航員能了解副翼與飛行方向是如何引起墜機的,而不須實際摧毀一架數百萬美元的飛機和奪走數百條人命。

就較不具戲劇性的情形來講,聰明地模擬化學實驗室可以讓學生經由混合、冷卻、加熱、加壓或吃不同的化學物質,而了解到實驗中潛在的危險,過程中不須冒險失去整個教學大樓或學生的性命。

電腦模擬還有一項優點,就是用於解決教學上遇到的困難。譬如說:Woodward,Carnine 和 Gersten(1988)提出了一套商業性的程式,叫《養生之道》(Health Ways)。這套程式指出有益於維持健康和生存的因素,並模

擬組合這些不同因素可能導致的結果。這套程式並提供給學習者幾個不同的剖析圖（即關於個人的基本資料、包括年齡、職業、遺傳等等），並要求他們操縱變數，以延長預期的壽命。在 Woodnard，Carnine 和 Gersten 的研究中，他們以使用《養生之道》程式的學生做實驗組，另一組對照組也學習相同的知識，不過是以充實化教學法（enrichment instruction）加上作業來代替電腦模擬。在十二天的教導後，實驗組的成員要比對照組的表現好。他們不僅對實際的知識體會較深，同時也有較好的能力解決與健康相關的問題。

　　虛擬實境：假設你是個研究古馬雅文明的學生。今天，你決定要去探索一座馬雅廢墟。你要爬上一座金字塔北面陡峭的斜坡，跳過一些較低的台階，往上爬至古老石頭已變成碎屑的地方。最後，你站在頂上，環視四周。現在你拿出指南針，轉至二百八十度的方位，以尋找叢林，希望能看到祭壇的入口。找到後，按下「博物館」開關，找尋充滿圖片，和關於馬雅人祭典及其它相關主題的資料庫。

　　有此可能嗎？答案幾乎是肯定的，因為以互動式的映像環境能製造出所謂的虛擬實境（virtually reality；VR）。VR 是電腦和學習者之間一種特別的「界面」（interface），使學習者可以經歷環境的不同面貌，並能做各種選擇，或是在看起來幾乎是真實的環境裡移動。在一個由 Ferrington 和 Loge（1992）設計的虛擬實境系統中，使用者要戴上配備物件，那看起來是個安全帽或護目鏡。這配件使使用者有三度空間的視覺，並有相對應的聽覺，還包括使學習者的動作能產生知覺反應。若使用者往上看他們可看到天空；往左看，可看到一番景色；往右看，又是另一番景色。再者，使用者可以從視覺化裝置所提供的圖示（icon，術語稱為「傀儡」puppet）中來做選擇。這傀儡是由精密設計的「資料手套」（dataglove）所操縱著，使用者的手和手指的動作都能傳達給傀儡，使它有相似的動作。因此，使用者能夠開門、抓東西或移開東西，並能指向任何一個方向而「前進」。

　　雖然虛擬實境仍在實驗性階段，各種教育性或娛樂性的程式已經在市面上發售，包括上述的馬雅程式（Palenque）（Wilson &Talley，1990）。雖然

它並未使用耳機接收器或資料手套，它提供給學習者一個有個人觀點的攝影天使，並提供學習者許多不同地方可以去親身經歷，還提供其它按鈕，像是「博物館」，而博物館裡面又有許多不同的「房間」，讓學習者有更多的選擇（Kozma，1991）。

至於將 VR 系統用在模擬上，我們可能還要花一段時間來觀察。它們包括飛行模擬、高度逼真的賽局模擬、軍事訓練模擬、及其它教育上與娛樂上各種可能的應用（Auld & Pantelidis，1994；Lewis，1994）。

整合學習系統（Integrated Learning Systems）：以電腦為基礎的課程已經相當廣泛地用在許多科目及各年齡層身上了。傳遞系統有可能包括一個電算中心和許多學生終端機，也可能包含一個或數個個別單位，每個單位都有自己的電腦和終端機。典型的例子是，學習者藉著顯像器和鍵盤或其它操控裝置，像是滑鼠或操縱桿來使用電腦程式。這些外在的裝備統稱為「硬體」（hardware）；程式、電腦中的中樞部份、資訊、指令和容量則稱為「軟體」（software），有時也稱為 courseware。

整合學習系統（ILS）：通常是指為大眾市場而開發的任何一種以電腦為基礎的學習系統。這系統一般包括硬體、軟體，也可以包含與外界連接的資料庫（Scott，Cole & Engel，1992）。例如：McCullough（1992）所描述在北卡羅萊納州的 Graham 小學中使用的整合學習系統，是電腦系統研究公司（CTB；Computer Systems Research，Inc.）所創造的。這套軟體在三個領域中，提供許多不同的程式和活動。這三個領域為：閱讀、書寫和計算。這套系統包含了不同程度的目標和活動，並且持續評估學生的表現。因此，它也提供診斷，並自動為每個學生指定一連串的課程。研究指出，ILS 對於達成可測量的課程目標具有高度的效果（arocotte & Marocotte，1993-94）。然而，使用上相當昂貴，而且教師須接受足夠的訓練才能在教室裡實施（Cook，1994）。大部份的 ILS 程式就像上述的，較注重課程內容，而非學生的認知歷程。LIS 系統極少顧及電腦應用在教育界的一個理想，即開發高智能系統（inteligent systems）。

高智能的個別指導系統（Intelligent Tutor Systems）：高智能的個別指導系統是能衡量學習者的優缺點，進而調節課程的內容，就如同一個好老師所做的一樣。這種系統會根據學生與系統的互動，亦即根據學生的答案，試著去確定學生知道什麼或需要知道什麼。然後這系統會從它的資料庫裡尋找最適合這學生的教材，並將此目標編入系統內。

高智能的個別指導系統由五個子系統來描述最爲恰當（Farnham-Diggory，1992；Scott，Cole & Engel，1992）。「專家系統」（expert modules）是知識的來源，以電腦術語來說即是資料庫。就像一個好老師，ITS 的資料庫讓它能挑出適合特定學習者的知識資訊與學習活動。因此，它的資料庫遠比整合學習系統的來得複雜。

「學生系統」（student modules）是電腦對於學生程度的模擬。這是根據學生的回答，以及根據原先就輸入系統內的學生資料來模擬的。所以，這系統也必須經過設計，好讓它能獲得所需的學生資料。就如同好的老師要求學生解釋答案一樣，ITS 所做的也是如此，然後根據獲得的答案，對學習者做品質上的判斷。

「教學系統」（instructional module）則包括已輸進電腦中的教學規則。這些規則可能會以這樣的形式出現「若有一個 X 等級的學生，回答了 A 答案，那麼⋯⋯」。

學生與機器間的溝通橋樑依賴各種界面。學習者賴以與系統互動的方法有：鍵盤、滑鼠、操縱桿、手指，而系統賴以與學習者溝通的方法有視覺顯像、聽覺訊號。

ITS 系統大部份仍在實驗階段。Farnham Diggory（1992）指出其中一項主要問題是：電腦處理語言的方式並不像我們一樣；它們無法輕鬆地以自己的語言說話，或解釋文章裡一個段落的意義，也無法誠摯地稱讚學生的新鞋子。

電腦語言（Logo）：電腦另一項基本的重要用途很顯然在於學習寫程式的技巧。如 Papert（1980，1987）指出，非常小的孩子們也能夠學習這些技能，這些小孩能夠支配電腦，而不是被電腦支配。

Soloman 告訴我們：「如果你們曾經看過小孩子玩任天堂，或其它電腦遊戲，你們就會發現到孩子們沉浸其中的專注、熱切和掌控，在工作中這是一股令人驚異的力量，而學校必須要能夠駕馭這股力量……」（1992，p.10）。教孩子們去設計電腦程式，似乎是能掌握這股力量的可行辦法。為了讓孩子們學習如何設計電腦程式，Papert 和他的同伴們發展出一套簡單的電腦語言，叫 Logo，它有足夠的吸引力，能讓孩子們想去探索微分方程式的世界，或想去了解一套叫《Hypercard》的麥金塔套裝軟體程式（Yoder，1992）。這些都非常簡單，能讓孩子們不需複雜的教學，就能探索平面幾何。為了這個目的，這種能在大多數個人電腦上操作的電腦語言（指Logo），創造了一隻烏龜，它在電腦螢幕上是個小三角形的東西，可籍由普通的話語使其移動，不需使用抽象且複雜的電腦用語。譬如說，孩子們只要在鍵盤上打「前進 50 步」，就能使烏龜往前直走 50 步，它的後面還曳著「一枝筆」，好讓你看清楚它的路徑；而「前進 50 步，右轉 90 度，前進 50步」的指令會使它往前走 50 步，然後向右轉，再朝這方向走 50 步。這只是要完成一個正方形的一個小步驟。因為先前的指令可以重複（重複 4 次「往前走 50 步，往右轉 90 度」），所以，需要一個額外增加的步驟來縮短畫個正方形的指令，並給予這個步驟一個名稱，像是「正方形」。之後，當小孩鍵入「正方形」，這烏龜就會畫一個正方形。孩子就能輕鬆做出一個簡單的設計。

當孩子學習了其它新的指令，並繼續「玩烏龜」，這個程式，以及平面幾何設計，就會變得愈來愈錯綜複雜。玩烏龜只牽涉到，想像烏龜會如何回應不同指令而產生各種可能的組合。因此，孩子能在電腦上學習設計一個卡通人物、房子、樹或任何東西。也因此，孩子能學習幾何學、數學、以規則清楚的思路來寫程式，並認識電腦其它方面的事情，例如，在一項涉及使用

Logo 語言的研究中，四年級的小學生能設計與發展軟體去教導其它同學有關分數的運算（Harel & Papert，1990）。

如果電腦革命帶給我們的影響，就像農業革命和工業革命那般重要，那麼，不懂電腦的人可能會被這第三波給淘汰。

☞ 評估電腦的應用

在電腦眾多優點中，令人印象深刻的是它們的記憶功能、速度和準確性，而這些優點表現在傳送資訊、解決問題與計算功能，以及電腦能使用多種應用模式上。電腦還有相當多的優點，但並不用於輔助教學上，也就是說這些優點與教導或學習傳統課程沒有太大的關係。這些優點是跟電腦獨特的特性及它能培養認知歷程有關。如 Olson（1985）指出：電腦是「聰明的工具」，它在語言的使用上需要相當程度的明確與精準，而電腦的思路也是如此，在人們一般的對話中是不會有這種情形的。電腦無法了解模稜兩可的話語，它們的設計不是用來猜想或臆測的。相反地，它們理性、有邏輯地回應。因此，要想理解電腦，要想真正地認識電腦，就必須學習十分明確的表達，及不仰賴背景脈絡，並且能理性、有邏輯、重複地敘述（Calfee，1985）。這種類型的溝通與我們日常的用語截然不同；我們的日常語言傾向於含蓄、與背景息息相關、個人特有的、以及直覺的。

電腦是否更好？ 因為電腦與其它教學媒介，例如老師、教科書和電視相當不同，所以 Salomon 和 Gardner（1986）反對以問以下這種近乎天真無知的問題，像是「電腦教得有比……好嗎？」來評估與電腦有關的教學。評估的一項重點是：須認清電腦所做的事情不但與其它教學方法不同，做的方式也不一樣。譬如說，電腦讓我們能教導如何撰寫程式，也能孕育程式設計中各種認知歷程。如 M. C. Linn（1985）所說的，程式設計課程的功能在於教導如何解決問題及撰寫程式。同樣的道理，Papert 的 Logo 電腦語言在設計上是要教導學生如何學習這種電腦語言。隨後的評估顯示：熟悉 Logo 語言的孩子

不只後設認知技能更為精熟，同時也能提高測試出來的創造力（Salomon & Gardner，1986）。

有一份範圍廣泛的調查研究檢視了 59 份探討電腦輔助教學（CAI）應用在大學生身上的效果之獨立研究（Kulik，Kulik & Cohen，1980）。雖然這份全球性的調查研究，並沒有直接比較不同的電腦輔助教學計畫，但它的確提供了額外的證據顯示：一般來說，電腦輔助教學計畫對於大學生的成績和學習態度，都會明顯地產生正面的改變。然而，應注意的是，這些改變都相當小。較令人振奮的研究結果是，Kulik 和同僚們發現：電腦輔助教學計畫實際上能顯著地減少教學時間。

Schofield 等人（1994）研究過八個使用 ITS 系統的教室，他們發現學生不僅喜歡 ITS 勝過傳統的教學法，而且學得更多。但是該研究最正面的發現是，使用 ITS 使教師的時間更自由，更能照顧到學生個別的需求。此外，學生往往更清楚，他們在何處需要教師的協助。因此 ITS 不但不會取代教師，而且可以提供給教師另一項可用的教學資源。

是否為革命？但是，電腦革命是否發生在教育和社會上呢？「革命」意指突然的、震憾的、席捲性的改變，會徹底轉化我們生活中的各個面貌。回顧過去的歷史，社會歷史學家們毫不費力地指出何種事件為革命：農業革命、工業革命、法國大革命。我們清楚地知道這些就是革命；甚至有時我們以為自己了解革命。

但要認清目前社會的變遷，或猜測未來的變化，則是件較困難的事。由於我們是文化中的一部份，因此無法很容易感受到變化，也因為我們自己是變遷中的一部份。

Papert（1987）告訴我們，電腦是我們文化中的基本部份。它們不只是我們用於各類用途的工具；它們確實改變了我們的想法和行為。我們就是電腦革命中的一份子，也許因為如此，我們才無法看得非常清楚。

但如果電腦革命真的發生在教育上，這絕不是突然發生的。Laurillard（1988）指出：有鑑於電腦具有能與學生互動的功能，及其驚人的儲存、檢

索及處理資訊的功能，電腦應該能給予學生一個絕佳的學習環境。然而，她說：「在任何教育層級上，電腦輔助教學不曾是主要的教學方法。」

Laurillard 認爲，我們已有整整二十年的歷史，可以來檢視電腦在學校的使用情形，以及有充分的時間將電腦併入我們的教學計畫中。然而，那些倡導使用電腦的人士依然必須仰賴他們的熱望，而不是根據電腦已有哪些好表現的證據。 正如 Bracey（1994）指出，由於許多學校的電腦設備老舊，加上許多學生在家裡無電腦可用，認識電腦的比率並不令人滿意。此外，在許多學校裡，電腦及其在教學上的應用潛能並未整合至課程中。Papert（1993）指出，太多的學校把電腦擺在隱密的房間，以及將電腦課程視爲另一種獨立的科目來教導，而未能整合至日常的活動中。此外，電腦也常常只被視爲一種新科技，用來教導同樣老舊而無想像空間的課程。

不管如何，事實上，學生們直到最近才有機會接觸電腦，所以，我們實際上並沒有二十年的時間來發展它們在教育上的用途，或評估它們造成的衝擊。只有在最近幾年，電腦的體積才變得較小，價錢讓人負擔得起，這才使得一些學校和家庭能使用電腦，雖然並非所有的學校和家庭都能。

教育上少有急遽的變化，尤其是從身處其中之教育人士的觀點來看。到最後回顧歷史時，可能會如此評斷；沒錯，這是個突如其來，且具戲劇性變化的革命，產生了令人驚嘆的結果。以電腦爲基礎的教學系統之最終貢獻可能比我們所想像的還要來得大。所有的毛毛蟲很可能會下定決心說，它們真正想變成的，是那種叫蝴蝶的東西。

還有一項可能性是，歷史家們回顧時會說：「在二十世紀末根本就沒有任何革命，只有一種叫電腦的原始工具以緩慢的速度增加。當然啦，現在這些東西早已作廢了。」

個別化教學方案

編序教學的各種形式，不管有無電腦的輔助，都是一種教學方法，明顯地反映著心理學理論對教育的影響。在這些教學法當中，以 Bloom 的「精熟學習」（mastery learning）和 Keller 的「個人化教學系統」（PSI；personalized system of instruction），最引人注意。知名的還有「個別指定教學」（IPI；individually prescribed instruction）和「個別引導教學」（IGE；indivdually guided education）。

♂ 基本的假設

這些取向有許多共通點。最重要的是，各種取向都建立在如下的基本假設上：有學習較快的學生和學習較慢的學生（Bloom，1976）。因此，性向（aptitude）主要是學生求得知識、觀念和技能的速度之函數。只要所有的學生都接受相同的教導，性向與成績之間會有相當高的相關性。換句話說，在同樣的教導下，學習較快的學生成績較好，學習較慢的學生成績較差。但是，若提供給每個學生最佳的學習環境，那麼性向與成績間的關係就微乎其微了，而且大部份的學生都能達到同樣的水準。以 Bloom 的術語來說，給予所有學習者最佳的教導，他們就能精熟重要的技能目標。如果學習者都能精熟同樣的教材，他們之間的差異性就會降至最少，性向與成績之間的關係也就微不足道了。

在大部份個別化教學系統中，第二個重要的假設是：學習需要持續的評估，但這並不表示是為了給學生打分數，而是為了引導學習和教導的歷程。這一類型的評估稱為「診斷性評量」（formative），與另一種「歸結性評量」（summative）是不一樣的，後者是在課程或學習單元最後所做較為正式的評估。「歸結性評量」主要是為學生打分數，而「診斷性評量」是診斷教

學歷程的基本工具。譬如說，在 Bloom 和 Keller 的教學系統中，分數並不是最重要的衡量標準，課程目標的精熟才是。

☞ Bloom 的精熟學習

Bloom 所提倡的精熟學習模式（mastery learning model），大部份是根 Johm B. Carroll（1963）的學習模式。簡單地說，這種模式指出：學習的程度主要是，所需花的時間與花了多少時間的函數。而所需花的時間又是性向與教學品質的函數。

Carroll 強調應提供給所有學生高品質的教學，及給予學習者所需要的時間。他的目標「機會的均等」相對於 Bloom 的目標「成績的均等」（Carroll，1989，p.30）。

Bloom 的基本觀念是：為了詳述許多特定的目標，並且使教學能讓多數的學生（如果不是全部的學生）達成這些目標，分析學習步驟是可能的。雖然 Bloom 所提倡的教學方法與老師們通常使用的方法無根本上的差別，但還是有兩項重要的差異。第一，它們是要朝向精熟已明示的目標；第二，它們廣泛使用診斷性評量，用以診斷學生的學習困難，建議調整教學策略，以及指出需要花較多時間的主題領域。Bloom 之精熟學習的第三個重要特徵是：它需要使用到多種有系統、有計畫的矯正程序來連結診斷性評量（Bloom，1987）。這些矯正程序包括，讀書方法研討、個別指導、再教一遍、學生們組成小組互相幫忙，以及選用多種輔助教學工具，像是影帶、視聽器材等等（見表 12.1）。

最後一個特徵是讓全班一起從一個學習單元進行到另一個學習單元。先達到課程目標的學生會給予豐富的相關知識。因此，課程的進度主要決定於那些需要花較長時間才能達到精熟的學生。最後，達到課程目標的學生給予「A」；而沒達到的學生會給予「I」（雖然沒達到，但表示「仍在努力朝向精熟」）。因此，在這個教學系統中，沒有學習失敗的學生。

表 12.1　Bloom 之精熟學習的基本要素

蘊涵的假設	1. 有學習「較快」與「較慢」的學生（不是「較好」與「較差」）。
	2. 學習需要持續做「診斷性」評鑑，以明確地引導教學／學習歷程。
教學方法的特徵	1. 教學需達成明確、具體、先前已認定的目標。
	2. 教學需由診斷性評鑑的結果來引導。
	3. 提供各種「矯正性」課程，如研討會、合作性的讀書小組、個別指導、再教一遍、及提供各種替代性教材。

　　另一種跟 Bloom 的精熟學習有密切關係的個別化教學取向是「以結果為基礎的教育」（outcome-based education；簡稱 OBE）（Evans & King，1994b）。兩者相同的地方是，都朝向學習目標的精熟；基本的差異是，精熟學習的學習目標是從待學習的教材中導出，OBE 則先確定學生畢業後將需要那些技能與知識，然後將這些技能與知識灌輸在學生身上（O'Neil，1993；Brandt，1994）。

⌘　Keller 的個人化教學系統（PSI）

　　Keller 的個人化教學系統是把 Bloom 的精熟學習再加以精巧化。原先是針對教導大學生初等心理學而發展的，接著從此就廣泛地應用在大學的各種課程上。雖然它在小學和中學裡的適用性並沒有明顯地表現出來，但它的原理和建議的方法，很可能也能證明是有用的。

　　基本上，個人化教學取向要求把課程拆成小單元，每個單元都搭配適合的教學素材，並盡量給予學生足夠的時間去學習每個單元。每當學生們準備就緒，就會給他們一個簡短的單元測驗，測驗完馬上批改，讓他們知道需要

再花時間學習同一個單元或是可以進行到下一個單元。在課程最後,則會有一個涵括全部教材的考試(見表 12.2)。

表 12.2　個人化教學系統的主要要素

1.　朝向精熟
2.　清楚地指出待精熟的目標
3.　自我調整步調的教學系統
4.　教材的順序經過仔細地編排(小步驟小步驟地展開)
5.　採取同步驟的測驗
6.　學習者在測驗後給予立即的回饋
7.　強調學習成功的榮譽而非犯錯的處罰
8.　講師扮演激勵者的角色

　　與精熟學習不同的是,Keller 教學法並不擁護傳統的教學方法,也不十分倚賴矯正程序,不過會提供替代性的學習素材。相反地,熟悉各個單元的責任落在學生身上。在許多情況中,各個學習單元相當於教科書的各章。個別指導是在單元測驗後,學生代理人(proctor)有特別要求時才會做的,但這不算是課程的一部份。實際上,這也不是傳統授課中的一部份。事實上,只有在學生充分了解了特定的單元時,他們才參加授課。授課是用來做為精熟學習的強化物,而不是用來傳授基礎素材。

　　Keller 的個人化教學系統,就像 Bloom 的精熟學習一樣,是設計來為所有的學生提供成功的學習經驗。雖然這兩種取向都認清了學生之間存在著個體差異,但它們都否定了從前的信念,即將學生分為好學生和壞學生的觀念,它們認為有學習較快的學生與學習較慢的學生,但不會把學生視為好壞。因此,這兩個取向都試圖為學生提供學習經驗,使每個學生都能最有效地達到課程目標。這些目標可能是行為目標,或表現目標,或一定的測驗分數。

這些教學取向所宣稱的優點，在於它們能處理學生在學習速度上的差異。傳統的教學與評量方法幾乎使那些學得比同儕慢的學生必然失敗，而這些高度個別化的教學方法則確保幾乎所有的學生最後都能學習成功。

精熟學習取向的另一項優點是：提高學生學習的動機。Stallings 和 Stipek（1986）指出，讓學生重複在精熟取向下學習，會使學生有種只要夠努力，就會成功的期望。導致那些須由外界督促學習的學生，最後會變為由自己內心引導，因此，也就有更多的意願接受挑戰（見第 10 章）。

⇗ 個別指定教學（IPI）

將教學個別化就是對學生個別的需求與特質有更多的回應。這並不表示必須在私下的場合，以家教的方式進行教學（Arderson & Block，1977）。教學個別化的基本要求是，只要把一些教學特性（如：教材的程度、講解的方式及學生的目標）至少考量到學生的一些特質（如：性向、興趣及過去的成績）。譬如說，個別指定教學就是一個複雜的系統，它的作法是每個科目重新組織所有素材，並編排出許多有關聯性的學習單元，每個單元有自己的主題和測驗。對每個單元，學生們個別學習，廣泛研讀書面教材。當他們學完後，就接受單元的測驗；如果他們的表現令人滿意，他們就進行到下一個單元。基本上，學習單元是不打分數的，以便讓學生依照其能力和性向，能盡快學習或慢慢學習。因此，在任何時候，均提醒學生追求學習的精熟度，而不是分數（Scanlon，Weinberger & Weiler，1970）。事實上，倡導人士認為，這是本法的一項主要優點。

⇗ 個別引導教育（IGE）

個別引導教育於 1970 年初期起源於威斯康辛州立大學。跟個別指定教學一樣，它也要求重新組織學校的系統，因為它也是建立在學校不打分數的原則上。此外，個別引導教育還組織教師團隊、不時舉辦研討會以協調教師之

間的目標與活動、推動家庭和學校之間的合作計畫、爲學生們擬訂個別的學習計畫、以及持續改善 IGE 的課程教材（Klansmeier，Rossmiller & Saily，1977；Haney & Sorenson，1977）。個別引導教育和個別指定教學都使用自己的課程教材，不時修改現有的材料。部份因爲這個原因，使得這兩種教學法都相當花錢，特別是在發展的初期。

✍ 評估個別化教學

個別化取向的教學法有效嗎？簡單地說，是的。但如果要說它們全然（或者大部份）比傳統取向的教學法好，則需要更多有力的證據。像個別引導教育與個別指定教學這類取向需要重新組織學校及其系統，是不容易與傳統教學法做比較的。Walker 和 Schaffarizck（1974）指出：這些「新」的教學法通常只在某些方面略勝一籌，在另一方面也許稍微遜色一些，但是大部份而言並無太大的不同。

在調查研究 Keller 的 PSI 在大學實施的效果，及 Bloom 的精熟學習在小學實施的效果，結果都發現這些教學法都相當有效，不管就達成課程目標或學生對於課程的態度而言。在檢視一些探討精熟學習法之效果的研究後，Slavin（1987）發現許多研究顯示正面的結果，但也有若干研究顯示此法沒有優勢。Bloom（1987）認爲診斷性評量中有一部份是「矯正性回饋」，學生若能充分利用此等回饋，則結果通常是正面的。

Kulik、Kulik 和 Bangert-Drowns（1990）隨後又分析了 108 篇探討精熟學習法之效果的研究結果。他們的結論是：一般而言，此法提高了學生的成就，特別是那些學習能力較弱的同學。事實上，對所有群體而言，平均大約從第五十提高到第七十的百分位數。此外，在學生對學校的態度方面，此法也有正面的影響。另一方面，在大學課程裡，自我調整步調的精熟方案往往伴隨著較低的完成率。

Kulik、Kulik 和 Cohen 也分析了 75 篇探討 Keller 的個別化教學系統與傳統方法比較的研究結果（圖 12.2 顯示其中的比較結果）。他們的結論是：「分析顯示，在大學課程裡，個別化教學系統使學生有較優異的成就，成就的變異性較低，以及較高的分數，但是對於課程的退選或學生的研讀時間並沒有影響。」（1979，p.307）

我們應該注意到，個別化教學系統和精熟學習法也有其弱點和缺點，以及對它們的評估並不都像 Kulik 等人那般正面與樂觀。注意這些，以免我們誤認它們是教學法的萬靈丹。譬如說，有些研究人員指出，這些方法導致的學生磨損（student attirition）比傳統教學法高（Robin，1976）。並且其它批評家也觀察到，精熟學習法強調使所有的（或大部份的）學生能達到同對的水準，事實上，這對於學習較快的學生是一種懲罰（M. Arlin，1984）。以樂觀的情形來說，這種教學法並未增加他們的成就；以最壞的情形來說，它使這些學生感到無聊，摧毀他們的學習動機，使作業成績毫無意義，因何人只要學習得夠久，都會得到「A」。再者，我們也不能完全忽略下述的可能性：即不當地強調某些特定目標，可能會使教學／學習歷程受到限制，並阻礙了重要的偶發性學習。事實上，還可能使學生的學習動機變為外在驅動的績效導向，而非精熟導向。

個別化教學在中學裡的效果，最具涵括性的調查結果之一是 Bangert、Lalik 和 Kulik（1983）對 51 項研究所做的分析和摘要。每項研究都衡量教學方法的效果，針對的項目包括將課程拆分為單元、使用套裝（package）的學習活動、學生能以自己的速度學習、以及進入下一個單元之前的診斷性評量。除了其它教學取向之外，這份調查涵蓋了對 IPI、IGE 及 PSI 的研究。

這份摘要指出：個別化教學對於中年級學生的學校成績有適度、正面的效果，但並沒有影響到學生的自尊、對學科的態度、以及抽象思考的能力。

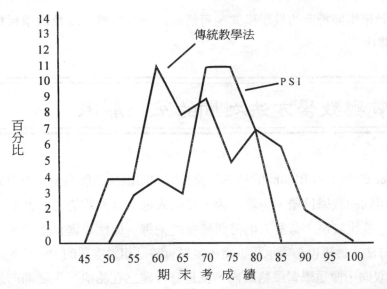

圖12.2 接受PSI（48位）與傳統教學法（48位）的學生之期末考成積分布

Bangert 等人指出，這份研究的結果和 Bloom（1987）所報告的，或 Kulik 等人（1979）所整理的相當不同。然而，我們要注意的是：較早的分析是以大學生為研究對象；而這一份則是針對中等學校的學生。情形似乎是：個別化教學在大學裡實行，遠比在中等學校裡實行來得有效。其中部份的原因也許可以由大學生的特質與中學生的特質來比較。相對之下，大學生較成熟、有較強烈的動機、有較純熟的學習巧能、有較恰當的認知策略。

歸納地說，中等學校裡的個別化教學至少跟傳統教學法一樣有效，而在大學裡，前者往往比後者顯著有效。一般而言，這方法需要學校付出相當多的精神，同時也需要老師和學校費心擬訂短程目標和長程目標。在它們的優點之中，這些方法為學生提供了成功學習的重要經驗，也就是說引導所有性向的學生都能精熟學習單元與課程，使某些學生不會失去信心。有系統的個別化教學除了這些和其它的優點之外，它最大的貢獻是，為研究學生特質與教學方法之間的關係（ATI；attribute-treatment interaction）提供動力。這類

的研究是設計來揭開特定的教學模式、可辨認的學生特質、以及教學目標的達成之間的關係。

學生特質與教學方法之間的互動關係

　　像 Keller 的 PSI 和 Bloom 的精熟學習等取向所根據的假設是，所有的學生都能達成相同的教學目標，也就是說，每個人都有精熟的能力。然而，他們也認清，有些比較快，有些人則需要較多的輔導。即使是盡量不理學生差異性的教學方法，最後也必須承認：這些差異有時是相當重要的。

　　其它的取向，像是學習風格取向，就是直接建立在認清學生之間的差異上。這些取向都需要了解學生特質與教學方法之間的關係（attribute-treatment interatction）（Cronbach & Snow，1977）。

　　研究學生特質與教學方法之間關係的基本前提很簡單：特定的教學方法會較適用於有特別特徵的學生，如同其它不同的教學方法較適用於有其它特質的學生。換句話說，當教學方法的有效性至少有一部份決定於學生的特質才能顯現出來時，則學生特質與教學方法之間的關係就必然存在。此等研究的最終目的是，為學生的特質找到最適合的教學方法。

☞　發現與結論

　　研究人員已注意到多種學生特質（包括憂慮、依賴、從眾、不同面向的智力及其它等等），並試圖將這些不同的特質和不同的教學方法（如授課、小組討論、電腦教學、示範）配合，以及跟特定的教學方法之各種不同的屬性搭配，譬如說，教學取向是結構化或非結構化（Ross，Rakow & Bush，1980；Whitener，1989）。

雖然此等研究得到的發現既不單純也不清楚，研究人員還是進一步地得出幾項試驗性的結論。其中一項最常被人發現：焦慮與教學方法的結構化程度之間的關係，或與學生在課堂中積極參與之間的關係。明確地說：極容易焦慮不安的學生，在以老師為主的課程中，比在要求學生積極參與的課程中表現較好（例如見 Snow & Swanson，1992；見圖 12.3）。同樣的，這樣的相互關係似乎也存在於結構化程度與學生一般性的能力之間，例如學習能力較低的學生在高度結構化的教學下（例如編序教學）表現較好，因為這樣的教學方法將課程拆分為許多小階段，並不斷地要求學生回應及給予強化（Swing & Peterson，1982）。這樣的相互關係，部份是由於高結構化教學減少了對於處理資訊能力的要求，也就是說，他們對學生要求較少的認知策略（Resnick，1981）。前面曾提過，Kukik、Kulik 和 Bangert-Drowns（1990）發現，精熟學習傾向於較適合學習能力較低的人。

Whitener（1989）也指出，過去的學習成績（不是指性向）與課程結構化程度之間相互影響的關係。高度結構化的課程拉大了學習成績較好與較差學生之間的差異；相反地，結構化相當低的課程較能減少上述的差異。事實上，這表示成績好的同學在越結構化的課程裡，學得要比成績差的同學好。

因此，在學生特質與課程結構化程度之間，至少有三項不同的相互關係。明確地說，高度結構化的課程適合學習能力低、容易焦慮不安以及過去學習成績較好的學生。

一些警言：這裡有幾項重要的警言必須指出。第一，這些結論充其量是十分試驗性的。再者，從複雜的研究資料裡做出簡單摘要，使得結果往往比實際的情形明確許多。事實上，研究學生特質與教學方法之間的關係，所得到的結果往往前後不一致，而且常互相矛盾。例如，上述三個結論中的兩個就相當矛盾：學習能力較低的學生在高度結構化的課程中表現較好；但是過去成績好的學生在課程越具結構化時，比過去成績差的學生進步更多。

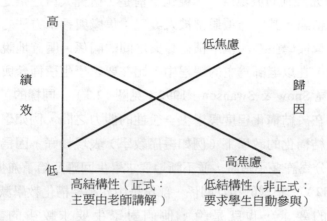

圖12.3 探討學生特質與教學法之間關係的一項研究結果。請注意，高焦慮學生在高結構性的教學法下，似乎有較好的表現，低焦慮學生則適合低結構性教學法

　　有趣的是，在試圖找出何種學生適合何種教學方法時，一旦考量學生的偏好，會使結果變得更混亂，而不是變得更清楚。譬如說，研究結果告訴我們（當然是試驗性的結果），學習能力較低的學生傾向於在高度結構化的課程環境裡表現較好，但真正的結果正好相反，表現較好的是學習能力高的學生（Snow & Lohman，1984）。然而，R. E. Clark（1982）發現，能力低的學生比較喜愛低結構化且相當隨意的課程環境，這也許是因為他們的學業成績不好，使他們在這種環境裡較可能不會受到注意。相反地，能力較好的學生相當喜愛高度結構化的教學方法，即他們不必去計畫與思考，就能使他們更容易地引導自己努力的方向以及有好的表現。因此，研究所建議的與學生的偏好直接矛盾。

　　能力與成就：如果這些討論對你顯得太複雜，別失望。它的複雜與不明確其實意味著它無法導出極有價值的建議，並能直接應用在課程實務上（Pintrich，Cross，Kozma & McKeachie，1986）。此外，Gagné 和 Dick（1983）觀察到，至今，對這種關係所測量到的相關值都還十分微弱。到最

後，與學校成績有關聯的兩個變項，仍然為智力與過去的學校成績。因此，將教學方法去配合學生特質之最有收穫的方式，很可能就是把這兩個因素列入考慮。而這也是現在正在發生的事情（至少已有適度的徵兆），例如，依照學生的成績，以及有時依照智力來分組。然而，我們不應被誤導而認為這兩個變項（即過去的成績與智力）是觀察學生的成績時，能解釋大部份差異的因素。事實上，它們在所有的因素裡只佔 25%；剩下的 75%與其它的因素有關，如家庭背景、教學的型態和品質，以及人格特質（特別是反映在動機和態度上的人格特質）（Bloom，1976）。

摘要

1. 依能力分班這方法並不普遍使用，因為可能對低能力的班別帶來負面影響，對其它班別也不一定有效果。學習風格取向主張量身裁製各種教學特色－－包括教學方法、教學模式、課程、評量及鼓勵的辦法－－去搭配學生們的優缺點。

2. 編序教學法是將課程內容拆分為階段性的架構，每個架構都要求學習者產生反應，並且透過立即的回饋來給予強化。Skinner 所提的直線式編序教學要求所有學生經歷同一教材，按同一順序來進行；分支式編序教學（Crowder）則要求學作答，接著根據其答案，指示學習者跳到下一個架構。對答錯的學習者，會有進一步的協助。

3. 電腦的用途：在學校裡教導學生認識如何使用電腦；做為管理教學計畫的工具（譬如存取資料、分析）；獲得資訊（資料庫），提供就業資訊，處理文字及計算；提供反覆性的學習練習；在模擬方面，開啟了虛擬實境的可能性；用來作為複雜的「教學機器」或做為視聽輔助設備，協助編序教學的進行，有時則應用在整合學習系統裡；在高智能的個別

指導系統（ITS）裡，電腦會根據它對學生的分析，調整與學生之間的互動。學生們還可以藉著電腦來學習編寫程式，這會產生認知上的益處。

4.　Bloom 的精熟學習法，建立在以下的假設上：即大多數的學生有能力精熟學校裡重要的課程目標，只是有些學生需要較多的時間，及需要較適合他們的教學方式。這種「沒有失敗」的教學法，將課程分為數個小單元，學生在進入下一個單元之前，必須先精熟上一個單元。

5.　Keller 的個人化教學系統（PSI）與 Bloom 的方法極為類似，是針對大學生而設計的。它將達成單元與課程目標的責任，主要放在學生身上。本法讓學生們不斷地接受單元測驗，直到他們達到特定的評量標準為止，然後再進行下一個單元。

6.　個別引導教育（IGE）和個別指定教學（IPI）都要求將全部的學校系統重新組織，因為這兩種方法都是不分級的教學取向。在個別指定教學裡，所有的學校課程被細分為小單元，每單元都有相關的測驗。學生們個別地學習每個單元，在成功通過單元附帶的測驗之後，就可進入下一個學習單元。在個別引導教育裡，學生們也是個別學習經過特別編排與有順序的教材。個別引導教育採取的作法包括組織教師團隊、推動家庭與學校的合作計畫、不時舉辦研討會、以及持續研究如何改良教材和教法。

7.　對這些個別化教學取向的評估指出，它們一般而言對學生的成績與態度有正面的影響。然而，有時會有較高的學生磨損。

8.　教學個別化的企圖也表現在研究學生特質與教學方法之間的相互關係上。當教學方法的效果與學生身上一些可辨認的特質（或這些特質的集群）有一致性的關係時，就表示有這種相互影響的關係存在。

9.　學生特質與教學方法之間相互影響的關係，有一個最明顯的例子，即學習者的焦慮與課程結構化程度之間的關係。明確地說：容易焦慮的學生，在高度結構化的課程（如編序性教導、或是以老師教導為主，較不需要學生積極回應的課程）中表現較好，而低學習能力的學生，在高度

結構化的課程中也表現較好。但，此等關係的研究結論，充其量只是試驗性的。一般來說，這些關係都相當微弱。在最後的分析中，與學校成績極具關聯性的二個因素是智力與過去的學習成績。

複習問題

1. 贊成與反對能力分班的理由各為何？
2. 試舉例說明直線式編序教學與分支式編序教學。
3. 你認為電腦在教室裡應如何使用會最有效果？
4. 精熟學習的一些原理如何應用在傳統式的教室裡？
5. 試說明在「學生特質與教學方法之間的互動關係」方面最重要的研究發現，對於教育實務有何涵義？

❏ 建議書目

Papert's two books present an important vision of the potential of computers in the cognitive development of children. The book by Merrill and associates is a clear and comprehensive survey of the various uses to which computers can be put in education. And the Geisert and Futrell book is a very clear and practical introduction to the use of computers in schools:

PAPERT, S. (1980). *Mindstorms: Children, computers, and powerful ideas.* New York: Basic Books.

PAPERT, S. (1993). *The children's machine: Rethinking school in the age of the computer.* New York: Basic Books.

MERRILL, P. F., HAMMONS, K., TOLMAN, M. N., CHRISTENSEN, L., VINCENT, B. R., & REYNOLDS, P. L. (1992). *Computers in education* (2nd ed.). Boston: Allyn & Bacon.

GEISERT, P. G., & FUTRELL, M. K. (1995). *Teachers, computers, and curriculum: Microcomputers in the classroom* (2nd ed.). Boston: Allyn & Bacon.

Classic references for PSI and Bloom's mastery learning include:

BLOOM, B. S. (1976). *Human characteristics and school learning.* New York: McGraw-Hill.

KELLER, F. S. (1968). Good-bye, teacher. . . . *Journal of Applied Behavior Analysis, 1,* 79–89.

第 13 章
測量與評鑑

　　儘管在「沒有留級的學校」、「沒有考試
的學校」及其它假說性的構想中，每位學生都會
受到高度的激勵，都能夠完全地投入，以及都能
夠快快樂樂，但是教室實務中的一切有時候（也
許是經常）需要加以評鑑。本章除介紹對學生與
教師的績效表現之各種測量與評鑑，討論評鑑的
重要性之外，並檢討評鑑程序的一些濫用與誤用
情形，及展望評鑑程序的新趨勢。

➤ 學校中的測量與評鑑

➤ 測量的量表

➤ 測量與教育目標

➤ 教學目標

➤ 良好測量工具的特性

➤ 標準化測驗

➤ 隨堂測驗

➤ 標準參照測驗

➤ 測驗的倫理

➤ 評鑑的新取向

➤ 對評鑑的一些結論

➤ 摘要

➤ 複習問題

摘自《小熊故事》（第五冊）：教導野牛

「聽好，野牛們，」這隻熊喊著。他覺得自己是個傳道士，是拯救環境的十字軍。「聽著，」他重覆喊著。鼓聲沉寂下來，舞會停止。最後一頭牛從水裡爬上岸來，野牛們在熊的峭岩下一一站定。

「聽好，注意這裡，特別是你要注意了，」他對著一隻斑點臉的野牛說。「對的，就是你，」說時那隻牛把雪茄從嘴裡拔出，並皺了一下眉頭，彷彿在問：「你是指我嗎？」

「注意這裡，」熊繼續發出命令。他很有威嚴。好一個威嚴的老師！有一些野牛躊躇著腳步，彷彿急於聽他繼續講下去。有一隻野牛喝她的威士忌時發出噪音，大家都瞪她。她顯得很不好意思，連忙把酒杯放下來。她望向熊，熊則訓誡她心不在焉，仍然想著她的威士忌；她則露出呆滯的眼神。

「我們將玩一個遊戲，」熊說，突然感到充滿靈感。他熟知許多關於教學的知識，但在這關鍵時刻，他學到了教學藝術的新東西。興奮的顫抖感充斥著團體。斑點臉的那隻野牛不再有呆滯的眼神，此刻她將想威士忌的念頭拋到九霄雲外。幾隻在舞會進行時，尾巴纏在一起的野牛，現在解開了。他們踏著腳步，但不是舞會的旋律鼓舞他們，而是老師的聲音，他要給他們上一課的承諾。

「這是個很棒的遊戲，」熊說。他必須迅速思考，這是教學令人興奮之處。「排成一列，」他說，「從那邊的那一棵松樹排起，」他指向左手邊，野牛搭的一個臨時吧台的松樹處。吧台上有棕色威士忌酒瓶與水壺（給戒酒的野牛喝的）。

「從體型最小的排起，我希望最小的牛最靠近松樹。對的，最矮小的牛就排在吧台的旁邊，接著第二矮小的牛排在旁邊，然後依此類推……。對，就是那樣。」

排隊的過程中，有吵雜腳步聲與大量的推擠行為。在必要的時候，熊老師就介入排解。「如果你們兩個分不出高矮，那麼如何找出一個公平的方法來決定？」說時，他把一枚硬幣頂在鼻尖上平衡著。他真是一位令人驚嘆的教師！

「在遊戲開鑼之前，我必須知道你們每一位的情形，」熊說。此時課程的內容結構在他的腦海中展開無遺。他知道這是教學的特殊時刻；他心中充滿美好的感覺。他打算進行的遊戲，將使野牛對環境產生良知的呼喚。這是個合作性的團隊遊戲，團隊之間的競爭，將足以激發野牛的興趣。

在進行遊戲之前，熊老師必須協助野牛分組。對於這項任務，他必須知道他們個別的能力。他必須測量他們的智力與過去的學習情形。他必須評鑑他們的興趣與動機，並判斷他們的人格。很快的，熊老師已決定好採取何種測驗來評鑑這些野牛了。他感到很興奮，覺得自己實在是個教育家！

有一隻彎角野牛排在隊伍中，他很小，所以相當靠近吧台，他給自己倒了一杯威士忌，並抽起一根雪茄。她接著又看到一面鼓，於是冥想著鼓聲，臀部不自覺地擺動起來，而空氣中也瀰漫起一股刺鼻的煙味。

熊老師注意到了。「這是一頭對環境不友善的野牛，」他冷笑著：「我一定要好好地評鑑她！」

學校中的測量與評鑑

諸如「那隻彎角的野牛對環境不友善」等陳述句代表「評鑑」（evaluation）；而「那隻斑點眼的野牛有 52 英吋高」等陳述句則是「測量」（measurement）。測量涉及工具（如量尺）的使用，以評量某特定的數量；評鑑則是指判斷某些性質——並賦與某種「價值」。一般而言，測量較精確與較客觀；評鑑則較不精確與較主觀。

測量與評鑑這兩者，都是教學歷程中的重要部份。我們在第 1 章曾提過，教學可描述為教學前、教學中與教學後等一系列的歷程（見圖 13.1）。在教學前的階段，測量與評鑑的用途在於安置學生（指編班分組）、選擇教學程序及了解學生的預備狀態。在教學中的階段，評鑑可能用來確定目標是否達成，做為調整教學程序的依據。在教學後的階段，測量與評鑑不僅用來確定教學目標達成的程度，也用來考核教學策略的效能，及再次檢視學生的預備狀態與安置情形是否適當。實際進行測驗時會用到測量，其本質是定量的（quantitative）歷程。評鑑則用於教師要確定教學程序的適當性，學生的預備狀態，及課程目標達成的程度；它是定性的（qualitative）歷程。

圖13.1　教學歷程的三階段

評鑑不須根據測量。事實上，許多教師對學生行為的評鑑並未根據測量。教師對學生的能力、學習動機、毅力、愉快與否等等事項所做的無以計數的價值判斷，都是評鑑未根據測量的例子。此外，許多重要的評鑑程序，如成果展示和學習夾（portfolio）通常未涉及測驗。事實上，另有一些人主張，教育改革的措施之一是，捨棄選擇題的測驗方式，改以評鑑學生在較實際與現實生活中的情境之表現（Brown，1993）。這種評鑑常稱為「績效評鑑」（performance assessment）或「真實的評鑑」（authenic assessment）。這些課題稍後會再討論。

✑ 教育評鑑的重要性

由於評鑑在圖 13.1 的教學模式之各個階段是核心要素，預期教師在受訓過程中會花相當多的努力在這上面。然而悲哀的是，情況不一定都是如此。在一項針對 397 位教師的調查中，幾乎有一半的教師透露，他們覺得他們在評鑑方面的訓練不足，被迫在嘗試錯誤中學習（Wise，Lukin & Roos，1991）。有趣的是，即使是在嘗試錯誤中學習的這些教師，也認爲他們實際上懂得相當多。

由於評鑑在教學歷程的所有階段都很重要，因此我們預期評鑑程序會佔去課堂時間的一大部份。

趨勢：事實也是如此。Gullickson（1985）指出，平均有 5%至 15%的課堂時間是花在測驗上（國小接近 5%，高中接近 15%）。

除了花時間在撰擬、修改與檢查試卷之外，評鑑性的活動也充斥著上課日：包括問學生問題，講評學生的回答與意見，評鑑學生藝術、戲劇、音樂及寫作等非測驗科目的表現情形，非正式觀察學生進步的情形，家庭作業的修改與評分，非正式地評鑑學生的態度與努力，及許多其它事項。事實上，教師大部份的評鑑（特別是低年級的教師）是根據非正式的觀察與家庭作業的表現，而不是測驗的結果。

對學生的影響：這些評鑑程序會如何影響學生呢？答案是相當深遠。事實上，我們很難高估評鑑對學生行爲的影響。Ramsden（1988a）認爲，學生對於教師的評鑑所抱持的信念，是最能影響學習的重要因素之一。他指出，評鑑的類型，決定著學生讀些什麼及如何學習。不幸的是，這種想法產生一部份的力量，使 1980 年代早期發展所謂的「測驗驅動教學」（measurement-driven instruction）取向，著重在提高特定的成就測驗之表現。該取向一項明顯的結果是，提高了學生的成績。不幸的是，也有一些負面的結果，其中包括 Cizek（1993b）所謂的「使課程沉寂下來與窄化」。此外，教師最常用的評鑑方式，往往鼓勵著被動的學習，記憶知識受到很大的獎勵。換句話說，

學習可以大致分成兩類：一種是表面取向，強調記住一些不相關的資料；另一種是深層取向，強調思考與主動尋找背後的原理與觀念，以及發掘各種現象或資料之間的關係（Crooks，1988）。因為我們的測驗強調課程容中那些簡單而表面的要素，及忽視那些較複雜與較深層的知識面向，所以學生所學習的也就是那些表面的東西。

我們如何將表面取向扭轉成深層取向呢？我們如何使學生把注意力放在關係與原理上，以及又如何使他們能夠了解而不僅止於記憶呢？

本書提供一些可能的答案。例如，我們介紹過針對教導思考、發展認知策略、傳授學習與思考的技能，或發展出後設認知的意識等明確目標所訂的計畫；也探討認知學習理論，例如 Bruner 與 Ausubel 的理論，它們均強調意義性與理解，摒棄「毫無意義的機械式背誦學習」。這些理論提供許多有助於學生注意知識的基本結構、相互關係及其深層涵義的建議。

但或許正如 Elton 與 Laurillard 的名言，「要改變學生學習的最快方法就是，改變評鑑系統」（1979，p.100），因為他們在最終分析中發現，學生們會刻意地學習教師們所要測驗的內容，但對於教師們所建議重要的就不是那麼在意。至於複雜的認知歷程，例如綜合或評量，其重要性光是用嘴巴說說是不夠的，或者正如 Bruner 所呼籲的：「要超越獲得的資訊。」如果隨堂測驗與期末考試，僅僅要求學生重複課本上所讀到的，或課堂上所聽到的內容，那麼學生將只是為了成績而學習而已。

至此，第一個重點已相當清楚，教師必須以正確事項來評量學生，亦即教師必須以自己認為最重要的事項來評量學生，而這些事項就是教師冀望學生學習的。

第二個重點應該也相當清楚，評量必須公平、一致和可靠。無論何種評量，皆應盡可能建立在最有效的測量上，雖然常常會加上平時觀察的結果。

在測量方面，有許多是專業教師們應該了解的。他們應該研讀……

測量的量表

有許多不同的測量方法——或稱為量表（scale）——可適用於各種不同事項的測量（見表 13.1）。最簡略且資料性最少的量表是名目量表（nominal scale），這可由其字面上看出，即這個層次的測量只針對名稱。例如，足球隊員背上的號碼，或描述性分類如「藍」與「紅」、「房子」與「穀倉」等，皆是名目測量的範例。此法只能將事項依屬性指示加以分類，但無法告知其它任何內容。

第二級，序數量表（ordinal scale）可依所測量的特性來排序。例如，品嚐各式飲料，可讓我們依甜度來為它們排序。但此種排序只能提供相對內容的一些資訊，並無法告知甜度的絕對數值。

表 13.1　四種測量量表

量表	特色與功能	範例
名目	名稱：將事物歸入各個類別。	將閱讀組命名為「長頸鹿」、「斑馬」和「小鬼」。
序數	排序：告訴我們相對的數量。	分第一級、第二級、第三級等等（較多或較少）。
區間	區間測量：有一個隨意的零點，大部份的心理與教育測量都屬於此類。	我們「假設」考試分數的差距都相等；能準確的測量改變量，但無法比較絕對數量。
比率	提供真正的零點。	允許絕對數量的比較。

第三種量表，區間量表（internal scale）可測量出在區間中以固定及可預測的方式變化的區間值。因此我們可以說，溫度從 0 度到 10 度間的變動，等

於 10 度到 20 度間的變動，或 20 度到 30 度間的變動。但是區間量表卻無法說，20 度是 10 度的二倍熱（或是一半的冷度），或 30 度是 10 度的三倍熱。若是為了能比較，我們需要比率量表（ratio scale）。比率量表須有一個真實的零點（非任意的）。例如，氣溫表的零點即是完全任意的，可以將零點設定在任何溫度上。事實上，華氏與攝氏量表的零點，即設定在不同的點上。另一方面，重量、年齡和高度，皆有準確且非任意的零點，如六呎是三呎的二倍長。在心理學與教育方面，大多採用區間量表來測量，但事實上我們所測量的對象並不適合這種量表。也就是說，我們假設，在我們的測驗中，60分與 70 分的差距，粗略地等於 40 分與 50 分的差距。此處要強調「粗略地」這個詞。在大多數的情況下，我們並無證據支持上述的假設。

　　雖然在教育上，大部份的測量皆使用區間量表，但實際上並不是直接測量，也就是說，尚未設計出一種可直接測出知識（或智力）的工具，如同直尺可測量長度或天秤可測量重量一般。教育上的測量，猶如推估氣溫。氣溫是藉由觀察水銀或酒精在空心玻璃管中起降的欄位來推斷測量；學習成就是由行為上的改變來推斷。知識是無法直接測量的，但我們假設，知識對行為有一定的影響。

測量與教育目標

　　學校中的測量與教育目標間的關係很簡單。目標不僅宣達教師該教授的內容，同時也宣達需評量的行為。除非能了解欲成就的事項，否則無法評鑑教學歷程的效能，而如果沒有評鑑，則難以判斷教育目標達成的情況。

　　Glaser 與 Bassok（1989）指出，完整的教學理論對於教導／學習的歷程，至少必須注意三個重要的面向：（1）描述學習歷程追求的結果——學習

者應獲得的知識與技能；（2）分析學習者在上課前的知識與技能；（3）建議教導學習者的方法，使他們由上課前的狀態轉而獲得教學追求的結果。

如第 1 章所見，追求的結果或教育的目標皆宣達大目標，例如：「教育的目標在於培養端正、得體的公民」或「教育的目標是培養學生的能力。」在眾多廣泛的教育目標中，近年來美國有一位總統闡述如下：

> 至公元 2000 年，美國的學生在第四、八與十二年級，將依其學習主科的實際能力實施留級制度，包括英文、數學、科學、歷史和地理。在美國的每一個學校，應確保所有學生皆能學會如何善用其心智，使他們成為負責任的公民、能持續地學習、以及在現代經濟中成為有生產力的一份子（喬治・布希，1990，p.16）。

雖然如上述目標的一般性敘述，在指導課程的發展及影響學校行政人員與學生的行為方面是有用的，但對於每天的教學活動，則遠不如較特定的教學目標來得有用。

教學目標

教學目標是闡述，在學生上完一課、一個單元或一項課程之後，期望學生有何種表現。須注意的是，教學目標並不描述課程本身，而是描述期望學生達成的表現。因為表現蘊涵著行為，所以「行為目標」一詞有時亦可與「教學目標」交替使用。

⟳ 教學目標與教師責任

近幾年來，學校又再度強調教學目標的使用，且處處可見。此項強調不僅起因於對教學重要性的認知，更起因於所謂的「教師責任」漸受重視。教師責任指，教師在某方面應對自己在教室中的表現負起責任——也許是對學生，也許是對家長，但絕大部份是對於聘用他們的學校當局負起責任。

評量教師的勝任能力：蘊涵在認為教師應為教學結果負起某種責任之想法的假設是，如果他們的有效教學受到獎賞，那麼他們將工作得更賣力，以及變得更有效能。這些信念的實務涵義是，許多學校當局致力於尋找評鑑「教師才能」（teacher competence）及獎賞教師的方法。很不幸（或許可說是幸運），沒有任何簡易的方法，可以用來評鑑教師的表現。但仍有許多評鑑教師基本勝任能力的嘗試（見 Millman 與 Darling-Hammond，1990）。例如在 1986 年，德州對其州內的 10,000 位教師，實施一項基本溝通技能的特別測驗（德州現行行政人員暨教師測驗，簡稱 TECAT）。該項測驗的目的，是用來辨識基本語文能力太差而無法勝任的教師。Shepard 與 Kreitzer（1987）針對教師們的準備情形提出報告，其準備方式包括參與研習會與複習課及研讀書籍，並指出，近 97%的教師通過第一次的行政測驗，以及 99%的教師通過第二次的考試。但仍有 1,950 位教育者，因未能通過測驗而失去工作，但該數字低於所有參加測驗者的 1%（很有趣，有 8,000 位教師及行政人員並未參與測驗，但仍能保有職位）。而測驗不合格的 1,950 位人員當中，有 887 位已取得學科職位（校長、督察長及主科教師），1,063 位已取得術科職位（包括體育、工藝、音樂、藝術、第二語言的英文，及健康教育等科目的教師與學校諮商員）。

Shepard 和 Kreitzer（1987）預估，測驗的開發、教師的準備及測驗的施行與評分等費用，總共超過三千五百萬美元。該測驗計畫始料未及的效能是，教師士氣嚴重低落。當中有許多人抗拒對其勝任能力的質疑，以及媒體大肆討論教師勝任能力的負面陳述。再者，測驗效度的疑問，以及教師參加

測驗前，耗費相當多人力與經費從事補救教師語文能力的事實，二者皆大大減損了測驗的用處。如此龐大地偵測教師的勝任能力是極罕見的。Reynolds指出，部份的問題是，對於有能力的教學是什麼，以及高度適任與不適任教師之間的差別，我們不是非常清楚。

　　對於爲什麼行政當局及大眾期望監督教師的行爲及加強其效能，以及大多數的教師爲什麼不情願去面對提昇其勝任能力之要求，個中的原因不難了解。有些科目比其它科目來得難教與難學習；有些學生學得比較慢，有些學生學得比較快；以及教師的專業能力並不相同。

　　有一個方式可以回應家長及行政當局的期望，也就是詳述課程的教學目標。但這並非使用教學目標之最重要原因；因爲教學目標對於教導及學習之貢獻更爲重要。

⇗ Mager 的教學目標

誠如 Mager 所說，教學目標必須詳細說明，學習者受教後必須能做哪些事才會有用。有用的教學目標會以行為來陳述——亦即以學生那些實際、可觀察到的表現來說明。此等教學目標，是課程目標的綱領及教學策略的指南，也是評鑑學生及教師表現的依據。

思考一下，下列兩項教學目標的敘述：

1. 學生應了解進化論。
2. 學生應能敘述二項達爾文的進化法則，並加以舉例。

Mager 指出，第二個目標較第一個更有用，此乃基於許多原因。第二個目標準確地詳述學生應能做哪些事項，才足以說明他們是否已達成課程目標，且提供教師特定的指導原則，可用來判斷課程目標是否達成，並建議若欲達成此課程目標，教師必須教授的內容。第一項敘述，因使用模糊的語辭「了解」及大範圍的內容「進化論」，而無法達到上述要求。這容易造成誤解，相似的語辭如知道、欣賞與專精等鮮少出現在 Mager 建議的目標中，除非知道、欣賞或專精等語辭的本質，同時能清楚地交代。例如，布希總統的片語「善用心智」，若要使其有用，則必須再詳細解說，因為我們必須知道「善用心智」中涉及的事項。

有意義的教學目標之第二項特性是，通常可據以建立能評鑑行為表現的明確準則。思考一下下列敘述：

1. 學習者能將一段簡易的法文轉譯成英文。
2. 在不使用字典之下，學習者能將一段簡易的法文轉譯成英文。此段文章取材自指定的課本，譯文在每 100 個字中不得有超過 5 個錯誤，且每 100 個字要在 20 分鐘內完成方可接受。

第二個敘述比第一個更精確，對於教師及學習者都較有用，因為清楚說明期望的行為之本質及可接受的行為受到哪些限制。

撰寫教學目標是一項耗時的工作。然而，仔細擬訂目標，對於教師規劃教學策略，與評鑑本身及學生的表現，皆有莫大的幫助。除此之外，如果行為目標的敘述，能於課程、單元一開始時即告知學生，對學習者而言具有莫大的價值。誠如 Mager 所言：「若能給予每一位學習者一份教學目標的副本，則不須再多做其它事了」（1962，p.53）。

☆ 教學目標的其它觀點

並非所有的教育者皆認為 Mager 的教學目標取向是最好的。許多人指出，行為目標的使用會造成許多特定的缺陷。

Eisner 的涵義目標（expressive goal）：例如 Eisner（1967）指出，並非所有的教育者均同意 Mager 所提的教學目標是最好的。近數十年來，在心理學與教育的領域，已有顯著偏離行為導向——即強調行為目標中那些可以測量的結果——的趨勢。Winn（1990）指出，行為導向已逐漸由一種較強調認知的導向所取代，即強調理解與較不易測量的結果，以及反映在由較客觀的選擇題評鑑，移向績效評鑑與學習夾評鑑（稍後討論）。Eisner（1967）指出，使用行為目標有若干缺點。拘泥於行為目標的確會限制課程的發展，忽視其它重要的學習結果，以及未能認清態度是最重要的教學結果。因此，他認為，教師的教學目標不僅應含有 Mager 所述的表現目標，應再加上涵義目標。涵義目標指教師的意識認知，認為學習經驗中可見及可測量的結果不是此等經驗唯一的結果（在許多例子中，並不總是最重要）。例如閱讀課教師應積極教授閱讀（此一結果能於 Mager 的教學目標中輕易地表達），且應試著灌輸對閱讀的正面態度（此一結果無法在 Mager 的取向中輕易地表達）。

Grounlund 的一般目標與特定目標：Grounlund（1972，1975）對教學目標所提之觀點，在此特別有關。首先，Grounlund 贊同 Mager 強調精確、績

效導向的目標，認為對於簡單的技能，及能以特定資訊加以描述的科目較合適且有效。然而，此種取向對於較複雜的科目，或較高等的認知行為是相當不合適的，而且，正如 Nahl–Jakobovits 與 Jakobovits（1993）所指出的，它並未認清情感性結果的重要性。他們認為，最有效能的教師應能整合所有各種期望於學生的目標。所以，Grounlund（1972）建議，教師應以一般性而非特定性的用語來表達主要目標，然後，再將每一項主要目標用更特定的學習結果加以詳盡說明，或以許多能反應主要目標的行為例子加以闡釋。這些例子可以用來做為「績效評鑑」或「真實的評鑑」之基礎。

布希總統的訓諭——學校應「確保所有的學生能學會善用其心智」即是一項高度一般性的目標。然而，假如我們能描繪出「善用心智」之特定表現的例子，則達成目標的程度較容易確定。這些行為範例，與 Mager 的教學目標之間，有一項重要的差異。Mager 的目標詳述構成教學目標本身的實際行為。然而，Grounlund 所建議的，並不是目標本身，而是證據型的例子，讓教師能夠尋找並判斷主要目標是否達成。此一取向（例子如下），也可以描述出涵義目標。例如，假設主要目標是發展某特定態度；特定行為將做為達成的證據（圖 13.2 總結上述三項觀點的差異）。

Eisner： 涵 義 目 標	Grounlund： 一 般 與 特 定 目 標	Mager： 行 為 目 標
學生培養出對於乘法在日常生活中之用途的了解	主 要 目 標：學生了解如何執行簡單的乘法； 特定的學習結果： a.能以其自己的話來定義乘法的意義 b.能定義相關名詞如乘數與乘積 c.能解決問題	學生能解決十個乘數問題中的九個，如「5×4」＝？

情感性 ―――――――――――→ 一般性 ―――――――――――→ 特定性

圖13.2　不同取向的教學目標

範例：為了例示與闡明前述三種取向，思考下列有關詩文單元的目標。根據 Mager 的取向，其目標或許應包含下列敘述：

1. 學生應能寫出該單元中五首詩的詩名與作者。
2. 學生應能引述該單元中某一首詩的連續十行，且不得超過三個錯誤。

Eisner 的涵義目標，則集中在使學生對詩文與／或特定的詩及詩人培養出正面的感受上：

1. 學生應發展出對羅馬詩人的鑑賞能力。

最後，Grounlund 的目標以涵義目標如上述為開始，然後再更進一步詳述下列一項或多項的行為範例：

2. 學生在自由閱讀時間，會去選擇閱讀（或撰寫）詩文。
3. 學生會嘗試評量詩文的好或壞（或比較不同的詩）。

結論：上述三種取向皆有利有弊。 Mager 的取向，強調詳細說明目標行為，對於簡單的技能，及介紹各種事實的科目特別有用。Eisner 的取向，強調教學歷程中情感結果的重要性。Grounlund 的建議，對於較複雜的科目及較高階的智力歷程是有用的，同時也能用來形成涵義目標。每一種皆讓有良知的教師能有善用的空間。

目標與隨堂測驗

目標是追求的結果。與學校相關的目標，包含教師特定的教學目標及課程、計畫、校長與社區溝通等更廣大的目標——例如「善用心智」與「成為

負責任的公民」。關於教育的更廣大目標,長久以來皆屬於哲學、政治學及經濟學的領域,而非心理學,而且此等目標很少能在學校裡直接評量——雖然也許應該要做。大部份的教室評量,跟教師哪些較特定的目標有關。

Bloom 的分類(taxonomy):Bloom、Engelhart、Furst Hill 和 Krathwohl(1956)以及 Krathwohl、Bloom 和 Masia(1964)曾提出一份詳盡且有用的認知與情感之教育目標表。此等分類表的用處是,作為決定單課或課程之目標的指南。例如,認知領域的目標分類,描述了目標的等級、對應於各個等級目標的教育目標,及闡述目標的測驗問題(見表 13.2)。在此一領域中有六個目標等級,由最低到最高依次為知識、理解、應用、分析、綜合及評量,每一個等級皆可再細分。對於 Bloom 的教育目標分類,更詳盡的探討可參考其目標手冊(Bloom、Engelhart、Furst、Hill 和 Krathwohl,1956)。

表 13.2　Bloom 的認知領域(定義與例示)

目標等級	範例
知識(事實性資料)	仲夏夜之夢為何人所作?
理解(了解;由溝通中得知意義)	作者的寓意為何?
應用(利用資料、原理等等解決問題)	就你對於第一劇的劇情及 1594 年夏天英國的天氣狀況的了解,你認為該劇寫於何時?
分析(探討各個部份而得到的了解)	找出第一幕中最基本的隱喻並解釋其意義。
綜合(探討較大的結構或結合各個部份而得到的了解)	指出仲夏夜之夢的四個主題並討論對劇情的貢獻。
評量(價值性判斷)	你贊同仲夏夜之夢是莎士比亞的第一部作品的說法嗎?請解釋。

☞ Gagné 的學習結果

　　與 Bloom 的教育目標分類有密切關係的是 Gagné 的學習結果，在第 6 章已經介紹過（Gagné，Briggs & Wager，1992）。五種學習結果是：智力技能、認知策略、語文訊息、態度及動作技能。Gagné 的學習結果也可以用來形成教學目標，如表 13.3 所示。

表 13.3　　Gagné 的學習結果與教學目標

學習結果	相關教學目標之範例
◇　智力技能	
較高層次的規則	學習者想出如何計算圓錐體的體積
規則	學習者找出大氣壓力與水的沸點之間的關係
觀念	學習者學習鳥類的定義特徵
辨別	學習者學習區別 p 與 b
簡單型學習	學習者在制約下對數學產生正面的反應
◇　語文訊息	學習者能夠列出 Bloom 的認知領域中主要的目標類別
◇　認知策略	學習者利用記憶術記住涵義目標與行為目標的差別
◇　態度	學習者選擇做家庭作業而不是去玩
◇　動作技能	學習者在鋼琴上演奏一段音樂

　　先前我們曾提及，教師執行測驗的重要性——考什麼與如何考決定學生學習什麼與如何學習。亦曾提及，學校評量傾向於針對學生記得多少教科書及教師陳述的內容，而非針對學生了解多少、靈活歸納與應用，或高明地形成假說與產生新概念的程度。深入研究 Bloom 的分類，更確定此項不愉快的發現。Fleming 和 Chambers（1983）分析超過 8,800 份在中學測驗裡最常使用的試題後發現，近八成的問題都只是探討事實與特性的知識——屬於 Bloom 分類中的最低等級（見「記憶與思考」專欄）。

記憶與思考

由 Bloom 等人（1956）所述之六級目標，可區分爲兩大類：一類爲記憶類，另一類爲思考類。只含知識的目標落入第一類（特性的知識、方法及如何處理特性的知識，以及某一領域中一般性及專業性的知識），這些目標所強調的都是記憶。

大部份的教師皆希望了解（理解、應用等等）與記憶能夠並進。但很少人清楚地知道含在智力活動，如理解、應用、綜合、分析或評量中的精確技能。其中有兩項最常混淆的技能是理解與應用。理解是最低階的了解，是不需要聯結其它相關素材，即能領悟訊息的能力。這可經由要求學生轉譯（從某種溝通形式轉變爲另一種溝通形式，並用自己的話表達出來）、解釋（解說或總結）或外推（預測結果或下結論）來測出。

另一方面，應用需要學習者能利用已理解的事項——能將某一種情況移轉至另一種情況上。應用能力無法簡單地經由要求學生解釋或轉譯來測量；必須同時要求他們抽取教材中的概念並了解其含義。最後有二項重點要提示，第一，一項簡單的呼籲：請熟悉此分類，因爲它具有教學與測驗上的含義。第二，重述一項明顯的重點：教學目標（希望學生學習的事項）必須透過測量方法與學生做直接有效的溝通。除非成就測驗的結構能反映上述目標，否則即使你一再強調希望能教導理解力與其它高階的技能，很可能都無法成功。最後的分析是，學生將會只研讀你所測驗的東西。

⌒ 隨堂測驗的藍圖

我們一開始應強調，測驗——不論隨堂測驗或標準化測驗——並不像一般的測量工具如直尺、量表和溫度計。直尺可以直接測量任何事物，但心理與教育領域的工具卻無法直接測量。事實上，我們假設學生的測驗，是由可當做推論擁有某種知識、能力或態度之行為樣本（選自眾多潛在的行為）組成的。推論學生擁有知識、能力或其它特性，無法根據直接測量，而且也只是推論——根據一些行為樣本的推測。因此，行為樣本的取樣問題變得相當重要。

也許如您所知，準備測驗、考試和隨堂考試的工作，通常是一種相當隨機的過程。想要學生學習某類事物的教師，通常會在單元或課程快結束時，整理一些他們希望能合理且正確地測量學習情形的考題。有些教師比其它教師，更能將適當的考題放在一起。然而，許多教師可能需要學習如何清楚地分辨測驗試題的好與壞（本章後面會討論到），甚至在一開始教授相關系列課程時，即能有系統地規劃測驗的藍圖，這將會有許多助益。

事實上，測驗藍圖（test blueprint）其實是測驗的詳細說明書，當中說明測驗的主題、試題的性質、試題跟每個相關主題的關聯性及須取樣的認知歷程之種類。測驗藍圖不只由教師發展，同時也要學生的合作。建構藍圖可以同時為教師與學生釐清教學目標，對於教師在教學策略上的選擇及學生監督自己的學習過程提供重要的指南。

詳細的測驗藍圖，應考慮如 Bloom 分類之學習結果的差異。根據此分類，部份典型的測驗藍圖採用表格的形式，將所有相關的主題列在左側，及所有相關的領域列在上頭，然後計算與主題及相關領域有關的考題題數（見表 13.4）。然而，大部份的教師與學生發現，若能使用能區分學生易於定義與了解的學習結果之分類，將會更容易且更有用。例如，Popham（1981）建議，將試題簡單區分為記憶性或超越記憶性的題目。

表 13.4   簡易的測量藍圖（根據本書第 6 章 Bloom 分類的認知領域）

各領域的試題數

第 6 章主題	知識	理解	應用	分析	綜合	評量
認知	4	3	3	2	3	1
Bruner 理論	3	4	3	2	2	1
Ausubel 理論	3	3	2	2	2	1
教學	4	3	3	2	2	3
總數	14	13	11	8	9	6

　　有許多其它方式也能設計測驗藍圖，其中有一些對特定的學科會更簡單且更有用。例如，Bloom 的分類和其它類似的分類，對體育課程並不太適合，教師可以針對期望學生學會的技能來製作表格。表中並列出能證明技能精熟的準則，並視之為測驗藍圖。很不幸，此類測驗藍圖在體育課程中相當少見，通常大部份的教師仍依據非正式、直覺的評量。雖然此類評量明顯需要，但仍少有較公平與正式的評量，而且也幾乎完全不能做為教學指南。

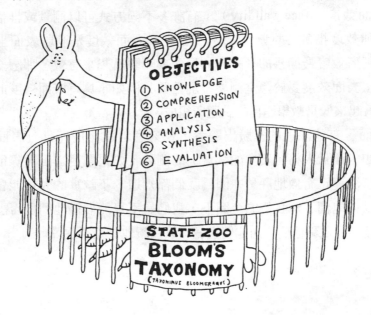

良好測量工具的特性

　　從學生的觀點來看，好的測驗最重要的特性也許是公平。基本上，在學生了解教學目標的情況下，測驗應該要能反映教學目標——即，要能反映何者需要學習（及教導）。

　　從測量的觀點來看，好的測量工具要具備兩項重要的特質——效度與信度。

☞ 效度（validity）

　　若能測出所欲測的事物，則測驗即是有效的，然而有許多測驗卻不然，它們同時測到許多其它事物，因此不是非常可靠。效度是測量工具最重要的特質。假如測驗無法測出真正的對象，則測得的分數並無任何價值。

　　表面效度（face validity）：有許多不同方式可以測量或推估效度——即有多種效度指數（見圖 13.3）。首先，表面效度是測驗表面上給人的印象，是判斷效度最簡易的形式。如果一項測驗看起來有效，那麼至少具有表面效度。表面效度對於隨堂測驗特別重要，例如，具有表面效度的數學測驗將會由看起來像是數學題目的試題所組成。

　　然而，有些課程的測驗出題者，會刻意地避開任何具有表面效度的題目。例如，測量人格特質（如誠實）的測驗，如果題目露出實際欲測驗的事項，則無法真正有效地評量。因為我們都知道，不誠實的人可能會對我們說謊，所以在他們了解我們的企圖下，我們是不可能取得他們是否誠實的正確測量。最好是欺騙他們，向他們說謊，以判斷他們是否說謊。

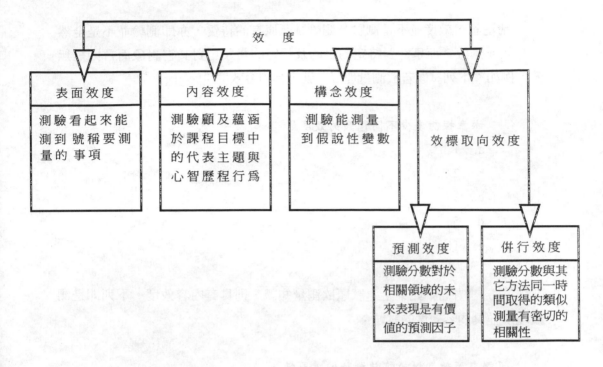

圖13.3　測驗效度的形式：確定測驗測得它表示要測量的對象

內容效度（content validity）：第二項重要的指標是內容效度，是藉由分析測驗試題的內容跟相關課程、單元或單課之目標來評鑑。內容效度也許是學校成績測量中最重要的效度，具高內容效度的測驗試題，會依據重要性，顧及所有重要的課程目標（含內容與歷程目標）。因此，若教學結果的一些目標為認知歷程的發展，則相關測驗若能顧及此歷程，則具有內容效度。例如，課程內容的 40%是在處理知識（而非理解、分析），則測驗試題中應有 40%用於評鑑知識。

判斷測驗的內容效度是一項邏輯分析的工作。準備前述之測驗藍圖的一項好處就是確保能有內容效度。

請注意，效度並不是測驗及測驗試題原有的特質，亦即測驗並不是全然的有效或無效，而是針對特定的目的及特定的對象，對其它對象而言則是無效。例如：下列試題若欲測量理解，就不具內容效度：

本章探討多少不同種類的效度？
a. 1
b. 2
c. 3
d. 5
e. 10

但另一方面，如果上述試題欲測量知識，則具有內容效度。下列即是測量理解並具內容效度的試題：

解釋表面效度對於隨堂測驗的重要性。

然而須注意的是，上述測量理解的試題是假設，從未清楚地教過學生正確的答案，也就是說，只教過原則、應用、分析等內容，因此對此問題的回答不是記憶性的知識。試題所測量的事項，並不是測量本身原先就固定的，而是決定於教導學生的材料與試題之間的關聯性。

構念效度（construct validity）：第三種是構念效度，在概念上較表面及內容效度更加困難。這與教師出的測驗較無關，但與許多其它的心理測量（例如：性向與智力測驗）則高度相關。事實上，構念是一種假說性的變數——一種無法觀察的特性，通常由理論推論而來。例如：一項理論指出，高智力的人應是理性而非感性的。因而有一個方法可以判斷智力測驗的構念效度，即探討該測驗如何測量理性與感性（見第7章的相關討論）。

效標取向效度（criterion-related validity）：測驗的主要用處在於，預測未來的表現。因此，假設在五年級一整年的所有成就測驗中表現良好的學生，我們會合理地推斷，他們六年級的表現也會很好。同時亦可預測在測驗上表現不佳的學生，在六年級的表現也會跟在五年級一樣，因此我們可以利用這項預測做為留級的理由。預測的正確程度，會反應在效標取向效度上。這種效度的構成因子之一，即所謂的**預測效度**（predictive validity），可容易地藉由觀察前後測驗的表現之關聯性來測量。因此，大學入學考試是否能篩選出好學生，可由預測效度看出。

併行效度（concurrent validity）：效標取向效度的第二個面向是，測驗與其它測量相同行為的方法之間的關聯，即併行效度。例如，測量智力最精確的方法是實施耗時耗錢的個別測驗，第二個方法是快速、較不耗費的團體測驗，第三個方法是較不一致的方法，就是讓教師根據對學生的成就與努力之了解來非正式地評鑑其智力。教師的評鑑如果與較正式的測量吻合，則說具有併行效度。同樣地，如果團體測驗吻合其它方法所得之測量，則亦具有併行效度。

效度概念的變化：測驗不僅對於學生，甚至對於整個教育體系，皆有深遠的影響。Maguire（1992）指出，存在於整個教育體系中的考試，會影響教師的教法。Wolf、Bixby、Glenn 和 Gardner 點出，目前在校園中的測驗實務是「探查性與選擇性而非生產性的練習」（1991，p.32）。因此，它們孕育一種縮小範圍、可預測、並以記憶為主的教授法與學習法。這些作者指出，教師需要新的評鑑形式，即「添加思考的評鑑，而不再只評鑑資訊的擁有」（p.33）。

Moss（1992）提到，認清評鑑對學習與教學的影響，使我們對效度產生另一種新的看法。此一評鑑效度的新觀點，考慮測驗對學習產生的效能。例如，假若測驗的目的之一是鼓勵思考，那麼我們必須注意測驗提昇思考的有效程度，以判斷其效度。

⇗ 信度（reliability）

好的測驗工具不僅須有效，同時也要可信，亦即測驗應具有一致性。例如，某學生的智力測驗評分在本週爲 170 分，但下一週卻只有 80 分，則此測驗就不具信度（除非這個學生在這一週內發生某些事情）。

信度的種類：高度不可信的工具，是不可能有效的，換句話說，若測驗測量正確的對象，以及所測的事項不會不可預測地變動，則此測驗的評分結果在不同的狀況下，會有相近的分數。因此，評鑑信度的方法就是，施予二次測驗或二種不同格式的相同測驗。此即所謂的重複量數信度（repeated-measures reliability）或平行格式信度（parallel-forms reliability）。

另一種判斷信度的方法稱爲折半信度（split-half reliability）或等值信度（equivalence reliability），此方法是將測驗區分爲兩半，再探討兩者的分數之相關性（Wiersma 和 Jurse，1985）。假設所有試題皆測量相同的事項，則兩半部的分數應會相當接近。

影響信度的因素：對測驗的信度有影響的一項因素是，待測事項之穩定性。很清楚地，如果一項特性因時間而有戲劇性的變動，則此特性的測量同時也會跟著變動。然而，大部份在心理學與教育上的測量並不太會有無法預測的變動，也就是說，雖然我們預期許多特性會改變，但通常我們可以預測其改變的性質。我們預期學生書會唸得更好、了解得更清楚、解決更多的問題、及普遍提昇對學校課程的認知。有效且可信的測驗應能反映此類改變。

第二項重要的因素是機會，這與隨堂測驗、選擇題或是非題特別有關。例如，由二十題是非題組成的測驗，學生知道除了二選一之外，絕無其它答案之後，就會提高答對此類型試題的機會。因此，除非有聖徒路克的指引，否則對於一班完全不懂的大班級，其平均分數應在 50 分左右，而且有些較幸運的人，也許還會獲得相當高的分數。但此次測驗與後繼的測驗，也許會產生令人驚訝的不同結果。

一項可以增加測驗信度的明顯方法是，讓測驗更長一點。當然這並不意味著，所有短期目標的測驗皆須避免。就長期而言，機會因素的效能會抵消掉；將一百個短的測驗集合成一個長的測驗，有時會是具有高信度的測驗。在此有一項最須警惕的重要事項，即教師不應太信任一些簡短的測驗結果，因為這些測驗尚不能消除機會因素的影響。

另一種提高選擇題信度的方法是，大量使用中等難度的題目，而不是注入許多太難或太容易的題目（Feldt，1993）。在其它條件相同的情況下，太難與太容易的題目往往導致較不一致的反應。

雖然測驗在不具信度之下，是不可能有效度的，但在無效度之下，卻可以有高度的信度。參考下列的智力測驗：

Lefrançois 的智力量表

說明：用四條分開、平行但直交的線條，連結圖中的點與四方形。

計分：
最低分數：100　　　　　　　　＿＿＿＿＿＿＿＿
答對一半加 50 分（即：二條線）＿＿＿＿＿＿＿＿
答對另一半加 25 分 ＿＿＿＿＿＿＿＿
總分（最高 175 分）
解說：
若您得的分數是：
100：您是非常聰明的
150：您是天才

此智力測驗量表已證明相當可信（和相當民主）。換句話說，即相當一致：受試者重複取得相同的分數。聰明的人總是 100 分；天才 150 分；及上帝 175 分。然而很不幸，卻完全不具效度。

標準化測驗

測驗是課業任務（試題或問題）的集合，是假設能代表測驗者期望評鑑到的行為之樣本。人們有無以計數的變化，因而會有無以計數的測驗形式，且每一形式亦會有無以計數的例子。一些心理測驗（創造力與智力）在第 7 章中探討，這些測驗即是標準化測驗（standardized tests）。它們之所以如此稱呼，是因為可作為判斷個別學生之表現的標準（亦稱為「常模，norm」）。因此智力測驗會將平均表現調在靠近 100 分的地方來加以標準化。除此之外，智力測驗的常模可顯示一大群人之分數分布。

標準化的成就測驗對教師特別重要。這些專業發展的測驗，對於學校的每一個學科都有，並設計成能提供給教師、學校當局及家長，有關各個學生、班級或學校之相對表現的資訊。相對表現通常是將學生的測驗結果，與測驗所提供的常模相互比較而得。因此，大部份的標準化測驗，含有測試材料本身，及一本手冊——詳述測驗的目標（指測量什麼），適合測驗的年齡和年級，標準化的樣本，以及將學生的原始分數轉換成能與測驗常模直接比較的分數對照表。

許多學校慣於將成就測驗做為評斷學生的依據。一項研究報告指出，一年級至五年級之間的學生，預期一年要接受 1 至 1.5 次的標準化成就測驗（Levin，1983）。很不幸的，雖然教師會用這些測驗的結果，來評判學生的程度，但往往不會根據此等結果去修正其教學程序。

☞　基本能力測試

目前正蔓延著關於標準化測驗之使用的爭議。一方面，許多教育者認為，測驗是不公平、有偏見、不可信的，且常常是無效的——視之為「科學與科技橫衝直撞」的最佳範例（Wigdor 和 Garner，1982）。另一方面，也有許多人指出，儘管測驗有其缺點，但比起教師及教育者根據自己的判斷，更可能較為有效、可信、客觀與公平。

於本世紀中期，反測驗運動似乎逐漸佔優勢。愈來愈多的學校，開始放棄使用標準化測驗來評斷學生，因為與要求公平的呼籲牴觸（L. L. Linn，1986）。但目前鐘擺似乎又再度盪回原來的路子，而《瀕臨危險的國家》（A Nation at Risk）（National Commission on Excellence in Education，1983）報告的出版，更是造成最近一次震盪的重要因素。此報告極力主張追求優異的必要性，而非僅止於追求公平而已。另指出，美國的學童嚴重缺乏基本閱讀、寫作及算術等技能，情形令人擔憂。此報告贊同基本能力測試（minimum competency testing）的概念，這是一般性的綜合測驗，通常以全州為施測對象，藉此來評判學生是否達到基本能力的某些標準。

一些阻力：基本能力測驗受到質疑，理由是不公平及歧視，然而，這方面的呼籲往往不成功（Perkins，1982）。

有些人因下列理由，反對標準化測驗全面的使用。首先，誠如 Haladyna、Nolen 及 Hass（1991）所指出的，提高教育成就等於要持續提高測驗的分數。M. L. Smith 在教師訪談錄中指出，若是將標準化測驗的結果公開，教師往往會有「羞恥、尷尬、內疚及憤怒的感覺」（1991，p.9）。結果，教師普遍為學生特別預考一份已取得的測驗——一種可能會嚴重扭曲測驗效度的作法。而 Nolen、Haladyna 及 Hass（1992）更進一步地指出，預考測驗也許可以增進學生的分數，但並無法實際地提高成就。事實上，這代表鼓勵詳細內容的記憶，而非了解與思考的成長。

Sternberg（1992）指出，標準化測驗自本世紀初以來，改變很少——除了對行政人員更方便，更可信，以及更具吸引力——依然測量長久以來一直測量的相同事項，即基本記憶與一些分析能力。他主張應採用其它作法，也測量較具創造性與實用性方面的智力，並仔細探討人們思考與學習的方式。

Prais、Lawton、Turner 與 Roth（1991）提出標準化能力測試的另一項缺點，即對學生會逐漸產生較負面的影響。對於一大群學生的調查中發現，多數人對於測驗會感到不安，尤其是成績低的學生。結果導致有些人作弊，有些人則乾脆停止努力。

標準化測驗的功用

雖然如此，標準化測驗在校園中，至少有五項不同且重要的功用（R. L. Linn，1986）。首先是篩選特殊教育計畫的對象，如第 7 章所討論的，智力測驗即因此目的而廣泛使用。然而，其公平性受到質疑，尤其是能舉證說明測驗會偏向某特定團體時。爲了降低偏見，一些測驗開始修正，並翻譯成不同的語言，及同時使用各種評鑑程序。

標準化測驗的第二項功用是，證明學生的成就。基本能力測驗是此一功用的最佳範例，而各種用來決定是否接受申請的標準化入學考試，及課程研習後的期末考試也一樣。

除了上述二項主要的功能外，標準化測驗亦能用來評判教師勝任的能力、評鑑學校（透過學生的表現）及進行教學診斷等。

測驗常模

在使用及詮釋標準化測驗時，最重要的是，了解其評分方式及使用的常模（norms）爲何。

年級等值常模（Grade-Equivalent Norms）：在作爲標準化測驗的各種常模中，年級等值分數（grade-equivalent scores）是最普遍的一種。此常模讓

教師能將測驗的原始分數，轉換成年級等值分數。例如，將參加標準化閱讀測驗的學生，很清楚地以分數等級來表達，如：3、3.5、5等等。

在理解年級等值分數時，應依序注意以下幾點。首先——適用於所有的標準化測驗——確定該測驗適合學童且選用適合的常模，此二者特別重要。相同的，智力測驗對於未列入常模內的團體，往往是有偏差的，而成就測驗對於不同於常模母體的學校課程，或社會、語言及種族背景不同的學生而言，也會有偏差。

一旦某項成就測驗評定為適當，其年級等值分數因而有意義時，接著精確地了解代表的意義是非常重要的。四年級的學生得到年級等值閱讀分數 5分，並不意味著應就讀五年級。事實上，相當於該年級等值分數的原始測驗分數（原始分數指實際且尚未轉換的測驗分數）應是大多數五年級學生的平均分數，少數五年級的學生應會比此分數更高或更低。相同的情況，常模團體中，許多四年級的學生之原始分數會與一些五年級的學生一樣高。因此，成就測驗並無法很截然地劃分不同年級的程度——因為無法提供學生應有之年級程度的絕對正確指數。再者，一年多次不同的成就測驗亦可能產生相當不同的分數結果。例如，H. W. Bernard（1966）的報告指出，暑假之後立即施行的測驗，平均而言，往往會比上個學期末所取得的分數低很多。

年齡等值常模（Age-Equivalent Norms）：雖然專為學校設計使用的成就測驗，會提供年級等值常模，但許多成就測驗同時也提供一項或其它各式各樣的常模，包括年齡等值常模（其它如 Z 分數、T 分數、百分位數及標準九分，容後於「常模與常態分配」專欄中詳加解釋）。年齡等值分數是以年齡為主的常模，而非年級。該常模是將原始分數轉換成指定的年齡等值分數，而此項分數能解釋學生與特定年齡團體的平均數相較下的學習程度。年齡等值分數較常用在智力測驗及其它能力或性向測驗，而較少用在成就測驗上。這大部份是因為，說一個人有四歲或九歲的智力程度，比說一個人有四歲或九歲的閱讀程度要來得有意義。在闡釋年齡等值分數時，注意事項同於年級等值分數，但最須注意的一點是，這些分數代表平均數，因此在大多數的團

體中，分數應有寬廣的範圍。除此之外，因為標準化測驗並不是完全有效或可信，所以應注意不可太過於依賴這些測驗。

隨堂測驗

標準化測驗在大多數的學校中廣泛使用，其中 80%以上是標準化成就測驗（Garcia & Pearson，1994）。但是大多數於課堂中使用的測驗，都是由課堂教師出題的，其中有一些頗能代表課堂目標、難易適中、以及出得合理又聰明。此為其它測驗較無法比擬之處。

隨堂測驗用於各式各樣的目的，其中之一是打學期成績。除此之外，隨堂測驗可用於，評斷學生是否可以接受下個單元的教學，指出教師的教學程序的效能，辨識學習的困難處，評定學生懂與不懂的事項，預測學生未來的學習成效，提高學生的學習動機，以及當作一次學習的經驗。

隨堂測驗一般以紙筆類測試居多，偶爾也會以非語文行為為評鑑對象。例如，體育、藝術、戲劇及一些研習會的課程，有時會要求學生製作成品或表演。但在其它主科，如數學，亦逐漸重視學生求得答案的過程，而非只是結果。也就是說，測驗者已愈來愈注意所謂的「教育品質指標」（educational quality indicator）（本章後頭會有更進一步的討論）。

目前在課堂上主要的評鑑形式，依然是隨堂客觀測驗、論文式測驗、或二者皆有。論文式測驗需針對每一項問題寫下一定長度的想法。客觀測驗則通常不需寫作，且其評分程序相當一致（因此，客觀）。

⌃ 客觀測驗

客觀測驗（objective test）的試題主要有四種，分別為填充題、配合題、是非題與選擇題，見圖 13.4 中的例子。

1. 填充題

   測驗藍圖最常根據＿＿＿分類。預測效度與併行效度是 ＿＿＿效度的兩種形式。

2. 配合題

   ＿＿＿＿Z 分數　　　1.平均值=50，標準差=10

   ＿＿＿＿T 分數　　　2.平均值=0，標準差=1

   ＿＿＿＿標準九分　　3.平均值=5，標準差=2

3. 是非題

   a. 良好的成就測驗其年級等值分數應使四年級學生的平均成績在 4-5 之間。

   b. 內容效度可經由仔細地進行邏輯分析測驗試題與課程目標間的關係來決定。

4. 選擇題

   測驗表面上看起來能測量到它表示要測量的對象之程度是指：

   a. 內容效度

   b. 表面效度

   c. 構念效度

   d. 測驗信度

   e. 效標取向效度

圖13.4　客觀測驗的四種主要形式

✍ 論文式測驗與客觀測驗的比較

　　客觀測驗與較主觀的論文式測驗，兩者都能用來測量學習面的任何要點。然而，有些課程較容易以其中的一種測驗來評鑑。此處介紹論文式測驗與客觀測驗間多項主要差異，這些差異可做為在哪些狀況下應使用何種測驗的指南，通常將二者混合使用較為有利（見專欄「客觀或主觀」）。

客觀或主觀？

　　這是純粹修辭上的問題，不僅沒有答案，也不需要答案。少有教師會發現自己處於必須總是使用某一種測驗的情況。在有些班級的情況下，特別是大班級，他們會採用客觀測驗；反之則論文式測驗較好；有時二者並用會更合適。重點是每一種作法各有利弊。優良的教師應在不偏袒任何一種形式下，致力於發展建構各式良好試題時所需之技能。

　　優良的教師同時也須切記在客觀或論文式測驗或標準化測驗之外，尚有其它的選擇。其中有許多是評估學生的表現，而不只是分數而已，也包括保存學生作品的學習紙夾、散文寫作的記錄或是尋找學生在學習與思考方面的「品質」之證明。

---

1. 論文式測驗較易評鑑較高階的歷程（分析、綜合與評量），雖然亦能用客觀測驗來達到相同的目的，但前者能讓學生組織知識，並從中推論、例示、應用及舉一反三。

2. 論文式測驗的內容，往往會比客觀測驗更受限制，因爲論文式測驗的試題通常較少，取樣的資訊與能力之範圍也少。相對地，客觀測驗只要在時間的許可內，涵蓋的內容可以較多。

3. 論文式測驗可以包含較多不同的看法，所以不喜歡受限於答案的學生，通常喜歡論文式測驗甚於客觀測驗。

4. 建構論文式測驗比製作客觀測驗簡單且不費時。事實上，論文式測驗出題的時間，通常與出二至三題好的選擇題相同。

5. 論文式測驗評分的時間，則往往比客觀測驗久。若測驗使用電腦計分（如大部份的大學與愈來愈多其它學校的客觀測驗），情形尤然。若爲小班級（二十位學生，或更少），則論文式測驗之出題與評分的全部時間，會少於客觀測驗，但若學生人數大增時，則客觀測驗的時間會比論文式測驗大爲減少（見圖 13.5）。

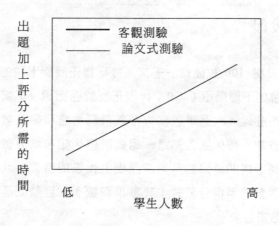

圖13.5　學生人數與出題加上評分所需時間之間的關係

6. 論文式測驗的信度遠低於客觀測驗，基本上是因爲評分的主觀性。一項研究指出，53 位審閱者以九點評分尺度評鑑 300 篇論文式測驗的答案卷（美國教育測驗服務中心，1961），結果指出，約 1/3 的答案得過所有可

能的分數，亦即其中的每一份答案卷，至少有一位審閱者評過最高分，至少有另一位審閱者評過最低分，及每一種分數至少都有一位審閱者打過。另外 37% 的答案得過 9 種不同分數中的 8 種；23% 得過其中的 7 種。

　　其它的研究發現，一份相當差的答案，若是跟在一份更差的答案之後評分，比跟在一份優良答案之後，會獲得較高的分數；另有一些評分者，會一致地給予中間的分數，另有其它的評分者，則會給予較高或較低的分數；知道考生是誰會影響評分，但對考生之利弊不一；若前面幾份答案的分數特別好，則整體的分數會比前面幾份答案較差的情形來得高。

　　有許多種方法可以增加評分者的信度，除了簡單地察覺信度不良的可能來源外。在「常模與常態分配」專欄中將會對此提供一些建議，對你也許會很有用哦！

常模與常態分配

　　若於桌上投擲 100 枚硬幣一千次，並記錄正反面出現的次數，則代表反面的數字會如下圖所示（「0」代表正反面各出現 50 次）。其數字會產生常態分布曲線——這是觀察大多數有關社會科學及教育現象而得出的數學抽象概念。假如我們知道一組觀察值，如考試分數，是呈常態分配時，則同時應能知道這些分數在圖表上代表的意義。我們知道大部份的分數，會群聚於平均分數旁（算數平均數），且離此平均數愈來愈遠的分數，會愈來愈少。

　　因此，如果我們知道平均數，則對於整個分數會有一些概念。但若能同時知道標準差——分數在平均數兩旁分布情形的指標——那就更好了。知道標準差，可讓我們判斷某一分數的不尋常，因為有近 66% 的觀察值會落入離平均數 1 個標準差之內，近 95% 會落入離此平均數 2 個標

準差之內。因此，高於平均數兩個標準差之上的分數，是此母體前面
（或後面）的 2.5%。

100 個正面　75 個正面　50 個正面　25 個正面　0 個正面
0 個反面　25 個反面　50 個反面　75 個反面　100 個反面

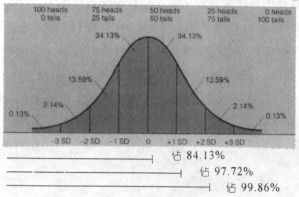

佔 84.13%
佔 97.72%
佔 99.86%

　　因此在闡釋測驗分數（可假設分數呈常態分配）時，我們特別要知
道平均數與標準差。事實上，大多數標準化測驗手冊所述的測驗常模也
就是這些。

　　測驗常模有各種形式，其中包含年齡與年級的等值常模，或直接提
供平均數及標準差，並以百分位數、Z 分數、T 分數或標準九分
（stanines）來表示。

　　百分位數是指，落在某一點之下的分數之百分比。因此，第 75 個百
分位數，即表示在所有觀察值中，有 75%落在此點（含）之下。如果學
生的標準化測驗分數是位於第 50 個百分位數，則此學生的分數必定是在
中間。但須注意的是，若其分數落在第 40 或 35 個百分位數，這並非意
味著不及格，而是指其分數高於所有觀察值中的 40%或 35%。

Ｚ分數、Ｔ分數與標準九分，都是有預定的平均數與標準差之標準分數，這是用來簡化測驗結果的解釋。因為不同測驗的原始分數有相當大的差異，其平均數與標準差亦然，所以知道某人有 112 分或 23 分或 1 分或 115 分是毫無意義的，除非我們知道測驗結果的平均數與標準差。但若將此原始分數轉化為標準分數，則此分數即具有意義。

　　Ｚ分數是平均數為 0 及標準差為 1 的標準分數；Ｔ分數是平均數為 50 及標準差為 10 的標準分數；而標準九分則是平均數為 5 且標準差為 2 的標準分數。各標準分數的意義，及其間的關係如下圖所示。如你所見，Ｔ分數中的 80 分已是相當高分（高過平均數的 3 個標準差，是在第 99 個百分位數等級之上），而其等值的Ｚ分數為 3。

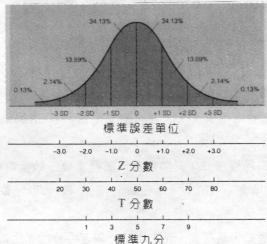

　　將原始分數轉換成任何一種標準分數，通常相當容易，因為基本上所有的測驗皆會提供轉換表。一般在知道學生的原始分數及年齡或年級之後，即可直接讀出等值的標準分數。你只要記住這些標準分數的平均數及標準差，則它們將會成為有意義的分數，否則只是一堆數字而已。

⟿ 建構測驗的建議

若能小心地建構試題，則往往能增加特別形式之測驗的效益。反之，則會因錯誤的試題建構而造成嚴重的傷害。例如，在測量「更高階心智」歷程方面，論文式測驗被認為是較佳的方式，但思考下面的試題，你認為？

試列出本章所討論的效度種類。

如果測驗者想測試分析、綜合或評量等能力，上述試題並不比許多客觀測驗的試題好。然而，若以下面的試題出現則較佳：試指出本章討論的三種不同效度之異同點。

下列針對論文式測驗和客觀測驗中最受青睞的選擇題之建構，提供多項特定的建議。

論文式測驗：下列建議部份是根據 Grounlund（1968）的觀點：

1. 論文式問題應針對不易由客觀試題評鑑的高階心智歷程（例如：分析、綜合或評量）。
2. 對所有的測驗而言，論文式問題應與學習歷程追求的結果直接關聯。此點也應讓學生清楚了解。
3. 若要易於評分，則問題應詳述清楚。若目的在於讓學生舉例說明，則試題中應清楚要求。
4. 追求的結果應構成試題的主體。
5. 若測驗者欲測試高階的心智歷程，則應讓學生有充分的時間作答。
6. 各式問題的份量及分配的時間，應向學生說明。
7. 問題應注意措辭，使學生能清楚地明白教師的期望。

有許多使評分更客觀的方法，其一是，在評分之前，先列出標準答案（即寫出滿分的答案）。其二是，針對其中一題的所有答案卷評分完畢後，再繼續下一題，目的在於增加評分的一致性。第三項建議則相當簡單，要求

評分者站在客觀的立場。例如，在語文測驗上，某文法很差者若需扣掉 5 分，則另一份文法略差者應只能扣掉 2.5 分。

選擇題：選擇題是由一段或一系列敘述（稱為「題幹」）所組成，並有三至五個選項，其中只有一個是正確或最好的答案。其它選項則是相關但易混淆的答案，在學生不知答案的情況下，會產生似是而非的效應。反之，若學生知曉正確的答案，則混淆選項即無法發揮此種效應。此處列出製作選擇題時的多項建議，其中大部份為一般常識（並不因此而較為無效）：

1. 題幹與選項皆應措辭清楚、不含糊、文法正確、特定且難易適中。除此之外，題幹應有清楚的意義性。
2. 切勿使用雙重否定，因具高度混淆性，應盡量避免，但是否就應極力推薦單一否定呢？答案是否定的。
3. 測驗試題應取樣自能代表課程內容的部份，但不應自課本中逐字照抄，除非純粹測驗記憶。
4. 所有的混淆選項應同樣地似是而非，才不至於使學生以消去高度錯誤的混淆選項而獲得正確答案。試思考下列不良試題的範例：

    $10+12+18=$

    a. 2,146　b. 7,568,482　c. 40　d. 1
5. 應避免提供猜題的線索，例如題幹以 a 或 an 結尾通常會提供線索。
6. 於混淆選項中，應避免限定修飾詞如：從未、總是、無一、不可能或絕對等（雖然在題幹中不一定須避免），因上述字詞幾乎總會與不正確的選項結合出現。而諸如：有時、經常、往往等修飾詞，則常與正確的選項結合出現在題幹中。

在測驗後提供答案給學生。Snowman（1993）指出，檢討與複習考過的題目，比單單多給學生研讀的時間更有學習效能。

✎　測驗結果報告

在建構、施行及批改測驗之後，教師須以最大的智慧善用其中的資訊。很顯然，有些用途有別於將測驗的實際結果告知學生或家長。它們跟教師的教學決策有關，包括學生已經準備好進入下一個單元嗎？是否應該允許他們到圖書館去讀書？是否應使用教學電視機？是否應再複習一次？教師是否要另找工作？

甚至如果測驗的目的主要針對上述問題，結果亦應該向學生說明。學生若能接收學習情形的回饋，對於指引未來的努力有莫大的價值，在成就導向的社會中也具高度的強化作用。

分數的意義：雖然原始分數可以直接告知學生，但此分數並無太大意義。40 分在最高分數 40 分的測驗中，與最高分數 80 分的測驗中是大大不同的。

傳統上，讓分數有意義的方法是，轉換成百分比或已有清楚定義（雖然任意）的字母等級，同時也將平均數（算數平均）與分數範圍（最低與最高的分數）告訴學生，如此分數才會變得更有意義。

平均數即集中趨勢（central tendency）的測量值，因為它近似地指出，分數分布中心的所在位置。集中趨勢尚有兩項常見的測量值，即中位數（median）與眾數（mode）。中位數是分布的準確中點，即第五十位百分位數。眾數即最常出現的分數，這對於教育及心理測驗並無特別的價值，但對於鞋子與衣服的製造商，則相當有益，因為他們並不在意平均數或中位數的尺寸，而在意最常出現的尺寸。

集中趨勢的測量值本身並無多大價值，除非能結合變異性的測量值（見專欄「常模與常態分配」）。對於常態分配最有用的變異性測量值是標準差。如果學生足夠複雜，標準差可說是測驗分數的一項重要構面。計算標準差的公式請見表 13.5。

表 13.5　總結測驗分數的公式

個人	測驗分數	$\overline{X}$	$X - \overline{X}$	$\left(X - \overline{X}\right)^2$
比爾	37	33	4	16
喬安	36	33	3	9
愛佛琳	35	33	2	4
瑞尼	35	33	2	4
奧的斯	33	33	0	0
山姆	33	33	0	0
喬斯	33	33	0	0
瑞塔	32	33	-1	1
奧狄塔	30	33	-3	9
蓋伊	<u>26</u>	<u>33</u>	<u>-7</u>	<u>49</u>
總和	330	330	0	92
N＝10				

公式

$$平均值 = \frac{\sum(總合)X}{N(個數)} = \frac{330}{10} = 33$$

眾數＝33（最常出現的分數）
中位數＝33（第五十位百分位數）

$$SD（標準差）= \sqrt{\frac{\sum\left(X - \overline{X}^2\right)}{N}} = \sqrt{\frac{92}{10}} = \sqrt{9.2} = \quad 3.03$$

標準參照測驗

　　在濛濛叢林的某處，隱藏著一個小小的國度，其邊界有一邊是一條大河，另一邊界則由綿密的群山環繞。所以國度中的居民，被圍在一邊是河（他們不敢嘗試跨越）及另一邊是山（雖然他們可以爬到山的頂端，但在頂端的另外一邊則是直落八千英呎的險峻峭壁）的領域中。在此國度內有許多

極凶惡、食人的野獸。然而很幸運，所有的野獸皆晝伏夜出。雖然國度的居民住在食人野獸正好無法爬越的山腰，但是每一天他們還是必須下山尋找食物。

☞ 叢林測驗

在此國度內，對所有健全的男人、女人及小孩而言，每天都是生活的測驗。這是一項簡單的測驗，即黃昏之前，每一個人必須盡速爬山，抵達食人野獸無法越過之處。失敗者的下場相當明顯，因為失敗的人在黃昏之後會音訊全無；反之，成功也相當明顯。然而，此種情況極不同於大部份學校普遍的測驗。通過此種測驗不需要第一個安全抵達；甚至不需要比前面 90%的人早到，同時也不需要爬得比別人高。事實上，即使最後一個抵達終線，也算是成功，基本上他們只要活著就行（也許會比前面的人吃得更飽）。

☞ 現今學校的測驗

考量大部份學校的測驗情況，通常為各種傳統、常模參照（norm-referenced）的類型。假設期望所有學生皆能在各主科中，獲得一定的績效水準，此績效水準我們將以 X 來表示。在課程中，教師會準備許多測驗，並且可能相當準確地判斷，某些特定的學生在這些測驗中總會優於其它學生。事實上，這些學生可比擬為前述國度中，首先安然抵達的人們，是教師能正確地假設已獲得（或甚至超越）X 的學生。

但是在評鑑學生的表現與評定等級時，教師通常不會自問哪些是獲得或未獲得 X 的學生。相反的，教師會將每一位孩童與所有孩童的平均表現做一比較，並根據學生的相對表現來判斷。因此事實上，在非常好的班級中，對於已獲得 X 但低於平均表現的學生，通常會評定較差的分數。但在較差的班級中，相同的學生可能會被評定較高的分數。因此，常模參照測驗是根據一般學生在某種測驗中的表現常模，來判斷學生表現的測驗。換句話說，此等

測驗是根據比較學生的結果來打成績（Heartel，1985）。此類測驗非常適合競爭性的教學方式，但卻不適合合作性的教學方式。

另一種方式是不比較學生，改以某一標準來判定表現。以叢林為例，標準很明顯是，爬過食人野獸出沒之處的能力；成功則生，失敗則死。

標準參照測驗（criterion-referenced testing）也能在學校中使用，而且事實上，已廣泛運用在精熟學習及其它個別化教學上。假若教師能詳細說明達到 X 的必備事項，則教師即能在不須比較學生下，判斷學生是否達此標準。很明顯，以評鑑達成的方式來定義 X 有時是困難的，而且肯定相當浪費時間。另一方面，若能以可測量的項目來定義 X 的某些「面向」，則標準參照測驗就能使用。例如，一位教師可以決定所有五年級的學生應能在五分鐘之內閱讀一段選文，並緊接著回答有關選文內容的三個問題。這些數據能輕易地建立一項標準，接著測驗後即可判定學生是否達到此標準。

該選用何種方法？標準參照測驗與常模參照測驗間的主要差異，並不在於測驗本身的性質，而在於教師的用途。在標準參照測驗中，學生的表現是與某一標準比較，而在常模參照標準測驗中，則是將個人的表現與其它學生做一比較。對於標準參照測驗而言，個人的差異性不太重要。事實上，目標是要讓所有的學生都能過關（Ornstein，1993b）。

探討教育測驗的文獻，對於這二種測驗的相對價值，有時會產生小小的爭論（例如，見 Popham，1978；Shepard，1979）。標準參照測驗的擁護者指出，此法具有公平的本質。沒有學生會在一段預訂的時間之後，因表現較其它人差，而一致地被判為失敗。在學生達到標準時，則可過關。事實上，這個關卡對所有其它學生都相同。在教學一開始時，就必須更努力學習的學生，不會因為他們一開始是站在不同的起跑點上，因此落後其它同學，就註定會失敗。如果他們在野獸出現之前，抵達某處，則必然能跟爬第一、爬最快及爬最高的人一樣存活著。標準參照測驗極力主張，教學與評量的個別化；鼓勵合作而非競爭，鼓勵學生朝向學習的目標努力，而不必排斥其它學生，及鼓勵教師將這些目標闡述清楚。

但是批評者很快就指出，標準參照測驗受到某些限制。雖然可以相當明確地詳述，學生在上了六週的打字課程之後，應能每分鐘打出 30 個字，且不會超過 2 個錯誤；但相當難以精確地知道，學生在上了社會研究課程六週之後，應知道或了解什麼。很顯然的，標準參照測驗適合前者，但較不適合後者。其中需要教師清楚說明其標準與準則，這些不一定都能輕易做到（Cizek，1993a）。

第二項限制是，有些學生會超越標準。因此，有些教育者害怕單單採取標準參照測驗，也許會阻礙學生的進取心。

常模參照測驗的好處是，能提供學生及指導他們的諮商員，有關學生在需要與別人競爭的校園情況中，成功的可能性等等有價值的資訊。

當你身處激烈爭論時應如何呢？乾脆使用二種測驗。有些情況，常模參照測驗不但無法避免而且有用。同時也有許多情況是，學生喜歡面對某特定的標準，如此將有利於學生的學習及教師的教導。這大多不是非黑即白的抉擇，所以教師應根據特定情況下，教學歷程的目的來決定。

測驗的倫理

評鑑是教學／學習歷程中的基本部份，對於教師及學習者，都有重要的潛在益處。Deale（1975）建議，教師必須評鑑學生，是基於以下的理由：為了判斷所教導的，學生是否已學會，學得有多好；為了監督個別學生及團體進步的情形；為了評量教學教材及歷程；為了保存學生成就的正確記錄；及協助學習。為了每一項目的，教師可以使用隨堂測驗或標準化測驗，並配合施測、評分與常模化歷程。

但測驗並不總是能符合所有目的，並且不總是能適當地使用或詮釋。增加測驗的使用，特別是各種標準化測驗，及提高對隱私、個人權利和公平性

的關注，已使得某些蘊涵在測驗的管理與使用倫理底下的爭議，演變成政治及社會關切的事件。測驗常被視爲威脅、侵犯隱私與不公平。很不幸的，這些關切不全然沒有理由。例如，人格測驗會侵犯隱私，當探討當事人不想公開的秘密時；測驗因其結果會影響就學的安置和工作的機會，而帶著威脅的色彩；以及基於不適當的目的，或針對不適當的團體而使用，顯示相當不公平。

上述觀點中，沒有一項因公平性問題，而要求放棄在學校中使用隨堂測驗或標準化測驗；他們所爭的是，測驗與測驗結果須健全管理與限制使用。

在美國，對於測驗與記錄的倫理日益關切，目前已反映在美國教育部擬定的一份影響各級學校的法令上。其中，此法令（大眾法 93-380）允許十八歲以下孩童的父母，有權查詢與其孩子相關的教育記錄，有權質疑這些記錄的正確性與適當性，有權限制公開與取得這些記錄，並能收到一份曾取得該記錄的個人或機構的名單，有權得知這份記錄能轉交給法庭。在十八歲之後，或學生進入中學以上機構之後，父母的所有權利皆轉變爲學生的權利。

評鑑的新取向

近年來，教育評鑑的文獻中一直提到評鑑的「新取向」。雖然這些取向存在多年了，但最近幾年突然流行起來（Swanson，Norman & Linn，1995）。整個來說，這些取向稱爲「績效評鑑」或「真實的評鑑」。

本質上而言，績效評鑑是指，藉著探討學生做些什麼的範例——在現實生活中的表現——來確定學生的能力。正如 R. L. Linn（1994）所說的，績效評鑑須以具體的例子與明確的定義，來表達績效的標準。這當中的假設是，績效評鑑要求一定程度的理解力及應用所學的能力，後者在較傳統的評鑑中，不一定總是會測試到。Farr 與 Tone（1994）指出，傳統的選擇題，可以

測出學生是否了解木鎚、長柄大鎚及拔釘錘之間的差別，卻無法測試出他們是否真的懂得如何搭蓋一間木屋。換句話說，「指出各種鐵鎚的名稱，與實際在牆上釘鐵釘之間的差別很大」。

Messick（1994）指出，績效評鑑之所以逐漸盛行，是因爲它能真實而直接地評判學生的能力，並因此會對於學習與教學造成正面的影響。事實上，教育文獻一再聲稱，目前教育改革的一個主要要素就是，增加採取績效評鑑的作法。

除了教導閱讀、寫作、算術和其它相關事項之外，教學歷程的目的之一應是，誠如布希總統所言，教導學生「善用其心智」。

若這是您真正想做的事，那麼正如本章中已提過數次，你必須「改變」評鑑程序，使之不受限於只評鑑記憶性資料，還須評鑑心智運作良好的證據。

近年來，教育評鑑文獻一再提到評鑑的新取向，這是專爲測量因認知科學的發展，使我們愈來愈能掌握的教學目標。如果認知策略訓練計畫（見第 5 章）及新動機理論（見第 10 章），能引領我們加強學生的能力，使之成爲自發性、舉一反三思考型的學習者，我們絕對需要那些根據新的假設與模式之評鑑程序。

↝ 改變中的假設

Grant（1991）指出，現今的測驗實務，只能處理容易測量的行為，而無法處理更抽象的事項；而且鼓勵單打獨鬥與競爭，而非團體成就與合作。這些實務明顯出現在下列情況中，如：重視排名次的評鑑制度、只有一個正確答案的客觀測驗、只注意個別學習而非團體表現的評鑑程序、以及看待測驗如同準科學測量工具，例如溫度計或氣壓計（Wolf、Bixby、Glenn 與 Garder，1991）。

但目前蘊涵在測驗實務下的假設，已有清楚的變動。如 Ewell（1991）所述，我們正由傳統的教育觀點轉至，更加認清學生之間的差異，更能認同有許多不同的思考、學習與表達個人的方式。在傳統的客觀成就測驗中，不能容納多元且分歧的意見、無法評量特定的思考程序、無法評量社會技能。簡而言之，即不能評鑑善用心智的程度。

有其它的選擇嗎？是的。

⇨ 績效評鑑

這些其它的選擇根據的假設是，評鑑的目的之一是，改善學習——而非只測量成就（Ewell，1991）。有些並不完全是新的；有些是的。有許多是模糊、不精確，以及也許會令人不舒服的；也可能是困難且相當花時間的。然而，它們可能具有超越傳統取向的一些重要優勢。

跟傳統測量評鑑有別的其它取向，有時總稱為「績效評鑑」（performance assessment）（Moss，1992）。誠如 Ewell 所言，主要由「設計來考證個人精熟哪些複雜、整合的能力」之程序組成（1991，p.38）。

Wolf、Bixby、Glenn 與 Gardner（1991）描述下列的一些取向：

發展評鑑（Developmental Assessment）：發展評鑑企圖考證成就逐漸達成的事實。他們注意實質、實際的成就，而非相對的成就——亦即與其它可比較的學生無關（Wolf、Bixby、Glenn 與 Gardner，1991）。

發展評鑑可以採用檢查表的形式，其中列載詳細、有因果關係的成就，或各領域中的能力（見圖 13.6 和 13.7）。在一些學校制度中，檢查表已完全取代較傳統、分數導向的評鑑。

較不精確的發展評鑑法，在小學普遍使用很久了，但如 McClean（1992）所說的，在以前，測驗遠不及現在這麼普遍。過去的教師更依賴觀察及非正式的評量。也即，他們會根據學生實際的績效表現，對學生的能力做非正式的判斷。

思想的績效取樣（Sampling Performance of Thought）：評鑑的方式需要學生回答問題、解決問題、寫作或在實際而非模擬的環境中演練。績效取樣就像，新手駕駛參加路考或歌手試唱。上例中，目標是實際表現出待評鑑的執行能力。Wolf 等人（1991）指出，相同的，若我們想要評鑑學生的思考能力，則必須從思考的實際表現中取樣。

　　思想績效評鑑的例子，可以從 Alberta 學校內進行的十項獨立實驗計畫中發現。此計畫總稱為教育品質指標實驗（Educational Quality Indicator Initiative）。該計畫的各個子計畫均設定不同的目標（見 McEwen，1992）。例如，有一區的研究團隊，企圖將學科、遊戲及其它活動混合成有品質的教育。另一區專注於發展適合評鑑學習夾（容後再敘）的準則，其中，有一項是以思想績效取樣法，探討數學中問題的解決（Sereda，1992）。此法要求學生寫下或說出解決問題時的思路過程。評鑑時是看有無根據特定的認知策略，而不是看答案的正確與否。因此，從孩童以語辭表達解答或企圖解答數學問題中，評定其程度為「初步的」（無法反應問題）、「部份的」、「完全的」或「完美的」。對每一項分類，皆提供高度明確的描述。例如，「部份的」評定可能包含下列任何一項或所有的特性：

　　以其方式開始解題，可以導出解答，但因下列原因未能完成：

　　　__遺漏問題中一個重要的部份

　　　__犯下了一個重要的計算錯誤

　　　__使用不適當的策略來解決問題

　　　__做出解答但解釋不清楚：

　　　__論理或解釋不完全

　　　__圖解不恰當或不清楚

　　（若沒有證據支持解答的正確答案，必須更進一步由訪談來證明，否則無法判斷其推理過程）（Sereda，1992，p.84）。

評鑑的程序不僅評鑑思考樣本的準則，還包括描述「數學性向」的檢查表——例如動機、創造力、自信心、策略性過程與方法。再次的，每一項分類皆提供特定的行爲準則。因此，評鑑者可以發展每一位學生的學習夾（portfolio）——這是對個人的優點、缺點及其它特性的綜合性描述。

　　展示（exhibition）：展示是表現的公開陳列。它不同於其它績效評鑑法，因爲強調思考與學習的社會性本質。常見的範例包括，接受專家或委員會的口試、音樂吟誦及科學技能展示會。這種評鑑的形式需要學生在社交性的場合中，將他們的知識做各種綜合、外插、解釋及展現。如 Wolf 等人（1991）所述，強調的，是思考之深遠的社會性質。

　　學習夾（portfolio）：學習夾是成就或表現的持續記錄，涉及收集學生實際的作品樣本，通常是由學生自行收集。例如，小學生的學習夾可能由圖畫組成——也許還有學生的故事及背後的解釋，通常由教師來寫；學生寫作的樣本；簡單計算的記錄；也許還有一些較具意義的測驗成績與隨堂測驗成績。較大年級學童的學習夾，不僅包括早期樣本與後期作品，還包括代表不同課程與不同認知歷程之有系統與結構性的作品。McClean（1992）指出，一項有用的作法是，讓學生持續收集各類作品。這持續的學習夾，包含進步的作品與早期的作品。從這些各類作品的學習夾，教師與學生可以選擇樣本，然後置放到永久保存的學習夾中。

個人學習進步報告書

姓名：馬奇‧韋恩
年級：02　教室：53
導師：珊德絲小姐

編號：＿＿＿＿＿＿
班別：正常班＿＿＿＿＿＿
　　　矯正班＿＿＿＿＿＿

欄中的✓號代表孩童此時的發展狀況，未打✓
的項目即未評估，觀察到的技能與行為如下：

	尚未顯現	發展中	如預期發展

個人與社會發展			如預期發展	評語：
對自己反映出正面的態度			✓	
獨立工作			✓	
專心於任務			✓	
實物與空間的組織能力			✓	
有效率的時間利用			✓	
工作與遊戲中的合作			✓	
尊重他人與自己的權利及所有物			✓	
遵守班上與學校的規矩及慣例			✓	
對學習的態度				
進取心			✓	
接受新挑戰			✓	
完成任務的表現			✓	
思考技能與學習策略				
批判性的思考技能（組織、邏輯推理、計畫、提出問題、評量）			✓	
創造性的思考技能（產生各式的想法、仔細推敲、獨創性）			✓	
決策與解決問題的策略之表現			✓	
語言學習				
閱讀的技能		✓		
寫作的技能		✓		
聆聽的技能			✓	
說話的技能			✓	

評語：

　　韋恩對於學習一直表現出積極的態度；他工作勤勞且常常於規定的時間內完成。他以工作爲榮，並充分參與活動與提供意見。他不但熱心，而且在參與新活動時，表現積極且具獨創性。而這些想法若需耗用大量體力時，會造成反效能，雖然如此，但他仍能堅持並去適應。

　　韋恩說話的流暢度及認字的能力一直在進步中。然而，他無法獨立閱讀，每日的閱讀能力並不一致。他有良好的認字技能，但無法一致地轉化與應用。韋恩說故事的流暢度遠優於寫作能力，其拼字技能大大阻礙其寫作。不一致的拼字方式，常使他無法重新閱讀自己所寫的故事，他相當有創造力、想像力及幽默感。但是每當寫作上的流暢度無法配合其念頭時，他總會有挫折感。

				韋恩對數學概念的領悟力很強，他能應用所學的概念來解決問題。他計算精確，但只能靠手算，無法藉著加減法的運算而得到答案。韋恩一直能展現個人的能力與良好的運動家精神。他在地板曲棍球的單元中，能配合團隊活動，並樂於在體育單元中成為大家的焦點。
數學				
參與數學活動			✓	
理解概念			✓	
解決問題的策略			✓	
計算的正確度			✓	
社會課				
參與班上的活動與討論			✓	
理解概念		✓		
做負責任的公民之技能與策略		✓		
科學				
參與班上的活動與討論		✓		
理解概念		✓		
科學歷程的技能與策略		✓		
健康教育				
參與班上的活動與討論		✓		
理解概念		✓		
有關個人福祉的技能與策略		✓		
體育				
參與體育活動		✓		
運動技能與身體活動的能力		✓		
在團隊活動中的合作情形		✓		
藝術				
參與藝術活動			✓	
技能與概念			✓	
音樂				
參與音樂活動			✓	
音樂技能與概念的理解		✓		

特別感謝馬奇太太星期一在電腦教室的幫忙。謝謝！

家長／監護人簽名：＿＿＿＿＿＿

圖13.6　簡明的報告檢核卡

期中報告卡

日期

　　　親愛的家長：
　　　　此期中報告卡提供您，關於你的孩童在校中學習進步的情形。
　　　　如有任何問題，請電洽。
　　　　請於 10 月 21 日星期三將此卡交給導師。

學生姓名　　　　　　　　　　　　　　　　年級

	令人滿意	需進一步督導
在校表現的積極態度 發展良好的工作習慣 語言學習 數學		

導師意見：

導師簽名：

家長意見：

家長／監護人簽名：

圖13.7　簡明的期中報告檢核卡

學習夾：也可以用於較高的教育層級上。例如，作爲教師評鑑計畫的一部份，要求受評鑑的教師準備學習夾（Haertel，1991）。當中，學習夾包括教學單元的概論、幾堂上課樣本、教學參考書目與資源表、給學生的講義影本及學生作品的樣本、照片或黑板與佈告欄的書寫記錄。接著訂出特定的準則，分門別類對學習夾加以評分。

如上述之學習夾，提供給教師與學生有關重要轉變的證據。因此，其用途較不在於評鑑現在的表現，而較偏向於確認學了些什麼、偵察興趣與特別技能、以及也許能指出弱點。從某個意義來說，一份組織良好的學習夾，會是學生心智的自傳、轉變與進步的歷史。

學習夾提供給教師，作爲評鑑學生的表現有何轉變的基礎，亦是一項工具，使學生提高察覺與了解其思想過程的轉變。因此，使用學習夾的目的，不僅僅用來評鑑表現，更重要的是，提供持續學習的動力（Porter & Cleland，1995）。在這項關聯性方面，已經發現，學習夾對於資優生特別有價值，因爲對他們會產生激勵效能（Hadaway & Marek-Schroer，1994）。此外，採用學習夾，會使教學風格產生顯著的改變（Valencia & Place，1994）。

針對教師本身的績效所保存的學習夾，對於改善教學也很有用處。Athanases（1994）舉了一個個案，個案中的教師，將他一年來的教學情形，詳載在一個學習夾中，內容包括教材樣本、對於教學效能的探討、對於如何改變的各種想法等等（見卡洛琳懷特教室的案例）。

卡洛琳懷特（Carolyn White），根據莉莉安（Lillian）的回憶，是一位優良教師：

> 我八年級的語文教師懷特女士，她讓每週的短文寫作變成每週的重點工作。每一週裡，我們都必須寫下一篇有關於自己的短文。例如，我們會寫諸如「長大後我希望能成為……」、「我最難做的決定」、「我最要好的朋友」等題目。然後，在她批改每一篇短文之後，我們必須抄寫最後的修正稿，並放進我們的「檔案」（Dossier），此為我們所有寫作的收集冊。這個做法讓寫作變得相當有趣，而且能讓我們學習到許多關於自己的事情。同時，懷特女士在製作我們的報告卡時，會再次瀏覽這個檔案，並在檔案上加以評分且寫下評語。然後在學期末時，我們將此檔案帶回保存。這個檔案目前仍然是我最寶貴的資產之一。

⤳ 對績效評鑑的評價

Moss 指出：「對績效評鑑的興趣愈來愈濃，反映著教育者在許多方面的共識逐漸增加，包括評量對學生的學習與教師的教學產生的衝擊，選擇題的評鑑方式如何扮演窄化課程的角色，以及仔細設計的績效評鑑，能考證與鼓勵批判性、創造性與自我反省的思想之潛能」（1992，p.229-230）。其次，

績效評鑑所保證能達到的效能，並不盡然那麼清楚（Guskey，1994）。此外，大規模地執行績效評鑑，會有若干嚴重的問題，其中之一是，如何決定判斷的標準（Baker，1994）。

贊成的理由：毫無疑問地，強調學習如何學習及強調自發性、反省、獨立及創造性的思考，在許多方面與現行的測驗實務並不相容。我們的評鑑方法如果針對那種直線式思考，及針對接納與複製單一正確的答案，則它們孕育的教學所助長的，不是運作良好的心智，而是很會複製的心智。

Wolf 等人（1991）指出，這些新形式的評鑑，較能呼應轉變中的教育要求，而且也許更公平，並能提供更多觀察能力及優異能力的方法，以及比傳統的測量更能觸及社會技能與智力技能，而且能比傳統的方式根據更廣泛的證據去評鑑學生的表現。

反對的理由：但這些新形式的評鑑卻相當不方便、更耗時間，而且在許多案例中，缺乏準確度。它們不易量化，因此，對於需要比較的教育決策並不是很有用。亦即無法提供肯定的答案，如回答像「應如何由 500 位大學申請者中挑選 120 位？」「應將熱心誠實學術紀念獎，頒給這 120 位中的哪一位呢？」等問題。

從測量的觀點來看，績效評鑑在效度與信度方面，比傳統的評鑑低（Bateson，1994）。這部份是因為，績效的測量常常無法量化；Marzano（1994）則指出，部份是因為，擔任評鑑的教師往往會受到學生在其它方面的表現之影響。

除此之外，Ewell（1991）指出，此評鑑法會產生一大堆的素材與資料，但卻沒有簡單的方式能加以詮釋及摘要。除非我們對於收集與展示表現樣本，能發展出清楚又有效率的程序，及了解其意義性的準則，否則是毫無希望的。

對評鑑的一些結論

　　在大部份的學校裡，較強調將評鑑用於打分數（總結性評量），而較不是用於判斷優缺點、建議補救措施等教學角色（診斷性評量）。Crook（1988）建議，這些情況必須改正。評量必須更常用來作為，提供給學生關於其表現的回饋。這些回饋應強調朝向重要教育目標的進步，以及也應發生在學習中，而非只在課程結束時。

　　我們的評鑑程序往往很弱，不僅出現在測驗結果如何使用上，也出現在選擇評量的標的對象上，後者也許更為重要。Crook（1988）指出，雖然班級評量對學生的學習有著深遠的影響，但許多教師並不將時間花在發展良好的評鑑程序上，或確保所測驗的是真正希望學生學習的。正如我們所知，結果之一是，許多評量只強調低層次的認知目標——特別是知識類。因此，學校教導學生的，是記憶個別的事實資料，而非了解、尋找資訊之間的關係進而超越資訊。

　　解決之道？至少有部份的解決之道在於改變評鑑程序。如欲教導學生思考、評量、具批判能力及能解決問題，則必須停止將教科書與教師所講的內容，簡單地複製在測驗中。固然須告訴學生主要的學習目標，但是除非測驗能反映著我們所倡導的目標，否則學生是不會相信的。

　　Wolf 等人（1992）主張，必須改變對測量的態度。首先，不去分出學生的高下，我們必須發展出關於各種成就的連續標準——換言之，必須採取標準參照評估而非常模參照評估。第二，我們必須改變高信度是教育評估之本質的觀念。例如，學習夾的評估，會因評估者的不同，而有相當大的變化。第三，我們必須停止堅持我們需要單一總結性的數字來描述——與比較——學生。

⌂　老酒

新的評鑑法真的很新嗎？畢竟學生表現的觀察、軼事的記錄、檔案的累積（包括學生的作品樣本）、如科學博覽會般的展示、在社會性情境下的評量（如口試）及其它各種評鑑表現的方法存在已久。

是將老酒裝入新瓶，貼上新標籤或是全部更換呢？

還是我們的假設、強調及目標正在改變呢？大約在一世紀前即有一段有趣的論述，記載在 William James 所著之「對教師的忠告」中：

> 在實驗室中執行的基本測量，無法測量受測者實際的效率；因為就跟他有關的重要事物而言，其情感與道德上的能量及頑強性，無法藉由單一實驗測得，只能藉由長期的測試才能得知。然後，要用耐心及憐憫心，在測驗中將可憐的分數刪去。受過生活長期試驗的人們，最終會以較好的形式結果出現，而比起伶俐且隨時聽命的複製者，其熱情較深、其意圖較有價值、其結合的力量較不平凡，進而其全部精神的輸出將較為重要。
> （James，1915，p.135-143；引述自 Wolf、Bixby、Glenn 及 Gardner，1991，p.51）

老酒往往會比新酒更好。

摘要

1.　測量是使用一項工具（直尺、溫度計、測驗）計算實體或行為的數量。評鑑在於確定品質、優點或適當性，是教學——包括目標及策略——的重要構成要素。

2. 教師所評量的事項，對於決定學生學些什麼是很重要的。因為大部份的學校傾向於強調不相關事實的記憶（表面學習），而非了解已知資訊之間的相關性進而超越資訊（深層學習），學生所學習的就盡止於此。

3. 測量的量表可分為名目（歸類）、序數（排列）、區間（使用等距量表，但使用隨意的零點）或比率（根據真正的零點）。教育測量至少號稱使用間距量表；是間接測量而非直接測量。

4. 對教師責任的逐漸要求，有時表達在企圖評鑑教師的能力，及要求教師詳述教學目標上。教學目標的敘述，應指出學習者應能做些什麼，及可接受的表現之準則。教學目標可以是高度表現導向與特定（Mager），重視涵義（情感，Eisner），或一般性與特定性皆有（Grounlund）。

5. Bloom 分類的價值在於，建立教育目標及設計判斷目標之達成度的測驗。在認知方面的教育目標，布倫分類包括六級目標：知識（事實、特性）、理解（由溝通獲得意義）、應用（使用原理去解決問題）、分析（藉由探討各個部份而了解）、綜合（藉由結合各個部份而了解）及評量（判斷價值性）。Gagné 的學習結果，也可以用來做為設定教學目標的指南。

6. 測驗藍圖為測驗的說明書。理想上，應於實際教學之前加以準備，且應詳述測驗的主題及相關試題分配比例的適當性。

7. 好的測量工具必須具有效度（測量到欲測量的對象）及信度（一致性）。測驗不可能有效度卻無信度，然而，有信度卻不一定有效度。表面效度是指測驗表面上看起來能測量到它想測量的東西之程度，內容效度是藉由分析測驗的試題，來判斷是否取樣到適當的內容，構念效度是指能測量到相關假說性變數的程度，及準則效度指某測量吻合其它現行測量（併行效度）的程度，或某測驗在它的測量區內能預測未來表現的程度（預測效度）。

8. 信度可由探討相同測驗的重複表現之間的關係（重複量數信度），相同測驗的不同形式之間的關係（平行形式信度），或單一測驗兩半部之間的關係（折半信度）來測量。

9. 標準化測驗是專業發展出來的工具——通常用於測量智力、性向及成就——它提供的常模或標準可用來判斷個人的表現。一般性的標準化測驗之用途包括，特別教育的安置、證明學生的成就、判斷教師的能力、評鑑學校及診斷教學。

10. 標準化成就測驗一般皆會提供下列一項或多項常模：年齡等值分數（與同年齡的平均表現比較）、年級等值分數（與相同年級的平均表現比較）或百分位數（將已知分數轉換成贏過多少百分比的其它學生）。分數也可以轉為標準分數如 Z 分數（平均數=0，標準差=1）、T 分數（平均數=50，標準差 10）或標準九分（平均數=5，標準差=2）。

11. 教師隨堂紙筆測驗包括客觀測驗（是非、填充、配合或選擇）或論文式測驗兩種。論文式測驗較能觸及較高階的心智歷程、允許更多分歧的意見及準備時較不費時；但卻更受限於內容、較不具信度且評分較費時。

12. 良好的論文式測驗，應針對較不易由客觀測驗測量的心智歷程。問題應詳述清楚，提供充分做答的時間，及不同問題的相對份量應說明清楚。良好的選擇題要有清楚與具意義性的題幹、似是而非的混淆選項，且避免使用雙重否定、絕對性的限定修飾語（總是、從未）或其它無心的線索。

13. 有一個方法可以使成就測驗的原始分數有意義，即轉換為百分比分數或字母等級。平均分數、分數的範圍、班級分數的分布及標準差，對於教師及學生皆相當有用。集中趨勢的測量包括平均數（算術平均）、眾數（最常出現的分數）及中位數（第五十的百分位數；中點）。

14. 學校傳統上使用常模參照測驗（個人的表現會與其它學生的表現比較）。標準參照測驗是與預先建立的標準比較，而不是與其它學生的表現比較。

15. 測驗須小心地管理、詮釋及使用。有時可能侵犯隱私及高度不公平。

16. 現行的測驗實務強調，不採取排序及分數來評鑑學生。過度依賴選擇題，會助長課程內容的複製。為了評鑑心智的運作及促進其發展，有時會採用績效評鑑的形式，包含發展評鑑（例如，採用漸進、特定標準的檢核表）、思想的績效取樣（重視思想活動的實際表現，如解決數學問題的評鑑）、展示（將有意義的成就與歷程之樣本加以公開）或學習夾（代表性表現的持續記錄）。

17. 新的評鑑法，強調培養自發性、獨立思考、更公平及導向學習（診斷性評量），而非只是評鑑成就（總結性評量）。但較耗時、較難進行及較不精確。

複習問題

1. 試以 Mager、Eisner 及 Gronlund 等人的取向寫出教學目標。

2. 試定義「信度」及下列各種「效度」：表面效度、內容效度、構念效度及效標取向效度（預測效度與併行效度）。

3. 試列舉你個人反對與贊成使用標準化成就測驗的理由。

4. 試比照標準參照測驗與常模參照測驗的相對優缺點。

5. 何謂學習夾？為什麼可以用來評鑑學生的績效表現？

❐ 建議書目

Harris and Bell's book is a useful and practical discussion of assessment. It reflects education's increasing concern with teaching students to learn rather than simply teaching them facts, and it discusses approaches compatible with goals that are cooperative and individual rather than competitive. The Oosterhof book is a clear and simple introduction to educational measurement:

HARRIS, D., & BELL, C. (1994). *Evaluating and assessing for learning.* New York: Nichols (London: Kogan Page).

OOSTERHOF, A. (1994). *Classroom applications of educational measurement.* New York: Maxwell Macmillan.

The following three books are useful sources for information about performance-based approaches to assessment—especially the use of portfolios:

FARR, R., & TONE, B. (1994). *Portfolio and performance assessment: Helping students evaluate their progress as readers and writers.* Fort Worth: Harcourt Brace.

PORTER, C., & CLELAND, J. (1995). *The portfolio as a learning strategy.* Portsmouth, N.H.: Boynton/Cook.

MARZANO, R. J., PICKERING, D., & MCTIGHE, J. (1993). *Assessing student outcomes: Performance assessment using the Dimensions of Learning model.* Alexandria, Va.: Association for Supervision and Curriculum Development.

參考書目

AAMD Ad Hoc Committee on Terminology and Classification. (1992). *Mental retardation: Definition, classification, and systems of support* (9th ed.). Washington, D.C.: American Association on Mental Retardation.

Adams, J. C., Jr. (1968). The relative effects of various testing atmospheres on spontaneous flexibility, a factor of divergent thinking. *Journal of Creative Behavior, 2,* 187-194.

Adamson, G. (1983, January). The coin with more than two sides. *ATA Magazine,* 28-30.

Addison, R. M., & Homme, L. E. (1966). The reinforcing event (RE) menu. *Journal of the National Society for Programmed Instruction,* 8-9.

Agne, K., Greenwood, G. E., & Miller, L. D. (1994). Relationships between teacher belief systems and teacher effectiveness. *Journal of Research and Development in Education, 27,* 141-152.

Ahsen, A. (1977a). *Psych eye: Self-analytic consciousness.* New York: Brandon House.

———. (1977b). Eidetics: An overview. *Journal of Mental Imagery, 1,* 5-38.

Albert, R. S., & Runco, M. A. (1986). The achievement of eminence: A model based on a longitudinal study of exceptionally gifted boys and their families. In R. J. Sternberg & J. E. Davidson (eds.), *Conceptions of giftedness.* New York: Cambridge University Press.

Alberta Education. (1987). *Visions 2000: A vision of educational technology in Alberta by the year 2000.* Edmonton: Department of Education.

Alexander, P. A., & Judy, J. E. (1988). The interaction of domain-specific and strategic knowledge in academic performance. *Review of Educational Research, 58,* 375-404.

Alvino, J. (1993). Teaching our children to solve "fuzzy" problems. *PTA Today, 18,* 13-14.

Ambert, A. N. (1991). *Bilingual education and English as a second language: A research handbook, 1988-1990.* New York: Garland.

American Psychiatric Association. (1994). *Diagnostic and statistical manual of mental disorders* (4th ed.). Washington, D.C.: American Psychiatric Association.

Ames, C. (1992). Classrooms: Goals, structures, and student motivation. *Journal of Educational Psychology, 84,* 261-271.

Amir, R., & Tamir, P. (1994). In-depth analysis of misconceptions as a basis for developing research-based remedial instruction: The case of photosynthesis. *American Biology Teacher, 56,* 94-100.

Amsel, A. (1989). *Behaviorism, neobehaviorism, and cognitivism in learning theory: Historical and contemporary perspectives.* Hillsdale, N.J.: Erlbaum.

Anderman, E. M., & Maehr, M. L. (1994). Motivation and schooling in the middle grades. *Review of Educational Research, 64,* 287–309.

Anderson, C. W., & Smith, E. L. (1984). Children's preconceptions and content-area textbooks. In G. G. Duffy, L. R. Roehler, & J. Mason (eds.), *Comprehension instruction: Perspectives and suggestions.* New York: Longman.

Anderson, J. R. (1983). *The architecture of cognition.* Cambridge, Mass.: Harvard University Press.

Anderson, L. W., & Block, J. H. (1977). Mastery learning. In D. J. Treffinger, J. K. Davis, & R. E. Ripple (eds.), *Handbook on teaching educational psychology.* New York: Academic.

Anderson, S., & Payne, M. A. (1994). Corporal punishment in elementary education: Views of Barbadian school children. *Child Abuse and Neglect: The International Journal, 18,* 377–386.

Arlin, M. (1984). Time, equality, and mastery learning. *Review of Educational Research, 54,* 65–86.

Arnold, J. E. (1962). Useful creative techniques. In S. J. Parnes & H. F. Harding (eds.), *A sourcebook for creative thinking.* New York: Scribner's.

Aron, R. H. (1994). Atmospheric misconceptions. *Science Teacher, 61,* 30–33.

Aronfreed, J. (1968). Aversive control of socialization. In D. Levine (ed.), *Nebraska Symposium on Motivation.* Lincoln: University of Nebraska Press.

Aronson, E., Blaney, N., Stephan, C., Sikes, J., & Snapp, M. (1978). *The jigsaw classroom.* Beverly Hills: Sage.

Ashman, A. F., Wright, S. K., & Conway, R. N. F. (1994). Developing the metacognitive skills of academically gifted students in mainstream classrooms. *Roeper Review, 16,* 198–204.

Athanases, S. Z. (1994). Teachers' reports of the effects of preparing portfolios of literacy instruction. *Elementary School Journal, 94,* 421–439.

Atkinson, J. W., & Raynor, J. O. (1978). *Personality, motivation, and achievement.* New York: Wiley.

Atkinson, R. C., & Shiffrin, R. M. (1968). Human memory: A proposed system and its control processes. In K. W. Spence & J. T. Spence (eds.), *The psychology of learning and motivation* (Vol. 2). New York: Academic.

Aubrey, C. (1993). An investigation of the mathematical knowledge and competencies which young children bring into school. *British Educational Research Journal, 19,* 27–41.

Auld, L. W. S., & Pantelidis, V. S. (1994). Exploring virtual reality for classroom use: The virtual reality and education lab at East Carolina University. *Techtrends, 39,* 29–31.

Ausubel, D. P. (1958). *Theory and problems of child development.* New York: Grune & Stratton.

——. (1963). *The psychology of meaningful verbal learning.* New York: Grune & Stratton.

——. (1977). The facilitation of meaningful verbal learning in the classroom. *Educational Psychologist, 12,* 162–178.

Ausubel, D. P., & Robinson, F. G. (1969). *School learning: An introduction to educational psychology.* New York: Holt, Rinehart & Winston.

Babad, E. (1993). Pygmalion—25 years after: Interpersonal expectancies in the classroom. In P. D. Blanck (ed.), *Interpersonal expectations: Theory, research, and application.* Cambridge: Cambridge University Press.

Babad, E. Y. (1985). Some correlates of teachers' expectancy bias. *American Educational Research Journal, 22,* 175–183.

Bacdayan, A. W. (1994). Time-denominated achievement cost curves, learning differences and individualized instruction. *Economics of Education Review, 13,* 43–53.

Bachus, G. (1994). Violence is no stranger to rural schools. *School Administrator, 51,* 18–22.

Bacon, E. H. (1990). Using negative consequences effectively. *Academic Therapy, 25,* 599–611.

Baer, J. (1993–94). Why you shouldn't trust creativity tests. *Educational Leadership, 51,* 80–83.

Baer, R. A., Tishelman, A. C., Degler, J. D., Osnes, P. G., & Stokes, T. F. (1992). Effects of self- vs. experimenter-selection of rewards on classroom behavior in young children. *Education and Treatment of Children, 15,* 1–14.

Bainer, D. L., & Didham, C. (1994). Mentoring and other support behaviors in elementary schools. *Journal of Educational Research, 87,* 240–247.

Baker, E. L. (1994). Making performance assessment work: The road ahead. *Educational Leadership, 51,* 58–62.

Baker, L., & Brown, A. L. (1984). Metacognitive skills and reading. In P. D. Pearson (ed.), *Handbook of reading research.* New York: Longman.

Baltes, M. M., & Silverberg, S. B. (1994). The dynamics between dependency and autonomy: Illustrations across the lifespan. In D. L. Featherman,

R. M. Lerner, & M. Perlmutter (eds.), *Life-span development and behavior* (Vol. 12). Hillsdale, N.J.: Erlbaum.

Banaji, M. R., & Crowder, R. G. (1989). The bankruptcy of everyday memory. *American Psychologist, 44,* 1185–1193.

Bandura, A. (1962). Social learning through imitation. In N. R. Jones (ed.), *Nebraska Symposium on Motivation.* Lincoln: University of Nebraska Press.

——. (1969). *Principles of behavior modification.* New York: Holt, Rinehart & Winston.

——. (1977). *Social learning theory.* Morristown, N.J.: General Learning Press.

——. (1981). Self-referent thought: A developmental analysis of self-efficacy. In J. H. Flavell & L. Ross (eds.), *Social cognitive development: Frontiers and possible futures.* Cambridge: Cambridge University Press.

——. (1986). *Social foundations of thought and action: A social cognitive theory.* Englewood Cliffs, N.J.: Prentice-Hall.

——. (1991). Social cognitive theory of self-regulation. *Organizational Behavior and Human Performance, 50,* 248–287.

——. (1993). Perceived self-efficacy in cognitive development and functioning. *Educational Psychologist, 28,* 117–148.

Bandura, A., Ross, D., & Ross, S. (1963). Imitation of film mediated aggressive models. *Journal of Abnormal and Social Psychology, 66,* 3–11.

Bandura, A., & Walters, R. (1963). *Social learning and personality development.* New York: Holt, Rinehart & Winston.

Banks, J. A. (1993a). Multicultural education: Historical development, dimensions, and practice. *Review of Research in Education, 19,* 3–49.

——. (1993b). The canon debate, knowledge construction, and multicultural education. *Educational Researcher, 22,* 5–14.

Bar, V., Zinn, B., Goldmuntz, R., & Sneider, C. (1994). Children's concepts about weight and free fall. *Science Education, 78,* 149–169.

Barbetta, P. M. (1990). Red light-green light: A classwide management system for students with behavior disorders in primary grades. *Preventing School Failure, 34,* 14–19.

Bardwell, R. (1984). The development and motivational function of expectations. *American Educational Research Journal, 21,* 461–472.

Barnett, W. S. (1993). Benefit-cost analysis of preschool education: Findings from a 25-year follow-up. *American Journal of Orthopsychiatry, 63,* 500–508.

Barrett, G. V., & Depinet, R. L. (1991). A reconsideration of testing for competence rather than for intelligence. *American Psychologist, 46,* 1012–1024.

Barth, R. (1979). Home-based reinforcement of school behavior: A review and analysis. *Review of Educational Research, 49,* 436–458.

Bartolome, L. I. (1994). Beyond the methods fetish: Toward a humanizing pedagogy. *Harvard Educational Review, 64,* 173–194.

Basseches, M. (1984). *Dialectical thinking and adult development.* Norwood, N.J.: Ablex.

Bateson, D. (1994). Psychometric and philosophic problems in "authentic" assessment: Performance tasks and portfolios. *Alberta Journal of Educational Research, 40,* 233–245.

Beekman, S., & Holmes, J. (1994). Resolving conflict with kids: Five approaches that can work for you. *PTA Today, 19,* 11–13.

Belmont, J. M. (1989). Cognitive strategies and strategic learning: The socio-instructional approach. *American Psychologist, 44,* 142–148.

Bennett, N. (1976). Teaching styles and pupil progress. Cambridge, Mass.: Harvard University Press.

Bergen, D. (1993–94). Authentic performance assessments. *Childhood Education, 70,* 99–102.

Berlyne, D. E. (1960). *Conflict, arousal and curiosity.* New York: McGraw-Hill.

Bernard, L. L. (1924). *Instinct: A study in social psychology.* New York: Holt, Rinehart & Winston.

Bernhard, J. K. (1992). Gender-related attitudes and the development of computer skills: A preschool intervention. *Alberta Journal of Educational Research, 38,* 177–188.

Bijou, S. W., & Sturges, P. S. (1959). Positive reinforcers for experimental studies with children—Consumables and manipulatables. *Child Development, 30,* 151–170.

Birenbaum, M., & Nasser, F. (1994). On the relationship between test anxiety and test performance. *Measurement and Evaluation in Counseling and Development, 27,* 293–301.

Black, S. (1993). Derailing tracking. *Executive Educator, 15,* 27–30.

——. (1994a). Handling anger. *Executive Educator, 16,* 27–30.

——. (1994b). Throw away the hickory stick. *Executive Educator, 16,* 44–47.

——. (1994c). Different kinds of smart. *Executive Educator, 16,* 24–27.

Blase, J. J., & Pajak, E. F. (1985). How discipline creates stress for teachers. *Canadian School Executive, 4,* 8–11.

Bloom, B. S. (1964). *Stability and change in human characteristics.* New York: Wiley.

——. (1976). *Human characteristics and school learning.* New York: McGraw-Hill.

——. (1984). The 2 sigma problem: The search for methods of group instruction as effective as one-to-one tutoring. *Educational Researcher, 13,* 4–15.

——. (1987). A response to Slavin's mastery learning reconsidered. *Review of Educational Research, 57,* 507–508.

Bloom, B. S., Engelhart, M. B., Furst, E. J., Hill, W. H., & Krathwohl, D. R. (1956). *Taxonomy of educational objectives: Handbook I: Cognitive domain.* New York: Longman, Green.

Blumenfeld, P. C. (1992). Classroom learning and motivation: Clarifying and expanding goal theory. *Journal of Educational Psychology, 84,* 272–281.

Bolles, R. C. (1974). Cognition and motivation: Some historical trends. In B. Weiner (ed.), *Cognitive views of human motivation.* New York: Academic.

Boodoo, G. M. (1993). Performance assessments or multiple choice? *Educational Horizons, 72,* 50–56.

Boring, E. G. (1923). Intelligence as the tests test it. *New Republic, 35,* 35–37.

Borkowski, J. G., Milstead, M., & Hale, C. (1988). Components of children's metamemory: Implications for strategy generalization. In F. E. Weinert & M. Perlmutter (eds.), *Memory development: Universal changes and individual differences.* Hillsdale, N.J.: Erlbaum.

Borton, T. (1970). *Reach, touch, and teach: Student concerns and process education.* New York: McGraw-Hill.

Bossert, S. T. (1988). Cooperative activities in the classroom. In E. Z. Rothkopf (ed.), *Review of research in education* (Vol. 15). Washington, D.C.: American Educational Research Association.

Bowden, C. L. (1994). Bipolar disorder and creativity. In M. P. Shaw & M. A. Runco (eds.), *Creativity and affect.* Norwood, N.J.: Ablex.

Bower, T. G. R. (1989). *The rational infant: Learning in infancy.* New York: Freeman.

Bowlby, J. (1982). *Attachment and loss (Vol. 1): Attachment* (2nd ed.). London: Hogarth.

Bracey, G. W. (1994). Slouching along the information footpath. *Technos, 3,* 8–11.

Braddock, J. H. II, & Slavin, R. E. (1993). Why ability grouping must end: Achieving excellence and equity in American education. *Journal of Intergroup Relations, 20,* 51–64.

Bradshaw, G. L., & Anderson, J. R. (1982). Elaborative encoding as an explanation of levels of processing. *Journal of Verbal Learning and Verbal Behavior, 21,* 165–174.

Bradshaw, J. L. (1989). *Hemispheric specialization and psychological function.* New York: Wiley.

Brandon, P. R., Newton, B. J., & Hammond, O. W. (1987). Children's mathematics achievement in Hawaii: Sex differences favoring girls. *American Educational Research Journal, 24,* 437–461.

Brandt, R. (1994). On creating an environment where all students learn: A conversation with Al Mamary. *Educational Leadership, 51,* 24–28.

Bransford, J. D., & Johnson, M. K. (1973). Consideration of some problems in comprehension. In W. G. Chase (ed.), *Visual information processing* (pp. 383–438). New York: Academic.

Brantner, J. P., & Doherty, M. A. (1983). A review of timeout: A conceptual and methodological analysis. In S. Axelrod & J. Apsche (eds.), *The effects of punishment on human behavior.* New York: Academic.

Braun, C. (1976). Teacher expectations: Sociopsychological dynamics. *Review of Educational Research, 46,* 185–213.

Brehm, J. W., & Self, E. A. (1989). The intensity of motivation. *Annual Review of Psychology, 40,* 109–131.

Brisk, M. E. (1991). Toward multilingual and multicultural mainstream education. *Journal of Education, 173,* 114–129.

Brodinsky, B. (1985). Tackling problems through lateral thinking. An interview with Edward de Bono. *School Administrator, 42,* 10–13.

Brodley, B. T. (1993). Response to Patterson's "Winds of change for client-centered counseling." *Journal of Humanistic Education and Development, 31,* 139–143.

Bronfenbrenner, U. (1977). Is early intervention effective? In S. Cohen & T. J. Comiskey (eds.), *Child development: Contemporary perspectives.* Itasca, Ill.: Peacock.

———. (1989). Ecological systems theory. In R. Vasta (ed.), *Annals of child development* (Vol. 6). Greenwich, Conn.: JAI Press.

Brophy, J. E. (1981). Teacher praise: A functional analysis. *Review of Educational Research, 51*(1), 5–32.

———. (1983). If only it were true: A response to Greer. *Educational Researcher, 12,* 10–12.

Brophy, J. E., & Evertson, C. M. (1974). *Process-product correlations in the Texas teacher effectiveness study: Final report.* Research Report No. 74–4. Austin: Research and Development Center for Teacher Education, University of Texas.

———. (1976). *Learning from teaching: A developmental perspective.* Boston: Allyn & Bacon.

Brophy, J. E., & Good, T. L. (1974). *Teacher–student relationships: Causes and consequences.* New York: Holt, Rinehart & Winston.

Brown, H. D., & Kosslyn, S. M. (1993). Cerebral lateralization. *Current Opinion in Neurobiology, 3,* 183–186.

Brown, J. S., Collins, A., & Duguid, P. (1989). Situated cognition and the culture of learning. *Educational Researcher, 18,* 32–42.

Bruer, J. T. (1993). The mind's journey from novice to expert: If we know the route, we can help students negotiate their way. *American Education, 17,* 6–15, 38–46.

Bruner, J. (1992). Foreword to the second edition. In S. Farnham-Diggory, *Cognitive processes in education* (2nd ed.). New York: HarperCollins.

Bruner, J. S. (1957a). On going beyond the information given. In *Contemporary approaches to cognition.* Cambridge, Mass.: Harvard University Press.

———. (1957b). On perceptual readiness. *Psychological Review, 64,* 123–152.

———. (1961a). The act of discovery. *Harvard Educational Review, 31,* 21–32.

———. (1961b). *The process of education.* Cambridge, Mass.: Harvard University Press.

———. (1966). *Toward a theory of instruction.* Cambridge, Mass.: Harvard University Press.

———. (1973). Organization of early skilled action. *Child Development, 44,* 1–11.

———. (1983). *Child's talk.* New York: Norton.

———. (1985). Models of the learner. *Educational Researcher, 14,* 5–8.

———. (1986). *Actual minds, possible worlds.* Cambridge, Mass.: Harvard University Press.

———. (1990a). *Acts of meaning.* Cambridge, Mass.: Harvard University Press.

———. (1990b). Metaphors of consciousness and cognition in the history of psychology. In D. E. Leary (ed.), *Metaphors in the history of psychology.* New York: Cambridge University Press.

Bruner, J. S., Goodnow, J. J., & Austin, G. A. (1956). *A study of thinking.* New York: Wiley.

Burks, L. C. (1994). Ability group level and achievement. *School Community Journal, 4,* 11–24.

Burns, R. B. (1984). How time is used in elementary schools: The activity structure of classrooms. In L. W. Anderson (ed.), *Time and school learning: Theory, research and practice.* London: Croom Helm.

Busch, B. (1993). Attention deficits: Current concepts, controversies, management, and approaches to classroom instruction. *Annals of Dyslexia, 43,* 5–25.

Bussey, K., & Bandura, A. (1992). Self-regulatory mechanisms governing gender development. *Child Development, 63,* 1236–1250.

Butcher, J. (1993). The content, structure and meaning of teachers' management schemata: Ordered trees of novice and expert teachers. Special Issue: International conference on teacher thinking: I. *Journal of Structural Learning, 11,* 299–318.

Calderhead, J. (1989). Reflective teaching and teacher education. *Teaching & Teacher Education, 5,* 43–51.

Calfee, R. (1981). Cognitive psychology and educational practice. In D. C. Berliner (ed.), *Review of research in education* (Vol. 9). Washington, D.C.: American Educational Research Association.

———. (1985). Computer literacy and book literacy: Parallels and contrasts. *Educational Researcher, 14,* 8–13.

Cameron, A. W. (1956). *A guide to eastern Canadian mammals.* Ottawa: Department of Northern Affairs and National Resources.

Cameron, J., & Pierce, W. D. (1994). Reinforcement, reward, and intrinsic motivation: A meta-analysis. *Review of Educational Research, 64,* 363–423.

Campbell, F. A., & Ramey, C. T. (1990). The relationship between Piagetian cognitive development, mental test performance, and academic achievement in high-risk students with and without early educational intervention. *Intelligence, 14,* 293–308.

Campbell, R. L. (1993). Epistemological problems for neo-Piagetians. *Monographs of the Society for Research in Child Development, 58,* 168–191.

Canter, L., & Canter, M. (1992). *Lee Canter's assertive discipline: Positive management for today's classroom.* Santa Monica, Calif.: Lee Canter & Associates.

Carey, S. T. (1987). Reading comprehension in first and second languages of immersion and Francophone students. *Canadian Journal for Exceptional Children, 3,* 103–108.

Carpentieri, S. C., & Morgan, S. B. (1994). A comparison of patterns of cognitive functioning of autistic and nonautistic retarded children on the Stanford-Binet—fourth edition. *Journal of Autism and Developmental Disorders, 24,* 215–223.

Carroll, J. B. (1963). A model of school learning. *Teachers College Record, 64,* 723–733.

——. (1989). The Carroll model: A 25-year retrospective and prospective view. *Educational Researcher, 18*(1), 26–31.

Case, R. (1975). Gearing the demands of instruction to the developmental capacities of the learner. *Review of Educational Research, 45,* 59–87.

——. (1991). Stages in the development of the young child's first sense of self. *Developmental Review, 11,* 210–230.

Cassel, P., & Dreikurs, R. (1972). *Discipline without tears.* Toronto: Alfred Adler Institute of Ontario.

Castle, E. M. (1993). Minority student attrition research: Higher education's challenge for human resource development. *Educational Researcher, 22,* 24–30.

Cattell, R. B. (1971). *Abilities: Their structure, growth and action.* Boston: Houghton Mifflin.

Cermak, L. S., & Craik, F. I. (eds.). (1979). *Levels of processing in human memory.* Hillsdale, N.J.: Erlbaum.

Chandler, P. S. (1994). The gender equity quiz. *Learning, 22,* 57.

Chang, R., & Page, R. C. (1991). Characteristics of the self-actualized person: Visions from the east and west. *Counseling and Values, 36,* 2–10.

Chapman, J. W. (1988). Learning disabled children's self-concepts. *Review of Educational Research, 58,* 347–371.

Cheng, Pui-wan. (1993). Metacognition and giftedness. *Gifted Child Quarterly, 37,* 105–112.

Cherkes-Julkowski, M., & Stolzenberg, J. (1991). The learning disability of attention deficit disorder. *Learning Disabilities: A Multidisciplinary Journal, 2,* 8–15.

Cherry, E. C. (1953). Some experiments on the recognition of speech with one and two ears. *Journal of the Acoustical Society of America, 25,* 975–979.

Chester, R. D. (1992). Views from the mainstream: Learning disabled students as perceived by regular education classroom teachers and by non-learning disabled secondary students. *Canadian Journal of School Psychology, 8,* 93–102.

Chi, M., Glaser, R., & Farr, M. (eds.) (1988). *The nature of expertise.* Hillsdale, N.J.: Erlbaum.

Chi, M. T. H., & Glaser, R. (1980). The measurement of expertise: Analysis of the development of knowledge and skill as a basis for assessing achievement. In E. L. Baker & E. S. Quellmalz (eds.), *Educational testing and evaluation: Design, analysis and policy.* Beverly Hills: Sage.

Christian, I.., & Morgan, G. (1993). Roses are red, violets are blue, my child is gifted and my family's a zoo. *Gifted Child Today, 16,* 14–17.

Cizek, G. J. (1993a). Reconsidering standards and criteria. *Journal of Educational Measurement, 30,* 93–106.

——. (1993b). Rethinking psychometricians' beliefs about learning. *Educational Researcher, 22,* 4–9.

Clarizio, H. F. (1992). Teachers as detectors of learning disability. *Psychology in the Schools, 29,* 28–34.

Clarizio, H. F., & Yelon, S. L. (1974). Learning theory approaches to classroom management: Rationale and intervention techniques. In A. R. Brown & C. Avery (eds.), *Modifying children's behavior: A book of readings.* Springfield, Ill.: Thomas.

Clark, R. E. (1982). Antagonism between achievement and enjoyment in ATI studies. *Educational Psychology, 13,* 92–101.

Clawson, E. U., & Barnes, B. R. (1973). The effects of organizers on the learning of structured anthropology materials in the elementary grades. *Journal of Experimental Education, 42,* 11–15.

Clements, D. H. (1991). Enhancement of creativity in computer environments. *American Educational Research Journal, 28,* 173–187.

Clements, S. D. (1966). *Minimal brain dysfunction in children: Terminology and identification* (NINDB Monograph No. 3). Washington, D.C.: U.S. Department of Health and Human Service.

Cohen, D. K. (1972). Does IQ matter? *Current, 141,* 19–30.

Cohen, E. G. (1994). Restructuring the classroom: Conditions for productive small groups. *Review of Educational Research, 64,* 1–35.

Cohen, M. J., Riccio, C. A., & Gonzalez, J. J. (1994). Methodological differences in the diagnosis of attention-deficit hyperactivity disorder: Impact on prevalence. *Journal of Emotional and Behavioral Disorders, 2,* 31–38.

Cohn, M. M., & Kottkamp, R. B. (1993). *Teachers: The missing voice in education.* New York: State University of New York.

Colby, A., & Kohlberg, L. (1984). Invariant sequence and internal consistency in moral judgment stages. In W. M. Kurtines & J. L. Gewirtz (eds.), *Morality, moral behavior, and moral development* (pp. 41–51). New York: Wiley.

Cole, P. G. (1993). A critical analysis of Siegel's case for revision of the learning disability construct. Special issue, Festchrift for Professor John McLeod. *International Journal of Disability, Development, & Education, 40,* 5–21.

Collett, J., & Serrano, B. (1992). Stirring it up: The inclusive classroom. *New Directions for Teaching and Learning, 49,* 35–48.

Collins, A., Brown, J. S., & Newman, S. E. (1989). Cognitive apprenticeship: Teaching the craft of reading, writing, and mathematics. In L. B. Resnick (ed.), *Knowing, learning, and instruction: Essays in honor of Robert Glaser.* Hillsdale, N.J.: Erlbaum.

Combs, A. W. (1982). *A personal approach to teaching: Beliefs that make a difference.* Boston: Allyn & Bacon.

Cook, C. (1994). Factors affecting ILS implementation. *Media and Methods—Exploration in Education, 30,* 66–67.

Coon, C. L. (1915). *North Carolina schools and academies.* Raleigh: Edwards and Broughton.

Coopersmith, S. (1967). *The antecedents of self-esteem.* San Francisco: Freeman.

Copeland, W. D. (1987). Classroom management and student teachers' cognitive abilities: A relationship. *American Educational Research Journal, 24,* 219–236.

Corno, L., & Snow, R. E. (1986). Adapting teaching to individual differences among learners. In M. C. Wittrock (ed.), *Handbook of research on teaching* (3rd ed.) (pp. 605–629). New York: Macmillan.

Cowed by cows. *Edmonton Journal,* June 11, 1992, p. B2.

Craik, F. M., & Lockhart, R. S. (1972). Levels of processing: A framework for memory research. *Journal of Verbal Learning and Verbal Behavior, 11,* 671–684.

Crawford, M. A., Doyle, W., Leaf, A., Leighfield, M., Ghebremeskel, K., & Phylactos, A. (1993). Nutrition and neurodevelopmental disorders. *Nutrition and Health, 9,* 81–97.

Crockett, L. J., & Petersen, A. C. (1987). Findings from the Early Adolescence Study. In R. M. Lerner & T. T. Foch (eds.), *Biological-psychosocial interactions in early adolescence: A life-span perspective.* Hillsdale, N.J.: Erlbaum.

Cronbach, L. J., & Snow, R. E. (1977). *Aptitudes and instructional methods.* New York: Irvington.

Crooks, T. J. (1988). The impact of classroom evaluation practices on students. *Review of Educational Research, 58,* 438–481.

Cropley, A. J. (1992). *More ways than one: Fostering creativity.* Norwood, N.J.: Ablex.

Cross, T. L., Coleman, L. J., & Terhaar-Yonkers, M. (1991). The social cognition of gifted adolescents in schools: Managing the stigma of giftedness. *Journal for the Education of the Gifted, 15,* 44–55.

Crowder, N. A. (1961). Characteristics of branching programs. In D. P. Scannell (ed.), *Conference on programmed learning.* Lawrence: University of Kansas, Studies in Education.

——. (1963). On the differences between linear and intrinsic programming. *Phi Delta Kappan, 44,* 250–254.

Csikszentmihalyi, M. (1994). Creativity. In R. J. Sternberg (ed.), *Encyclopedia of human intelligence* (Vol. 1). New York: Macmillan.

Cummins, J. (1986). Empowering minority students: A framework for intervention. *Harvard Educational Review, 56,* 18–36.

Cziko, G. A. (1992). The evaluation of bilingual education. *Educational Researcher, 21,* 10–15.

Daily Report Card, August 14, 1995. Education Commission of the States and the National Education Goals Panel. Washington, D.C.

Damon, W., & Colby, A. (1987). Social influence and moral change. In W. M. Kurtines & J. L. Gewirtz (eds.), *Moral development through social interaction.* New York: Wiley.

Dansereau, D. F. (1985). Learning strategy research. In J. W. Segal, S. F. Chipman, & R. Glaser (eds.), *Thinking and learning skills* (pp. 1, 209–240). Hillsdale, N.J.: Erlbaum.

Darley, J. M., & Shultz, T. R. (1990). Moral rules: Their content and acquisition. *Annual Review of Psychology, 41,* 525–556.

Das, J. P. (1992). Beyond a unidimensional scale of merit. *Intelligence, 16,* 137–149.

Das, J. P., Mishra, R. K., & Pool, J. E. (1995). An experiment on cognitive remediation of word-reading difficulty. *Journal of Learning Disabilities, 28,* 66–79.

Das, J. P., Naglieri, J. A., & Kirby, J. R. (1994). *Assessment of cognitive processes.* Boston: Allyn & Bacon.

Davydov, V. V. (1995). The influence of L. S. Vygotsky on education theory, research, and practice. *Educational Researcher, 24,* 12–21.

Deale, R. N. (1975). *Examinations bulletin 32: Assessment and testing in the secondary school.* London: Evans/Methuen.

Deaux, K. (1985). Sex and gender. *Annual Review of Psychology, 36,* 49–81.

de Bono, E. (1970). *Lateral thinking: A textbook of creativity.* London: Ward Lock Educational.

——. (1976). *Teaching thinking.* London: Temple Smith.

De Bruijn, H. F. M. (1993). Computer-aided learning for adults: A new approach. *International Journal of Lifelong Education, 12,* 303–312.

de Charms, R. (1972). Personal causation training in the schools. *Journal of Applied Psychology, 2,* 95–113.

DeFries, J. C., Plomin, R., & Fulker, D. W. (1994). *Nature–nurture during middle childhood.* Cambridge, Mass.: Blackwell.

Delgado-Hachey, M., & Miller, S. A. (1993). Mothers' accuracy in predicting their children's IQs: Its relationship to antecedent variables, mothers' academic achievement demands, and children's achievement. *Journal of Experimental Education, 62,* 43–59.

DeLong, G. R. (1993). Effects of nutrition on brain development in humans. *American Journal of Clinical Nutrition, 57,* 286s–290s.

Dennison, G. (1969). *The lives of children: The story of the First Street School.* New York: Random House (Vintage Books).

Derry, S. J., & Murphy, D. A. (1986). Designing systems that train learning ability: From theory to practice. *Review of Educational Research, 56,* 1–39.

Deutsch, W. (1992). Teaching machines, programming, computers, and instructional technology: The roots of performance technology. *Performance and Instruction, 31,* 14–20.

Diamond, K. E., & LeFurgy, W. G. (1994). Attitudes of parents of preschool children toward integration. *Early Education and Development, 5,* 69–77.

Diaz, R. M. (1983). Thought and two languages: The impact of bilingualism on cognitive development. In E. W. Gordon (ed.), *Review of research in education* (Vol. 10). Washington, D.C.: American Educational Research Association.

Dickens, C. (1843/1986). *A Christmas carol.* London: Octopus Books.

Dinkmeyer, D., & Dinkmeyer, D., Jr. (1976). Logical consequences: A key to the reduction of disciplinary problems. *Phi Delta Kappan, 57,* 664–666.

Downes, T. (1991). The changing nature of teaching: The increasing complexity of tasks and tools. *Education and Computing, 7,* 239–244.

Doyle, W. (1979). Making managerial decisions in classrooms. In D. Duke (ed.), *78th yearbook of the National Society for the Study of Education: Part 2. Classroom management.* Chicago: University of Chicago Press.

——. (1986). Classroom organization and management. In M. C. Wittrock (ed.), *Handbook of research on teaching* (3rd ed.) (pp. 392–431). New York: Macmillan.

Dreikurs, R., & Grey, L. (1968). *Logical consequences: A new approach to discipline.* New York: Hawthorne.

Dreikurs, R., Grunwald, B. B., & Pepper, F. C. (1982). *Maintaining sanity in the classroom: Classroom management techniques* (2nd ed.). New York: Harper & Row.

Duda, J. L., & Nicholls, J. G. (1992). Dimensions of achievement motivation in schoolwork and sport. *Journal of Educational psychology, 84,* 290–299.

Dunn, R., Dunn, K., & Perrin, J. (1994). *Teaching young children through their individual learning styles: Practical approaches for grades K–2.* Boston: Allyn & Bacon.

Dunn, R., & Griggs, S. A. (1988). *Learning styles: Quiet revolution in American secondary schools.* Reston, Va.: National Association of Secondary School Principals.

Dweck, C. S. (1986). Motivational processes affecting learning. *American Psychologist, 41,* 1040–1048.

Dweck, C. S., & Leggett, E. L. (1988). A social-cognitive approach to motivation and personality. *Psychological Review, 95,* 256–273.

Dykman, A. (1994). Ready for the techno world? *Vocational Education Journal, 69,* 28–32.

Educational Testing Service. (1961). Judges disagree on qualities that characterize good writing. *ETS Development, 9,* 2.

Edwards, C. H. (1993). *Classroom discipline and management.* New York: Macmillan.

Edwards, V., & Redfern, A. (1992). *The world in a classroom: Language in education in Britain and Canada.* Clevedon, England: Multilingual Matters.

Eilers, R. E., & Oller, D. K. (1988). Precursors to speech. In R. Vasta (ed.), *Annals of child development* (Vol. 5). Greenwich, Conn.: JAI Press.

Eisenberg, N., Miller, P. A., Shell, R., McNalley, S., & Shea, C. (1991). Prosocial development in adolescence: A longitudinal study. *Developmental Psychology, 27,* 849–857.

Eisner, E. W. (1982). An artistic approach to supervision. In T. J. Sergiovanni (ed.), *Supervision of teaching (ASCD 1982 Yearbook).* Alexandria, Va.: Association for Supervision and Curriculum Development.

——. (1967). Educational objectives: Help or hindrance? *School Review, 75,* 250–260.

Ellzey, J., & Karnes, F. A. (1993). Comparison of scores on the WISC-R and the Stanford-Binet, fourth edition, for rural gifted students. *Rural Special Education Quarterly, 12,* 10–13.

Elmore, R. F., & Zenus, V. (1994). Enhancing social-emotional development of middle school gifted students. *Roeper Review, 16,* 182–185.

Elton, L. R. B., & Laurillard, D. M. (1979). Trends in research on student learning. *Studies in Higher Education, 4,* 87–102.

Emerson-Stonnell, S., & Carter, C. (1994). Math mentor programs. *Gifted Child Today, 17,* 26–34.

Engel, M. (1976). *Bear.* Toronto: McClelland and Stewart.

Ennis, R. H. (1976). An alternative to Piaget's conceptualization of logical competence. *Child Development, 47,* 903–919.

——. (1978). Conceptualization of children's logical competence: Piaget's propositional logic and an alternative proposal. In L. S. Siegel & C. J. Brainerd (eds.), *Alternatives to Piaget: Critical essays on the theory.* New York: Academic.

Erdley, C. A., & Dweck, C. S. (1993). Children's implicit personality theories as predictors of their social judgments. *Child Development, 64,* 863–878.

Erickson, M. T. (1992). *Behavior disorders of children and adolescents* (2nd ed.). Englewood Cliffs, N.J.: Prentice-Hall.

Erikson, E. H. (1959). *Identity and the life cycle: Selected papers.* Psychological Issue Monograph Series, I (No. 1). New York: International Universities Press.

Erlenmeyer-Kimling, L., & Jarvik, L. F. (1963). Genetics and intelligence: A review. *Science, 142,* 1477–1478.

Evans, K. M., & King, J. A. (1994a). Outcome-based and gifted education: Can we assume continued support? *Roeper Review, 16,* 260–264.

——. (1994b). Research on OBE: What we know and don't know. *Educational leadership, 51,* 12–17.

Evans, R. I. (1989). *Albert Bandura: The man and his ideas—a dialogue.* New York: Praeger.

Evertson, C. M., Anderson, L. M., & Brophy, J. E. (1978). *Texas junior high school study: Final report of process-outcome relationships.* Research Report No. 4061 (Vol. 1). Austin: Research and Development Center for Teacher Education, University of Texas.

Evertson, C. M., & Harris, A. H. (1992). What we know about managing classrooms. *Educational Leadership, 49,* 74-78.

Evra, J. V. (1990). *Television and child development.* Hillsdale, N.J.: Erlbaum.

Ewell, P. T. (1991). To capture the ineffable: New forms of assessment in higher education. In G. Grant (ed.), *Review of research in education* (Vol. 17). Washington, D.C.: American Educational Research Association.

Ewer, R. F. (1973). *The carnivores.* Ithaca, N.Y.: Cornell University Press.

Fabricius, W. V., & Wellman, H. M. (1993). Two roads diverged: Young children's ability to judge distance. *Child Development, 64,* 399-419.

Fahrmeler, L. C. (1991). The child within: Enhancing our creativity. *The Creative Child and Adult Quarterly, 16,* 30-37.

Fair, E. M. III, & Silvestri, L. (1992). Effects of rewards, competition and outcome on intrinsic motivation. *Journal of Instructional Psychology, 19,* 3-8.

Farnham-Diggory, S. (1992). *Cognitive processes in education* (2nd ed.). New York: HarperCollins.

Farr, R., & Tone, B. (1994). *Portfolio and performance assessment: Helping students evaluate their progress as readers and writers.* Fort Worth, Texas: Harcourt Brace.

Feingold, A. (1992). Sex differences in variability in intellectual abilities: A new look at an old controversy. *Review of Educational Research, 62,* 61-84.

———. (1993). Cognitive gender differences: A developmental perspective. *Sex Roles: A Journal of Research, 29,* 91-112.

Feldman, D. H. (1993). Child prodigies: A distinctive form of giftedness. *Gifted Child Quarterly, 37,* 188-193.

Feldt, L. S. (1993). The relationship between the distribution of item difficulties and test reliability. *Applied Measurement in Education, 6,* 37-48.

Fenstermacher, G. D., & Soltis, J. F. (1992). *Approaches to teaching.* New York: Teachers College Press.

Fernald, P. S., & Jordan, E. A. (1991). Programmed instruction versus standard text in introductory psychology. *Teaching of Psychology, 18,* 205-211.

Ferrington, G., & Loge, K. (1992). Virtual reality: A new learning environment. *The Computing Teacher, 20,* 16-19.

Fetterman, D. M. (1994). Terman's giftedness study. In R. J. Sternberg (ed.), *Encyclopedia of human intelligence* (Vol. 2). New York: Macmillan.

Feuerstein, R. (1979). *The dynamic assessment of retarded performers.* Baltimore: University Park Press.

———. (1980). *Instrumental enrichment: An intervention program for cognitive modifiability.* Baltimore: University Park Press.

———. (1994). Learning potential assessment device. In R. J. Sternberg (ed.), *Encyclopedia of human intelligence* (Vol. 2). New York: Macmillan.

Fishkin, J., Keniston, K., & MacKinnon, C. (1973). Moral reasoning and political ideology. *Journal of Personality and Social Psychology, 27,* 109-119.

Flanders, N. A. (1970). *Analyzing teacher behavior.* Reading, Mass.: Addison-Wesley.

Flavell, J. H. (1985). *Cognitive development* (2nd ed.). Englewood Cliffs, N.J.: Prentice-Hall.

Fleming, M., & Chambers, B. (1983). Teacher-made tests: Windows on the classroom. In W. E. Hathaway (ed.), *New directions for testing and measurement: Vol. 19, Testing in the schools.* San Francisco: Jossey-Bass.

Fletcher, J. M. (1992). The validity of distinguishing children with language and learning disabilities according to discrepancies with IQ: Introduction to the special series. *Journal of Learning Disabilities, 25,* 546-548.

Follman, J. (1991). Teachers' estimates of pupils' IQs and pupils' tested IQs. *Psychological Reports, 69,* 350.

Franchi, J. (1994). Virtual reality: An overview. *Techtrends, 39,* 23-26.

Freiberg, H. J., & Driscoll, A. (1992). *Universal Teaching Strategies.* Boston: Allyn & Bacon.

Frisch, R. E., & Revelle, R. (1970). Height and weight at menarche and a hypothesis of critical body weights and adolescent events. *Science, 169,* 397-398.

Fuchs, D., & Fuchs, L. S. (1995). What's "special" about special education? *Phi Delta Kappan, 76,* 542-546.

Fuchs-Beauchamp, K. D., Karnes, M. B., & Johnson, L. J. (1993). Creativity and intelligence in preschoolers. *Gifted Child Quarterly, 37,* 113-117.

Fuller, B., & Heyneman, S. P. (1989). Third world school quality: Current collapse, future potential. *Educational Researcher, 18,* 12-19.

Gabel, D. L., Kogan, M. H., & Sherwood, R. D. (1980). A summary of research in science education. –1978. *Science Education, 64,* 429–568.

Gage, N. L. (1964). Theories of teaching. In E. R. Hilgard (ed.), *Theories of learning and instruction: The sixty-third yearbook of the National Society for the Study of Education.* Chicago: University of Chicago Press.

Gagné, E. D. (1985). *The cognitive psychology of school learning.* Boston: Little, Brown.

Gagné, E. D., Yekovich, C. W., & Yekovich, F. R. (1993). *The cognitive psychology of school learning* (2nd ed.). New York: HarperCollins.

Gagné, R. M. (1965). *The conditions of learning.* New York: Holt, Rinehart & Winston.

——. (1974). *Essentials of learning for instruction.* Hinsdale, Ill.: Dryden Press.

——. (1977a). *The conditions of learning* (3rd ed.). New York: Holt, Rinehart & Winston.

——. (1977b). Instructional programs. In M. H. Marx & M. E. Bunch (eds.), *Fundamentals and applications of learning.* New York: Macmillan.

——. (1985). *The conditions of learning* (4th ed.). New York: Holt, Rinehart & Winston.

Gagné, R. M., & Briggs, L. J. (1983). *Principles of instructional design* (3rd ed.). New York: Holt, Rinehart & Winston.

Gagné, R. M., Briggs, L. J., & Wager, W. W. (1992). *Principles of instructional design* (4th ed.). Fort Worth: Harcourt Brace Jovanovich.

Gagné, R. M., & Dick, W. (1983). Instructional psychology. *Annual Review of Psychology, 34,* 261–295.

Gagné, R. M., & Driscoll, M. P. (1988). *Essentials of learning for instruction* (2nd ed.). Englewood Cliffs, N.J.: Prentice-Hall.

Gallagher, J. J. (1960). *Analysis of research on the education of gifted children.* State of Illinois: Office of the Superintendent of Public Instruction.

——. (1993). Ability grouping: A tool for educational excellence. *College Board Review, 168,* 21–27.

——. (1994). Teaching and learning: New models. *Annual Review of Psychology, 45,* 171–195.

Galton, F. (1869). *Hereditary genius: An inquiry into its laws and consequences.* London: Macmillan.

Garcia, E. E. (1993). Language, culture, and education. In L. Darling-Hammond (ed.), *Review of research in education* (Vol. 19). Washington, D.C.: American Educational Research Association.

García, G. E., & Pearson, P. D. (1994). Assessment and diversity. In L. Darling-Hammond (ed.), *Review of research in education* (Vol. 20). Washington, D.C.: American Educational Research Association.

Gardner, H. (1983). *Frames of mind: The theory of multiple intelligences.* New York: Basic Books.

——. (1993). Educating for understanding. *American School Board Journal, 180,* 20–24.

Gardner, H., & Hatch, T. (1989). Multiple intelligences go to school: Educational implications of the theory of multiple intelligences. *Educational Researcher, 18,* 4–10.

Garner, R. (1992). Self-regulated learning, strategy shifts, and shared expertise: Reactions to Palincsar and Klenk. *Journal of Learning Disabilities, 25,* 226–229.

Gaynor, J. L. R., & Runco, M. A. (1992). Family size, birth-order, age-interval, and the creativity of children. *Journal of Creative Behavior, 26,* 108–118.

Gelman, R. (1982). Basic numerical abilities. In R. J. Sternberg (ed.), *Advances in the psychology of human intelligence* (Vol. 1). Hillsdale, N.J.: Erlbaum.

Gelman, R., Meck, E., & Merkin, S. (1986). Young children's numerical competence. *Cognitive Development, 1,* 1–29.

Genesee, F. (1985). Second language learning through immersion: A review of U.S. programs. *Review of Educational Research, 55,* 541–561.

George, P. S. (1993). Tracking and ability grouping in the middle school: Tentative truths. *Middle School Journal, 24,* 17–24.

Getzels, J. W., & Jackson, P. W. (1962). *Creativity and intelligence.* New York: Wiley.

Gilligan, C. (1982). *In a different voice: Psychological theory and women's development.* Cambridge, Mass.: Harvard University Press.

Giroux, A. (1992). Teaching moral thinking: A reconceptualization. *Journal of Educational Thought, 26,* 114–120.

Glaser, R., & Bassok, M. (1989). Learning theory and the study of instruction. In M. R. Rosenzweig & L. W. Porter (eds.), *Annual review of psychology, 40,* 631–666.

Glass, A. L., Holyoak, K. J., & Santa, J. L. (1979). *Cognition.* Reading, Mass.: Addison-Wesley.

Glasser, W. (1969). *Schools without failure.* New York: Harper & Row.

Guthrie, E. R. (1935). *The psychology of learning.* New York: Harper & Brothers.

Gutiérrez, R., & Slavin, R. E. (1992). Achievement effects of the nongraded elementary school: A best evidence synthesis. *Review of Educational Research, 62,* 333–376.

Hadaway, N. L., & Marek-Schroer, M. (1994). Student portfolios: Toward equitable assessments for gifted students. *Equity and Excellence in Education, 27,* 70–74.

Haddon, F. A., & Lytton, H. (1968). Teaching approach and the development of divergent thinking abilities in primary schools. *British Journal of Educational Psychology, 38,* 171–180.

Haertel, E. H. (1991). New forms of teacher assessment. In G. Grant (ed.), *Review of research in education* (Vol. 17). Washington, D.C.: American Educational Research Association.

Haladyna, T. M., Nolen, S. B., & Haas, N. S. (1991). Raising standardized achievement test scores and the origins of test score pollution. *Educational Researcher, 20,* 2–7.

Hall, F. R., & Kelson, K. R. (1959). *The mammals of North America* (Vol. 2). New York: Ronald Press.

Hallahan, D. P., & Kauffman, J. M. (1994). *Exceptional children: Introduction to special education* (6th ed.). Boston: Allyn & Bacon.

Hallman, R. J. (1967). Techniques of creative teaching. *Journal of Creative Behavior, 1,* 325–330.

Halpern, D. F., & Coren, S. (1990). Laterality and longevity: Is left-handedness associated with younger age at death? In S. Coren (ed.), *Left-handedness: Behavioral implications and anomalies.* Amsterdam: Elsevier.

Hammill, D. D. (1993). A brief look at the learning disabilities movement in the United States. *Journal of Learning Disabilities, 26,* 295–310.

Haney, R. E., & Sorenson, J. S (1977). *Individually guided science.* Reading, Mass.: Addison-Wesley.

Harel, I., & Papert, S. (1990). Software design as a learning environment. *Interactive Learning Environments, 1,* 1–32.

Harrington, J., Harrington, C., & Karns, E. (1991). The Marland report: Twenty years later. *Journal for the Education of the Gifted, 15,* 31–43.

Harris, B. D. (1963). *Children's drawings as measures of intellectual maturity.* New York: Harcourt, Brace & World.

Haskins, R. (1989). Beyond metaphor: The efficacy of early childhood education. *American Psychologist, 44,* 274–282.

Hativa, N., & Becker, H. J. (eds.). (1994). Computer-based integrated learning systems: Research and theory. *International Journal of Educational Research, 21,* 1–119.

Hauser, R. M., & Sewell, W. H. (1985). Birth order and educational attainment in full sibships. *American Educational Research Journal, 22,* 1–23.

Hay, D. F., Stimson, C. A., & Castle, J. (1991). A meeting of minds in infancy: Imitation and desire. In D. Frye & C. Moore (eds.), *Children's theories of mind: Mental states and social understanding.* Hillsdale, N.J.: Erlbaum.

Haywood, H. C., & Switzky, H. N. (1986). The malleability of intelligence: Cognitive processes as a function of polygenic-experiential interaction. *School Psychology Review, 15,* 245–255.

Hebb, D. O. (1966). *A textbook of psychology* (2nd ed.). Philadelphia: Saunders.

Hedges, L., & Friedman, L. (1993). Gender differences in variability in intellectual abilities: A reanalysis of Feingold's results. *Review of Educational Research, 63,* 94–105.

Heinzen, T. E. (1991). A paradigm for research in creativity. *The Creative Child and Adult Quarterly, 16,* 164–174.

Hellige, J. B. (1990). Hemispheric assymmetry. *Annual Review of Psychology, 41,* 55–80.

Hembree, R. (1988). Correlates, causes, effects and treatment of test anxiety. *Review of Educational Research, 58,* 47–77.

Henker, B., & Whalen, C. K. (1989). Hyperactivity and attention deficits. *American Psychologist, 44,* 216–223.

Henshaw, A., Kelly, J., & Gratton, C. (1992). Skipping's for girls: Children's perceptions of gender roles and gender preferences. *Educational Research, 34,* 229–235.

Herschel, R. T. (1994). The impact of varying gender composition on group brainstorming performance in a GSS environment. *Computers in Human Behavior, 10,* 209–222.

Hess, R. D., & Azuma, H. (1991). Cultural support for schooling: Contrasts between Japan and the United States. *Educational Researcher, 20,* 2–8.

Heward, W. L., & Orlansky, M. D. (1992). *Exceptional children: An introductory survey of special education* (4th ed.). New York: Merrill.

Hewitt, J. D. (1992). *Playing fair: A guide to the management of student conduct.* Vancouver, B.C.: EduServ.

Heyns, O. S. (1967, Feb. 4). Treatment of the unborn. *Woman's Own,* p. 18.

Higbee, K. L. (1977). *Your memory: How it works and how to improve it.* Englewood Cliffs, N.J.: Prentice-Hall.

Hill, K. T., & Wigfield, A. (1984). Test anxiety: A major educational problem and what can be done about it. *Elementary School Journal, 85,* 105-126.

Hines, T. (1991). The myth of right hemisphere creativity. *Journal of Creative Behavior, 25,* 223-37.

Hintzman, D. L., & Ludham, G. (1980). Differential forgetting of prototypes and old instances: Simulation by an exemplar-based classification model. *Memory and Cognition, 8,* 378-382.

Hitz, R., & Driscoll, A. (1994). Give encouragement, not praise. *Texas Child Care, 17,* 2-11.

Hodapp, R. M., & Dykens, E. M. (1994). Mental retardation's two cultures of behavioral research. *American Journal of Mental Retardation, 98,* 675-687.

Hoepfl, M. C. (1994). Developing and evaluating multiple choice tests. *Technology Teacher, 53,* 25-26.

Hoffman, M. L. (1970). Conscience, personality, and socialization techniques. *Human Development, 13,* 90-126.

Hoge, R. D. (1988). Issues in the definition and measurement of the giftedness construct. *Educational Researcher, 17,* 12-66.

Holland, J. L., Magoon, T. M., & Spokane, A. R. (1981). Counseling psychology: Career interventions, research, and theory. In M. R. Rosenzweig & L. W. Porter (eds.), *Annual review of psychology* (Vol. 32). Palo Alto, Calif.: Annual Reviews.

Holland, R. W. (1994). Mentoring as a career development tool. *CUPA Journal, 45,* 41-44.

Holstein, C. B. (1976). Irreversible, stepwise sequence in the development of moral judgment: A longitudinal study of males and females. *Child Development, 47,* 51-61.

Horn, J. L. (1976). Human abilities: A review of research and theory in the early 1970s. In M. R. Rosenzweig & L. W. Porter (eds.), *Annual review of psychology* (Vol. 27). Palo Alto, Calif.: Annual Reviews.

Horn, J. L., & Donaldson, G. (1980). Cognitive development in adulthood. In O. G. Brim, Jr., & J. Kagan (eds.), *Constancy and change in human development.* Cambridge, Mass.: Harvard University Press.

Horn, J. M. (1983). The Texas adoption project. *Child Development, 54,* 268-275.

Horowitz, F. D., & O'Brien, M. (1986). Gifted and talented children: State of knowledge and directions for research. *American Psychologist, 41,* 1147-1152.

Horwitz, R. A. (1979). Psychological effects of the open classroom. *Review of Educational Research, 49,* 71-86.

Huber, G. L., Sorrentino, R. M., Davidson, M. A., Epplier, R., & Roth, J. W. H. (1992). Uncertainty orientation and cooperative learning: Individual differences within and across cultures. *Learning and Individual Differences, 4,* 1-24.

Huefner, D. S. (1994). The mainstreaming cases: Tensions and trends for school administrators. *Educational Administration Quarterly, 30,* 27-55.

Hughes, J. N. (1988). *Cognitive behavior therapy with children in schools.* New York: Pergamon.

Humphreys, L. G. (1985). A conceptualization of intellectual giftedness. In F. D. Horowitz & M. O'Brien (eds.), *The gifted and talented: Developmental perspectives* (pp. 331-360). Washington, D.C.: American Psychological Association.

Hunt, E. (1989). Cognitive science: Definition, status, and questions. *Annual Review of Psychology, 40,* 603-629.

Huntington, D. D., & Bender, W. N. (1993). Adolescents with learning disabilities at risk? Emotional well-being, depression, suicide. *Journal of Learning Disabilities, 26,* 159-166.

Husén, T., & Tuijnman, A. (1991). The contribution of formal schooling to the increase in intellectual capital. *Educational Researcher, 20,* 17-25.

Intons-Peterson, M. J. (1988). *Gender concepts of Swedish and American youth.* Hillsdale, N.J.: Erlbaum.

Jacklin, C. N. (1989). Female and male: Issues of gender. *American Psychologist, 44,* 127-133.

Jacobi, M. (1991). Mentoring and undergraduate academic success: A literature review. *Review of Educational Research, 61,* 505-532.

James, W. (1890). *The principles of psychology.* New York: Holt, Rinehart & Winston.

Janos, P. M., & Robinson, N. M. (1985). Psychosocial development in intellectually gifted children. In F. D. Horowitz & M. O'Brien (eds.), *The gifted and talented: Developmental perspectives* (pp. 149–195). Washington, D.C.: American Psychological Association.

Janzen, T., Graap, K., Stephanson, S., Amarshall, W., & Fitzsimmons, G. (1995). Differences in base-line EEG measures for ADD and normally achieving preadolescent males. *Biofeedback and Self Regulation, 20,* 65–82.

Jensen, A. (1980). *Bias in mental testing.* London: Methuen.

Jimenez, M. (1992, Oct. 30). Surviving high school in the '90s. *Edmonton Journal,* pp. A1, A4.

Jiménez, R. T., García, G. E., & Pearson, P. D. (1995). Three children, two languages, and strategic reading: Case studies in bilingual/monolingual education. *American Educational Research Journal, 32,* 67–97.

Johnson, D., & Johnson, R. (1975). *Learning together and alone.* Englewood Cliffs, N.J.: Prentice-Hall.

Johnson, D. W., & Johnson, R. T. (1994). *Learning together and alone: Cooperative, competitive, and individualistic learning* (4th ed.). Boston: Allyn & Bacon.

Johnson, D. W., Johnson, R. T., Holubec, E. J., & Roy, P. (1984). *Circles of learning: Cooperation in the classroom.* Alexandria, Va.: Association for Supervision and Curriculum Development.

Johnson, D. W., Maruyama, G., Johnson, R., Nelson, D., & Skon, L. (1981). Effects of cooperative, competitive and individualistic goal structures on achievement: A meta-analysis. *Psychological Bulletin, 89,* 47–62.

Jonassen, D. H. (1993). Conceptual frontiers in hypermedia environments for learning. *Journal of Educational Multimedia and Hypermedia, 2,* 331–335.

Jones, E. H., & Montenegro, X. P. (1988). *Women and minorities in school administration: Facts and figures, 1987–1988.* Arlington, Va.: American Association of School Administrators.

Justice, E. (1985). Categorization as a preferred memory strategy: Developmental changes during elementary school. *Developmental Psychology, 21,* 1105–1110.

Juvonen, J., & Bear, G. (1992). Social adjustment of children with and without learning disabilities in integrated classrooms. *Journal of Educational Psychology, 84,* 322–330.

Kagan, D. M. (1988). Teaching as clinical problem solving: A critical examination of the analogy and its implications. *Review of Educational Research, 58,* 482–505.

Kaiser-Messmer, G. (1993). Results of an empirical study into gender differences in attitudes towards mathematics. *Educational Studies in Mathematics, 25,* 209–233.

Kalish, H. I. (1981). *From behavioral science to behavior modification.* New York: McGraw-Hill.

Kamann, M. P., & Wong, B. Y. L. (1993). Inducing adaptive coping self-statements in children with learning disabilities through self-instruction training. *Journal of Learning Disabilities, 26,* 630–638.

Kanchier, C. (1988). Maximizing potential of gifted and talented students through career education. *Agate, 2,* 6–13.

Kantor, H., & Lowe, R. (1995). Class, race, and the emergence of federal education policy: From the New Deal to the Great Society. *Educational Researcher, 24,* 4–11, 21.

Kaplan, C. (1992). Teachers' punishment histories and their selection of disciplinary strategies. *Contemporary Educational Psychology, 17,* 258–265.

Karacostas, D. D., & Fisher, G. L. (1993). Chemical dependency in students with and without learning disabilities. *Journal of Learning Disabilities, 26,* 491–495.

Karges-Bone, L. (1993). Parenting the gifted young scientist: Mrs. Wizard at home. *Gifted Child Today, 16,* 55–59.

Kauffman, J. M., Lloyd, J. W., & Riedel, T. M. (1995). Inclusion of all students with emotional or behavioral disorders? Let's think again. *Phi Delta Kappan, 76,* 522–530.

Kaufman, K. F., & O'Leary, K. D. (1972). Reward, cost, and self-evaluation procedures with schizophrenic children. Unpublished manuscript, State University of New York. Cited in K. D. O'Leary & S. G. O'Leary, *Classroom management: The successful use of behavior modification.* New York: Pergamon.

Kavale, K. A., Forness, S. R., & Lorsbach, T. C. (1991). Definition for definitions of learning disabilities. *Learning Disability Quarterly, 14,* 257–266.

Kazdin, A. E., & Bootzin, R. R. (1972). The token economy: An evaluative review. *Journal of Applied Behavior Analysis, 5,* 343–372.

Kegan, R. (1982). *The evolving self: Problem and process in human development.* Cambridge, Mass.: Harvard University Press.

Keirouz, K. S. (1993). Gifted curriculum: The state of the art. *Gifted Child Today, 16,* 36–39.

Keith, T. Z., & Cool, V. A. (1992). Testing models of school learning: Effects of quality of instruction, motivation, academic coursework, and homework on academic achievement. *School Psychology Quarterly, 7,* 207–226.

Keller, F. S. (1968). Good-bye teacher. . . . *Journal of Applied Behavior Analysis, 1,* 79–89.

Kennedy, M. M. (1978). Findings from the follow-through planned variation study. *Educational Researcher, 7,* 3–11.

Kieran, E., & Gardner, H. (1992). An exchange: The unschooled mind: How children think and how schools should teach. *Teachers College Record, 94,* 397–407.

Kirby, E. A., & Kirby, S. H. (1994). Classroom discipline with attention deficit hyperactivity disorder in children. *Contemporary Education, 65,* 142–144.

Kirby, P. C., & Paradise, L. (1992). Reflective practice and effectiveness of teachers. *Psychological Reports, 70* (special issue), 1057–1058.

Kirschenbaum, H. (1991). Denigrating Carl Rogers: William Coulson's last crusade. *Journal of Counseling and Development, 69,* 411–413.

Kitano, M. K. (1991). A multicultural educational perspective on serving the culturally diverse student. *Journal for the Education of the Gifted, 15,* 4–19.

Klassen, R. (1994). Research: What does it say about mainstreaming? *Education Canada, 34,* 27–35.

Klausmeier, H. J., Rossmiller, R. A., & Saily, M. (1977). *Individually guided elementary education: Concepts and practices.* New York: Academic.

Klavas, A. (1994). In Greensboro, North Carolina: Learning style program boosts achievement and test scores. *Clearing House, 67,* 149–151.

Klein, S. S., & Ortman, P. E. (1994). Continuing the journey toward gender equity. *Educational Researcher, 23,* 13–21.

Knitzer, J., Steinberg, Z., & Fleisch, B. (1990). *At the school house door: An examination of programs and policies for children with behavioral and emotional problems.* New York: Bank Street College of Education.

Kohl, H. R. (1969). *The open classroom: A practical guide to a new way of teaching.* New York: Random House (Vintage Books).

Kohlberg, L. (1964). Development of moral character and moral ideology. In M. L. Hoffman & L. W. Hoffman (eds.), *Review of child development research* (Vol. 1). New York: Russell Sage Foundation.

——. (1971). Stages of moral development as a basis for moral education. In C. Beck, E. V. Sullivan, & B. Crittendon (eds.), *Moral education: Interdisciplinary approaches.* Toronto: University of Toronto Press.

Kohlberg, L., & Candee, D. (1984). The relationship of moral judgment to moral action. In W. M. Kurtines & J. L. Gewirtz (eds.), *Morality, moral behavior, and moral development* (pp. 52–73). New York: Wiley.

Kohlberg, L. A. (1980). *The meaning and measurement of moral development.* Worcester, Mass.: Clark University Press.

Kohn, A. (1993). Choices for children: Why and how to let students decide. *Phi Delta Kappan, 75,* 8–16, 18–21.

Korkman, M., & Pesonen, A. E. (1994). A comparison of neuropsychological test profiles of children with attention deficit-hyperactivity disorder and/or learning disorder. *Journal of Learning Disabilities, 27,* 383–392.

Korthagen, F. A. (1993). Two modes of reflection. *Teaching & Teacher Education, 9,* 317–326.

Kothkamp, R. B., Provenzo, E. F., Jr., & Cohn, M. M. (1986). Stability and change in a profession: Two decades of teacher attitudes, 1964–1984. *Phi Delta Kappan, 67,* 559–567.

Kounin, J. S. (1970). Discipline and classroom management. New York: Holt, Rinehart & Winston.

Kozma, R. B. (1991). Learning with media. *Review of Educational Research, 61, 2,* 179–211.

Krathwohl, D. R., Bloom, B. S., & Masia, B. B. (1964). *Taxonomy of educational objectives, the classification of educational goals. Handbook II: Affective domain.* New York: McKay.

Kristiansen, R. (1992). Evolution or revolution? Changes in teacher attitudes toward computers in education, 1970–1990. *Education and Computing, 8,* 71–78.

Kuhn, D. (1984). Cognitive development. In M. H. Bornstein & M. E. Lamb (eds.), *Developmental psychology: An advanced textbook* (pp. 133–180). Hillsdale, N.J.: Erlbaum.

Kulik, C. C., Kulik, J. A., & Bangert-Drowns, R. L. (1990). Effectiveness of mastery learning programs: A meta-analysis. *Review of Educational Research, 60,* 265–299.

Kulik, J. A., & Kulik, C. L. (1992). Meta-analytic findings on grouping programs. *Gifted Child Quarterly, 36,* 73–77.

Kulik, J. A., Kulik, C. C., & Cohen, P. A. (1979). A meta-analysis of outcome studies of Keller's Personalized System of Instruction. *American Psychologist, 34,* 307–318.

———. (1980). Effectiveness of computer-based college teaching: A meta-analysis of findings. *Review of Educational Research, 50,* 525–544.

Labouvie-Vief, G. (1980). Beyond formal operations: Uses and limits of pure logic in life-span development. *Human Development, 23,* 141–161.

———. (1986). Modes of knowledge and the organization of development. In M. L. Commons, L. Kohlberg, F. A. Richards, & J. Sinnott (eds.), *Beyond formal operations. 3: Models and methods in the study of adult and adolescent thought.* New York: Praeger.

Lam, T. C. L. (1992). Review of practices and problems in the evaluation of bilingual education. *Review of Educational Research, 62,* 181–203.

Lambert, W. E. (1975). Culture and language as factors in learning and education. In A. Wolfgang (ed.), *Education of immigrant students.* Toronto: Ontario Institute for Studies in Education.

Landry, R. (1987). Additive bilingualism, schooling, and special education: A minority group perspective. *Canadian Journal for Exceptional Children, 3,* 109–114.

Lapsley, D. K. (1990). Continuity and discontinuity in adolescent social cognitive development. In R. Montemayor, G. R. Adams, & T. P. Gullotta, (eds.), *From childhood to adolescence: A transitional period?* (Advances in Adolescent Development, Vol. 2). Newbury Park, Calif.: Sage.

Laurillard, D. (1988). Computers and the emancipation of students: Giving control to the learner. In P. Ramsden (ed.), *Improving learning: New perspectives.* London: Kogan Page.

Lawson, A. E. (1993). At what levels of education is the teaching of thinking effective? *Theory into Practice, 32,* 170–178.

Lee, E. S. (1951). Negro intelligence and selective migration: A Philadelphia test of the Klineberg hypothesis. *American Sociological Review, 16,* 227–233.

LeGrand-Brandt, B., Framer, J. K., & Buckmaster, A. (1993). Cognitive apprenticeship approach to helping adults learn. *New Directions for Adult and Continuing Education, 59,* 69–78.

Leinhardt, G. (1990). Capturing craft knowledge in teaching. *Educational Researcher, 19,* 18–25.

Lepper, M. R. (1981). Intrinsic and extrinsic motivation in children: Detrimental effects of superfluous social controls. In W. A. Collins (ed.), *Aspects of the development of competence: The Minnesota Symposium on Child Psychology* (Vol. 14). Hillsdale, N.J.: Erlbaum.

Lepper, M. R., & Greene, D. (1975). Turning play into work: Effects of adult surveillance and extrinsic rewards on children's intrinsic motivation. *Journal of Personality and Social Psychology, 31,* 479–486.

Lerner, J. W. (1995). *Attention deficit disorders: Assessment and teaching.* Pacific Grove, Calif.: Brooks/Cole.

Leutner, D. (1993). Guided discovery learning with computer-based simulation games: Effects of adaptive and non-adaptive instructional support. *Learning and Instruction, 3,* 113–132.

Levin, B. (1983, March). Teachers and standardized achievement tests. *Canadian School Executive,* p. 11.

Levy, G. D. (1993). Introduction: An integrated collection on early gender-role development. *Developmental Review, 13,* 123–125.

Lewis, J. E. (1994). Virtual reality: Ready or not! *Technos, 3,* 12–17.

Lindholm, K. J., & Aclan, Z. (1991). Bilingual proficiency as a bridge to academic achievement: Results from bilingual/immersion programs. *Journal of Education, 173,* 99–113.

Linn, R. L. (1986). Educational testing and assessment: Research needs and policy issues. *American Psychologist, 41,* 1153–1160.

——. (1994). Performance assessment: Policy promises and technical measurement standards. *Educational Researcher, 23,* 4–13.

Lockhead, J. (1985). New horizons in educational development. In E. W. Gordon (ed.), *Review of research in education* (Vol. 12). Washington, D.C.: American Educational Research Association.

Loera, P. A., & Meichenbaum, D. (1993). The "potential" contributions of cognitive behavior modification to literacy training for deaf students. *American Annals of the Deaf, 138,* 87–95.

Loftus, E. F. (1979). *Eyewitness testimony.* Cambridge, Mass.: Harvard University Press.

Lohman, D. F. (1993). Teaching and testing to develop fluid abilities. *Educational Researcher, 22,* 12–23.

Lorenz, K. (1952). *King Solomon's ring.* London: Methuen.

Lowe, L. L. (1983, January). Creative learning through fine arts. *ATA Magazine, 63,* 20–23.

Lubar, J. F. (1991). Discourse on the development of EEG diagnostics and biofeedback for attention-deficit/hyperactivity disorders. *Biofeedback and Self-Regulation, 16,* 201–225.

Lubar, J. F., Swartwood, M. O., Swartwood, J. N., & O'Donnell, P. H. (1995). Evaluation of the effectiveness of EEG neurofeedback training for ADHD in a clinical setting as measured by changes in T.O.V.A. scores, behavioral ratings, and WISC-R performance. *Biofeedback and Self-Regulation, 20,* 83–99.

Lund, D. E. (1994). Conceptions of intelligence in an academic community. *Journal of Educational Thought, 28,* 59–87.

Lupkowski-Shoplik, A. E., & Assouline, S. G. (1994). Evidence of extreme mathematical precocity: Case studies of talented youth. *Roeper Review, 16,* 144–151.

Luria, A. R. (1968). *The mind of a mnemonist: A little book about a vast memory.* New York: Avon Books.

Lynch, E. W., Simms, B. H., von Hippel, C. S., & Shuchat, J. (1978). *Mainstreaming preschoolers: Children with mental retardation.* Washington, D.C.: Head Start Bureau; U.S. Government Printing Office.

Mac Iver, D. J., Reuman, D. A., & Main, S. R. (1995). Social structuring of the school: Studying what is, illuminating what could be. *Annual Review of Psychology, 46,* 375–400.

Maccoby, E. E., & Jacklin, C. N. (1974). *The psychology of sex differences.* Palo Alto, Calif.: Stanford University Press.

——. (1980). Sex differences in agression: A rejoinder and reprise. *Child Development, 51,* 964–980.

MacKay, A. (1982). *Project Quest: Teaching strategies and pupil achievement.* Occasional Paper Series, Centre for Research in Teaching, Faculty of Education, University of Alberta, Edmonton, Alberta, Canada.

Macmillan, D. L., Keogh, B. K., & Jones, R. L. (1986). Special educational research on mildly handicapped learners. In M. C. Wittrock (ed.), *Handbook of research on teaching* (3rd ed.) (pp. 686–724). New York: Macmillan.

Madaus, G. F. (1994). A technological and historical consideration of equity issues associated with proposals to change the nation's testing policy. *Harvard Educational Review, 64,* 76–95.

Mager, R. F. (1962). *Preparing instructional objectives.* Palo Alto, Calif.: Fearon.

Maguire, T. O. (1992). Grounded authentic assessment and teacher evaluation. In D. J. Bateson (ed.), *Classroom testing in Canada: Proceedings of the Second Canadian Conference on Classroom Testing, June 1 and 2, 1990.* Vancouver: The University of British Columbia, the Centre for Applied Studies in Evaluation.

Maker, C. J. (1993). Creativity, intelligence, and problem solving: A definition and design for cross-cultural research and measurement related to giftedness. *Gifted Education International, 9,* 68–77.

Mann, C. (1994). New technologies and gifted education. *Roeper Review, 16,* 172–176.

Marfo, K., Mulcahy, R. F., Peat, D., Andrews, J., & Cho, S. (1991). Teaching cognitive strategies in the classroom: A content-based instructional model. In R. M. Mulcahy, R. H. Short, & J. Andrews (eds.), *Enhancing learning and thinking.* New York: Praeger.

Markle, S. M. (1978). *Designs for instructional designers.* Champaign, Ill.: Stipes.

Markle, S. M., & Tiemann, P. W. (1974). Some principles of instructional design at higher cognitive levels. In R. Ulrich, T. Stachnik, & T. Mabry (eds.), *Control of human behavior.* Glenview, Ill.: Scott, Foresman.

Marland, M. (1975). *The craft of the classroom: A survival guide to classroom management at the secondary school.* London: Heinemann Educational Books.

Marland, S. P. (1972). *Education of the gifted and talented.* Washington, D.C.: U.S. Government Printing Office.

Marquis, D. P. (1941). Learning in the neonate: The modification of behavior under three feeding schedules. *Journal of Experimental Psychology, 29,* 263–282.

Marsh, H. W. (1989). Sex differences in the development of verbal and mathematics constructs: The high school and beyond study. *American Educational Research Journal, 26,* 191–225.

Marshall, H., & Weinstein, R. (1984). Classroom factors affecting students' self-evaluations: An interactional model. *Review of Educational Research, 54,* 301–325.

Martinez, M. E. (1994). Access to information technologies among school-age children: Implications for a democratic society. *Journal of the American Society for Information Science, 45,* 395–400.

Marton, F., & Saljo, R. (1984). Approaches to learning. In F. Marton (and others) (eds.), *The experience of learning.* Edinburgh: Scottish Academic Press.

Marzano, R. J. (1993). How classroom teachers approach the teaching of thinking. *Theory into Practice, 32,* 154–160.

———. (1994). Lessons from the field about outcome-based performance assessments. *Educational Leadership, 51,* 44–50.

Maslow, A. H. (1970). *Motivation and personality* (2nd ed.). New York: Harper & Row.

———. (1991). How we diminish ourselves. *Journal of Humanistic Education and Development, 29,* 117–120.

Massaro, D. W., & Cowan, N. (1993). Information processing models: Microscopes of the mind. *Annual Review of Psychology, 44,* 383–425.

Masur, E. F. (1993). Transitions in representational ability: Infants' verbal, vocal, and action imitation during the second year. *Merrill-Palmer Quarterly, 39,* 437–455.

Matson, J. V. (1991). Failure 101: Regarding failure in the classroom to stimulate creative behavior. *Journal of Creative Behavior, 25,* 82–85.

Matthew, J. L., Golin, A. K., Moore, M. W., & Baker, C. (1992). Use of the SOMPA in identification of gifted African-American children. *Journal for the Education of the Gifted, 15,* 344–356.

Matthews, D. B. (1991). The effects of school environment on intrinsic motivation of middle-school children. *Journal of Humanistic Education and Development, 30,* 30–36.

Matthews, L. H. (1969). *The life of mammals* (Vol. 1). New York: Universe Books.

Mayer, R. E. (1979). Can advance organizers influence meaningful learning? *Review of Educational Research, 49,* 371–383.

———. (1989). Models for understanding. *Review of Educational Research, 59,* 43–64.

Mayo, K. E. (1993). Learning strategy instruction: Exploring the potential of metacognition. *Reading Improvement, 30,* 130–133.

McCaslin, M., & Good, T. L. (1992). Compliant cognition: The misalliance of management and instructional goals in current school reform. *Educational Researcher, 21,* 4–17.

McClean, L. (1992). Student evaluation in the ungraded primary school: The SCRP principle. In D. J. Bateson (ed.), *Classroom testing in Canada: Proceedings of the Second Canadian Conference on Classroom Testing, June 1 and 2, 1990.* Vancouver: The University of British Columbia, the Centre for Applied Studies in Evaluation.

McClelland, D. C. (1958). Risk taking in children with high and low need for achievement. In J. W. Atkinson (ed.), *Motives in fantasy, action, and society.* Princeton, N.J.: Van Nostrand.

———. (1973). Testing for competence rather than for "intelligence." *American Psychologist, 28,* 1–14.

McClelland, D. C., Atkinson, J. W., Clark, R. A., & Lowell, E. L. (1953). *The achievement motive.* New York: Appleton-Century-Crofts.

McCombs, B. L. (1982). Transitioning learning strategies research into practice: Focus on the student in technical training. *Journal of Instructional Development, 5,* 10–17.

McCullough, N. T. (1992). Teaching and learning with computers: A school-wide approach. *Computing Teacher, 20,* 8-9.

McDonald, L. (1993). *Task force on integration: Draft discussion paper.* Unpublished paper, Edmonton: University of Alberta.

McEwen, N. (Chair). (1992). *The Educational Quality Indicators Initiative: A success story.* Symposium at the annual meeting of the Canadian Educational Researchers' Association and the Canadian Association for the Study of Educational Administration, Charlottetown, Prince Edward Island, June 6. Edmonton: Alberta Education.

McFadden, A. C., Marsh, G. E., II, Price, B. J., & Hwang, Y. (1992). A study of race and gender bias in the punishment of school children. *Education and Treatment of Children, 15,* 140-146.

McGill-Franzen, A., & Allington, R. L. (1993). Flunk'em or get them classified: The contamination of primary grade accountability data. *Educational Researcher, 22,* 19-22.

McGroarty, M. (1992). The societal context of bilingual education. *Educational Researcher, 21,* 7-9, 24.

McMann, N., & Oliver, R. (1988). Problems in families with gifted children: Implications for counselors. *Journal of Counseling and Development, 66,* 275-278.

Mednick, S. A. (1962). The associative basis of the creative process. *Psychological Review, 69,* 220-232.

Meichenbaum, D. (1977). *Cognitive-behavior modification: An integrative approach.* New York: Plenum.

———. (1993). Changing conceptions of cognitive behavior modification: Retrospect and prospect. *Journal of Consulting and Clinical Psychology, 61,* 202-204.

Meichenbaum, D. H., & Goodman, J. (1971). Training impulsive children to talk to themselves: A means of developing self-control. *Journal of Abnormal Psychology, 77,* 115-126.

Mensh, E., & Mensh, H. (1991). *The IQ mythology: Class, race, gender, and inequality.* Carbondale: Southern Illinois University Press.

Mercer, C. D. (1990). Learning disability. In N. G. Haring & L. McCormick (eds.), *Exceptional children and youth* (5th ed.). Columbus, Ohio: Merrill.

Mercer, J. R. (1973). *Labeling the mentally retarded.* Berkeley: University of California Press.

———. (1979). *System of Multicultural Pluralistic Assessment technical manual.* New York: Psychological Corporation.

Mercer, J. R., & Lewis, J. F. (1978). *System of Multicultural Pluralistic Assessment.* New York: Psychological Corporation.

———. (1979). *System of Multicultural Pluralistic Assessment student assessment manual.* New York: Psychological Corporation.

Merrett, F., & Wheldall, K. (1992). Teachers' use of praise and reprimands to boys and girls. *Educational Review, 44,* 73-79.

———. (1993). How do teachers learn to manage classroom behaviour? A study of teachers' opinions about their initial management. *Educational Studies, 19,* 91-106.

Messick, S. (1994). The interplay of evidence and consequences in the validation of performance assessments. *Educational Researcher, 23,* 13-23.

Meyer, M. M., & Fienberg, S. E. (eds.). (1992). *The case of bilingual education strategies.* Washington, D.C.: National Academy Press.

Michael, J. (1967). *Management of behavioral consequences in education.* Inglewood, Calif.: Southwest Regional Laboratory for Educational Research and Development.

Milgram, S. (1963). Behavioral study of obedience. *Journal of Abnormal and Social Psychology, 67,* 371-378.

Miller, G. A. (1956). The magical number seven, plus or minus two: Some limits on our capacity for processing information. *Psychological Review, 63,* 81-97.

Miller, R. (1990). Beyond reductionism: The emerging holistic paradigm in education. *Humanistic Psychologist, 18,* 314-323.

Millman, J., & Darling-Hammond, L. (eds.). (1990). *The new handbook of teacher evaluation: Assessing elementary and secondary school teachers.* Newbury Park, Calif.: Sage.

Mills, S. C. (1994). Integrated learning systems: New technology for classrooms of the future. *Techtrends, 39,* 27-28, 31.

Moore, K. D., & Hanley, P. E. (1982). An identification of elementary teacher needs. *American Educational Research Journal, 19,* 137-144.

Moss, P. A. (1992). Shifting conceptions of validity in educational measurement: Implications for performance assessment. *Review of Educational Research, 62,* 229-258.

Moynahan, E. O. (1973). The development of knowledge concerning the effects of categorization upon free recall. *Child Development, 44,* 238-245.

Mueller, J. H. (1992a). Anxiety and performance. In A. P. Smith & D. M. Jones (eds.), *Handbook of human performance* (Vol. 3). London: Academic.

———. (1992b). *Test anxiety, study behaviors, and achievement.* Paper presented at the annual meeting of the Western Psychological Association, Portland, Oregon, April 30.

Mueller, S. L. (1992). The effect of a cooperative education work experience on autonomy, sense of purpose, and mature interpersonal relationships. *Journal of Cooperative Education, 27,* 27-35.

Muffoletto, R. (1994). Schools and technology in a democratic society: Equity and social justice. *Educational Technology, 34,* 52-54.

Mulcahy, R. F. (1991). Developing autonomous learners. *Alberta Journal of Educational Research, 37,* 385-397.

Mulcahy, R., Marfo, K., Peat, D., Andrews, J., & Clifford, L. (1986). Applying cognitive psychology in the classroom: A learning/thinking strategies instructional program. *Alberta Psychology, 15,* 9-12.

Mulcahy, R. F., Peat, D., Andrews, J., Darko-Yeboah, J., & Marfo, K. (1990). Cognitive-based strategy instruction. In J. Biggs (ed.), *Learning processes and teaching contexts.* Melbourne: Australian Council for Educational Research.

Murnane, R. J., Singer, J. D., & Willett, J. B. (1988). The career paths of teachers: Implications for teacher supply and methodological lessons for research. *Educational Researcher, 17,* 22-30.

Myles, B. S., & Simpson, R. L. (1994). Understanding and preventing acts of aggression and violence in school-age children and youth. *Preventing School Failure, 38,* 40-46.

Nagle, R. J., & Bell, N. L. (1993). Validation of Stanford-Binet intelligence scale: Fourth edition abbreviated batteries with college students. *Psychology in the Schools, 30,* 227-231.

Naglieri, J. A. (1988). *DAP; draw a person: A quantitative scoring system.* New York: Harcourt Brace Jovanovich.

Nagy, P., & Griffiths, A. K. (1982). Limitations of recent research relating Piaget's theory to adolescent thought. *Review of Educational Research, 52,* 513-556.

Nahl-Jakobovits, D., & Jakobovits, L. A. (1993). Bibliographic instructional design for information literacy: Integrating affective and cognitive objectives. *Research Strategies, 11,* 73-88.

Natale, J. A. (1994). Your life is on the line. *Executive Educator, 16,* 22-26.

National Center for Education Statistics. (1989). *Digest of education statistics. 1989* (25th ed.). Washington, D.C.: U.S. Department of Education.

National Commission on Excellence in Education. (1983). *A nation at risk: The imperative for educational reform.* Washington, D.C.: U.S. Government Printing Office.

Naval-Severino, T. (1993). Developing creative thinking among intellectually able Filipino children from disadvantaged urban communities. *Gifted Education International, 9,* 119-123.

Nay, W. R., Schulman, J. A., Bailey, K. G., & Huntsinger, G. M. (1976). Territory and classroom management: An exploratory case study. *Behavior Therapy, 7,* 240-246.

Neisser, U. (1976). *Cognition and reality.* San Francisco: Freeman.

Nelson, C., & Pearson, C. (1991). *Integrating services for children and youth with emotional and behavior disorders.* Reston, Va.: Council of Exceptional Children.

Nicholls, J. G. (1978). The development of the concepts of effort and ability, perception of academic attainment, and the understanding that difficult tasks require more ability. *Developmental Psychology, 49,* 800-814.

Nichols, J. D., & Miller, R. B. (1994). Cooperative learning and student motivation. *Contemporary Educational Psychology, 19,* 167-178.

Nickerson, R. S. (1986). Why teach thinking? In J. B. Baron & R. J. Sternberg (eds.), *Teaching thinking skills: Theory and practice.* New York: Freeman.

———. (1988). On improving thinking through instruction. In E. Z. Rothkopf (ed.), *Review of research in education* (Vol. 15). Washington, D.C.: American Educational Research Association.

Nicolopoulou, A. (1993). Play, cognitive development, and the social world: Piaget, Vygotsky, and beyond. *Human Development, 36,* 1-23.

Nolen, S. B., Haladyna, T. M., & Haas, N. S. (1992). Uses and abuses of achievement test scores. *Educational Measurement: Issues and Practices, 11,* 9–15.

Norris, D., & Pyke, L. H. (1992). Entrepreneurship in open education. *Australian Journal of Adult and Community Education, 32,* 168–176.

Novak, J. D., & Musonda, D. (1991). A twelve-year longitudinal study of science concept learning. *American Educational Research Journal, 28,* 117–153.

Nunes, T., Carraher, D. W., & Schliemann, A. D. (1993). *Street mathematics and school mathematics.* New York: Cambridge University Press.

Nussbaum, J. (1979). Children's conception of the earth as a cosmic body: A cross age study. *Science Education, 63,* 83–93.

O'Banion, D. R., & Whaley, D. L. (1981). *Behavior contracting: Arranging contingencies of reinforcement.* New York: Springer.

O'Leary, K. D., & Becker, W. C. (1968). The effects of a teacher's reprimands on children's behavior. *Journal of School Psychology, 7,* 8–11.

O'Leary, K. D., Kaufman, K. F., Kass, R. E., & Drabman, R. S. (1974). The effects of loud and soft reprimands on the behavior of disruptive students. In A. R. Brown & C. Avery (eds.), *Modifying children's behavior: A book of readings.* Springfield, Ill.: Thomas.

O'Neil, J. (1993). Making sense of outcome-based education. *Instructor, 102,* 46–47.

Oakes, J., & Guiton, G. (1995). Matchmaking: The dynamics of high school tracking decisions. *American Educational Research Journal, 32,* 3–33.

Ogbu, J. U. (1994). Understanding cultural diversity and learning. *Journal for the Education of the Gifted, 17,* 354–383.

Oosterhof, A. (1994). *Classroom applications of educational measurement.* New York: Maxwell Macmillan.

Ornstein, A. C. (1993a). How to recognize good teaching. *American School Board Journal, 180,* 24–27.

——. (1993b). Norm-referenced and criterion-referenced tests: An overview. *NASSP Bulletin, 77,* 28–39.

Osborn, A. (1957). *Applied imagination.* New York: Scribner's.

Osborne, J. K., & Byrnes, D. A. (1990). Identifying gifted and talented students in an alternative learning center. *Gifted Child Quarterly, 34,* 143–146.

Ozar, L. A. (1994). Diverse assessment—key to richer learning. *Momentum, 25,* 53–56.

Padilla, A. M. (1991). English only vs. bilingual education: Ensuring a language-competent society. *Journal of Education, 173,* 38–51.

Page, E. B., & Grandon, G. M. (1979). Family configuration and mental ability: Two theories contrasted with U.S. data. *American Educational Research Journal, 16,* 257–272.

Pajares, M. F. (1992). Teachers' beliefs and educational research: Cleaning up a messy construct. *Review of Educational Research, 62,* 307–332.

Palardy, J. M. (1991). Behavior modification: It does work, but . . . *Journal of Instructional Psychology, 19,* 127–131.

Palincsar, M. S., & Brown, A. L. (1984). Reciprocal teaching of comprehension—fostering and monitoring activities. *Cognitive Instruction, 1,* 117–175.

Pallas, A. M. (1993). Schooling in the course of human lives: The social context of education and the transition to adulthood in industrial society. *Review of Educational Research, 63,* 408–477.

Pallas, A. M., Natriello, G., & McDill, E. L. (1989). The changing nature of the disadvantaged population: Current dimensions and future trends. *Educational Researcher, 18,* 16–22.

Palmares, U., & Logan, B. (1975). *A curriculum on conflict management.* Palo Alto, Calif.: Human Development Training Institute.

Papalia, D. F. (1972). The status of several conservative abilities across the life-span. *Human Development, 15,* 229–243.

Papert, S. (1987). Computer criticism vs. technocentric thinking. *Educational Researcher, 16* (1), 22–30.

——. (1993). *The children's machine: Rethinking school in the age of the computer.* New York: Basic Books.

Paris, S. G., Lawton, T. A., Turner, J. C., & Roth, J. L. (1991). A developmental perspective on standardized achievement testing. *Educational Researcher, 20,* 12–20.

Parke, R. D. (1974). Rules, roles, and resistance to deviation: Recent advances in punishment, discipline, and self-control. In A. Pick (ed.), *Minnesota Symposia on Child Psychology* (Vol. 8). Minneapolis: University of Minnesota Press.

Parloff, M. B., London, P., & Wolfe, B. (1986). Individual psychotherapy and behavior change. *Annual Review of Psychology, 37,* 321–349.

Parnes, S. J. (1962). Do you really understand brainstorming? In S. J. Parnes & H. F. Harding (eds.), *A sourcebook for creative thinking.* New York: Scribner's.

———. (1967). *Creative behavior workbook.* New York: Scribner's.

Parnes, S. J., & Harding, H. F. (eds.). (1962). *A sourcebook for creative thinking.* New York: Scribner's.

Parsons, J. B. (1983). The seductive computer: Can it be resisted? *ATA Magazine, 63,* 12–14.

Patrick, J. (1994). Direct teaching of collaborative skills in a cooperative learning environment. *Teaching and Change, 1,* 170–181.

Patterson, C. H. (1993). Winds of change for client-centered counseling. *Journal of Humanistic Education and Development, 31,* 130–133.

Patterson, C. H., & Purkey, W. W. (1993). The preparation of humanistic teachers for schools of the next century. *Journal of Humanistic Education and Development, 31,* 147–155.

Patterson, V. E. (1994). Introducing cooperative learning at Princess Elizabeth Elementary School. *Education Canada, 34,* 36–41.

Patton, J. R., & Polloway, E. A. (1990). Mild mental retardation. In N. G. Haring & L. McCormick (eds.), *Exceptional children and youth* (5th ed.). Columbus, Ohio: Merrill.

Pazulinec, R., Meyerrose, M., & Sajwaj, T. (1983). Punishment via response cost. In S. Axelrod & J. Apsche (eds.), *The effects of punishment on human behavior.* New York: Academic.

Pease-Alvarez, L., & Hakuta, K. (1992). Enriching our views of bilingualism and bilingual education. *Educational Researcher, 2,* 4–6.

Peat, D., Mulcahy, R. F., & Darko-Yeboah, J. (1989). SPELT (Strategies Program for Effective Learning/Thinking): A description and analysis of instructional procedures. *Instructional Science, 18,* 95–118.

Pelham, W. E., Jr., Carlson, C., Sams, S. E., Vallano, G., Dixon, M. J., & Hoza, B. (1993). Separate and combined effects of methylphenidate and behavior modification on boys with attention deficit-hyperactivity disorder in the classroom. *Journal of Consulting & Clinical Psychology, 61,* 506–515.

Pérez, B., & Torres-Guzmán, M. E. (1992). *Learning in two worlds: An integrated Spanish/English biliteracy approach.* New York: Longman.

Perez, S. A. (1994). Responding differently to diversity. *Childhood Education, 70,* 151–153.

Perkins, M. R. (1982). Minimum competency testing: What? Why? Why not? *Educational Measurement Issues and Practice, 1,* 5–9.

Perry, P., Pasnak, R., & Holt, R. W. (1992). Instruction on concrete operations for children who are mildly mentally retarded. *Education and Training in Mental Retardation, 27,* 273–281.

Perry, R. (1966). *The world of the polar bear.* Seattle: University of Washington Press.

Petersen, A. C. (1988). Adolescent development. *Annual Review of Psychology, 39,* 583–607.

Phillips, N. B., Fuchs, L. S., & Fuchs, D. (1994). Effects of classwide curriculum-based measurement and peer tutoring: A collaborative researcher-practitioner interview study. *Journal of Learning Disabilities, 27,* 420–434.

Piaget, J. (1932). *The moral judgment of the child.* London: Kegan Paul.

———. (1954). *The construction of reality in the child.* New York: Basic Books.

———. (1961). The genetic approach to the psychology of thought. *Journal of Educational Psychology, 52,* 275–281.

———. (1972). Intellectual development from adolescence to adulthood. *Human Development, 15,* 1–12.

Pica, L., Jr., & Margolis, H. (1993). What to do when behavior modification is not working. *Preventing School Failure, 37,* 29–33.

Pinard, A., & Laurendeau, M. (1964). A scale of mental development based on the theory of Piaget: Description of a project (A. B. Givens, Trans.). *Journal of Research and Science Teaching, 2,* 253–260.

Platzman, K. A., Stoy, M. R., Brown, R. T., Coles, C. D., Smith, I. E., & Falek, A. (1992). Review of observational methods in attention deficit hyperactivity disorder (ADHD): Implications for diagnosis. *School Psychology Quarterly, 7,* 155–177.

Podd'iakov, N. N. (1992). A new approach to the development of creativity in preschoolers. *Russian Education in Society, 34,* 82–89.

Popham, W. J. (1981). *Modern educational measurement.* Englewood Cliffs, N.J.: Prentice-Hall.

Porter, C., & Cleland, J. (1995). *The portfolio as a learning strategy.* Portsmouth, N.H.: Boynton/Cook.

Prawat, R. S. (1991). The value of ideas: The immersion approach to the development of thinking. *Educational Researcher, 20,* 3–10.

Premack, D. (1965). Reinforcement theory. In D. Levine (ed.), *Nebraska Symposium on Motivation.* Lincoln: University of Nebraska Press.

Presland, J. (1989). Behavioural approaches. In T. Charlton & K. David (eds.), *Managing misbehaviour: Strategies for effective management of behaviour in schools.* London: Macmillan Education.

Purkey, W. W. (1984). *Inviting school success: A self-concept approach to teaching and learning* (2nd ed.). Belmont, Calif.: Wadsworth.

Pyryt, M. C. (1993). The fulfillment of promise revisited: A discriminant analysis of factors predicting success in the Terman study. *Roeper Review, 15,* 178–179.

Qin, Z., Johnson, D. W., & Johnson, R. T. (1995). Cooperative versus competitive efforts and problem solving. *Review of Educational Research, 65,* 129–143.

Rafferty, C. D., & Fleschner, L. K. (1993). Concept mapping: A viable alternative to objective and essay exams. *Reading Research and Instruction, 32,* 25–34.

Raines, H. H. (1994). Tutoring and teaching: Continuum, dichotomy, or dialectic. *Writing Center Journal, 14,* 150–162.

Ramsden, P. (1988a). Studying learning: Improving teaching. In P. Ramsden (ed.), *Improving learning: New perspectives.* London: Kogan Page.

——. (ed.). (1988b). *Improving learning: New perspectives.* London: Kogan Page.

Ranzijn, F. J. A. (1991–92). The sequence of conceptual information in instruction and its effect on retention. *Instructional Science, 20,* 405–418.

Raphael, B. (1976). *The thinking computer: Mind inside matter.* San Francisco: Freeman.

Reay, D. A. (1994). *Understanding how people learn.* East Brunswick, N.J.: Nichols.

Reese, H. W., & Overton, W. F. (1970). Models and theories of development. In L. R. Goulet & P. B. Baltes (eds.), *Lifespan developmental psychology: Research and theory.* New York: Academic.

Reid, R. M., John, W., Vasa, S. F., & Wright, G. (1994). Who are the children with attention deficit-hyperactivity disorder? A school-based survey. *Journal of Special Education, 28,* 117–137.

Reiff, J. C. (1992). *Learning styles.* Washington, D.C.: National Education Association.

Renzulli, J. S. (1977). *The enrichment triad model: A guide for developing defensible programs for the gifted and talented.* Mansfield Center, Conn.: Creative Learning Press.

——. (1986). The three-ring conception of giftedness: A developmental model for creative productivity. In R. J. Sternberg & J. E. Davidson (eds.), *Conceptions of giftedness.* Cambridge: Cambridge University Press.

Renzulli, J. S., & Reis, S. M. (1994). Research related to the Schoolwide Enrichment Triad Model. *Gifted Child Quarterly, 38,* 7–20.

Renzulli, J. S., Reis, S. M., & Smith, L. H. (1981). *The revolving door identification model.* Mansfield Center, Conn.: Creative Learning Press.

Renzulli, J. S., & Smith, L. H. (1978). *The learning styles inventory: A measure of student preference for instructional techniques.* Mansfield Center, Conn.: Creative Learning Press.

Reschly, D. J. (1990). Adaptive behavior. In A. Thomas & J. Grimes (eds.), *Best practices in school psychology* (2nd ed.). Washington, D.C.: National Association of School Psychologists.

——. (1992). Mental retardation: Conceptual foundations, definitional criteria, and diagnostic operations. In S. R. Hooper, G. W. Hynd, & R. E. Mattison (eds.), *Developmental disorders: Diagnostic criteria and clinical assessment.* Hillsdale, N.J.: Erlbaum.

Resnick, L. B. (1981). Instructional psychology. *Annual Review of Psychology, 32,* 659–704.

Reynolds, A. (1992). What is competent beginning teaching? A review of the literature. *Review of Educational Research, 62,* 1–35.

Rich, Y. (1993). Stability and change in teacher expertise. *Teaching and Teacher Education, 9,* 137–146.

Richards, R. (1994). Creativity and bipolar mood swings: Why the association? In M. P. Shaw & M. A. Runco (eds.), *Creativity and affect*. Norwood, N.J.: Ablex.

Robin, A. L. (1976). Behavioral instruction in the college classroom. *Review of Educational Research, 46,* 313–354.

Rogers, C. R. (1951). *Client-centered therapy: Its current practice, implications and theory*. Boston: Houghton Mifflin.

———. (1992). The necessary and sufficient conditions of therapeutic personality change. *Journal of Consulting and Clinical Psychology, 60,* 827–832.

Rogers, C. R., & Freiberg, H. J. (1994). *Freedom to learn* (4th ed.). New York: Merrill.

Rogers, C. R., & Skinner, B. F. (1956). Some issues concerning the control of human behavior: A symposium. *Science, 124,* 1057–1066.

Rogers, K. B. (1993). Grouping the gifted and talented: Questions and answers. *Roeper Review, 16,* 8–12.

Rojewski, J. W., & Schell, J. W. (1994). Cognitive apprenticeship for learners with special needs: An alternate framework for teaching and learning. *Remedial and Special Education, 15,* 234–243.

Rolison, M. A., & Medway, F. J. (1985). Teachers' expectations and attributions for student achievement: Effects of label, performance pattern, and special education intervention. *American Educational Research Journal, 22,* 561–573.

Rose, R. J. (1995). Genes and human behavior. *Annual Review of Psychology, 46,* 625–654.

Rosenkoetter, L. I., Huston, A. C., & Wright, J. C. (1990). Television and the moral judgment of the young child. *Journal of Applied Developmental Psychology, 11,* 123–137.

Rosenshine, B., & Meister, C. (1994). Reciprocal teaching: A review of the research. *Review of Educational Research, 64,* 479–530.

Rosenshine, B., & Stevens, R. (1986). Teaching functions. In M. C. Wittrock (ed.), *Handbook of research on teaching* (3rd ed.). New York: Macmillan.

Rosenthal, R. (1987). Pygmalion effects: Existence, magnitude, and social importance. A reply to Wineburg. *Educational Researcher, 16,* 37–41.

Rosenthal, R., & Jacobson, L. (1968a). *Pygmalion in the classroom: Teacher expectations and pupils' intellectual development*. New York: Holt, Rinehart & Winston.

———. (1968b, April). Teacher expectations for the disadvantaged. *Scientific American, 218,* 19–23.

Ross, A. O. (1980). *Psychological disorders of children: A behavioral approach to theory, research, and therapy* (2nd ed.). New York: McGraw-Hill.

Ross, P. A., & Braden, J. P. (1991). The effects of token reinforcement versus cognitive behavior modification on learning-disabled students' math skills. *Psychology in the Schools, 28,* 247–256.

Ross, R. P. (1984). Classroom segments: The structuring of school time. In L. W. Anderson (ed.), *Time and school learning: Theory, research and practice*. London: Croom Helm.

Ross, S. M., Rakow, E. A., & Bush, A. J. (1980). Instructional adaptation for self-managed learning systems. *Journal of Educational Psychology, 72,* 312–320.

Ross, T. W. (1993, Fall–Winter). Bloom and hypertext: Parallel taxonomies? *Ed-Tech Review,* pp. 11–16.

Roth, W. M. (1993). Metaphors and conversational analysis as tools in reflection on teaching practice: Two perspectives on teacher–student interactions in open-inquiry science. *Science Education, 77,* 351–373.

Roth, W. M., & Bowen, M. (1993). Maps for more meaningful learning. *Science Scope, 16,* 24–25.

Roy, P., & Hoch, J. (1994). Cooperative learning: A principal's perspective. *Principal, 73,* 27–29.

Rubin, J. Z. (1994). Models of conflict management. *Journal of Social Issues, 50,* 33–45.

Rubin, K. H., Attewell, P. W., Tierney, M. C., & Tumolo, P. (1973). Development of spatial egocentrism and conservation across the life-span. *Developmental Psychology, 9,* 432–437.

Rushton, J. (1988). Race differences in behaviour: A review and evolutionary analysis. *Journal of Personality and Individual Differences, 9,* 1009–1024.

Rust, F. O. (1994). The first year of teaching: It's not what they expected. *Teaching and Teacher Education, 10,* 205–217.

Ryan, E. R., Hawkins, M. J., & Russell, R. (1992). Education: An exchange of ideas among three humanistic psychologists. *Journal of Humanistic Education and Development, 30,* 178–191.

Ryan, F. J. (1994). From rod to reason: Historical perspectives on corporal punishment in the public school, 1642–1994. *Educational Horizons, 72,* 70–77.

Sadker, M., & Sadker, D. (1986). Sexism in the classroom: From grade school to graduate school. *Phi Delta Kappan, 68,* 512.

Sadker, M., Sadker, D., & Klein, S. (1991). In G. Grant (ed.), *Review of research in education* (Vol. 17). Washington, D.C.: American Educational Research Association.

Salomon, G., & Gardner, H. (1986). The computer as educator: Lessons from television research. *Educational Researcher, 15,* 13-19.

Salomon, G., Perkins, D. N., & Globerson, T. (1991). Partners in cognition: Extending human intelligence with intelligent technologies. *Educational Researcher, 20,* 2-9.

Sarason, I. G. (1959). Intellectual and personality correlates of test anxiety. *Journal of Abnormal and Social Psychology, 59,* 272-275.

——. (1961). Test anxiety and intellectual performance. *Journal of Educational Psychology, 52,* 201-206.

——. (1972). Experimental approaches to test anxiety: Attention and the uses of information. In C. D. Spielberger (ed.), *Anxiety: Current trends in theory and research* (Vol. 2). New York: Academic.

——. (1980). Introduction to the study of test anxiety. In I. G. Sarason (ed.), *Test anxiety: Theory, research, and applications.* Hillsdale, N.J.: Erlbaum.

Sattler, J. M. (1982). *Assessment of children's intelligence and special abilities* (2nd ed.). Boston: Allyn & Bacon.

Savell, J. M., Twohig, P. T., & Rachford, D. L. (1986). Empirical status of Feuerstein's "Instrumental Enrichment" (FIE) technique as a method of teaching thinking skills. *Review of Educational Research, 56,* 381-409.

Scanlon, R., Weinberger, J. A., & Weiler, J. (1970). IPI as a functioning model for the individualization of instruction. In C. M. Lindvall & R. C. Cox (eds.), *Evaluation as a tool in curriculum development: The IPI evaluation program.* AERA Monograph Series No. 5. Chicago: Rand McNally.

Schank, R. C., & Abelson, R. P. (1977). *Scripts, plans, goals and understanding.* Hillsdale, N.J.: Erlbaum.

Schniedewind, N., & Davidson, E. (1988). *Cooperative learning, cooperative lives: A sourcebook of learning activities for building a peaceful world.* Dubuque, Iowa: Wm. C. Brown.

Schofield, J. W., Eurich-Fulcer, R., & Britt, C. L. (1994). Teachers, computer tutors, and teaching: The artificially intelligent tutor as an agent for classroom change. *American Educational Research Journal, 31,* 579-607.

Schultz, D. P. (1964). *Panic behavior.* New York: Random House.

Scott, M. E. (1991). Parental encouragement of gifted-talented-creative (GTC) development in young children by providing freedom to become independent. *The Creative Child and Adult Quarterly, 16,* 26-29.

Scott, T., Cole, M., & Engel, M. (1992). Computers and education: A cultural constructivist perspective. In G. Grant (ed.), *Review of research in education* (Vol. 18). Washington, D.C.: American Educational Research Association.

Scruggs, T. E., & Mastropieri, M. A. (1994). Successful mainstreaming in elementary science classes: A qualitative study of three reputational cases. *American Educational Research Journal, 31,* 785-811.

Sears, R. R., Maccoby, E. P., & Lewin, H. (1957). *Patterns of child rearing.* Evanston, Ill.: Row, Peterson.

Seligman, D. (1992). *A question of intelligence: The IQ debate in America.* New York: Carol Publishing Group.

Semb, G. B., & Ellis, J. A. (1994). Knowledge taught in school: What is remembered? *Review of Educational Research, 64,* 253-286.

Semrud-Clikeman, M., & Hynd, G. W. (1992). Developmental arithmetic disorder. In S. R. Hooper, G. W. Hynd, & R. E. Mattison (eds.), *Developmental disorders: Diagnostic criteria and clinical assessment.* Hillsdale, N.J.: Erlbaum.

Serbin, L. A., Powlishta, K. K., & Gulko, J. (1993). The development of sex typing in middle childhood. *Monographs of the Society for Research in Child Development, 58,* no. 2.

Sereda, J. (1992). Educational quality indicators in art and mathematics. In N. McEwan (chair), *The Educational Quality Indicators Initiative: A success story* (pp. 61-66), symposium at the annual meeting of the Canadian Educational Researchers' Association and the Canadian Association for the Study of Educational Administration, Charlottetown, Prince Edward Island, June 6. Edmonton: Alberta Education.

Shaklee, B. D. (1992). Identification of young gifted students. *Journal for the Education of the Gifted, 15,* 134-144.

Shannon, T. A. (1994). Salmon's laws. *Executive Educator, 16,* 52–54.

Sharan, S., & Shachar, H. (1988). *Language and learning in the cooperative classroom.* New York: Springer-Verlag.

Sharan, Y., & Sharan, S. (1992). *Expanding cooperative learning through group investigation.* New York: Columbia University, Teachers College Press.

Shepard, L. A., & Kreitzer, A. E. (1987). The Texas teacher test. *Educational Researcher, 16,* 22–31.

Shepard, L. A., Smith, M. L., & Vojir, C. P. (1983). Characteristics of pupils identified as learning disabled. *American Educational Research Journal, 20,* 309–331.

Sherman, J. G. (1992). Reflections on PSI: Good news and bad. *Journal of Applied Behavior Analysis, 25,* 59–64.

Shuell, T. J. (1986). Cognitive conceptions of learning. *Review of Educational Research, 56,* 411–436.

Shulman, L. S. (1986). Paradigms and research programs in the study of teaching. In M. C. Wittrock (ed.), *Handbook of research on teaching* (3rd ed.). New York: Macmillan.

Siegler, R. S. (1989). Mechanisms of cognitive development. *Annual Review of Psychology, 40,* 353–379.

Silvernail, D. L. (1979). *Teaching styles as related to student achievement.* Washington, D.C.: National Education Association.

Skaalvik, E. M., & Rankin, R. J. (1995). A test of the internal/external frame of reference model at different levels of math and verbal self-perception. *American Educational Research Journal, 32,* 161–184.

Skinner, B. F. (1948). *Walden II.* New York: Macmillan.

———. (1953). *Science and human behavior.* New York: Macmillan.

———. (1954). The science of learning and the art of teaching. *Harvard Educational Review, 24,* 86–97.

———. (1955). *Transcripts of New York Academy of Science, 17,* 546–587.

———. (1961). *Cumulative record* (rev. ed.). New York: Appleton-Century-Crofts.

———. (1965, October 16). Why teachers fail. *Saturday Review,* pp. 80–81, 98–102.

———. (1968). *The technology of teaching.* New York: Appleton-Century-Crofts.

———. (1971). *Beyond freedom and dignity.* New York: Knopf.

Slavin, R. E. (1980). Cooperative learning. *Review of Educational Research, 50,* 315–342.

———. (1983). *Student team learning: An overview and practical guide.* Washington, D.C.: National Education Association.

———. (1987). Mastery learning reconsidered. *Review of Educational Research, 57,* 175–213.

———. (1993a). Ability grouping in the middle grades: Achievement effects and alternatives. *Elementary School Journal, 93,* 535–552.

———. (1993b). Untracking: The 97 percent solution. A response to James J. Gallagher. *College Board Review, 168,* 27, 35.

———. (1995). *Cooperative learning: Theory, research, and practice* (2nd ed.). Boston: Allyn & Bacon.

Smith, L. (1993). *Necessary knowledge: Piagetian perspectives on constructivism.* Hillsdale, N.J.: Erlbaum.

Smith, M. A., & Misra, A. (1992). A comprehensive management system for students in regular classrooms. *Elementary School Journal, 92,* 353–372.

Smith, M. L. (1991). Put to the test: The effects of external testing on teachers. *Educational Researcher, 20,* 8–11.

Snow, R. E., & Lohman, D. F. (1984). Toward a theory of cognitive aptitude for learning from instruction. *Journal of Educational Psychology, 76,* 347–376.

Snow, R. E., & Swanson, J. (1992). Instructional psychology: Aptitude, adaptation, and assessment. *Annual Review of Psychology, 43,* 583–626.

Snowman, J. (1993). Research alive: How accurate is the conventional wisdom about classroom testing practices? *Midwestern Educational Researcher, 6,* 19–20.

Soloman, G. (1992). Technology and the balance of power. *The Computing Teacher, 19,* 10–11.

Soloman, J. (1993). Four frames for a field. In P. J. Black & A. M. Lucas (eds.), *Children's informal ideas in science.* New York: Routledge.

Solomon, D., Watson, M. S., Delucchi, K. L., Schaps, E., & Battistich, V. (1988). Enhancing children's prosocial behavior in the classroom. *American Educational Research Journal, 25,* 527–544.

Sonnier, I. L. (ed.). (1985). *Methods and techniques of holistic education.* Springfield, Ill.: Thomas.

———. (1991). Hemisphericity: A key to understanding the individual differences among teachers and learners. *Journal of Instructional Psychology, 18,* 17–22.

Sonnier, I. L., & Sonnier, C. B. (1992). The Sonnier model of educational management: Implementing holistic education. *Journal of Instructional Psychology, 19,* 135–140.

Soper, J. D. (1964). *The mammals of Alberta.* Edmonton, Alberta: Hamly Press.

Southern, H. N. (1964). *The handbook of British mammals.* Oxford: Blackwell Scientific Publications.

Sparzo, F. J. (1992). B. F. Skinner's contributions to education: A retrospective appreciation. *Contemporary Education, 63,* 225–233.

Spearman, C. E. (1927). *The abilities of man.* New York: Macmillan.

Springer, S. P., & Deutsch, G. (1989). *Left brain right brain* (3rd ed.). New York: Freeman.

Squire, L. R., Knowlton, B., & Musen, G. (1993). The structure and organization of memory. *Annual Review of Psychology, 44,* 453–495.

Stallings, J. A., & Stipek, D. (1986). Research on early childhood and elementary school teaching programs. In M. C. Wittrock (ed.), *Handbook of research on teaching* (3rd ed.) (pp. 727–753). New York: Macmillan.

Stander, V., & Jensen, L. (1993). The relationship of value orientation to moral cognition: Gender and cultural differences in the United States and China explored. *Journal of Cross-Cultural Psychology, 24,* 42–52.

Stanley, J. C. (1976). The case for extreme educational acceleration of intellectually brilliant youths. *Gifted Child Quarterly, 20,* 66–75.

Stanovich, K. E. (1992). Developmental reading disorder. In S. R. Hooper, G. W. Hynd, & R. E. Mattison (eds.), *Developmental disorders: Diagnostic criteria and clinical assessment.* Hillsdale, N.J.: Erlbaum.

——. (1993). Dysrationalia: A new specific learning disability. *Journal of Learning Disabilities, 26,* 501–515.

Starkes, J. L., & Lindley, S. (1994). Can we hasten expertise by video simulations? *Quest, 46,* 211–222.

Statistics Canada. (1992). *Earnings of men and women: 1990.* Ottawa: Minister of Industry, Science and Technology.

Sternberg, R. J. (1984a). A contextualist view of the nature of intelligence. *International Journal of Psychology, 19,* 307–334.

——. (1984b). Mechanisms of cognitive development: A componential approach. In R. J. Sternberg (ed.), *Mechanisms of cognitive development.* San Francisco: Freeman.

——. (1984c). What should intelligence tests test? Implications of a triarchic theory of intelligence for intelligence testing. *Educational Researcher, 13,* 5–15.

——. (1986). *Intelligence applied: Understanding and increasing your intellectual skills.* New York: Harcourt Brace Jovanovich.

——. (1992). Ability tests, measurements, and markets. *Journal of Educational Psychology, 84,* 134–140.

——. (1993). Would you rather take orders from Kirk or Spock? The relation between rational thinking and intelligence. *Journal of Learning Disabilities, 26,* 516–519.

Sternberg, R. J., & Horvath, J. A. (1995). A prototype view of expert teaching. *Educational Researcher, 24,* 9–17.

Sternberg, R. J., & Lubart, L. I. (1993). Creative giftedness: A multivariate investment approach. *Gifted Child Quarterly, 37,* 7–15.

Stevens, R. J., & Slavin, R. E. (1995). The cooperative elementary school: Effects on students' achievement, attitudes, and social relations. *American Educational Research Journal, 32,* 321–351.

Stewart, D. W. (1993). *Immigration and education: The crisis and the opportunities.* New York: Lexington.

Stipek, D. J. (1988). *Motivation to learn: From theory to practice.* Englewood Cliffs, N.J.: Prentice-Hall.

Stofflett, R. T., & Stoddart, T. (1994). The ability to understand and use conceptual change pedagogy as a function of prior content learning experience. *Journal of Research in Science Education, 31,* 31–51.

Stoll, S. K., & Beller, J. M. (1993). *The effect of a longitudinal teaching methodology and classroom environment on both cognitive and behavioral moral development.* Paper presented at the Annual Meeting of the American Alliance for Health, Physical Education, Recreation and Dance, Washington, D.C., March 24–28.

Strawitz, B. M. (1993). The effects of review on science process skill acquisition. *Journal of Science Teacher Education, 4*, 54–57.

Sutton, R. E. (1991). Equity and computers in the schools: A decade of research. *Review of Educational Research, 61*, 474–503.

Swanson, D. B., Norman, G. R., & Linn, R. L. (1995). Performance-based assessment: Lessons from the health professions. *Educational Researcher, 24*, 5–11, 35.

Swanson, H. L. (1992). The relationship between metacognition and problem solving in gifted children. *Roeper Review, 15*, 43–48.

———. (1993). An information processing analysis of learning disabled children's problem solving. *American Educational Research Journal, 30*, 861–893.

Swanson, H. L., O'Connor, J. E., & Cooney, J. B. (1990). An information processing analysis of expert and novice teachers' problem solving. *American Educational Research Journal, 27*, 533–556.

Swanson, J. M., Cantwell, D., Lerner, M., McBurnett, K., & Hanna, G. (1991). Effects of stimulant medication on learning in children with ADHD. *Journal of Learning Disabilities, 24*, 219–230.

Swing, S. R., & Peterson, P. L. (1982). The relationship of student ability and small-group interaction to student achievement. *American Educational Research Journal, 19*, 259–274.

Sykes, G., & Bird, T. (1992). Teacher education and the case idea. In G. Grant (ed.), *Review of research in education* (Vol. 18). Washington, D.C.: American Educational Research Association.

Tamir, P. (1993). Positive and negative multiple choice items: How different are they? *Studies in Educational Evaluation, 19*, 311–325.

Tavris, C., & Baumgartner, A. I. (1983, February). How would your life be different if you'd been born a boy? *Redbook,* p. 99.

Terman, L. M. (1925). *Genetic studies of genius. The mental and physical traits of a thousand gifted children* (Vol. 1). Stanford, Calif.: Stanford University Press.

Terman, L. M., & Oden, M. (1959). *Genetic studies of genius: Vol. 5: The gifted group at mid-life.* Stanford, Calif.: Stanford University Press.

Thissen, D., Wainer, H., & Wang, Xiang-Bo. (1994). Are tests comprising both multiple-choice and free-response items necessarily less unidimensional than multiple-choice tests? An analysis of two tests. *Journal of Educational Measurement, 31*, 113–123.

Thomas, H., & Lohaus, A. (1993). Modeling growth and individual differences in spatial tasks. *Monographs of the Society for Research in Child Development,* serial 237, vol. 58, whole no. 9.

Thomas, J. W. (1980). Agency and achievement: Self-management and self-regard. *Review of Educational Research, 50*, 213–240.

Thomas, R. M. (1992). *Comparing theories of child development* (3rd ed.). Belmont, Calif.: Wadsworth.

Thompson, C., & Crutchlow, E. (1993). Learning style research: A critical review of the literature and implications for nursing education. *Journal of Professional Nursing, 9*, 34–40.

Thorndike, E. L. (1898). Animal intelligence: An experimental study of the associative processes in animals. *Psychological Review Monograph Supplement, 2*, (8).

———. (1913a). *Educational psychology* (Vol. 1). *The psychology of learning.* New York: Teacher's College Press.

———. (1913b). *Educational psychology* (Vol. 2). *The original nature of man.* New York: Teachers College Press.

———. (1931). *Human learning.* New York: Appleton-Century-Crofts.

———. (1932). Reward and punishment in animal learning. *Comparative Psychology Monographs, 8* (39).

———. (1935). *The psychology of wants, interests, and attitudes.* New York: Appleton-Century-Crofts.

Thorndike, R. L., & Hagen, E. (1977). *Measurement and evaluation in psychology and education* (4th ed.). New York: Wiley.

Thorndike, R. L., Hagen, E., & Sattler, J. M. (1985). *Revised Stanford-Binet intelligence scale* (4th ed.). Boston: Houghton Mifflin.

Thurstone, L. L. (1938). *Primary mental abilities. Psychometric Monographs.* Chicago: University of Chicago Press (No. 1).

Tisak, M. S. (1993). Preschool children's judgments of moral and personal events involving physical harm and property damage. *Merrill-Palmer Quarterly, 39*, 375–390.

Tobin, J. J., Wu, D. Y. H., & Davidson, D. H. (1989). *Preschool in three cultures: Japan, China, and the United States.* New Haven, Conn.: Yale University Press.

Tochon, F. V. (1993). From teachers' thinking to macrosemantics: Catching instructional organizers and connectors in language arts. Special Issue: International conference on teacher thinking: II. *Journal of Structural Learning, 12,* 1-22.

Todman, J., & Lawrenson, H. (1992). Computer anxiety in primary schoolchildren and university students. *British Educational Research Journal, 18,* 63-72.

Toffler, A. (1970). *Future shock.* New York: Random House.

———. (1980). *The third wave.* New York: Morrow.

Tonnsen, S., & Patterson, S. (1992). Fighting first-year jitters. *Executive Educator, 14,* 29-30.

Torrance, E. P. (1962). *Guiding creative talent.* Englewood Cliffs, N.J.: Prentice-Hall.

———. (1966). *Torrance tests of creative thinking* (*Norms technical manual*). Princeton, N.J.: Personnel Press.

———. (1974). *Torrance tests of creative thinking.* Lexington, Mass.: Ginn.

———. (1986). Teaching creative and gifted learners. In M. C. Wittrock (ed.), *Handbook of research on teaching* (3rd ed.) (pp. 630-647). New York: Macmillan.

———. (1993). The beyonders in a thirty year longitudinal study of creative achievement. *Roeper Review, 15,* 131-135.

Tryon, G. S. (1980). The measurement and treatment of text anxiety. *Review of Educational Research, 50,* 343-372.

Tryon, R. C. (1940). Genetic differences in maze learning in rats. *Yearbook of the National Society for Studies in Education, 39,* 111-119.

Tsang, M. C. (1988). Cost analysis for educational policymaking: A review of cost studies in education in developing countries. *Review of Educational Research, 58,* 181-230.

Tulving, E. (1989). Remembering and knowing the past. *American Scientist, 77,* 361-367.

———. (1991). Concepts in human memory. In L. R. Squire, N. M. Weinberger, G. Lynch, & J. L. McGaugh (eds.), *Memory: Organization and locus of change.* New York: Oxford University Press.

Turner, N. D. (1993). Learning styles and metacognition. *Reading Improvement, 30,* 82-85.

Turner, R. L., & Denny, D. A. (1969, February). Teacher characteristics, teacher behavior, and changes in pupil creativity. *Elementary School Journal,* pp. 265-270.

Tyler-Wood, T., & Carri, L. (1991). Identification of gifted children: The effectiveness of various measures of cognitive ability. *Roeper Review, 14,* 63-64.

Tynan, W. D., & Nearing, J. (1994). The diagnosis of attention deficit hyperactivity disorder in young children. *Infants and Young Children, 6,* 13-20.

U.S. Bureau of the Census. (1992). *Statistical abstracts of the United States, 1991* (112th ed.). Washington, D.C.: U.S. Government Printing Office.

———. (1994). *Statistical abstracts of the United States, 1994* (114th ed.). Washington, D.C.: U.S. Government Printing Office.

U.S. Department of Education. (1991). *Twelfth annual report to Congress on the implementation of PL 94-142: The education for all handicapped children act.* Washington, D.C.: U.S. Government Printing Office.

U.S. Office of Education. (1977, August 23). Implementation of part B of the Education of the Handicapped Act. *Federal Register, 42,* 42474-42518.

Uguroglu, M. E., & Walberg, H. J. (1979). Motivation and achievement: A quantitative synthesis. *American Educational Research Journal, 6,* 191-206.

Ukrainian famine survivors recall season in hell. (1983, October 20). *Edmonton Journal,* p. A1.

Ulrich, R. E., & Azrin, N. H. (1962). Reflexive fighting in response to aversive stimulation. *Journal of Experimental Analysis of Behavior, 5,* 511-521.

Umoren, J. A. (1992). Maslow hierarchy of needs and OBRA 1987: Toward need satisfaction by nursing home residents. *Educational Gerontology, 18,* 657-670.

Urban, K. K. (1991). Giftedness and behavioural disorders. *International Journal of Special Education, 6,* 12-27.

Urban, K. K., & Jellen, H. (1986). Assessing creative potential via drawing production: The Test for Creative Thinking-Drawing Production (TCT-DP). In A. J. Cropley, K. K. Urban, H. Wagner, & W. H. Wieczerkowski (eds.), *Giftedness: A continuing worldwide challenge.* New York: Trillium.

Whitener, E. M. (1989). A meta-analytic review of the effect on learning of the interaction between prior achievement and instructional support. *Review of Educational Research, 59,* 65–86.

Wigdor, A. K., & Garner, W. R. (eds.). (1982). *Ability testing: Uses, consequences, and controversies, Part 1: Report of the Committee.* Washington, D.C.: National Academy Press.

Wilczenski, F. L. (1994). Changes in attitudes toward mainstreaming among undergraduate education students. *Educational Research Quarterly, 17,* 5–17.

Wilgosh, L. (1991). Underachievement and related issues for culturally different gifted children. *International Journal of Special Education, 6,* 82–93.

Wilson, K., & Tally, W. (1990). The "Palenque" project: Formative evaluation in the design and development of an optical disc prototype. In B. Flagg (ed.), *Formative evaluation for educational technologies.* Hillsdale, N.J.: Erlbaum.

Wilson, L. (1988). Phase change: Larry Wilson on selling in a brave new world. *Training, 11,* 14.

Wineburg, S. S. (1987). The self-fulfillment of the self-fulfilling prophecy: A critical appraisal. *Educational Researcher, 16,* 28–37.

Winfield, L. F. (1990). School competency testing reforms and student achievement: Exploring a national perspective. *Educational Evaluation and Policy Analysis, 12,* 157–173.

Winick, M. (1976). *Malnutrition and brain development.* New York: Oxford University Press.

Winn, W. (1990). Some implications of cognitive theory for instructional design. *Instructional Science, 19,* 53–69.

Winsten, S. (1949). *Days with Bernard Shaw.* New York: Vanguard Press.

Wise, S. L., Lukin, L. E., & Roos, L. L. (1991). Teacher beliefs about training in testing and measurement. *Journal of Teacher Education, 42,* 37–42.

Wiske, M. S. (1994). How teaching for understanding changes the rules in the classroom. *Educational Leadership, 51,* 19–21.

Wittrock, M. C. (1986). Students' thought processes. In M. C. Wittrock (ed.), *Handbook of research on teaching* (3rd ed.) (pp. 297–314). New York: Macmillan.

———. (1992). An empowering conception of educational psychology. *Educational Psychologist, 27,* 129–141.

Wolf, D., Bixby, J., Glenn, J., & Gardner, H. (1991). To use their minds well: Investigating new forms of student assessment. In G. Grant (ed.), *Review of research in education* (Vol. 17). Washington, D.C.: American Educational Research Association.

Wood, B. S. (1981). *Children and communication: Verbal and nonverbal language development* (2nd ed.). Englewood Cliffs, N.J.: Prentice-Hall.

Wood, D., Bruner, J. S., & Ross, G. (1976). The role of tutoring in problem solving. *Journal of Child Psychology and Psychiatry, 17,* 89–100.

Woodward, J., Carnine, D., & Gersten, R. (1988). Teaching problem solving through computer simulations. *American Educational Research Journal, 25,* 72–86.

Yoder, S. (1992). The turtle and the mouse . . . A tale. *The Computing Teacher, 20,* 41–43.

Zajonc, R. B. (1975, January). Birth order and intelligence: Dumber by the dozen. *Psychology Today,* pp. 37–43.

———. (1976). Family configuration and intelligence. *Science, 192,* 227–236.

———. (1986). The decline and rise of scholastic aptitude scores: A prediction derived from the confluence model. *American Psychologist, 41,* 862–867.

Zajonc, R., & Markus, G. B. (1975). Birth order and intellectual development. *Psychological Review, 82,* 74–88.

Zentall, S. S. (1993). Research on the educational implications of attention deficit hyperactivity disorder. *Exceptional Children, 60,* 143–153.

Zigler, E., & Hodapp, R. M. (1991). Behavioral functioning in individuals with mental retardation. *Annual Review of Psychology, 42,* 29–50.

Zimmerman, B. J., Bandura, A., & Martinez-Pons, M. (1992). Self-motivation for academic attainment: The role of self-efficacy beliefs and personal goal setting. *American Educational Research Journal, 29,* 663–676.

教 學 心 理 學

原　　著／Guy R. Lefrancois

譯　　者／李茂興

出 版 者／弘智文化事業有限公司

登 記 證／局版台業字第 6263 號

地　　址／台北市中正區丹陽街 39 號 1 樓

電　　話／（02）2395-9178．0936-252-817

傳　　真／（02）2395-9913

發 行 人／邱一文

總 經 銷／旭昇圖書有限公司

地　　址／台北縣中和市中山路二段 352 號 2 樓

電　　話／（02）22451480

傳　　真／（02）22451479

製　　版／信利印製有限公司

版　　次／1998 年 6 月初版一刷

定　　價／600 元

ISBN　957-99581-7-3

國家圖書館預行編目資料

教學心理學╱Guy. R. Lefrançois 著；李茂興譯.
　　——初版. ——台北市：弘智文化，1998（民 87）
　　　面；公分
　　參考書目；面
　　ISBN　957-99581-7-3（精裝）

　　1.　教育心理學

521　　　　　　　　　　　　　　　　　87005856